MÜNCHNER BEITRÄGE ZUR
EUROPÄISCHEN EINIGUNG

HERAUSGEGEBEN VON WERNER WEIDENFELD

Band 3

Thomas Fischer
Nicole Schley

Europa föderal organisieren

Ein neues Kompetenz- und Vertragsgefüge
für die Europäische Union

D1664664

Europa Union Verlag

Die Schriftenreihe »Münchner Beiträge zur Europäischen Einigung« führt die seit 1982 bestehenden »Mainzer Beiträge« fort. Wie ihre Vorgängerin will sie die zentralen europapolitischen Fragestellungen unserer Zeit wissenschaftlich reflektieren. Die Publikationen dokumentieren die vielfältigen Initiativen, die unter Leitung von Prof. Dr. Dr. h.c. Werner Weidenfeld im Rahmen der Projektarbeit der Bertelsmann Forschungsgruppe Politik am Centrum für angewandte Politikforschung (CAP) und des politikwissenschaftlichen Forschungsschwerpunktes »Europäische Einigung« am Geschwister-Scholl-Institut für Politische Wissenschaft an der Ludwig-Maximilians-Universität München ergriffen werden. Die Bände der Schriftenreihe sollen als Einzelstudien, Forschungsberichte oder Sammelwerke die wissenschaftliche Grundlagenforschung mit aktuellen Problemstellungen und konzeptionellen Vorschlägen verbinden und so zu einer kritischen Auseinandersetzung anregen.

Die Deutsche Bibliothek – CIP-Einheitsaufnahme

Fischer Thomas:
Europa föderal organisieren : ein neues Kompetenz- und Vertragsgefüge für die Europäische Union / Thomas Fischer ; Nicole Schley.-
Bonn: Europa Union Verlag, 1999
   (Münchner Beiträge zur Europäischen Einigung ; Bd. 3)
   ISBN 3-7713-0581-0

Herausgeber: Prof. Dr. Dr. h.c. Werner Weidenfeld
Direktor des Centrums für angewandte Politikforschung am
Geschwister-Scholl-Institut für Politische Wissenschaft der
Ludwig-Maximilians-Universität München
Internet: http://www.cap.uni-muenchen. de

Satz und Layout: Thomas Fischer, Nicole Schley
Umschlaggestaltung: Atelier Frings GmbH, Bonn
Druck: KONINKLIJKE WÖHRMANN B.V., Zutphen/Niederlande

ISBN 3-7713-0581-0
ISSN 1434-2839 (Münchner Beiträge)

Inhaltsverzeichnis

Vorwort

Die Perspektive des Beitrittes der mittel- und osteuropäischen Staaten sowie Maltas und Zyperns zur Europäischen Union hat die Reformbedürftigkeit des europäischen Integrationsverbundes in den Vordergrund gerückt. Das haben auch die europäischen Staats- und Regierungschefs während des Gipfels in Köln im Juni 1999 bekräftigt und – nur kurze Zeit nach dem Inkrafttreten des Amsterdamer Vertrages am 1. Mai 1999 – den Beginn der nächsten Regierungskonferenz zur erneuten Revision des Vertragswerkes schon für das Jahr 2000 festgelegt.

In der Debatte um die Reform der Europäischen Union sind neben institutionellen Reformideen inzwischen auch Forderungen nach einer klareren Kompetenzverteilung zwischen nationaler und europäischer Ebene artikuliert worden. Von der Sicherung der Arbeitsteilung, der Handlungsfähigkeit und der Akzeptanz der Europäischen Union hängt es ab, ob diese der Herausforderung des großen Europas – möglicherweise die größte Belastungsprobe – gerecht werden kann. Ohne Zweifel müssen Leitmotive wie demokratische Legitimation, Effizienz und Transparenz eine übergeordnete Rolle spielen. Darüber hinaus sollte die anstehende Revision des Vertragswerkes jedoch auch durch die Suche nach einer Balance zwischen dem notwendigen Maß europäischer Einheit und Handlungsfähigkeit einerseits sowie der Sicherung größtmöglicher mitgliedstaatlicher (und regionaler) Vielfalt andererseits gekennzeichnet sein, die jedem föderalstaatlichen System als Leitbild zugrundeliegt.

Aspekte effizienter und demokratischer Entscheidungsfindung, die auch im Mehrebenensystem der Europäischen Union die dynamische Qualität des Föderalismusprinzips unterstreichen, verdienen größere Aufmerksamkeit. Nicht aus dem Blick geraten dürfen dabei aber jene Reformkomponenten, die durch eine Neuordnung des Primärrechtes – in Analogie zu bundesstaatlichen Verfassungen – Föderalismus als vertragliches Strukturprinzip verwirklichen. Angesprochen ist damit vor allem der dringende Bedarf einer klar verständlichen und knapp gefaßten europäischen Vertragsverfassung. In deren Mittelpunkt müßte eine transparente Kompetenzordnung stehen, die dem Unionsbürger eine klare Zuordnung politischer Verantwortung erlaubt und zugleich die Zuweisung von Handlungsbefugnissen an die regionale, nationale oder europäische Ebene primär von der Frage höherer politischer Problemlösungsfähigkeit abhängig macht. Daß eine solch grundlegende Reform der Vertragsstrukturen zunächst ebenfalls auf der Tagesordnung der Regierungskonferenz zu Amsterdam stand, dann aber im Laufe der Verhandlungen fallengelassen wurde, fand jedoch – im Gegensatz zu den institutionellen Unzulänglichkeiten des revidierten Unionsvertrages – kaum öffentliche Beachtung.

Gerade vor dem Hintergrund des wachsenden Spannungsverhältnisses zwischen Vertiefung und Erweiterung wird deutlich, daß die Zukunftsfähigkeit der Europäischen Union nicht länger über eine Praxis von Vertragsfortschreibungen gesichert werden kann, die sich lediglich als zögerliche Reaktionen auf wachsenden Problemdruck darstellen. Auf der anderen Seite bietet aber gerade der Handlungsdruck, dem sich die Europäische Union durch die bevorstehende Osterweiterung ausgesetzt sieht, möglicherweise eine der letzten Möglichkeiten, eine grundlegende Umstrukturierung der vertraglichen »Verfassung« des europäischen Mehrebenensystems vorzunehmen, die dem klassischen Leitbild föderaler Balance zwischen Einheit und Vielfalt genügt. Eine arbeitsteilige Organisationsreform muß bei den europäischen Vertragsstrukturen ansetzen und den Unionsbürgern ein nachvollziehbares europäisches »Verfassungsdokument« an die Hand geben. Vor allem ist eine primärrechtliche Kompetenzabgrenzung erforderlich, die eine klare Zurechenbarkeit politischer Verantwortung erlaubt (Transparenz und demokratische Legitimation), die Leistungskapazitäten der verschiedenen Systemebenen in der Europäischen Union für eine zufriedenstellende Aufgabenerfüllung angemessen berücksichtigt (Effizienz und Effektivität) und somit breite Akzeptanz bei den Bevölkerungen der Mitgliedstaaten finden kann (Legitimität).

Mit ihrer Studie verdeutlichen Thomas Fischer und Nicole Schley die Relevanz einer grundlegenden Umstrukturierung des europäischen Vertragswerkes für das künftige Integrationsgeschehen. Gestützt auf eine Analyse aller EU-Politikbereiche im Blick auf eine sinnvolle Ansiedlung der jeweiligen Primar- bzw. Partialkompetenz erstellen sie einen tabellenförmigen Kompetenzverteilungskatalog.

Die Studie enthält die Ergebnisse des Forschungsprojektes »Europa föderal organisieren«, das in Zusammenarbeit der Bertelsmann Wissenschaftsstiftung und der Bertelsmann Forschungsgruppe Politik am Centrum für angewandte Politikforschung der Universität München, zunächst unter Federführung von Professor Heinz Laufer begann und nach dessen viel zu frühem Tod unter meiner Leitung fortgesetzt und abgeschlossen wurde. Herausgeber und Autoren möchten sich an dieser Stelle bei Dr. Claus Giering, der die Entstehung dieser Publikation kritisch und konstruktiv begleitete, ganz herzlich bedanken.

Prof. Dr. Dr. h.c. Werner Weidenfeld
Mitglied des Vorstandes der Bertelsmann Stiftung
Direktor des Centrums für angewandte Politikforschung
der Ludwig-Maximilians-Universität München

A. Die Bedeutung des föderalen Prinzips für die Europäische Union

Nicht einmal sechs Jahre liegen zwischen der Unterzeichnung der Verträge von Maastricht und Amsterdam. Trotz der Verzögerungen im Ratifikationsverfahren zum Maastrichter Vertrag blieben die Mitgliedstaaten an die Vorgabe des Art. N Abs. 2 EUV-M[1] gebunden, der schon für 1996 die Einberufung einer weiteren Regierungskonferenz zur Überprüfung seiner Vertragsbestimmungen vorsah. Die in diesem Rahmen stattfindenden Revisionsverhandlungen wurden schließlich mit den auf dem Amsterdamer Gipfel vom Juni 1997 vereinbarten Vertragsänderungen abgeschlossen. Nach der Unterzeichnung der konsolidierten Vertragsfassung am 2. Oktober 1997 ist der Amsterdamer Vertrag schließlich zum 1. Mai 1999 in Kraft getreten.

Inhaltlich sind die Ergebnisse dieser jüngsten Vertragsrevision allerdings dadurch geprägt, daß die tatsächlichen Schwerpunktsetzungen auf der Tagesordnung der Regierungskonferenz 1996/97 erheblich von den Regelungsmaterien abgewichen sind, die ursprünglich in Maastricht als Hauptgegenstände der nächsten Vertragsrevision vorgesehen worden waren.[2] Seit 1994 gewannen die für die beabsichtigte Osterweiterung der Europäischen Union (EU) erforderlichen Institutionenreformen deutlich an Stellenwert. Ursprünglich stand bei der vertraglichen Festsetzung eines Termins für die Aufnahme erneuter Vertragsverhandlungen in Art. N Abs. 2 EUV-M noch die Absicht im Vordergrund, nachholend zur Wirtschafts- und Währungsunion auch die Politische Union weiter voranzutreiben, was in Maastricht nicht gelungen war. Spätestens die vorbereitenden Arbeiten der Reflexionsgruppe im zweiten Halbjahr 1995

---

1   Die Artikelverweise in der vorliegenden Studie beziehen sich auf die am 2. Oktober 1997 unterzeichnete, konsolidierte Fassung des Vertrages über die Europäische Union (EUV) bzw. des Vertrages zur Gründung der Europäischen Gemeinschaft (EGV). Die Kurzbezeichnungen der Verträge werden deshalb bei Artikelnennungen meist mit einem »-A« weiter spezifiziert, um zu verdeutlichen, daß schon die neue Zählung der konsolidierten Fassung des Vertrages von Amsterdam zugrunde gelegt wird (EUV-A bzw. EGV-A). Vereinzelt ließen es die jeweils darzustellenden Zusammenhänge jedoch sinnvoller erscheinen, noch die Numerierung des Maastrichter Vertrages anzuwenden. Diese Fälle werden bei der Nennung von Einzelbestimmungen durch eine Ergänzung der Vertragskürzel um ein »-M« gekennzeichnet (EUV-M bzw. EGV-M).

2   Vgl. u. a.: Schmuck, Otto: Die Regierungskonferenz 1996/97: Reformbedarf, Rechtsgrundlagen, Tagesordnung, Erwartungen, in: Jopp, Mathias; Schmuck, Otto (Hrsg.): Die Reform der Europäischen Union. Analysen – Positionen – Dokumente zur Regierungskonferenz 1996/97, Bonn 1996, S. 9-21 (v. a. S. 12-17); Metz, Wolfgang: Kommentierte Chronologie zur Regierungskonferenz 1996/97, in: Weidenfeld, Werner (Hrsg.): Amsterdam in der Analyse, Gütersloh 1998, S. 219-272.

sollten jedoch belegen, daß dieses integrationspolitische Vertiefungsziel in Anbetracht der Erweiterungsperspektive nicht mehr im Mittelpunkt der Vertragsverhandlungen stehen würde.

Angesichts dieser Akzentverschiebungen kann es kaum verwundern, daß sich auch die kritischen Kommentierungen der in Amsterdam vereinbarten Vertragsänderungen vom Juni 1997 auf die unbefriedigenden Ergebnisse konzentrieren, die im Hinblick auf die erweiterungsbedingten institutionellen Reformerfordernisse zu konstatieren sind.[3] Ausdruck verliehen wird vor allem der Besorgnis, daß das Amsterdamer Versäumnis, die institutionellen Voraussetzungen für eine annähernde Verdoppelung der gegenwärtigen Zahl der Mitgliedstaaten zu schaffen, endgültig zu ineffizienten Entscheidungsabläufen oder gar zur völligen Handlungsunfähigkeit der europäischen Ebene führen dürfte. Dabei erscheint längerfristig auch die Befürchtung durchaus begründet, daß ohne grundlegende Reformen des institutionellen Rahmens der Europäischen Union die Gefahr eines allmählichen Zerfalls des (gesamt-)europäischen Einigungswerkes droht.[4]

Zweifelsohne bedeutet der Beitrittsprozeß, in dessen Rahmen inzwischen bilaterale Verhandlungen mit einer ersten Runde von fünf Bewerberstaaten in Mittel- und Osteuropa sowie Zypern aufgenommen wurden,[5] einen grundlegenden Systemwandel für die Union. Allerdings wird allein die Verwirklichung der institutionellen Voraussetzungen für Entscheidungseffizienz auf supranationaler Ebene nicht ausreichen, um den Erhalt und die Stabilität dieser Einheit dauerhaft zu gewährleisten. Vielmehr versprechen künftige Vertragsreformen bei der Bewältigung der Herausforderung, die Erweiterungsfähigkeit der Europäischen Union herzustellen, nur dann Erfolg, wenn sie im Blick behalten, daß der notwendige Umbau des Institutionengefüges untrennbar mit grundlegenden Eingriffen in die bisherigen Strukturen des europäischen Vertragswerkes zusammenhängt. Am deutlichsten manifestiert sich die bislang unzureichende

---

3 Vgl. u. a. Schmuck, Otto: Verlauf und Ergebnisse der Regierungskonferenz im Licht integrationspolitischer Langzeittrends, in: Jopp, Mathias; Maurer, Andreas; Schmuck, Otto (Hrsg.): Die Europäische Union nach Amsterdam. Analysen und Stellungnahmen zum neuen EU-Vertrag, Bonn 1998, S. 17-39 (S. 17f.); Weidenfeld, Werner; Giering, Claus: Die Europäische Union nach Amsterdam – Bilanz und Perspektiven, in: Weidenfeld (Hrsg.), Amsterdam in der Analyse, a. a. O., S. 19-87 (S. 22); Wessels, Wolfgang: Die Europapolitik in der wissenschaftlichen Debatte, in: Weidenfeld, Werner; Wessels, Wolfgang (Hrsg.): Jahrbuch der Europäischen Integration 1997/98, Bonn 1998, S. 25-35 (S. 25 f.).

4 Zu Recht wird darauf hingewiesen, daß auch die in Amsterdam neu eröffneten Möglichkeiten für eine engere Kooperation zwischen einzelnen Mitgliedstaaten bzw. eine Flexibilisierung des Integrationsprozesses kein »Patentrezept für die Überwindung der institutionellen Schwierigkeiten der EU« darstellen. Vgl. Ehlermann, Claus Dieter: Differentiation, Flexibility, Closer Cooperation: The New Provisions of the Amsterdam Treaty, San Domenico di Fiesole: European University Institute. Robert Schuman Centre, February 1998, S. 6-8.

5 Die bilateralen Verhandlungen nach Art. O EUV-M (jetzt Art. 49 EUV-A) mit Polen, der Tschechischen Republik, Ungarn, Slowenien, Estland und Zypern wurden bereits im März 1998 aufgenommen. In der anschließenden Phase wurde für einzelne Sachgebiete zunächst eine analytische Prüfung (»screening«) des Standes der dortigen Umsetzung des gemeinschaftlichen Besitzstandes (»acquis communautaire«) durchgeführt, deren Ergebnisse dann am 10. November 1998 zur Einleitung der echten Verhandlungen mit den genannten sechs Bewerberstaaten der ersten Runde führten.

Beachtung dieses wechselseitigen Bezuges von Reformerfordernissen in den fortbestehenden Defiziten der primärrechtlichen Kompetenzordnung bzw. darin, daß sich offensichtlich auch bei den jüngsten Reformbemühungen die Einsicht nicht durchsetzen konnte,»daß politische Fragen in Zusammenhang mit institutionellen Themen betrachtet werden müssen.«[6]

Mit diesem Hinweis auf das zusätzliche Reformerfordernis einer deutlicheren Ab- und Begrenzung supranationaler Zuständigkeitsbereiche wird weder die Renationalisierung europäischer Aufgabenbestände als Selbstzweck propagiert, wie dies auch über Amsterdam hinaus immer wieder geschehen ist.[7] Noch sollen auf diesem Wege die zweifellos vorhandenen Ängste der Bevölkerungen in zumindest einigen Mitgliedstaaten vor einem europäischen »Super-« oder »Zentralstaat« instrumentalisiert werden, um – aus der Sicht einzelner Regierungsvertreter – mißliebige Handlungsspielräume auf supranationaler Ebene, v. a. bei der Europäischen Kommission, zu beschneiden.[8] Vielmehr muß es darum gehen, ein Ordnungsmodell und generalisierbare Zuweisungskriterien für die Bestimmung jenes Kernbestandes an europäischen Aufgaben zu entwickeln, der sowohl unter den Gesichtspunkten effektiver politischer Steuerung als auch einer hinreichenden demokratischen Legitimation politischen Handelns über die territorialen Grenzen des Nationalstaates (bzw. seiner regionalen und lokalen Gliederungen) hinausweist und somit möglichst unstrittig Handlungsbefugnisse der europäischen Ebene rechtfertigt. Im einzelnen beinhaltet diese »Meßlatte« zur Bestimmung des Bedarfes an Reformen für die Europäische Union und als Zielgrößen für deren Durchführung folgende Kriterien:

a) Die »*Effektivität*« politischen Handelns bzw. politischer Steuerung bemißt sich – allgemein formuliert – nach dem Verhältnis zwischen angestrebter und tatsächlich erreichter Handlungswirkung. Damit hat der Begriff auch in dieser Studie verschiedene Dimensionen: Zum einen umschreibt er das Prinzip der »output-Kongruenz«. Dieses besagt, daß in dem Maße, in dem soziale Handlungs- und Problemzusammenhänge über die territorialen Grenzen und damit auch über die Regelungsreichweite des Nationalstaates oder unter Umständen auch seiner subnationalen Gebietskörperschaften hinausweisen, wirksame Steuerung bzw. Problemlösung nur mehr im grenzübergreifenden Verbund möglich ist. Bezogen auf das Mehrebenensystem der Europäischen Union bedeutet dies, daß die Effektivität politischen Handelns von der Bestimmung der richtigen Handlungsebene für die Lösung spezifischer Problemzusammenhänge abhängt, die allerdings in den

---

6 Wallace, Helen: Fit für Europa? Reform und Erweiterung der Europäischen Union, in: integration 2 (1996), S. 77-92 (S. 86).

7 Als Beispiel für Anstrengungen, die in diese Richtung zielen, kann der Brief des bayerischen Ministerpräsidenten Edmund Stoiber gesehen werden, den dieser Anfang September 1998 an den damaligen deutschen Bundeskanzler Helmut Kohl richtete. Beigefügt ist diesem Schreiben, das als Beitrag zur Vorbereitung des ursprünglich den Themen Subsidiarität, Bürgernähe und Effizienz gewidmeten Sondergipfels im österreichischen Pörtschach (24./25. Okotber 1998) dienen sollte, eine 120-seitige (!) Auflistung von Zuständigkeitsverletzungen durch die europäische Ebene. Vgl. Bayerische Staatskanzlei: Subsidiaritätsliste. Beispiele für Subsidiaritätsverstöße und Kompetenzüberscheibungen der EG, Stand: 31.8.1998.

8 Vgl. Hilz, Wolfram: Subsidiaritätsprinzip und EU-Gemeinschaftsordnung. Anspruch und Wirklichkeit am Beispiel des Maastricht-Prozesses, Opladen 1998, v. a. S. 175-202.

globalisierungs- und integrationsbedingten Prozessen der »Denationalisierung« immer häufiger über den einzelnen Mitgliedstaat hinausgreifen und damit auch seinen nationalstaatlichen Souveränitätsanspruch faktisch aushöhlen.[9] Die zweite Bedeutung des Effektivitätsbegriffes in der vorliegenden Studie ergibt sich aus dem Umstand, daß es sich bei der Europäischen Union nach wie vor in erster Linie um eine Rechtsgemeinschaft mit schwach ausgebauten eigenen Verwaltungskapazitäten handelt. Effektivität in diesem Sinne wird verstanden als »die Fähigkeit, einmal getroffene Entscheidungen auch wirksam umzusetzen«.[10]

b) Zunächst wird mit dem »*Effizienz*«-Begriff allgemein das Verhältnis von Kosten und Nutzen umschrieben. In diesem weiteren Sinne umfaßt er auch legitimatorische Handlungskosten, d. h. die Kosten, die darin bestehen, daß öffentliches Handeln gegen Werte und Normen verstößt und damit an Legitimation verliert.[11] Im Unterschied zu dieser weit gefaßten Bedeutung wird der Terminus im folgenden allerdings in dem engeren Wortsinne von »Entscheidungseffizienz« gebraucht. »Effizienz« bezieht sich hier auf institutionelle Handlungskapazitäten und umschreibt »die Fähigkeit, die notwendigen Entscheidungen auch in angemessener Zeit zu treffen«.[12] Dieses Ziel steht in der Debatte um die institutionellen Reformerfordernisse angesichts der bevorstehenden Erweiterung eindeutig im Vordergrund. Im Gegensatz dazu kann der Terminus allerdings auch für »Handlungseffizienz« stehen und ergänzt in diesem Falle das Effektivitätskriterium gewissermaßen um den Kostenaspekt. Für die Bestimmung der jeweils adäquaten politischen Handlungsebene in der Europäischen Union spielt diese terminologische Differenzierung insofern eine Rolle als damit zusätzlich die Frage angeschnitten wird, ob bei grundsätzlich gleichem Wirkungsgrad politischen Handelns auf verschiedenen Zuständigkeitsebenen möglicherweise die Erzielung dieser Handlungswirkung auf einer bestimmten Ebene mit einem geringerem Aufwand verbunden ist und sie eben deshalb mit entsprechenden Handlungsbefugnissen ausgestattet werden sollte. In der vorliegenden Studie soll zur Vereinfachung der Darstellung allerdings auf diese weitere Differenzierung verzichtet werden, indem »Handlungseffizienz« im folgenden unter dem Begriff der »Effektivität« subsumiert wird. Vorbehaltlich expliziter Hinweise auf eine andere Verwendung wird der »Effizienz«-Begriff also in aller Regel als Kurzformel für »Entscheidungseffizienz« herangezogen.

c) Das Kriterium der »*demokratischen Legitimation*« zielt zunächst einmal auf eine Ausgestaltung der Verfahren der politischen Willensbildung und Beschlußfassung, die dem Demokratie- und Rechtsstaatsgebot gerecht wird. Es bezieht sich somit zum einen auf die Notwendigkeit einer wirksamen Rückbindung politischen Handelns an den Willen der Bürger als Entscheidungsbetroffene. Bezogen auf die Europäische Union steht dieses Problem im Mittelpunkt der wissenschaftlichen

---

9 Vgl. dazu Zürn, Michael: Regieren jenseits des Nationalstaates, Frankfurt a. M. 1998, v. a. S. 137-138.

10 Vgl. zu dem letztgenannten Effektivitätsverständnis auch: Vgl. Janning, Josef; Giering, Claus: Strategien gegen die institutionelle Erosion, in: Giering, Claus; Janning, Josef; Merkel, Wolfgang; Stabenow, Michael: Demokratie und Interessenausgleich in der Europäischen Union, Gütersloh 1999, S. 39-79, hier S. 42.

11 Vgl.: Prittwitz, Volker von, Politikanalyse, Opladen 1994, S. 65 f.

12 Vgl. Janning/Giering: Strategien gegen die institutionelle Erosion, a. a. O., S. 42.

Debatte um geeignete Lösungen zur Behebung des »europäischen Demokratiedefizites«. Die Auseinandersetzung dreht sich dabei vor allem um die Frage, inwieweit eine Aufwertung der Stellung und Zusammensetzung des Europäischen Parlamentes sowie Reformen der Bestellungsmodalitäten seiner Mitglieder im Europawahl-Verfahren ausreichen, um dieses demokratische Grundgebot zu erfüllen, bzw. ob den Unionsbürgern andere Partizipationskanäle – beispielsweise in der Gestalt direktdemokratischer Mitentscheidungsmöglichkeiten – eröffnet werden müssen.[13] Mit Blick auf die Anforderungen an die rechtlichen Grundlagen demokratischer Gemeinwesen berührt demokratische Legitimation allerdings zusätzlich die Frage der Grund- und Bürgerrechtsgebundenheit politischen Handelns sowie – speziell in politischen Mehrebenensystemen – das Gebot, daß ein Mindestmaß an »*Transparenz*« durch eine möglichst deutliche Abgrenzung der Aufgabenbestände der verschiedenen Handlungsebenen und somit zugleich die strukturelle Bedingung einer möglichst klaren Zurechenbarkeit politischer Verantwortung gewährleistet ist. Angesichts des erreichten Integrationsstandes muß auch das europäische Vertragswerk daraufhin überprüft werden, ob es diesen Anforderungen noch genügt.

d) Über das Problem einer hinreichenden formalen demokratischen Legitimation des Unionshandelns im Verfahren hinaus stellt sich generell das Problem ausreichender »*Legitimität*« im Sinne der allgemeinen »Anerkennungswürdigkeit einer politischen Ordnung« bzw. deren öffentlicher Akzeptanz. Dabei hängt auch im Falle der Europäischen Union die Legitimität ihres politischen Systems natürlich zum einen von der Frage ab, ob sie Zuständigkeiten primär in jenen Politikbereichen wahrnimmt, in denen sie tatsächlich über eine den Mitgliedstaaten (bzw. ihren subnationalen Gebietskörperschaften) überlegene Problemlösungsfähigkeit verfügt.[14] Mit Blick auf die Kompetenzstrukturen des europäischen Vertragswerkes bedeutet dies, daß auch unter dem Gesichtspunkt der Legitimität eine Begrenzung europäischer Zuständigkeiten auf Aufgabengebiete angezeigt erscheint, auf denen eine effektive Problemlösung durch niedrigere Handlungsebenen nicht mehr gewährleistet ist. Die Effektivität politischen Handelns ist insoweit also gleichzeitig eine Voraussetzung für eine hinreichende Legitimität der Europäischen Union auf der »output«-Seite des politischen Prozesses. Hinzu tritt allerdings, daß auch un-

---

13 Vgl. zur aktuellen demokratietheoretischen Diskussion u. a.: Grande, Edgar: Demokratische Legitimation und europäische Integration, in: Leviathan 3 (1996), S. 339-360; Scharpf, Fritz W.: Föderalismus und Demokratie in der transnationalen Ökonomie, in: Beyme, Klaus von; Offe, Claus: Politische Theorie in der Ära der Transformation, Opladen 1995, S. 211-235; ders.: Demokratische Politik in der internationalisierten Ökonomie, in: Greven, Michael (Hrsg.): Demokratie – eine Kultur des Westens?, Opladen 1998, S. 81-103; Greven, Michael Th.: Mitgliedschaft, Grenzen und politischer Raum: Problemdimensionen der Demokratisierung der Europäischen Union, in: Kohler-Koch, Beate (Hrsg.): Regieren in entgrenzten Räumen, Opladen 1998, S. 249-270; Benz, Arthur: Ansatzpunkte für ein europafähiges Demokratiekonzept, in: ebd., S. 345-368; Abromeit, Heidrun; Schmidt, Thomas: Grenzprobleme der Demokratie: konzeptionelle Überlegungen, in: ebd., S. 293-320; Abromeit, Heidrun: Democracy in Europe. Legitimising Politics in a Non-State Polity, New York/Oxford 1998.

14 Vgl. Jachtenfuchs, Markus: Die Zukunft der Demokratie im Rahmen der Europäischen Union, Entwurf für einen Beitrag in: Kaase, Max; Schmid, Günther (Hrsg.): Demokratie in der Bewährungsprobe. 50 Jahre Bundesrepublik Deutschland (WZB-Jahrbuch 1999), Berlin 1999.

terschiedliche politische Traditionen und Staatsverständnisse in den Mitgliedstaaten, divergierende nationale bzw. regionale Auffassungen zu Begriffen wie
Bürgernähe oder Subsidiarität ausschlaggebend sein können für die mehrheitliche
Bevorzugung einer bestimmten politischen Zuständigkeitsebene, ohne daß sich
dies zwangsläufig mit dem Effektivitätsgebot decken muß. Die legitimitätsstiftende Wirkung von Reformen der europäischen Kompetenzordnung wird deshalb
sowohl davon abhängen, daß eine Begrenzung supranationaler Zuständigkeiten
auf Bereiche überlegener europäischer Problemlösungsfähigkeit stattfindet als
auch daß bei den Grenzziehungen für europäische Handlungsbefugnisse dem divergierenden Subsidiaritätsverständnis in den Mitgliedstaaten Rechnung getragen
wird.

Das zentrale Anliegen dieser Studie besteht nun darin, ein diesen zentralen
Anforderungen genügendes Kompetenz- und Ordnungsgefüge für das europäische
Vertragsrecht zu entwickeln. Damit sind aber zugleich bereits die Kerninhalte
benannt, auf die die im Titel formulierte Forderung nach einer »föderalen
Organisationsreform« der Europäischen Union abzielt. Bevor allerdings genauer auf
den dabei zugrundegelegten »Föderalismus«-Begriff eingegangen wird, soll zunächst
anhand einer knappen Darstellung des immensen Problemhaushaltes, der das
Integrationsgeschehen zur Jahrtausendwende kennzeichnet, herausgearbeitet werden,
wie dringend sich eine grundlegende Umgestaltung der bisherigen Vertragsstrukturen
inzwischen geboten ist. Gerade in Anbetracht des zeitlichen »Fahrplans« für die
nächsten Integrationsschritte scheint dabei rasches Handeln unabdingbar. Nachdem es
den Staats- und Regierungschefs auf dem Berliner Sondergipfel zur »Agenda 2000«
vom März 1999 gelang, Einigung über den EU-Finanzierungsrahmen für die Jahre
2000 bis 2006 zu erzielen, konnte sich der Europäische Rat in Köln Anfang Juni 1999
wieder dem Problem der in Amsterdam gescheiterten institutionellen Reformen
zuwenden. Konkret wurde dort vereinbart, zur Behandlung dieser für die
Erweiterungsfähigkeit der Union essentiellen Frage schon Anfang des Jahres 2000
erneut eine Konferenz mitgliedstaatlicher Regierungsvertreter einzuberufen, die noch
im gleichen Jahr unter französischer Ratspräsidentschaft mit der Verabschiedung der
notwendigen Vertragsänderungen abgeschlossen werden soll.[15]

Diese Verhandlungen um die nächste Vertragsrevision werden möglicherweise die
letzte Möglichkeit sein, im Kreis der heutigen fünfzehn Mitgliedstaaten weiterreichende Reformen zu vereinbaren und sollten deshalb als Chance genutzt werden, auch
über rein institutionelle Probleme hinaus Grundsatzfragen zur weiteren Entwicklung
der Europäischen Union zu klären. Gelingt dies selbst unter dem Reformdruck der bevorstehenden Erweiterung nicht, so wird in absehbarer Zeit auch kaum mehr eine rea-
listische Aussicht auf grundlegende Korrekturen der vertragsstrukturellen Defizite bestehen, unter denen das europäische Einigungswerk heute leidet.[16]

---

15 Vgl. Europäischer Rat in Köln, 3. und 4. Juni 1999. Schlußfolgerungen des Vorsitzes, Randnummern
    (Rn.) 52-54.
16 Auch hier gilt, worauf Giering speziell mit Blick auf den institutionellen Reformbedarf hingewiesen
    hat: Der unmittelbare Handlungsdruck, der sich aus der bevorstehenden Osterweiterung ergibt, sollte
    primär als zusätzliche Chance verstanden und genutzt werden, um eine Einigung unter den
    Mitgliedstaaten über die längst überfällige Neuordnung der europäischen Vertragsstrukturen zu
    erzielen. Vgl. Giering, Claus: Institutionelle Reformchancen, in: Bertelsmann

I. Die Europäische Union an den Grenzen ihrer Belastbarkeit

Seit der Unterzeichnung des Maastrichter Vertrages von 1992 sieht sich die Europäische Union mit einem immer rascher verlaufenden »doppelten Systemwandel«[17] konfrontiert, dessen erfolgreiche Bewältigung sie ohne tiefgreifende Reformen ihres Institutionengefüges und ihrer Entscheidungsverfahren, vor allem aber auch ihrer vertragsrechtlichen Grundordnung endgültig überfordern dürfte. Den Ausgangspunkt für diesen doppelten Wandel bilden die beiden Grundsatzentscheidungen zur Neubestimmung des künftigen Integrationskurses seit dem Ende des Ost-West-Konfliktes und der Gründung der Europäischen Union. Die Aussicht auf elementare Fortschritte in der Vertiefungsdimension des Einigungsprozesses wurde durch den in Maastricht vereinbarten Stufenplan für eine gemeinsame europäische Währung eröffnet. In der Erweiterungsdimension ist der Systemwandel durch die Selbstverpflichtung der Europäischen Union und ihrer Mitgliedstaaten auf die Aufnahme von zehn mittel- und osteuropäischen Staaten sowie Zyperns und Maltas eingeleitet worden, die bereits durch den Europäischen Rat von Kopenhagen und die dort beschlossenen Beitrittskriterien vom Juni 1993 ihr formales »Gewand« erhielt.

Auch jenseits der Amsterdamer Vertragsrevision kam es in den Jahren 1997/98 zu entscheidenden Durchbrüchen sowohl in der Vertiefungs- als auch in der Erweiterungsdimension. Nach den Entschließungen des Europäischen Rates von Amsterdam (Juni 1997) zum Wachstums- und Stabilitätspakt sowie zum Wachstums- und Beschäftigungspakt und den Beschlüssen des Gipfels von Luxemburg (Dezember 1997) zur wirtschaftspolitischen Koordinierung sowie zum »Euro-X-Rat«,[18] legten die Staats- und Regierungschefs der inzwischen fünfzehn Mitgliedstaaten am 2. Mai 1998 in Brüssel den gegenwärtigen Teilnehmerkreis von zunächst elf Staaten für den Beginn der dritten Stufe der Wirtschafts- und Währungsunion zum 1. Januar 1999 fest.[19]

Parallel zu diesem Vertiefungsschritt einer Vergemeinschaftung der Währungspolitik zwischen einem Großteil der Mitgliedstaaten kam auch der Erweiterungsprozeß im Sinne der Schlußfolgerungen der Tagungen des Europäischen Rates in Madrid (Dezember 1995) und Florenz (Juni 1996) voran. Entsprechend den dortigen Vorgaben, sechs Monate nach Verabschiedung des Amsterdamer Vertragsentwurfes (Juni 1997) den Beitrittsprozeß einzuleiten, einigten sich die Staats- und Regierungschefs auf dem Gipfel von Luxemburg im Dezember 1997 auf einen Erweiterungsfahrplan. Als Grundlage diente ihnen dabei das Prozeßmodell, das die Europäische Kommission in ihrer Mitteilung »Agenda 2000« fast zeitgleich mit dem Abschluß der jüngsten Vertragsrevision im Juli 1997 präsentiert hatte.[20] Basierend auf dem Luxemburger Be-

---

Stiftung/Forschungsgruppe Europa (Hrsg.): Kosten, Nutzen und Chancen der Osterweiterung für die Europäische Union, Gütersloh 1998, S. 55-68 (S. 67 f.).

17 Vgl. Forschungsgruppe Europa am Centrum für angewandte Politikforschung der Universität München: Europa vor der Vollendung. Das Profil der großen Europäischen Union (Vorlage zum International Bertelsmann Forum, Schloß Bellevue, Berlin, 3.-4. Juli 1998), S. 8.

18 Erst nach der Festlegung auf zunächst elf Teilnehmerstaaten an der dritten Stufe der Währungsunion im Mai 1998 wurde die Bezeichnung »Euro-X-Rat« durch »Euro-11-Rat« ersetzt.

19 Anfänglich nicht teilnehmen werden Dänemark, Griechenland, Großbritannien und Schweden.

20 Vgl. Europäische Kommission: Agenda 2000. Eine stärkere und erweiterte Union, Bulletin der Europäischen Union. Beilage 5/97 (KOM (97) 2000 endg. v. 15.7.1997).

schluß wurde am 30. März 1998 der Beitrittsprozeß mit einem Treffen der fünfzehn Mitgliedstaaten und vorerst elf Kandidatenländern eingeleitet.[21]

Nach diesem gemeinsamen Auftakt erfolgte das weitere Vorgehen allerdings gestaffelt und stützte sich dabei wiederum auf die »Agenda 2000« bzw. die dortigen Stellungnahmen der Kommission zur Integrationsfähigkeit der einzelnen Bewerberstaaten gemäß den Kopenhagener Kriterien aus dem Jahre 1993. Bilaterale Verhandlungen nach Art. O EUV-M (Art. 49 EUV-A) sind aufgrund dieser Bewertungen zunächst nur mit sechs Beitrittskandidaten aufgenommen worden.

Der Beitrittsprozeß bleibt jedoch auch für jene Mitgliedschaftsbewerber, die als sogenannte »pre-ins« noch nicht zu dieser ersten Runde gehören, insofern offen, als die Kommission jährlich Stellungnahmen zum Erfüllungsgrad der Kopenhagener Beitrittskriterien für alle Kandidaten vorlegt. Von ihren Ergebnissen hängt die jeweilige Entscheidung des Europäischen Rates ab, wann das einzelne Land aus dieser zweiten Staffel in die erste Gruppe aufschließen kann und auch mit ihm die bilateralen Verhandlungen eingeleitet werden.[22] Tatsächlich geht schon aus den ersten Kommissionsberichten zum Stand der Vorbereitungsarbeiten, die im November 1998 erschienen sind, hervor, daß für Malta, Lettland, eventuell auch für die Slowakei und Litauen zumindest die Möglichkeit bestünde, sie noch im Laufe des Jahres 1999 in die erste Runde der Bewerberstaaten aufrücken zu lassen.[23] Lediglich Bulgarien und Rumänien drohen längerfristig »Nachzügler« des Erweiterungsprozesses zu bleiben.[24]

Insgesamt zeigt diese sehr dynamische Entwicklung des Beitrittsprozesses jedoch, daß längst nicht mehr in Frage gestellt wird, *ob* eine Erweiterung der Europäischen Union stattfinden wird. Der kritische Punkte ist inzwischen vielmehr, *wann* genau dies geschehen soll. Schon jetzt scheint festzustehen, daß sich die Hoffnungen der Teilnehmer der ersten Runde auf einen Beitrittstermin bis 2002 wohl nicht erfüllen werden und die Aufnahme erster Neumitglieder frühestens für die Jahre 2004 oder 2005 zu erwarten sein dürfte.[25] Je länger sich der Abschluß der Beitrittsverhandlungen aber hinauszögert, desto stärker gerät die beharrliche Weigerung der derzeitigen Mitglied-

21 Bulgarien, Estland, Lettland, Litauen, Polen, Rumänien, Slowakische Republik, Slowenien, Tschechische Republik, Ungarn sowie Zypern. Maltas Beitrittsgesuch wurde erst nach den Parlamentswahlen vom September 1998 erneuert, weshalb die förmliche Entscheidung über seine Aufnahme in die erste Runde der Beitrittskandidaten noch aussteht. Sie wird erst auf dem Europäischen Rat in Helsinki im Dezember 1999 getroffen.

22 Vgl. zu den Einzelheiten des Luxemburger Prozeßmodells vom Dezember 1997: Lippert, Barbara: Die Erweiterungspolitik der Europäischen Union, in: Weidenfeld/Wessels (Hrsg.): Jahrbuch 1997/98, a. a. O., S. 37-50; Friis, Lykke: The End of the Beginning of Eastern Enlargement – Luxembourg Summit and Agenda-Setting, European Integration online Papers (EioP) 7 (1998).

23 Vgl. Taylor, Simon: EU applicants stuck in the slow lane, in: European Voice 41 (1998).

24 Vgl. Kohler, Berthold: Erstes Lob für den Letzten. Trotz jüngster Reformerfolge ist der Weg Bulgariens in die EU noch weit, in: Frankfurter Allgemeine Zeitung v. 13. November 1998; Mappes-Niediek, Norbert: Ein Land sucht eine Perspektive. Rumänien hofft auf den Beitritt zur EU. Aber die Chancen sind gering, in: Die ZEIT v. 26. November 1998.

25 Vgl. Hort, Peter: Nach den Visionen das Kleingedruckte. Die Mittel-und Osteuropäer auf ihrem langen Marsch durch die Brüsseler Institutionen in die EU, in: Frankfurter Allgemeine Zeitung (FAZ) v. 10. November 1998; »Die deutsche Außenpolitik erfordert eindeutige Signale«. Polens Außenminister Bronislaw Geremek erwartet Kontinuität und kritisiert die »Festung Europa«, Interview in der Frankfurter Rundschau v. 19. Oktober 1998.

staaten, sich auf einen konkreten Zeitpunkt festzulegen, in den Ruch, Ausdruck einer gezielten »Verschleppungstaktik« zu sein.

Bereits seit 1996 sind in allen zehn mittel- und osteuropäischen Bewerberstaaten massive Einbrüche in den öffentlichen Zustimmungsraten zu einer EU-Mitgliedschaft zu beobachten.[26] Die rasch sinkende *Beitrittswilligkeit* in den Bevölkerungen der künftigen Neumitglieder, die bei sich in die Länge ziehenden Verhandlungen weiter an Sprengkraft für den Erweiterungsprozeß gewinnen wird, ist wohl auch darauf zurückzuführen, daß sich die absehbaren Verzögerungen nicht als unmittelbares Ergebnis einer mangelnden *Beitrittsfähigkeit* der Kandidatenländer rechtfertigen lassen. Schwerer wiegt der Umstand, daß die Interessenkonflikte zwischen den derzeitigen Mitgliedstaaten an Schärfe zugenommen haben je konkreter die Erweiterungsperspektive Gestalt angenommen hat und je deutlicher damit auch die Notwendigkeit interner Reformen der Europäischen Union erkennbar wurde, um zunächst die Voraussetzungen für ihre eigene *Erweiterungsfähigkeit* zu schaffen.

1. Die Aushandlungslogik europäischer Entscheidungsfindung

Ein wichtiger Grund für diese Zuspitzung »interner« Auseinandersetzungen zwischen den Mitgliedstaaten liegt darin, daß die Europäische Union der Fünfzehn sich nicht nur auf die ohnehin äußerst weitreichenden Implikationen einer annähernden Verdoppelung ihres Mitgliederkreises vorbereiten muß, sondern einen doppelten Systemwandel durchläuft und deshalb zugleich den Anforderungen aus der Einführung einer gemeinsamen Währung genügen muß. Aus dem zeitlichen Zusammenfallen der Erweiterungsdynamik mit dem einschneidenden Vertiefungsschritt in das »Euroland« resultieren unmittelbar Kompatibilitätsprobleme zwischen beiden Zielgrößen.

Ein erfolgreicher Verlauf des künftigen Integrationsgeschehens mit seiner gleichzeitigen Grundausrichtung auf beide integrationspolitischen Wegmarken wird maßgeblich von der Fähigkeit abhängen, ihre in einem starken Spannungsverhältnis zueinander stehenden finanz- und umverteilungspolitischen Anforderungen in der Erweiterungs- und Vertiefungsdimension sorgfältig auszutarieren. Auf der einen Seite schränken die auf geldpolitische Stabilität zielenden Maastrichter Konvergenzkriterien zur Währungsunion und die Vereinbarung des Stabilitäts- und Wachstumspaktes vom Juni 1997 mit den dazugehörigen Ausführungsbestimmungen zur Überwachung der nationalen Haushalts- und Wirtschaftspolitik die finanziellen Handlungsspielräume der Mitgliedstaaten weiter ein, indem die gebotene Haushaltskonsolidierung sie zu deutlichen Ausgabenkürzungen zwingt. Auf der anderen Seite stehen mit der Erweiterung der Europäischen Union erhebliche Mitteltransfers in die – gemessen am durchschnittlichen Pro-Kopf-Einkommen der derzeitigen EU-Mitgliedstaaten – wirtschaftlich sehr schwach entwickelten und stark agrarisch geprägten Beitrittsstaaten in Mittel- und Osteuropa an. Ein Großteil dieser erweiterungsbedingten Zusatzkosten wird dabei auf die europäische Agrar- und Strukturpolitik entfallen, deren gemeinsamer Anteil an den Ausgaben aus dem europäischen Haushalt sich schon heute auf

---

26 Vgl. Dauderstädt, Michael: Europaskepsis im Osten: Schwierigkeiten und Bedenken beim EU-Beitritt, Politikinformation Osteuropa. Ein Informationsdienst der Abteilung Internationaler Dialog, Friedrich-Ebert-Stiftung, Nr. 75 (1998).

80 Prozent beläuft. Schätzungen von 1996 zufolge würden jedoch – bei unverändertem Beibehalt der heutigen Förderpraxis – alleine durch den Beitritt von fünf mittel- und osteuropäischen Neumitgliedern nochmals zusätzliche Kosten von bis zu 40 Prozent des derzeitigen EU-Gesamtbudgets entstehen. Aufgrund der zunächst geringen Beitragszahlungen der Neumitglieder müßten zudem für geraume Zeit fast ausschließlich die heutigen fünfzehn EU-Staaten für diese immense Mehrbelastung aufkommen.[27]

Angesichts dieses Entwicklungsszenarios kommt der Neuausrichtung der europäischen Agrar- und Strukturpolitik unter den dringlichen Maßnahmen zur Schaffung der materiellen Voraussetzungen für die beabsichtigte Erweiterung zentrale Bedeutung zu. Wird nun zusätzlich der immense Handlungsdruck berücksichtigt, der sich ohnehin aus dem Auslaufen des sogenannten »Delors-II-Paketes« für die Jahre 1993 bis 1999 und der Notwendigkeit der Neuvereinbarung einer Finanziellen Vorausschau für die Jahre 2000 bis 2006 zwischen den Mitgliedstaaten ergeben hat, so nimmt es kaum Wunder, daß gerade die Lösung dieses Problemkomplexes auf der aktuellen Tagesordnung der Europapolitik unbedingte Priorität erhalten hat. Den Ausgangspunkt für die diesbezüglichen Verhandlungen sollten dabei die Vorschläge der Europäischen Kommission für ein Reformkonzept bilden, die sie in ihrer Mitteilung »Agenda 2000« vom Juli 1997 erstmals präsentierte und zunächst durch ihre Entwürfe für die dazugehörigen Ausführungsrechtsakte vom März 1998 weiter konkretisiert hatte.[28]

Die Agenda 2000 zeigt einen Weg auf, wie über eine stärkere Mittelkonzentration und neue Verteilungsschlüssel für die Förderung aus den europäischen Struktur- und Agrarfonds der Finanzierungsbedarf der Osterweiterung gedeckt werden kann, ohne die bisherige (relative) Obergrenze des EU-Haushaltes von 1,27 Prozent des Bruttosozialproduktes ihrer Mitgliedstaaten überschreiten zu müssen. Kennzeichnend für diese Vorschläge der Kommission, denen übrigens noch die Annahme zugrunde lag, daß die erste Erweiterungsrunde bereits um das Jahr 2003 stattfinden wird,[29] ist dabei ihr ausgesprochener Kompromißcharakter. Vor allem wegen der Empfehlung, in verschiedenen Teilbereichen tiefgreifendere Reformen der Agrar- und Strukturpolitik auf einen Zeitpunkt nach der Aufnahme der ersten Beitrittskandidaten zu verschieben, mußte sie sich die Frage gefallen lassen, ob in Anbetracht der gewachsenen Interessenheterogenität zwischen dann zunächst 21 oder 22 Mitgliedstaaten das erforderliche Einvernehmen zwischen ihnen nicht noch schwieriger herzustellen sein dürfte. Dennoch hatte die Kommission schon aufgrund der bisherigen Erfahrung, daß die (re-)distributiven

---

27 In der damaligen Modellrechnung handelte es sich allerdings um die fünf CEFTA-Staaten Polen, Tschechische Republik, Ungarn, Slowenien und die Slowakei. Tatsächlich gehört nun anstelle des letztgenannten Landes Estland der ersten Beitrittsrunde an. Vgl. Weise, Christian: Osterweiterung der EU: Finanzierung erfordert Reformen, in: DIW-Wochenbericht 49 (1996), S. 785-793. Weiterführende Verweise auf andere Kostenschätzungen, die sich jeweils auf unterschiedlichen Entwicklungsszenarien für die Agrar- und Strukturpolitik stützen, finden sich in: Heinemann, Friedrich: EU-Finanzreform 1999. Eine Synopse der politischen und wissenschaftlichen Diskussion und eine neue Reformkonzeption, Gütersloh 1998; sowie: Becker, Peter: Der Nutzen der Osterweiterung für die Europäische Union, in: integration 4 (1998), S. 225-237.

28 Vgl. Europäische Kommission: Agenda 2000: Überblicke über die Legislativvorschläge der Europäischen Kommission, EU-Nachrichten-Dokumentation Nr. 2 v. 19. März 1998.

29 Vgl. Europäische Kommission: Agenda 2000, Bulletin, a. a. O., S. 67.

Effekte haushalts- und finanzpolitischer Maßnahmen zwischen den Mitgliedstaaten regelmäßig zu besonders heftigen Interessenkonflikten geführt haben und aufgrund des Einstimmigkeitserfordernisses im Rat wiederholt erst nach zähen Verhandlungen überbrückt werden konnten, guten Grund für dieses pragmatische Vorgehen.

Selbst die inhaltliche Zurückhaltung der Kommission konnte aber nicht verhindern, daß die politischen Verhandlungen über die Agenda letztlich doch in eine völlige Verhärtung der Standpunkte zwischen mitgliedstaatlichen Nettobeitragsempfängern und -zahlern im Finanzierungsrahmen der Europäischen Union münden sollten. Wie bereits erwähnt, war daran nicht neu, daß bei verteilungs- und haushaltspolitischen Reformen starke Interessengegensätze zwischen den Mitgliedstaaten aufbrechen. Neu hingegen ist die spezifische Form von Handlungsrestriktionen, die sich für die Mitgliedstaaten aus dem doppelten Systemwandel ergeben. Im Unterschied zu früheren Konstellationen haben sie deutlich geringere Spielräume, um über »bargaining«-Prozesse und das Knüpfen von Verhandlungspaketen finanzielle Zugeständnisse an einzelne Partner im Tausch gegen deren Zustimmung zu anderen Sachfragen einzuräumen oder sich auf dem Wege von Kompromißlösungen entgegenzukommen.[30] Den Ausschlag dafür geben eben gerade die finanziellen Restriktionen, die den Mitgliedstaaten aus der bestehenden oder angestrebten Teilnahme am einheitlichen europäischen Währungsraum erwachsen. Sie begünstigen eine Entwicklung maßgeblich, die einvernehmliche Lösungen über die (re-)distributiven Aspekte der Osterweiterung zwischen den derzeitigen EU-Mitgliedern nicht mehr primär als Frage des interessenbedingten »Wollens« sondern als Frage des ressourcenbedingten »Könnens« erscheinen lassen.

Zugleich haben sie damit aber in der aktuellen integrationspolitischen Diskussion um die Osterweiterung deutlich zur einseitigen Fixierung der Mitgliedstaaten auf die zu erwartenden Kosten beigetragen, wobei Chancen und Nutzen der Aufnahme der mittel- und osteuropäischen Beitrittsländer für die Europäische Union völlig aus dem Blick zu geraten drohten.[31] Wie ausgeprägt diese Neigung inzwischen selbst unter Mitgliedstaaten geworden ist, die sich bislang eher als »Anwalt«[32] für die Sache der Bewerberstaaten in Mittel- und Osteuropa verstanden hatten, wird am Beispiel Deutschlands besonders anschaulich. Ausgerechnet zum Auftakt der deutschen Ratspräsidentschaft im ersten Halbjahr 1999 formulierte Bundeskanzler Gerhard Schröder im Kontext mit den zu hohen (Netto-)Beitragszahlungen der Bundesrepublik erstmals unverhohlen ein Junktim zwischen der Einigung über eine Neugestaltung der Finanz-

---

30 Klassische Beispiele, wo diese Verhandlungslogik des »bargaining« massive haushaltspolitische Auswirkungen hatte, waren Mitte der siebziger Jahre die Einrichtung des Europäischen Fonds für Regionalentwicklung, der im Grunde genommen als »Kompensationszahlung« an das Neumitglied Großbritannien ins Leben gerufen wurde, oder die Einführung des Kohäsionsfonds im Maastrichter Vertrag, von der vor allem Spanien seine Zustimmung zur Europäischen Währungsunion abhängig gemacht hatte.

31 Vgl. zur Kritik an der Überbetonung der finanziellen Lasten der Osterweiterung und zur ausführlichen Darstellung der ihnen gegenüberstehenden Chancen und Nutzen für die Europäische Union: Bertelsmann Stiftung/Forschungsgruppe Europa (Hrsg.): Kosten, Nutzen und Chancen, a. a. O.; sowie Becker, a. a. O.

32 Vgl. Kreile, Michael: Eine Erweiterungsstrategie für die Europäische Union, in: Weidenfeld, Werner (Hrsg.): Europa öffnen. Anforderungen an die Erweiterung, Gütersloh 1997, S. 203-272 (S. 235).

beziehungen unter den derzeitigen Mitgliedstaaten und dem Zeitpunkt des Abschlusses der Beitrittsverhandlungen.[33]

Natürlich sind gerade für diese Warnung des deutschen Bundeskanzlers prinzipiell zwei Lesarten möglich. Zunächst einmal enthielt sie in ihrem Kern die durchaus zutreffende Grundaussage, daß die Einigung der Fünfzehn über die agrar-, struktur- und haushaltspolitischen Reformen im Rahmen der »Agenda 2000« zu den elementaren Voraussetzungen gehören würden, um die Europäische Union überhaupt erst erweiterungsfähig zu machen, und sie deshalb jeder Aufnahme von Neumitgliedern vorangehen mußte. Die besondere Brisanz seiner Äußerung ergab sich erst daraus, daß sie im Zusammenhang mit der in den Verhandlungen gemeinsam von den Nettobeitragszahlern Deutschland, Österreich, Schweden und den Niederlanden erhobenen Forderung nach einer Korrektur der ungleichen Lastenverteilung in der EU-Finanzierung fiel. Deshalb wurde sie primär als deutliches Signal an die von Spanien angeführte Koalition der südlichen Nettoempfänger verstanden, ihr unnachgiebiges Beharren auf weitestgehenden Erhalt ihrer bisherigen Förderanteile im künftigen Finanzierungsrahmen aufzugeben. Vor allem auf griechischer, portugiesischer und eben spanischer Seite trug die Bemerkung des Bundeskanzler zu Beginn der Ratspräsidentschaft Deutschlands weiter zur Verhärtung ihres Verdachtes bei, daß vor allem sie »(per Verzicht) Europas Öffnung nach Osten allein bezahlen« sollten.[34] Vor diesem Hintergrund hat die Äußerung des Bundeskanzlers in erster Linie dazu beigetragen, sich unter den Mitgliedstaaten in der politischen Auseinandersetzung um die finanziellen Konsequenzen des Erweiterungsvorhabens noch stärker auf das ohnehin von Anfang an dominante Motiv der Wahrung ihres bisherigen Besitzstandes bzw. der Verbesserung ihrer jeweiligen Nettozahler- oder Nettoempfängerpositionen zu konzentrieren. Dabei ist die Frage nach dem tatsächlich bestehenden Finanzierungsbedarf bzw. dem notwendigen Umfang einer Mittelumverteilung zugunsten der künftigen Neumitglieder aus Mittel- und Osteuropa ebenso immer weiter ins Hintertreffen geraten wie generell die im europäischen Vertragswerk angelegte Grundidee einer »Solidargemeinschaft« zwischen den Mitgliedstaaten und ihren Bevölkerungen, die gerade auch in einer erweiterten Union zum Tragen kommen muß.[35]

Dieses Symptom einer – gerade am Solidaritätsziel gemessenen – zunehmenden Dysfunktionalität der Verhandlungen um die »Agenda 2000« verweist aber zugleich

---

33 Vgl. Deutschland pocht auf gerechteren EU-Beitrag. Schröder, Schäuble, Stoiber und Herzog fordern niedrigere Nettozahlungen, in: Süddeutsche Zeitung v. 4. Januar 1999; Jones, Tim: Bonn targets budget »waverers«, in: European Voice v. 7.-13. Januar 1999.

34 Wernicke, Christian: Europas kühle Rechner. Die Bundesregierung will weniger für Europa bezahlen. Ist ein Kompromiß möglich?, in: Die ZEIT v. 25. Februar 1999; vgl. zusätzlich zur Position Spaniens Altafaj, Amadeu: Spain softens stance on the budget reform, in: European Voice v. 18.-24. Februar 1999.

35 Vgl. zum wachsenden Stellenwert des Solidaritätsgedankens für die Zukunftsfähigkeit der – erweiterten – Europäischen Union die Abhandlung von: Volkmann, Uwe: Solidarität in einem vereinten Europa, in: Staatswissenschaft und Staatspraxis 1 (1998), S. 17-44, wo v. a. die vertragsrechtlichen Grundlagen eines europäischen Solidarverbandes – einschließlich der Amsterdamer Verhandlungsergebnisse – diskutiert werden; sowie, speziell zur Frage einer solidaritätsgerechten Reform der »Agenda 2000«: Forschungsgruppe Europa: Für einen neuen europäischen Gesellschaftsvertrag – Solidarität und Kohäsion in der Europäischen Union. Positionspapier der Forschungsgruppe Europa zur »Agenda 2000«, München (Januar) 1999.

auf einen wesentlich breiter angelegten Problemkontext. Die Zuspitzung des (um-)verteilungspolitischen Konfliktes hat – zugegebenermaßen besonders drastisches – Anschauungsmaterial für die wachsende Kluft zwischen dem Handlungsbedarf und den Entscheidungsmodalitäten in der Europäischen Union geliefert. Auf der einen Seite steht die Notwendigkeit, interne Voraussetzungen für die Erweiterung schaffen zu müssen, die dem künftigen politischen Handlungsbedarf nach der Aufnahme der Beitrittskandidaten bereits angemessen Rechnung tragen auf der anderen Seite aber eine bislang vorherrschende Aushandlungslogik bei der Entscheidungsfindung in den Fachministerräten und im Europäischen Rat, die bei wachsender Interessenheterogenität und abnehmenden Verhandlungsspielräumen der Mitgliedstaaten sachgerechte Problemlösungen immer weiter erschwert. Speziell am Beispiel der »Agenda 2000« ist geradezu idealtypisch das Problem der »Politikverflechtungsfalle« wieder aufgeschienen, das Fritz W. Scharpf bereits 1985 in Anlehnung an die Erfahrungen mit dem bundesdeutschen Föderalismus für Fälle der Geltung des Einstimmigkeitserfordernisses im Rat skizziert hat. Die Einstimmigkeitsregel selbst ist für ihn wesentliches Element der »Pathologie der Politikverflechtung« im europäischen Mehrebenensystem: »Mit zunehmender Regelungsdichte bedeutet Nicht-Einigung immer häufiger die Weitergeltung früherer Beschlüsse und nicht die Rückkehr in einen Zustand ohne kollektive Regelung. Damit aber verliert das Einstimmigkeitsprinzip die ihm zugeschriebenen freiheitsschützenden und wohlfahrtstheoretischen Vorzüge: Die Konsensbasis und Interessengerechtigkeit der geltenden Kollektiv-Regelung schwinden in dem Maße, wie sich die bei der Beschlußfassung vorausgesetzten Rahmenbedingungen ändern. Die alte Regelung kann jedoch nicht korrigiert werden, solange auch nur ein Mitglied noch an ihr festhalten will...[A]nstatt optimaler Interessenverwirklichung [herrscht] die Privilegierung der durch die Status-quo-Politik begünstigten Minderheit und eine im Zeitablauf zunehmend schlechtere Übereinstimmung mit der realen Problem- und Interessenlage.«[36]

Das Verhandlungspaket der Agenda 2000 beinhaltete nun mit Fragen wie der Neuausrichtung der europäischen Strukturfonds oder des Eigenmittelsystems verschiedene Gegenstände, deren Regelung direkt der Zustimmung aller Mitgliedstaaten bedurfte. Überdies wurde aber das Einstimmigkeitserfordernis auf alle in dem Paket enthaltenen Materien ausgeweitet, indem auf dem Wiener Gipfel vom 11. bis 12. Dezember 1998 explizit beschlossen wurde, daß die Agenda nur als Ganzes durch den Europäischen Rat verabschiedet werden könne. Zusätzliches Blockadepotential zur Verhinderung einer zu starken Abweichung vom bisherigen verteilungs- und haushaltspolitischen Status quo ergab sich aus der Tatsache, daß auch über die Osterweiterung selbst nur einvernehmlich würde beschlossen werden können. Deshalb war die Gefahr der ab-

---

36 Scharpf, Fritz W.: Die Politikverflechtungsfalle. Europäische Integration und deutscher Föderalismus im Vergleich, in: Politische Vierteljahresschrift 4 (1985), S. 323-356. Auch unter der wachsenden Zahl von Kritikern an Scharpfs Theorem wird weiterhin eingeräumt, daß Blockaden der Kooperationsprozesse auf europäischer Ebene umso wahrscheinlicher sind, je mehr »Eigeninteressen die Interaktionen leiten«. Vgl. Benz, Arthur: Entflechtung als Folge von Verflechtung. Theoretische Überlegungen zur Entwicklung des europäischen Mehrebenensystems, Beitragsmanuskript zur Tagung »Wie problemlösungsfähig ist die EU? Regieren im europäischen Mehrebenensystem« der Sektion »Staatslehre und politische Verwaltung« und des Arbeitskreises »Integrationsforschung« der DVPW vom 29.-31. Oktober 1998 in München, S. 15.

schließenden Einigung auf eine Kompromißformel sehr groß, die weit entfernt von den realen, mit der Osterweiterung verbundenen Problemlagen liegen würde und primär an dem Ziel ausgerichtet wäre, die geltenden Finanzierungs- und Verteilungsschlüssel europäischer Haushaltsmittel möglichst unangetastet zu lassen.

Andererseits stellte sich angesichts der Einengung finanzieller Verhandlungsspielräume der Mitgliedstaaten durch die Einführung einer gemeinsamen Währung ein solches Ergebnis im Laufe der Verhandlungen unter den geltenden Entscheidungsregeln noch nicht einmal als schlechtestmögliche Perspektive dar. Selbst die Vereinbarung einer entsprechenden Kompromißlösung setzte nämlich zunächst einmal voraus, daß die Nettobeitragszahler oder -empfänger trotz der für sie aus dem Währungsverbund resultierenden Einsparungszwänge überhaupt zu Konzessionen bereit und fähig wären. Umgekehrt ausgedrückt stellte sich das Problem, wie weit Konzessionen auf beiden Seiten überhaupt noch gehen konnten, ohne damit in Widerspruch zu den Anforderungen einer Konsolidierung der nationalen Haushalte im Rahmen der Währungsunion zu geraten. Sicherlich zeigt der auf dem Berliner Sondergipfel im März 1999 letztlich doch noch erzielte Formelkompromiß zum Reformpaket der »Agenda 2000« im Rückblick, daß hier zumindest auf Seiten einzelner Nettozahlerstaaten noch hinreichende Bewegungsspielräume bestanden, um eine einvernehmliche Lösung herbeizuführen. Und dennoch hat der zeitweise extrem zähe Verlauf der Verhandlungen um die »Agenda 2000« mit bislang unerreichter Deutlichkeit die Grundfrage aufgeworfen, ob zukünftig in Aufgabenfeldern der Europäischen Union, deren einstimmige Regelung vertraglich vorgesehen ist und die vorrangig (um-)verteilungspolitische Interessen der Mitgliedstaaten berühren, wie bisher Kompromisse auf dem »kleinsten gemeinsamen Nenner« oder Lösungen durch das Knüpfen von Verhandlungspaketen die Regel bleiben können. Die Herausforderungen des doppelten Systemwandels sprechen jedenfalls eher gegen diese Perspektive und dürften die Gefahr potenzieren, daß auf derartigen Gebieten statt dessen verstärkt Entscheidungsblockaden auftreten, indem einzelne Mitgliedstaaten häufiger von ihrer Möglichkeit Gebrauch machen, sich tatsächlich auf eine Vetoposition zurückzuziehen.

Eine solche Aussicht erscheint um so bedrohlicher, als der doppelte Systemwandel seinen Niederschlag nicht zuletzt in dem wachsenden gemeinsamen Handlungsbedarf auf *Gebieten (re-)distributiver Politik* finden wird. Diese Feststellung gilt weit über die im Mittelpunkt der »Agenda 2000« stehende Agrar- und Strukturpolitik hinaus, obgleich an diesen beiden Politikfeldern besonders deutlich wird, wie notwendig eine vertragliche Präzisierung und Neujustierung der Zielkoordinaten europäischer Aufgabenwahrnehmung inzwischen erscheint. Speziell für die europäische Strukturpolitik gilt, daß sich – nach entsprechenden Übergangszeiten und einer Neudefinition ihrer Fördergebiete – die Zielsetzung wirtschaftlicher und sozialer Kohäsion vor allem auf die Neumitglieder im Osten Europas wird richten müssen, wo ihr unter dem Gesichtspunkt demokratischer und marktwirtschaftlicher Stabilisierung ein völlig anderer Stellenwert zukommt.

Noch stärker zeichnen sich aber durch den Eintritt in die dritte Stufe der Währungsunion neue (um-)verteilungspolitische Herausforderungen ab, in deren Folge der nachholende Ausbau der Politischen Union zur zwingenden Notwendigkeit werden könnte. Im einzelnen ist bislang zwar schwer abzuschätzen, welcher funktionale Mehrbedarf an politischer Steuerung durch die europäische Ebene sich letztlich aus dem gemeinsamen Währungsraum ergeben wird. Auch die Auffassungen in der Politik- und Wirtschaftswissenschaft scheiden sich bislang an dieser Frage.[37] Zumindest wird aber häufig die Überzeugung vertreten, daß die Bestands- und Funktionsfähigkeit der Währungsunion unmittelbar von zusätzlichen europäischen Handlungsbefugnissen für die Koordination der nationalen Wirtschafts- und Haushaltspolitik oder für die Angleichung von Steuern und Abgaben abhängen wird. Die gleiche Erwartung wird formuliert für die Gebiete der Industrie-, Arbeitsmarkt- und Beschäftigungspolitik sowie andere Politikbereiche mit weitreichenden fiskalpolitischen Implikationen. Und selbst für nationale Reformen der sozialen Sicherungssysteme wird nicht ausgeschlossen, daß im »Euroland« künftig ein erheblich größerer Abstimmungsbedarf zwischen den Mitgliedstaaten besteht.[38] Mittelfristig könnte die Einführung des Euro sogar zur Folge haben, daß die Schaffung eines staaten- und regionenübergreifenden Finanzausgleichsmechanismus notwendig wird, um das Ziel wirtschaftlicher und sozialer Kohäsion nicht in Frage zu stellen und kurzfristige konjunkturelle Schocks im gemeinsamen Währungsraum wirksam abfangen zu können.[39]

In seiner Summe hebt dieses immense Potential an zusätzlichem Integrations- bzw. Vertiefungsbedarf die elementaren Funktionsdefizite noch deutlicher hervor, die die vertraglichen Bestimmungen zur wirksamen Aufgabenerfüllung auf europäischer Ebene gerade in (re-)distributiven Politikfeldern nach wie vor kennzeichnen. Unmittelbar ins Auge sticht die Tatsache, daß bei Durchsicht des Vertragswerkes auch in Amsterdam für die meisten der betroffenen Aufgabengebiete das Einstimmigkeitsprinzip beibehalten wurde. Diese Beobachtung gilt für die Neufestlegung der Förderziele in der

---

37 Auf einer internationalen Konferenz von führenden Wirtschafts- und Politikwissenschaftlern an der Universität Berkeley, die im Oktober 1998 zu dem Thema »Der Euro im Eröffnungsspiel« veranstaltet wurde, stand dem Lager, das für den einheitlichen Währungsraum unweigerlich eine Zentralisierung in den Bereichen der Finanz-, Arbeits- und Sozialpolitik kommen sah, die Auffassung gegenüber, daß eher eine stärkere Dezentralisierung zu erwarten sei. Vgl. »Das Eröffnungsspiel bestimmt die Zukunft des Euro. Ökonomen und Politologen streiten über Fluch und Segen der Währungsunion. Konferenz an der Universität Berkeley«, in: FAZ v. 23. Oktober 1998).

38 Die Auflistung von Politikfeldern, für die sich möglicherweise zusätzlicher politischer Handlungsbedarf auf supranationaler Ebene ergibt, ist entnommen aus: Forschungsgruppe Europa am Centrum für angewandte Politikforschung der Universität München: Europa vor der Vollendung; a. a. O., S. 10 f.

39 Als Gegner eines Eintritts der Bundesrepublik in die dritte Stufe der Währungsunion haben Wilhelm Hankel, Wilhelm Nölling, Karl-Albrecht Schachtschneider und Joachim Starbatty am 12. Januar 1998 erfolglos versucht, mit einer Verfassungsbeschwerde vor dem deutschen Bundesverfassungsgericht diesen Schritt zu verhindern. Ihre Argumentation stützten sie nicht zuletzt darauf, daß die Währungsunion »der Hebel zur Politischen Union« und der Weg dorthin über die Wirtschafts- und Sozialunion bereits vorgezeichnet sei. Ohne einheitliche Sozialpolitik und einen Finanzausgleich unter den Mitgliedstaaten, die sich am Ziel der Einheitlichkeit der Lebensverhältnisse zu orientieren hätten, müsse die Währungsunion zu sozialen Verwerfungen in den volkswirtschaftlich schwächeren Mitgliedstaaten führen und wäre damit zum Scheitern verurteilt. Da aber eine derartige »Transferunion« als Komplementär zur Währungsunion schon wegen der Höhe der damit verbundenen Finanztransfers von bis zu 860 Mrd. DM jährlich nicht realisierbar sei, betrachteten die vier Beschwerdeführer die Währungsunion von Anfang an als »Totgeburt« oder aber als Schritt in einen erbarmungslosen Neokapitalismus und plädierten deshalb für einen Verbleib der Zuständigkeit für die Geld- und Währungspolitik auf nationaler Ebene. Vgl. Hankel, Wilhelm; Nölling, Wilhelm; Schachtschneider, Karl-Albrecht; Starbatty, Joachim: Die Euro-Klage. Warum die Währungsunion scheitern muß, Hamburg 1998, v. a. S. 252-256.

Strukturpolitik und Änderungen des europäischen Eigenmittelsystems, mit denen auch die Frage eines europäischen Finanzausgleiches berührt ist, ebenso wie für die Angleichung steuerlicher Vorschriften, für gemeinsame Maßnahmen auf den Gebieten sozialer Sicherungssysteme, der Arbeitsbeziehungen und der finanziellen Beschäftigungsförderung oder auch für spezifische Unterstützungsaktionen im Bereich der gemeinschaftlichen Industriepolitik.

Wird auch weiterhin festgehalten an der Notwendigkeit einvernehmlicher Beschlüsse der mitgliedstaatlichen Regierungen im Rat in einem Großteil europäischer Aufgabenfelder mit (re-)distributivem Charakter, so ist vorhersehbar, daß Entscheidungen sich kaum an dem effektiven Handlungsbedarf orientieren werden, der als Folgewirkung des doppelten Systemwandels gerade in diesen Bereichen anfallen dürfte. Die stetige Zunahme von Interessengegensätzen, zu denen neben den finanziellen Handlungsrestriktionen der Mitgliedstaaten im Hinblick auf die gemeinsame Währung die Neuaufnahme mittel- und osteuropäischer Mitglieder ihren Teil beitragen wird, muß dann im besten Fall zu Beschlüssen auf einem immer kleineren gemeinsamen Nenner, im schlechtesten Fall zum regelmäßigen Auftreten völliger Handlungsblockaden führen.

Wenn auch nicht unter dem Vorzeichen abnehmender finanzieller Handlungsspielräume, sondern besonders ausgeprägter Souveränitätsvorbehalte der nationalen Ebene, drohen ähnliche Fehlentwicklungen in jenen Aufgabenfeldern, die nach Maastricht zunächst in den beiden intergouvernementalen Säulen des Unionsvertrages zur *Gemeinsamen Außen- und Sicherheitspolitik* und zur *Zusammenarbeit in den Bereichen Justiz und Inneres* angesiedelt waren. Die Mitgliedschaft der mittel- und osteuropäischen Beitrittskandidaten und die damit verbundene Verschiebung der Ostgrenzen der Europäischen Union bringen völlig neue innen- und außenpolitische Herausforderungen mit sich. Das unmittelbare internationale Umfeld der erweiterten Europäischen Union im Mittelmeerraum, Ost- und Südosteuropa wird geprägt sein durch ein hohes Maß an politischer Instabilität und scheint eine weitere Effektivierung ihres außen- und sicherheitspolitischen Instrumentariums nahezulegen, soll die Union den Erwartungen der neuen Beitrittskandidaten und der Funktion einer europäischen Ordnungsmacht genügen. Bei der wirksamen Kontrolle der Außengrenzen und der Freizügigkeit im Binnenmarkt, einer gemeinsamen Einwanderungs-, Asyl- und Flüchtlingspolitik sowie der Bekämpfung der organisierten Kriminalität handelt es sich ebenso um Aufgabenfelder, in denen die Erweiterungsperspektive eher für ein Mehr an europäischen Handlungsbefugnissen spricht, wie bei der Stärkung des Profils europäischer Grund- und Menschenrechtspolitik, die durch die Gefahr eines Importes von Minderheitenkonflikten in den neuen Beitrittsstaaten virulent wird. Durch die Selbstverpflichtung der Europäischen Union auf die Aufnahme neuer Mitglieder nach dem Ende des Ost-West-Konfliktes zeichnet sich somit gerade auch in den besonders souveränitätssensiblen »high politics«-Bereichen der Innen- und Außenpolitik zusätzlicher supranationaler Handlungsbedarf ab.

Grundsätzlich haftet dem weitgehenden Festhalten an dem Prinzip der Einstimmigkeit auf diesen Gebieten natürlich die gleiche Tendenz zur Ineffizienz und Ineffektivität der Beschlußfassung an, die bereits im Zusammenhang mit der Gültigkeit dieser Entscheidungsregel in zahlreichen Feldern der (Um)Verteilungspolitik angesprochen wurde. Jedoch lenkt die erst jüngst in Amsterdam vereinbarte Übernahme weiter Bereiche der dritten Säule zur Innen- und Justizpolitik in die erste Säule der Gemeinschaftspolitiken den Blick auf eine zusätzliche Problemebene beim Aushandeln politischer Lösungen zwischen den Mitgliedstaaten. Gemeint sind die *»verfassungspolitischen« Verfahrensmodalitäten der Kompetenzzuweisung* an die europäische Ebene, die letztlich den Ausschlag geben für die Ausgestaltung der Entscheidungsregeln bei der Kompetenzausübung wie auch für den spezifischen sachlichen Zuschnitt vertraglicher Aufgabenfelder. Als Gegenstand von Vertragsänderungen nach Art. 48 EUV-A hängt auch die Vereinbarung neuer oder die Ausweitung bestehender Unionskompetenzen letztlich von der Zustimmung aller Staats- und Regierungschefs der EU-Mitgliedstaaten ab. So verhielt es sich auch mit dem Beschluß auf dem Amsterdamer Gipfel, Aufgabengebiete wie die Visa-, Asyl-, Einwanderungs- und Flüchtlingspolitik mit dem Ziel des schrittweisen Aufbaus eines »Raums der Freiheit, der Sicherheit und des Rechtes« aus dem Bereich rein zwischenstaatlicher Kooperation der dritten Vertragssäule heraus in einen neuen Titel IV des Europäischen Gemeinschaftsvertrages zu überführen. Gleichzeitig gelang es der deutschen Delegation in diesem Fall, gegen die massiven Einwände einiger anderer Mitgliedstaaten durchzusetzen, daß zunächst einmal für eine Übergangszeit von fünf Jahren nach Inkrafttreten des Amsterdamer Vertrages – abgesehen von der Visapolitik – auf all diesen vergemeinschafteten Gebieten des neuen Titels weiterhin das Einstimmigkeitsprinzip gilt. Erst im Anschluß daran muß der Rat gemäß Art. 67 EGV-A – wiederum einstimmig – darüber entscheiden, ob bzw. wo ein Übergang zur Mehrheitsregel im Rahmen des Mitentscheidungsverfahrens nach Art. 251 EGV-A stattfinden soll.[40]

Erkennbar wird an diesem aktuellen Beispiel das »verfassungspolitische« Grundmuster, das in allen bislang angesprochenen Zuständigkeitsbereichen zur vertraglichen Verankerung der Einstimmigkeitsregel geführt hat. Allesamt greifen sie in Kernfunktionen des »souveränen« Nationalstaates auf den Gebieten der Wohlfahrtssicherung oder der Gewährleistung der inneren und äußeren Sicherheit seiner Bürger ein. Charakteristisch für den integrationspolitischen Langzeittrend stetig wachsender Kompetenzbestände auf supranationaler Ebene ist aber gerade, daß er – ausgehend von rein binnenmarktbezogenen Maßnahmen »negativer Integration« der Deregulierung über Maßnahmen »positiver Integration« in Gestalt europäischer Reregulierung – immer weiter auch solche klassischen Gebiete nationalstaatlicher »high politics« des Nationalstaates erfaßt. Die Geschwindigkeit und der Umfang, in denen der Europäischen Union Handlungsmöglichkeiten auf solchen souveränitätssensiblen Gebieten eingeräumt werden, sind allerdings selbst primär Ergebnis politischer Aushandlungsprozesse zwischen den Mitgliedstaaten, die dort nach wie vor sehr unterschiedliche Vorstellungen bezüglich des gemeinsamen Handlungsbedarfs vertreten. Die erforderliche Zustimmung aller Mitglieder zu Vertragsänderungen gibt nun den nationalen Regierungsvertretern im Europäischen Rat, die den gemeinsamen Handlungsbedarf gerade in diesen Bereichen als gering einschätzen oder aber einseitige Belastungen aus der Schaffung entsprechender europäischer Kompetenzen auf sich zukommen sehen, die Möglichkeit, sich auf der Ebene der Kompetenzausübung »rückzuversichern«. Um nicht durch die strikte Weigerung, neue Zuständigkeiten in diesen Bereichen zu akzeptieren, den erfolgreichen Abschluß von Vertragsverhandlungen insgesamt zu ge-

---

40 Vgl. Monar, Jörg: Ein Raum der Freiheit, der Sicherheit und des Rechts: Die Innen- und Justizpolitik nach Amsterdam, in: Jopp/Maurer/Schmuck (Hrsg.): Die Europäische Union nach Amsterdam, a. a. O., S. 127-154 (S. 140 f.).

fährden, weichen sie darauf aus, sich bei der Aufgabenwahrnehmung im konkreten Einzelfall eine Vetooption durch die Durchsetzung des Einstimmigkeitserfordernisses zu sichern.

Im doppelten Systemwandel zeichnen sich nun aber zwei in ihren Auswirkungen völlig gegenläufige Entwicklungen ab. Zum einen wird das politische System der Europäischen Union mit seinem politischen Steuerungsinstrumentarium und seinem Aufgabenspektrum noch stärker als bislang klassische Funktionen hoheitlichen und wohlfahrtsstaatlichen öffentlichen Handelns besetzen und damit – instrumentell, nicht strukturell – zunehmend staatsähnliche Züge annehmen müssen.[41] Zum anderen aber werden die Interessendivergenzen und Auffassungsunterschiede bezüglich des Umfangs und der Inhalte gemeinsamen Handlungsbedarfs noch zunehmen, je weiter die Europäische Integration über das Binnenmarktziel hinausgreift und je mehr Mitgliedstaaten der Union angehören. Die Zahl und Tiefe der Konfliktlinien zwischen den Mitgliedstaaten ist ohnehin ständig gewachsen. Von Anfang an bestanden grundlegende Auffassungsunterschiede bezüglich des Integrationszieles, die sich vor allem in der Auseinandersetzung zwischen den Befürwortern supranationaler und intergouvernementaler Entscheidungsstrukturen widerspiegeln. Je stärker der europäische Einigungsprozeß sich über den Bereich negativer, wirtschaftlicher Integration hinaus auf Fragen positiver, politischer Integration ausdehnt und je größer die Zahl der Mitgliedstaaten und damit auch die Unterschiede in ihrer Größe, ihren integrationspolitischen Prioritäten, ihrer ökonomischen Leistungsfähigkeit, ihren politischen Traditionen, aber auch in der parteipolitischen Zugehörigkeit ihrer Regierungsvertreter werden, desto mehr Konfliktlinien treten neu hervor und vertiefen sich weiter. So haben die Divergenzen zwischen den »reichen« Nettozahlern im Norden und den »armen« Nettoempfängern im Süden ebenso an Bedeutung gewonnen, wie die Auffassungsunterschiede zwischen den Anhängern keynesianischer bzw. ordo-liberaler Ordnungskonzeptionen für die Volkswirtschaft. Die unterschiedliche Definition geo-politischer Interessengebiete der südlichen Mitgliedstaaten im Mittelmeerraum und im Westen und der nördlichen Mitgliedstaaten im Osten gewinnt vor dem Hintergrund des laufenden Beitrittsprozesses laufend an politischem Gewicht. Für die Bestimmung der künftigen außenpolitischen Rolle der Europäischen Union erweisen sich derzeit vor allem die divergierenden Leitvorstellungen von NATO-Ländern und neutralen Mitgliedstaaten als spannungsgeladen. Künftig werden aber gerade hier auch die spezifischen sicherheitspolitischen Interessen der neuen Mitglieder in Mittel- und Osteuropa für weiteren Zündstoff sorgen.[42]

Eine erfolgreiche Bewältigung des doppelten Systemwandels verbietet es folglich, eine Aushandlungslogik zwischen den heutigen Mitgliedstaaten fortzuführen, die gerade in künftig besonders relevanten europapolitischen Handlungsfeldern überwiegend

---

41 Vgl. zu dieser bereits bislang feststellbaren Entwicklungstendenz: Wessels, Wolfgang: Staat und (westeuropäische) Integration. Die Fusionsthese, in: Kreile, Michael (Hrsg.): Die Integration Europas (PVS-Sonderheft 23), Opladen 1992, S. 36-61.

42 Diese Auflistung der zentralen Parameter, entlang derer aktuell die Konfliktlinien zwischen den EU-Mitgliedstaaten verlaufen, stützt sich auf: Janning, Josef; Giering, Claus: Differenzierung als Integrationskonzept der künftigen Europäischen Union, in: Bertelsmann Stiftung/Forschungsgruppe Europa (Hrsg.): Systemwandel in Europa – Demokratie, Subsidiarität, Differenzierung, Gütersloh 1998, S. 41-50 (S. 41 f.).

in dem Beharren auf einstimmiger Beschlußfassung ihren Ausdruck findet. Dennoch scheint sie sich auch in den Ergebnissen des Amsterdamer Vertrages zu den Entscheidungsregeln erneut durchgesetzt zu haben. Sicherlich wurde auch hier wieder – wie bereits in der Einheitlichen Europäischen Akte und im Maastrichter Vertrag – der Anwendungsbereich qualifizierter Mehrheitsentscheide geringfügig ausgebaut. Dies gilt allerdings nur für sehr wenige der 47 Rechtsgrundlagen, für die in der ersten Säule des Maastrichter Vertrages noch Einstimmigkeit vorgesehen war, und so gut wie gar nicht in jenen verteilungs- und sicherheitspolitischen Politikfeldern – einschließlich der zweiten und dritten Vertragssäule –, in denen sich nach der obigen Darstellung erheblicher zusätzlicher Bedarf an europäischen Problemlösungen anbahnen dürfte.[43] Damit hat auch Amsterdam nichts an den Entscheidungsregeln in diesen zentralen Aufgabenfeldern geändert, die sich bei der größeren Interessenpluralität nach der Erweiterung als völlig ineffizient erweisen dürften. Im Gegenteil hat die jüngste Vertragsrevision in Einzelfällen die Gefahr von Handlungsblockaden sogar noch erhöht. So gehört auch zu ihren Ergebnissen, daß in der Gemeinsamen Außen- und Sicherheitspolitik sowie bei angestrebten Flexibilisierungsschritten in der ersten und dritten Vertragssäule bei entgegenstehenden »nationalen Interessen« jeder Mitgliedstaat künftig sein Veto geltend machen kann – und damit faktisch der »Luxemburger Kompromiß« Eingang in die Verträge gefunden hat.[44] Damit steigt die Gefahr weiter, daß verfahrensbedingte Ineffizienzen die Möglichkeiten zu effektiver politischer Steuerung durch die europäische Ebene endgültig untergraben.

Natürlich liegt eine unmittelbare Lösung dieses Problems darin, so weit wie möglich den Grundsatz der Mehrheitsentscheidungen an die Stelle des Einstimmigkeitsprinzips bei der Aufgabenwahrnehmung zu setzen. Dieser Schritt ist allerdings unmittelbar von verschiedenen Voraussetzungen abhängig. So entfaltet er erst dann seine volle Wirkung, wenn das bislang im Rat auch im Falle der Gültigkeit der Mehrheitsregel übliche Verfahren, auf einen Konsens unter allen Mitgliedstaaten hinzuwirken, nicht mehr den Regelfall darstellt. Hier könnte allerdings die Erweiterung unmittelbar dazu führen, daß im Rat viel häufiger Abstimmungen auch tatsächlich abgehalten werden müssen, um zu einer Entscheidung zu gelangen. Eine weitere Vorbedingung für die Ausdehnung der Mehrheitsregel in besonders »souveränitätssensiblen« Aufgabenbereichen bilden institutionelle Reformen, unter denen vor allem eine Neugewichtung der Stimmen im Rat hervorzuheben ist. So muß z. B. darauf hingewiesen werden, daß sich unter den gegenwärtigen elf Beitrittskandidaten mit Polen und Rumänien nur zwei größere Staaten befinden.[45] Bei dem geltenden Mehrheitsquorum von

---

43 Vgl. kritisch zu den Amsterdamer Neuregelungen bezüglich der Entscheidungsverfahren: Weidenfeld/Giering: Die Europäische Union nach Amsterdam, a. a. O., S. 52-64.

44 Vgl. ebd., S. 58.

45 Polen erhielte aufgrund seiner Bevölkerungsgröße (ca. 38 Mio. Einwohner) bei Beibehalt der derzeitigen Stimmwägung acht, Rumänien (ca. 23 Mio. Einwohner) immerhin sechs Stimmen im Rat. Ungarn und Tschechien mit jeweils ca. 10 Mio. Einwohner würden mit jeweils fünf Stimmen folgen. Bulgarien (ca. 8 Mio Einwohner) stünden vier Stimmen zu. Slowenien (ca. 2 Mio. Einwohner), Estland (ca. 1,5 Mio.), Lettland (ca. 2,5 Mio.), Litauen (3,75 Mio.) und die Slowakei (ca. 5 Mio.) bekämen jeweils drei Stimmen. Zypern erhielte – wie Luxemburg – mit seinen rund ca. 0,7 Mio. Einwohnern – zwei Stimmen. Vgl. die Übersicht in: Kamann, Hans-Georg: Regierungskonferenz 1996/97 – Überlegungen zu einer Reform des Beschlußverfahrens im Rat der Europäischen Union, in:

rund 71% der Stimmen und ihrer derzeitigen Gewichtung bei qualifizierten Mehrheitsentscheidungen würde dies die Fähigkeit v. a. der großen Staaten unter den heutigen Mitgliedern erheblich verschlechtern, Gestaltungkoalitionen zu mobilisieren.[46]
Schon aus diesem Grunde dürfte die Bereitschaft gerade der großen Mitgliedstaaten
nicht sonderlich ausgeprägt sein, ohne eine vorherige Annäherung der Stimmanteile
im Rat an die jeweiligen nationalen Bevölkerungsgrößen einer wesentlichen Ausweitung der Mehrheitsregel zuzustimmen.

Obwohl nun entsprechenden institutionellen Reformschritten zweifelsohne zentrale
Bedeutung zukommt, hängt ihre Verwirklichung doch wiederum von der Schaffung
anderweitiger Vorbedingungen ab. Hier ist an allererster Stelle das Erfordernis zu
nennen, unter den Mitgliedstaaten auf eine Art »Grundkonsens« über jene Aufgabenfelder hinzuwirken, für die im doppelten Systemwandel eine effektive Problemlösung
nur durch die Europäische Union zu erwarten ist und wo deshalb durch entsprechend
effiziente Entscheidungsmechanismen ihre Handlungsfähigkeit gewahrt bzw. hergestellt werden muß. Als gangbarster Weg, um dieses Ziel zu erreichen, bietet sich an,
konkrete Prüfkriterien für das Vorliegen und die inhaltliche Abgrenzung supranationalen Handlungsbedarfs in einem Politikfeld zu entwickeln. Der Nutzen dieses Vorgehens besteht darin, politische Aushandlungsprozesse zwischen den Mitgliedstaaten
zumindest soweit zu kanalisieren, daß Kompetenzzuwächse der Europäischen Union
kaum mehr unabhängig von ihrer funktionalen Angemessenheit als reines Ergebnis
von Paketverhandlungen oder Tauschgeschäften im Prozeß des »bargaining« möglich
wären. Das Ziel einer Beschränkung der Unionskompetenzen auf das »funktional Gebotene« als zentrale Voraussetzungen für einen erfolgreichen Verlauf des doppelten
Systemwandels umfaßt jedoch nicht nur die Frage, ob Aufgaben überhaupt der europäischen Ebene zugewiesen werden sollen, sondern auch die Frage, wie sie vertraglich
umschrieben und abgegrenzt werden müssen.

Damit ist aber direkt das bisher vorherrschende Grundmuster der Zuständigkeitsumschreibungen im europäischen Vertragswerk angesprochen. Gerade im vergemeinschafteten Bereich der ersten Säule des Unionsvertrages bilden nach wie vor nicht klar
nach Sachgebieten abgegrenzte Regelungsbefugnisse der europäischen Ebene den
Normalfall, sondern aufgabenbezogene, auf die Verwirklichung von Integrationszielen
abstellende Kompetenzumschreibungen. In Kombination mit der »Lückenfüllungs-
klausel« des Art. 308 EGV-A (dem früheren Art. 235 EGV-M) bildet diese offene
Aufgabenbezogenheit der Zuständigkeitsregeln bislang ein Einfallstor für stetige
Kompetenzausweitungen durch europäische Rechtsetzungsaktivitäten. Sie hat in der
integrationspolitischen Praxis zahlreichen Eingriffen in neue Politikbereiche und einer
extensiven Auslegung bestehender vertraglicher Handlungsermächtigungen durch die
Europäische Kommission und lange Zeit auch den Europäischen Gerichtshof unter
dem schlichten Verweis v. a. auf die Erfordernisse des Binnenmarktes Vorschub geleistet.[47] Angesichts der widersprüchlichen Konsequenz des doppelten Systemwandels, daß den Mitgliedstaaten einerseits zusätzliche fiskalische und damit auch euro-

EuR 1 (1997), S. 58-73 (S. 71).

46 Vgl. die ausführlichen Modellrechnungen in: Janning/Giering: Strategien gegen die institutionelle
    Erosion, a. a. O.

47 Vgl. dazu bereits im Zusammenhang mit dem Maastrichter Vertrag: Laufer, Heinz; Fischer, Thomas:
    Föderalismus als Strukturprinzip für die Europäische Union, Gütersloh 1996, v. a. S. 41-50.

papolitische Handlungsrestriktionen erwachsen, sich aber andererseits in einer Vielzahl neuer Aufgabenfelder zusätzlicher supranationaler Handlungsbedarf auf europäischer Ebene abzeichnet, besteht hier erheblicher Korrekturbedarf. Gerade die aufgabenbezogenen Zuständigkeitsumschreibungen können als eine wesentliche Ursache für das bislang relativ unkontrollierte Wachstum europäischer Kompetenzbestände identifiziert werden. Der damit verbundenen Gefahr einer »Verzettelung der Unionsorgane in einem Wust von Zuständigkeiten« und dem damit einhergehenden Erschwernis gezielter Prioritätensetzungen dürfte nur dann wirksam zu begegnen sein, wenn eine deutliche Zuständigkeitsabgrenzung nach Sachgebieten in Form eines Kompetenzkataloges Aufnahme in die Verträge findet.

Wenn es durch diese beiden Reformeingriffe in die bisherige Aushandlungslogik »europäischen Regierens« und in die geltenden Vertragsstrukturen gelingt, einen funktional angemessenen »Grundkanon« supranationaler Zuständigkeiten zu benennen, so dürfte die somit bewirkte »höhere Plausibilität« von Handlungsbefugnissen der Unionsebene auch die Bereitschaft der Mitgliedstaaten erhöhen, selbst in extrem souveränitätssensiblen Bereichen nicht länger auf dem Einstimmigkeitsprinzip zu beharren. Essentiell wird für eine solche Entwicklung allerdings auch sein, daß die Möglichkeiten der Mitgliedstaaten deutlich eingeschränkt werden, im Verfahren der Vertragsänderung diese Entscheidungsregel für die Kompetenzausübung in neu geregelten Aufgabenbereichen letztlich doch wieder durchzusetzen. Hier scheinen Modelle der flexiblen Integration, wie sie beispielsweise nach Maastricht im Sozialprotokoll oder als grundsätzliche Option erstmals im Amsterdamer Vertrag aufscheinen, interessante Ansatzpunkte für Verfahrensreformen schon auf der Stufe der Zuweisung vertraglicher Kompetenzen zu bieten.

2. Demokratiedefizit und öffentlicher Akzeptanzverlust

In Anlehnung an Abraham Lincolns klassische Trias läßt sich Demokratie als »government of the people, by the people and for the people« umschreiben.[48] *Regierung durch das Volk* verweist darauf, daß politische Entscheidungen in demokratischen Gemeinwesen nur als legitimiert gelten können, wenn und weil sie auf die Zustimmung ihrer Bürger zurückzuführen sind (»input«-Legitimation). Zugleich impliziert der Demokratiegedanke aber, daß politisches Handeln *für die Bürger* erfolgt, also »der Bewältigung der gemeinsamen Probleme und der Befriedigung der Interessen der Angehörigen des Gemeinwesens« dient.[49] Damit wird auf die »output«-Abhängigkeit der Legitimität politischen Handelns verwiesen bzw. darauf, daß die Ergebnisse des demokratischen Prozesses auch Wirkung zeigen müssen. Subjekt und Adressat von Demokratie als Legitimationsverfahren politischer Herrschaft sind dabei jeweils die Bürger als Mitglieder des jeweiligen Verbandes (*Regierung des Volkes*). Innerhalb des eigenen politischen Verbandes sichert Demokratie der Bevölkerung die Möglichkeit zur autonomen Selbstbestimmung im Sinne der Freiheit von Fremdbestimmung. Es-

---

48 Auch Scharpf, Fritz W.: Demokratische Politik in der internationalisierten Ökonomie, a. a. O., wählt diesen »Dreiklang« erst jüngst als Ausgangspunkt, um die demokratischen Legitimationsprobleme der Europäischen Union zu analysieren.

49 Vgl. ebd., S. 85 und S. 88.

sentiell für die demokratische Substanz eines Gemeinwesens ist allerdings, daß politische Entscheidungen nicht nur in formal-demokratischen Verfahren getroffen werden. Vielmehr muß sich das demokratische Selbstbestimmungsrecht seiner Mitglieder auf effektive Formen politischer Gestaltung beziehen. Ist das politische Gemeinwesen zu effektiver Steuerung nicht mehr in der Lage, so entkleidet dies auch die Rechte auf demokratische Partizipation und Autonomie ihres Inhaltes.[50]

Diese theoretischen Vorbemerkungen sollen genügen, um die zentralen Aspekte des »Demokratiedilemmas« im Mehrebenensystem der Europäischen Union zu verdeutlichen. Seit der Gründung der Europäischen Wirtschaftsgemeinschaft war die öffentliche Akzeptanz für die europäische Integration sehr stark utilitaristisch ausgerichtet. Sie konnte sich auf den »permissive consensus«, also eine Art »billigender Inkaufnahme«, in breiten Teilen der mitgliedstaatlichen Bevölkerungen stützen, weil von ihrem vorrangig wirtschaftlichen Ziel der Schaffung eines Gemeinsamen Marktes wohlfahrtsmehrende Effekte ausgehen. Seit Mitte der siebziger Jahre forciert aber die Globalisierung der Finanz-, Kapital- und Handelsmärkte – zusätzlich zur schrittweisen Verwirklichung der vier Grundfreiheiten in einem gemeinsamen Markt ohne Binnengrenzen – einen Prozeß stetig abnehmender politischer Steuerungsfähigkeit der Mitgliedstaaten. Hatten zunächst marktschaffende Deregulierungsmaßnahmen im Rahmen negativer Integration im Mittelpunkt der europäischen Gemeinschaftsaktivitäten gestanden, so zeigt sich nun mehr und mehr Bedarf an positiver Integration durch marktkorrigierende und -beschränkende Reregulierung auf supranationaler Ebene, da die Mitgliedstaaten dazu immer weniger imstande sind.[51] Jenseits dieser funktionalen Handlungsbedingungen hat aber auch die Offenheit der aufgabenbezogenen Zuständigkeitsumschreibungen im europäischen Vertragswerk ihren Teil dazu beigetragen, daß unablässig Regelungsbefugnisse von den Mitgliedstaaten und ihren subnationalen Gebietskörperschaften auf die supranationale Ebene übergegangen sind. Vor allem auch die von der Rechtsprechung des EuGH lange Zeit bestätigte, sehr weitreichende Auslegung der vertraglichen Kompetenznormen durch die Europäische Kommission hat entscheidend zu der bis heute anhaltenden Aufgabenzentralisierung im EU-Mehrebenensystem beigetragen.

Maastricht sollte dann mit dem Beschluß über den Dreistufenplan für die Währungsunion und über die beiden neuen Vertragssäulen zur Innen- und Außenpolitik einen vorläufigen Höhepunkt dieses dynamischen Wachstums und zugleich einen dramatischen Wendepunkt im öffentlichen Stimmungsbild markieren. In der anschließenden Ratifikationsdebatte um den Vertragsentwurf brach mit ungeahnter Heftigkeit die weitverbreitete Ablehnung in den mitgliedstaatlichen Bevölkerungen gegenüber einem europäischen »Moloch« durch, der unablässig Zuständigkeiten der nationalen und – soweit vorhanden – regionalen Ebene »verschlingt«. Spätestens mit dem Übergang von den Europäischen Gemeinschaften zur Europäischen Union hat der Integrationsprozeß offensichtlich einen Stand erreicht, auf dem die ursprüngliche, rein »output«-bezogene Legitimität der Europäischen Union alleine nicht mehr tragfä-

---

50 Vgl. Scharpf, Fritz W.: Föderalismus und Demokratie in der transnationalen Ökonomie, a. a. O., S. 211 f.

51 Vgl. Scharpf, Fritz W.: Negative and Positive Integration in the Political Economy of European Welfare States, in: Marks, Gary; Scharpf, Fritz W.; Schmitter, Philippe C.; Streeck, Wolfgang: Governance in the European Union, London/Thousand Oaks/New Delhi 1996, S. 15-39.

hig ist. »Die Kombination aus 'permissivem Konsens' und technokratischer Politik kann nicht mehr funktionieren, wenn der Integrationsprozeß auch den harten Kern von Politikbereichen erfaßt, die für das Publikum hohen Symbolwert besitzen und für den Erwerb von politischer Legitimität und Macht in der nationalstaatlichen Arena entscheidend sind.«[52]

Die Stichworte, mit denen oben der Problemhaushalt im Zuge des doppelten Systemwandels skizziert wurde, rechtfertigen die Annahme, daß seine Bewältigung erheblichen Zusatzbedarf an gemeinsamem Vorgehen im Rahmen der Europäischen Union erzeugen wird. Diese Feststellung gilt in besonderem Maße für Aufgabenfelder, die bislang besonders ausgeprägten Zuständigkeitsvorbehalten der Mitgliedstaaten unterliegen und deshalb auf europäischer Ebene noch immer dem Einstimmigkeitszwang unterworfen sind. In vielen Fällen liegt die tiefere Ursache für dieses Festhalten der mitgliedstaatlichen Regierungen an ihrer Veto-Option nun gerade darin, daß in den betroffenen Aufgabenbereichen gravierende nationale Unterschiede zwischen den Bevölkerungen über die angemessene Form der Aufgabenwahrnehmung bestehen, oder aber Handlungsbefugnisse der Europäischen Union im nationalen Rahmen allenfalls sehr eingeschränkt zustimmungsfähig sind, weil sie beispielsweise die Verpflichtung zu Solidarleistungen an andere Mitgliedstaaten oder deren subnationale Glieder mit sich bringen. Genau hierin kommt aber auch eine Hauptwurzel des europäischen Legitimationsdefizites zum Vorschein. Bislang konstituieren die Staatsangehörigen der Mitgliedstaaten keine übergreifende Identitäts- und Solidargemeinschaft, für die der Europäischen Union ein hoher Stellenwert als unmittelbarer Lebensbezugsraum zukäme. Es fehlt das bindende Element einer »Kommunikations-, Erfahrungs- und Erinnerungsgemeinschaft«,[53] wie es das alltägliche Erfahren des Zusammenlebens mit den Mitbürgern im eigenen Staat und in wachsendem Maße auch in der eigenen Region mit sich bringt.[54] Zumindest bis zu einem gewissen Grad geht mit dem Zugehörigkeitsgefühl zu dem eigenen Staatsvolk oder der regionalen Bevölkerung auch eine gewisse Bereitschaft des einzelnen einher, für die Interessen seiner Mitbürger die Durchsetzung der eigenen Anliegen zurückzustellen und durch freiwilligen Verzicht z. B. Transferleistungen an sozial benachteiligte Gruppen oder in wirtschaftlich rückständige Gebiete zu ermöglichen. Genau diese »Opferbereitschaft« für Unionsbürger in anderen Mitgliedstaaten ist jedoch im europäischen Gesamtbezug nur schwach ausgeprägt.

52 Kreile, Michael: Integrationspolitische Rahmenbedingungen der Regierungskonferenz. Eine politikwissenschaftliche Skizze, in: Hrbek, Rudolf (Hrsg.): Die Reform der Europäischen Union: Positionen und Perspektiven anläßlich der Regierungskonferenz, Baden-Baden 1997, S. 17-21 (S. 18).
53 Vgl. Kielmansegg, Peter Graf: Integration und Demokratie, in: Jachtenfuchs, Markus; Kohler-Koch, Beate (Hrsg.): Europäische Integration, Opladen 1996, S. 47-71 (S. 55).
54 Vgl. Scharpf, Fritz W.: Demokratische Politik in der internationalisierten Ökonomie, a. a. O., S. 93 f. Interessant sind in diesem Zusammenhang die Ergebnisse einer repräsentativen Umfrage im Auftrag der Europäischen Kommission vom April/Mai 1995. In ihr antworteten auf die Frage, welcher Bezugsebene sich die Befragten besonders verbunden fühlen, nur 9 Prozent Europa oder die Europäische Union, 53 Prozent nannten ihren jeweiligen Staat, 54 Prozent ihre Stadt oder ihr Dorf und 56 Prozent ihre Region. Vgl. Europäische Kommission (Hrsg.): Euro-Barometer Nr. 44, Brüssel 1996, Tabellen 7.1-7.5.

Im Widerspruch zu der im europäischen Vertragsrecht aufscheinenden Grundidee einer Solidargemeinschaft[55] sieht die Realität anders aus. Hier deutet sich sogar seit längerem an, daß die Bereitschaft zur Solidarität eher schwindet als zunimmt. Ein Beispiel dafür bildete die Reform der Strukturpolitik von 1993, die wieder auf eine stärkere Nationalisierung dieser Aufgabe abzielte.[56] Die Sozial- und Umweltpolitik verkörpern hingegen zwei Aufgabenfelder aus dem Bereich regulativer Politik, die durch erhebliche Unterschiede in den rechtlichen und sozio-ökonomischen Ausgangsbedingungen zwischen den Mitgliedstaaten geprägt sind und denen zugleich stark divergierende Wertvorstellungen zugrunde liegen. Eben deshalb ist auch dort die Bereitschaft zur staatenübergreifenden Definition europäischer Gemeinwohlvorstellungen bzw. gemeinsamer Interessen (noch) recht schwach ausgeprägt.[57]

Natürlich paßt es auch in dieses Bild, wenn Bundeskanzler Schröder von der Durchsetzung des Zieles, in den Verhandlungen um die Agenda 2000 Einsparungen für Deutschland durchzusetzen, erwartet hat, daß dies in der Bundesrepublik die Zustimmung zur Europapolitik seiner Regierung erhöhen würde.[58] Allerdings ist in diesem Zusammenhang nicht minder interessant, was der belgische Premierminister Dehaene ebenfalls in den Agenda-Verhandlungen als Gegenposition zu dem deutschen Regierungschef formuliert hat: »Man kann an eine Schwelle gelangen, unterhalb derer das europäische Projekt nicht genug grundsätzliche Unterstützung erhielte.«[59] Diese Äußerung erscheint zunächst insofern wichtig, als sie den Blick auf die »Leidensfähigkeit« bzw. »-bereitschaft« der Bevölkerungen in wirtschaftlich benachteiligten oder krisenanfälligen Gebieten der Europäischen Union lenkt. Gerade sie werden aber auch von den Herausforderungen des doppelten Systemwandels besonders betroffen sein. Die Realisierbarkeit der Ziele einer stabilen Währung und eines starken Zusammenhaltes der Mitgliedstaaten in einer erweiterten Europäischen Union wird davon abhängen, ob bei der Definition der diesbezüglichen Handlungserfordernisse auf europäischer Ebene gerade auch die Interessen dieser Bevölkerungsteile eine angemessene Berücksichtigung finden.

Die Probleme, die das fehlende »Wir-Gefühl« der Unionsbürger bereiten, lassen sich an redistributiven Fragen unter dem Stichwort »fehlende Solidaritätsbereitschaft« besonders deutlich festmachen. Eine erhebliche Heterogenität der Interessen und Präferenzen in den mitgliedstaatlichen oder regionalen Bevölkerungen kann aber auch in völlig anderen Bereichen auftreten und Ausdruck unterschiedlicher Grundverständnisse einer angemessenen Aufgabenerfüllung oder z. B. auch – speziell im Falle der Außenpolitik – Ergebnis traditionell unterschiedlicher geopolitischer Grundorientierun-

---

55 Vgl. Volkmann, a. a. O.
56 Vgl. Christiansen, Thomas: Gemeinsinn und europäische Integration. Strategien zur Optimierung von Demokratie- und Integrationsziel, in: Steffani, Winfried; Thaysen, Uwe (Hrsg.): Demokratie in Europa: Zur Rolle der Parlamente, Opladen 1995, S. 50-64 (S. 56 f.).
57 Vgl. Morass, Michael: Mehrheitsdemokratie versus Föderalismus. Demokratie im Mehrebenensystem der Europäischen Union, in: Antalovsky, Eugen; Melchior, Jürgen; Puntscher Riekmann, Sonja: Integration durch Demokratie. Neue Impulse für die Europäische Union, Marburg 1997, S. 223-241 (S. 224 f.).
58 Vgl. Stabenow, Michael: Dramatik gehört zu Europa wie das Salz zur Suppe. Aber auf die Prise kommt es an, in: FAZ v. 1. März 1999.
59 Vgl. ebd.

gen der Mitgliedstaaten sein. Die Bezugnahme auf die »Agenda 2000« kann zum einen deutlich machen, wie weit die Erfordernisse des doppelten Systemwandels über technokratische Marktregulierung hinausgehen und in Bereiche mitgliedstaatlicher »high politics« hineinragen werden. Zum anderen erweist sich hier noch drastischer als an den anderen Beispielen die Richtigkeit der obigen Feststellung, daß der bisherige »permissive consensus« angesichts der wachsenden Interessengegensätze auch zwischen den Bevölkerungen der Mitgliedstaaten nicht mehr ausreicht, um die Legitimität des künftigen Unionshandelns angemessen zu gewährleisten.

Die Tatsache, daß kein europäischer »demos« existiert und damit auch keine grundsätzliche Übereinstimmung in den einzelnen Bevölkerungen darüber besteht, daß politische Entscheidungen der Unionsebene generell »anerkennungswürdig« sind, muß natürlich unmittelbar Berücksichtigung finden bei der Bestimmung ihrer zentralen zukünftigen Aufgabenfelder und Handlungsbefugnisse. Vor allem bei der Entwicklung angemessener Kriterien für künftige Kompetenzzuweisungen an die europäische Ebene müssen die Präferenz- und Interessenunterschiede bzw. das unionsweite Vorhandensein oder Fehlen öffentlicher Akzeptanz in irgendeiner Weise Eingang finden. Geschieht dies nicht, so steht dies in direktem Widerspruch zu dem demokratischen Grundsatz des »government by the people«. Allerdings wird gleichzeitig eine Abwägung dieses »Legitimitätskriteriums« mit anderen Kriterien erforderlich sein, die der Frage Rechnung tragen, ob die europäische Ebene über größere Kapazitäten zur Lösung spezifischer Probleme verfügt als die Mitgliedstaaten, um so dem Gebot des »government for the people« unter dem Gesichtspunkt größtmöglicher Effektivität zu genügen.

Gleichzeitig bedeutet »government for the people« aber auch, daß die Unionsbürger über die Möglichkeit verfügen, politisches Handeln auf europäischer Ebene wirksam zu kontrollieren. Ganz allgemein gesprochen ist die Voraussetzung dafür zunächst einmal ein erheblich höheres Maß an Transparenz. Diese Forderung impliziert im Falle der Europäischen Union besonders grundlegende Korrekturen. So zeichnet sich das Institutionengefüge der Europäischen Union durch seine Unübersichtlichkeit aus, die zum einen damit zusammenhängt, daß die Beteiligungsansprüche auf europäischer Ebene sich immer weiter ausdifferenzieren und immer mehr Akteure aus dem innerstaatlichen Bereich an den supranationalen Entscheidungsprozessen mitwirken. Als institutionalisierte Beispiele bieten sich im Gefolge von Maastricht der Ausschuß der Regionen, nach Amsterdam die Einbeziehung der nationalen Parlamente über die COSAC. an. Zum anderen ist es bislang nicht gelungen, die Zahl der in den verschiedenen Aufgabenbereichen jeweils anzuwendenden Entscheidungsverfahren zu begrenzen. Sie ist in Amsterdam im Gegenteil nochmals auf über 30 angestiegen.[60] Allerdings muß das Bemühen um mehr Transparenz und eine klarere Zurechenbarkeit politischer Verantwortung zunächst einmal am Vertrags- und Kompetenzgefüge der Europäischen Union direkt ansetzen. Hier stellt sich zunächst die Anforderung, die europäischen Gründungsverträge und die zahlreichen dazu ergangenen Ergänzungsakte in einem Gesamtdokument zusammenzufassen. Zum anderen muß für die Unionsbürger möglichst klar erkennbar werden, welche Handlungsebene und damit auch welche Verfahrensbeteiligten letztlich wofür zuständig sind. Damit ergibt sich im Zusammen-

---

60 Vgl. Weidenfeld/Giering: Die Europäische Union nach Amsterdam, a. a. O., S. 62.

hang mit dem Gebot wirksamer demokratischer Kontrolle wiederum die Notwendigkeit nach einer klaren sachgebietsspezifischen, nicht wie bisher aufgabenbezogenen Auflistung supranationaler Handlungsbefugnisse in Form eines Kompetenzkataloges im Vertragsrecht. Im Rahmen der bislang behandelten Möglichkeiten zur Behebung des europäischen »Demokratiedefizites« durch Korrekturen der Vertragsstrukturen stellt sich auch die Frage nach der Notwendigkeit und der Reichweite eines europäischen Grundrechtekataloges. Dieser Frage kommt in zweierlei Hinsicht zentrale Bedeutung zu. Zum einen verbessern Grundrechte im Vertragswerk den Freiheitsschutz der Unionsbürger gegenüber Zugriffen der europäischen öffentlichen Gewalt. Zum anderen – und dies ist ein zentraler Aspekt für die Demokratisierung der Europäischen Union – kommt Grundrechten in ihrem politischen System die besondere Funktion zu, »den Bürgern der Mitgliedstaaten durch die inhaltsvolle Gestaltung der Unionsbürgerschaft die Herausbildung einer ihre nationalstaatliche Identität ergänzenden europäischen Identität zu ermöglichen«.[61]

Daß nun zunächst die *strukturellen Aspekte* des demokratischen Dilemmas der Europäischen Union, also der fehlenden Identität der Unionsbürger als Europäer, behandelt wurden, hängt damit zusammen, daß die vorliegende Studie sich auf Fragen der Neuordnung des Kompetenz- und Vertragsgefüges beschränken wird. Selbstverständlich sind aber gerade auch die institutionellen Konsequenzen dieses legitimatorischen Grundproblems äußerst weitreichend. Ihre Bedeutung hat mit dem nachlassenden »permissive consensus« zugenommen und ist in dem Maße gewachsen, wie die unmittelbar anwendbare europäische Rechtsetzung mit ihrer Direktwirkung immer deutlicher das tägliche Leben der Unionsbürger tangiert.

Demokratie als *Legitimationsverfahren* von Herrschaft in der Europäischen Union stößt auf der »input«-Seite des politischen Prozesses nicht einfach deshalb an ihre Grenzen, weil die institutionelle Stellung und die Entscheidungsrechte des Europäischen Parlamentes noch immer nicht denjenigen nationaler Volksvertretungen entsprechen. Vielmehr liegen diese Grenzen wiederum darin begründet, daß die Bürger in der Europäischen Union ihre primären Lebensbezugsräume nach wie vor in erster Linie im jeweiligen Staat oder aber innerhalb einzelner mitgliedstaatlicher Regionen sehen und bislang als Gesamtheit über kein ausgeprägtes kollektives Zusammengehörigkeitsgefühl verfügen. Für die Ausgestaltung des demokratischen Entscheidungsprozesses bzw. der Wege zur Verbesserung der »input«-Legitimation hat dieses Fehlen eines ausgeprägten europäischen Identitätsgefühls weitreichende Folgen. Schließlich setzt die Möglichkeit zu Mehrheitsentscheidungen in parlamentarischen Demokratien staatlicher oder gegebenenfalls auch regionaler Provenienz das stillschweigende Einverständnis der jeweils überstimmten Minderheit voraus, auch gegen sie getroffene Entscheidungen grundsätzlich als legitim anzuerkennen. Ist diese Grundbedingung in Ermangelung eines ausreichenden gemeinsamen Zugehörigkeitsgefühl zu einem sozialen Verband nicht gegeben, so bedeuten Mehrheitsentscheidungen für die unterlegene Minderheit Fremdbestimmung. Diese Feststellung gilt insbesondere, wenn – wie im Falle der kleineren Mitgliedstaaten der Europäischen Union – strukturelle Minderheitenpositionen drohen. Anders ausgedrückt, können Mehrheitsentscheidungen des Europäischen Parlamentes so lange nur äußerst begrenzte Legitimation stiften, so lan-

---

61 Preuß, Ulrich K.: Grundrechte in der Europäischen Union, in: Kritische Justiz 1 (1998), S. 1-29 (S. 3).

ge es nicht den Status der Repräsentativkörperschaft eines europäischen Volkssouveräns einnimmt.

Allerdings weicht die Entscheidungslogik im europäischen Institutionengefüge von Anfang an stark von dem »Westminster-Modell« parlamentarischer Demokratie ab, in dem – idealtypisch – das Mehrheitsprinzip in Reinform zur Anwendung kommt. Eine viel größere Verfahrensnähe besteht zu Staaten mit stark »versäulten« Gesellschaftssegmenten oder mit Konfliktlinien zwischen unterschiedlichen Bevölkerungsteilen, die entlang territorialer Grenzen verlaufen. Hier wie dort ist der demokratische Entscheidungsprozeß durch Mechanismen geprägt, die der strukturellen Interessenheterogenität innerhalb ihrer Bevölkerungen gerecht zu werden versuchen, indem sie einen besonders wirksamen Minderheitenschutz gewährleisten. Dies kann entweder in Gestalt konkordanzdemokratischer Züge des Entscheidungsverfahrens wie in der Schweiz, konsoziativer Systemelemente wie lange Zeit in den Niederlanden, Belgien, aber auch Österreich, oder aber durch eine föderative Staatsorganisation geschehen.[62] Das Entscheidungssystem auf europäischer Ebene weist tatsächlich eine Mischung aus konkordanzdemokratischen Zügen,[63] konsoziationalen Systemmerkmalen[64] und föderalpolitikverflochtenen Strukturen nach deutschem Muster auf.[65] So zeigen sich konsoziative bzw. konkordanzdemokratische Charakteristika der Europäischen Union u. a. in der »Herrschaft des Elitenkartells« der nationalen Exekutiven im Rat (und im Europäischen Rat), die ihre Entscheidungen in aller Regel im Konsens treffen. Ein zusätzliches Kennzeichen sind die nationalen Verteilungsschlüssel für die Besetzung sämtlicher Institutionen, unabhängig davon, ob dies ihrer Repräsentationsfunktion entspricht oder nicht – wie dies am Beispiel des Europäischen Parlamentes und des Ausschusses der Regionen besonders deutlich wird. Die strukturelle Nähe zum deutschen Bundesstaat ergibt sich vor allem aus der dem deutschen Bundesrat vergleichbaren Zusammensetzung des Rates aus Regierungsvertretern und der daraus resultierenden Dominanz intergouvernementaler Beziehungen zwischen den Systemebenen. Eine weitere Ähnlichkeit resultiert aus der funktionalen Kompetenzverteilung zwischen Rechtsetzungszuständigkeiten der supranationalen Ebene und dem weitestgehenden Verbleib der Verwaltungszuständigkeiten bei den Mitgliedstaaten und ihren Regionen, der als Grundmuster auch den deutschen Verbundföderalismus kennzeichnet.

Als wesentlicher Unterschied zu diesen nationalstaatlichen Systemmodellen bleibt für die Europäische Union aber festzustellen, daß auf der Ebene des Gesamtverbandes kein übergreifendes »Wir-Gefühl« in den Bevölkerungen der die Europäische Union konstituierenden Staaten vorliegt. Genau deshalb genießt das Prinzip unvermittelter parlamentarischer Repräsentation über direkt gewählte Abgeordnete auf dieser Ebene bislang noch keinen Vorrang gegenüber der mittelbaren Vertretung der Interessen

---

62 Vgl. Christiansen, a. a. O.
63 Vgl. Puchala, Donald J.: Of Blind Men, Elefants and International Integration; in: Journal of Common Market Studies 3 (1972), S. 267-284; Hrbek, Rudolf: Die EG, ein Konkordanzsystem? Anmerkungen zu einem Deutungsversuch der politikwissenschaftlichen Europaforschung, in: Bieber, Roland; Bleckmann, Albert u. a. (Hrsg.): Das Europa der zweiten Generation. Gedächtnisschrift für Christoph Sasse, Baden-Baden 1981, S. 87-103.
64 Vgl. Taylor, Paul: The European Union in the 1990s, Oxford 1996, S. 77-96; Chryssochoou, Dimitris N.: Federalism and Democracy Reconsidered, in: Regional & Federal Studies 2 (1998), S. 1-20.
65 Vgl. v. a. Scharpf: Politikverflechtungsfalle, a. a. O.

ihrer Bürger durch die nationalen Regierungsvertreter im Rat der Europäischen Union. Die gängige Argumentation lautet nun, daß die legitimitätsstiftende Wirkung der Beteiligung des Europäischen Parlamentes deshalb selbst in Fällen weitreichender Mitentscheidungsbefugnisse relativ begrenzt bleiben müsse. Die eigentliche demokratische Kontrolle könne somit nur durch die enge Rückbindung der nationalen Regierungsvertreter im Rat an ihre mitgliedstaatlichen Parlamente erfolgen. Regelmäßig wird daraus die Schlußfolgerung gezogen, daß der Effektivierung der Entscheidungsregeln im Rat durch vermehrte Nutzung des Mehrheitsprinzips schon deshalb Grenzen gesetzt seien, weil dadurch die Parlamente in den jeweils überstimmten Mitgliedstaaten in allen Fällen ihrer Einflußmöglichkeiten beraubt würden. Gerade darum seien auch die in den konsensualen Aushandlungsprozessen im Rat angelegten Ineffizienzen und Handlungsblockaden der Preis, der nun einmal zu bezahlen sei, um ein Mindestmaß an »input«-Legitimation europäischer Beschlußfassung zu gewährleisten.

Diese Argumentationslinie läßt allerdings zunächst einmal völlig außer acht, daß umgekehrt bei Geltung der Einstimmigkeitsregel ein einzelner Vertreter im Rat durch die Nutzung seines Vetos allen übrigen Regierungsvertretern die Möglichkeit nehmen kann, die Präferenzen ihrer Bevölkerungen bzw. die diesbezüglichen Beschlußlagen der nationalen Parlamente auf europäischer Ebene durchzusetzen.[66] Zum anderen ist aber darauf hinzuweisen, daß das Konsensprinzip durchaus die geeignete Entscheidungsregel im Rahmen reiner Staatenbünde sein mag, deren Vereinbarungen sich nur an die beteiligten Staaten als Adressaten in ihrer Eigenschaft als Völkerrechtssubjekte wenden. Im Falle der Europäischen Union hingegen greift die Rechtsetzung direkt auf den einzelnen Bürger in den Mitgliedstaaten durch. Soll nun auch in strittigen Fragen die Entscheidungseffizienz gewahrt bleiben, so ist dies am ehesten mit dem Grundsatz hinreichender Legitimation im Verfahren zu vereinbaren, wenn über die Abstimmungsregeln im Rat dem demokratischen Mehrheitsprinzip Rechnung getragen wird. Mit anderen Worten kommt wiederum einer Reform der Stimmgewichtung zentrale Bedeutung zu, die sich stärker an den Bevölkerungsgrößen der einzelnen Mitgliedstaaten und weniger am völkerrechtlichen Grundsatz der Gleichbehandlung der Staaten orientieren muß als dies bislang der Fall ist. Hat sich erst einmal ein ausgeprägtes Solidaritäts- und Identitätsgefühl der Unionsbürger herausgebildet, werden mehrheitlich gefaßte Beschlüsse des Europäischen Parlamentes ein ausreichendes legitimatorisches Eigengewicht erhalten. Bis dies aber endgültig der Fall ist, wird über die Stimmverteilung im Rat sichergestellt werden müssen, daß politisches Handeln der Unionsebene nur möglich ist, wenn die zustimmenden Regierungen eine Mehrheit der nationalen Bevölkerungen repräsentieren und dabei zugleich jeder Mitgliedstaat zumindest einen annähernd seiner Bevölkerungsstärke entsprechenden Einfluß ausüben kann. Über die Festlegung eines angemessenen Stimmenquorums kann dabei zugleich die Funktion des Minderheitenschutzes gewahrt bleiben.

Natürlich spielen gleichzeitig auch Fragen wie die Sitzverteilung im Europäischen Parlament oder die Schaffung eines einheitlichen Wahlverfahrens für die Europawahlen eine Schlüsselrolle im Rahmen institutioneller Reformen zur Steigerung der demokratischen Legitimation des Unionshandelns. Gerade bezüglich der künftigen Zusammensetzung und Größe des europäischen Abgeordnetenhauses ergibt sich –

---

66   Vgl. Grande: Demokratische Legitimation, a. a. O., S. 343.

ebenso wie für den Rat und die Kommission – unmittelbar aus der Erweiterungsperspektive dringender Handlungsbedarf.[67] Die zentrale Herausforderung für eine Aufwertung der Rolle des Parlamentes besteht aber darin, die Herausbildung einer europäischen Identität unter den Unionsbürgern zu unterstützen. Und gerade hier ergeben sich wiederum reichhaltige Ansatzmöglichkeiten durch Reformen der bisherigen Vertrags- und Kompetenzordnung der Europäischen Union. Dabei muß zunächst berücksichtigt werden, daß die Zustimmung zur europäischen Integration auch langfristig in wesentlich stärkerem Maße als im nationalstaatlichen Kontext von der »output«-Legitimität durch effektive Steuerung abhängen wird. Dies bedeutet aber auch, daß die Notwendigkeit europäischer Handlungsbefugnisse für die mitgliedstaatlichen Bevölkerungen einsichtig sein und gegebenenfalls auch eine Rückverlagerung von Zuständigkeiten auf die nationale oder regionale Ebene möglich bleiben muß, wenn für Aktivitäten der europäischen Ebene kein funktionaler Bedarf vorliegt. Neben nachvollziehbaren Kriterien für Kompetenzübertragungen erfordert dieser Gesichtspunkt wiederum eine klare vertragliche Grenzziehung nach Sachgebieten, um der akzeptanzschädigenden Eigendynamik von Zentralisierungstendenzen im europäischen Mehrebenensystem wirksamer Einhalt gebieten zu können.

Vor diesem Hintergrund stellt sich die Bilanz der Amsterdamer Vertragsverhandlungen keineswegs überzeugend dar. Die Kompetenzzuwächse der Europäischen Union in Amsterdam sind zwar bescheidener als diejenigen von Maastricht. Dies erklärt sich bereits aus dem Umstand, daß zum damaligen Zeitpunkt die sehr starke Ausweitung der Aufgabenenumeration im Europäischen Gemeinschaftsvertrag aus dem Bemühen der Mitgliedstaaten resultierte, die europäischen Handlungsbefugnisse in jenen Politikfeldern primärrechtlich zu benennen und genauer abzugrenzen, die bereits zu einem früheren Zeitpunkt unter Heranziehung der Rechtsangleichungskompetenzen in Art. 100 und 100a EWGV sowie der »Vertragsabrundungsklausel« des Art. 235 EWGV und unter Verweis auf die Regulierungserfordernisse zur Vollendung des Binnenmarktes Gegenstand des europäischen Sekundärrechtes geworden waren. Trotz dieses eingeschränkten Aufgabenwachstums als Ergebnis der letzten Vertragsrevision hat sich grundsätzlich an den konstatierten Problemlagen nicht viel geändert: »[D]ie Aufgabenerweiterungen im Amsterdamer Vertrag [sind] so harmlos nicht. Es wurden überwiegend gar keine klaren Kompetenzzuständigkeiten vereinbart, sondern Zielformulierungen aufgenommen. Diese setzen aber erfahrungsgemäß eine schleichende Integrationsdynamik in Gang, derer sich sowohl die Kommission als auch der Europäische Gerichtshof ... in der Vergangenheit sehr erfolgreich zu bedienen wußten. Aus dem unverbindlichen Bekenntnis wird Schritt um Schritt ein immer weiterreichender Auftrag ... In der Abwägung zwischen prinzipiellen Vorbehalten gegen eine gemeinschaftliche Kompetenzerweiterung und dem Interesse an einer materiell-rechtlich vorteilhaften Regelung überwiegt bei den betroffenen Regierungen häufig genug ihr konkretes kurzfristiges Interesse.«[68]

---

67 Zu den notwendigen Reformen von EP, Kommission sowie Rat – hier einschließlich eines neuen degressiven Stimmverteilungsschlüssels, der den oben genannten Anforderungen einer stärkeren Bevölkerungsproportionalität der Stimmgewichtung voll entspricht – Janning/Giering: Strategien gegen die institutionelle Erosion, a. a. O.

68 Kohler-Koch, Beate: Die Europäisierung nationaler Demokratien: Verschleiß eines europäischen Kulturerbes?, in: Greven (Hrsg.), a. a. O., S. 263-288.

Dieser Eindruck wird bestärkt, wenn der Umstand in die Betrachtung einbezogen wird, daß die Frage einer trennschärferen Begrenzung europäischer Zuständigkeiten durch die vertragliche Einführung einer Aufgabenliste oder eines Kompetenzkataloges anfänglich sogar noch ausdrücklich auf der Tagesordnung der Regierungskonferenz gestanden hatte. Sie wurde allerdings bereits in einer Frühphase der Vorbereitungsarbeiten zur Amsterdamer Vertragsrevision wieder fallengelassen, weil sie sich als nicht konsensfähig zwischen den Mitgliedstaaten erwies.[69] Auch die letztendlich beschlossene Konkretisierung des Subsidiaritätsprinzips in einem neuen Vertragsprotokoll kann dieses Versäumnis nicht aufwiegen. Weder wird damit die Begrenzung dieses primärrechtlichen Grundsatzes auf die Funktion einer reinen Kompetenzausübungsregel – anstelle einer Kompetenzverteilungsregel – aufgehoben, noch wird das Protokoll auch nur dem Anspruch gerecht, nun verläßliche Handlungsanweisungen für den Einzelfall der Aufgabenwahrnehmung zur Verfügung zu stellen.[70]

Überraschenderweise unternahmen der damalige deutsche Bundeskanzler und der französische Staatspräsident mit ihrem sogenannten »Kohl-Chirac-Brief« kaum ein Jahr später – im Juni 1998 – einen neuen Anlauf, um dieses »magere« Amsterdamer Endergebnis zu korrigieren. Diese Initiative zielte nochmals darauf ab, »daß die Mitglieder des Europäischen Rates eine Diskussion über die praktische Umsetzung des Subsidiaritätsprinzips aufnehmen, um zu einer klareren Kompetenzabgrenzung zwischen Europäischer Union und Mitgliedstaaten zu kommen«.[71] Auch sie sollte aber schließlich im Sande verlaufen, weil der daraufhin im Oktober 1998 unter österreichischer Präsidentschaft abgehaltene Sondergipfel in Pörtschach sich nur noch am Rande mit dem ursprünglich vorgesehenen Hauptthema der Subsidiarität befaßte.[72] Folgerichtig enthielten schließlich auch die Schlußfolgerungen des Europäischen Rates in

69 Vgl. im einzelnen zu den Vorschlägen für eine schärfere Kompetenzab- bzw. -begrenzung die Synopse der mitgliedstaatlichen Verhandlungspositionen und die Chronologie der Regierungskonferenz auf der CD-ROM zu Weidenfeld (Hrsg.): Amsterdam in der Analyse, a. a. O. Daß sich die Neuordnung des vertraglichen Zuständigkeitsgefüges nicht als eigener Verhandlungsgegenstand würde halten können, wurde allerdings bereits Ende 1995 im Abschlußbericht der die Regierungskonferenz vorbereitenden Reflexionsgruppe unter dem Vorsitz von Carlos Westendorp deutlich. Dort hieß es: »The Group is not in favour of incorporating a catalogue of the Union's powers in the Treaty and would prefer to maintain the present system, which establishes the legal basis for the Union's actions and policies in each individual case.« Vgl. den Bericht der Reflexionsgruppe vom 5. Dezember 1995, abgedruckt in: European Parliament. Intergovernmental Conference Task Force: White Paper on the 1996 Intergovernmental Conference, Vol. I, Luxembourg 1996, S. 149-212 (S. 196).

70 Vgl.: Hrbek, Rudolf: Wie sollen sich Arbeitsteilung, Subsidiarität und regionale Beteiligung nach Amsterdam entwickeln?, in: Bertelsmann Stiftung/Forschungsgruppe Europa (Hrsg.): Systemwandel in Europa – Demokratie, Subsidiarität, Differenzierung, Gütersloh 1998, S. 27-39 (S. 33 ff.).

71 Vgl. Gemeinsame Botschaft von Bundeskanzler Dr. Helmut Kohl und dem Präsidenten der Französischen Republik, Jacques Chirac, an den amtierenden Vorsitzenden des Europäischen Rates und Premierminister des Vereinigten Königreichs von Großbritannien und Nordirland, Tony Blair, Bonn und Paris, 5. Juni 1998, abgedr. in: BullBReg Nr. 41 v. 15. Juni 1998, S. 537 f.

72 Vgl.: Glauber, Ulrich; Pries, Knut: Ein unordentlicher Gipfel ohne ordentliche Höhepunkte. Vom Treffen der Spitzenpolitiker der EU-Länder im österreichischen Pörtschach gehen diffuse Signale aus, in: Frankfurter Rundschau v. 26. Oktober 1998; Piehl, Ernst: Pörtschach-Gipfel über die »Zukunft Europas«, in: EUmagazin 10 (1998), S. 16-19; Hausmann, Hartmut: EU-Gipfel in Pörtschach. Deutliche Akzentverlagerung: Beschäftigungspolitik erhält höheren Stellenwert als Währungsstabilität, in: Das Parlament v. 6./13. November 1998.

Wien vom Dezember 1998 nurmehr recht vage Hinweise auf die Anwendungsmodalitäten des Subsidiaritätsprotokolls nach Inkrafttreten des Amsterdamer Vertrages durch Rat, Kommission und Europäisches Parlament sowie auf die Pflicht der Kommission zur jährlichen Berichterstattung über die Umsetzung des Prinzips.[73]

All diese geringen Fortschritte bei einer trennschärferen Abgrenzung europäischer Zuständigkeiten dürfen jedoch nicht den Blick dafür verstellen, daß der Amsterdamer Vertrag bezogen auf konkrete Inhalte europäischer Kompetenzbestände sehr wohl auch einige Neuregelungen enthält, die zukünftig durchaus zu einer höheren Akzeptanz und Legitimität des Unionshandelns beitragen könnten. Sie lassen zumindest das Bemühen erkennen, die bislang primär funktional durch die Erfordernisse des Binnenmarktes begründete Zentralisierung supranationaler Aufgabenbestände durch eine stärkere Orientierung an einem bürgernahen und sozialen Europa zu ergänzen. Die verstärkte Betonung der Grundrechte und die Ausdehnung des Diskriminierungsverbotes von der Staatsangehörigkeit auf das Geschlecht, die Rasse, die ethnische Zugehörigkeit, die Religion oder den Glauben, Behinderungen, das Alter und die sexuelle Ausrichtung deuten ebenso in diese Richtung wie die Aufnahme eines Beschäftigungskapitels, die stärkeren Schwerpunktsetzungen in den Politikfeldern Umwelt, Gesundheitswesen, Verbraucherpolitik und die Betonung des Transparenzgebotes im Unionsvertrag.[74] Hier kristallisiert sich primärrechtlich ein Kernbestand an gemeinsamen Werten und Grundideen der Bevölkerungen in den EU-Mitgliedstaaten heraus, der zentralen Anteil an der künftigen Entwicklung eines europäischen Zusammengehörigkeits- und Solidaritätsgefühls haben und damit eine wichtige Rolle für den Abbau des europäischen Demokratiedilemmas spielen könnte.

Zum Abschluß der einleitenden Skizze zum gegenwärtigen Problemhaushalt der Europäischen Union und der daraus resultierenden Belastungsprobe für ihre politischen Handlungs- und Steuerungskapazitäten sollen nun auch die Effizienz- und Effektivitätsprobleme wieder mit in die Betrachtung einbezogen werden, die unmittelbar im Zusammenhang mit der bislang im europäischen Entscheidungsgefüge vorherrschenden Aushandlungslogik diskutiert wurden. Zusammenfassend läßt sich dann sowohl im Hinblick darauf als auch auf die Gebote hinreichender Legitimität, demokratischer Legitimation und Transparenz – im Sinne einer klaren Zurechenbarkeit politischer Verantwortung – feststellen, daß bereits die von ursprünglich sechs auf fünfzehn Mitglieder angewachsene Europäische Union kaum mehr in der Lage ist, die steigende Vielfalt beteiligter Akteure und Konfliktlinien mit den Leistungsanforderungen aus dem unablässig gewachsenen Umfang ihres Kompetenzbestandes in Einklang zu bringen. Dabei ist das Problem zunehmender Interessenvielfalt nicht ausschließlich Ergebnis der verschiedenen bisherigen Erweiterungen, sondern auch unmittelbare Folge des integrationspolitischen Langzeittrends der Aufgabenzentralisierung in Europa. Er hat als Gegenreaktion eines immer weiteren Kreises von bisher innerstaatlich an der Entscheidungsfindung Beteiligten den Ruf nach Kompensation durch direkte Mitwirkungsrechte auf europäischer Ebene laut werden lassen.

73 Vgl. Abschnitt VIII »Subsidiarität« in den Schlußfolgerungen des Vorsitzes zum Europäischen Rat (Wien) vom 11./12. Dezember 1998, S. 23 f.

74 Vgl. Wessels, Wolfgang: Der Amsterdamer Vertrag – Durch Stückwerksreformen zu einer effizienteren, erweiterten und föderalen Union?, in: integration 3 (1997), S. 117-135, S. 121.

Entsprechend hat sich das Spektrum an Akteuren und der jeweils anzuwendenden Beteiligungsverfahren auch vertikal sehr stark ausdifferenziert und umfaßt nun beispielsweise die Sozialpartner oder die Regionen und Kommunen als subnationale Handlungsebenen in den Mitgliedstaaten. Bisher konnte das darin zum Ausdruck kommende latente Spannungsverhältnis zwischen Vertiefungs- und Erweiterungsschritten dadurch aufgefangen werden, daß sowohl die institutionellen Regelungen als auch die Vertragsstrukturen der anfänglichen Gemeinschaft der Sechs angepaßt wurden. Die Folgen dieser bisherigen Reformlogik der kleinen Schritte ohne zugrundeliegendes Gesamtkonzept sind ein wahrer Wildwuchs an Verfahren und Strukturen, immer größer werdende europäische Institutionen, zunehmende Gewichtsverzerrungen zwischen großen und kleinen Mitgliedstaaten in den europäischen Entscheidungsprozessen, ein unkontrolliertes Wachstum vertragsrechtlich nicht klar abgrenzbarer Handlungsbefugnisse und völlig unübersichtliche Vertragsgrundlagen.

Die nochmalige Potenzierung der Anforderungen an die Erweiterungs- und Vertiefungsfähigkeit der Europäischen Union in dem sich gegenwärtig vollziehenden doppelten Systemwandel überfordert diesen Reforminkrementalismus endgültig. Um den Geboten demokratisch legitimierter, transparenter und effizienter Entscheidungsfindung ebenso gerecht werden zu können wie dem wachsenden Bedarf an effektiver und als legitim empfundener politischer Steuerung durch die europäische Ebene, darf eine grundlegende Neubestimmung der Zielkoordinaten und der Funktionsprinzipien des politischen Systems der Union nicht länger aufgeschoben werden. Zielführend muß dabei die Grundidee des Föderalismusprinzips sein, das erforderliche Maß an Handlungseinheit unter gleichzeitiger Wahrung größtmöglicher Vielfalt sicherzustellen.

II. Föderalismus als Leitprinzip für die Europäische Union

»The idea of a federal Europe is easily misrepresented as a monstrous new Leviathan straddling Europe and trampling upon hallowed beliefs and modes of behaviour in its single-minded pursuit of social homogeneity and cultural standardisation.«[75]

Der Anspruch, »Europa föderal organisieren« zu wollen, erweckt zunächst einmal Argwohn. Noch allzu frisch ist die Erinnerung daran, daß sich die niederländische Ratspräsidentschaft 1991 mit der Formulierung in ihrem Vertragsentwurf zu Maastricht nicht durchsetzen konnte, »eine neue Stufe der schrittweisen Verwirklichung einer Union mit föderaler Ausrichtung« werde angestrebt. Die tiefe Akzeptanzkrise während des Maastrichter Ratifikationsprozesses bewog verschiedene europäische Politiker, in seinem Verlauf ihrem Ziel der Schaffung der »Vereinigten Staaten von Europa« abzuschwören, um nicht einen völligen Verlust öffentlicher Zustimmung für den europäischen Integrationsprozeß zu riskieren.[76] In der Tat ist der Föderalismus-

---

75 Burgess, Michael: Federalism and European Union. Political Ideas, Influences and Strategies in the European Community, 1972-1987, London/New York 1989, S. 15.

76 Vgl. Laufer/Fischer, a. a. O., S. 18-25; Ramsay, Robert: Die mehrdeutige Interpretation des Begriffs Föderalismus als Quelle politischer Schwierigkeiten, in: Berichte des Forschungsinstituts der Internationalen Wissenschaftlichen Vereinigung Weltwirtschaft und Weltpolitik, Mai 1994, S. 1-7.

Begriff, wird er als mögliches Organisationsprinzip für die Europäische Union genannt, auch normativ bereits »vorbelastet«. Nach wie vor klingt darin in vielen Ohren zu stark das Ziel der frühen »Integrationstheorie« des Föderalismus nach, einen europäischen Bundesstaates ins Leben zu rufen.[77] Schon an dieser Stelle ist allerdings einschränkend anzumerken, daß diese mißtrauischen Reaktionen in vielen Fällen auf einem tendenziellen Begriffsverständnis basieren, das Bundesstaatlichkeit und Unitarismus gleichsetzt und damit von vornherein den vielfältigen Bedeutungsinhalten föderaler Ordnung wie auch den damit verbundenen Möglichkeiten zu ihrer konkreten Ausgestaltung in keiner Weise gerecht wird.

Deshalb muß zunächst in aller Deutlichkeit darauf hingewiesen werden, daß in dieser Studie der Terminus »Föderalismus« nicht in einem teleologischen Sinne gebraucht wird, sondern die Absicht, ein Konzept für die föderale Organisation Europas zu entwickeln, vielmehr instrumentellen Charakter hat, um die genannten Zielgrößen für politisches Handeln auf europäischer Ebene zu verwirklichen. Obwohl sich dabei das vorliegende Konzept weitestgehend auf die Erarbeitung von Vorschlägen zur Neugestaltung des Vertrags- und Kompetenzgefüges beschränkt, ist dieses Reformanliegen grundsätzlich wesentlich breiter angelegt und bezieht sich auch auf die Notwendigkeit substantieller Korrekturen an den Entscheidungsverfahren und dem Institutionengefüge der Europäischen Union. Für all diese Bereiche muß die Quintessenz des Anliegens einer föderalen Reorganisation darin bestehen, »eine gewisse Einheit mit einer gewissen Vielfältigkeit zu verbinden«[78] und somit auch langfristig einen integrationsoffenen Zustand föderaler Balance zwischen den verschiedenen Handlungsebenen im System der Europäischen Union zu gewährleisten.

1. Föderalismus als Organisationsprinzip für die Europäische Union

Effizienz der Entscheidungsfindung und Effektivität von Problemlösungen, Transparenz und demokratische Legitimation bilden die Zielgrößen, auf die sich ein Ausgleich zwischen Einheit und Vielfalt im europäischen Mehrebenensystem richten muß. Allerdings stehen diese Richtgrößen für eine föderale Organisationsreform im Falle des multifunktionalen Systems der Europäischen Union in einem besonders ausgeprägten Spannungsverhältnis zueinander, weil deren »'Planungsverfassung' ... den Gemeinschaftsorganen [ausdrücklich] den Auftrag gibt, sich in den Dienst der Integrationsdynamik zu stellen«.[79]

So wächst der Umfang staatlicher Aufgaben, deren Wahrnehmung die Steuerungskapazität des Nationalstaates überfordert und deshalb unter dem Aspekt effektiven politischen Handelns Eingriffsbefugnisse der europäischen Ebene rechtfertigen würde. Um diese Aufgaben aber tatsächlich wirksam erfüllen zu können, bedarf es dort effizienter Entscheidungsmechanismen. Nun können Entscheidungen im Rat seit der Ein-

---

77 Vgl. Sbragia, Alberta M.: The European Community. A Balancing Act, in: Publius: The Journal of Federalism, Summer 1993, S. 23-38 (S. 25).

78 Friedrich, Carl J.: Trends of Federalism in Theory and Practice, London 1968.

79 Schneider, Heinrich: Verfassungskonzeptionen für die Europäische Union, in: Antalovsky, Eugen; Melchior, Josef; Puntscher Riekmann, Sonja (Hrsg.): Integration durch Demokratie. Neue Impulse für die Europäische Union, Marburg 1997, S. 111-141 (S. 136).

heitlichen Europäischen Akte in immer mehr Bereichen vertragsrechtlich mit qualifizierter Mehrheit getroffen werden. Selbst wenn auch in solchen Fällen weiterhin zunächst die Suche nach Konsens das Verfahren bestimmt, erhöht doch alleine die Möglichkeit zur Abstimmung die Konzessionsbereitschaft gerade auf seiten jener Mitgliedstaaten, die im Grunde genommen gegen die Verabschiedung des zur Diskussion stehenden Rechtsaktes sind. Halten sie zu unnachgiebig an ihrer ablehnenden Position fest, so droht ihnen die Gefahr, daß sie auf die Inhalte der dann erforderlichen Mehrheitsentscheidung überhaupt keinen Einfluß mehr nehmen können und schlicht überstimmt werden. Schon insofern wirkt sich die immer häufigere Anwendbarkeit der Mehrheitsregel zumindest mittelbar effizienzsteigernd auf die Beschlußfassung aus. Andererseits schwächt diese Abstimmungsregel aber den Legitimationszusammenhang, der auf der Rückbindung der Regierungsvertreter im Rat an ihre nationalen Parlamente beruht. Damit wird ein »trade off« induziert zwischen der Mitwirkung nationaler Regierungsvertreter im Rat als mittelbare Quelle demokratisch legitimierten Unionshandelns und dem effizienzgebotenen Ausbau der Mehrheitsregel, der mit Legitimationseinbußen verbunden ist. Diese Spannung zwischen Effizienz- und Demokratiegebot kann auch dadurch nicht voll abgefangen werden, daß das europäische Institutionengefüge zu einem echten Zweikammersystem weiterentwickelt und das Europäische Parlament durch eine weitere Aufwertung seiner Mitwirkungsrechte dem Rat als gleichberechtigtes Legislativorgan zur Seite gestellt wird. Das Prinzip demokratischer Repräsentation über die gewählte Abgeordnetenkammer muß auf europäischer Ebene solange defizitär bleiben, wie dort keine kollektive Identität im Sinne eines europäischen Volkssouveräns bzw. »demos« existiert und selbst zentrale Voraussetzungen dafür, wie vor allem Strukturen öffentlicher Meinungsbildung und intermediärer Interessenvermittlung, bestenfalls rudimentär vorhanden sind.

1.1 Die Kompetenzordnung als Reformschwerpunkt

Tatsächlich ist die Minimierung dieses Spannungsverhältnisses zwischen den Zielgrößen effizienter Entscheidungsregeln, der Bestimmung der effektivsten politischen Handlungsebene und einer demokratischen Verfahrensausgestaltung die zentrale Herausforderung für die Herstellung föderaler Balance im europäischen Mehrebenensystem. Dabei ist einerseits nicht zu übersehen, daß in der Ausgangskonstellation durchaus Ähnlichkeiten mit devolutiven Entwicklungstendenzen in einzelnen Bundesstaaten bestehen, deren Bevölkerung sich entlang der innerstaatlichen territorialen Grenzlinien zusehends heterogener darstellt. So liefern Kanada und Belgien Anschauungsmaterial für nationalstaatliche Mehrebenensysteme, in denen das primäre Zugehörigkeitsgefühl von Bevölkerungsteilen oder der Bürger insgesamt zu den subnationalen Gliederungen die Legitimität nationaler Handlungsbefugnisse in wachsendem Maße in Frage stellt, unabhängig davon, ob der Gesamtstaat in einzelnen Politikbereichen besser zur Problemlösung befähigt wäre.

Gleichzeitig ergeben sich aber aus den systemischen Besonderheiten der Europäischen Union sehr spezifische Anforderungen an die Herstellung einer föderalen Balance zwischen den verschiedenen Handlungsebenen, die der Vergleichbarkeit mit bundesstaatlichen Systemen deutliche Grenzen ziehen. So zeichnet sich die Planungsverfassung des europäischen Vertragswerkes – als Gegenbegriff zum Modell nationalstaatlicher »Ordnungsverfassungen« – gerade dadurch aus, daß sie nicht »statisch den

Rahmen eines bestehenden Zustandes absteck[t]«, sondern »planend den Rahmen für eine ... dynamische Entwicklung festleg[t]«.[80] Bezogen auf die Grundprinzipien der Kompetenzverteilung ähnelt die Europäische Union darin stärker internationalen Organisationen als bundesstaatlichen Modellen. »While federal constitutions distribute legislative power on the lines of defining policy fields, international organizations serve the purpose of achieving specific aims laid down in the treaties which created them. Political aims, however, have the inherent tendency of absorbing many more 'implied powers' than do clear-cut definitions of attributed policy fields. Though being a supranational organization, the EU was created with the structures and task assignment of a traditional international body.«[81]

Eine andere Besonderheit des europäischen Kompetenzgefüges besteht darin, daß jenseits des ökonomischen Bereiches des Binnenmarktes gerade jene Aufgabenfelder, die im staatlichen Bereich klassisch und weitgehend unumstritten auf der zentralen Ebene angesiedelt sind, gar nicht oder nur sehr eingeschränkt der supranationalen Ebene zugewiesen werden. Auch die aus dem Binnenmarkt abgeleiteten Ansprüche auf weiterreichende Regelungsbefugnisse in flankierenden Politikbereichen haben solch klassisch zentralen Aufgabenbereiche, wie kodifizierte Grundrechtsgarantien, Außen- und Verteidigungspolitik, wirtschaftliche Ordnungs- und Stabilitätspolitik oder auch das Sozialversicherungswesen bislang allenfalls am Rande erfaßt.[82] Dies steht jedoch in wachsendem Widerspruch zur Bedingung kongruenten politischen Handelns, d. h. der gebotenen Übereinstimmung zwischen der Reichweite der zu lösenden Problemzusammenhänge und der Zuständigkeit einer über die entsprechende Regelungsreichweite verfügenden Handlungsebene. Die *Kongruenzbedingung* spricht gerade angesichts der bevorstehenden Erweiterung für weiterreichende Handlungsermächtigungen der europäischen Ebene in diesen traditionell gesamtstaatlichen Aufgabenfeldern. Damit erscheinen weitreichende Korrekturen in der europäischen Kompetenzordnung unabdingbar, die sich nicht zuletzt als Ergebnis einer Rückbesinnung auf die zentrale Zielfunktion der Friedenssicherung in der frühen Integrationsgeschichte darstellen müssen.

Zugleich hängt eine Annäherung an die Erfüllung der demokratischen *Identitätsbedingung* im europäischen Mehrebenensystem davon ab, daß eine Abkehr von den einseitig auf dynamische Kompetenzausweitungen angelegten vertraglichen Zuständigkeitsumschreibungen erfolgt. An die Stelle der bisherigen Aufgabenumschreibungen muß zur Erfüllung dieser Bedingung eine transparentere und trennschärfere sachgebietsbezogene Kompetenzabgrenzung treten, welche nicht einseitig eine dynamische Ausdehnung der Unionsbefugnisse begünstigt, sondern nachvollziehbar am Kriterium der höheren Problemlösungsfähigkeit gemeinsamen Vorgehens orientiert ist und auf diese Weise auch weiterreichende autonome Handlungsspielräume der nationalen und subnationalen Ebene sichert. Gerade für den Bereich der Kompetenzordnung im euro-

80 Vgl. Ophüls, Carl Friedrich: Die Europäischen Gemeinschaftsverträge als Planungsverfassungen, in: Kaiser, Joseph H. (Hrsg.): Planung I, Baden-Baden 1965, S. 229 ff.

81 Leonardy, Uwe: The Political Dimension, German Practice, and the European Perspective, in: Hesse, Joachim Jens; Wright, Vincent (eds.): Federalizing Europe? The Costs, Benefits, and Preconditions of Federal Political Systems, Oxford 1996, S. 73-100 (S. 85).

82 Vgl. Canu, Isabelle; Fischer, Thomas; Mühlbacher, Georg: Föderale Strukturen für die Europäische Union, in: Europäische Rundschau 24 (1996), S. 103-114 (S. 107 f.).

päischen Mehrebenensystem gilt also, daß dessen vertragliche Systemspezifika eine stärkere Annäherung an das Muster bundesstaatlicher »Ordnungsverfassungen« erforderlich machen.

Speziell für die Zuständigkeitsverteilung gilt, daß die bisherige Entwicklungsoffenheit der europäischen »Planungsverfassung« in der politikwissenschaftlichen Integrationsforschung häufig geradezu als konstitutiv für die Singularität der Europäischen Union gegenüber föderalen Systemen betrachtet wird: »Schließlich ist das europäische Mehrebenensystem dadurch charakterisiert, daß die Aufgabenverteilung zwischen den Handlungsebenen nicht eindeutig fixiert ... [ist] – kurz gesagt: Es ist ein *dynamisches* System. Das gilt auch für föderative Systeme ..., im Falle des europäischen Mehrebenensystems erhält die Systemdynamik allerdings eine besondere Qualität. In föderativen Systemen spielt sich die Dynamik der staatlichen Handlungsebenen in einem konstitutionell vorgegebenen Rahmen ab. Der europäische Integrationsprozeß dagegen ist ein offenes „Projekt" ohne Vorbild und Vorgabe.«[83] Im Gegensatz zu der in diesem Zusammenhang ebenfalls vertretenen Auffassung, daß die Aufgabenverteilung zwischen den verschiedenen Systemebenen »wohl auch nicht fixierbar« ist,[84] wird in dieser Studie jedoch davon ausgegangen, daß dies – und damit auch der qualitative Übergang zu einem so verstanden föderalen System – nicht nur möglich, sondern unbedingt geboten ist. Nur auf diesem Wege können in der bisherigen Integrationsdynamik auch angelegte Fehlentwicklungen, wie übermäßige Zentralisierungsschübe, wirksam eingedämmt werden und somit zur Systemstabilisierung einer erweiterten Europäischen Union insgesamt beigetragen.

1.2 Die Institutionen und Entscheidungsverfahren

Auch die Ausgestaltung und Weiterentwicklung des europäischen Institutionengefüges trägt erheblich zu dem Spannungsverhältnis zwischen den verschiedenen Reformzielgrößen bei. Ursächlich für die institutionellen Defizite auf europäischer Ebene sind die Rückwirkungen der »Zwitternatur« des europäischen Mehrebenensystems zwischen intergouvernementaler Kooperation und supranationaler Integration auf die Funktionslogik und Struktur des europäischen Entscheidungsgefüges. Ein föderales Organisationsmodell für die Europäische Union kann sich nicht soweit an bundesstaatlichen Vorbildern orientieren, daß es die völkerrechtliche Staatsqualität der Unionsmitglieder negiert, um sie auf den bloßen Status von (Glied-)Staaten im staatsrechtlichen Sinne zu reduzieren. Sowohl der Souveränitätsvorbehalt des Nationalstaates als auch die starke Verwurzelung des demokratischen Prinzips der Volkssouveränität in den mitgliedstaatlichen Bevölkerungen – und nicht in einem kollektiven europäischen »demos« – werden zumindest auf absehbare Zeit auch weiterhin ihren Niederschlag in der Zusammensetzung der europäischen Institutionen wie auch in den

---

83 Grande, Edgar: Regieren im verflochtenen Mehrebenensystem: Forschungsstand und Forschungsbedarf (Manuskript für den Beitrag zu der gemeinsame Tagung des Arbeitskreises »Integrationsforschung« und der Sektion »Staatslehre und politische Verwaltung« der DVPW zum Thema »Wie problemlösungsfähig ist die EU? Regieren im Europäischen Mehrebenensystem« in München vom 29.-31. Oktober 1998, S. 8 f.).

84 Vgl. ebd.

Entscheidungsregeln und -verfahren auf Unionsebene finden müssen. Gerade weil die Legitimität politischen Handelns auf Unionsebene viel stärker als in klassischen Bundesstaaten über ihre Glieder und deren Bevölkerungen vermittelt wird, kommt dem völkerrechtlichen Grundsatz der Gleichbehandlung der Staaten größeres Gewicht zu. Die schwach ausgeprägte Gewaltenteilung im europäischen Mehrebenensystem und das hohe Maß an vertikaler und horizontaler, stark politikverflochtener Gewaltenverschränkung im europäischen Mehrebenensystem, die sich am stärksten in der kombinierten Zusammensetzung des stetig wachsenden Ausschuß- und Arbeitsgruppenwesens bei Kommission und Rat aus Kommissionsrepräsentanten und mitgliedstaatlichen Vertretern manifestiert, ist eine zentrale Konsequenz des unveränderten Anspruches der Mitgliedstaaten, »Herren der Verträge« zu sein. Die Besetzung der europäischen Institutionen nach nationalen Verteilungsschlüsseln oder der Kompromiß der Stimmgewichtung im Rat zwischen Begünstigung der kleineren Mitgliedstaaten als Ausdruck nationalstaatlicher Souveränität und Stimmwägung nach Bevölkerungszahl als Ausdruck des demokratischen Repräsentationsprinzips sind weitere Ausflüsse dieses Strukturmerkmales.

Das Prinzip territorialer Repräsentation dominiert im europäischen Institutionengefüge nach wie vor das Prinzip demokratischer Repräsentation[85] und auch vor diesem Hintergrund ähnelt die Europäische Union nach wie vor stärker einem Staatenbund als einem Bundesstaat.[86] Je weiter nun die Vertiefung und die Erweiterung im Integrationsprozeß voranschreiten und je größer die Zahl mitgliedstaatlicher Akteure mit eigenen Beteiligungsansprüchen auf europäischer Ebene wird, seien dies neben den nationalen Regierungen nun die Vertreter europäischer Regionen oder nationaler Parlamente, desto größer werden auch die institutionellen Anforderungen an eine effiziente Entscheidungsfindung sowie die Reibungsverluste auf europäischer Ebene, die der allgegenwärtige Anspruch der Mitgliedstaaten auf gleichberechtigte Teilhabe erzeugt. Da dem Prinzip größtmöglicher Gleichbehandlung der Mitgliedstaaten unter dem Aspekt eines wirksamen Minderheitenschutzes jedoch auch weiterhin eine wichtige Rolle in der Debatte um legitimatorisch angemessene Formen politischer Willensbildung auf europäischer Ebene zukommen wird, es aber gleichzeitig in seiner derzeitigen institutionellen Ausprägung in einem unüberbrückbaren Spannungsverhältnis zu effizienter Entscheidungsfindung und effektivem politischen Handeln steht, stellen sich auch unter diesem Gesichtspunkt sehr spezifische Anforderungen an eine föderale Organisationsreform des europäischen Mehrebenensystems.

Als Kernbestandteile der Herstellung eines systemgerechten föderalen Gleichgewichtes stellen sich dabei zwei Ansatzpunkte dar: Zum einen sind über eine Stärkung des Europäischen Parlamentes und eine Modifizierung des europäischen Wahlrechtes sowie eine damit einhergehende Förderung intermediärer Strukturen der Interessenvermittlung die Voraussetzungen für die Herausbildung einer kollektiven europäi-

---

85 Vgl. dazu Kielmansegg: Integration und Demokratie, a. a. O., S. 47-71, der in diesem Zusammenhang allerdings zwischen den Prinzipien »demokratischer« und »föderaler« Repräsentation unterscheidet.

86 Vgl. zu dieser Argumentation idealtypisch: Forsyth, Murray: Towards a new concept of confederation, in: European Commission for Democracy through Law: The modern concept of confederation. Proceedings of the UniDem Seminar organised in Santorini on 22-25 September 1994 in co-operation with the Ministry of Foreign Affairs of Greece (Collection Science and technique of democracy, No. 11), Strasbourg Cedex: Council of Europe Publishing, 1995, S. 59-67.

schen Identität zu schaffen, die als eigenständige Legitimationsgrundlage des Unions-handelns dienen können. Zum anderen sind die Zusammensetzung der einzelnen Institutionen und die interinstitutionelle Rollenverteilung im europäischen Rechtsetzungsprozeß stärker an der Funktionsverteilung zu orientieren, wie sie aus einzelstaatlichen Zweikammersystemen bekannt ist. Von zentraler Bedeutung ist dabei, daß Beteiligungsansprüche der nationalen Ebene – wie dies mit der Einrichtung des AdR für die regionale Ebene »vorexerziert« wurde – stärker kanalisiert und konzentriert werden, indem das Prinzip territorialer Repräsentation vor allem in der Zusammensetzung und den Entscheidungsregeln des Rates Niederschlag findet und somit seine Funktion als Staatenkammer deutlicher zum Tragen kommt.

1.3   Das »Europa der Regionen«

Ein dritter wesentlicher Aspekt, der an die Anwendung des Föderalismus als Organisationsprinzip für die Europäische Union besondere Herausforderungen stellt, wurde bislang lediglich angedeutet. Grundsätzlich gilt, daß der Begriff des Föderalismus als Organisationskonzept eine Vielzahl konkreter Ausgestaltungen erlaubt. Auf einem gedachten Kontinuum von zentrifugalem zu zentripetalem Föderalismus lassen sich als Idealtypen Allianzen oder Staatenbünde, konföderale Bundesstaaten (bzw. »interstaatlicher« oder »dualer« Föderalismus), unitarische Bundesstaaten (bzw. »intrastaatlicher«, »Verbund-« oder »Exekutiv-Föderalismus«) und dezentrale Einheitsstaaten verorten.[87] Vor dem Hintergrund dieses breit angelegten Föderalismus-Verständnisses, das auch der angestrebten Organisationsreform für die Europäische Union zugrunde liegt und Föderalismus eben nicht per se mit unitarischer Bundesstaatlichkeit gleichsetzt, ist es bereits zum gegenwärtigen Zeitpunkt zulässig, das europäische Mehrebenensystem als Form des »institutionalisierten Föderalismus«[88] bzw. als »föderales politisches System«[89] zu charakterisieren. Allerdings greift auch die dargestellte Typologisierung möglicher organisatorischer Ausgestaltungen des Föderalismusprinzips für die Europäische Union noch zu kurz. Sie bleibt zu sehr der traditionellen Differenzierung zwischen staatlichen (nationalen) und zwischenstaatlichen (internationalen) Erscheinungsformen föderaler Zusammenschlüsse, der Dualität von Staatsrecht und Völkerrecht verhaftet: »Das dualistische Verständnis verdeckt jedoch die allgemeine Bedeutung des Föderalismus als übergreifendes (transnationales) Or-

---

87 Schultze, Rainer-Olaf: Föderalismus als Alternative? Überlegungen zur territorialen Reorganisation
    politischer Herrschaft, in: Nohlen, Dieter; Gonzáles Encinar, José Juan: Der Staat der Autonomen
    Gemeinschaften in Spanien, Opladen 1992, S. 199-216 (S. 201 f.); Abromeit, Heidrun: Föderalismus:
    Modelle für Europa, in: Österreichische Zeitschrift für Politikwissenschaft 2 (1993), S. 207-220
    (S. 208).
88 Vgl. Burgess, Michael: Federalism and Federation: A Reappraisal, in: Burgess, Michael; Gagnon,
    Alain-G. (Hrsg.): Comparative Federalism and Federation. Competing Traditions and Future
    Directions, New York u. a. 1993, S. 3-14 (S. 12-13), der zwischen »federalism« als Theorie und
    Ideologie, »federation«, d. h. also dem Bundesstaat, und »institutionalized federalism« als
    Organisationsprinzip differenziert.
89 Vgl. Watts, Ronald L.: Contemporary Views on Federalism, in: Villiers, Bertus de (ed.): Evaluating
    Federal Systems, Dordrecht/Boston/London 1994, S. 1-29 (S. 8-10), der den Begriff des »federal
    political system« zur Abgrenzung von »federalism« und »federation« gebraucht.

ganisationsprinzip. Danach erscheinen die traditionellen Ausprägungen des Föderalismus ... als Elemente in einem Kontinuum zwischen Einheitsstaat und selbständigen Einzelstaaten, die sich nicht gegenseitig ausschließen, sondern ergänzen und nebeneinander bestehen können. Bezugspunkt ist nicht der (souveräne) Staat, sondern das gegliederte Gemeinwesen, das den Dualismus zwischen Staats- und Völkerrecht überwindet und in beiden Rechtsbereichen zugleich wurzelt.«[90]

Die besondere Bedeutung eines solchen, als transnationales Organisationsprinzip verstandenen Föderalismus manifestiert sich für das europäische Mehrebenensystem in dem Schlagwort »Europa der Regionen«. Die Verfassungsentwicklung der meisten Mitgliedstaaten der Europäischen Union ist durch Regionalisierungs- bzw. Föderalisierungsprozesse gekennzeichnet, die nicht nur als gegenläufige Tendenzen zur fortschreitenden grenzübergreifenden Integration verstanden werden dürfen, sondern zumindest teilweise als Ergebnis komplizierter Wechselwirkungen zwischen beiden Prozessen zu sehen sind.[91] Vor allem die wachsende Bedeutung der europäischen Strukturpolitik und die Einführung des »Prinzips der Partnerschaft« in diesem Rahmen haben der Entstehung politischer Akteure auf subnationaler bzw. regionaler Ebene und deren Forderungen nach verstärkter »vertikaler« Einbeziehung in die europapolitische Entscheidungsfindung auf nationaler und supranationaler Ebene Vorschub geleistet.[92] Überdies gewinnen angesichts der großen räumlichen Distanz europäischer Beschlußfassung zu den Problemlagen und Präferenzen der Menschen vor Ort die Regionen als Lebensbezugsraum für den einzelnen Bürger ebenso an Gewicht wie grenzüberschreitende Formen regionaler Kooperation,[93] die neben einer subsidiaritätsorientierten Bewältigung territorial eingrenzbarer gemeinsamer Probleme vor allem als horizontale »Integration von unten« sowie als Rahmen für ein besseres Verständnis der Mitbürger in anderen Mitgliedstaaten und Beitrittsländern einen erheblichen Beitrag für den Erhalt der notwendigen öffentlichen Akzeptanz des europäischen Integrationsgeschehens leisten können. Aus der Sicht von Ländern, Regionen und autonomen Gemeinschaften, die gemäß nationalem Verfassungsrecht bereits über weiterreichende autonome Rechtsetzungsbefugnisse verfügen, trägt der erreichte Grad an Vertiefung dagegen zunehmend die Züge einer unkontrollierbar fortschreitenden »Integration von oben«, die für sie mit massiven Zuständigkeitseinbußen verbunden ist, ohne daß diese

90 Vgl. Magiera, Siegfried: Föderalismus und Subsidiarität als Rechtsprinzipien der Europäischen Union, in: Schneider, Heinrich; Wessels, Wolfgang: Föderale Union – Europas Zukunft? Analysen, Kontroversen, Perspektiven, München 1994, S. 71-98 (S. 77).

91 Vgl. Keating, Michael: Europeanism and Regionalism, in: Jones, Barry; Keating, Michael (Hrsg.): The European Union and the Regions, Oxford 1995, S. 1-22; Onestini, Cesare: Regional Policy Options: A Synopsis, in: Hesse, Joachim Jens (Hrsg.): Regionen in Europa, Bd. II, Baden-Baden 1996, S. 191-220.

92 Vgl. Nanetti, Raffaella Y.: EU Cohesion and Territorial Restructuring in the Member States, in: Hooghe, Liesbet (Hrsg.): Cohesion Policy and European Integration. Building Multi-Level Governance, Oxford 1996, S. 59-88; Hooghe, Liesbet: Subnational Mobilisation in The European Union, in: West European Politics 3 (1995), S. 175-198.

93 Vgl. zu den verschiedenen Formen interregionaler Kooperation innerhalb der Europäischen Union und an ihren Außengrenzen z. B. den Überblick von: Weyand, Sabine: Inter-Regional Associations and the European Integration Process, in: Jeffery, Charlie (Hrsg.): The Regional Dimension of The European Union. Towards a Third Level in Europe?, Regional & Federal Studies 2 (1996); Special Issue, S. 166-182.

Kompetenzverluste – zumindest bis Maastricht – durch Mitspracherechte auf europäischer Ebene kompensiert worden wären.

Unter dem Gesichtspunkt der demokratischen Legitimation des Unionshandelns, aber auch unter dem Aspekt der effektiven Formulierung und Umsetzung oder Durchführung von Gemeinschaftsrechtsakten, die oftmals von dem Sachverstand von Regionalvertretern abhängen, stellt sich die Frage, wie auch die subnationale Ebene noch stärker in das Entscheidungs- und Kompetenzgefüge der europäischen Ebene eingebunden werden kann und welche Rolle künftig regionalen Kooperationsvorhaben eingeräumt werden soll. Somit muß eine föderale Organisationsreform der Europäischen Union tatsächlich transnational angelegt werden, und darf sich nicht weiterhin ausschließlich an dem dualen Spannungsverhältnis zwischen europäischen Handlungsbefugnissen und nationalstaatlichen Beteiligungsrechten orientieren. Besondere Anforderungen stellt eine solche transnational-föderale Organisationsreform der Europäischen Union gerade deshalb, weil sie weder dazu führen darf, die nach wie vor erhebliche Heterogenität der Regionalstrukturen in den Mitgliedstaaten »gleichzuschalten«, noch zur Folge haben darf, daß die Verfahrenskomplexität und -intransparenz auf europäischer Ebene dadurch nochmals erheblich ansteigt.

Mit diesen drei Aspekten ist zunächst einmal der Gesamtrahmen abgesteckt, in dem eine föderale Organisationsreform der Europäischen Union greifen muß. Zugleich sollte mit ihnen verdeutlicht werden, daß eine umfassende Reform der Europäischen Union als System sui generis auch eines Föderalismus sui generis als Organisationskonzept bedarf.

2. Föderalismus als Systemmerkmal der Europäischen Union

Die vergleichende Föderalismusforschung hat zahlreiche Analogien des europäischen Entscheidungsgefüges zu bestehenden staatlichen Föderationen herausgearbeitet. Föderalismus eignet sich demnach auch als Erklärungsmodell für das Funktionieren des europäischen Mehrebenensystems und kann wertvolle Anhaltspunkte für Strukturreformen liefern. Als prägnanteste Parallele zwischen der Europäischen Union und föderalen Regierungssystemen ist wohl die große strukturelle Nähe zum kooperativen Föderalismus der Bundesrepublik mit seinem hohen Grad an Politikverflechtung zu nennen.[94] Andere Analogien, die immer wieder aufgegriffen werden, sind diejenigen des Konkordanzsystems,[95] der consociational democracy[96] bzw. der Verhandlungsdemokratie.[97]

---

94 Vgl. v. a. Scharpf: Politikverflechtungsfalle. a. a. O.; Sbragia, Alberta M.: Thinking about the European Future: The Uses of Comparison, in: diess. (ed.): Euro-Politics. Institutions and Policymaking in the »New« European Community, Washington D.C. 1992, S. 257-292.

95 Vgl. Puchala, a. a. O.; Hrbek: Die EG, ein Konkordanzsystem?, a. a. O.; Taylor, a. a. O., S. 77-96.

96 Chryssochoou, Dimitris N.: Democracy and Symbiosis in the European Union: Towards a Confederal Consociation?, in: West European Politics 4 (1994), S. 1-14.

97 Vgl. Luthardt, Wolfgang: Formen der Demokratie. Die Vorteile der Konkordanzdemokratie, in: Jesse, Eckhard; Kailitz, Steffen (Koord.): Prägekräfte des 20. Jahrhunderts. Demokratie, Extremismus, Totalitarismus, München 1997, S. 41-57 (S. 55).

Die Wesensverwandtschaft zwischen dem politikverflochtenen Verhandlungssystem und dem kooperativen Föderalismus deutscher Prägung erscheint vor allem deshalb interessant, weil Vergleichserfahrungen auf die Tauglichkeit dieses Modells für die Europäische Union angewandt werden können:»Bereits das Europa der Europäischen Gemeinschaft ist vielfach fragmentiert; es ist multinational, mehrsprachig, mehrkonfessionell, und es weist ein starkes Entwicklungsgefälle auf. Durch die sich abzeichnende Angliederung der ost-mitteleuropäischen Staaten werden sich diese Ungleichheiten und Ungleichzeitigkeiten dramatisch vervielfachen... Für derartige multinationale und von sozio-ökonomischen Ungleichheiten definierte politische Systeme stellen Strukturen der Politikverflechtung kein erfolgversprechendes Modell politischer Organisation dar. Gefordert sind vielmehr politische Systeme, die Autonomie garantieren.«[98]

Vor allem die strukturelle Ähnlichkeit des Rates der Europäischen Union zum deutschen Bundesrat und die funktionale Aufgabenverteilung im Rahmen des Verbundföderalismus, die eine anhaltende Konzentration von Rechtsetzungskompetenzen auf der Ebene des Bundes bzw. Gesamtverbandes bewirkt haben, während die Verwaltungszuständigkeit bei den Bundesländern bzw. Mitgliedstaaten liegt, haben analog den Entwicklungstendenzen im deutschen Bundesstaat eine »unitarische« Entwicklung des europäischen Einigungswerkes begünstigt. Im Schwerpunkt müssen Reformerfordernisse, die übereinstimmend aus dieser Diagnose kooperativ-föderaler Politikverflechtung und der obigen Darstellung der besonderen Anforderungen an die Herstellung föderaler Balance im europäischen Mehrebenensystem abgeleitet werden können, bei der Kompetenzordnung ansetzen und darauf abzielen, durch eine klare und subsidiaritätsorientierte Zuständigkeitsabgrenzung ein größeres Maß an Handlungsautonomie der Mitgliedstaaten wie auch ihrer subnationalen Gliederungen zu wahren. Wiederum stellt die vergleichende Föderalismusforschung Modelle für entsprechende Reformen der Vertragsstrukturen bereit. Besonders erwähnenswert sind in diesem Zusammenhang Überlegungen, die europäischen Strukturen stärker an dem Konzept des »Dual Federalism« auszurichten, der bis zum Beginn des »New Deal« in den dreißiger Jahre den US-amerikanischen Bundesstaat prägte. [99]

Ihren gemeinsamen Schnittpunkt haben der Vergleich des politischen Systems der Europäischen Union mit der Funktionsweise des kooperativen Föderalismus und konkordanzdemokratischen Systemen vor allem in der Betonung des auf Konsensfindung abzielenden Aushandlungscharakters politischer Entscheidungen auf europäischer Ebene. Die Hervorhebung der Ähnlichkeit des europäischen Mehrebenensystems mit

---

98 Schultze, a. a. O., S. 212.
99 Vgl. Scharpf, Fritz W.: Autonomieschonend und gemeinschaftsverträglich: Zur Logik einer europäischen Mehrebenenpolitik, in: ders.: Optionen des Föderalismus in Deutschland und Europa, Frankfurt/New York 1994, S. 131-155. Die Überlegungen Scharpfs haben Eingang gefunden in das Reformprogramm der Europäischen Strukturkommission. Deren Kompetenzordnungsmodell bildete auch einen wichtigen Ausgangspunkt dieser Studie. Vgl. Weidenfeld, Werner (Hrsg.): Europa '96. Reformprogramm für die Europäische Union, Gütersloh 1994; erneut abgedruckt als: Europäische Strukturkommission: Europa '96 – Reformprogramm für die Europäische Union, in: Weidenfeld, Werner (Hrsg.): Reform der Europäischen Union. Materialien zur Revision des Maastrichter Vertrages 1996, Gütersloh 1995, S. 11-55. Nachfolgende Verweise auf dieses Reformmodell beziehen sich auf diesen Abdruck von 1995.

konkordanzdemokratischen Systemen föderaler Prägung, wie sie vor allem in der Schweiz vorzufinden sind, ist allerdings besser geeignet, eine weitere Besonderheit der Europäischen Union herauszuarbeiten, auf die ebenfalls bereits eingegangen wurde. Gemeint ist die Tatsache, daß in föderalen Konkordanzsystemen sichergestellt ist, daß alle territorialen Glieder bzw. ihre Bevölkerungen proportional in den wichtigsten Einrichtungen des öffentlichen Lebens vertreten sind. In Gestalt der nationalen Besetzungsschlüssel durchzieht auch dieses Systemmerkmal die Zusammensetzung der europäischen Institutionen – und ihre inkrementalen Anpassungen im Zuge sukzessiver Erweiterungsrunden – wie ein roter Faden, der sich allerdings bei Beibehalt dieser strukturellen Gemeinsamkeiten immer stärker zu verheddern und die Handlungs- und Entscheidungsfähigkeit auf europäischer Ebene ernstlich in Frage zu stellen droht.

Eine Reform des europäischen Entscheidungsgefüges, die eine Verschiebung des interinstitutionellen Gewichtes zugunsten des Europäischen Parlamentes und damit zugleich eine Aufwertung des demokratischen Mehrheitsprinzips beinhaltet, wird hingegen seine konkurrenzdemokratischen Züge stärken. Gleichzeitig bedeutet aber jeder Ausbau qualifizierter Mehrheitsentscheidungen im Rat und jede Neuordnung der Kompetenzen, die auf eine stärkere Betonung eigenständiger Rechtsetzungsautonomie unterhalb der supranationalen Ebene abzielt, daß das Gewicht wettbewerbsföderaler Systemmerkmale in der Europäischen Union zunimmt. In beide Richtungen muß eine föderale Organisationsreform des europäischen Mehrebenensystems weisen, soll gleichermaßen eine hinreichende öffentliche Akzeptanz für weitere Integrationsfortschritte und die Möglichkeit zu effektivem politischen Handeln im europäischen Staatenverbund gewahrt bleiben.

3. Föderalismusvergleich als Untersuchungsansatz

Die Erklärungsansätze der Europäischen Union als Verflechtungssystem, die regelmäßig auf die Analogie zu föderalstaatlichen Systemen verweisen, bildeten den Ausgangspunkt für die Erarbeitung der vorliegenden Studie »Europa föderal organisieren«. Allerdings konzentrierte sich die Arbeit nicht in erster Linie darauf, Umfang und Grenzen des empirisch-analytischen Erklärungswertes von Systemvergleichen zwischen der Europäischen Union und nationalen Bundesstaatsmodellen zu ermitteln. Vielmehr lag das zentrale Erkenntnisinteresse darin, aus der Verfassungstheorie und -wirklichkeit föderal strukturierter Staaten Anregungen für eine Strukturreform der Europäischen Union zu gewinnen. Die inhaltlichen Grenzen dieser Vorgehensweise wurden allerdings durch die Ausgangsprämisse abgesteckt, daß eine direkte Übertragung einzelstaatlicher Modelle auf die Europäische Union der besonderen Beschaffenheit dieses supranationalen Verbundes auf keinen Fall gerecht würde.

Das Hauptaugenmerk im Rahmen des komparativen Herangehens galt dabei möglichen Anregungen für eine Neugestaltung des europäischen Kompetenzgefüges. Deshalb konzentrieren sich die folgenden Ausführungen weitestgehend auf jene Elemente, die K.C. Wheare in den Mittelpunkt seiner Definition des Föderalismusprinzips stellte. Er umschrieb bereits 1946 den Grundgedanken föderaler Organisationsmodelle als

»the method of dividing powers so that the general and regional governments are each, within a sphere, coordinate and independent«.[100]

Im einzelnen galt das Hauptinteresse bei der vergleichenden Betrachtung föderaler Strukturen und Ordnungsmodelle den beiden folgenden Fragen:

– Lassen sich aus den Kompetenzverteilungsmustern in dezentral und föderativ strukturierten Staaten Gemeinsamkeiten bzw. Besonderheiten herausarbeiten, die bei der Ausgestaltung eines europavertraglichen Kompetenzkataloges hilfreich sein können?

– Existieren generalisierbare Kriterien für eine im Sinne effizienter und legitimer Aufgabenwahrnehmung optimale Zuständigkeitsverteilung zwischen den einzelnen Ebenen der Europäischen Union, die für eine Reform der bestehenden aufgabenbezogenen Kompetenzordnung des Vertrages relevant sind?

Diesen Fragestellungen liegt die Überzeugung zugrunde, daß gerade Erkenntnisse der vergleichenden Föderalismusforschung von erheblichem Nutzen für die Erklärung und Weiterentwicklung des europäischen Mehrebenensystems sein können – ohne dabei aber grundsätzlich seine Qualität eines Systems sui generis in Frage stellen zu müssen.

III. Hauptgegenstände einer föderalen Organisationsreform der Europäischen Union in der vorliegenden Studie

Entlang der oben benannten Zielgrößen demokratische Legitimation, Transparenz, Effizienz der Entscheidungsfindung, Legitimität und Effektivität des politischen Handelns im europäischen Mehrebenensystem umfaßt das in dieser Studie entwickelte föderale Organisationsmodell für die vertraglichen Strukturen der Europäischen Union mehrere Reformschwerpunkte.

Als Ausgangspunkt der Überlegungen wurde dabei der Zusammenhang zwischen einer hinreichenden demokratischen Legitimation politischer Entscheidungen und möglichst transparenter Handlungsgrundlagen gewählt. Obwohl sich mehrstufige politische Systeme im Vergleich zu zentral regierten Gemeinwesen sicherlich per se durch höhere Komplexität der Willensbildung und Beschlußfassung auszeichnen, sollten die Verfassungsgeber doch eine möglichst klare Zurechenbarkeit politischer Verantwortung bei der Ausgestaltung der konstitutionellen Grundlagen der Politik anstreben, um die wirksame demokratische Kontrolle der Regierenden durch die Regierten zu gewährleisten. Für das europäische Mehrebenensystem erfordert die Herstellung größerer Transparenz unter formalen Gesichtspunkten zunächst eine umfassende Konsolidierung des Vertragswerkes. Die bisherige Aufsplitterung der Vertragskonstruktion in drei Säulen und Gemeinschaftsverträge oder die Verteilung zusätzlicher Grundlagenbestimmungen der Union auf mehr als fünfzehn weitere Texte[101] stehen einer durchschaubaren »Vertragsverfassung« entgegen. Alleine mit einer

---

100 Wheare, K.C.: Federal Government, 4th ed., London 1963, S. 10.

101 Die Angabe von fünfzehn weiteren textlichen Grundlagen der Unionsverfassung jenseits des Unionsvertrags und der drei Gemeinschaftsverträge spiegelt zwar den Stand von Maastricht wider und findet sich in: Europäisches Parlament (Generaldirektion Wissenschaft): Entwurf eines konsolidierten Vertrags über die Europäische Union. Arbeitsdokument (Politische Reihe W-17/rev.), Luxemburg: März 1996, S. 4 f. Allerdings darf bezweifelt werden, daß Amsterdam hier wesentliche

neuen Artikelzählung und der Streichung einiger obsoleter Bestimmungen im Primärrecht, wie sie nun im konsolidierten Amsterdamer Vertragsentwurf durchgeführt wurden, sind diese Defizite nicht zu beseitigen.

Eng mit der Frage transparenterer Vertragsstrukturen hängt auch die Frage einer Neugestaltung der Kompetenzverteilung zusammen. Sie stellt darüber hinaus aber eine Grundfrage für die künftige Legitimität und Problemlösungsfähigkeit des Unionshandelns dar. In einer klaren Abgrenzung zwischen den Aufgabenfeldern der verschiedenen politischen Handlungsebenen der Europäischen Union manifestiert sich das föderale Gleichgewicht zwischen Einheit und Vielfalt als ein Strukturprinzip, das weiter reichen muß als ein vertragliches Subsidiaritätsprinzip, dessen Wortlaut erst auf der Ebene der Kompetenzausübung ansetzt und Fragen der Zuständigkeitsverteilung völlig unberührt läßt. Neben einer Abkehr von der nach wie vor aufgaben-, nicht sachgebietsbezogenen Zuständigkeitsumschreibung in der europäischen »Planungsverfassung«, einer übersichtlichen vertraglichen Auflistung der europäischen Handlungsbefugnisse und einer Klärung der Ausübungsmodalitäten dieser Handlungsermächtigungen erfordert eine vertragliche Kompetenzneuordnung aber vor allem die Bestimmung nachvollziehbarer Kriterien, die eine Übertragung von Zuständigkeiten auf die europäische Ebene rechtfertigen. Gleichzeitig muß über das Verfahren der Kompetenzübertragung gewährleistet sein, daß trotz klarer Zuständigkeitsabgrenzungen die Möglichkeit zu einer dynamischen Weiterentwicklung des Integrationsprozesses gewahrt bleibt.

Die derzeitige Bedeutung des vertraglichen Subsidiaritätsprinzips als Kompetenzausübungsregel weist allerdings darauf hin, daß die Verwirklichung föderaler Balance als Strukturprinzip für die europäische Kompetenzordnung über diese unmittelbare Frage einer problemlösungsorientierten Bestimmung von Ermächtigungen zum politischen Tätigwerden der europäischen Handlungsebene hinausgreift. Tatsächlich sollte unter dem Aspekt der Wahrung eines größtmöglichen Maßes an Vielfalt auch bei der Kompetenzausübung sichergestellt sein, daß möglichst autonomieschonende Steuerungsmittel zum Einsatz kommen. In die entgegengesetzte Richtung der Herstellung eines Mindestmaßes an Einheit weist hingegen das Erfordernis, sicherzustellen, daß eine effektive Ausübung einmal festgelegter europäischer Rechtsetzungsbefugnisse nicht dadurch konterkariert wird, daß einzelne Mitgliedstaaten oder auch ihre subnationalen Glieder ihrer Pflicht zur fristgerechten Umsetzung und Anwendung europäischen Sekundärrechtes nicht nachkommen. Unter diesem Blickwinkel gebietet eine am föderalen Strukturprinzip ausgerichtete Kompetenzordnung im europäischen Mehrebenensystem, daß ausreichende Kontroll- und Sanktionsmechanismen auf europäischer Ebene bestehen, um eine effektive Rechtsumsetzung zu gewährleisten.

Obwohl eine umfassende föderale Organisationsreform auch grundlegende Reformen der Institutionen bzw. eine stärkere Einbeziehung der dritten, regionalen Ebene beinhaltet, beschränkt sich diese Studie im wesentlichen auf das Anliegen, *Föderalismus als vertraglichem Strukturprinzip* im Verhältnis zwischen Europäischer Union und mitgliedstaatlicher Ebene konkrete Gestalt zu verleihen. Im Zusammenhang mit der Weiterentwicklung des vertraglichen Kompetenzgefüges stellt sich allerdings zu-

---

Verbesserungen bringen wird, wie beispielsweise die neuen Regelungen im Protokoll zur Einbeziehung des Schengen-Besitzstandes in den Rahmen der Europäischen Union belegen.

nächst die Frage, wie groß seine »Tiefenwirkung« sein soll bzw. die Befugnisse welcher Ebenen eigentlich vertragsrechtlich abgegrenzt werden können. Damit ist mittelbar auch die künftige Stellung der Regionen als »dritte Ebene« in Europa angesprochen. Hierzu ist allerdings anzumerken, daß die jeweils verfassungsrechtlich garantierten Staatsorganisationsmuster der Mitgliedstaaten Vorschlägen zur Stärkung des »Europas der Regionen« über das europäische Vertragsrecht deutliche Grenzen ziehen. Alle Reformvorschläge, die auf eine Stärkung der subnationalen Gebietskörperschaften in der Europäischen Union durch den Ausbau ihrer autonomen Rechtsetzungsbefugnisse nach bundesstaatlichem Vorbild und damit auf eine Überwindung der Heterogenität regionaler Strukturen in den Mitgliedstaaten durch »Gleichschaltung« abzielen wollten, wären ein schwerer Verstoß gegen das Föderalismusprinzip und den Subsidiaritätsgedanken. Deshalb sind aber drei- oder mehrstufige Regelungen zur Kompetenzverteilung im europäischen Vertragswerk ausgeschlossen und müssen sich auf die Ausgestaltung des Verhältnisses zwischen supranationaler und nationaler Ebene beschränken.

Was schließlich die Reformerfordernisse bezüglich der Institutionen und Entscheidungsverfahren anbelangt, so berühren sie eher die *dynamische Qualität des Föderalismusprinzips*. Auf die Klärung der damit verbundenen Fragen soll hier deshalb nicht genauer eingegangen werden, weil die vorgestellten Vorschläge für eine Umstrukturierung der vertraglichen Grundordnung der Europäischen Union komplementär zu den institutionellen und prozeduralen Modellen für eine Föderalisierung des europäischen Mehrebenensystems unterhalb der Schwelle zur Bundesstaatlichkeit angelegt sind, die von der Forschungsgruppe Europa am Centrum für angewandte Politikforschung der Universität München in Kooperation mit der Bertelsmann Wissenschaftsstiftung erarbeitet wurden.[102]

Folglich beschränken sich die Ausführungen in Teil B auf die Fortentwicklung der europäischen Gründungsverträge zu einer einheitlichen Vertragsverfassung und die Konzeption eines Modells für eine subsidiaritätsgerechte Kompetenzverteilung in der Europäischen Union. In Teil C wird die Anwendung des in diesem Zusammenhang ebenfalls erstellten Kompetenzprüfrasters exemplarisch an vier Politikbereichen dargestellt.

---

102 Vgl. v. a. Europäische Strukturkommission, a. a. O., sowie die dazugehörigen Aufsätze mit den Vorüberlegungen zu diesem Reformkonzept ebenfalls in: Weidenfeld, Werner (Hrsg.): Reform der Europäischen Union, a. a. O.; Weidenfeld (Hrsg.): Europa öffnen, a. a. O.; Giering: Institutionelle Reformchancen, a. a. O.; Giering, Claus: Die Europäische Union vor der Erweiterung – Reformbedarf der Institutionen und Verfahren nach Amsterdam, in: Österreichische Zeitschrift für Politikwissenschaft 4 (1998), S. 391-405; Janning/Giering: Strategien gegen die institutionelle Erosion, a. a. O.

B. Ein föderales Ordnungsmodell für das europäische Kompetenz- und Vertragsgefüge

I. Eine einheitliche und konsolidierte Vertragsverfassung

Sowohl in der Wissenschaft[103] als auch in der Rechtsprechungspraxis des Europäischen Gerichtshofes[104] sind der Gemeinschafts- bzw. Unionsvertrag immer wieder als europäische Verfassung gekennzeichnet worden. Auf Ablehnung stößt diese Charakterisierung nach wie vor, weil den Befürwortern der Anwendung des Verfassungsbegriffes auf das europäische Primärrecht unterstellt wird, die Europäische Union solle zum (Bundes-)Staat weiterentwickelt werden.[105] Auch die Unmöglichkeit einer europäischen Verfassung wird – wiederum gestützt auf ein staatsbezogenes Begriffsverständnis – damit begründet, daß die Verträge nicht auf den Willen eines europäischen »demos« als Volkssouverän, sondern auf die Regierungen der einzelnen Mitgliedstaaten zurückgingen, durch die die Unionsbürger nach wie vor »mediatisiert« würden.[106]

Der erstgenannte Vorbehalt läßt es zweckmäßig erscheinen, bei der Schaffung eines einheitlichen und konsolidierten Vertragsrahmens für ein föderal organisiertes Europa auf den Begriff der Verfassung zu verzichten, da eben nicht die Vollendung eines europäischen Bundesstaates angestrebt wird. Zugleich weist aber der zweitgenannte Einwand darauf hin, daß die zentralen Inhalte und Funktionen nationalen Verfassungs-

---

103 Vgl. u. a. Bogdandy, Armin von: Die Verfassung der europäischen Integrationsgemeinschaft als supranationale Union, in: ders. (Hrsg.): Die europäische Option, Baden-Baden 1993, S. 97-127; Beutler, Bengt: 1996 – auf dem Weg zu einer europäischen Verfassung?, in: Kritische Justiz 1 (1996), S. 52-64; Bieber, Roland: Steigerungsform der europäischen Union: Eine Europäische Verfassung, in: Ipsen, Jörn; Rengeling, Hans-Werner; Mössner, Jörg Manfred; Weber, Albrecht (Hrsg.): Verfassungsrecht im Wandel, Köln et al. 1995, S. 291-304.

104 Vgl. RS. 294/83 – »Les Verts«, Slg, 1986, S. 1339 (S. 1365), wo der Vertrag über die Gründung der Europäischen Wirtschaftsgemeinschaft (EWGV) erstmals als »Verfassungsurkunde der Gemeinschaft« bezeichnet wird; EuGH-Gutachten 1/91, Slg. 1991, S. 6984, Rz. 21, wo von der »Verfassungsurkunde einer Rechtsgemeinschaft« die Rede ist.

105 Vgl. Lecheler, Helmut: Braucht die »Europäische Union« eine Verfassung? Bemerkungen zum Verfassungsentwurf des Europäischen Parlaments vom 9. September 1993, in: Randelzhofer, Albrecht; Scholz, Rupert; Wilke, Dieter (Hrsg.): Gedächtnisschrift für Eberhard Grabitz, München 1995, S. 393-407. Unter der Prämisse, daß nur Staaten über eine Verfassung im eigentlichen Sinne verfügen, gelangt Schilling, Theodor: Die Verfassung Europas, in: Staatswissenschaft und Staatspraxis 3 (1996), S. 387-417, zu dem Schluß, daß die Europäische Union fähig zur Staatswerdung und damit auch verfassungsfähig sei.

106 Vgl. Grimm, Dieter: Vertrag oder Verfassung?, in: Staatswissenschaft und Staatspraxis 4 (1995), S. 509-531.

rechtes maßgebliche Leitlinien für eine übersichtliche und kohärente Gestaltung des Vertragsrechtes liefern können.

Tatsächlich kann sich die Union nicht auf ein europäisches Staatsvolk als soziales Fundament des Integrationsgeschehens stützen, und sie existiert in erster Linie als Rechtsgemeinschaft. Insoweit kann auch das Primärrecht nicht als Ausdruck eines vorgegebenen sozialen Grundkonsenses der Gesamtheit der Unionsbürger über die Prinzipien ihres Zusammenlebens und die Modalitäten der Konfliktbewältigung betrachtet werden, wie dies für demokratische Verfassungen der Fall ist.[107] Insofern ist eher der Vertragscharakter des Primärrechtes zu betonen. Andererseits ist aber inzwischen ein Integrationsstand erreicht, der nicht mehr lediglich als ein Zusammenschluß von Staaten, sondern v. a. über die Direktwirkung des Gemeinschaftsrechtes und die im Maastrichter Vertrag eingeführte Unionsbürgerschaft als ein Zusammenschluß der Bürger der mitgliedstaatlichen Bevölkerungen zu sehen ist.[108] Primär die Sekundärrechtsetzung im Rahmen der Europäischen Gemeinschaft stellt eine Form der direkten Ausübung öffentlicher Gewalt dar, so daß nurmehr sehr eingeschränkt von einer Mediatisierung der Unionsbürger durch die nationalen Regierungen gesprochen werden kann. Dadurch kommt dem europäischen Primärrecht bereits heute die Funktion der Verrechtlichung von Herrschaft zu, die auch im staatlichen Rahmen das Verfassungsrecht erfüllt und über internationales Vertragsrecht hinausweist. Neben dieser funktionalen Parallele zu staatlichen Verfassungen bestehen auch starke inhaltliche Übereinstimmungen, da die europäischen Verträge mit ihren sehr ausführlichen Struktur- und Zielbestimmungen sowie ihren Organisations- und Verfahrensregeln die typischen Bestandteile staatlicher Verfassungen enthalten, sieht man einmal von dem Fehlen eines vertraglichen Grundrechtskataloges ab.

Die Notwendigkeit einer Vereinfachung und Konsolidierung der Vertragsgrundlagen als Bestandteil einer föderalen Strukturreform der Europäischen Union ergibt sich zunächst daraus, daß der erreichte Umfang und die hohe Komplexität des Primärrechtes den Blick auf diese funktionalen und inhaltlichen Übereinstimmungen mit staatlichem Verfassungsrecht versperren. Gerade die extreme Unübersichtlichkeit und Intransparenz des europäischen Vertragswerkes und die fehlende Bündelung seiner Kernbestimmungen in einem kürzeren und allgemein verständlichen Dokument »entfremdet Europa dem Europäer«.[109] Einheitsstiftung, Identitätsbildung und gesellschaftliche Integration als zentrale Funktionen der verfassungsrechtlichen Grundordnung politischer Gemeinwesen hängen gerade in der Europäischen Union, die sich nicht auf den demokratischen Grundkonsens eines bestehenden »demos« stützen kann, von der Nachvollziehbarkeit ihrer primärrechtlichen Grundlagen ab.[110]

Natürlich wird auch die Kodifizierung eines konsolidierten und vereinfachten Grundvertrages für die Europäische Union nichts an den spezifischen Anforderungen an demokratisch legitimiertes Handeln der Unionsorgane ändern. Auch weiterhin wird

---

107   Vgl. Grimm, Dieter: Braucht Europa eine Verfassung?, in: Kimmel, Adolf (Hrsg.): Verfassungen als Fundament und Instrument der Politik, Baden-Baden 1995, S. 103-128 (S. 111-113).

108   Vgl. Schilling, a. a. O., S. 394.

109   Oppermann, Thomas: Zur Eigenart der Europäischen Union, in: Hommelhoff, Peter; Kirchhof, Paul (Hrsg.): Der Staatenverbund in der Europäischen Union, Heidelberg 1994, S. 87-106 (S. 88).

110   Vgl. Hilf, Meinhard: Eine Verfassung für die Europäische Union: Zum Entwurf des Institutionellen Ausschusses des Europäischen Parlaments, in: integration 2 (1994), S. 68-78 (S. 69).

die über die mitgliedstaatlichen Bevölkerungen der Europäischen Union vermittelte Volkssouveränität einen zentralen Stellenwert im europäischen Demokratiemodell einnehmen. In absehbarer Zukunft werden auch erfolgreiche Bemühungen um eine stärkere öffentliche Akzeptanz und Unterstützung des europäischen Einigungswerkes bei den Unionsbürgern nicht zur Substitution einer »immer engeren Union der Völker Europas« durch ein gemeinsames europäisches Staatsvolk führen. Gerade diesem Spezifikum soll dadurch Rechnung getragen werden, daß für die Bezeichnung des konsolidierten Vertragswerkes nicht der Begriff einer europäischen »Verfassung«, sondern einer europäischen »Vertragsverfassung«[111] vorgeschlagen wird.

Dennoch sollte die Schaffung einer einheitlichen Vertragsverfassung jenseits einer umfassenden Primärrechtsvereinfachung auch materielle Änderungen berücksichtigen, die geeignet sind, die eigenständigen Legitimationsgrundlagen der Unionsebene zu stärken, indem eine stärkere Entkoppelung des Demokratiebegriffes von dem Konzept der Nationalität oder des Staatsvolkes stattfindet. Die Bürger Europas sollen und werden zumindest auf absehbare Zeit keinen »demos« im historisch-kulturellen Sinne bilden. An seiner Stelle sollte versucht werden, ein Konzept »multipler Bürgerschaft« zu verwirklichen, das die Unionsbürgerschaft neben die nationale Zugehörigkeit des einzelnen im Sinne des Habermasschen Verfassungspatriotismus treten läßt.[112] Als geeigneter Ansatzpunkt hierfür böte sich – wiederum in Analogie zu einer Grundfunktion staatlicher Verfassungen – an, die Bedeutung der Europäischen Union als Wertegemeinschaft durch die Katalogisierung von Grundrechten der Unionsbürger stärker hervorzuheben und damit zugleich dem Vertragswerk ein »rechtsstaatliches Gesicht«[113] zu verleihen.

Für eine föderal organisierte Europäische Union kommt der Vereinfachung und Konsolidierung des europäischen Vertragswerkes in einer kodifizierten einheitlichen Vertragsverfassung mit Grundrechtskatalog nicht nur unter dem Gesichtspunkt demokratischer Legitimation, sondern auch unter dem Aspekt des Erhaltes eines Mindestmaßes an Zusammenhalt und Handlungsfähigkeit große Bedeutung zu. Gerade die Erweiterung um die mittel- und osteuropäischen Beitrittskandidaten, deren demokratische und rechtsstaatliche Tradition noch sehr jung ist, läßt die Abhängigkeit des Integrationsprozesses von einer nachhaltigen Unterstützung durch die Unionsbürger und das Erfordernis einer Stärkung ihrer eigenständigen Legitimationsbasis als supranationale Wertordnung weiter wachsen.

Nicht minder wird die Legitimität und öffentliche Akzeptanz des Unionshandelns aber davon abhängen, daß das föderative Strukturprinzip unmittelbar im Primärrecht

---

111 Dieser Terminus wurde übernommen von: Läufer, Thomas: Zum Stand der Verfassungsdiskussion in der Europäischen Union, in: Randelzhofer/Scholz/Wilke (Hrsg.), a. a. O., S. 355-368, der darauf hinweist, daß »eine europäische Verfassung als konstitutioneller Schöpfungsakt im hergebrachten Sinne...nur von einem »europäischen Volk« geleistet werden« kann. (S. 364).

112 Vgl. zu diesem Konzept ausführlich: Weiler, Joseph H.H.; Haltern, Ulrich; Mayer, Franz: European Democracy and Its Critique – Five Uneasy Pieces, Harvard Jean Monnet Chair Working Papers 1 (1995), S. 5-18.

113 Formulierung von: Hilf, Meinhard: Die Union und die Bürger: Nicht viel Neues, aber immerhin, in: integration 4 (1997), S. 247-254, der in seiner dortigen Würdigung des Amsterdamer Vertragsentwurfes u. a. kritisiert, daß das anhaltende Fehlen eines Grundrechtskataloges gleichbedeutend mit dem Fehlen eines »rechtsstaatlichen Gesichts« des Vertrages sei (S. 247).

konkretisiert wird, indem eine deutlichere Kompetenzabgrenzung zwischen europäischer und mitgliedstaatlicher Ebene vorgenommen wird und damit ein Höchstmaß an mitgliedstaatlicher Vielfalt in der Union gewahrt bleibt. Überdies dürfte eine effektivere Ausübung von Aufgaben, für deren Erfüllung die Unionsebene den Mitgliedstaaten überlegen ist, durch eine trennschärfere Abgrenzung supranationaler und nationaler Zuständigkeiten in einem vertraglichen Kompetenzkatalog erleichtert werden. Voraussetzung dafür ist allerdings, daß die Konsolidierung des Vertrages auch die Abschaffung der Drei-Säulen-Struktur zum Gegenstand hat. Eine solche Zusammenführung der Vertragsgrundlagen erscheint ohnehin längst geboten, um die Kohärenz zwischen den Unionspolitiken zu stärken und ein einheitlicheres Auftreten der Europäischen Union und ihrer Mitgliedstaaten nach außen zu gewährleisten.

1. Die Ausgangslage: Komplexität, Intransparenz und Inkohärenz

Die Praxis inkrementaler Anpassungen und Ergänzungen des Primärrechtes seit der Gründung der Europäischen Gemeinschaften findet ihren Niederschlag in der hohen Komplexität, die die europäischen Vertragsgrundlagen inzwischen kennzeichnet. Das europäische Primärrecht verteilt sich noch immer auf rund zwanzig Gründungs-, Änderungs-, Ergänzungs- und Beitrittsverträge.[114] Im Unterschied zu staatlichen Verfassungen sind diese Vertragstexte zwar normativ in den Vertrag über die Europäische Union (EUV) integriert, bislang aber nicht zu einem einheitlichen Dokument zusammengefaßt.[115]

Mit dem Scheitern des Vertragsentwurfes der niederländischen Präsidentschaft vom September 1991, der die Bestimmungen zur Gemeinsamen Außen- und Sicherheitspolitik sowie zur Innen- und Justizpolitik noch als integralen Bestandteil des Europäischen Gemeinschaftsvertrages vorgesehen hatte, und der Wahl der Drei-Säulen-Konstruktion des Maastrichter Unionsvertrages an seiner Stelle[116] erhielt die Inhomogenität und Instransparenz der Vertragsstrukturen weiteren Vorschub. Alleine die erste Vertragssäule umfaßt die drei Gründungsverträge der Europäischen Gemeinschaft (EGV), der Europäischen Gemeinschaft für Kohle und Stahl (EGKSV) sowie zur Europäischen Atomgemeinschaft (EAV), die jeweils mit einer eigenen Völkerrechtssubjektivität ausgestattet sind. Unter dem Dach der Europäischen Union, der allerdings selbst keine internationale Rechtspersönlichkeit verliehen wurde, treten nun noch die beiden Vertragspfeiler intergouvernementaler Zusammenarbeit in der Außen- und Si-

---

114 Vgl. Hilf, Meinhard: Amsterdam – Ein Vertrag für die Bürger?, in: EuR 4 (1997), S. 347-361 (S. 359); Europäisches Parlament (Generaldirektion Wissenschaft, Abteilung Politische und Institutionelle Angelegenheiten): Entwurf eines Konsolidierten Vertrages über die Europäische Union. Arbeitsdokument (Politische Reihe W-17/rev., Externe Studie), Luxemburg 1996, S. 4; S. 184-186 (Verzeichnis der geltenden Rechtsgrundlagen der Europäischen Union).

115 Vgl. Bogdandy, Armin von; Nettesheim, Martin: Die Europäische Union: Ein einheitlicher Verband mit eigener Rechtsordnung, in: EuR 1 (1996), S. 3-26 (S. 13).

116 Vgl. Weidenfeld, Werner; Jung, Christian: Das Entscheidungsgefüge der Europäischen Union. Institutionen, Prozesse und Verfahren, in: Weidenfeld, Werner (Hrsg.): Maastricht in der Analyse, Gütersloh 1994, S. 11-54 (S. 14); »Vertragsentwurf der niederländischen Präsidentschaft vom 24. September 1991 – Auf dem Weg zur Europäischen Union«, abgedruckt in: ebd., S. 305-347.

cherheitspolitik sowie der Kooperation in der Innen- und Rechtspolitik hinzu.[117] All diese primärrechtlichen Strukturdefizite bleiben auch im Amsterdamer Vertrag großteils erhalten.

Über diese Feststellung kann auch der Umstand nicht hinwegtäuschen, daß erstmals in der langen Reihe bisheriger Vertragsrevisionen eine umfassende Vereinfachung und Konsolidierung der Gründungsverträge Verhandlungsgegenstand der Regierungskonferenz 1996/97 war. Im Ergebnis konnten sich die Mitgliedstaaten nur auf einen wenig überzeugenden Kompromiß einigen. Dem nach einem siebzehnstündigen Verhandlungsmarathon des Europäischen Rates am Morgen des 18. Juni 1997 vereinbarten ursprünglichen Amsterdamer Vertragsentwurf war zunächst noch nicht zu entnehmen, wie die konsolidierten Fassungen der Verträge letztendlich aussehen würden. Dort fand sich zunächst lediglich der Hinweis, daß die Vereinfachung der Verträge den zweiten Teil des Amsterdamer Vertrages bildet.[118] In einer Erklärung zur Schlußakte[119] wurde gleichzeitig eine zügige Fortsetzung der »technischen« Konsolidierungsarbeiten angekündigt. Schon das vorgegebene Verhandlungsergebnis stellte allerdings einen denkbar ungünstigen Ausgangspunkt für umfassende Vertragsvereinfachungen dar. So gelang es in verschiedenen Fragen überhaupt erst Wochen nach Abschluß des Amsterdamer Gipfels auf Ebene des Ausschusses der Ständigen Vertreter zu klären, was die Beschlüsse des Europäischen Rates konkret beinhalteten und was definitiv im revidierten Vertragstext stehen sollte.[120]

Erst der am 2. Oktober 1997 unterzeichnete Entwurf bildet die endgültige Fassung des Amsterdamer Vertrages und beinhaltet in seinem zweiten Teil die Einzelregelungen zur Konsolidierung der Gründungsverträge.[121] Die Vereinfachung der Vertragsstrukturen bleibt allerdings auf redaktionelle Änderungen des EGV, des EGKSV und des EAV im ersten Pfeiler der Gemeinschaftsverträge beschränkt. Primär werden Bestimmungen gestrichen, die durch abgelaufene Übergangsfristen obsolet geworden

---

117 Vgl. ausführlich zur Frage der eigenständigen Rechtspersönlichkeit der Europäischen Union: Pechstein, Matthias, Rechtssubjektivität für die Europäische Union?, in: EuR 2 (1996), S. 137-144.

118 Die konkreten Inhalte der Vertragsvereinfachung, die bei Abschluß des Amsterdamer Gipfels noch nicht primärrechtlich kodifiziert waren, wurden von der Regierungskonferenz bereits in einem Arbeitspapier vom 13. Juni 1997 beschlossen. Gemäß Abschnitt VI »Vereinfachung und Kodifizierung der Verträge« des ursprünglichen Vertragsentwurfes bilden die in diesem Papier enthaltenen Änderungsvorschläge (vgl. Konferenz der Vertreter der Regierungen der Mitgliedstaaten, Bestimmungen zur Vereinfachung der Verträge (CONF/4156/1/97 REV 1), Brüssel, den 13. Juni 1997) den Inhalt des zweiten Teiles des Amsterdamer Vertrages über die Vertragsvereinfachung.

119 In der konsolidierten Fassung des Amsterdamer Vertrages handelt es sich um die 42. »Erklärung über die Konsolidierung der Verträge«.

120 Vgl. zu den umstrittenen Einzelfragen: Nickel, Dietmar: Ein Kommentar zum Amsterdamer Vertrag aus Sicht des Europäischen Parlaments, in: integration 4 (1997), S. 219-227.

121 Der zweite Teil »Vereinfachung« des konsolidierten »Vertrages von Amsterdam zur Änderung des Vertrags über die Europäische Union, der Verträge zur Gründung der Europäischen Gemeinschaften sowie einiger damit zusammenhängender Rechtsakte« regelt in den Art. 6 bis 8 die Streichung hinfällig gewordener Bestimmungen im EGV, EGKSV und im EAV. Art. 9 regelt zur Klarstellung und Vereinfachung der Vertragstexte in Abs. 1 die Aufhebung des Abkommens über gemeinsame Organe für die Europäischen Gemeinschaften von 1957 und des Fusionsvertrages von 1965, wobei ihr wesentlicher Inhalt aber in den folgenden Absätzen übernommen wird und auch das Protokoll über die Vorrechte und Befreiungen der Europäischen Gemeinschaften von 1965 erhalten bleibt.

sind, bzw. andere Vertragsnormen entsprechend angepaßt.[122] Überdies sah die bereits erwähnte Erklärung zur Schlußakte des Amsterdamer Vertrages von vornherein vor, daß die Kodifizierung der vereinfachten Vertragstexte die Rechtswirkung des von Aufhebungen und Streichungen betroffenen Vertragsrechtes nicht berührt. Die Verantwortung für die Veröffentlichung des konsolidierten Vertragswerkes wird dort dem Generalsekretariat des Rates zugewiesen und soll lediglich der leichteren Orientierung dienen, ohne daß den Änderungen aber Rechtswirkung zukommt.[123] Letztendlich bedeutet dies, daß die unbereinigten, in Amsterdam revidierten Vertragstexte neben dem konsolidierten Primärrecht bestehen bleiben – eine Regelung, die sicherlich nicht gerade transparenzsteigernd wirkt.[124]

Was zunächst tatsächlich zur Übersichtlichkeit des Vertragswerkes beigetragen hat, aber bereits mit der um die Jahrtausendwende anstehenden nächsten Vertragsrevision wieder relativiert werden dürfte, ist die ebenfalls in Amsterdam beschlossene rechtswirksame Neunumerierung der Artikel des EUV und des EGV. Der Vertrag über die Europäische Union trägt nun nicht mehr die Artikel A bis S, sondern die Artikel 1 bis 53, der Vertrag über die Gründung der Europäischen Gemeinschaft nicht mehr mit Art. 248, sondern endet mit Art. 314.[125] Damit entfiel zumindest bis zur nächsten Regierungskonferenz die unübersichtliche Kombination von groß- und kleingeschriebenen Artikelbuchstaben und -nummern, wie sie die beiden Verträge bislang prägten.

Auch diese Neuerung kann aber nicht dafür entschädigen, daß die Amsterdamer Schritte in Richtung eines transparenten und kohärenten Vertragsrahmens für die Europäische Union viel zu kurz greifen und sich das Primärrecht nach der jüngsten Regierungskonferenz insgesamt eher noch komplexer darstellt. Die Charakterisierung des Unionsvertrages als »Europe of bits and pieces« bzw. als »constitutional chaos«, die zunächst auf Maastricht angewandt wurde,[126] kann mit der gleichen Berechtigung für den Amsterdamer Vertragsentwurf herangezogen werden.

Schon die Bezeichnung des »Vertrages von Amsterdam zur Änderung des Vertrags über die Europäische Union, der Verträge zur Gründung der Europäischen Gemeinschaften sowie einiger damit zusammenhängender Rechtsakte« läßt die Undurchsichtigkeit der jüngsten Vertragsrevision erahnen. Indem die Drei-Säulen-Konstruktion des Unionsvertrages grundsätzlich erhalten bleibt, wird auch die »institutionelle Sprachverwirrung« nicht behoben, welche nicht zuletzt aus dem Prinzip der Organlei-

122 Vgl. Erläuternder Bericht des Generalsekretariats des Rates zur Vereinfachung der Gemeinschaftsverträge, ABl. der EG, C 353 v. 20.11.1997.

123 Vgl. Art. 10 des konsolidierten Vertrages von Amsterdam sowie die oben erwähnte Erklärung zum Vertrag.

124 Gegenüber dem Vorhaben einer umfassenden Konsolidierung im Vertragsentwurf der irischen Präsidentschaft vom 5. Dezember 1996 (»Die Europäische Union heute und morgen. Anpassung der Europäischen Union zum Nutzen ihrer Bürger und Vorbereitung der Europäischen Union auf die Zukunft. Allgemeiner Rahmen für einen Entwurf zur Revision der Verträge«, CONF/2500/96) stellt diese Lösung rechtlich unverbindlicher Vereinfachungsmaßnahmen einen erheblichen Rückschritt dar, der vor allem auf den Widerstand Großbritanniens und Frankreichs zurückzuführen ist.

125 Vgl. Art. 12 im dritten Teil »Allgemeine Schlußbestimmungen« des konsolidierten Amsterdamer Vertrages und die Übereinstimmungstabellen gemäß dieses Art. 12 im Anhang des Vertrages, in denen die neue Artikelzählung aufgelistet ist.

126 Vgl. Curtin, Deirdre: The Constitutional Structure of the Union: A Europe of Bits and Pieces, in: CMLR 30/1993, S. 17-69.

he von den drei Gründungsgemeinschaften für das Handeln der Europäischen Union resultiert. Sie findet im unstimmigen Nebeneinander von Bezeichnungen, wie »Ministerrat« und »Rat der Europäischen Union«, »Europäische Kommission« und »Kommission der Europäischen Gemeinschaften«, »Europäischer Gerichtshof« und »Gerichtshof der Europäischen Gemeinschaften« ihren Niederschlag.

Auf die Ausstattung der Europäischen Union – anstelle der drei Gründungsgemeinschaften – mit einer eigenen Rechtspersönlichkeit konnten sich die Mitgliedstaaten in Amsterdam wiederum nicht einigen. Sie beließen es in der zweiten Säule zur Außen- und Sicherheitspolitik bei dem neuen Hinweis auf die Möglichkeit, internationale Abkommen im Namen der Union zu schließen.[127] Speziell auf dem Gebiet der Sicherheitspolitik ist zudem anzumerken, daß der WEU-Vertrag jenseits der Unionsstrukturen weiterbesteht. Ein denkbarer Ansatz, hier mehr Einheitlichkeit zu schaffen, hätte darin bestanden, in Amsterdam den Inhalten eines gemeinsamen Dokumentes Frankreichs, Deutschlands, Italiens, Spaniens, Belgiens und Luxemburgs zur schrittweisen Integration der WEU in die Europäische Union[128] zuzustimmen – was bei der jüngsten Vertragsrevision aber noch nicht konsensfähig war.[129]

Die dritte Säule der Zusammenarbeit in der Innen- und Justizpolitik wird nach der Ratifizierung des Vertragsentwurfes zwar deutlich schlanker ausfallen und die Überführung der Visa-, Asyl-, Einwanderungs- und anderer Politiken betreffend den freien Personenverkehr in einen neuen Titel des EGV und somit in die erste Säule des Unionsvertrages ist insofern sicherlich als deutlicher Fortschritt zu bewerten. Gleiches gilt für den Beschluß, die bisherige Fragmentierung der Integrationsstrukturen dadurch abzubauen, daß der Schengen-Besitzstand nun in den Rahmen des europäischen Vertragswerkes übernommen wird. Kritikabel bleibt aber, daß gerade der grundrechtssensible Bereich der polizeilichen und justitiellen Zusammenarbeit in Strafsachen in der dritten Säule geblieben ist und auch für die erweiterten Zuständigkeiten des Europäischen Gerichtshofes in dieser Säule nach wie vor massive Einschränkungen gelten. Zudem zeichnen sich gerade die Regelungen in diesem Politikfeld mit den zahlreichen Zusatzerklärungen und Protokollen durch ein solches Maß an Aufsplitterung aus, daß eine gewisse Nähe zur »Differenzierung à la carte« nicht zu leugnen ist.[130]

Zu dem Bereich des Grundrechtsschutzes ist generell anzumerken, daß auch Amsterdam es in dieser Frage bei punktuellen Änderungen gelassen hat. In den Vertrag wurde das Bekenntnis zu den »Grundsätzen der Freiheit, der Demokratie, der Achtung der Menschenrechte sowie der Rechtsstaatlichkeit« aufgenommen[131] und dient nun als Beurteilungsmaßstab für die Beitrittsfähigkeit neuer Mitglieder.[132] Kommt es in einem Mitgliedstaat zu massiven Verletzungen dieser Prinzipien, so stellt der neue Vertrag

---

127 Vgl. Art. 24 EUV-A.
128 Vgl. Agence Europe v. 24./25. März 1997.
129 Vgl. dazu auch die Ausführungen in Teil C, Kapitel I, dieser Studie zur Kompetenzverteilung zwischen Europäischer Union und Mitgliedstaaten in der Außen-, Sicherheits- und Verteidigungspolitik.
130 Vgl. Boer, Monica den: Step by Step Progress: An Update on the Free Movement of Persons and Internal Security, in: EIPASCOPE 2 (1997), S. 8-11 (S. 8).
131 Vgl. Art. 6 Abs. 1 EUV-A.
132 Vgl. Art. 49 EUV-A.

ein neues Sanktionsverfahren gegen diesen Staat zur Verfügung.[133] Im Amsterdamer Vertrag finden sich jetzt – im Zusammenhang mit der Aufnahme des Sozialabkommens in den EGV – an verschiedenen Stellen Hinweise auf »soziale Grundrechte«.[134] Eine neue Bestimmung für ein umfassendes Diskriminierungsverbot aus Gründen des Geschlechtes, der Rasse, der ethnischen Zugehörigkeit, der Religion oder des Glaubens bzw. wegen Behinderungen, des Alters oder der sexuellen Ausrichtung beläßt es bei einer entsprechenden Handlungsermächtigung des Rates, ohne unmittelbar anwendbar zu sein.[135]

Diese Neuerungen reichen nicht aus, um die legitimations- und konsensstiftende Funktion eines kodifizierten Grundrechtskataloges im europäischen Vertragswerk zu ersetzen. So bemängelt auch die von der Kommission eingesetzte »Expertengruppe Grundrechte« in ihrem im Februar 1999 vorgelegten Abschlußbericht: »Statt die einzelnen Grundrechte anzugeben, zieht es der Amsterdamer Vertrag ... vor, Verfahren festzulegen, die ihren Schutz sichern sollen.«[136] Weiterhin monieren die Sachverständigen,

– daß den in Amsterdam unternommenen Schritten, den Schutz der Grundrechte im Rahmen der ersten Säule des Gemeinschaftsrechtes auszubauen, nicht weniger deutliche Bemühungen gegenüberstünden, die Konsequenzen einer Grundrechtsbindung im intergouvernementalen Bereich der zweiten und der – v. a. mit den Regelungen zu Europol – besonders grundrechtsrelevanten dritten Säule einzuschränken;

– daß – statt einer expliziten vertraglichen Auflistung verbürgter Grundrechte – weiterhin das schon früher praktizierte Verweisungssystem beibehalten wird, indem im EUV-A auf die Europäische Menschenrechtskonvention (EMRK) von 1950, im EUV-A und EGV-A auf die Europäische Sozialcharta des Europarates von 1961 und die Gemeinschaftcharta der sozialen Grundrechte der Arbeitnehmer von 1989 verwiesen wird. Dabei werde aber nur die EMRK als Teil des Gemeinschaftsrechtes angesehen, während die übrigen Konventionen lediglich als »Richtschnur für die Auslegung und Anwendung des Gemeinschaftsrechtes« dienen würden. Der Stellenwert anderer internationaler Übereinkommen, v. a. der Konventionen der Internationalen Arbeitsorganisation, werde dagegen überhaupt nicht geklärt;

---

133   Vgl. Art. 7 EUV-A.
134   Vgl. vierter Erwägungsgrund zum EUV, Art. 2 EGV-A, Art. 136 Abs. 1 EGV-A.
135   Vgl. Art. 13 EGV-A.
136   Vgl. Europäische Kommission (GD V: Beschäftigung, Arbeitsbeziehungen und soziale Angelegenheiten): Die Grundrechte in der Europäischen Union verbürgen – Es ist Zeit zu handeln. Bericht der Expertengruppe »Grundrechte«, Brüssel: Februar 1999, S. 7. Mitglieder der Gruppe waren der Vorsitzende Spiris Dimitris (Universität Frankfurt a. M.), Christine Bell (Queen's University Belfast), Jochen Abr. Frowein (Max-Planck-Institut für ausländisches öffentliches Recht und Völkerrecht, Heidelberg), Pirkko K. Koskinen (Universität Lappland), Lorenzo Martin Retortillo (Complatense-Universität Madrid), Alessandro Pizzorusso (Universität Pisa) und Jean Rossetto (Universität Tours).

– und schließlich, daß die Rolle des Europäischen Gerichtshofes in der Grundrecht-sprechung v. a. in der zweiten und dritten Vertragssäule nicht hinreichend geklärt sei.[137]

In seinen Kölner Schlußfolgerungen vom 4. Juni 1999 hat auch der Europäische Rat die Dringlichkeit des Handlungsbedarfs auf dem Gebiet der Grundrechtsverbürgung angesichts des mittlerweile erreichten Entwicklungsstandes der Union ausdrücklich bestätigt. Dort wurde eigens ein »Beschluß des Europäischen Rates zur Erarbeitung einer Charta der Grundrechte der Europäischen Union« gefaßt, der mit den Worten eingeleitet wird: »Die Wahrung der Grundrechte ist ein Gründungsprinzip der Euro-päischen Union und unerläßliche Voraussetzung für ihre Legitimität.«[138] Für die Aus-arbeitung des Charta-Entwurfes soll ein Gremium (der sogenannte »Grundrechts-Konvent«) aus Beauftragten der Staats- und Regierungschefs und des Kommissi-onspräsidenten, EP-Mitgliedern sowie nationalen Abgeordneten eingesetzt werden, das seine Arbeit bis Ende des Jahres 2000 abschließen wird. Erst nach der Vorlage des Entwurfs auf dem französischen Gipfel im Dezember 2000 sei zu prüfen, »ob und ge-gebenenfalls auf welche Weise die Charta in die Verträge aufgenommen werden soll-te.«[139]

Wünschenswert wäre, daß diese Prüfung zu dem gleichen Ergebnis führt, wie der Bericht der Expertengruppe »Grundrechte«, wo abschließend gefordert wird, daß der Grundrechte-Text in einen besonderen Vertragsteil oder eigenen Titel aufgenommen wird.[140] Nochmals sei in diesem Zusammenhang aber daran erinnert, daß auch dieser Schritt in jedem Fall an weitergehende Bemühungen zur Vereinfachung und umfas-senden Konsolidierung des Primärrechtes in einer europäischen Vertragsverfassung anknüpfen müßte.

2. Form und Kerninhalte der einheitlichen europäischen Vertragsverfassung

Die Konsolidierungsbemühungen in Amsterdam um vereinfachte und durchschaubare Vertragsstrukturen sind bereits durch den Beibehalt der Trennung zwischen den drei Gründungsgemeinschaften und der Union sowie den drei Säulen nur von begrenzter Reichweite. Gerade die Neuverhandlung der Verträge im Jahr 2000, spätestens aber das bevorstehende Auslaufen des EGKS-Vertrages im Jahre 2002 böten Gelegenheit, für die künftige redaktionelle Ausgestaltung des Primärrechtes den grundlegenderen Ansatz einer einheitlichen Vertragsverfassung zu wählen.

Alleine die Zusammenfassung der verschiedenen Gemeinschaftsverträge in einem einheitlichen Vertrag und die vollständige Anerkennung der Europäischen Union als Völkerrechtssubjekt[141] würden zusätzlich zu den vorgenommenen Streichungen ge-genstandslos gewordener Bestimmungen erhebliche Kürzungen durch den Wegfall

---

137 Vgl. ebd., S. 8-10.
138 Vgl. Europäischer Rat Köln, a. a. O., Anhang IV.
139 Vgl. ebd.
140 Vgl. Europäische Kommission, Grundrechte, a. a. O., S. 20.
141 Vgl. Europäisches Parlament: Entwurf eines Konsolidierten Vertrages über die Europäische Union, a. a. O., S. 16 f.

von Wiederholungen identischer Regelungen in den Gründungsverträgen erlauben.[142] Weiterhin bietet sich eine Bereinigung der einheitlichen Vertragsverfassung der Europäischen Union von zahlreichen Regelungen an, die materiell eher dem Bereich des Verwaltungs-, Geschäftsordnungs- und Wirtschaftsrecht zuzuordnen sind und eher Aufnahme in gesonderten Protokollen, Implementationsrechtsakten oder Geschäftsordnungen der einzelnen Institutionen finden sollten. Und schließlich stellt sich bei Institutionen mit rein sektorieller Bedeutung die Frage, ob die Regelung ihrer Einrichtung und Zusammensetzung tatsächlich Bestandteil eines einheitlichen und transparenten Vertragsrahmens sein muß.[143]

Da selbst ein derart konsolidierter Vertragsrahmen aber noch von beträchtlichem Umfang wäre, sollte längerfristig angestrebt werden, eine Trennung zwischen der Vertragsverfassung eines föderal organisierten Europas und einem separaten Ausführungsvertrag vorzunehmen.[144] Während die Vertragsverfassung die Grundprinzipien der Europäischen Union – v. a. einen kodifizierten Grundrechtskatalog – sowie die Regelungen zur Kompetenzverteilung, zu Institutionen und Entscheidungsverfahren enthalten sollte, sollten in dem Ausführungsvertrag detailliert die technischen Bestimmungen für die einzelnen Zuständigkeitsbereiche der Europäischen Union Aufnahme finden, indem dort unter anderem auch einzelne Protokolle in einen systematischen Zusammenhang gebracht und zusammengefaßt werden.

Der kodifizierte Grundrechtskatalog sollte sich dabei auf ein umfassendes Diskriminierungsverbot, die Garantie der Freizügigkeit der Arbeitnehmer, das Niederlassungsrecht sowie die Dienstleistungsfreiheit erstrecken. Außerdem sollte der durch das Richterrecht des EuGH herausgearbeitete Rechtsschutz kodifiziert werden, der neben wirtschaftsbezogenen Grundrechten, wie Berufsfreiheit, Freiheit der wirtschaftlichen Betätigung und Eigentumsschutz, auch elementare Persönlichkeitsrechte umfaßt, wie Würde des Menschen, Meinungsfreiheit, Religionsfreiheit, allgemeiner Gleichheitssatz, Schutz der Persönlichkeits- und Privatsphäre, Unverletzlichkeit der Wohnung, Vereinigungsfreiheit, Schutz der Familie, und Kunstfreiheit. An Verfahrensgrundrechten wären v. a. der Anspruch auf rechtliches Gehör, der Grundsatz der Vertraulichkeit des Schriftverkehrs zwischen Anwalt und Mandant, das Verbot der Doppelbestrafung (»Ne-bis-in-idem«) sowie schließlich das Prinzip des fairen Verfahrens im Gemeinschafts- bzw. Unionsrecht zu nennen.[145] Soziale Grundrechte hingegen sollten nicht von Anfang an vorgesehen werden bzw. dem Aushandlungsprozeß zwischen den Mitgliedstaaten überlassen bleiben, da sie das Potential zur »de-facto-

---

142   Vgl. European Parliament (Directorate-General for Research, Secretariat Working Party Task Force on the Intergovernmental Conference): Simplification of the Union Treaties and the 1996 Intergovernmental Conference (Political Series W-16. External Studies), Luxembourg 1995, S. 20-23. Diese Vorstudie zum Entwurf eines Konsolidierten Vertrages über die Europäische Union des Europäischen Parlamentes kam für den Maastrichter Vertrag noch auf eine Summe von 239 Wiederholungen von Vertragsbestimmungen des EGV in EAGV und EGKSV.

143   Zu nennen sind hier z. B. der beratende Ausschuß in der Verkehrspolitik (Art. 78 EGV-A) oder der Ausschuß für Wissenschaft und Technik, der im EAGV vorgesehen ist (Art. 134 EAGV).

144   Dieser Vorschlag geht zurück auf die Arbeit der Europäischen Strukturkommission. Vgl. Europäische Strukturkommission, a. a. O.

145   Vgl. Clostermeyer, Claus-Peter; Ebendt, Martin: Grundrechte im Europa der Bürger, in: Borkenhagen, Franz H.U. (Hrsg.): Europapolitik der deutschen Länder. Bilanz und Perspektiven nach dem Gipfel von Amsterdam, Opladen 1998, S. 179-197 (S. 179).

Reglementierung des Arbeits- und Sozialrechtes der Mitgliedstaaten«[146] bergen, auf diesem Gebiet aber erhebliche Unterschiede in deren Rechtsordnungen bestehen. Langfristig ist aber keineswegs auszuschließen, daß die dritte Stufe der Währungsunion und die damit verbundene Verschärfung des Standortwettbewerbes im Binnenmarkt europaweit das Bedürfnis nach höheren sozialen Grundrechtsstandards steigern wird.

Eine einheitliche und konsolidierte Vertragsverfassung für die Union, die einen derartigen Wertekanon umfaßt, ist zentraler Bestandteil einer föderalen Strukturreform des europäischen Integrationsgefüges, die dem Anspruch eines »Europas der Bürger« genügen will.

II. Ein föderales Reformkonzept für die europäische Kompetenzordnung

In der Reflexionsgruppe zur Vorbereitung der Regierungskonferenz 1996/97 wurde die Einführung eines Kompetenzkataloges in die Verträge diskutiert, wenngleich über diesen Vorschlag letztlich kein Einvernehmen erzielt werden konnte und er bereits frühzeitig wieder von der Tagesordnung der Revisionsverhandlungen verschwand.[147] Schon die Befassung mit diesem Thema im Rahmen der Konferenzvorbereitung bringt allerdings zum Ausdruck, daß zumindest einige Mitgliedstaaten einem grundlegend neuen Ordnungsmodell für die vertragliche Ausgestaltung der Kompetenzverteilung gegenüber den beschränkten »Nachbesserungen« zum Subsidiaritätsprinzip den Vorzug gegeben hätten, wie sie letztendlich mit der primärrechtlichen Verankerung des »Protokolls über die Anwendung der Grundsätze der Subsidiarität und der Verhältnismäßigkeit« in Amsterdam beschlossen wurde. Mit der Einigung auf diese Lösung haben sich die Mitgliedstaaten wiederum auf den Versuch beschränkt, die Zulässigkeitsbedingungen für die Inanspruchnahme der vertraglich enumerierten Gemeinschaftskompetenzen weiter zu präzisieren. Das neue Vertragsprotokoll mit seiner rechtlich bindenden Wirkung bildet vorläufig den Schlußpunkt stetiger Bemühungen,[148] die im Wortlaut des Subsidiaritätsprinzips in Art. 5 Abs. 2 EGV-A (früher Art. 3b Abs. 2 EGV-M) enthaltenen Kriterien der »Erforderlichkeit« (Negativ-Kriterium)[149] und der »Wirksamkeit« (Positiv-Kriterium)[150] stärker zu operationalisie-

---

146 Europäische Strukturkommission, a. a. O., S. 48.

147 Vgl. Generalsekretariat des Rates der Europäischen Union (Hrsg.): Regierungskonferenz 1996 (RK '96). Bericht der Reflexionsgruppe und dokumentarische Hinweise, Brüssel: Dezember 1995, Teil B, Rn. 125; Piepenschneider, Melanie: Der Vertrag von Amsterdam – Analyse und Bewertung (Arbeitspapier der Konrad-Adenauer-Stiftung, 3. überarb. Aufl.), Sankt Augustin: Januar 1998, S. 16.

148 Als Zwischenschritte auf dem Weg zu dem Subsidiaritätsprotokoll sind vor allem die Schlußfolgerungen des Europäischen Rates von Birmingham vom 16. Oktober 1992 sowie das vom Europäischen Rat vom 11./12. Dezember 1992 in Edinburgh beschlossene »Gesamtkonzept für die Anwendung des Subsidiaritätsprinzips« zu nennen, das in weiten Teilen durch das Vertragsprotokoll übernommen wurde.

149 Gemäß Art. 5 Abs. 2 EGV-A erscheint ein Tätigwerden der Gemeinschaft zunächst einmal nur dann als gerechtfertigt, »...sofern und soweit die Ziele der in Betracht gezogenen Maßnahmen auf Ebene der Mitgliedstaaten nicht ausreichend erreicht werden können...«. Dies entspricht dem »Erforderlichkeits-« oder »Negativ-Kriterium« im Wortlaut der vertraglichen Subsidiaritätsklausel.

ren. Dementsprechend enthalten die Bestimmungen des Protokolls wenig Neues und sollen primär der Klarstellung dienen.

Allerdings erscheinen sowohl der Rückgriff auf die Protokoll-Lösung per se als auch dessen Inhalte im einzelnen wenig geeignet, um selbst diesem – relativ bescheidenen – Anspruch gerecht zu werden. Zunächst wird bestätigt, daß das Subsidiaritätsprinzip ausschließlich die Funktion einer Kompetenzausübungsregel erfüllt, dabei jedoch nur auf jene Kompetenzbereiche Anwendung findet, die nicht ausschließlich bei der Gemeinschaft liegen. Eine Klärung, welche vertraglichen Befugnisnormen ausschließliche bzw. konkurrierende oder nicht ausschließliche Zuständigkeiten der Unionsorgane begründen, bleibt das Protokoll jedoch weiterhin schuldig. Folgt man der Auslegung durch die Europäische Kommission, welche die Benennung ausschließlicher Kompetenzen aus ihrer Nähe zum Binnenmarkt ableitet, so bleiben nicht-ausschließliche Zuständigkeiten der europäischen Ebene eher der Ausnahmefall und die Anforderungen des Subsidiaritätsprinzips laufen weitgehend leer.[151] Nochmals verschärft wird dieses Problem eines weiten Interpretationsspielraumes dadurch, daß zugleich der aus der Rechtsprechung des Europäischen Gerichtshofes (EuGH) hervorgegangene Grundsatz der »Pre-emption« oder des »occupied field« ein dynamisches Wachstum ausschließlicher Gemeinschaftskompetenzen deutlich begünstigt hat.[152]

Selbst wenn sich aber die restriktive Auffassung durchsetzen sollte, daß lediglich eine geringe Zahl exklusiver Handlungsbefugnisse durch den Gemeinschaftsvertrag eingeräumt wird, reicht dies nicht aus, um auch langfristig eine problemlösungsorientierte Konzentration europäischer Rechtsetzungsaktivitäten auf das Wesentliche über das Subsidiaritätsprinzip in seiner derzeitigen Ausgestaltung zu garantieren. Solange die Kompetenzzuweisungsregel des Prinzips der begrenzten Einzelermächtigung über aufgabenbezogene Zuständigkeitsumschreibungen verwirklicht wird, ist eine klare Abgrenzung des Subsidiaritätsprinzips als Kompetenzausübungsregel ohnehin kaum möglich. Dies hängt nicht zuletzt damit zusammen, daß bereits der Begriff der »begrenzten Einzelermächtigung« in die Irre führt. Dieser Grundsatz für die Kompetenzzuweisung besagt lediglich, daß sich alleine aus den allgemeinen Aufgaben- und Zielbeschreibungen in den Art. 2, 3 und 4 EGV-A noch keine Handlungsermächtigung für die Unionsorgane ergibt, sondern dafür konkrete Befugnisnormen im Vertrag vorhanden sein müssen.

---

150   Die Formulierung des »Wirksamkeits-« oder »Positivkriterium« erfolgt in Art. 5 Abs. 2 EGV-A in einem zweiten Halbsatz, der direkt an das »Erforderlichkeitskriterium« anknüpft. Erst wenn die Mitgliedstaaten zur Zielerreichung nicht ausreichend in der Lage, d. h. das »Negativ-Kriterium« erfüllt ist – und diese »daher wegen ihres Umfangs oder ihrer Wirkungen besser auf Gemeinschaftsebene« gewährleistet ist (Positiv-Kriterium), sind die Voraussetzungen voll gegeben, unter denen die europäischen Organe die vertraglich enumerierten Kompetenzen tatsächlich ausüben dürfen.

151   Vgl. zu der Diskussion des Umfanges »ausschließlicher Gemeinschaftskompetenzen« in Politik und Wissenschaft und der Kritik an der extensiven Interpretation des Begriffes durch die Kommission: Calliess, Christian: Der Schlüsselbegriff der »ausschließlichen Zuständigkeit« im Subsidiaritätsprinzip des Art. 3b II EGV, in: EuZW 20/1995, S. 693-700.

152   Vgl. Schima, Bernhard: Das Subsidiaritätsprinzip im Europäischen Gemeinschaftsrecht, Wien 1994, S. 39 und S. 41.

Schon dieses Prinzip wird allerdings durch die »Vertragsabrundungs-« oder »Lükkenfüllungsklausel« des Art. 308 EGV-A (früher Art. 235 EGV-M) durchbrochen, der eine Art Generalermächtigung für das Tätigwerden der Gemeinschaft darstellt, falls es im Rahmen des Gemeinsamen Marktes zur Verwirklichung eines Vertragszieles erforderlich ist und explizite Befugnisnormen fehlen. Noch bevor entsprechende Handlungsbefugnisse im europäischen Vertragswerk geschaffen wurden, hatte sich die Gemeinschaft auf diesem Wege zahlreiche neue Handlungsfelder erschlossen. Dies galt bis zur Einheitlichen Europäischen Akte vor allem für die Regionalpolitik, die Forschungs- und Technologiepolitik, bis Maastricht beispielsweise für die Entwicklungs-, Industrie-, Verbraucherpolitik, die Bildungs- und Kulturpolitik.[153]

In der Anwendung des Art. 308 EGV-A zeigt sich mit besonderer Deutlichkeit, wie stark die Grenzen zwischen Kompetenzzuweisung und -ausübung verschwimmen können. Das Gleiche gilt aber auch für die »effet utile«-Rechtsprechung des Europäischen Gerichtshofes, die darauf abzielt, den Bestimmungen des Vertrages größtmögliche Wirksamkeit zu verschaffen. Sie veranlaßte den Gerichtshof unter anderem zu dem umstrittenen Schluß, daß Vertragsbestimmungen, die der Kommission bestimmte Aufgaben zuweisen, ihr notwendigerweise auch die zur Erfüllung dieser Aufgaben erforderlichen Befugnisse verleihen[154] – eine Judikatur, die kaum mehr mit dem Prinzip begrenzter Einzelermächtigung vereinbar ist und durch den Rückschluß von Aufgaben- und Zielbestimmungen des Primärrechtes auf Befugnisse nicht vorgesehene zusätzliche Handlungsermächtigungen auf europäischer Ebene geschaffen hat.[155] Die Bestätigung des Subsidiaritätsprinzips als alleinige Regel für die Nutzung vertraglicher Befugnisnormen durch das Amsterdamer Vertragsprotokoll erscheint schon vor diesem Hintergrund unzureichend. In dieser Form kann das Subsidiaritätsgebot kaum Wirkung entfalten, um zu verhindern, daß über die Einfallstore sowohl der Generalermächtigung des Art. 308 EGV-A als auch richterlicher Rechtsfortbildung aus den allgemeinen Ziel- und Aufgabenbestimmungen des Vertrages neue Gemeinschaftszuständigkeiten begründet werden, ohne daß dies einer förmlichen Vertragsänderung bedarf.

Potenziert werden diese Schwierigkeiten dadurch, daß auch die vertraglichen Befugnisnormen selbst aufgabenbezogen formuliert sind und nicht – wie dies in föderalen Verfassungen der Fall ist – nach Sachgebieten abgegrenzt werden. Von besonderer Tragweite ist dies im Falle der Harmonisierungsbefugnisse nach Art. 94 und 95 EGV-A (früher Art. 100 und 100a EGV-M), die den Erlaß von Sekundärrechtsakten zur Angleichung mitgliedstaatlicher Rechts- und Verwaltungsvorschriften vorsehen, wel-

---

153 Vgl. ebd., S. 42 f., Grabitz, Eberhard: Art. 235, in: Grabitz, Eberhard; Hilf, Meinhard: Kommentar zur Europäischen Union (Stand: 7. Ergänzungslieferung September 1994); Häde, Ulrich; Puttler, Adelheid: Zur Abgrenzung des Art. 235 EGV von der Vertragsänderung, in: EuZW 1 (1997), S. 13-17 (S. 14).

154 Diese Urteilspassage entstammt der Entscheidung »Wanderungspolitik« des EuGH, mit welcher die in Art. 118 Abs. 2 EWGV enthaltene Befugnis der Kommission, eine enge Zusammenarbeit der Mitgliedstaaten in sozialen Fragen zu fördern, ausgedehnt wurde auf das Recht auch verbindliche Entscheidungen zu fassen.

155 Vgl. zu der Kritik an dieser Rechtsprechungspraxis des EuGH: Jarass, Hans D.: Die Kompetenzverteilung zwischen der Europäischen Gemeinschaft und den Mitgliedstaaten, in: Archiv des öffentlichen Rechts 2/1996, S. 173-199 (S. 175 f.).

che die Errichtung und das Funktionieren des Binnenmarktes bzw. die Grundfreiheiten zum Gegenstand haben. Gerade die funktionsbezogene Ausrichtung der Vertragsbefugnisse zur Rechtsangleichung auf die Verwirklichung des Binnenmarktzieles und der Grundfreiheiten hat eine ständige Ausdehnung europäischer Sekundärrechtsetzung auf Handlungsfelder wie die Kultur- und Medienpolitik, die Bildungs- und Ausbildungsbildung, die Umweltpolitik, die Sozial- und Gesundheitspolitik erst möglich gemacht.[156] Der Gerichtshof hat einer expansiven Initiativtätigkeit der Kommission, wie sie sich vor allem als Folge des Weißbuches zur Vollendung des Binnenmarktes ergab, den Weg bereitet, in dem er in seiner »Casagrande«-Entscheidung erstmals feststellte, daß auch aus der vertraglichen Nichterwähnung eines materiellen Zuständigkeitsbereiches – in diesem Fall der Bildungspolitik – nicht folge, »daß die Ausübung der der Gemeinschaft übertragenen Befugnisse irgendwie eingeschränkt wäre, wenn sie sich auf Maßnahmen auswirken kann, die zur Durchführung etwa der Bildungspolitik ergriffen worden sind.«[157]

Die Aufgabenbezogenheit der Formulierung von Handlungsbefugnissen erlaubt demnach eine Absorbierung von mitgliedstaatlichen oder auch regionaler Kompetenzen durch die europäische Ebene, gerade weil eine konkrete Benennung einzelner Sachgegenstände in den vertraglichen Befugnisnormen kaum erfolgt. Diese Beobachtung gilt selbst noch für jene Gemeinschaftszuständigkeiten, die erst seit Maastricht bzw. Amsterdam Teil des Vertragsrechtes geworden sind. Obwohl in diesen Fällen regelmäßig eine Abgrenzung nach Politikfeldern erfolgt ist, werden innerhalb der einzelnen Aufgabenbereiche doch wiederum zunächst die Ziele europäischen Tätigwerdens relativ breit umschrieben.[158]

Die »schleichenden« Zentralisierungseffekte, die von einer derartigen Form der Befugnisumschreibung bislang ausgegangen sind und über die die Bezeichnung der geltenden Kompetenzverteilungsregel als »Grundsatz der begrenzten Einzelermächtigung« im Grunde genommen hinwegtäuscht, dürfen auch künftig trotz der inzwischen abgeschlossenen Umsetzung des Binnenmarktprogramms keinesfalls unterschätzt werden. Im Gegenteil wird der Übergang in die dritte Stufe der Wirtschafts- und Wäh-

---

156 Vgl. Scharpf, Fritz W.: Kann es in Europa eine stabile föderale Balance geben?, in: ders.: Optionen des Föderalismus in Deutschland und Europa, Frankfurt/New York 1994, S. 117-130 (S. 122 f.).

157 EuGH Slg, 1974, S. 773 ff.

158 So in der Umweltpolitik (Ziele in Art. 174 EGV-A; Maßnahmen in Art. 175 EGV-A), Agrarpolitik (Ziele in Art. 33 EGV-A; Maßnahmen in Art. 35 EGV-A), in der Verkehrspolitik (Ziele in Art. 70 EGV-A; Maßnahmen in Art. 71 EGV-A), in der Währungspolitik (Ziele in Art. 105 EGV-A; Maßnahmen in Art. 110 EGV-A), in der Sozialpolitik (Ziele in Art. 137 Abs. 1 EGV-A; Maßnahmen in Art. 137 Abs. 2 EGV-A), in der Bildungspolitik (Ziele in Art. 149 Abs. 2, 150 EGV-A; Maßnahmen in Art. 149 Abs. 4, 150 Abs. 3, 4 EGV-A), im Gesundheitswesen (Ziele in Art. 152 Abs. 1 EGV-A; Maßnahmen in Art. 152 Abs. 4 EGV-A), im Verbraucherschutz (Ziele in Art. 153 Abs. 1 EGV-A; Maßnahmen in Art. 153 Abs. 2 EGV-A), in der Industriepolitik (Ziele in Art. 157 Abs. 1 EGV-A; Maßnahmen in Art. 157 Abs. 3 EGV-A) und in der Forschungs- und Technologiepolitik (Ziele in Art. 163 EGV-A; Maßnahmen in Art. 164, 165 EGV-A). Dabei sind die möglichen Maßnahmen der Gemeinschaft in diesen Bereich häufig auf unterstützende oder fördernde Maßnahmen eingegrenzt, die grundsätzlich aufgabenbezogene Kompetenzzuweisung findet sich aber auch in diesen Politikfeldern wieder. Vgl. Jarass: Kompetenzverteilung, a. a. O., S. 179 (der sich allerdings noch auf die Vertragsregelungen und Artkelzählungen auf dem Stand von Amsterdam bezieht).

rungsunion auf Feldern wie der Steuer-, der Haushalts- und Wirtschaftspolitik, der Sozialpolitik sowie eines europäischen Finanzausgleiches erheblichen zusätzlichen Handlungsbedarf auf europäischer Ebene erzeugen.[159] Ähnliches gilt für die Folgen der bevorstehenden Erweiterung und die gesteigerten Rechtsetzungsaktivitäten, die sich aus der Umsetzung der »Agenda 2000« ergeben werden. Gerade diese kommenden Herausforderungen und die von Integrationserfordernissen in wachsendem Maße betroffenen, stark mit nationalen Souveränitäts- und regionalen Identitätsvorstellungen verhafteten Politikfelder verschärfen den Bedarf an einer transparenteren, an der Problemlösungskapazität der verschiedenen Ebenen in der Europäischen Union orientierten Kompetenzordnung im europäischen Vertragswerk. Sowohl der Erhalt der öffentlichen Akzeptanz weiterer Integrationsschritte als auch die begrenzten Steuerungskapazitäten des europäischen Institutionengefüges machen die bessere Kontrollierbarkeit von Zuständigkeitsübertragungen, ihre primärrechtliche Nachvollziehbarkeit innerhalb des Primärrechtes sowie eine wirksame Begrenzung europäischer Kompetenzbestände auf das Notwendige unabdingbar. Die zielgebundenen Aufgabenumschreibungen entsprechen diesen Forderungen schon insofern nicht, als sie eine vorrangig auf den Ausgleich mitgliedstaatlicher Einzelinteressen – und weniger am tatsächlichen Handlungsbedarf – ausgerichtete Zentralisierungsdynamik begünstigen.

Ein letzter zentraler Kritikpunkt an der funktionalen bzw. aufgabenbezogenen Ausrichtung europäischer Kompetenzbestände liegt darin, daß sie den Organen auf Unionsebene sowohl in horizontaler als auch in vertikaler Richtung erheblichen zusätzlichen Handlungsspielraum einräumen. In horizontaler Richtung gilt dies einmal insofern, als mit den Zielbestimmungen die Möglichkeit eröffnet wird, für einzelne Rechtsakte verschiedene Rechtsgrundlagen heranzuziehen. Das nach wie vor bekannteste Beispiel für diese Praxis liefert wohl die Entscheidung des EuGH zur Titanoxid-Richtlinie, die er für nichtig erklärte, nachdem der Rat sie entgegen dem Vorschlag der Kommission, Art. 100a EWGV heranzuziehen, auf Art. 130s EWGV gestützt hatte. Möglich wurde die Auseinandersetzung um diese Richtlinie, in deren Mittelpunkt eigentlich die Frage der Beteiligungsrechte des Europäischen Parlamentes stand, weil sie in ihren Zielen und Inhalten gleichermaßen Umweltschutz und eine Verbesserung der Wettbewerbsbedingungen zum Gegenstand hatte.[160] Der Europäische Gerichtshof beschloß in diesem Kontext, daß Harmonisierungsmaßnahmen mit Bezug zum Umweltschutz dann auf Art. 100a E(W)GV (Art. 95 EGV-A) gestützt werden müßten, wenn sie in erster Linie der Verwirklichung des Binnenmarktes dienen. Würden Maßnahmen hingegen primär aus Gründen des Umweltschutzes getroffen, so seien sie auf Art. 130r-130t E(W)GV (Art. 174-176 EGV-A) zu stützen.[161] Ex-

---

159 Vgl. dazu auch: Busch, Klaus: Spill-over-Dynamik und Spill-back-Potential in der europäischen Währungsintegration – ein Beitrag zur Integrationstheorie, in: Jachtenfuchs/Kohler-Koch (Hrsg.), a. a. O., S. 281-311 (S. 307).

160 Vgl. Stein, Torsten: Die Querschnittsklausel zwischen Maastricht und Karlsruhe, in: Due, Ole; Lutter, Marcus; Schwarze, Jürgen (Hrsg.): Festschrift für Ulrich Everling, Bd. II, Baden-Baden 1995, S. 1439-1453 (S. 1446-1449).

161 Vgl. Schweitzer, Michael; Hummer, Waldemar: Das Recht der Europäischen Union – Das Recht der Europäischen Gemeinschaften (EGKS, EG, EAG) – mit Schwerpunkt EG, 5. neubearb. und erw. Aufl., Neuwied/Kriftel/Berlin 1996, Rn. 1567 (S. 478 f.).

emplarisch soll damit am Beispiel der Umweltpolitik deutlich werden, daß die funkti-
onsorientierte Aufgabenzuschreibung bei der Wahl der vertraglichen Rechtsgrundlagen für eine Maßnahme letztlich wiederum zusätzlichen Handlungsspielraum für europäisches Tätigwerden eröffnet. Insbesondere die Kommission mit ihrem Vor-
schlagsrecht übt hier erheblichen Einfluß als supranationaler »political entrepreneur«
aus.

Für die mitgliedstaatlichen Vertreter im Rat bedeutet die Aufgabenbezogenheit der
vertraglichen Befugnisnormen, daß auf der Grundlage einzelner Handlungsermächtigungen ein breiteres Spektrum an Regelungsgegenständen bei der Sekundärrechtsetzung abgedeckt werden kann. Die Unterschiede in der Integrationswilligkeit und
-fähigkeit der Mitgliedstaaten können dadurch gegebenenfalls auch innerhalb des einzelnen Aufgabenfeldes durch die Berücksichtigung der verschiedenen Interessenlagen
erleichtert werden. Dieser zusätzliche Spielraum für die Kompromißfindung wird auch
nach Einführung des Subsidiaritätsprinzips als Kompetenzausübungsregel und seines
»Erforderlichkeits-« und »Wirksamkeitskriteriums« für die Zulässigkeit europäischen
Tätigwerdens nicht wesentlich eingeschränkt. Gerade im Rat der Europäischen Union
mit seiner zunehmend heterogenen Zusammensetzung wird die Beurteilung der Frage,
ob eine Angelegenheit nicht ausreichend auf mitgliedstaatlicher Ebene und besser auf
europäischer Ebene behandelt wird, primär von politischen Erwägungen abhängig
sein. Dies schließt unter anderem die Möglichkeit ein, daß Mitgliedstaaten, deren Einkommen beispielsweise unter dem Unionsdurchschnitt liegt oder die in bestimmten
Politikfeldern mit erheblichen innenpolitischen Schwierigkeiten zu kämpfen haben,
unabhängig von ihren ausreichenden nationalen Handlungskapazitäten zur eigenen
Entlastung die beiden Subsidiaritätskriterien zugunsten einer Aufgabenwahrnehmung
durch die europäische Ebene auslegen.[162] Diese »politische Natur« von Subsidiari-
tätsentscheidungen mag – neben den faktischen Problemen, das Prinzip zu operatio-
nalisieren – dazu beigetragen haben, daß im Amsterdamer Protokoll zwar drei Leitlinien zur inhaltlichen Konkretisierung der »Nicht-ausreichend-« und »Besser-Klausel«
in Art. 5 Abs. 2 EGV-A benannt werden. Im einzelnen handelt es sich dabei erstens
um das Vorliegen transnationaler Aspekte, zweitens um Verstöße gegen Anforderungen des Vertrages oder sonstige erhebliche Beeinträchtigung der Interessen anderer
Mitgliedstaaten durch einzelstaatliches Tätigwerden oder aber drittens um deutliche
Vorteile durch Unionshandeln.[163] Auch diese Leitlinien geben indes keine präzise
Handlungsanleitung für die Anwendung des Subsidiaritätsgrundsatzes und dürften
kaum große praktische Bedeutung erlangen.[164] Schlüssig ist es vor diesem politischen
Hintergrund auf jeden Fall, wenn im Subsidiaritätsprotokoll vor allem in Anlehnung
an die Europäischen Ratsbeschlüsse von Edinburgh[165] wiederholt wird, daß es sich bei
dem Prinzip um ein »dynamisches Konzept« handelt, demzufolge »die Tätigkeit der

---

162 Vgl. Blanke, Hermann-Josef: Normativität und Justitiabilität des gemeinschaftsrechtlichen
     Subsidiaritätsprinzips, in: Zeitschrift für Gesetzgebung 3 (1995), S. 193-223 (S. 215).

163 Vgl. Ziffer 5 des Amsterdamer »Protokolls über die Anwendung der Grundsätze der Subsidiarität
     und der Verhältnismäßigkeit« (Subsidiaritätsprotokoll).

164 Vgl. zur umfassenderen Kritik des Subsidiaritätsprotokolles von Amsterdam: Hrbek: Arbeitsteilung,
     a. a. O., S. 33 ff.

165 Vgl. Bulletin des Presse- und Informationsamtes der Bundesregierung Nr. 140 v. 28.12.1992,
     S. 1277 ff.

Gemeinschaft im Rahmen ihrer Befugnisse sowohl erweitert ... als auch eingeschränkt oder eingestellt werden« können, wenn dies gerechtfertigt erscheint.[166]

Schließlich bietet das ausschließliche Verständnis des Subsidiaritätsprinzips als Kompetenzausübungsregel auch für die Einschränkung des zusätzlichen vertikalen Handlungsspielraumes, der sich aus der aufgabenbezogenen europäischen Zuständigkeitssystematik ergibt, keinen geeigneten Lösungsansatz. Gerade die Vermeidung einer sachgebietsbezogenen Zuständigkeitsabgrenzung der europäischen Rechtsetzungsbefugnisse gegenüber der Ebene der Mitgliedstaaten bzw. ihrer subnationalen Gebietskörperschaften und ihre funktionale Umschreibung im europäischen Vertragswerk hat Eingriffe über das europäische Sekundärrecht in die dortigen Rechtsordnungen ermöglicht, ohne dabei dort bestehende Kompetenzen völlig aufzuheben. Unmittelbare Folge dieser Gleichzeitigkeit der Handlungsbefugnisse auf den verschiedenen Systemebenen ist ein Maß an Befugnisüberlappungen, Zuständigkeitsverflechtungen und Intransparenz in der Kompetenzordnung des europäischen Mehrebenensystems, das traditionellen föderalen Regierungssystemen fremd ist.[167]

Im Ergebnis begünstigt die im Amsterdamer Vertragsprotokoll bestätigte Praxis, das Subsidiaritätsprinzip erst auf der Stufe der Kompetenzausübung wirken zu lassen und für die Kompetenzverteilung das Prinzip der – eben kaum begrenzenden – aufgabenbezogenen Einzelermächtigungen beizubehalten, weiterhin eine Integrationsdynamik, die auf wachsende Regelungsbefugnisse der europäischen Ebene hinausläuft. Dieser Kompetenzzuwachs orientiert sich nicht primär an dem Kriterium der effektiven politischen Problembewältigung, sondern resultiert zu einem erheblichen Teil nach wie vor aus der Funktionslogik des europäischen Entscheidungs- und Institutionengefüges. Wachsende Intransparenz und eine weiterhin zunehmende Tendenz zur »Verzettelung« der europäischen Organe in einer Unmenge von Regelungsbefugnissen drohen neben der öffentlichen Akzeptanz auch die Handlungs- und Entscheidungsfähigkeit der Europäischen Union in Frage zu stellen. Letztendlich wird das damit erzeugte föderale Ungleichgewicht in Richtung von zuviel Einheit durch ein Verfahren der Vertragsänderung begünstigt, das aufgrund des alle Mitgliedstaaten umfassenden Einstimmigkeitserfordernisses wiederum nicht durch das Motiv der Effektivierung politischen Handelns bestimmt ist, sondern durch das Schnüren von Paketverhandlungen primär auf einen Ausgleich heterogener Nationalinteressen abzielt. Auch die Begrenzung des in Maastricht vertraglich verankerten Subsidiaritätsprinzips auf die Funktion einer Kompetenzausübungsregel ist als Ergebnis dieser Aushandlungslogik zu verstehen.

Wie bereits die Ratifikationsdebatte nach Maastricht, aber auch die nicht unbedingt überwältigenden Ergebnisse der Referenden in Finnland und Schweden anläßlich ihres Beitrittes zur Europäischen Union belegen,[168] kann nicht länger davon ausgegangen

---

166 Vgl. Ziffer 3 des Subsidiaritätsprotokolls.
167 Vgl. Europäische Strukturkommission, a. a. O., S. 31.
168 Während die Zustimmung der Bevölkerung Österreichs in dem Referendum vom 12. Juni 1994 für einen EU-Beitritt mit 66,6% relativ hoch ausfiel, war der Ausgang am 16. Oktober in Finnland mit 56,9% und in Schweden am 13. November 1994 mit 52,3% für einen EU-Beitritt wesentlich weniger eindeutig. Vgl. Kaiser, Wolfram; Visuri, Pekka; Malmström, Cecilia; Hjelseth, Arve: Die EU-Volksabstimmungen in Österreich, Finnland, Schweden und Norwegen: Folgen für die Europäische Union, in: integration 2 (1995), S. 76-87 (S. 76).

werden, daß die im europäischen Vertragswerk angelegte Dynamik der Kompeten-
zentwicklung einer weiteren Vertiefung des Integrationsprozesses zuträglich ist. Neben der Tatsache, daß nicht mehr selbstverständlich von einer stillschweigenden Zustimmung der Bürger für eine Europäische Union ausgegangen werden kann, die in
einer nicht mehr nachvollziehbaren Weise in immer weitere Bereiche des täglichen
Lebens eingreift, zeitigt der bisher eindimensional in Richtung größerer Zentralisierung weisende Verlauf des Integrationsprozesses in wachsendem Maße eine europapolitische Verweigerungshaltung in einzelnen Mitgliedstaaten. So besteht zum einen
Anlaß zur Sorge, daß bald sieben Jahre nach Vollendung des Binnenmarktes noch
immer nicht alle Binnenmarktvorschriften in innerstaatliches Recht umgesetzt wurden.
Weit besorgniserregender erscheint aber, daß in Fällen wie dem Maastricht-Urteil des
Bundesverfassungsgerichtes vom 12. Oktober 1993 und im Urteil des dänischen
Obersten Gerichtshofes vom 12. August 1996 grundsätzliche Vorbehalte gegen die
bislang grundsätzlich anerkannte einheitliche Geltung der gemeinsamen europäischen
Rechtsordnung lauter werden.[169]

Offensichtlich befindet sich die Europäische Union in einer Umbruchphase, in der
die föderale Balance bei Fortschreibung der bisherigen Integrationslogik durch ein
Zuviel an Einheit ein Zuviel an Vielfalt provoziert, das sich in den beschriebenen
desintegrativen Entwicklungstendenzen niederschlägt. Vor diesem Hintergrund kann
der mit Maastricht gewählte Reformansatz kaum überzeugen, mit der Einführung des
Subsidiaritätsprinzips auf der Stufe der konkreten Kompetenzausübung Fehlentwicklungen zu korrigieren, die bereits auf der vorhergehenden Stufe der Kompetenzverteilung angelegt sind. Vielmehr ist eine grundsätzliche Neukonzeption erforderlich,
die im Rahmen eines nach Sachgebieten abgegrenzten europavertraglichen Kompetenzkataloges das Subsidiaritätsprinzip bereits »im Vorfeld der verfassungsrechtlichen
Kompetenzverteilung operieren«läßt.[170]

Gleichzeitig muß die Bestimmung der europäischen Kompetenzbestände in diesem
Katalog auf nachvollziehbaren Kriterien beruhen. Diese müssen eine möglichst trennscharfe Identifizierung derjenigen Sachaufgaben erlauben, für welche die Unionsebene über eine höhere Problemlösungsfähigkeit als die Mitgliedstaaten oder die subnationale Ebene verfügt, und dabei zugleich den Aspekt der Akzeptanzfähigkeit bei der
Bevölkerung in irgendeiner Form berücksichtigen. Wie gezeigt werden soll, stellt das
vertraglich verankerte Subsidiaritätsprinzip mit seinem »Negativ-« und »Positivkriterium« für die Entwicklung eines entsprechenden »Kompetenzprüfrasters« eine befrie-
digende Ausgangsbasis dar, wobei diese beiden Kriterien allerdings einer wesentlich
weitergehenden Operationalisierung bedürfen, als sie bislang im Amsterdamer Vertragsprotokoll vorliegt.

Gegen die Einführung eines Kompetenzkataloges als neuem Ordnungsmodell für
die Zuständigkeitsverteilung in der Europäischen Union wird regelmäßig der Vorbehalt formuliert, daß durch ein derart starres Zuständigkeitsgerüst das europäische
Mehrebenensystem seiner Integrationsdynamik und Entwicklungsoffenheit beraubt
würde. Gerade der hohe Überschneidungsgrad politischer Handlungsbefugnisse sowie

---

169 Vgl. Europäisches Parlament (Ausschuß für Recht und Bürgerrechte): Bericht über die Beziehungen
     zwischen dem Völkerrecht, dem Gemeinschaftsrecht und dem Verfassungsrecht der Mitgliedstaaten.
     Berichterstatter: Herr Siegbert Alber (PE 220.225/end v. 24. September 1997).
170 Vgl. Schima, a. a. O., S. 13.

die durch aufgabenbezogene Zuständigkeitsumschreibungen und vor allem die »Vertragsabrundungsklausel« des Art. 308 EGV-A eröffnete Fähigkeit der supranationalen Ebene, ihre Handlungsbefugnisse auf alle Bereiche öffentlichen Handelns auszudehnen, begründeten die Besonderheit des nur »lose verbundenen kollektiven Regierens«[171] in der Europäischen Union. Ein Kompetenzkatalog hingegen würde falsche Zeichen setzen, da er der Union größere Ähnlichkeit mit bundesstaatlichen Modellen verliehe, ohne daß diese Zielperspektive gegenwärtig noch wünschenswert oder realistisch sei.[172]

Diese Argumentationslinie läßt indessen außer acht, daß die Europäische Union durch die vertragliche Verankerung eines Kompetenzkataloges als zentralem Element einer föderalen Strukturreform noch keineswegs in ein für künftige Integrationsfortschritte hinderliches »starres Korsett« gezwängt wird. Entscheidend für die Wahrung dynamischer Entwicklungsoptionen ist keineswegs das Ordnungsmuster, das für die Zuständigkeitsverteilung gewählt wird, sondern das Verfahren, mit dem über die Zuweisung der Kompetenzen an die europäische Ebene entschieden wird. Soll sichergestellt werden, daß sämtliche Kompetenzbestände der Europäischen Union – im Sinne größtmöglicher Transparenz – künftig tatsächlich im Vertragswerk aufscheinen und die Möglichkeit zu »schleichenden« Kompetenzausweitungen auf sekundärrechtlichem Wege oder über Richterrecht ausgeschlossen bzw. minimiert wird, so erweist sich deshalb auch eine flexiblere Gestaltung des Vertragsänderungsverfahrens für Anpassungen der Kompetenzbestände als unumgänglich.

1. Eine subsidiaritätsgerechte Kompetenzverteilung

Die komparative Föderalismusforschung ist durchaus von einigem Erkenntniswert für eine Neugestaltung der Kompetenzordnung der Europäischen Union. Natürlich gilt dabei, daß eine direkte Übertragbarkeit der konstitutionellen Muster der Zuständigkeitsverteilung aus den Verfassungen der zum Vergleich herangezogenen föderativen oder regionalisierten Systeme, wie v. a. Deutschlands, Belgiens, der Schweiz, Österreichs, Spaniens, der USA oder Kanadas nicht gegeben ist. Zu sehr differieren die Kompetenzbestände der nationalen und subnationalen Ebene bereits zwischen diesen Staaten, als daß mehr als pauschalisierende Feststellungen möglich sind. Dazu zählt unter anderem die Beobachtung, daß stets die Bundesebene vorrangig oder ausschließlich für kodifizierte Grundrechtsgarantien, Außen- und Verteidigungspolitik, Integration der Binnenwirtschaft, Zoll- und Postwesen, Währung, Maße und Gewichte, Urheber- und Konkursrecht, wirtschaftliche Ordnungs- und Stabilitätspolitik oder

---

171 Laffan, Brigid: The European Union: A Distinctive Model of Internationalisation?, European Integration online Papers (EioP) 18 (1997), S. 5.

172 Vgl. zu diesem Argumentationsmuster u. a. den Beitrag Ingolf Pernices zur Gemeinsamen Anhörung der Europaausschüsse von Deutschem Bundestag und Bundesrat am 8. Mai 1996 zum Subsidiaritätsprinzip in der Europäischen Union (Skript vom 22.4.1996); darauf bezug nehmend: Hrbek: Arbeitsteilung, a. a. O., S. 32; Schwarze, Jürgen: Kompetenzverteilung in der Europäischen Union und föderales Gleichgewicht, in: DVBl. 23 (1995), S. 1265-1269 (S. 1268); Grande: Regieren im verflochtenen Mehrebenensystem, a. a. O., S. 8 f.

aber auch das Sozialversicherungswesen zuständig ist.[173] Speziell in dem Fehlen exklusiver Zuständigkeiten der Europäischen Union und der Beschränkung auf Formen der intergouvernementalen Kooperation zwischen ihren Mitgliedstaaten in weiten Bereichen der Außen- und Verteidigungspolitik kann ein zentrales Unterscheidungsmerkmal der Europäischen Union zu einem Bundesstaat im klassischen Sinn gesehen werden, wiewohl die Entstehung und Fortbildung der Säulenstruktur des Unionsvertrages seit Maastricht auf eine Fortsetzung des europäischen »Föderalisierungsprozesses« hinweist.[174]

In der Nachkriegszeit hat der wachsende Umfang wohlfahrtsstaatlicher Aufgaben und die Internationalisierung von Handlungs- und Problemzusammenhängen, die speziell für die Mitgliedstaaten der Europäischen Union durch das Integrationsgeschehen im Binnenmarkt und die künftige Währungsunion verstärkt gegeben sind, in der Verfassungswirklichkeit eines Großteiles von Bundesstaaten zunächst Zentralisierungstendenzen begünstigt.[175] Gewissermaßen als »Gegenausschlag des Pendels« wurde dieses Phänomen zum einen in fast allen Mitgliedstaaten der Europäischen Union seit Mitte der siebziger Jahre durch verstärkte innerstaatliche Regionalisierungsprozesse, zum anderen durch stärker devolutive Grundzüge sowohl neu entstehender als auch traditionell integrativer Bundesstaaten begleitet. Auch in Bundesstaaten, die aus dem Zusammenschluß ihrer Glieder entstanden sind (integrativer Föderalismus) und für deren Gründung Motive wie der Schutz gegen äußere Bedrohung, die besseren Aussichten der Bürger auf innere Sicherheit und Stabilität in einem größeren Gebiet bzw. die wirtschaftlichen Vorteile durch größere Märkte und koordinierte Planung den Ausschlag gaben,[176] steht im Zentrum der Diskussion um den Föderalismus inzwischen die Frage, wie die Autonomie der Glieder gewahrt bleiben oder gar ausgebaut werden kann. In den Fällen Spaniens und Belgiens gab dieses devolutive Moment erst den Ausschlag für die Schaffung regionalisierter bzw. föderativer Verfassungsstrukturen. Für Kanada gilt, daß seine ursprünglich vom Verfassungsgeber bewußt wesentlich bundesfreundlicher als in den Vereinigten Staaten von Amerika angelegte föderale Grundordnung von der Verfassungswirklichkeit – vor allem vor dem Hintergrund der anhaltenden Separationsbestrebungen Quebecs – überholt wurde und inzwischen auch stark devolutiv, im Sinne einer vorrangigen Funktion gliedstaatlicher Autonomie zum Schutz territorial konzentrierter Minderheiten wirkt. Diese aktuellen, vorrangig devolutiven Entwicklungslinien des Föderalismus scheinen den Schluß nahezulegen: »The integrative processes of the [European] Community are in some sense anachronistic when viewed through the lens of federalism.«[177]

---

173   Vgl. ausführlich zu den Ergebnissen des Vergleiches der Kompetenzordnungen in den betrachteten Staaten: Canu/Fischer/Mühlbacher, a. a. O.

174   Vgl. z. B. in diesem Sinne zu Maastricht: Pinder, John: Wheare's Federal Government and Europe Today, in: The Federalist 3 (1996), S. 152-174.

175   Vgl. u. a. Levi, Lucio: Recent Developments in Federalist Theory, in: Levi, Lucio; Montani, Guido; Rossolillo, Francesco: Three Introductions to Federalism, Ventotene: The Altiero Spinelli Institute for Federalist Studies, 1989, S. 33-73 (S. 41).

176   Vgl. klassisch dazu: Duchacek, Ivo D.: Comparative Federalism. The territorial dimension of politics, Lanham 1987, S. 199-201.

177   Vgl. Sbragia: Thinking about the European Future: The Uses of Comparison, a. a. O., S. 265.

So zutreffend diese Beobachtung auf den ersten Blick erscheinen mag, so wenig wird sie doch den Besonderheiten und strukturellen Problemen des europäischen Mehrebenensystems gerecht, die eben auch der Vergleichbarkeit dieses politischen Gebildes mit nationalstaatlichen Modellen Grenzen setzen. Viel schwächer als bei der Bundesebene in föderalen Verfassungssystemen ist das Leistungspotential der europäischen Ebene für die klassischen Gemeinwohlbelange der Wohlfahrtsgewährleistung aller Bürger des Gemeinwesens oder der Garantie ihrer inneren und äußeren Sicherheit entwickelt, die jedes politische System zu erbringen hat.[178] Grundsätzlicher als in föderalen oder regionalisierten Staaten stellt sich in der Europäischen Union deshalb nach wie vor die Frage, ob die Handlungsautonomie und Entscheidungsfähigkeit der Ebene des Gesamtverbandes ausreicht, um Funktionen effektiv ausüben zu können, die über die Kapazitäten nationaler oder subnationaler Steuerungsinstrumente hinausweisen.[179] Stärker denn je stellen die Akzeptanzkrise seit Maastricht und die bevorstehenden Erweiterungsrunden das notwendige Maß an Einheit in der Vielfalt in Frage, das sich daran bemißt, ob die zusätzlich geschaffene Handlungsebene oberhalb des Nationalstaates tatsächlich mit ausreichenden Steuerungs- und Entscheidungskapazitäten ausgestattet ist, um das funktional notwendige Maß an gemeinsamer Problembewältigung tatsächlich leisten zu können. Die Entwicklung der Europäischen Union muß gerade insofern dem Leitbild des integrativen Föderalismus verhaftet bleiben, als sich die Grenzen ihrer Handlungsbefugnisse künftig nicht mehr primär entlang der Beteiligungsansprüche, Souveränitätsvorbehalte und Verhandlungskompromisse der Mitgliedstaaten bemessen lassen dürfen, sondern ihre Kompetenzordnung und das ihrem Institutionengefüge zugestandene Maß an Handlungsautonomie stärker auf das Kriterium des effektiv vorhandenen supranationalen Problemlösungsbedarfes abzustellen sind.

Gleichzeitig gestaltet sich für die Europäische Union aber die Herausforderung schwieriger als für Staaten mit einer föderalen Verfassungsordnung, in ihren Kompetenzstrukturen und Entscheidungsverfahren dem devolutiv-föderalen Gebot größtmöglicher Vielfalt in der Einheit gerecht zu werden. Gerade weil in der Europäischen Union, im Gegensatz zu bundesstaatlichen Modellen, Kompetenzansprüche des Gesamtverbandes mit den auf mitgliedstaatlicher Ebene verankerten Ansprüchen auf Wahrung der nationalstaatlichen Souveränität und auf Anerkennung der alleinigen Verkörperung des demokratischen Prinzips der Volkssouveränität durch die mitgliedstaatlichen Bevölkerungen bzw. die nationalen Parlamente kollidiert, wohnt ihr von vornherein ein weit größeres zentrifugales Potential inne. Deshalb erschien lange Zeit eine Beschränkung der europäischen Handlungsbefugnisse auf eher technische Materien der »low politics« ebenso angemessen, wie die aufgabenbezogenen bzw. funktionalen Kompetenzumschreibungen des Vertragswerkes, das den europäischen Institu-

---

178 Vgl. Weidenfeld, Werner: Europa sucht nach seiner neuen Ordnung. Chancen und Risiken der erweiterten Europäischen Union, in: FAZ v. 11. November 1996, der als derart »elementare Leistungen politischer Systeme« außerdem die Gewährleistung der Freiheit und Freizügigkeit ihrer Bürger sowie die zuverlässige Aufrechterhaltung einer gemeinsamen Rechtsordnung nennt. Wiewohl auch hier noch gravierende Befugnislücken der Europäischen Union bestehen, verfügt die Europäische Union auf diesen Gebieten doch bereits in vielen Bereichen über die vorrangige Zuständigkeit.

179 Vgl. Pinder, a. a. O., S. 163.

tionen den notwendigen Tätigkeitsspielraum verschaffte, um ein bestandsgefährdendes Überhandnehmen der Interessen- und Leistungsunterschiede zwischen den Mitgliedstaaten zu verhindern.[180] In Kombination mit der souveränitätsschonenden, konsensorientierten Entscheidungslogik zwischen den Mitgliedstaaten hat diese Orientierung dazu geführt, daß der mangelnden »Supranationalisierung« im Bereich der »high politics« eine stetige Zentralisierung anderer Aufgabenbereiche gegenübersteht.

Aus all diesen Gründen erweist sich also das Spannungsverhältnis zwischen Einheit und Vielfalt in der Europäischen Union als wesentlich ausgeprägter als dies im Rahmen föderalstaatlicher Verfassungsordnungen möglich wäre. Es verschärft sich aber zum einen in dem Maße weiter, wie für effiziente politische Steuerung auf europäischer Ebene die Möglichkeit zu (qualifizierten) Mehrheitsentscheidungen in einer stetig wachsenden Zahl an Politikfeldern nötig wird. Die Ausdehnung dieser Abstimmungsregel bedeutet zugleich eine Schwächung des mittelbaren Legitimationszusammenhanges, der aus der gleichberechtigten Beteiligung und Möglichkeit zur entscheidungswirksamen Geltendmachung nationalstaatlicher (Volks-)Souveränitätsvorbehalte aller Mitgliedstaaten resultiert. Zum anderen erschwert aber der Umstand die Herstellung eines Zustandes föderaler Balance, daß die wachsende Zahl europäischer Handlungsbefugnisse einen schwerwiegenden Eingriff in die verfassungsrechtlichen Staatsorganisationsmuster einzelner föderativer oder regionalisierter Mitgliedstaaten bedeutet. Supranationales Handeln hat in immer stärkerem Maße die autonomen Rechtsetzungsbefugnisse von Ländern, Regionen oder Autonomen Gemeinschaften erfaßt, wie sie bislang vor allem in Spanien, Italien, Belgien, Österreich und Deutschland zu finden sind. Das gebotene Maß an föderaler Vielfalt leitet sich in der Europäischen Union deshalb nicht nur aus dem Verhältnis zwischen Mitgliedstaaten und europäischer Ebene ab, sondern betrifft zusätzlich die Politik der dritten Ebene.

Aus diesen Überlegungen sowie den vorangehenden Ausführungen über die Defizite, die aus der derzeitigen Ausgestaltung des Subsidiaritätsprinzips als Kompetenzausübungsregel und den aufgabenbezogenen Kompetenzumschreibungen im europäischen Vertragswerk resultieren, lassen sich verschiedene Grundforderungen für eine föderale Neugestaltung der europäischen Kompetenzordnung ableiten. Zum einen verbietet die starke Verwurzelung des Prinzips demokratischer Legitimation im Verfahren bei den nationalen Parlamenten[181] ebenso wie die angemessene Berücksichtigung nationalstaatlicher Souveränitätsvorbehalte und mitgliedstaatlicher bzw. subnationaler Autonomieansprüche vertragliche Muster der Kompetenzverteilung, die

---

180   Vgl. Wallace, William; Smith, Julie: Democracy or Technocracy? European Integration and the Problem of Popular Consent, in: West European Politics 3 (1995), S. 137-157; Bach, Maurizio: Vom Zweckverband zum technokratischen Regime: Politische Legitimation und institutionelle Verselbständigung in der Europäischen Gemeinschaft, in: Winkler, Heinrich August; Kaelble, Hartmut (Hrsg.): Nationalismus – Nationalitäten – Supranationalität, Stuttgart 1993, S. 288-308.

181   Hier wird im Sinne des Maastricht-Urteils des Bundesverfassungsgerichtes argumentiert, in dessen erstem Leitsatz die Auffassung vertreten wird, daß das Demokratieprinzip nicht seines substantiellen Mindestgehaltes beraubt werden darf, indem »die durch die Wahl [des Bundestages] bewirkte Legitimation und Einflußnahme auf die Ausübung von Staatsgewalt durch die Verlagerung von Aufgaben und Befugnissen des Bundestages« weitestgehend »entleert« wird. (vgl. BVerfGE 89, 155, 155).

unkontrollierte Zentralisierungstendenzen auf europäischer Ebene begünstigen. Damit ist die Frage nach einem neuen subsidiaritätsgerechten Ordnungsmodell für die vertragliche Festschreibung von Kompetenzbeständen angesprochen.

Zum zweiten sollte sichergestellt sein, daß ein ausreichendes Maß an Entwicklungsoffenheit europäischer Handlungsbefugnisse gewahrt bleibt, um Zuständigkeitsübertragungen an die supranationale Ebene in all jenen Fällen zu erlauben, in denen effektives politisches Handeln die Leistungskapazitäten des einzelnen Mitgliedstaates überfordert und ein hinreichendes Maß an öffentlicher Akzeptanz für europäisches Tätigwerden vorliegt. Damit ist zum einen der Bedarf an einem flexibleren Verfahren der Kompetenzübertragung angesprochen. Vor allem aber resultiert daraus das Erfordernis, nachvollziehbare Kriterien für die Bestimmung und Abgrenzung jener Sachgegenstände zu entwickeln, für die europäische Handlungsbefugnisse sich als funktionale Notwendigkeit erweisen und für die eine supranationale Aufgabenwahrnehmung auf ausreichende Zustimmung bei den Unionsbürgern stößt. Letztendlich bedarf mithin das Subsidiaritätsprinzip in seiner neuen Rolle als Kompetenzzuweisungsregel in einem föderal organisierten Europa einer weiterreichenden Operationalisierung als dies gegenwärtig der Fall ist. Diese Operationalisierung des Prinzips in Gestalt eines Rasters verschiedener Prüfkriterien bildet die Voraussetzung und Grundlage für die Bestimmung europäischer Zuständigkeiten innerhalb des neuen Kompetenzordnungsmodells.

1.1   Ein dualer Kompetenzkatalog als Ordnungsmodell

Zunächst soll aber der Frage eines subsidiaritätsgerechten Ordnungsmodells für die Kompetenzverteilung in der Europäischen Union nachgegangen werden, dem ein möglichst geringes Potential an eigenständiger Zentralisierungsdynamik innewohnt. Eine erste wesentliche Forderung, die sich fast zwingend aus den bisherigen Ausführungen ergibt, lautet, daß grundsätzlich eine Abkehr von den aufgabenbezogenen Kompetenzumschreibungen hin zu sachgebietsbezogenen Zuständigkeitsabgrenzungen vollzogen werden muß und somit der Übergang zu dem Ordnungsgefüge eines Kompetenzkataloges geboten erscheint, das grundsätzlich wesensbestimmendes Merkmal aller föderalen Verfassungsordnungen ist. Diese Forderung beruht weder auf der Absicht noch auf dem naiven Glauben, mit einer trennschärferen primärrechtlichen Kompetenzabgrenzung könne ein bestimmtes Muster vertikaler Gewaltenteilung zwischen nationaler und europäischer Handlungsebene endgültig festgeschrieben werden, in deren säuberlich zugeschnittenen Rahmen die beiden Ebenen – ein für allemal geschützt vor jeder Zuständigkeitsüberlappung, der Dynamik des Integrationsprozesses gänzlich enthoben und frei von allen Handlungszwängen – in völliger Harmonie ihr Vorgehen von Fall zu Fall miteinander abstimmen.[182]

---

182   Walsh und Fletcher kritisieren bereits die vertragliche Verankerung des Subsidiaritätsprinzips in Maastricht als Ausdruck eines solchen grundsätzlichen Fehlverständnisses der Funktionslogik des europäischen Mehrebenensystems. Wie auch moderne bundesstaatliche Systeme sei die Europäische Union viel zu stark durch kooperative (im Unterschied zur reinen Koordination) und politikverflochtene Strukturen gekennzeichnet, als daß das Subsidiaritätsprinzip als Manifestation dieses überkommenen Systemverständnisses Wesentliches für eine Richtungskorrektur des

Entsprechende Erwartungen an die Auswirkungen einer Neuordnung europäischer Kompetenzbestände gingen schon deshalb fehl, weil sie weder mit den Entwicklungsbedingungen noch der durch die Mitgliedstaaten vereinbarten spezifischen Ausgestaltung des europäischen Institutionengefüges in Einklang zu bringen wären. Die permanente Fortentwicklung europäischer Eingriffsbefugnisse in die Sphäre nationaler Hoheitsrechte ist zunächst einmal das Ergebnis einer abnehmenden Steuerungsfähigkeit des nationalen Wohlfahrtsstaates vor dem Hintergrund einer zunehmenden Internationalisierung bzw. Globalisierung ökonomischer und politischer Handlungszusammenhänge, die vor allem durch die Fortschritte im Verkehrswesen, der Kommunikations- und Informationstechnologie forciert werden und gerade für die Mitgliedstaaten der Europäischen Union durch den Binnenmarkt besondere Schubkraft entfaltet haben. Anders formuliert steht der moderne Nationalstaat generell vor einem »Ebenendilemma«,[183] weil seine Fähigkeit zur politischen Steuerung bzw. »governance«[184] abnimmt. Speziell die Mitgliedstaaten der Europäischen Union lösen dieses Dilemma der wachsenden Interdependenz, indem sie kontinuierlich Hoheitsbefugnisse auf die supranationale Ebene und ihre Institutionen übertragen. Diese Lösung ist Ausdruck ihres gleichzeitig auftretenden »Entscheidungsdilemmas«, daß eine Zusammenarbeit über rein völkerrechtliche Kooperationsvereinbarungen mit erheblichen Risiken hoher Ineffizienz, des »Trittbrett-Fahrer«-Verhaltens anderer Staaten und einer einseitigen Verteilung der Vorteile gemeinsamen Handelns verbunden wäre.[185] Um diese Risiken zu umgehen, haben sie sich bei Ausgestaltung des europäischen Entscheidungsgefüges nicht auf rein intergouvernementale Formen der Zusammenarbeit geeinigt, sondern institutionelle Strukturen geschaffen, die auf relativ eigenständiges Handeln im Zeichen der gemeinschaftlichen Interessen angelegt sind. Am deutlichsten erkennbar wird dieses Grundkonzept in der Stellung der Europäischen Kommission mit ihrem – nach wie vor umfasssenden – Initiativmonopol als »Hüter des Gemeinschaftsinteresses« oder auch in der alleinigen Tatsache, daß die Mitglied-

---

bisherigen Integrationsverlaufes leisten könnte. Vgl Walsh, Cliff; Fletcher, Christine: The Principle of Subsidiarity: Perspectives drawn from Australia's Federal Experiences, in: Fleiner, Thomas; Schmitt, Nicolas (eds.): Vers un Constitution européenne. L'Europe et les expériences fédérales/Towards a European Constitution. Europe and Federal Experiences, Fribourg: Institut du Fédéralisme, 1996, S. 273-303 (S. 274).

183 Vgl. Wessels: Fusionsthese, a. a. O., S. 42 f.

184 Dem Begriff der »governance« liegt ein funktionales Verständnis des Staates zugrunde, welches auf die Steuerungsfähigkeit abstellt, mit der er spezifische Wohlfahrts- und Schutzfunktionen für die Gesellschaft erfüllt. Zürn stellt diesem Begriff eine ressourcenorientierte Auffassung gegenüber, die den Staat eher im Sinne Max Webers über seine spezifischen Ressourcen, »wie das Monopol der legitimen Verfügung über die Mittel der Gewaltausübung, das Monopol der legitimen Abgabenerhebung sowie das Monopol der legitimen Kompetenzzuweisung« definiert. Diese Charakterisierung des Staats über seine »Durchsetzungsmittel« umschreibt er mit »government«. Vgl. Zürn, Michael: Über den Staat und die Demokratie im europäischen Mehrebenensystem, in: PVS 1 (1996), S. 27-55 (S. 29 f.).

185 Vgl. Wessels: Fusionsthese, a. a. O., S. 43-45. Wessels entwickelt seine sogenannte »Fusionsthese«, die an dieses doppelte Entscheidungsdilemma anknüpft und ihn zur Kennzeichnung der Europäischen Union als »fusionierten Föderalstaat« bewegt, weiter in: Wessels, Wolfgang: An Ever Closer Fusion? A Dynamic Macropolitical View on Integration Processes, in: Journal of Common Market Studies 2 (1997), S. 267-299.

staaten bereit waren, eine extrem integrationsfreundliche Rechtsprechung des Europäischen Gerichtshofes anzuerkennen, die z. B. ohne entsprechende vertragliche Basis erst nachträglich den Vorrang und die unmittelbare Anwendbarkeit des europäischen Rechtes begründet hat.[186]

Die Mitgliedstaaten haben die grundsätzliche Wahl einer »supranationalen« Ausgestaltung des europäischen Institutionengefüges getroffen, die sich nicht ausschließlich durch die Möglichkeit zu Mehrheitsabstimmungen im Rat von rein zwischenstaatlichen Formen der Zusammenarbeit auf der Grundlage des Völkerrechtes unterscheidet,[187] sondern zudem durch Merkmale wie die unmittelbare Bindungswirkung von Beschlüssen ohne mitgliedstaatliche Durchführungsmaßnahmen, die obligatorische Gerichtsbarkeit oder die Verfügbarkeit finanzieller Eigenmittel statt mitgliedstaatlicher Beiträge.[188] Gerade durch diese auf effektivere gemeinsame Problembewältigung abzielenden, supranationalen Systemmerkmale eröffnen sich der Unionsebene autonome Handlungsspielräume, die die strukturelle Nähe des europäischen Mehrebenensystems zu föderativen Verfassungsordnungen begründen und denen demgemäß ein stärker vertikales Beziehungselement innewohnt als den primär horizontalen, tendenziell auf die Gleichbehandlung aller Staaten als Völkerrechtssubjekte angelegten Kooperationsformen rein zwischenstaatlicher Natur. Der eigentliche Sinn und Zweck des gewählten supranationalen Integrationsmodells besteht geradezu darin, den Absolutheitsanspruch nationalstaatlicher Souveränitäts- und Kompetenzvorbehalte zugunsten des funktionalen Bedarfes an gemeinsamem Vorgehen zurückzustellen und durch die Erzeugung eines institutionellen Gegengewichtes auf europäischer Ebene eine dynamische Anpassung der europäischen Handlungsbefugnisse an neue politische Herausforderungen zu gewährleisten, die die Steuerungskapazitäten der Mitgliedstaaten überfordern.

Unter diesem Gesichtspunkt wäre es widersinnig und kontraproduktiv, sollte mit einer trennschärferen Kompetenzordnung das Ziel verfolgt werden, endgültig die verschiedenen Sphären politischen Handelns festzuschreiben. In letzter Konsequenz würde ein solcher Ansatz implizieren, daß supranationale Entscheidungsstrukturen an sich obsolet sind, weil die freiwillige Bereitschaft der Mitgliedstaaten, ihr Vorgehen zu koordinieren, völlig ausreichen würde, um den notwendigen Umfang an gemeinsamem Vorgehen sicherzustellen. Würde eine völlige Harmonie der Interessenlagen zwischen den Mitgliedstaaten bestehen – wogegen ja bereits das von ihnen vereinbarte Institutionenmodell spricht –, so wäre nicht nur die Frage nach einer föderal ausgewogenen

---

186 In der Rechtssache Costa/E.N.E.L. (EuGH Slg. 1964, S. 1251 ff.) begründete der Europäische Gerichtshof 1964 den Vorrang des Gemeinschaftsrechtes. In der Rechtssache van Gend/Loos stellte der EuGH fest, daß die Europäische Gemeinschaft eine »neue Rechtsordnung des Völkerrechts« darstelle, »deren Rechtssubjekte nicht nur die Mitgliedstaaten, sondern auch die Einzelnen sind«, denen das Gemeinschaftsrecht sowohl Pflichten auferlegt als auch Rechte verleiht. Aufbauend auf dieser Rechtsprechung von 1962 (EuGH Slg. 26/62, S. 1 ff.) hat der EuGH einer Vielzahl von Bestimmungen des Primärrechtes unmittelbare Wirkung gegenüber Privaten zuerkannt.

187 Vgl. vertiefend Witte, Bruno de: Rules of Change in International Law: How Special is the European Community?, in: Netherlands Yearbook of International Law 25 (1994), S. 307 ff.

188 Vgl. zu den kennzeichnenden Elementen supranationaler Entscheidungsfindung Falkner, Gerda: Supranationalität trotz Einstimmigkeit. Entscheidungsmuster der EU am Beispiel Sozialpolitik, Bonn 1994, S. 73, Anm. 187.

Kompetenzverteilung, sondern die Europäische Union an sich hinfällig und eine generelle Beschränkung auf multilaterale Kooperationsformen des Völkerrechtes völlig ausreichend, um anstehende gemeinsame Probleme wirksam zu bewältigen.

Der Forderung nach einer trennschärferen vertraglichen Zuständigkeitsverteilung kann demnach nicht die Absicht zugrunde liegen, abschließend die Handlungsbefugnisse zwischen den verschiedenen Ebenen der Europäischen Union festzuschreiben und damit das Spannungsverhältnis, das sich aus ihrer – jeweils mehr oder minder ausgeprägten – Fähigkeit zu autonomer politischer Steuerung ergibt, zu beseitigen. Im Gegenteil kann es sich mit Blick auf die bevorstehenden Erweiterungen, die die allmähliche Verwirklichung der Politischen Union und das wachsende Maß der grenzüberschreitenden Interdependenz von Problemkontexten unter dem Gesichtspunkt effektiven politischen Handelns durchaus als erforderlich herausstellen, den autonomen Handlungsspielraum der supranationalen Ebene selbst in Aufgabenfeldern weiter zu stärken, die bislang zum Kernbestand nationaler Souveränität zählen.

Wie überdies die Erfahrung aus der Verfassungswirklichkeit moderner Bundesstaaten und der dort fast durchgängig festzustellenden Entwicklung hin zu kooperativen, politikverflochtenen Strukturen mit ihrer tendenziell die zentrale Ebene begünstigenden Wirkung lehrt,[189] wird ein sachgebietsbezogener Kompetenzkatalog auch dem Anspruch nur begrenzt genügen, künftig vertragsrechtlich nicht explizit vorgesehene Übergriffe der europäischen Ebene in die Kompetenzsubstanz der Mitgliedstaaten auszuschließen. Auch eine Neugestaltung der vertraglichen Kompetenzordnung wird die Europäische Union nicht völlig gegen den allgemeinen Trend einer kooperativföderalen Dynamisierung und Verwischung von Zuständigkeitsgrenzen im politischen Prozeß immunisieren können, die einen Großteil bundesstaatlicher Verfassungsordnungen trotz ihrer trennschärferen Zuständigkeitsregelungen prägt.[190]

Was ein vertraglicher Kompetenzkatalog aber leisten kann, ist zunächst einmal die Korrektur der zusätzlichen Intransparenz und Zentralisierungsdynamik, die aus der entwicklungsoffenen Anlage mit ihren funktionalen Aufgabenzuweisungen als spezifisches Merkmal des europäischen Vertragswerkes resultieren, das in bundesstaatlichen Verfassungen ohne Vorbild bleibt.[191] Überdies unterscheiden sich föderale Kompetenzordnungsmodelle – in Abhängigkeit von dem Grad an Heterogenität ihrer territorialen Glieder – hinsichtlich ihrer Eignung zur effizienten Entscheidungsfindung, hinreichend legitimierten Aufgabenwahrnehmung und internen Konfliktbewältigung ebenso wie hinsichtlich ihres Zentralisierungspotentials. Für die sehr heterogene Mit-

---

189   Vgl. Kommers, Donald P.: Federalism and European Integration: A Commentary, in: Cappelletti, Mauro; Seccombe, Monica; Weiler, Joseph (eds.): Integration Through Law. Europe and the American Federal Experience, Vol. 1, Book 1, Berlin/New York 1986, S. 603-515 (S. 615).

190   Vgl. Schuppert, Gunnar Folke: On the Evolution of a European State: Reflections on the Conditions of and the Prospects for a European Constitution, in: Hesse, Joachim Jens; Johnson, Nevil: Constitutional Policy and Change in Europe, Oxford 1995, S. 329-368. Schuppert weist darauf hin, daß gerade die aktuellere Föderalismusforschung bundesstaatliche Ordnungen als dynamische Systeme interpretiert, die sich in dem ständigen Prozeß der Gleichgewichtssuche zwischen verschiedenen Entscheidungsebenen von den verfassungsrechtlich fixierten Kompetenzstrukturen lösen und dem Typus des kooperativen Föderalismus annähern. Gerade in dieser dynamischen Suche nach Gleichgewicht sieht er aber die zentrale Übereinstimmung mit dem europäischen Mehrebenensystem, die ihre Vergleichbarkeit mit föderalen Systemen begründe. (S. 330-331).

191   Vgl. Schneider, a. a. O.; Schuppert, a. a. O., S. 331.

gliedschaft der Europäischen Union gilt, daß die funktionale Aufgabenverteilung zwischen Rechtsetzungsbefugnissen der zentralen Ebene und Vollzugskompetenzen der Glieder, wie sie aus dem Verbundföderalismus der Bundesrepublik Deutschland bekannt ist und sich im europäischen Vertragswerk wiederfindet, aushandlungsbedingte Reformstaus in der Entscheidungsfindung begünstigt. Sie erschwert außerdem die klare Zurechenbarkeit politischer Verantwortung erheblich[192] und entfaltet zugleich eine stark unitarisierende Wirkung.[193] Das aus dieser Beobachtung resultierende Gebot, die »substanzföderalistische« Komponente der vertraglichen Kompetenzordnung durch eine deutlichere Eingrenzung europäischer Rechtsetzungsbefugnisse zu stärken, erhält zusätzlichen Nachdruck, wenn die Mechanismen genauer betrachtet werden, die in zahlreichen bundesstaatlichen Systemen die Gleichzeitigkeit einer stärkeren Ausprägung des kooperativen Föderalismus und von Zentralisierungstendenzen begünstigt haben. Entscheidendes Mittel für die Bundesebene, gestalterisch wachsenden Einfluß auf die Politik der Einzelstaaten zu nehmen, ist im nationalen Raum – ob die Verfassung nun explizit Möglichkeiten der gemeinsamen Aufgabenwahrnehmung vorsieht oder nicht – regelmäßig der Einsatz von gebundenen Finanzmitteln.[194] Demgegenüber sind die Haushaltmittel der Europäischen Union zu beschränkt, als daß – wird von der Agrar- und Strukturpolitik einmal abgesehen – diesem Instrument supranationaler Einflußnahme auf die Gestaltung mitgliedstaatlicher Politiken ein zentraler Stellenwert zukommen könnte. Da die Kosten europarechtlicher Regulierung hingegen weitgehend von den zur Umsetzung verpflichteten Mitgliedstaaten bzw. ihren subnationalen Gliederungen getragen werden müssen, besteht eine starke Versuchung für die europäische Ebene – vor allem für die Kommission im Rahmen ihrer Initiativtätigkeit –, das Steuerungsinstrument des Rechtes und damit die vertraglichen Befugnisnormen extensiv zu nutzen, um ihren Einfluß geltend zu machen.[195] Auch die darin angelegte Zentralisierungsdynamik spricht für eine Abkehr von den aufgabenbezogenen Rechtsetzungsbefugnissen des Unionsvertrages und eine materielle Auflistung der Zuständigkeiten in Katalogform.

Somit dürfte deutlich geworden sein, weshalb eine sachgebietsbezogene Neuordnung der vertraglichen Befugnisnormen im Zentrum des Bemühens um eine föderale Balance im Mehrebenensystem der Europäischen Union stehen muß. Noch nicht geklärt ist jedoch, welchem konkreten Ordnungsmodell die sachgegenständliche Auflistung der vertraglichen Kompetenzbestände folgen soll. Schon die betrachteten bun-

---

192 Vgl. v. a. Scharpf: Politikverflechtungsfalle, a. a. O.

193 Abromeit sieht sich angesichts der Parallelen zwischen der Zuständigkeitsordnung des deutschen Politikverflechtungsmodelles und der Kompetenzverteilung im europäischen Mehrebenensystem und des auf dieser Grundlage erreichten Umfanges an europäischen Handlungsbefugnissen seit Maastricht sogar veranlaßt zu konstatieren, daß sich die Europäische Union in ihren Kompetenzbeständen bereits »auf dem Weg zum dezentralen Einheitsstaat« befinde. Vgl. Abromeit, Heidrun: Föderalismus: Modelle für Europa, in: Österreichische Zeitschrift für Politikwissenschaft 2 (1993), S. 207-220 (S. 215).

194 Vgl. z. B. Sturm, Roland: Strategien intergouvernementalen Handelns. Zu neueren Tendenzen des Föderalismus in Deutschland und in den USA (EZFF-Occasional Papers Nr. 11), Tübingen 1996.

195 Vgl. zu dem Zusammenhang zwischen der geringen Finanzausstattung und dem dadurch mitbedingten zentralen Stellenwert regulativer Politik für die Europäische Union: Majone, Giandomenico: The European Community between Social Policy and Social Regulation, in: Journal of Common Market Studies 31 (1993), S. 153-170.

desstaatlichen oder regionalisierten Systeme nationalstaatlicher Provenienz in Deutschland, Belgien, der Schweiz, Österreich, Spanien, den USA, Kanada, Italien und Frankreich bieten für die Beantwortung dieser Frage eine Vielzahl unterschiedlicher Varianten an.[196] Der Erkenntniswert einer vergleichenden Analyse dieser Systeme bleibt zwar gering, soll aus der Betrachtung spezifischer mehrstufig organisierter Staatsmodelle direkt auf die angemessenen Gegenstände europäischer Handlungsbefugnisse rückgeschlossen werden. Diese Einschränkung bezüglich des Nutzens einer komparativen Vorgehensweise gilt jedoch nicht, wenn das Hauptaugenmerk auf die Fragen gerichtet wird, welche Grundmuster in den verschiedenen verfassungsrechtlichen Abgrenzungsmethoden erkennbar werden und ob verallgemeinerungsfähige Aussagen über diese Grundmuster bezüglich ihres Zentralisierungspotentials und ihrer »Durchschlagskraft« in der Verfassungswirklichkeit möglich sind. Sicherlich kann eine generelle Tendenz in föderal organisierten Regierungssystemen zur Politikverflechtung und zum kooperativen Föderalismus nicht geleugnet werden und somit auch durch eine Änderung des vertraglichen Kompetenzordnungsmodells in der Europäischen Union keine völlige Transparenz bezüglich der jeweils verantwortlichen Ebene für politisches Handeln erreicht werden. Aber immerhin differieren die unterschiedlichen verfassungsrechtlichen Ordnungskonzeptionen doch erheblich bezüglich ihrer Aussagekraft über die tatsächlichen Handlungsspielräume von Gesamtverband und Gliedern und unterscheiden sich somit auch in ihrer Eignung als Richtgrößen für eine Reform der europäischen Kompetenzordnung. Schlüsselbedeutung hat unter diesem Blickwinkel die Beobachtung: »That the tension between enumerated powers and residual powers is common to both integrative and devolutionary systems of federalism... The government holding the enumerated powers has a natural tendency to increase its authority, whether it is the central authority (integrative federalism) or the component entity´s government (devolutionary federalism)... The government retaining the residuary power is more likely to be threatened...«[197]

Die Annahme der Verfassungsgeber in föderalen Systemen, daß Kompetenzkataloge, die einseitig die Kompetenzen der Bundesebene auflisten, während sie auf der anderen Seite die Zuständigkeitsvermutung oder die Residualkompetenzen pauschal den Gliedstaaten überlassen, die nachgeordnete Ebene begünstigen würden, steht – mit Ausnahme der Schweiz – in krassem Widerspruch zu der Verfassungswirklichkeit der meisten nach diesem Muster organisierten föderativen Systeme.[198] Begründet liegt die zentralisierende Wirkung einer einseitigen Enumeration der Bundeszuständigkeiten darin, daß »auch der schwächste argumentative Bezug zu einer enumerierten Kompe-

---

196 Vgl. ausführlich Canu/Fischer/Mühlbacher, a. a. O., sowie den internationalen Überblick von: Saunders, Cheryl: The Constitutional Arrangements of Federal Systems: A Sceptical View from the Outside, in: Hesse/Wright (eds.): Federalizing Europe, a. a. O., S. 46-69.

197 Lenaerts, Koen: Constitutionalism and the Many Faces of Federalism, in: American Journal of Comparative Law 2 (1990), S. 205-263 (S. 252-253).

198 Scharpf sieht in diesem »völlig unangefochtenen Selbstverständnis...einer eindeutigen Begünstigung der unteren staatlichen Ebene« durch die Ansiedlung einer pauschalen Zuständigkeitsvermutung bei den Gliedern fast überall als »die Lebenslüge des Föderalismus«. Vgl. Scharpf, Stabile föderale Balance?, a. a. O., S. 124 f.

tenz des Zentralstaates die Berufung auf nicht näher spezifizierte Residualkompetenzen der Gliedstaaten leicht aus dem juristischen ... Felde schlägt.«[199]

Als wesentliche Ausnahme von dieser üblichen Kompetenzzuweisungsregel ist das Ordnungsmodell der kanadischen Verfassung zu nennen. Hier sind in einem doppelten Katalog – unter zusätzlicher Nennung weniger konkurrierender Zuständigkeiten – sowohl die Handlungsbefugnisse des Bundes als auch diejenigen der Provinzen als ausschließliche Kompetenzen benannt.[200] Dabei steht das kanadische Modell in struktureller Nähe zu der bis im Jahre 1937 in den USA vorherrschenden Verfassungsdoktrin des »Dual Federalism«, die allerdings mit der ausschließlichen verfassungsrechtlichen Enumeration der Bundeskompetenzen erheblich stärker auf die gerichtliche Gewährleistung der einzelstaatlichen »policy power« angewiesen war.[201] Sowohl die integrationsfreundliche Rechtsprechung des EuGH als auch die Tatsache, daß die bisherige einseitige Enumeration der Unionskompetenzen im Vertrag die allgemein zentralisierende Wirkung dieses Ordnungsmodells bestätigt hat, sprechen jedoch dafür, daß das kanadische Modell eines vertragsrechtlich verankerten doppelten bzw. dualen Zuständigkeitskataloges der US-Lösung bis zum »New Deal« vorzuziehen ist.

Der Einwand, daß die Verfassungsrealität Kanadas zwar nicht durch Zentralisierung, dafür aber durch ein Übermaß an devolutiven und separatistischen Tendenzen geprägt ist, reicht nicht aus, um die Vorteile eines derartigen dualen Zuständigkeitsmodells für die Vermeidung unkontrollierter »Zuständigkeitsabwanderungen« von der mitgliedstaatlichen auf die europäische Ebene zu entkräften. Zum einen soll das kanadische Modell nicht »maßstabsgetreu« auf die Europäische Union übertragen werden, wodurch vor allem das Problem einer verfassungsgerichtlich forcierten doppelten »Residualkompetenz« auf bundesstaatlicher und provinzieller Ebene vermieden werden kann. Zum zweiten ist vom Europäischen Gerichtshof kaum eine die Mitgliedstaaten einseitig begünstigende Rechtsprechung zu erwarten, wie sie die kanadische Verfassungswirklichkeit geprägt hat.[202] Und zum dritten sind die historischen Konfliktlinien vor allem zwischen dem kanadischen Bund und Quebec zu spezifisch und zu ausgeprägt, um daraus Rückschlüsse auf eine vergleichbar desintegrative Wirkung eines vertraglich fixierten dualen Kompetenzkataloges auf die europäische Verfassungsentwicklung rechtfertigen zu können.

In Übereinstimmung mit den aus dem Vergleich föderaler Kompetenzordnungsmodelle gewonnenen Einsichten über die grundsätzlichen Vorzüge, die mit der Aufnahme einer dualen Zuständigkeitsliste in den Europäischen Unionsvertrag verbunden wären, befindet sich eine weiter ausdifferenzierte Variante dieses Grundkonzeptes, die bereits 1994 von der Europäischen Strukturkommission mit Blick auf die Regierungskonfe-

---

199 Ebd., S. 125.
200 Vgl. ausführlich zur Darstellung und Kritik des kanadischen Ordnungsmodells: Leslie, Peter M.: Economic Union, Social Union, and Political Union: Reflections on the State of the Canadian Federal System. Skript in: Studiecentrum voor Federalisme vzw/Centre d'Etudes du Fédéralisme asbl, L'Apport des Sciences Politiques à l'Evolution de l'Union Européenne: Le Fédéralisme est-il l'Approche Adéquate? Connexions avec d'Autres Conceptions (Rapport), Séminaire 2: Pratique du Fédéralisme (10-12 novembre 1994).
201 Vgl. Scharpf, Stabile föderale Balance?, a. a. O., S. 125 f.
202 Vgl. Leslie, a. a. O.

renz zu Amsterdam vorgelegt worden war.[203] Die Systematik der Kompetenzzuordnung, die in diesem Reformvorschlag entwickelt wird, genügt sowohl der Forderung nach klaren und transparenten Zuständigkeitsabgrenzungen als auch der Bedingung einer gleichzeitigen Eindämmung der Zentralisierungsdynamik im europäischen Mehrebenensystem und soll deshalb als Ordnungsmodell eines föderalen Organisationskonzeptes für die Europäische Union übernommen werden.

Im einzelnen geht das Modell der Strukturkommission über die doppelte Auflistung exklusiver mitgliedstaatlicher und europäischer Zuständigkeiten hinaus, indem es zusätzlich die Unterscheidung zwischen Primär- und Partialkompetenzen sowohl der nationalen als auch der supranationaler Ebene einführt.[204] »Dabei geben Primärkompetenzen den Regelfall der Zuständigkeit für ein Politikfeld an, während die Partialkompetenzen jeweils die speziellen Ausnahmen von den entsprechenden Primärkompetenzen benennen... Die Kompetenzordnung des Unionsvertrages ist somit als duale Struktur zu begreifen, die im Grundsatz ein Verhältnis von Regel und Ausnahme beschreibt. In diesem Rahmen kann die primäre Zuständigkeit einer Ebene für einen Politikbereich lediglich durch enumerierte Teilzuständigkeiten (Partialkompetenzen) der anderen Ebene durchbrochen werden.«[205]

Die duale Systematik einer künftigen vertraglichen Kompetenzverteilung, die nicht nur enumerativ die Zuständigkeiten der nationalen und supranationalen Ebene benennt, sondern weiterhin zwischen Regel- und Ausnahmekompetenzen unterscheidet, hat zunächst den Vorzug, daß dadurch das hohe Maß an Verflechtung zwischen den Aufgaben beider Ebenen besonders anschaulich wird. Noch bedeutsamer erscheint aber, daß sich mit diesem Ordnungsmodell gleichzeitig der generelle Vorrang des Gemeinschaftsrechtes erübrigt.

Grundsätzlich ist zu der Beschränkung dieses dualen Modells für die europäische Kompetenzordnung auf die Regelung des Verhältnisses zwischen mitgliedstaatlicher und europäischer Ebene anzumerken, daß auch sie als subsidiaritätsgerecht bezeichnet werden muß. Kein Reformkonzept für die primärrechtliche Neuordnung der Zuständigkeitsverteilung kann soweit gehen, auch die Zuständigkeiten der subnationalen Ebene zu enumerieren oder auch nur eine allgemeine Kompetenzvermutung für die Regionen zu beinhalten. Ein derartiger dreistufiger Ansatz ist absolut unvereinbar mit den sehr heterogenen Regionalstrukturen in der Europäischen Union und würde zu-

---

203   Vgl. Europäische Strukturkommission, a. a. O., v. a. S. 25-33.

204   Die Überlegungen der Strukturkommission beschränken sich dabei noch auf den Versuch, den mit Maastricht erreichten Stand der Kompetenzverteilung aus den unübersichtlichen Befugnisnormen des Vertrages in das neue Strukturmodell aus mitgliedstaatlichen bzw. europäischen Partial- und Primärkompetenzen zu überführen und so transparent zu machen. (vgl. Europäische Strukturkommission, a. a. O., S. 24 f.). In der vorliegenden Studie wurde dieser Ansatz zunächst übernommen, indem die Matrixdarstellung der Zuständigkeitsverteilung auf den Stand des Amsterdamer Vertrages gebracht wurde. Dadurch soll zum einen die Systematik dieses Modelles anhand des aktuellen Integrationsstandes veranschaulicht werden. Zum anderen aber soll der Bestand jener Politikfelder benannt werden, die nach Amsterdam Gegenstand einer Überprüfung der europäischen Kompetenzbestände auf ihre Vereinbarkeit mit dem zu entwickelnden Kriterienraster für effektiven supranationalen Handlungsbedarf und ausreichende Akzeptanz in der Unionsbevölkerung sein müssen. Die Matrixdarstellung nach Primär- und Partialkompetenzen beider Ebenen, Stand Amsterdam, stellt Teil F dieser Studie dar.

205   Europäische Strukturkommission, a. a. O., S. 25 und S. 31.

nächst eine fast vollständige Homogenisierung regionaler Strukturen und Handlungsbefugnisse über das nationale Verfassungsrecht der Mitgliedstaaten der Europäischen Union voraussetzen. Selbst langfristig erscheint eine derartige Entwicklungsperspektive jedoch als ausgesprochen unrealistisch. Wird aber versucht, über primärrechtliche Vorgaben des Unionsvertrages autonome regionale Kompetenzbestände zu forcieren, was bislang nicht in der Entwicklung des mitgliedstaatlichen Verfassungsrechtes angelegt ist, so könnte dies nur als weitreichender Eingriff in die nationale Staatsorganisationshoheit aufgefaßt werden und würde einen äußerst gravierenden Verstoß gegen den Subsidiaritätsgedanken darstellen.[206]

Die Ausklammerung der subnationalen Ebene aus der expliziten Kompetenzordnung bedeutet indes nicht, daß die wachsende Rolle der Regionen als zusätzliche Akteure im europäischen Integrationsprozeß und die Bedeutung von Dezentralisierungs- und Regionalisierungsprozessen in vielen Mitgliedstaaten seit Mitte der siebziger Jahre bei der Entscheidung über die Kompetenzverteilung völlig unberücksichtigt bleiben dürfte. Vielmehr muß bei der Operationalisierung materieller Zuweisungsregeln, anhand derer entschieden wird, ob eine Zuständigkeitsübertragung an die supranationale Ebene zweckmäßig erscheint, auch die Frage Berücksichtigung finden, ob die jeweils zur Diskussion stehenden Handlungsbefugnisse typische Aufgabenfelder der regionalen Ebene[207] betreffen. Ist dies der Fall, so muß die Anwendung des entsprechenden Prüfkriteriums zu einem Ergebnis führen, das tendenziell gegen eine europäische und für den Erhalt einer mitgliedstaatlichen Zuständigkeit spricht. Dem Erhalt autonomer Handlungsbefugnisse der subnationalen Ebene nach innerstaatlichem Verfassungsrecht wird auf diese Weise bei der materiellen Prüfung der optimalen Handlungsebene in einem bestimmten Aufgabenbereich besonderes Gewicht eingeräumt.

Damit ist aber bereits das Problem angeschnitten, anhand welcher materiellen Prüfkriterien über die Zuweisung von Handlungsbefugnissen an die europäische oder nationale Ebene entschieden werden soll. Obwohl die Europäische Strukturkommission wichtige Vorarbeiten geleistet hat, bedarf gerade in diesem Punkt auch ihr Ordnungsmodell noch der weiteren Konkretisierung. Sie weist zwar darauf hin, daß die »Ausweitung der Kompetenzen ... keinem unmittelbar einleuchtenden Prinzip oder Gestaltungsmuster«[208] folgt. In ihrem Reformkonzept beläßt die Kommission es dann aber bei einem knappen Verweis auf zwei – wiederum recht abstrakte – Zuordnungsprinzipien: Die Begründungspflicht für die Übernahme einer Primärkompetenz solle generell bei der höheren Ebene liegen – dies bedeutet also bei der Europäischen Union. Für die Partialkompetenzen gelte für die Unionsebene ebenso wie für die Mit-

206 Vgl. Laufer/Fischer, a. a. O., S. 122.
207 Wie z. B. ein Vergleich der Gemeinschaftscharta der Regionalisierung des Europäischen Parlaments vom 19.12.1988 und der Entwürfe des Landes Nordrhein-Westfalen und des Baskenlandes zur Charta der Regionalisierung der Versammlung der Regionen Europas aus den Jahren 1995 und 1996 ergibt, können Aufgaben in folgenden Bereichen als typisch regionale Zuständigkeiten bezeichnet werden: Regionale Wirtschaftsförderung, Regionale Strukturpolitik, Raumordnung, Landwirtschaft und Fischerei, Infrastruktur in den Bereichen Telekommunikation und Verkehr, Fremdenverkehr, Sport und Freizeit, Kultur, Schul- und Bildungswesen (inkl. berufliche Aus- und Weiterbildung), Gesundheitswesen, (Städte-)Bau- und Wohnungspolitik, Universitäten und Forschung, Natur- und Umweltschutz, Abfall- und Abwässerbeseitigung, Polizei und öffentliche Sicherheit.
208 Europäische Strukturkommission, a. a. O., S. 31.

gliedstaaten, daß sie jeweils durch diejenige Ebene gerechtfertigt werden müsse, die diese Ausnahmebefugnisse in Anspruch nimmt.

Die Strukturkommission bezeichnet diese Beweislastregeln im Falle der Primärkompetenzen als »Föderalismusprinzip«, wiederum verstanden als »soviel Einheit wie nötig, soviel Vielfalt wie möglich«, und im Falle der Inanspruchnahme von Partialkompetenzen als »Subsidiaritätsprinzip«.[209] Eine weitere Präzisierung des »nötigen Maßes an Einheit« oder möglicher Gründe für die Einräumung von Partialkompetenzen als materielle Maßstäbe für die Bestimmung der jeweils geeigneteren Handlungsebene nimmt die Kommission jedoch noch nicht vor.

Genau an diesem Punkt setzten die folgenden Überlegungen an. Sie unterscheiden sich allerdings von dem Konzept der Strukturkommission insoweit, als die Differenzierung zwischen den Zuweisungsregeln für Primär- und Partialkompetenzen aufgegeben wird. An ihre Stelle tritt die Ausgangsannahme, daß ein Politikfeld zunächst in seiner Gesamtheit als Primärkompetenz der Mitgliedstaaten zu betrachten ist. Darauf aufbauend sollen geeignete und konkret anwendbare Prüffragen entwickelt werden, die sich an den Richtgrößen einer hinreichenden Effektivität sowie der öffentlichen Akzeptanz politischen Handelns auf den beiden Ebenen orientieren und in ihrer Ausrichtung einen einheitlichen Maßstab für die Beurteilung der Frage liefern, für welche Aufgabenfelder innerhalb des jeweiligen Politikbereiches die Einräumung europäischer Primär- bzw. Partialkompetenzen notwendig erscheint.

1.2 Ein Kriterienraster zur Überprüfung und Neuordnung der EU-Kompetenzen

1.2.1 Das Subsidiaritätsprinzip als Kompetenzverteilungsregel

Das Grundanliegen der Erstellung eines Rasters von Prüfkriterien für die Zuweisung von Primär- und Partialkompetenzen an die europäische Unionsebene beruht auf einem Subsidiaritätsverständnis, das in doppelter Hinsicht von dem gegenwärtig vertraglich vorgesehenen Prinzip abweicht. Zum einen soll gewissermaßen eine methodologische Annäherung an die Ordnungslogik föderalstaatlicher Modelle erfolgen. Dazu wird das Subsidiaritätsprinzip nicht als Regel übernommen, die erst bei der Ausübung bereits vertraglich vorgegebener Befugnisnormen greift, sondern vielmehr bereits bei der vorangehenden Entscheidung über die Einräumung vertraglicher Zuständigkeiten Anwendung findet. Auch hier gilt: »Das Subsidiaritätsprinzip müßte ... eigentlich im Vorfeld der verfassungsgesetzlichen Kompetenzverteilung operieren. Wenn eine solche Kompetenzverteilung auf staatlicher Ebene etwa vorsieht, daß der Bund eine Aufgabe wahrzunehmen habe, die die Länder allein bewältigen könnten, so ist diese Kompetenzverteilung unter dem Gesichtspunkt der Subsidiarität mißglückt.«[210]

Terminologisch erscheint es dennoch zweckmäßig, an dem Oberbegriff des »Subsidiaritätsgrundsatzes« für die Charakterisierung der Zuordnungsregel festzuhalten, die künftig den Ausschlag für die Begründung europäischer Handlungsermächtigun-

209   Vgl. ebd., S. 32.
210   Schima, a. a. O., S. 13.

gen geben soll, schon weil diese Formulierung für die Umschreibung des »(vertikalen) Kompetenzverteilungsprinzips« in föderalen Verfassungsordnungen durchaus üblich ist.[211] Überdies bietet sich der Beibehalt des Begriffes »Subsidiaritätsprinzip« zur Charakterisierung der strukturellen Anforderungen an eine Neuordnung der vertraglichen Kompetenzbestände schon deshalb an, weil auch für die folgende Operationalisierung der Voraussetzungen, die erfüllt sein müssen, um die vertragliche Einräumung von europäischen Handlungsbefugnissen zu rechtfertigen, an der grundlegenden Unterscheidung zwischen »Erforderlichkeits-« und »Besser-Bedingung« festgehalten wird.

Allerdings – und hier liegt die zweite entscheidende Abweichung von der bisherigen Konzeption des Subsidiaritätsprinzips – müssen beide Kriterien inhaltlich neu ausgerichtet und deutlicher voneinander abgegrenzt werden als dies bislang der Fall war, um bei Kompetenzübertragungen eine föderale Balance zwischen den Geboten effektiven politischen Handelns und der Schonung der Autonomie der Mitgliedstaaten bzw. je nach innerstaatlicher Verfassungslage auch ihrer subnationalen Glieder zu garantieren. Bislang verschwimmen die Grenzziehungen zwischen »nicht-ausreichender« mitgliedstaatlicher und »und daher besserer« europäischer Befähigung zur Verwirklichung von Vertragszielen. Die Ursachen dafür liegen nicht ausschließlich in ihrer unzureichenden inhaltlichen Konkretisierung oder in der kausalen Verknüpfung beider Kriterien mit der Formulierung »und daher« im Wortlaut von Art. 5 Abs. 2 EGV-A. Viel entscheidender ist die einseitige Ausrichtung beider Kriterien auf die Effektivität politischen Handelns, verstanden als Grad der Zielverwirklichung, der durch politische Maßnahmen auf mitgliedstaatlicher oder europäischer Ebene erzielt werden kann.

Die Überforderung der Leistungskapazitäten des einzelnen Mitgliedstaates für die Erfüllung einer bestimmten Aufgabe bei zugleich deutlich höherer Handlungseffektivität der Unionsebene bildet ohne Zweifel eine notwendige Voraussetzung für die Schaffung europäischer Primär- oder Partialkompetenzen. Jedoch kann das Vorliegen beider Aspekte keinesfalls als hinreichende Bedingung betrachtet werden. Allein die Tatsache, daß die erforderliche horizontale Reichweite wirksamer politischer Problemlösung über nationale Grenzen hinausweist oder das gemeinsame Vorgehen mehrerer Mitgliedstaaten größere Wirkung entfaltet bzw. einen geringeren Aufwand beim Einsatz von Steuerungsmitteln mit sich bringt, führt noch nicht zwingend zu dem Schluß, daß eine Handlungsermächtigung der Europäischen Union erforderlich ist. Wäre dem so, so hätte die bis 1996 geübte, »zentralistische« Praxis der Europäischen Kommission, die Subsidiaritätsprüfung von Legislativvorschlägen auf einen sogenannten »komparativen Effizienztest« und einen europäischen »Mehrwerttest« zu beschränken und damit allein auf die größere Wirksamkeit der Kompetenzausübung auf europäischer Ebene abzustellen, kaum einer Korrektur bedurft.[212]

---

211 Vgl. z. B. Hummer, Waldemar; Bohr, Sebastian: Die Rolle der Regionen im Europa der Zukunft. Subsidiarität – Föderalismus – Regionalismus in vergleichender Betrachtung, in: Eisenmann, Peter; Rill, Bernd (Hrsg.): Das Europa der Zukunft. Subsidiarität, Föderalismus, Regionalismus, Regensburg 1992, S. 65-101 (S. 76).

212 Vgl. zur ausführlichen Diskussion und Kritik der Anwendung des Subsidiaritätsprinzips durch die Kommission: Winter, Gerd: Stellungnahme zur Gemeinsamen Anhörung der Europaausschüsse des Deutschen Bundestages und des Bundesrats am 8. Mai 1996 zum Subsidiaritätsprinzip in der

Selbst nach dem Kurswechsel der Kommission – deren Dienststellen inzwischen angewiesen sind, ihren Subsidiaritätstest nicht nur auf das »Wirksamkeits«-Kriterium zu stützen, sondern es erst nach vorangehender Durchführung des »Erforderlichkeits«-Tests anzuwenden[213] – und nach der verbindlichen Festschreibung dieser kumulativen Prüfungsabfolge im Amsterdamer Vertragsprotokoll behält der primärrechtlich verankerte Subsidiaritätsgrundsatz aber eine zentralisierungsfreundliche »Schräglage«. Diese Feststellung basiert auf der Beobachtung, daß die bisherigen Bemühungen zu seiner inhaltlichen Präzisierung in erster Linie dem Problem gegolten haben, wann innerhalb einer grundsätzlich bereits bestehenden Unionszuständigkeit eine nicht ausreichende Handlungsfähigkeit der mitgliedstaatlichen Ebene vorliegt. Das Subsidiaritätsprotokoll benennt übereinstimmend mit dem auf dem Gipfel von Edinburgh im Dezember 1992 vereinbarten »Gesamtkonzept für die Anwendung des Subsidiaritätsprinzips und des Art. 3b des Vertrages über die Europäische Union durch den Rat« verschiedene Leitlinien zur Klärung dieser Frage. Konkret bemessen sich die Grenzen einzelstaatlicher Problemlösungsfähigkeit demnach an dem Vorliegen von transnationalen Aspekten, Verstößen gegen Vertragsanforderungen oder sonstigen erheblichen Beeinträchtigungen mitgliedstaatlicher Interessen durch alleinige mitgliedstaatliche Maßnahmen oder das Fehlen von Gemeinschaftsmaßnahmen. Der Versuch einer Operationalisierung der »Besser«-Klausel fällt wesentlich unbestimmter aus und beschränkt sich auf den knappen Hinweis, daß von einem Tätigwerden der Gemeinschaftsebene »deutliche Vorteile« zu erwarten sein müssen.[214] Diese Kombination aus einer Konkretisierung des »Erforderlichkeitsprinzips«, das auf die Notwendigkeiten vertragskonformen Verhaltens hinweist, und einer »Besser«-Klausel, die schlicht »deutliche Vorteile« supranationalen Handelns fordert, ist als Grundlage für eine autonomieschonende Ausgestaltung des Subsidiaritätsprinzips als Kompetenzzuweisungsregel kaum geeignet. Im Zweifelsfall werden immer die Unionsorgane den Vertragsanforderungen eher genügen und die Aufgabenerfüllung durch sie – gemessen an den Vertragszielen – auch »deutliche Vorteile« gegenüber mitgliedstaatlichen Maßnahmen aufweisen. Vor diesem Hintergrund dürfte auch von der Verpflichtung auf eine kumulative Prüfung der »Erforderlichkeits-« und »Wirksamkeitsbedingung« kaum ein autonomieschonender Effekt für nationale oder auch subnationale Handlungsbefugnisse ausgehen.

Europäischen Union, Skript vom 24. April 1996.

213 Vgl. zu dem Übergang der Kommission zu einem kumulativen Prüfungsschema unter Einbeziehung des »Erforderlichkeits«-Kriteriums seit 1996: Beschluß des Bundesrates zum Bericht der Kommission der Europäischen Gemeinschaften an den Europäischen Rat: »Eine bessere Rechtsetzung« 1996 – Bericht über die Anwendung des Grundsatzes der Subsidiarität und der Verhältnismäßigkeit sowie über Vereinfachung und Kodifikation, Bundesrats-Drs. 263/97 (Beschluß) (Grunddrucksache 978/96) v. 25.4.1997; Europäische Kommission: Vermerk an die Generaldirektionen und Leiter der Dienststellen betreffend: Subsidiaritätsprinzip und Grundsatz der Verhältnismäßigkeit (SEK (95) 1031 v. 15.6.1995); Prüfliste der Europäischen Kommission für Legislativvorschläge, 1996.

214 Vgl. Buchstabe 5 des Amsterdamer Subsidiaritätsprotokolls sowie zur Erläuterung der im wesentlichen gleichen Inhalte des Anwendungskonzeptes von Edinburgh: Jarass, Hans D.: EG-Kompetenzen und das Prinzip der Subsidiarität nach Schaffung der Europäischen Union, in: EuGRZ 9-10 (1994), S. 209-219 (S. 210-214).

Bei einer Neubestimmung der Funktion des Subsidiaritätsprinzips als Kompetenz-zuordnungsregel muß diese bisherige Prüfungssystematik allerdings ohnehin zwangs-läufig durchbrochen werden. Dies gilt vor allem für die bisherige Bedeutung der »Er-forderlichkeitsklausel«. Beschränkt sich das Prüfungsanliegen wie bislang auf die Benennung der geeigneten Ebene der Kompetenzausübung, so löst die Feststellung unzureichender Handlungskapazitäten des einzelnen Mitgliedstaates im Rahmen be-reits bestehender (konkurrierender) Unions- bzw. Gemeinschaftszuständigkeiten au-tomatisch eine Zuständigkeitsvermutung für die europäische Ebene aus. Die Feststel-lung der Überforderung der Leistungsfähigkeit nationaler (oder gegebenenfalls subnationaler) Zuständigkeiten verweist angesichts der vertraglich eingeräumten Handlungsbefugnisse zwingend auf die »Erforderlichkeit« europäischen Tätigwer-dens. Auf dieser Grundlage kann selbst eine stark ausdifferenzierte »Besser-Klausel« allenfalls ergänzend wirken und zusätzliche Voraussetzungen für die Kompetenzaus-übung auf europäischer Ebene benennen, ohne damit allerdings die bestehende pri-märrechtliche Zuständigkeitsordnung grundsätzlich zu hinterfragen.

Auch in dem vorliegenden Prüfkonzept für eine autonomieschonende und effektive Zuständigkeitsverteilung im europäischen Mehrebenensystem wird eine Erforderlich-keitsbedingung eingeführt, die auf die Grenzen der politischen Handlungseffektivität des einzelnen Mitgliedstaates verweist und deren Erfüllung notwendige Vorausset-zung für Kompetenzübertragungen an die Europäische Union ist. Der Begriff der Er-forderlichkeit zielt in diesem Zusammenhang jedoch nicht unmittelbar auf ein Unions-handeln ab, sondern ist erheblich weiter gefaßt als die derzeitige »Negativ-Klausel« des europäischen Vertragswerkes und soll mittels seiner Ausdifferenzierung in kon-krete Prüfkriterien zunächst einmal der Klärung der grundsätzlichen Frage dienen, in welchen Variationen unzureichende politische Leistungskapazitäten der Mitgliedstaa-ten auftreten können und insofern unter dem Gesichtspunkt größtmöglicher Effektivi-tät politischen Handelns ein generelles Erfordernis internationaler Kooperation be-gründen.

Ergibt sich auf dieser Testebene das Erfordernis zwischenstaatlicher Zusammenar-beit in einem Politikfeld bzw. einzelnen Aufgabenfeldern dieses Politikbereiches (Primär- und Partialkompetenzen), so setzt die Prüfung der Zweckmäßigkeit von Uni-onskompetenzen auf der zweiten Ebene der »Besser«-Bedingung an. Deren Kriterien sollen Anhaltspunkte dafür liefern, ob die mitgliedstaatliche Kooperation im suprana-tionalen Rahmen des Unionsgefüges anderen autonomieschonenderen bzw. souverä-nitätsfreundlicheren Formen rein völkerrechtlicher Zusammenarbeit und somit dem Erhalt mitgliedstaatlicher (bzw. regionaler) Zuständigkeiten vorzuziehen ist. Dies kann der Fall sein, weil die Unionsebene über überlegene Problemlösungskapazitäten in dem spezifischen Aufgabenfeld verfügt oder weil ohne die »Vergemeinschaftung« von Zuständigkeiten auf dem jeweiligen Gebiet eine effektive Verwirklichung von vertraglichen Kernzielen der europäischen Integration an sich in Frage gestellt würde.

Gerade über die konkrete Ausgestaltung der »Besser«-Bedingung auf der zweiten Prüfungsebene des Subsidiaritätsprinzips als Kompetenzverteilungsregel muß sicher-gestellt werden, daß bereits auf der Stufe der Begründung von europäischen Primär-oder Partialzuständigkeiten ein ausgewogenes Gleichgewicht zwischen der Hand-lungsfähigkeit der Unionsebene und der Souveränität der Mitgliedstaaten bzw. den nach innerstaatlichem Verfassungsrecht gewährten autonomen Handlungsspielräumen ihrer subnationalen Glieder gewährleistet ist. Dabei erlaubt das Bemühen um diesen föderalen Balancezustand nicht, sich ausschließlich auf die systemimmanente Betrachtung der jeweiligen Leistungsfähigkeit der nationalen und supranationalen Ebene zu beschränken. Auch unter dem Aspekt europäischer Handlungsfähigkeit kann es geboten sein, bewährten Formen rein völkerrechtlicher Kooperation zur gemeinsamen Problembewältigung den Vorzug zu geben und/oder nur eng abgegrenzte europäische Partialkompetenzen zuzulassen. Dies gilt besonders für Fälle, in denen bestimmte Aufgaben dem souveränitätssensiblen Bereich von »high politics« oder wohlfahrtsstaatlicher Umverteilungspolitik zuzuordnen sind und die deshalb gerade bei wachsender Mitgliederzahl und Interessenpluralität in der Europäischen Union in der Kompetenzausübung erhebliche Widerstände gegen supranationale Eingriffsbefugnisse, verbunden mit einem ausgeprägten Blockadeverhalten in der Entscheidungsfindung erwarten lassen. Gerade aus dem Umstand, daß dem supranationalen Entscheidungsgefüge der Europäischen Union ein stärker vertikales Element im Verhältnis zu den Mitgliedstaaten zu eigen ist, als dies bei klassischen, horizontal auf die Gleichbehandlung souveräner Nationalstaaten angelegten Vereinbarungen des Völkerrechtes der Fall ist, gewinnen Erfahrungen aus der föderalen Praxis von Bundesstaaten besondere Bedeutung für Strukturreformen des europäischen Mehrebenensystems. Angesichts eines Integrationsprozesses, der geprägt ist durch die Gleichzeitigkeit wachsenden grenzüberschreitenden Problemlösungsbedarfes und anhaltender Regionalisierungsprozesse als Ausdruck eines wachsenden Bedarfes an »kultureller Herkunftsprägung«,[215] erscheint darunter die Beobachtung von besonderem Interesse, daß speziell devolutiver Föderalismus und die Stärkung der niedrigeren Ebene als Hilfsmittel dient, um die Einheit des Gesamtverbandes zu wahren.[216] Nicht zuletzt dieser Erfahrungshintergrund läßt es gerechtfertigt erscheinen, für die Reform der Kompetenzordnung in einer Europäischen Union, deren mitgliedstaatliche Heterogenität weiter zunimmt, nationalen Souveränitätsvorbehalten und dem Prinzip der Autonomieschonung zusätzlich Rechnung zu tragen, indem auch die Problemlösungsfähigkeit alternativer Formen völkerrechtlicher Kooperation in den Blick genommen wird.

Die Erkenntnis, daß die Garantie größtmöglicher Vielfalt Vorbedingung für die Sicherung ausreichender Einheit und Handlungsfähigkeit der Europäischen Union ist, steht darüber hinaus in untrennbarem Zusammenhang mit dem Problem hinreichender Legitimität und öffentlicher Akzeptanz der Handlungsbefugnisse der europäischen Ebene. Hierbei spielt zweifelsohne die Frage eine zentrale Rolle, ob durch die Übertragung von Aufgabenfeldern an die supranationale Unionsebene überhaupt erst die Voraussetzungen für effektive politische Steuerungsfähigkeit geschaffen werden. Keineswegs ist damit aber besagt, daß alleine eine Orientierung am Kriterium effektiver politischer Handlungsfähigkeit bei der vertraglichen Einräumung europäischer Kompetenzen ausreichend Akzeptanz bei den Bürgern stiftet. Gerade in föderalstaatlichen

---

215 Auf den Zusammenhang zwischen der europäischen Integration als Ausdruck und Ursache der Internationalisierung von Handlungszusammenhängen und dem daraus resultierenden verstärkten Bedürfnis des einzelnen nach identitätsstiftenden Bezugsräumen, das sich eben durch die anhaltenden Regionalisierungprozesse in den Mitgliedstaaten manifestiert, hat Hermann Lübbe immer wieder hingewiesen. Vgl. z. B. Lübbe, Hermann: Abschied vom Superstaat. Vereinigte Staaten von Europa wird es nicht geben, Berlin 1994, S. 57-67.

216 Vgl. dazu am Beispiel Belgiens: Delmartino, Frank: Belgium, a newborn federal state? Paper presented at the XIVth IPSA World Congress, Washington D.C. 1988.

Mehrebenensystemen liegt der Kompetenzverteilung zwischen Bund und Gliedern regelmäßig ein Subsidiaritätsverständnis zugrunde, »das der kleineren Einheit unter Inkaufnahme gewisser Effektivitätseinbußen den Vorrang vor der größeren einräumt«.[217]

Auch im europäischen Mehrebenensystem hängt die Beurteilung der Frage nach der Begründung »besserer« Handlungsbefugnisse der Unionsebene in einem bestimmten Politikbereich entscheidend davon ab, auf welchen Quellen »sozialer Legitimität«[218] politisches Handeln in dem jeweiligen Aufgabengebiet vorrangig beruht. So basierte beispielsweise der »permissive consensus« der Unionsbürger für die Schaffung des Binnenmarktes lange Zeit auf einer »utilitaristischen« Haltung, weil von der überlegenen Leistungsfähigkeit der europäischen Ebene auf diesem Gebiet und ihrem Rechtsetzungs-Output wohlstandsmehrende Effekte erwartet wurden. Auf anderen Gebieten ist die Politik stärker auf eine »affektive« Unterstützung der Bevölkerung angewiesen. Zu nennen sind hier einerseits vor allem jene Politikfelder, denen eine besondere identitätsstiftende oder sozialisierende Wirkung zukommt und die in föderalen Systemen regelmäßig auf regionaler Ebene verankert sind, wie die Bildungs- oder Kulturpolitik. Zum anderen handelt es sich dabei aber primär um solche Aufgabenfelder, die von zentraler Bedeutung für die wohlfahrtsstaatliche Fundierung der nationalen Solidargemeinschaft bzw. besonders stark von nationaler Geschichte, politischer Kultur und Staatsverständnis geprägt sind.[219] In all diesen Fällen leitet sich die Legitimität politischen Handelns nicht primär aus der höheren Leistungsfähigkeit politischen Handelns ab und entzieht sich in föderalen Systemen einem Subsidiaritätsbegriff, der die Bestimmung der optimalen Handlungsebene für die Erfüllung dieser Aufgaben ausschließlich vom Kriterium der Effektivität abhängig macht.

Neben den funktionalen Erfordernissen einer effektiven Verwirklichung europäischer Vertragsziele und der Untersuchung von möglichen völkerrechtlichen Alternativen mitgliedstaatlicher Kooperation ist damit ein dritter zentraler Aspekt benannt, der bei der Operationalisierung der Kompetenzzuweisungsregel für das europäische Mehrebenensystem unter dem Stichwort »öffentliche Akzeptanz« zum Tragen kommen muß. Auch diese Komponente des Subsidiaritätsprinzips ist auf der zweiten Prüfungsebene der »Besser«-Bedingung angesiedelt und weist wiederum stärker in Richtung Autonomieschonung als dies bisher der Fall ist.

Der Rahmen für eine Ausgestaltung des Subsidiaritätsprinzips als künftige Kompetenzzuweisungsregel für die Europäische Union ist somit abgesteckt. Weiterhin um-

---

217 So Strohmeier, Rudolf: Die Auswirkungen des Maastrichter Vertrages auf die Regionen, in: Bayerische Verwaltungsblätter 14 (1993), S. 419, speziell zum deutschen Föderalismusverständnis.

218 Weiler unterscheidet zwischen der sozialen (empirischen) und formalen (d. h. rechtlichen, im demokratischen Verfahren erzeugten) Legitimität politischen Handelns. Vgl. Weiler, Joseph: Europäisches Parlament, europäische Integration, Demokratie und Legitimität, in: Schmuck, Otto; Wessels, Wolfgang (Hrsg.): Das Europäische Parlament im dynamischen Integrationsprozeß. Auf der Suche nach einem zeitgemäßen Leitbild, Bonn 1989, S. 73-94.

219 Die Unterscheidung zwischen »affektiver« und »utilitaristischer« Unterstützung, die die beiden wesentlichen Quellen der von Weiler so bezeichneten »sozialen Legitimation« bilden, geht zurück auf David Easton und wurde in Lindberg, Leon N.; Scheingold, Stuart A.: Europe's Would-Be Polity. Patterns of Change in the European Community, Englewood Cliffs 1970, erstmals auf die Europäische Gemeinschaft angewandt.

faßt dieses Prinzip sowohl die »Erforderlichkeits-« als auch die »Besser«-Bedingung. Als erste Prüfungsebene zielt die »Erforderlichkeits«-Bedingung jedoch nurmehr auf den Nachweis von Handlungserfordernissen ab, deren effektive Wahrnehmung einer über den einzelnen Mitgliedstaat hinausweisenden horizontalen Regelungsreichweite bedarf. Ergibt sich für ein Aufgabenfeld oder Ausschnitte daraus ein entsprechender Bedarf an zwischenstaatlicher Kooperation, so wird erst auf der zweiten Prüfungsebene, der des »Besser«-Kriteriums, der Frage nachgegangen, ob dieses (horizontale) Kooperationserfordernis tatsächlich am besten durch eine (vertikale) Kompetenzübertragung auf die europäische Unionsebene erfüllt wird. Von zentraler Bedeutung bei der inhaltlichen Konkretisierung der »Besser«-Bedingung als eigenständiger Prüfungsebene für die Kompetenzverteilung zwischen Mitgliedstaaten und Europäischer Union ist dabei, daß sie nicht mehr ausschließlich als »Wirksamkeits«-Bedingung interpretiert werden darf. Sie soll sich künftig vielmehr aus den drei Richtgrößen funktionaler Integrationserfordernisse, alternativer völkerrechtlicher Kooperationsmöglichkeiten und ausreichender öffentlicher Akzeptanz für Handlungsbefugnisse der Unionsebene konstituieren und dadurch dem Aspekt der Autonomieschonung größeres Gewicht einräumen. Entgegen der bisherigen Konzentration auf die Frage der effektivsten politischen Handlungsebene und der damit verbundenen stärkeren Zuständigkeitsvermutung zugunsten der europäischen Ebene, soll über die neue »Besser«-Bedingung bei der Entscheidung über die Zulässigkeit einer Einräumung von supranationalen Handlungsermächtigungen eine deutlichere Abwägung zwischen vielfaltswahrenden und einheitsstiftenden Kriterien sichergestellt werden.

Die verfahrenstechnische Absicherung dieses Gebotes sorgfältiger Abwägung zwischen Autonomieschonung und politischer Handlungseffektivität bei Beschlüssen über die Einräumung oder Ablehnung supranationaler Zuständigkeiten zählt zu den Hauptanliegen einer föderalen Organisationsreform der Europäischen Union. Die vertragliche Kompetenzverteilung muß auf nachvollziehbaren Kriterien aufbauen und darf sich nicht weiterhin primär als Resultat von Paketverhandlungen im Rat bzw. im Europäischen Rat und einer extensiven Auslegung primärrechtlicher Befugnisnormen und Zielbestimmungen vor allem durch den Europäischen Gerichtshof und die Kommission darstellen. Bereits aus dem Gebot größerer Transparenz resultiert die Forderung, analog zu den verschiedenen Prüflisten, die inzwischen auf regionaler, mitgliedstaatlicher und europäischer Ebene vorliegen, um die Einhaltung des Subsidiaritätsprinzips bei der supranationalen Kompetenzausübung zu kontrollieren,[220] ein konkretes Raster an Prüffragen zu erstellen, das die gleiche Funktion für die Gewährleistung subsidiaritätsgerechter Entscheidungen über die Kompetenzverteilung erfüllt. Deshalb muß zunächst eine weitere Operationalisierung des skizzierten Modells für das Subsidiaritätsprinzip als Kompetenzzuweisungsregel und seine Ausdifferenzierung in einem Katalog konkreter Prüffragen erfolgen. Weiterhin wäre denkbar, über

---

220 Zu den bekanntesten Beispielen derartiger Subsidiaritäts-Prüflisten zählen die des Europäischen Rates in Gestalt des bereits erwähnten Edinburgher Gesamtkonzeptes zur Anwendung des Subsidiaritätsprinzips vom Dezember 1992, die »Prüfliste für Legislativvorschläge« der Europäischen Kommission von 1996, das gemeinsame »Prüfraster für die Subsidiaritätsprüfung« der deutschen Bundesregierung und des Bundesrates (vgl. GGO II, Anlage 9 zu § 85 a GGO II) sowie die Liste der Bayerischen Staatsregierung (abgedruckt bei: Goppel, Thomas: Die Bedeutung des Subsidiaritätsprinzips, EuZW 1993, S. 367ff). Vgl. dazu insgesamt: Winter, a. a. O., S. 1.

die primärrechtliche Verankerung dieses ausdifferenzierten Kriterienrasters in einem eigenen Vertragsprotokoll sicherzustellen, daß künftig eine stärkere Konzentration europäischer Primär- und Partialkompetenzen auf das funktional Notwendige tatsächlich greift und somit auch zusätzlich öffentliche Akzeptanz für künftige Integrationsschritte geschaffen wird. Gleichzeitig wäre dadurch zumindest eine einheitliche Prüfungsgrundlage für alle Mitgliedstaaten gegeben, die überdies dem Europäischen Gerichtshof künftig – in der gewandelten Funktion eines »federal adjudicator« – als Orientierungshilfe bei Kompetenzstreitigkeiten zwischen Union und Mitgliedstaaten bzw. bei Auseinandersetzungen zwischen einzelnen Mitgliedstaaten über den gebotenen Umfang an Unionszuständigkeiten dienen könnte.

All dies setzt aber zunächst einmal voraus, daß ein tatsächlich anwendbares Prüfraster für eine subsidiaritätsgerechte Kompetenzverteilung in der Europäischen Union konzipiert wird.

1.2.2 Die Operationalisierung des Subsidiaritätsprinzips in einem Prüfraster für die Kompetenzverteilung

Für die anwendungsorientierte Umsetzung des Subsidiaritätsprinzips als Kompetenzverteilungsregel in einem Katalog von konkreten Prüffragen erweist sich der Rückgriff auf Erkenntnisse der ökonomischen Theorie des Föderalismus[221] als besonders ergiebig. Bereits vom fiskalischen Föderalismus klassischer Prägung werden einige zentrale Leitsätze für eine funktionsgerechte Ausgestaltung föderaler Mehrebenensysteme bereitgestellt, die wichtige Hinweise für die Operationalisierung des Subsidiaritätsgebotes enthalten. Diese traditionelle Denkschule betont vor allem das Korrespondenzprinzip, d. h. daß der territorial abgrenzbare Kreis von Nutznießern, Zahlern und Entscheidungsträgern bei der Bereitstellung öffentlicher Dienste deckungsgleich sein sollte (demokratisches Äquivalenzprinzip) oder zumindest die Repräsentanten von Nutznießern und Finanziers politischer Entscheidungen gleichberechtigt an der Willensbildung und Beschlußfassung beteiligt werden müssen (Demokratieprinzip). Zusätzlich wird von ihr hervorgehoben, daß dezentrale Zuständigkeiten die Präferenzkosten der Bürger minimieren, weil auf der niedrigeren staatlichen Ebene die Geltendmachung ihrer Interessen und die Durchsetzung ihrer Präferenzen mit geringerem Aufwand verbunden sind (Dezentralisierungstheorem). Eine Übertragung von Zuständigkeiten auf die höhere staatliche Verbandsebene erscheint aus der Sicht des fiskalischen Föderalismus dann legitimiert, wenn bei einer Zuständigkeitswahrnehmung auf der niedrigeren Ebene der räumliche Kreis an Nutznießern oder Betroffenen über das Territorium dieser staatlichen Gebietskörperschaft hinausreicht (positive oder negative externe Effekte) oder aber erhebliche Skalenerträge durch sinkende Durchschnittskosten bei der Bereitstellung eines öffentlichen Gutes auf höherer Ebene er-

---

221 Vgl. den Überblick zu dem Erkenntniswert der ökonomischen Föderalismustheorie für die Kompetenzverteilung in der Europäischen Union in: Heinemann, Friedrich: Die Finanzverfassung und Kompetenzausstattung der Europäischen Union. Eine finanzwissenschaftliche Soll-Ist-Analyse, Baden-Baden 1995. Wertvolle Anregungen für die Entwicklung des Prüfrasters entstammen: Tanner, Egon: Ökonomisch optimale Aufgabenverteilung zwischen den staatlichen Ebenen, Bern/Frankfurt a. M. 1982, und: Teutemann, Manfred: Rationale Kompetenzverteilung im Rahmen der europäischen Integration. Ein Beitrag zur finanzwirtschaftlichen Ordnungspolitik, Berlin 1992.

zielt werden können. Allerdings darf die Zuständigkeitsübertragung nicht zur Folge haben, daß die Kosteneinsparungen durch die Internalisierung externer Effekte oder die zusätzlichen Skalenerträge geringer sind als die mit der Kompetenzverlagerung verbundene Präferenzkostensteigerung für die Bürger. Durch die Beschränkung auf die Optionen niedrigere/höhere Zuständigkeitsebene liegt diesem theoretischen Rahmen ein deutlich vertikal geprägtes Verständnis von Subsidiarität zugrunde, das als Kompetenzzuteilungsregel eine starke Vermutung zugunsten dezentraler Zuständigkeiten aufweist.[222]

Einer etwas anderen Konzeption folgt das ökonomische Ordnungsmodell des »marktwirtschaftlichen Subsidiaritätsprinzips«. Diesem Grundsatz liegt die Vorstellung zugrunde, daß staatliches Tätigwerden, d. h. die Anwendung staatlichen »Zwanges«, erst gerechtfertigt ist, wenn zum einen ein Versagen oder Mängel des Marktprozesses dadurch erkennbar werden, daß die koordinierte Bereitstellung von Gütern und Dienstleistungen über freiwillig ausgehandelte Individual- und Kollektivverträge zu allokativen Ineffizienzen führt. Zum anderen muß aber die Zusatzbedingung erfüllt sein, daß staatliche Eingriffe in das Marktgeschehen tatsächlich zu befriedigenderen Ergebnissen führen.[223] Das horizontale Element freiwilliger Koordination genießt demnach Vorrang gegenüber dem vertikalen Element der Ausübung staatlicher Regelungsbefugnisse.

Auf diesem Grundkonzept basiert auch die ökonomische Theorie der »Föderation der geringsten Kosten«. In ihr findet sich der Subsidiaritätsgedanke als eine Kompetenzzuteilungsregel wieder, die stärker als im klassischen fiskalischen Föderalismus den Aspekt der Autonomie der Glieder und der größeren Bürgernähe betont, indem der Möglichkeit zur freiwilligen horizontalen Koordination als Alternative zur Zentralisierung von Zuständigkeiten eindeutig der Vorzug gegeben wird. Durch die Einführung des Organisationskostenkonzeptes werden in dieser Theorieströmung den Präferenzkosten für die Bürger (Organisationskosten auf der Nachfrageseite), die mit einer Zuständigkeitsübertragung auf die höhere Ebene verbunden sind, die Koordinations- und Verhandlungskosten (Organisationskosten auf der Angebotsseite) gegenübergestellt, die durch eine freiwillige Koordination von Gebietskörperschaften zur Erzielung von Skalenerträgen oder Internalisierung externer Effekte entstehen. Sind nun die Präferenzkosten, welche mit einer Zuständigkeitsverlagerung auf die zentrale Ebene verbunden sind, sehr hoch (was bei der Europäischen Union mit ihrer sprachlichen und kulturellen Heterogenität in aller Regel der Fall sein dürfte), zugleich mit einer solchen Übertragung aber kaum Koordinationskosteneinsparungen verbunden, so spricht dies für eine dezentrale Zuständigkeit. Je niedriger also die Koordinations- und Verhandlungskosten für eine freiwillige Koordination der Glieder sind, desto eher erscheint eine dezentrale Zuständigkeit gerechtfertigt.[224]

---

222 Vgl. v. a. Biehl, Dieter; Winter, Horst: Die EG-Finanzierung aus föderalistischer Perspektive, in: diess.: Europa finanzieren – ein föderalistisches Modell, Gütersloh 1990; Biehl, Dieter: Wechselspiel zwischen Prozeß und Institutionalisierung im Zuge der europäischen Integration, in: Schefold, Bertram (Hrsg.): Wandlungsprozesse in den Wirtschaftssystemen Westeuropas, Marburg 1995, S. 109-152.

223 Vgl. Teutemann, a. a. O., S. 24 und S. 38.

224 Vgl. Heinemann: Finanzverfassung und Kompetenzausstattung, a. a. O., S. 22-26; ders.: Die ökonomische Föderalismustheorie und ihre Botschaft für die Kompetenzaufteilung im

Wie bereits dargelegt wurde, sollte die Entwicklung konkreter Prüfkriterien für die Bestimmung der optimalen Handlungsebene in der Europäischen Union auf zwei Prüfungsebenen erfolgen: zunächst auf der Ebene des »Erforderlichkeitsprinzips«, auf der gewissermaßen das Vorhandensein horizontalen Koordinationsbedarfes zwischen den Mitgliedstaaten nachgewiesen wird. Darauf aufbauend sollen die weiteren Prüfungsschritte, mit denen im engeren Sinne über die Notwendigkeit einer vertikalen Zuständigkeitsübertragung auf die Union entschieden wird, auf der Ebene des »Besser«-Prinzips erfolgen.[225] Übertragen auf diese zweistufige Ordnungskonzeption einer subsidiaritätsgerechten Verteilung von Primär- und Partialkompetenzen zwischen Mitgliedstaaten und Europäischer Union läßt sich konstatieren, daß der Schnittpunkt der verschiedenen Denkschulen in der ökonomischen Theorie des Föderalismus letztendlich auf der Ebene des »Erforderlichkeits«-Kriteriums angesiedelt ist. Sie alle decken sich weitestgehend in der Analyse der Gründe, die für Ineffizienzen oder Ineffektivitäten politischen Handelns durch die Glieder eines Gesamtverbandes ausschlaggebend sind. Auch für die Mitgliedstaaten der Europäischen Union sind vor allem drei Kategorien von Handlungserfordernissen zu nennen, die ihre Leistungskapazitäten bzw. die horizontale Beschränkung ihrer Hoheitsgewalt auf das eigene nationale Territorium als unzureichend erscheinen lassen.

Dabei handelt es sich erstens um das Vorliegen von Problemzusammenhängen, die per se nicht nur das Territorium eines einzelnen Mitgliedstaates betreffen, oder um gemeinsam anerkannte Gemeinwohlbelange oder Wertvorstellungen mehrerer Staaten, zu deren Verwirklichung allerdings die Ressourcen einzelner Partnerstaaten nicht ausreichen. Ob eine solchermaßen bedingte Überforderung einzelstaatlicher Handlungskapazitäten vorliegt, läßt sich zusammenfassen in der Frage, welche Zahl an Mitgliedstaaten bzw. welche *»erforderliche Mindestteilnehmerzahl«* effektives politisches Handeln voraussetzt.

In einer zweiten Kategorie des nationale Grenzen überschreitenden Handlungsbedarfes, auf die die ökonomische Föderalismustheorie verweist, lassen sich externe Effekte zusammenfassen, die das Resultat eines einseitigen Vorgehens einzelner Mitgliedstaaten bilden. Dabei kann es sich um Fallkonstellationen handeln, in denen die Interessen eines Staates durch das Handeln eines anderen Staates geschädigt werden, ohne daß der betroffene Staat darauf Einfluß nehmen könnte oder eine Entschädigung erhält (negative externe Effekte). Oder aber ein Mitgliedstaat profitiert von bestimmten politischen Maßnahmen eines Staates, ohne dafür Gegenleistungen erbringen zu müssen (positive externe Effekte). In beiden Fällen erfordert aber die Wiederherstellung der *»räumlichen Kongruenz politischen Handelns«* zwischen Nutznießern, Entscheidungsberechtigten und Betroffenen der jeweiligen Maßnahmen ein internationales Vorgehen zur Internalisierung der externen Effekte.

Eine dritte Kategorie von Verlusten an Effizienz und Effektivität politischen Handelns liegt dann vor, wenn die Mitgliedstaaten ein gemeinsames Vorgehen unterlassen, obwohl sie damit deutliche Kostenersparnisse oder ganz generell eine deutliche

---

Mehrebenensystem der Europäischen Union, in: König, Thomas; Rieger, Elmar; Schmitt, Hermann (Hrsg.): Das europäische Mehrebenensystem, Frankfurt/New York 1996, S. 117-132.

225 Vgl. zur Veranschaulichung der folgenden Ausführungen die graphische Darstellung des »Prüfrasters für die Kompetenzverteilung zwischen der Europäischen Union und ihren Mitgliedstaaten« auf S. 100 dieses Bandes.

Erhöhung ihrer politischen Steuerungskapazitäten verwirklichen könnten. Ob dieser Sachverhalt für einen spezifischen Politikbereich oder einen Teilausschnitt daraus gegeben ist, kann in der Frage nach den *»Skalenerträgen gemeinsamen Vorgehens«* gebündelt werden.

Mit diesen von der ökonomischen Theorie des Föderalismus abgeleiteten Grundkonstellationen politischen Handelns sind jene drei zentralen Kriterien benannt, aus denen sich die erste Ebene des »Erforderlichkeits«-Prinzips in dem Prüfraster für eine subsidiaritätsgerechte Kompetenzverteilung zusammensetzen muß:

- die *»Erforderliche Mindestteilnehmerzahl«*;
- *»Räumliche Kongruenz politischen Handelns«*, sowie
- potentielle *»Skalenerträge gemeinsamen Vorgehens«*.

Von zentraler Bedeutung für die Anwendung dieser Prüfkriterien ist allerdings, daß sie generell unter der Prämisse erfolgt, daß die Mitgliedstaaten einem gemeinsamen Binnenmarkt mit seinen vier Grundfreiheiten und einem einheitlichen Währungsraum angehören. Entscheidend ist diese Grundannahme bei der Durchführung der Prüfschritte auf der ersten Ebene vor allem im Hinblick auf das Vorliegen möglicher externer Effekte. Innerhalb eines gemeinsamen Markt- und Währungsraumes werden entsprechende Inkongruenzen politischen Handelns wesentlich häufiger und in zahlreicheren Aufgabenfeldern auftreten.

Erst wenn eines dieser drei Kriterien unter dem Gesichtspunkt deutlich höherer Effektivität politischen Handelns für eine Kooperation mehrerer oder aller Mitgliedstaaten spricht, setzt die Prüfung bei der »Besser«-Bedingung an, mit deren Hilfe die Frage nach der Zweckmäßigkeit einer Übertragung von primären oder partiellen Zuständigkeiten an die Unionsebene getestet wird. Für diese zweite Prüfungsebene des Subsidiaritätsprinzips als Kompetenzzuweisungsregel gilt allerdings, daß sie mit ihrer Betonung eines souveränitäts- und autonomieschonenden Ansatzes für Zuständigkeitsübertragungen dem »marktwirtschaftlichen Subsidiaritätsprinzip« bzw. dem Konzept der »Föderation der geringsten Kosten« näher steht als der klassischen Schule des fiskalischen Föderalismus.

Diese größere inhaltliche Nähe zu ökonomischen Modellen, die dezentralen Strukturen und dem Schutz eigener Handlungsspielräume der Glieder besonders hohen Stellenwert beimessen, schlägt sich vor allem darin nieder, daß auf der Ebene der »Besser«-Bedingung zunächst einmal der Frage nachgegangen wird, ob nicht auch die *»Problemlösungsfähigkeit völkerrechtlicher Formen bi- oder multilateraler Kooperation«* anstelle von Primär- oder Partialkompetenzen der Unionsebene ausreichen würde, um dem Erfordernis gemeinsamen politischen Handelns in einem bestimmten Aufgabenfeld gerecht zu werden. Gerade wenn sich alternative Formen der völkerrechtlichen Kooperation auf einzelnen Sachgebieten bereits bewährt haben, wie beispielsweise der NATO im Bereich der Verteidigungspolitik, oder aber die Zusammenarbeit eines kleinen Teiles der Mitgliedstaaten für die Lösung eines gemeinsamen Problems ausreicht, spricht dieses erste Kriterium dafür, den Weg (»horizontaler«) völkerrechtlicher Kooperation und nicht der (»vertikalen«) Hochstufung von Kompetenzen einzuschlagen. In der Terminologie der Theorie der »Föderation der geringsten Kosten« wäre dann die Feststellung gerechtfertigt, daß die Zentralisierung von Zuständigkeiten im europäischen Mehrebenensystem kaum »Einsparungen an Koordinationskosten« bewirken könnte. In Abhängigkeit von dem Aufgabenspektrum, für das gemäß dieses ersten Kriteriums der Besser-Bedingung gute Aussichten auf eine erfolgreiche Kooperation im Rahmen völkerrechtlicher Vereinbarungen bestehen, muß dies im allgemeinen zunächst eine Vermutung zugunsten des Beibehaltes mitgliedstaatlicher Primär- oder Partialkompetenzen auslösen.

Andererseits muß über die konkrete Ausgestaltung dieses Kriteriums sichergestellt sein, daß bereits bei seiner Anwendung ein starker Verdacht zugunsten einer Unionskompetenz und in Richtung einer unterlegenen Problemlösungsfähigkeit multilateraler Kooperationsvereinbarungen ausgelöst wird, wenn Aufgabenfelder berührt sind, in denen die Verweigerung supranationaler Handlungsbefugnisse gleichzusetzen wäre mit einer Negierung zentraler Grundprinzipien des europäischen Vertragswerkes oder mit einer Gefährdung von Kernanliegen der europäischen Integration. Berührt sind davon Politikbereiche, für die der vertragliche Solidaritätsgrundsatz,[226] das Gebot der Kohärenz der Gemeinschaftspolitiken sowie eines funktionierenden Binnenmarktes und Währungsraumes oder auch das Ziel wirtschaftlicher und sozialer Kohäsion Handlungsbefugnisse der Unionsebene gebieten. So könnten beispielsweise die ungleiche Verteilung von Vor- und Nachteilen des Integrationsprozesses, vor allem des einheitlichen Binnenmarktes und Währungsraumes, auf die Mitgliedstaaten bzw. ihre Regionen in Kombination mit dem Gebot gleicher Lastenverteilung durchaus für weiterreichenden supranationalen Handlungsbedarf in zahlreichen flankierenden Politiken des Binnenmarktes sprechen.

Damit in engem Zusammenhang steht der Befund, daß auch ein Abrücken von der alles beherrschenden Zielbestimmung der Verwirklichung des Binnenmarktes nicht wird verhindern können, daß für die Erfüllung zentraler Vertragsziele des Integrationsprojektes weiterhin zwingend Handlungsbefugnisse der Europäischen Union erforderlich sind. Diese Feststellung gilt unabhängig davon, ob mehrere oder alle Mitgliedstaaten auch über den Abschluß völkerrechtlicher Abkommen zur effektiven Aufgabenwahrnehmung in den betroffenen Bereichen in der Lage wären. Diese grundsätzlichen Erwägungen sollten hinreichend verdeutlichen, daß die Anwendung und konkrete Ausgestaltung des Kriteriums der *»Problemlösungsfähigkeit völkerrechtlicher Formen bi- oder multilateraler Kooperation«* selbstverständlich nicht »im luftleeren Raum« stattfindet. Trotz seiner primären Funktion, einen schonenden Umgang mit der Souveränität und Autonomie der Mitgliedstaaten bei anstehenden Entscheidungen über Kompetenzzuweisungen sicherzustellen, muß seine Anwendung doch durch eine angemessene Berücksichtigung zentraler Integrationsanliegen gekennzeichnet sein.

Das zweite Prüfkriterium, dessen kumulative Anwendung im Rahmen der Prüfungsebene der »Besser«-Bedingung obligatorisch ist, bildet die *»Öffentliche Akzep-*

---

226 Vor allem in den Vertragsbestimmungen Art. 2 Abs. 1 Spiegelstrich 1 EUV-A und den Art. 158-162 EGV-A zur wirtschaftlichen und sozialen Kohäsion, in den Art. 34 Abs. 3, Art. 146, 160 und 161 Satz 2 EGV-A auf deren Grundlage der Europäische Ausrichtungs- und Garantiefonds für die Landwirtschaft, der Europäische Sozialfonds, der Europäische Regionalfonds und der Kohäsionsfonds eingerichtet wurden, aber auch in Art. 10 EGV-A und dem Grundsatz des gemeinschaftsfreundlichen Verhaltens manifestiert sich das Solidaritätsprinzip im Unionsvertrag. Vgl. mit zahlreichen weiteren Literaturhinweisen: Calliess, Christian: Subsidiaritäts- und Solidaritätsprinzip in der Europäischen Union. Vorgaben für die Anwendung von Art. 3b EGV am Beispiel der gemeinschaftlichen Wettbewerbs- und Umweltpolitik, Baden-Baden 1996, S. 169-173.

tanz für Handlungsbefugnisse der Europäischen Union«. Zum Teil läßt sich die Forderung seiner kumulativen Anwendung im Rahmen der Prüfung einer subsidiaritätsgerechten Kompetenzverteilung für das europäische Mehrebenensystem wiederum direkt auf das ökonomische Modell der »Föderation der geringsten Kosten« zurückführen. Diese Parallele ergibt sich unmittelbar für all jene Fälle, in denen zunächst eine eher geringe Problemlösungsfähigkeit völkerrechtlicher Kooperationsformen Ergebnis der Prüfung war und deshalb die Einräumung supranationaler Primär- oder Partialkompetenzen als besserer Weg erscheint, um dem grundlegenden Erfordernis des gemeinsamen Vorgehens in einem bestimmten Aufgabenbereich gerecht zu werden. Im Sprachgebrauch dieser ökonomischen Denkschule des Föderalismus ist es zwingend geboten, den »Einsparungen von Koordinationskosten« bzw. an »Organisationskosten auf der Angebotsseite«, die mit der Zentralisierung einer Zuständigkeit verbunden sind, gegen jene zusätzlichen »Präferenzkosten« oder »Organisationskosten auf der Nachfrageseite« abzuwägen, die damit für die Bürger verbunden sind.

Anders formuliert ist die kumulative Anwendung des Kriteriums öffentlicher Akzeptanz in dieser Konstellation geboten, weil sich nicht alleine aus der höheren Handlungseffektivität der Europäischen Union bereits zwangsläufig ergibt, daß die Schaffung supranationaler Zuständigkeiten auch subsidiaritätsgerecht ist. Das Grundverständnis des Subsidiaritätsverständnisses in der Theorie der »Föderation der geringsten Kosten« stimmt gerade darin mit dem hier gewählten Subsidiaritätsbegriff überein, daß unter Umständen selbst unter Inkaufnahme von gewissen Effektivitätseinbußen einzelne Aufgaben bei den Gliedkörperschaften föderaler Mehrebenensysteme bleiben sollten, wenn starke »affektive« Präferenzen in der Bevölkerung für diese Lösung zu erkennen sind. Diese Erkenntnis stellt wohl die zentrale Lehre dar, die sich aus den massiven Akzeptanzverlusten für die europäische Integration im Gefolge von Maastricht ziehen läßt.

Obwohl die Operationalisierung des Kriteriums hinreichender öffentlicher Akzeptanz für Unionszuständigkeiten mit besonderen Problemen behaftet ist, existieren im wesentlichen doch zwei Anhaltspunkte dafür, daß die Legitimität von politischen Maßnahmen in einem bestimmten Aufgabenfeld besonders stark von einer »affektiven« Unterstützung der Bevölkerung abhängt, die zugleich Ausdruck einer starken Präferenz für den Verbleib der spezifischen Handlungsbefugnisse auf nationaler bzw. subnationaler Ebene ist. So liefern zum einen erhebliche kollektive Präferenzunterschiede bezüglich europäischer Handlungsbefugnisse, die deutlich entlang nationaler oder regionaler Grenzen verlaufen, einen Hinweis darauf, daß das betroffene Aufgabenfeld stark durch nationale oder regionale Spezifika und Traditionen geprägt ist und insofern eher nicht Gegenstand europäischer Regelungsbefugnisse sein sollte.[227] Ein

---

227 Ein entsprechender empirischer Nachweis wird aufgrund der unzureichenden Datenlage erheblich erschwert. Die einzigen regelmäßig veröffentlichten Ergebnisse repräsentativer Umfragen zu diesem Problem bietet das Eurobarometer mit der Frage, ob politische Entscheidungen in ausgewählten Politikfeldern vorzugsweise durch die nationalen Regierungen oder gemeinsam innerhalb der EU gefaßt werden sollten. Dieses Datenmaterial kann jedoch schon insofern nicht befriedigen, als die Umfrageergebnisse zum einen nur Bezug nehmen auf Unterschiede im Zustimmungsniveau der mitgliedstaatlichen Bevölkerungen und regionale Präferenzstrukturen völlig außen vor bleiben. Zum anderen können den Befragten im Rahmen der Eurobarometer-Umfragen lediglich pauschal umschriebene Politikfelder vorgelegt werden, so daß das Datenmaterial keinen Aufschluß darüber zu

weiteres Indiz stärker formaler Art, das bei der Anwendung des Kriteriums der öffentlichen Akzeptanz eher gegen oder zumindest für eine nur sehr zurückhaltende Begründung von Unionskompetenzen in einem bestimmten Aufgabenfeld spricht, liegt darin, daß die entsprechenden Handlungsbefugnisse in den mitgliedstaatlichen Verfassungsordnungen föderaler oder regionalisierter Prägung regelmäßig auf der subnationalen Ebene angesiedelt sind. Diese Beobachtung löst dann allerdings lediglich eine Zuständigkeitsvermutung zugunsten der nationalen Ebene aus, da das Kriterienraster für eine subsidiaritätsgerechte Zuständigkeitsverteilung ebenso wie das Konzept eines dualen vertraglichen Kompetenzkataloges nur auf das Verhältnis zwischen Mitgliedstaaten und Europäischer Union Anwendung finden kann. Die »Durchschleusung« der entsprechenden Kompetenzvermutung auf die regionale Ebene muß jeweils dem nationalen Verfassungsrecht überlassen bleiben.

Grundsätzlich – und damit verläßt die Argumentation den einseitig auf Dezentralisierung ausgerichteten Rahmen des fiskalischen Föderalismus – erscheint es aber auch dann sinnvoll, nach dem Grad öffentlicher Akzeptanz für eine Schaffung supranationaler Kompetenzen zu fragen, wenn die Prüfung entlang des ersten Kriteriums der »Besser«-Bedingung zunächst eher für völkerrechtliche Vereinbarungen und damit für einen Beibehalt nationaler oder gemäß innerstaatlichem Verfassungsrecht regionaler Kompetenzbestände spricht. Das Gebot föderaler Balance, das sich auch in den vorliegenden Prüfkriterien für eine subsidiaritätsgerechte Kompetenzzuweisung wiederfinden soll, impliziert, daß neben hinreichender Autonomieschonung gleichzeitig auch den Anforderungen ausreichender »Integrationszuträglichkeit« Genüge getan wird. Deshalb kann ein über die nationalen Grenzen hinausweisendes, hohes durchschnittliches Zustimmungsniveau in der Gesamtbevölkerung der Union für supranationale Handlungsbefugnisse in einem bestimmten Aufgabenbereich auch durchaus eigenständig einen starken Verdacht zugunsten europäischer Primär- oder Partialkompetenzen auslösen, weil sie einen wichtigen Beitrag zur Festigung der legitimatorischen Grundlagen des Integrationsprozesses leisten können. Am anschaulichsten dürfte dieser Kontext wieder am Beispiel der Sicherheitspolitik werden, für die in weiten Bereichen mit dem atlantischen Bündnis eine sehr erfolgreiche völkerrechtliche Kooperationsbasis besteht. Dennoch hat in diesem Aufgabenbereich gerade die Unzulänglichkeit europäischer Handlungsinstrumente in Bosnien und erst jüngst wieder im Kosovo zu massiver öffentlicher Kritik geführt und weiterreichende supranationale Befugnisse im Bereich der Gemeinsamen Außen- und Sicherheitspolitik dürften durchaus akzeptanz- und legitimitätsstiftend für das europäische Einigungswerk wirken.

Gerade diese letztgenannte – gegenläufige – Ergebniskonstellation einer kumulativen Anwendung der Prüfungskriterien »*Problemlösungsfähigkeit völkerrechtlicher Formen bi- oder multilateraler Kooperation*« und »*Öffentliche Akzeptanz für Handlungsbefugnisse der Europäischen Union*« verweist allerdings deutlich auf die Notwendigkeit, ein weiteres Prüfkriterium auf der zweiten Ebene der »Besser«- Bedingung des Subsidiaritätsprinzips als Kompetenzzuweisungsregel einzuführen. Eine Prüfung der »föderalen Angemessenheit« von Zuständigkeitsübertragungen, die aus-

geben vermag, ob das Meinungsbild bezüglich der Einräumung europäischer Partialkompetenzen in dem jeweiligen Politikfeld nicht völlig anders ausfallen würde.

schließlich anhand dieser beiden Kriterien hinreichender Effektivität und Legitimität politischen Handelns erfolgt, kann in dem bislang vorliegenden Schema nur dann als ausreichend angesehen werden, wenn beide Beurteilungsmaßstäbe in die gleiche Richtung weisen. Für die Einräumung einer europäischen Primär- oder Partialkompetenz spricht ein Testresultat, demzufolge das politische Leistungspotential rein völkerrechtlicher Kooperationsformen als unbefriedigend betrachtet werden muß und gleichzeitig unionsweit eine hohe Zustimmungsrate der Bevölkerung zur Wahrnehmung bestimmter Aufgaben auf supranationaler Ebene vorliegt. Deutlich gegen eine Übertragung von Zuständigkeiten auf die Europäische Union und für deren Verbleib bei den Mitgliedstaaten spricht eine Konstellation, in der der Bedarf an mitgliedstaatlicher Zusammenarbeit zufriedenstellend über die Alternative völkerrechtlicher Vereinbarungen abgedeckt werden kann und gleichzeitig eine ausgeprägte (affektive) Präferenz in den Bevölkerungen der Mitgliedstaaten und ihrer Regionen für den Verbleib bestimmter Handlungsbefugnisse auf diesen Ebenen erkennbar ist.

Nicht in allen Fällen lassen sich jedoch alleine aus diesen beiden Kriterien zuverlässige Rückschlüsse auf eine angemessene Zuständigkeitsverteilung ableiten. Sie reichen als Prüfungsmaßstab nicht aus, wenn Kernziele und -aufgaben des Unionsvertrages für die Notwendigkeit oder Zweckmäßigkeit supranationaler Handlungsbefugnisse in weiteren Politikfeldern sprechen und aus diesem Grund ein Ausweichen der Mitgliedstaaten auf völkerrechtliche Kooperationsformen als integrationsunverträglich gelten müßte, selbst wenn ein solches alternatives Vorgehen an sich dem Gebot hinreichender politischer Handlungseffektivität genügen würde. Bei Vorliegen derartiger Integrationserfordernisse widerspräche es dem Gedanken föderaler Balance und ergäben sich erhebliche Risiken für das europäische Einigungswerk an sich, sollte letztendlich alleine die Anwendung des Prüfmaßstabes hinreichender öffentlicher Akzeptanz den Ausschlag für oder eben gegen entsprechende Befugnisse geben.

Darüber hinaus können sich die Resultate einer Anwendung beider Kriterien aber auch offen widersprechen. Auf eine Konstellation, in der das erste Kriterium für eine zufriedenstellende Handlungs- und Problemlösungsfähigkeit völkerrechtlicher Kooperation spricht, gleichzeitig aber starke Präferenzen in der Bevölkerung für Unionszuständigkeiten vorliegen, wurde bereits hingewiesen. Umgekehrt ist aber auch denkbar, daß unter dem Gesichtspunkt effektiven politischen Handelns zwar eindeutig die Einräumung europäischer Primär- oder Partialkompetenzen befürwortet werden muß, diese aber gleichzeitig auf grundsätzliche Ablehnung bei der Bevölkerung stößt. Vor dem Hintergrund der funktionalen »spill-over«, die sich aus der Schaffung des Binnenmarktes und des gemeinsamen Währungsraumes ergeben, sei hier vor allem auf den weiten Bereich redistributiver Politiken und die »Nettozahler«-Debatte verwiesen, die als Ausdruck eines schwachen grenzüberschreitenden Solidaritätsgefühles zwischen den Bevölkerungen der Europäischen Union gedeutet werden kann.

In all diesen Konstellationen sind handlungsleitende Aussagen über das Für oder Wider der Zentralisierung von Handlungsbefugnissen im europäischen Mehrebenensystem nur möglich, wenn ein drittes Kriterium auf der Prüfungsebene der »Besser-Bedingung« herangezogen wird. Wiederum liefert die ökonomische Theorie des Föderalismus das Grundkonzept für diesen letzten Prüfungsmaßstab. Dieses wird dort mit dem Begriff der »economies of scope« umschrieben und stellt auf mögliche Effizienzgewinne ab, die für politisches Handeln in einem bestimmten Aufgabenbereich durch die Schaffung zusätzlicher Befugnisse in anderen Politikfeldern erzielt werden können. In das vorliegende Prüfschema findet dieser Grundgedanke Eingang, indem zusätzlich das Kriterium der *»Verbundvorteile durch europäische Zuständigkeiten«* benannt wird. Die verfahrensmäßige Besonderheit liegt bei der Anwendung dieses Kriteriums darin, daß es nur ergänzend zu den beiden voranstehenden Prüfungsmaßstäben genutzt wird, falls auf ihrer Grundlage noch keine zuverlässigen Aussagen für oder gegen die Einräumung supranationaler Primär- bzw. Partialkompetenzen möglich sind. In ihrer inhaltlichen Reichweite muß sich die Anwendung dieses Kriteriums auf die Frage beschränken, inwiefern die Begründung europäischer Handlungsbefugnisse in dem betroffenen Aufgabenbereich die Europäische Union besser in die Lage versetzt, vertragliche Kernaufgaben, vor allem die Schaffung des Binnenmarktes und des einheitlichen Währungsraumes, wirksam zu erfüllen.

In diesem abschließenden Kriterium ist eine große strukturelle Nähe zu der stark funktionalen Ausrichtung der Befugnisnormen im Europäischen Gemeinschaftsvertrag auf die Vollendung des Binnenmarktes und somit auch ein entsprechendes Zentralisierungspotential angelegt. Allerdings sind der Entfaltung dieses Potentials zugleich viel stärkere Grenzen gesetzt, da es eben nur mehr in Zweifelsfällen bei der Prüfung von Kompetenzzuweisungen an die Europäische Union zum Tragen kommt und die beiden vorgeschalteten Kriterien, die in jedem Fall angewandt werden müssen, wesentlich stärker auf den Grundsatz der Souveränitäts- und Autonomieschonung ausgerichtet sind.

Prüfraster für die Kompetenzverteilung zwischen der Europäischen Union und ihren Mitgliedstaaten

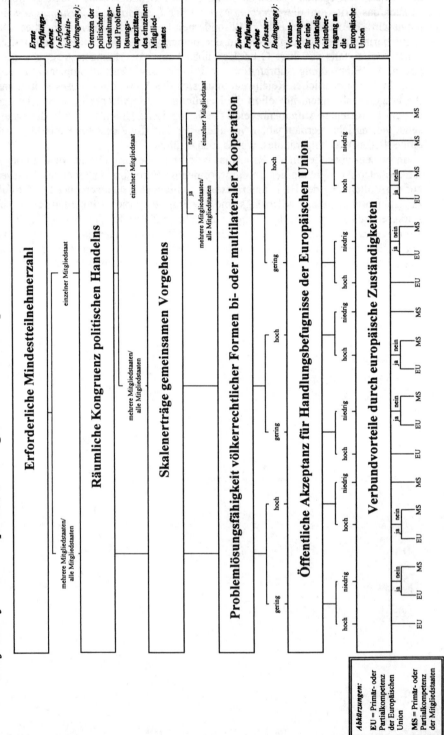

Insgesamt bietet die vorgenommene Ausdifferenzierung des Subsidiaritätsprinzips in sechs Kriterien, die auf zwei Prüfungsebenen angesiedelt sind, einen adäquaten konzeptionellen Bezugsrahmen, um im Vorfeld von Entscheidungen über die Einräumung supranationaler Handlungsbefugnisse Aufschluß über deren Vereinbarkeit mit den Grundsätzen der Effektivität und Legitimität politischen Handelns im europäischen Mehrebenensystem zu erhalten. Auf der ersten Prüfungsebene des »Erforderlichkeitsprinzips« wird zunächst anhand der drei Kriterien »*Erforderliche Mindestteilnehmerzahl*«, »*Räumliche Kongruenz politischen Handelns*« und »*Skalenerträge gemeinsamen Vorgehens*« ermittelt, ob überhaupt innerhalb eines bestimmten Politikfeldes bzw. für welche Ausschnitte aus diesem Aufgabenfeld Handlungsbedarf besteht, der – gewissermaßen in der Horizontalen – über die Regelungsreichweite nationaler Politik hinausweist und ein gemeinsames Vorgehen mehrerer oder aller Mitgliedstaaten der Europäischen Union erfordert. Erweist sich ein derartiger Handlungsbedarf aufgrund eines der drei Kriterien auf dieser Ebene als gegeben, setzt die Prüfung für das betroffene Aufgabengebiet auf der zweiten Ebene der »Besser«-Bedingung ein. Auch diese setzt sich aus drei Kriterien zusammen, die allerdings kumulativ zu überprüfen sind, um zu ermitteln, ob – gewissermaßen in der Vertikalen – von einer vertraglichen Verankerung supranationaler Primär- oder Partialkompetenzen ein Zuwachs an Effektivität und Legitimität des politischen Handelns im europäischen Mehrebenensystem zu erwarten ist. Als obligatorische Beurteilungsmaßstäbe sind dabei zunächst einmal das Kriterium der »*Problemlösungsfähigkeit völkerrechtlicher Formen bi- oder multilateraler Kooperation*« sowie der »*Öffentlichen Akzeptanz für Handlungsbefugnisse der Europäischen Union*« zu betrachten. Nur in jenen Fällen, in denen die kumulative Anwendung dieser beiden Kriterien zu offenen Widersprüchen führt oder auf ihrer Grundlage noch keine eindeutigen Aussagen für oder gegen die Einräumung europäischer Primär- oder Partialzuständigkeiten in dem jeweiligen Aufgabenfeld möglich sind, wird ergänzend das dritte Kriterium der »*Verbundvorteile durch europäische Zuständigkeiten*« herangezogen.

1.2.3 Die anwendungsorientierte Ausdifferenzierung der Prüfkriterien in einem Fragenkatalog

Nachdem in einem Prozeß schrittweiser Konkretisierung zunächst die zwei Prüfungsebenen des Subsidiaritätsprinzips als Kompetenzzuweisungsregel – namentlich die »Erforderlichkeits«- und die »Besser«-Bedingung – herausgearbeitet und durch die Benennung von jeweils drei Kriterien weiter konkretisiert wurden, soll nun in einem dritten abschließenden Schritt eine Ausdifferenzierung dieser Kriterien in Einzelfragen erfolgen.[228] Auf dem damit entwickelten Katalog an Testfragen beruht die Neuordnung der Zuständigkeitsverteilung zwischen Mitgliedstaaten und Europäischer Union in einem dualen Kompetenzkatalog, die anschließend in Tabellenform dargestellt wird. Detaillierte Darstellungen zur Anwendung des Prüfrasters auf ausgewählte Politikfelder folgen in Teil C der Studie.

Im einzelnen lassen sich die *Kriterien der ersten Prüfungsebene der »Erforderlichkeitsbedingung«* in folgender Weise weiter ausdifferenzieren:

---

228 Vgl. dazu auch die Zusammenstellung der Prüffragen in Kurzform auf S. 109 dieses Bandes.

Erforderliche Mindestteilnehmerzahl

–   Ist die Aufgabenwahrnehmung in einem bestimmten Politikfeld mit so hohen
    finanziellen Lasten verbunden, daß sie den einzelnen Staat überfordern?

Sehr kapitalintensive Bereiche staatlicher Tätigkeit, in denen zugleich staatliche
Einrichtungen die Hauptnachfrager sind, bilden den klassischen Fall für diese Art
von Überforderung einzelstaatlicher Leistungskapazitäten. Als Beispiele sind hier
die Raumfahrtpolitik oder auch die Kernenergiepolitik zu nennen. Hier finden
sich zahlreiche zwischenstaatliche Kooperationsformen, die eine Wahrnehmung
von Aufgaben in diesem Bereich erst »erschwinglich« machen. In diesen Fällen
läge also in der graphischen Darstellung des »Kriterienrasters für die Kompetenzverteilung« die Ausprägung »mehrere/alle Mitgliedstaaten« vor.

–   Existieren Grundrechtsstandards oder in Europa allgemein akzeptierte Gemein-
    wohlbelange, deren Wahrung Minimalstandards voraussetzen, welche einzelne
    Mitgliedstaaten aufgrund ihrer schwachen administrativen und wirtschaftlichen
    Ausstattung aber nicht gewährleisten können?

In diesen Fällen ist eine Kooperation zwischen Staaten angebracht, die Unterstützung benötigen, und solchen, die diese leisten können. Zu den Bereichen, in denen gegenseitige Unterstützung unter Umständen das Tätigwerden ärmerer Mitgliedstaaten in einzelnen Politikbereichen erst ermöglicht, gehören beispielsweise
der Verbraucher- und Umweltschutz.

–   Stellt sich die Situation in einem Aufgabenfeld so dar, daß überhaupt erst durch
    einen Mindestteilnehmerkreis von mehr als einem Staat politische Steuerungsfä-
    higkeit hergestellt werden kann oder die Verwirklichung einer politischen Zielset-
    zung realistisch erscheint?

Hier sind als klassische Beispiele die Abschreckungspolitik während des Kalten
Krieges oder die internationale Menschenrechtspolitik zu nennen. Keiner der eu-
ropäischen Staaten besaß bzw. besitzt das notwendige militärische oder politische
Gewicht, um auf diesen Feldern alleine dauerhaft Wirkung zu erzielen.

Räumliche Kongruenz politischen Handelns

Mit Hilfe des Kriteriums räumlicher Kongruenz soll die Wahrscheinlichkeit negativer
und positiver externer Effekte als Resultat einseitiger einzelstaatlicher Maßnahmen in
bestimmten Politikfeldern ermittelt werden. Besonders stark ausgeprägt sind diese
Kosten- und Nutzen-Spill-overs in einem Wirtschaftsraum, in dem die vier Grundfreiheiten annähernd verwirklicht sind und eine gemeinsame Währung besteht. Anhand
weniger Beispiele zu den beiden Schlüsselfragen, mit deren Hilfe man Aufschluß er-
langt über die Ausprägung dieses Kriteriums in einem spezifischen Aufgabenbereich,
läßt sich dieser Zusammenhang verdeutlichen:

–   Besteht bei einzelstaatlicher Regelung in bestimmten Handlungsfeldern die Ge-
    fahr, daß andere Staaten dadurch »spürbar« geschädigt werden?

Gerade zwischen hoch integrierten offenen Volkswirtschaften besteht die Gefahr
eines »race to the bottom«, wenn einzelne Mitgliedstaaten dadurch Wettbewerbs-

vorteile zu erlangen versuchen, daß sie extrem niedrige Umwelt- oder Sozialstandards setzen (»Umwelt- und Sozialdumping«).

– Wie hoch ist die Wahrscheinlichkeit in dem jeweiligen Politikfeld, daß bei einzelstaatlicher Kompetenzausübung andere Mitgliedstaaten sich als »Trittbrettfahrer« verhalten, d. h. daß sie, obwohl sie Nutzen aus der betreffenden Aktivität anderer Staaten ziehen, zu keiner Kostenbeteiligung bereit sind?

Als Beispiel mag hier der Bereich der Verkehrspolitik genannt werden. Von dem Straßen- und Schienennetz eines Transitlandes profitieren alle Staaten, die für ihre Exporte diese Infrastruktur in Anspruch nehmen. Soll die Freiheit des Warenverkehrs in einem integrierten Wirtschaftsraum gewahrt werden, ist es dem betroffenen Staat, der voll für die Instandhaltung seines Verkehrsnetzes aufkommen muß, nur mit starken Einschränkungen möglich, einseitig Nutzungsbeschränkungen für nicht-einheimische Benutzer einzuführen. Nur ein abgestimmtes Vorgehen zwischen den Nutznießern und dem bereitstellenden Staat erscheint effizient.

Skalenerträge gemeinsamen Vorgehens

Um zu klären, ob durch ein koordiniertes Vorgehen mehrerer Mitgliedstaaten Skalenerträge realisiert werden können, erscheint es sinnvoll, zwischen verschiedenen Erscheinungsformen zu unterscheiden, in denen diese Art von »Größenvorteil« anfallen kann. Entsprechend ist die Ausprägung dieses Kriteriums für das jeweilige Politikfeld zu prüfen, indem untersucht wird, ob eine dieser Ertragsvarianten vorliegt.

– Ergeben sich aus dem Zusammenwirken mehrerer oder aller Mitgliedstaaten in einem bestimmten Politikfeld Zuwächse an Verhandlungsmacht gegenüber Dritten?

Im Falle der Europäischen Union stellt sich diese Frage vor allem im Zusammenhang mit der Durchsetzung gemeinsamer Interessen in internationalen Organisationen. Allerdings gilt für dieses Beispiel auch, daß die Koordinationskosten für die Abstimmung des gemeinsamen Vorgehens mit einer wachsenden Zahl beteiligter Staaten ebenfalls steigen. Hier müssen die zusätzlichen Abstimmungskosten also den erzielbaren Skalenerträgen gegenübergestellt werden.

– Fallen durch das Zusammenwirken mehrerer Staaten in einem bestimmten Politikfeld Skalenerträge in Form von sinkenden Durchschnittskosten bei der Produktion an?

Als Bereiche, in denen dies zutrifft, können z. B. fortgeschrittene Technologien oder die Rüstungswirtschaft genannt werden. Auch durch gemeinsame technische Standardisierungen können entsprechende Erträge erzielt werden.

– Fallen Skalenerträge durch die Senkung von Transaktionskosten an?

Dies trifft für Staaten, die einem integrierten Wirtschaftsraum angehören, vor allem durch die Angleichung weiter Bereiche ihrer Rechtsordnungen zu.

– Lassen sich Skalenerträge erzielen, indem durch eine frühzeitige gemeinsame Planung und Koordinierung System- oder Netzinterdependenzen vorteilhaft gestaltet werden können?

Mit Sicherheit liegt ein hohes Potential für derartige Skalenerträge im Schienen-
und Fernstraßenbau, im Bereich der Telekommunikation und gemeinsamer Ener-
gieträger. Hier spielt die Entwicklung gemeinsamer technischer Standards eine
zentrale Rolle, um die Kompatibilität der verschiedenen Systeme zu gewährleisten.

Falls schon eine dieser Fragestellungen zu dem Schluß führt, daß grenzüberschreitender Koordinationsbedarf für ein ganzes Politikfeld oder einzelne Aufgabengebiete gegeben ist, so hängt die Entscheidung darüber, ob dieser Handlungsbedarf tatsächlich
eine Zuständigkeit der Europäischen Union rechtfertigt, von der kumulativen Prüfung
der Kriterien auf *Ebene der »Besser«-Bedingung* ab, die ihrerseits in folgende konkrete Testfragen ausdifferenziert werden können:

*Problemlösungsfähigkeit völkerrechtlicher Formen bi- bzw. multilateraler
Kooperation*

Eine am Föderalismusprinzip orientierte Prüfung der Zulässigkeit europäischer Kompetenzen muß stets das Ziel vor Augen haben, neben der Herstellung eines Mindestmaßes an Einheit soviel Vielfalt wie möglich zu sichern. Deshalb sollte, wenn eine
Optimierung der Regelungsreichweite die Kooperation mehrerer Mitgliedstaaten erfordert, zunächst die Möglichkeit in Betracht gezogen werden, daß sie sich auf der
Grundlage einstimmiger Beschlüsse – ohne Souveränitätsrechte zu transferieren – zu-
sammenfinden können, um die Effektivität politischen Handelns auf diese Weise zu
erhöhen.

Ob derartige bi- oder multilaterale Zusammenschlüsse in einem Politikbereich allerdings tatsächlich eine taugliche Alternative für eine Unionszuständigkeit darstellen,
hängt von verschiedenen Faktoren ab.

–   Resultiert aus dem europäischen Integrationsprozeß selbst eine ungleiche Kosten-
    und Nutzenverteilung für die Mitgliedstaaten bzw. ihre subnationalen Glieder, de-
    ren Ausgleich das vertragliche Solidaritätsprinzip gebietet und sind Zuständig-
    keiten der Europäischen Union in dem zur Diskussion stehenden Aufgabenfeld er-
    forderlich, um diese Kompensationsfunktion wirksam zu garantieren und den
    Zusammenhalt der Europäischen Union zu wahren?

Hiermit sind vor allem Fragen der interpersonellen und interregionalen Umverteilungspolitik grenzüberschreitender Natur angesprochen. Die wachsenden Ein-
kommensunterschiede gerade in einer erweiterten Europäischen Union und die
ungleichen Rückwirkungen auf Wirtschaftswachstum und -strukturen, die mit der
Herstellung des Binnenmarktes und dem Eintritt in die dritte Stufe der Währungsunion verbunden sind, entziehen sich weitgehend dem einzelstaatlichen Steue-
rungspotential. Die Zielsetzung wirtschaftlicher und sozialer Kohäsion im europäischen Binnenraum erfordert transnationales Tätigwerden und läßt – vor dem
Hintergrund der Auseinandersetzungen zwischen Nettozahler- und Netto-
Empfängerstaaten und des schwach ausgeprägten grenzüberschreitenden Solidaritätsgefühles zwischen den Unionsbürgern – zumindest supranationale Partialzuständigkeiten im redistributiven Bereich sinnvoll erscheinen.

– Bilden die Aufgabenbereiche, über deren Zuständigkeitsübertragung zu entscheiden ist, eine »funktionale Einheit« mit Kernkompetenzen auf Unionsebene und wären ohne entsprechende europäische Handlungsbefugnisse auch diese Kernkompetenzen in Frage gestellt?

Als besonders plastisches Beispiel für einen solchen zwingenden Zusammenhang zwischen verschiedenen Handlungsbefugnissen kann die Kernzuständigkeit der europäischen Ebene für den Gemeinsamen Außentarif im Rahmen der Zollunion und das Erfordernis angeführt werden, zur Wahrung der Funktionsfähigkeit dieser Zollunion zumindest partiell Kompetenzen der Unionsebene im Außenhandelsbereich zu begründen.

In beiden Fällen – nämlich der Korrektur von unmittelbar durch die Teilnahme am Integrationsgeschehen bewirkten Nachteilen für einzelne Mitgliedstaaten bzw. Regionen und einem funktional zwingenden Zusammenwirken zwischen verschiedenen Aufgabenfeldern – ist die Problemlösungskapazität alternativer Formen bi- oder multilateraler Kooperation gegenüber derjenigen auf europäischer Ebene tendenziell als unterlegen einzustufen. In der Folgeprüfung gilt für die betroffenen Tätigkeitsbereiche, daß – unabhängig von den Ergebnissen bei der Überprüfung des Kriteriums öffentliche Akzeptanz – auf jeden Fall auch das Kriterium der Verbundvorteile für eine supranationale Zuständigkeit sprechen wird und damit generell die Notwendigkeit einer Unionszuständigkeit zu bejahen ist.

Trifft keines der beiden Kriterien auf ein Aufgabenfeld zu, für das auf der ersten Prüfungsebene die Zweckmäßigkeit grenzüberschreitenden Handelns nachgewiesen wurde, so ist die Eignung von völkerrechtlichen Alternativen zu supranationalen Befugnissen anhand folgender Prüffragen weiter abzuwägen:

– Wieviele Mitgliedstaaten müßten kooperieren, um tatsächlich eine optimale Regelungsreichweite sicherzustellen?
– Bleibt dabei die Möglichkeit effizienten Handelns gewahrt?

So ist es durchaus denkbar, daß die Zahl der von einem gemeinsamen Problem betroffenen Staaten über die Mitglieder der Europäischen Union hinausreicht. Eine optimale Lösung wäre erst dann erreicht, wenn alle betroffenen Staaten zusammenarbeiten würden. Dies spräche zunächst gegen eine Zuständigkeit der Europäischen Union – schon ihre Mitgliederzahl wäre suboptimal. Um alle betroffenen Staaten an der Problemlösung zu beteiligen, erschiene es vielmehr sinnvoll, wenn sich die EU-Mitglieder mit den Nichtmitgliedern auf der Basis bi- oder multilateraler Übereinkünfte zusammentäten, um einerseits eine wirklich optimale, dem Umfang des Problems entsprechende Regelungsreichweite zu erzielen, andererseits aber keine Kompetenzen in dem jeweiligen Politikbereich an die supranationale EU abtreten zu müssen.

Hier stößt man aber nun an die Grenzen des Konzeptes der optimalen Regelungsreichweite für die politische Bewältigung eines gemeinsamen Problems. Bei der Frage nach effizienten Alternativen horizontaler Kooperation zu europäischen Zuständigkeiten ist zu berücksichtigen, daß mit wachsender Reichweite eines Problems auch ein wachsender Kreis an mitwirkenden Staaten zu dessen Lösung erforderlich wäre. Gleichzeitig steigt jedoch die Pluralität der Interessen, wobei ihre Heterogenität von Politikfeld zu Politikfeld variiert. Ab einer gewissen Teilnehmerzahl verkehrt sich dann der zentrale Vorteil (völkerrechtlicher) multilateraler Kooperation – nämlich der Erhalt der mitgliedstaatlichen Kompetenz für das jeweilige Aufgabenfeld – in sein Gegenteil. Die Vetomöglichkeit des einzelnen Staates im Falle konsensualer Zusammenarbeit führt dann regelmäßig zu Entscheidungsblockaden oder reduziert gemeinsame Entscheidungen auf Formelkompromisse, die effizientes politisches Handeln unmöglich machen.

Daraus ergibt sich aber, daß mit zunehmendem Umfang der minimalen Problemlösungsreichweite die Problemlösungskapazität auf dem Wege multilateraler Zusammenarbeit sinkt. Unter diesem Gesichtspunkt kann es durchaus sinnvoll sein, die Zuständigkeit für die Lösung eines Problems auf die Europäische Union zu übertragen, auch wenn dann nicht der volle Kreis an Mitgliedstaaten beteiligt ist, der von dem Problem betroffen ist. Zumindest wird auf diese Weise sichergestellt, daß eine größere Annäherung an die optimale Regelungsreichweite erreicht würde, als dies bei einzelstaatlichem Handeln der Fall wäre. Schließlich bedingt der Ausbau der Gültigkeit der Mehrheitsregel, der für den Erhalt der Handlungsfähigkeit einer erweiterten Europäischen Union unabdingbar erscheint, daß die Unionsebene eher als eine Form völkerrechtlicher Kooperation durch diese Verstärkung ihres supranationalen Charakters die Möglichkeit besäße, gegenüber einzelnen Mitgliedstaaten eine einheitliche Problemlösungsstrategie zu erzwingen.

– Kann das Erfordernis grenzüberschreitender Zusammenarbeit durch die Schaffung neuer bi- oder multilateraler Kooperationsvereinbarungen auf völkerrechtlicher Basis erfüllt werden?

Zu dieser Frage ist vor allem anzumerken, daß die Wahrscheinlichkeit hierfür in all jenen Politikfeldern eher gering sein dürfte, in denen auch eine geringe Akzeptanz für Handlungsbefugnisse der Europäischen Union besteht. Im einzelnen finden sich nähere Ausführungen dazu in den Erläuterungen zum Kriterium »öffentliche Akzeptanz«.

– Bestehen bereits völkerrechtliche Zusammenschlüsse, in deren Rahmen die optimale Regelungsreichweite und effizientes Handeln in dem zu prüfenden Politikbereich verwirklicht wird?
– Lassen sich in diesen Zusammenschlüssen spezifische Interessen der EU-Mitgliedstaaten in dem jeweiligen Politikbereich hinreichend verwirklichen?

Existiert ein derartiger Kooperationsrahmen, so spricht dies zunächst gegen eine Kompetenz der Europäischen Union in diesem Aufgabenfeld. Als Beispiel kann hier die NATO auf dem Gebiet der Sicherheits- und Verteidigungspolitik genannt werden. Trotz der geltenden Einstimmigkeit im NATO-Rat hat sich dieses Bündnis als sehr effizient erwiesen. Allerdings ist selbst in diesem Fall eine EU-Zuständigkeit in Teilbereichen nicht ausgeschlossen, wenn spezifisch europäische Interessenlagen in diesem Bündnis nicht ausreichend berücksichtigt werden und es gelingt, diese gemeinsamen Interessen hinreichend deutlich zu konkretisieren.

Öffentliche Akzeptanz für Handlungsbefugnisse der Europäischen Union

Das Kriterium »öffentliche Akzeptanz« als Maßstab dafür heranzuziehen, ob die Einräumung einer EU-Kompetenz der geeignete Weg ist, um dem Erfordernis grenzüberschreitenden Handelns gerecht zu werden, ist mit zahlreichen (Operationalisierungs-)Problemen belastet. In dem vorliegenden Modell soll es lediglich auf den Grad der Heterogenität abstellen, der bezüglich der Präferenzen ihrer Bürger für sachliche Inhalte politischen Handelns zwischen den verschiedenen Mitgliedstaaten feststellbar ist. Eine »niedrige« öffentliche Akzeptanz für Handlungsbefugnisse der Europäischen Union liegt unter diesem Blickwinkel vor allem dann vor, wenn sich entlang der mitgliedstaatlichen Grenzen erhebliche Differenzen bezüglich der Auffassungen über »richtiges« politisches Handeln in einem Aufgabenfeld feststellen lassen oder europäische Zuständigkeiten unionsweit auf vehemente Ablehnung – z. B. wegen ihrer umverteilenden Wirkung zwischen verschiedenen Mitgliedstaaten oder ihrer vereinheitlichenden Tendenzen – stoßen. Auf »hohe« öffentliche Akzeptanz soll indes geschlossen werden, wenn entweder keine besonders ausgeprägten, entlang nationaler oder regionaler Grenzen verlaufenden Auffassungsunterschiede über die »richtige« Ausübung einer Kompetenz oder aber deutliche Indizien dafür bestehen, daß die Unionsbürger in ihrer Gesamtheit einem Tätigwerden der europäischen Ebene offen gegenüberstehen.

Auf dieser Grundlage können die folgenden konkretisierenden Fragestellungen immerhin näherungsweise darüber Aufschluß geben, ob eine »niedrige« öffentliche Akzeptanz für Zuständigkeiten der Europäischen Union in einem bestimmten Aufgabenfeld, und damit zugunsten ihres Verbleibes auf mitgliedstaatlicher Ebene vorliegt:

– Handelt es sich bei der zu prüfenden Zuständigkeit um einen Politikbereich, in dem politische und soziale Überlegungen die ökonomischen Faktoren dominieren?
– Sind Aufgabenbereiche berührt, die typischerweise in die Verantwortung regionaler Gebietskörperschaften fallen, weil sie stark sozialisierend wirken oder für die Wahrung kultureller Eigenständigkeit besonders relevant sind?
– Handelt es sich um einen Bereich interpersoneller oder interregionaler Umverteilungspolitik?
– Profitiert primär ein Teil der Mitgliedstaaten von den Maßnahmen in diesem Politikbereich, während eine andere Gruppe für seine Finanzierung aufkommen muß?

Allerdings müssen sich empirische Aussagen zu dem Grad an öffentlicher Zustimmung bzw. Ablehnung gegenüber europäischen Handlungsbefugnissen weitgehend auf die Ergebnisse der Eurobarometer-Erhebungen stützen. In deren Rahmen werden den Befragten regelmäßig bestimmte Politikfelder genannt, für die sie ihre Präferenzen bezüglich nationaler oder europäischer Entscheidungsbefugnisse angeben sollen. Veröffentlicht werden dabei jeweils nur die unionsweiten und nationalen Umfrageergebnisse, d. h. die subnationale Ebene »bleibt außen vor«. Zudem beziehen sich die Fragestellungen jeweils nur auf Politikfelder in ihrer Gesamtheit und nicht auf Partialzuständigkeiten.

Verbundvorteile durch europäische Zuständigkeiten

Das Kriterium der »Verbundvorteile durch europäische Zuständigkeit« betont den Aspekt der nötigen Einheitswahrung und Kohäsion im Rahmen des Föderalismusprinzips. Wie die bisherigen Erfahrungen mit der weiten Auslegung des Binnenmarktzieles und ihrer stark zentralisierungsbegünstigenden Wirkung zeigen, ist bei der Heranziehung dieses Prüfungsmaßstabes darauf zu achten, daß starke Gegengewichte gesetzt werden. Dies ist in dem vorliegenden Prüfraster geschehen, in dem zunächst überprüft wird (erste Ebene), ob überhaupt Zuwächse an politischer Handlungseffektivität durch grenzüberschreitende Kooperation zu erwarten sind. Darauf aufbauend wurden dem Kriterium »Verbundvorteile« die beiden Frageblöcke zu möglichen Alternativen in Form von autonomiewahrenden, zwischenstaatlichen Kooperationsformen und zur öffentlichen Akzeptanz europäischer Handlungsbefugnisse vorgeschaltet. Beide wirken eher verstärkend in Richtung einer Zuständigkeitsvermutung für die mitgliedstaatliche Ebene. Bei vorhandenen Möglichkeiten zur völkerrechtlichen Kooperation zwischen den Mitgliedstaaten und zugleich geringer öffentlicher Akzeptanz ist in einem Sachgebiet selbst bei erheblichen Verbundvorteilen keine Einräumung europäischer Kompetenzen mehr zulässig. Weist die Überprüfung auf Akzeptanzmängel im obigen Sinne hin, ist aber eine alternative Form der angemessenen Problembewältigung durch bi- oder multilaterale Zusammenarbeit nicht möglich, so müssen Verbundvorteile vorliegen, um eine europäische Zuständigkeit zu rechtfertigen. Umgekehrt bedingt die Möglichkeit effizienten politischen Handelns auf der Basis völkerrechtlicher Vereinbarungen unter den Mitgliedstaaten, daß eine hinreichende Akzeptanz europäischer Befugnisse und Verbundvorteile kaum ausreichen werden, um eine Primärzuständigkeit der Europäischen Union zu begründen.

Das Vorliegen von Verbundvorteilen kann anhand folgender Fragen bewertet werden:

– Behindert der Verbleib einer Zuständigkeit auf mitgliedstaatlicher Ebene merklich eine Verwirklichung der Kernziele des Europäischen Vertragswerkes (vor allem Verwirklichung der Grundfreiheiten)?

– Ist die zusätzliche Übertragung von Kompetenzen nötig, um die Effizienz des Unionshandelns zu steigern bzw. Instringenzen der derzeitigen Kompetenzordnung zu korrigieren (hier ist z. B. an die Überlappungen zwischen den Außenhandelsregelungen in der ersten und den Regelungen zur GASP in der zweiten Vertragssäule zu denken)?

– Sind bestimmte zusätzliche Kompetenzen zwingend erforderlich, um die Kohäsion der Union zu sichern bzw. die Kohärenz der Gemeinschaftspolitiken zu bewahren?

Im folgenden werden die einzelnen Fragestellungen entlang der Prüfkriterien für die Kompetenzverteilung zwischen Mitgliedstaaten und Europäischer Union nochmals in einem Gesamtkatalog gebündelt. Damit steht ein unmittelbar anwendbares Prüfkonzept zur Verfügung, welches für die Neugestaltung der europäischen Kompetenzordnung herangezogen werden kann.

Katalog der Prüffragen des Kriterienrasters für eine duale Zuständigkeitsverteilung gemäß dem Subsidiaritätsprinzip als Kompetenzverteilungsregel

Erforderliche Mindestteilnehmerzahl	• Ist die Aufgabenwahrnehmung in einem Politikfeld mit so hohen finanziellen Lasten verbunden, daß sie einzelne Mitgliedstaaten überfordern?
	• Existieren Grundrechtsstandards oder in Europa allgemein akzeptierte Gemeinwohlbelange, deren Wahrung einzelne Mitgliedstaaten aufgrund unzureichender administrativer bzw. ökonomischer Ressourcen nicht gewährleisten können?
	• Überfordern die spezifischen Inhalte und Ziele eines Aufgabenfeldes per se die politische Steuerungsfähigkeit und Gestaltungsmacht des einzelnen Mitgliedstaates?
Räumliche Kongruenz politischen Handelns	• Besteht bei einzelstaatlicher Regelung in bestimmten Handlungsfeldern die Gefahr, daß andere Staaten dadurch unmittelbar oder mittelbar durch die Gefährdung des Unionszusammenhalts geschädigt werden?
	• Ist die Wahrscheinlichkeit in einem Politikfeld hoch, daß bei einzelstaatlicher Kompetenzausübung andere Mitgliedstaaten sich als »Trittbrettfahrer« verhalten?
Skalenerträge gemeinsamen Vorgehens	• Ergeben sich aus dem Zusammenwirken mehrerer Mitgliedstaaten in einem bestimmten Politikfeld Zuwächse an Verhandlungsmacht gegenüber Dritten?
	• Fallen Skalenerträge durch die Senkung von Transaktionskosten oder von Durchschnittskosten in der Produktion bestimmter Güter an?
	• Lassen sich gemeinsam Skalenerträge erzielen, indem durch System- und Netzinterdependenzen bedingte Vorteile frühzeitiger gemeinsamer Planung und Koordinierung ausgenutzt werden?
Problemlösungsfähigkeit völkerrechtlicher Formen bi- oder multilateraler Kooperation	• Resultiert aus dem europäischen Integrationsprozeß selbst eine ungleiche Kosten- und Nutzenverteilung für die Mitgliedstaaten bzw. ihre subnationalen Glieder, deren Ausgleich das vertragliche Solidaritätsprinzip gebietet und sind Zuständigkeiten der Europäischen Union in dem zur Diskussion stehenden Aufgabenfeld erforderlich, um diese Kompensationsfunktion wirksam zu garantieren und den Zusammenhalt der Europäischen Union zu wahren?
	• Bilden die Aufgabenbereiche, über deren Zuständigkeitsübertragung zu entscheiden ist, eine »funktionale Einheit« mit Kernkompetenzen auf Unionsebene und wären ohne entsprechende europäische Handlungsbefugnisse auch diese Kernkompetenzen in Frage gestellt?
	• Wie viele Mitgliedstaaten müßten kooperieren, um tatsächlich eine ausreichende Problemlösungskapazität bereitzustellen? Reicht die Homogenität der einzelstaatlichen Interessenlagen aus, um eine entsprechende Koalition zu bilden und das notwendige Einvernehmen herzustellen, das erst eine effiziente politische Steuerung erlaubt?
	• Kann das Erfordernis grenzüberschreitender Zusammenarbeit durch die Schaffung neuer bi- oder multilateraler Kooperationsvereinbarungen (auf völkerrechtlicher Basis) erfüllt werden?
	• Bestehen anderweitige internationale Zusammenschlüsse als die EU, in deren Rahmen die Mitgliedstaaten in einem Aufgabenfeld erfolgreich kooperieren? Lassen sich in derartigen Zusammenschlüssen spezifische Interessen der EU-Mitgliedstaaten in dem betroffenen Politikbereich hinreichend verwirklichen?
Öffentliche Akzeptanz für Handlungsbefugnisse der EU *(Grad der Heterogenität mitgliedstaatlicher bzw. regionaler Bevölkerungspräferenzen)*	• Handelt es sich bei der zu prüfenden Zuständigkeit um einen Politikbereich, in dem politische, soziale oder kulturelle Traditionen und Grundorientierungen eher als ökonomische Faktoren dominieren?
	• Sind Aufgabenbereiche berührt, die typischerweise in die Verantwortung regionaler Gebietskörperschaften fallen?
	• Handelt es sich um einen Bereich interpersoneller oder interregionaler Umverteilungspolitik? Profitiert primär ein Teil der Mitgliedstaaten von den Maßnahmen in diesem Politikbereich, während eine andere Gruppe für seine Finanzierung aufkommen muß?
	• Behindert der Verbleib einer Zuständigkeit auf mitgliedstaatlicher Ebene merklich eine Verwirklichung der Kernziele des Europäischen Vertragswerks?
Verbundvorteile durch europäische Zuständigkeit	• Erscheint die Übertragung einer Kompetenz angemessen, weil sie zur Effizienzsteigerung des Unionshandelns in komplementären europäischen Aufgabenfeldern beiträgt bzw. Instringenzen der derzeitigen Kompetenzordnung beseitigt?
	• Trägt die Übertragung einzelner Zuständigkeiten zur Kohärenz der Gemeinschaftspolitiken bei?

1.3 Kurzdarstellung des modifizierten Kompetenzkataloges

Die folgende Kurzdarstellung eines dualen vertraglichen Kompetenzkataloges in Matrixform soll in erster Linie den Zweck verfolgen, das neue Ordnungsmodell mit seinen sachgebietsbezogenen Kompetenzumschreibungen für die europäische und mitgliedstaatliche Ebene zu verdeutlichen. Keineswegs wird jedoch der Anspruch erhoben, für jedes einzelne der aufgelisteten Politikfelder ein endgültiges Bild der Primär- und Partialkompetenzen zu liefern, die sich nach einer gründlichen Prüfung entlang des entwickelten Kriterienrasters für die Neuordnung der Zuständigkeiten in der Europäischen Union ergeben würden. Dies gilt zum einen, weil die auf dem Kriterienraster beruhende Prüfung zwar erheblich zur Versachlichung der politischen Diskussion um die Kompetenzverteilung beitragen kann, die endgültige Ausgestaltung der Zuständigkeitsordnung wird jedoch auch weiterhin eine Frage von Festlegungen im Laufe des politischen Entscheidungsprozesses sein. Zum anderen hätte das Vorhaben, für jedes einzelne der in der Tabelle aufgelisteten Politikfelder eine umfassende Prüfung durchzuführen, den Arbeitsrahmen der vorliegenden Publikation gesprengt.

Gerade aus dem letztgenanntem Grund wir die ausführliche Darstellung des Vorgehens bei der Kompetenzprüfung im folgenden Teil C dieser Studie lediglich exemplarisch anhand von vier ausgewählten Politikfeldern erfolgen, die im Mittelpunkt der Diskussion um die Amsterdamer Vertragsrevision oder der »Agenda 2000« der Europäischen Union standen, zugleich aber auch längerfristig besonders stark vom Prozeß des »doppelten Systemwandels« betroffen sein dürften. Im einzelnen handelt es sich dabei um die Außen-, Sicherheits- und Verteidigungspolitik, die Innen- und Justizpolitik, die Regional- und Strukturpolitik, sowie die Sozial- und Beschäftigungspolitik. Die Ergebnisse dieser ausführlichen Überprüfung finden bereits in der folgenden Matrixdarstellung Niederschlag.

Um die zentralen Änderungen gegenüber der Kompetenzverteilung im Amsterdamer Vertrag zu veranschaulichen und eine direkte Gegenüberstellung zu ermöglichen, wird im Anhang die dort bestehende Kompetenzverteilung ebenfalls in Matrixform wiedergegeben.

Primärkompetenzen der Mitgliedstaaten	Partialkompetenzen der Europäischen Union
1. Außen- und Sicherheitspolitik	*1. Gemeinsame Außen- und Sicherheitspolitik* – Analyse und einvernehmliche Definition grundlegender Unionsinteressen im Rahmen Gemeinsamer Strategien – Gemeinsame Standpunkte zur einheitlichen Vertretung grundlegender Unionsinteressen im Rahmen von Systemen kollektiver und kooperativer Sicherheit, v. a. in den UNO, der OSZE und dem Europarat

	– Gemeinsame Standpunkte und Gemeinsame Aktionen im Bereich präventiver Diplomatie und des sanktionsfreien Konfliktmanagements zur Wahrung grundlegender Unionsinteressen – Abschluß von Handels-, Partnerschafts- und Kooperations- sowie Assoziierungsabkommen – Abkommen mit internationalen Organisationen – Außen- und sicherheitspolitische Koordination und ständiger Informationsaustausch
2. *Verteidigungspolitik und Teilnahme an Systemen kollektiver Verteidigung*	2. *Sanktionsbewehrte europäische Friedenssicherung* – Gemeinsame Aktionen in Form von humanitären Interventionen, friedenserhaltenden und friedensschaffenden Maßnahmen mit militärischen Mitteln – Verhängung ökonomischer Sanktionen bei Verstößen gegen demokratische Grundsätze, Menschenrechte und Friedensbruch – Schrittweise Verwirklichung eines gemeinsamen Rüstungsmarktes
3. *Innere Sicherheit und Ordnung, Justiz; darunter:* – Verbrechensbekämpfung	3. *Inneres und Justiz; darunter:* – Bekämpfung organisierter und internationaler Kriminalität auf den Gebieten Terrorismus, Waffen- und Nuklearschmuggel, Verbreitung von rassistischem und fremdenfeindlichem Material, Drogenhandel, Prostitution, Menschenhandel, Schleusung von Einwanderern, Organhandel, Entführungen, Schutzgelderpressungen, Subventions- und Anlagebetrug, illegales Glücksspiel, Eigentumskriminalität und gewerbsmäßige Hehlerei, Kunstraub, Kfz-Verschiebungen, Falschgeldkriminalität, Umweltkriminalität, Geldwäsche und Bestechung in Politik und öffentlicher Verwaltung, Computerkriminalität – Grenzüberschreitende Strafverfolgung bei Kapitalverbrechen (Mord, Totschlag, Vergewaltigung, Vorsätzliche Brandstiftung) In diesen Bereichen:

– Polizei- und Zollwesen	– Erstellung kriminalistischer Lagebilder – Rechts- und Amtshilfe, inkl. Datenaustausch – Eigenständige und unterstützende Ermittlungs- und Fahndungstätigkeit durch Europol und das Europäische Zollfahndungsamt – Internationale Abkommen zur Polizei- und Zollkooperation
– Justizwesen, Gerichtsbarkeit	– Anklageerhebungen und Ermittlungen durch die Europäische Staatsanwaltschaft – Zeugenschutz in Verfahren gegen die internationale und organisierte Kriminalität
– Strafrecht	– Harmonisierung der Strafbarkeit und der Strafmaße im Bereich internationaler und organisierter Kriminalität
– Datenschutz	– Mindeststandards beim Datenschutz auf hohem Schutzniveau – Überwachung der Einhaltung gemeinsamer Datenschutzstandards durch EU-Kontrollinstanz
– Zivilrecht	– Komplementäre Rechtsetzung zu internationalen Abkommen im Internationalen Privatrecht und Internationalen Zivilprozeßrecht sofern sie in unmittelbarem Bezug zur Verwirklichung der Grundfreiheiten im Binnenmarkt steht oder zur Erhöhung des Verbraucherschutzniveaus beiträgt und folgende Bereiche berührt: – Handels-, Gesellschafts-, Sachenrecht, Recht der vertraglichen und außervertraglichen Schuldverhältnisse – Familien- und Erbrecht bei Partnerschaften zwischen Angehörigen verschiedener Mitgliedstaaten – Einheitliche Anerkennung und Vollstreckung von Entscheidungen mitgliedstaatlicher Gerichte
4. Staatsorganisation, innere Verwaltung, öffentliches Leben – Grundrechtsschutz – Staatsangehörigkeit – Melde-/Ausweiswesen – Vereins- und Versammlungswesen – Verfassungspolitik	*4. Unionsorganisation, öffentliches Leben* – Gewährleistung der Grundrechtsstandards gemäß der Europäischen Konvention zum Schutze der Menschenrechte und Grundfreiheiten sowie gemeinsamer Verfassungsüberlieferungen – Verbot der Diskriminierung aufgrund der Staatsangehörigkeit; Bekämpfung der Diskriminierung wegen Geschlecht,

	Rasse, ethnischer Zugehörigkeit, Religion, Glaube, Behinderung, Alter oder sexueller Ausrichtung – Rahmenbestimmungen zur Unionsbürgerschaft, zum Europawahlrecht, zum EU-Kommunalwahlrecht, europäischer Paß – Einrichtung europäischer Verwaltungsagenturen zum Zwecke der Informationssammlung, Vernetzung und der Erfüllung von Kontroll- und Aufsichtsbefugnissen – Regelung und Überwachung der Datenschutzbestimmungen für Organe und Einrichtungen der EU – Maßnahmen zur Erstellung von Statistiken
5. Wirtschaftsordnung/-politik	*5. Wirtschaftspolitik* – Koordinierung der Wirtschaftspolitik – Konjunkturpolitische Maßnahmen, darunter – Versicherungsmechanismus gegen asymmetrische Konjunkturschocks – Beistand bei Zahlungsbilanzdefiziten – Maßnahmen bei übermäßigen Defiziten (Verbot des »bail-out« im Rahmen der Währungsunion) – Maßnahmen bei Versorgungsschwierigkeiten
6. Finanz- und Steuerordnung	*6. Steuerharmonisierung* – Beseitigung steuerlicher Hindernisse im Warenverkehr – Beseitigung von Doppelbesteuerung bei grenzüberschreitenden Kapitalbewegungen – Mindestsätze für Einkommens-, Unternehmens-, Energie- und Mehrwertsteuer
7. Sozialpolitik	*7. Sozialpolitik* – Festlegung des pauschalen Mindestaufwandes für Sozialschutz in Relation zum Bruttoinlandsprodukt pro Einwohner der einzelnen Mitgliedstaaten
	– Koordinierung in Fragen des internationalen Sozialrechtes, v. a. der beitragsabhängigen Sozialleistungsansprüche von Personen, für die die Rechtsvorschriften der sozialen Sicherheit eines oder mehrerer Mitgliedstaaten gelten oder galten.

	– Chancengleichheit und Gleichbehandlung von Mann und Frau – Mindestvorschriften auf hohem Niveau zum Gesundheitsschutz und der Sicherheit am Arbeitsplatz – Sozialer Arbeitsschutz und Schutz besonderer Personengruppen – Mindestvorschriften auf hohem Niveau zum Kündigungsschutz und der Arbeitnehmermitbestimmung in grenzüberschreitenden Unternehmen – Mindestvorschriften auf hohem Niveau zu Informations- und Konsultationsrechten von Arbeitnehmern – Förderung der Konvergenz der mitgliedstaatlichen Sozialordnungen, einschließlich der Systeme der Sozialen Sicherheit und des Sozialstaates, durch Informationsaustausch, Untersuchungen, Beratungen und Empfehlungen, v. a. unter dem Aspekt der wirksamen Bekämpfung von Armut und sozialer Ausgrenzung in der Europäischen Union
8. *Beschäftigungs- und Arbeitsmarktpolitik*	8. *Beschäftigungs- und Arbeitsmarktpolitik* – Formulierung rechtlich unverbindlicher Leitlinien zur Beschäftigungspolitik – Informationsaustausch zwischen den Mitgliedstaaten (best practice, benchmarking) – Europäischer Stellenvermittlungsdienst (EURES) – Europäischer Berufsausbildungs- und Mobilitätsförderungsfonds (ursprgl. ESF)
9. *Gesundheitspolitik; darunter:* – Gewährleistung von Gesundheitsversorgung – Organisation der Gesundheitsdienste – Koordinierung der nationalen Politik und Programme mit den übrigen EU-Mitgliedstaaten	9. *Gesundheitswesen; darunter:* – Lebensmittelkontrolle (-kennzeichnung und -hygiene) – Gentechnologieregelungen – Festlegung allgemeiner Grundsätze für einheitliche Verwaltungspraxis in den Mitgliedstaaten – Koordinierung der nationalen Einzelgesetzgebung im Hinblick auf Freizügigkeit – Informationsaustausch und -netze – Koordinierung der Politik und der Programme der Mitgliedstaaten zur Sicherung eines hohen Gesundheitsschutzniveaus – Bekämpfung grenzüberschreitender

	Epidemien – Gemeinsame Leitlinien zu Therapie und Bekämpfung von Drogenabhängigkeit – Arzneimittelregelungen
10. Verbraucherschutz, inkl. Koordinierung der nationalen Politik und Programme mit den übrigen EU-Mitgliedstaaten	*10. Verbraucherschutz (Maßnahmen zur Unterstützung, Ergänzung und Überwachung der Politik der Mitgliedstaaten), darunter:* – Hohes Schutzniveau in den Bereichen Gesundheit, Sicherheit und Umwelt (z. B. durch Pflanzenschutz-, Veterinär- und Lebensmittelkontrollen) – Konsumenteninformation, Produktklarheit – Einheitliches Mindestschutzniveau durch technische Normen
11. Schulwesen	*11. Schulwesen* – Empfehlungen – Fördermaßnahmen (europäische Dimension im Fremdsprachenunterricht, Europa-Schulen)
12. Hochschulwesen	*12. Hochschulwesen; darunter:* – Aktionsprogramme zum Zwecke des Studentenaustausches, für Hochschulkooperationsprogramme, Auslandslehraufträge, Datensysteme und Zugang zu den erforderlichen Kommunikationsnetzen – Europäisches Hochschulinstitut
13. Bildung / Berufliche Bildung	*13. Bildung / Berufliche Bildung* – Aktionspläne und -programme mit konkreten Fördermaßnahmen in den Bereichen Berufstraining, Sprachförderung, Fernlehre, Erwachsenenbildung, Zusammenarbeit mit internationalen Einrichtungen
14. Kulturpolitik; darunter: – Denkmalpflege – Bibliothekswesen / Buchwesen – Kultureinrichtungen / -veranstaltungen	*14. Kulturpolitik; darunter:* – Programme zur Förderung kultureller Projekte (Literatur-Preis, Kulturstadt-Programm, europäisches Jugendorchester, etc.) – Erhaltung des kulturellen Erbes und europäischer Naturdenkmäler – Literaturübersetzungen, europäische Bibliotheken – Kultureinrichtungen/ -veranstaltungen

	– Unterstützung des Kulturaustausches – Förderung der Zusammenarbeit mit Drittstaaten
15. Jugend- und Familienpolitik	*15. Jugendpolitik* – Fördermaßnahmen zum Jugendaustausch – Europäischer freiwilliger sozialer Dienst
16. Industriepolitik	*16. Industriepolitik* – Ergänzende Maßnahmen zur Förderung der Wettbewerbsfähigkeit – Aktionsprogramme für kleine und mittelständische Unternehmen (KMUs)
17. Regional- und Strukturpolitik – Bestimmung der (um-)verteilungspolitischen Ausgleichsziele nationaler Regional- und Strukturpolitik – Nationale Regelungen zum Finanzausgleich – Planung und Durchführung von Entwicklungsprogrammen in der nationalen und regionalen Wirtschaftsförderung – Abschluß bi- und multilateraler Völkerrechtsabkommen über Formen grenzüberschreitender Kooperation auf subnationaler Ebene – Infrastrukturpolitik	*17. Wirtschaftliche und soziale Kohäsion* – Ergänzende Finanzierungskompetenz – für Transferzahlungen an Mitgliedstaaten mit gravierenden Entwicklungsrückständen zur Unterstützung der nationalen Bemühungen um den Abbau regionaler Disparitäten – zur Sicherstellung der finanziellen Kapazitäten von Mitgliedstaaten mit gravierenden regionalen Enwicklungsrückständen für stabilitätsgerechtes Verhalten – Verhinderung nationaler und regionaler Förderprioritäten, welche in Widerspruch zum kohäsionspolitischen Ziel des Abbaus räumlicher Disparitäten im Binnenmarkt stehen – Finanzielle Förderung grenzüberschreitender und interregionaler Zusammenarbeit – Definition organisationsrechtlicher Mindeststandards für Formen grenzüberschreitender Kooperation auf subnationaler Ebene – Rahmenrechtsetzung und zwischenstaatliche Schnittstellenkoordination beim Aufbau transeuropäischer Netze
18. Raumplanung, Wohnungs- und Städtebaupolitik	*18. Europäische Raumentwicklung, darunter* – Rahmenplanung zur Koordinierung europäischer Fachpolitiken – Empfehlungen zur Koordinierung der nationalen und regionalen Raumplanung – Vernetzung von urbanen Ballungszentren

19. *Forschung und Technologie; darunter:* – Marktnahe Forschung	19. *Forschung und Technologie; darunter:* – Rahmenprogramme, v. a. für Luftfahrt, Verkehr, Wasser, Umwelttechnologien – Spezifische Durchführungs- und Zusatzprogramme (vornehmlich zur Förderung der Innovation durch Grundlagenforschung) – Koordinierung der FuE-Politik mit den wirtschaftlichen und gesellschaftlichen Zielen und anderen Politikbereichen der EU zum Zwecke der verbesserten Wettbewerbsfähigkeit und einer nachhaltigen wirtschaftlichen und sozialen Entwicklung – Zusammenarbeit mit Drittstaaten in der Grundlagenforschung
20. *Entwicklungspolitik*	20. *Entwicklungspolitik* – Koordinierung – gemeinsame Mehrjahresprogramme – Konditionierung von Hilfeleistungen
21. *Katastrophenhilfe*	21. *Katastrophenhilfe; darunter:* – Koordinierung internationaler Katastrophenhilfe – Koordinierung der Hilfe bei grenzüberschreitenden Katastrophen

Primärkompetenzen der Europäischen Union	Partialkompetenzen der Mitgliedstaaten

1. Europäische Politik gegenüber Drittausländern
 – Standards für Außengrenzkontrollen
 – Festlegung einheitlicher Einreisebedingungen; Gemeinsame Visapolitik
 – Harmonisierung der Asyl- und Flüchtlingspolitik
 – Definition des Flüchtlingsstatus
 – Regelung befristeten Schutzes politisch Verfolgter ohne Flüchtlingsstatus
 – Benennung sicherer Herkunfts- und Drittstaaten unter Beachtung des »non-refoulement«-Prinzips
 – Rückführungsübereinkommen bzw. -klauseln in gemischten Abkommen
 – Kriterien des für die Prüfung eines Asylantrages zuständigen Mitgliedstaates unter Beachtung des Grundsatzes gerechter Lastenverteilung und der kulturellen Prägung des Antragstellers
 – Angleichung der Standards im Anerkennungsverfahren
 – Einwanderungspolitik
 – Europäische Zuwanderungsverordnung
 – Freizügigkeit von in einem Mitgliedstaat legal ansässigen Drittausländern
 – Bekämpfung von Schleuser-Organisationen
 – Maßnahmen gegen illegale Beschäftigung
	1. Ausländerpolitik
	 – Durchführung der Außengrenzkontrollen
	 – Maßnahmen zur Aufrechterhaltung der inneren Sicherheit und öffentlichen Ordnung in Abstimmung mit der Kommission
	 – Staatsangehörigkeitsrecht
	 – Ausländerrecht in den nicht durch die EU geregelten Bereichen, v. a.
	    – Integrationspolitik
	    – Einbürgerung
	    – Ausgestaltung des Aufenthaltsrechtes für Drittausländer
	
	 – Mitwirkung bei der Festlegung des Einwanderungskontingentes und von Quotierungskriterien und -anteilen der Zuwanderungsverordnung
	 – Einwanderungspolitik in den nicht durch die Europäische Union geregelten Bereichen

2. Außenwirtschaftsbeziehungen und Zölle – Koordinierung der Ausfuhrbeihilfen – Zollsätze und -verfahren – Außenhandelspolitik, inklusive Dienstleistungen und Rechte des geistigen Eigentums – Ausfuhrpolitik – Schutzmaßnahmen – Politische Leitlinien für Waffenexporte	*2. Außenwirtschaftsbeziehungen* – Handelskooperationen, soweit gemeinsame Handelspolitik nicht berührt ist
3. Agrar- und Fischereipolitik; darunter: – Marktordnungen, – Direkte Einkommensförderung für Landwirte (nationale Kofinanzierung)	*3. Agrar- und Fischereipolitik; darunter:* – Nationale Agrarstrukturpolitik – Tierschutz auf hohem Niveau entsprechend den religiösen Riten, kulturellen Traditionen und dem religiösen Erbe der Mitgliedstaaten

4. Enumerierte Binnenmarktzuständigkeiten – Warenverkehr – Freizügigkeit der Unionsbürger – Niederlassungsfreiheit – Anerkennung von Berufsbefähigungs- nachweisen – Dienstleistungsfreiheit – Kapitalverkehr – Wettbewerb – Rechtsangleichung	*4. Binnenmarkt* – Nationale Wirtschaftsstrukturpolitik – Berufspolitik – Nationale Fusionskontrolle

5. Währungspolitik; darunter:
– Geldpolitik (EZB)
– Geld- und Münzumlauf
– Drittländer-Wechselkurse
– Überwachung der Erfüllung der Konver-
  genzkriterien
– Festlegung der unwiderruflichen Wech-
  selkurse	

6. Europäische Medienpolitik und Telekommunikation, mit dem Schwerpunkt technische Fragen der Marktöffnung; darunter: – Grenzüberschreitende Verbreitung von Sendungen zur Vermittlung und Förderung des gemeinsamen europäischen Kulturraumes – Einheitliche Regelungen für Jugendschutz, Werbung und das Gegendarstellungsrecht – Angleichung der Urheberrechte – Schaffung günstiger Bedingungen für europäische Filmproduktionen – Liberalisierung der nationalen Telekommunikationsmärkte – Transnationale Interoperabilität von Kommunikationsnetzen/-diensten durch technische Normung – Datenschutz, Informationssicherheit, inhaltliche Mindeststandards für das Internet – Fördermaßnahmen für den europäischen Informationsraum	*6. Medienpolitik, mit dem Schwerpunkt Schutz kultureller Besonderheiten; darunter:* – Weiterentwicklung sowie Finanzierung des öffentlich-rechtlichen Rundfunks zur Gewährleistung des jeweiligen nationalen und regionalen Grundversorgungsauftrages – Erhaltung des Medienpluralismus – Printmedien und Buchmärkte
7. Umweltpolitik/Förderung einer nachhaltigen Entwicklung – Grenzüberschreitende Fragen, v. a. grenzüberschreitende Abfall- und	*7. Umweltpolitik, Maßnahmen über das gemeinschaftliche Schutzniveau hinaus* – Verhandlungen und Abkommen mit Drittstaaten, soweit kein gemeinsames

Abwässerentsorgung – Festlegung von Mindeststandards auf hohem Niveau – Abkommen mit Drittstaaten – Koordinierung globaler Umweltpolitik – Kontrollverfahren vorläufiger Maßnahmen der Mitgliedstaaten – Etablierung grenzüberschreitender Informationsnetzwerke	Vorgehen vorgesehen ist – Vorläufige, nicht wirtschaftlich bedingte Maßnahmen – Landschaftspflege – Aktionsprogramme
8. Energiepolitik; darunter: – Europäischer Energiemarkt – Gemeinsame Regelungen zur Kohlepolitik – Gemeinsame Regelungen zur Atomenergie – Erforschung alternativer Energien – Abstimmung der Energiepolitik mit wirtschafts- und sozialpolitischen Zielen zum Zwecke des Umweltschutzes – Abstimmung der Energiepolitik mit den übrigen Märkten (Verkehr, Telekommunikation etc.) zur Gestaltung einer effektiven europäischen Ordnungspolitik für Energiemärkte	*8. Energiepolitik; darunter:* – Einbringung alternativer Energiekonzepte
9. Verkehrspolitik; darunter: – Gemeinsame Regeln – Zulassung von Verkehrsunternehmen – Maßnahmen zur Verkehrssicherheit – Beziehungen zu Drittstaaten (Kooperations- und Assoziationsabkommen)	*9. Verkehrspolitik; darunter:* – alle nicht durch EU-Bestimmungen geregelten Bereiche

1.4 Kompetenzzuweisung und Vertragsänderung: Dynamik trotz Kataloglösung

Fast dogmatisch wird in der Wissenschaft und politischen Praxis[229] an der Überzeugung festgehalten, daß jegliche klare Zuständigkeitsabgrenzung in Katalogform per se im Widerspruch zu der dynamischen »Integrationsverfassung sui generis« der Europäischen Union stünde. Gerade die bisherige Aufgabenbezogenheit der vertraglichen Zuständigkeitsumschreibungen und die »Einfallstore« im Primärrecht für »schleichende« Kompetenzausweitungen über die Setzung von Sekundärrecht werden als Garanten für das dynamische Entwicklungspotential der europäischen Einigung betrachtet. So hätten vor allem die Rechtsangleichungsbefugnisse der Art. 94 EGV-A (Art. 100 EGV-M) und Art. 95 EGV-A (100a EGV-M) sowie die Generalermächtigungsklausel des Art. 308 EGV-A (Art. 235 EGV-M) mit ihrer Bezugnahme auf das Binnenmarktziel im Verlauf des europäischen Integrationsprozesses immer wieder europäische Zugriffe auf neue Politikfelder über das Sekundärrecht ermöglicht, die nicht explizit als Kompetenzbereiche der supranationalen Ebene im Vertrag aufgeführt wurden.

Die Bedeutung für die Impulsgebung bei der Weiterentwicklung des europäischen Mehrebenensystems, die diesen weit angelegten Handlungsbefugnissen zunächst zukam, soll keineswegs geleugnet werden. Dennoch hat gerade die Verwirklichung des Binnenmarktes als zentrales Begründungsmuster für diese Form der Erschließung neuer Aufgabenfelder das europäische Einigungswerk an einen Punkt geführt, an dem der »Moloch Europa« mit erheblichen Akzeptanzverlusten konfrontiert wird. Hinzu tritt, daß die diffuse Aufgabenverteilung im Vertragswerk neben faktischen Kompetenzzuwächsen der europäischen Ebene auch mit erheblichen Schwierigkeiten bei der Zurechenbarkeit politischer Verantwortung verbunden ist. Anders als dies bei der Verankerung eines dualen Kompetenzkataloges im Primärrecht der Fall wäre, läßt die Aufgabenbezogenheit der Kompetenzen und die Möglichkeit, Rechtsakte in vertragsrechtlich nicht explizit erfaßten Sachgebieten zu erlassen, das hohe Maß an Verflechtung zwischen europäischen und nationalen bzw. regionalen Zuständigkeiten nicht erkennen.[230] Gerade die Diffusion und Unvollständigkeit der Zuständigkeitsgrenzen im Primärrecht hat es den mitgliedstaatlichen Regierungen wiederholt erlaubt, der Europäischen Union die Schuld für eigenes Versagen auf nationaler Ebene zuzuweisen (»scapegoating«), Erfolge europäischer Politik auf ihr eigenes Konto zu verbuchen

---

229 Bereits in der Reflexionsgruppe zur Vorbereitung der Regierungskonferenz 1996/97 war weder die Einführung eines Kompetenzkataloges noch die Streichung von Art. 235 EGV-M (Art. 308 EGV-A) unter den Mitgliedstaaten konsensfähig. Sinngemäß ergeben auch die diesbezüglichen knappen Ausführungen des Abschlußberichts der Gruppe, daß gerade diese beiden Eingriffe in die bisherigen Vertragsstrukturen ein hohes Maß an Rigidität mit sich bringen würden, das künftig die Möglichkeit zu dynamischen Integrationsfortschritten gefährden würde. Vgl. Generalsekretariat des Rates der Europäischen Union (Hrsg.): Regierungskonferenz 1996 (RK '96), Teil B, Rn. 125 und 144.

230 In der Sichtbarmachung dieses hohen, für die Europäische Union charakteristischen Verflechtungsgrades sieht auch die Strukturkommission als Urheberin der dualen Kataloglösung einen zentralen Vorteil des Modelles. Vgl. Europäische Strukturkommission, a. a. O., S. 31.

(»credit claiming«) oder aber Maßnahmen, die in dem jeweiligen Mitgliedstaat unpopulär sind, auf die Unionsebene abzuwälzen.[231] Mit dem Anliegen, die Kompetenzordnung im europäischen Mehrebenensystem zu effektivieren und zugleich seine föderalen Organisationsstrukturen in einer einheitlichen und konsolidierten Vertragsverfassung für die Unionsbürger transparent zu gestalten, ist dieser bisherige vertragliche Handlungsspielraum für Zentralisierungsbestrebungen und für die Verschiebung politischer Verantwortlichkeiten schlicht unvereinbar.

1.4.1 Der Reformbedarf im Verfahren der Kompetenzübertragung bei Einführung eines dualen Kompetenzkataloges

Dies bedeutet nicht, daß in der bisherigen Praxis sukzessiver Vertragsfortschreibungen nicht auch gewisse positive Entwicklungen zu verzeichnen sind. So verdienen vor allem die in Maastricht neu in den Vertrag aufgenommenen Kompetenzbestände durchaus eine positive Würdigung. In zahlreichen Fällen wurden von den neuen Zuständigkeitsregelungen Politikfelder endlich primärrechtlich erfaßt, in denen die europäische Ebene längst über das Sekundärrecht regulierend tätig war.[232] In dieser nachholenden Verankerung von Handlungsbefugnissen kann gewissermaßen die vertragliche Anerkennung der Bedeutung gesehen werden, die die bislang aufgabenbezogenen Kompetenzumschreibungen des Primärrechtes und der daraus resultierende Gestaltungsspielraum bei der Setzung von Sekundärrecht für eine dynamische Weiterentwicklung der Europäischen Union bis zu diesem Zeitpunkt hatten. Für die Zukunft engen die Maastrichter Neuregelungen diesen Spielraum allerdings regelmäßig ein, indem sie die zulässige Eingriffstiefe supranationalen Handelns auf fördernde, ergänzende, unterstützende und rein koordinierende Maßnahmen beschränken. Damit erfolgte immerhin eine gewisse Annäherung an eine Kompetenzordnung, die dem Bürger unter Heranziehung des Vertrages erlaubt, ein zuverlässigeres Gesamtbild bestehender europäischer Handlungsbefugnisse zu erhalten.

Weder ist damit aber das Ziel einer sachgebietsbezogenen, möglichst abschließenden vertraglichen Zuständigkeitsenumeration bereits erreicht, die gleichermaßen zentralisierungshemmend und transparenzsteigernd wirkt – bleiben doch selbst über Amsterdam hinaus in weiten Bereichen die aufgabenbezogenen Umschreibungen bestehen und vor allem auch die »Generalermächtigung« des Art. 308 EGV-A erhalten – noch ist selbst für Entscheidungen über primärrechtliche Kompetenzzuweisungen und ihre konkreten Inhalte unbedingt die Frage höherer Problemlösungsfähigkeit der europäischen Ebene ausschlaggebend. So begrüßenswert die Maastrichter Neuerungen nämlich unter dem Aspekt ihrer zentralisierungshemmenden Wirkung zunächst erschienen, so deuten sie doch auf eine neue Problemkonstellation im Integrationsgeschehen hin, die in einzelnen Regelungen des Amsterdamer Vertragsentwurfes ihre Bestätigung findet. Gerade die vertraglichen Ansätze zur Einschränkung der Rechtsgrundlagen eu-

---

231 Vgl. Piepenschneider, Der Vertrag von Amsterdam, a. a. O., S. 16.
232 Vgl. in diesem Sinne bereits Pernice, Ingolf: Maastricht, Staat und Demokratie, in: Die Verwaltung 4 (1993), S. 449-488. Er weist darauf hin, daß mit dem Maastrichter Vertrag nur in den Bereichen der Visapflicht (Art. 100c EGV-M), der Währungsunion und der Entwicklungszusammenarbeit tatsächlich neue Unionskompetenzen geschaffen wurden (S. 459 ff.). Vgl. dazu auch: Laufer/Fischer, a. a. O., S. 41-50.

ropäischen Tätigwerdens lassen einen Wandel in der Verhandlungslogik bei einstimmigen Vertragsänderungen erkennen. Schon die aufgabenbezogenen, durch die Setzung von Sekundärrecht ausfüllungsbedürftigen Neuregelungen der Gemeinschaftszuständigkeiten in der Einheitlichen Europäischen Akte können selbst als Konsequenz des Einigungszwanges interpretiert werden, die sich aus dem Einstimmigkeitserfordernis für Vertragsrevisionen ergab. Allerdings gaben zum damaligen Zeitpunkt noch die vorrangige Ziele der Überwindung europapolitischer Stagnation und der Stärkung europäischer Handlungsfähigkeit den Ausschlag dafür, daß entwicklungsoffene Zuständigkeitsumschreibungen konsensfähig waren. Je weiter aber der europäische Integrationsprozeß auf souveränitätssensible »high politics« und besonders identitätsstiftende Politikfelder ausgreift, und je heterogener die Interessenlagen zwischen den Mitgliedstaaten werden, desto stärker scheint das zentrale konsensstiftende Element bei der Beratung vertraglicher Anpassungen europäischer Kompetenzbestände in der Berücksichtigung nationaler Sonderinteressen zu liegen.

In dem intergouvernemental angelegten Vertragsänderungsverfahren bestehen die idealen verfahrenstechnischen Voraussetzungen, um die dort im Bargaining vereinbarten Verhandlungspakete nicht primär an effektiven Handlungserfordernissen zu orientieren, sondern die Durchsetzung nationaler Einzelinteressen auch bei primärrechtlichen Aufgabenzuweisungen in den Vordergrund zu stellen.[233] Dies kann geschehen, indem die Zustimmung für europäische Handlungsbefugnisse in einem Aufgabenbereich von Handlungsermächtigungen auf anderen Gebieten abhängig gemacht wird. Ein besonders prägnantes Beispiel hierfür liefern die beiden Junktims zwischen der spanischen Zustimmung zur Europäischen Währungsunion bzw. danach zur »Agenda 2000« und der Einrichtung des Kohäsionsfonds in Maastricht bzw. seiner Fortführung in der europäischen Finanzplanung in den Jahren 2000 bis 2006. Eine andere Variante der Kompromißfindung bei Vertragsverhandlungen besteht darin, primärrechtlich benannte Zuständigkeiten ohne große inhaltliche Substanz zu begründen, wie dies beispielsweise für das in Amsterdam neu eingeführte Beschäftigungskapitel der Fall zu sein scheint. Gerade die Inhalte dieses neuen Vertragskapitels rechtfertigen zumindest die Sorge, daß die Regierungen der Mitgliedstaaten hier primär »symbolische Politik« für ein »Europa der Bürger« betrieben haben, die starke Erwartungshaltungen bei den Bevölkerungen der Mitgliedstaaten gegenüber der Unionsebene erzeugt, ohne dieser aber tatsächlich ein angemessenes Handlungsinstrumentarium zur Verfügung zu stellen.[234]

Schließlich eröffnet die erforderliche Einstimmigkeit für den erfolgreichen Abschluß von Revisionsverhandlungen die Möglichkeit, über die Durchsetzung bestimmter Modalitäten der Aufgabenwahrnehmung Beschlüsse über neue Zuständigkeitsübertragungen gegebenenfalls zu konterkarieren. Selbst wenn einzelne Mitgliedstaaten widerwillig der vertraglichen Verankerung einer neuen Unionsaufgabe zustimmen, um einen erfolgreichen Abschluß der Regierungsverhandlungen nicht ins-

---

233 Vgl. zur grundsätzlichen Kritik des geltenden Vertragsänderungsverfahrens in Art. 48 EUV-A: Krauß, Stefan: Fortentwicklung des Vertragswerks der EU: Grenzen des intergouvernementalen Ansatzes, in: Zeitschrift für Parlamentsfragen 1 (1998), S. 64-77 (v. a. S. 66-69).

234 Vgl. Huffschmid, Jörg: Altes Denken in Amsterdam. Ohne Kurskorrektur kommt die europäische Einigung nicht voran, in: Blätter für deutsche und internationale Politik 9 (1997), S. 1083-1093; ebenso: Piepenschneider: Vertrag von Amsterdam, a. a. O., S. 17.

gesamt zu gefährden, können sie doch auf Entscheidungsregeln bei der Kompetenzausübung drängen, die eine effiziente Aufgabenwahrnehmung erheblich erschweren oder gar unmöglich machen. Erst vor diesem Hintergrund wird das Interesse einzelner Staaten an der Verankerung des Subsidiaritätsprinzips als Kompetenzausübungsregel im Maastrichter Vertrag verständlich.[235] Im Falle von Amsterdam läßt sich ein solches Vorgehen für die Bundesregierung beobachten, die nicht zuletzt unter dem Druck der deutschen Länder in Fragen der Einwanderung und Freizügigkeit für Drittstaatsangehörige auf einstimmiger Beschlußfassung beharrte.[236] In die gleiche Richtung weist auch die nachträgliche vertragliche Sanktionierung des »Luxemburger Kompromisses«[237] durch die Verankerung einer Veto-Option im Rahmen der zweiten Säule der Gemeinsamen Außen- und Sicherheitspolitik[238] in Amsterdam oder aber in den Bestimmungen zur engeren Zusammenarbeit (Flexibilität) in der ersten Gemeinschaftssäule[239] und dem dritten Pfeiler über die polizeiliche und justitielle Zusammenarbeit in Strafsachen.[240] In derartigen Fällen vertraglicher Zuständigkeitsverankerungen, die auf die grundsätzliche Ablehnung einzelner Mitgliedstaaten stoßen und von ihnen deshalb nur in Verbindung mit der Möglichkeit zur jederzeitigen Entscheidungsblockade akzeptiert werden, reduziert sich der Akt der eigentlichen Kompetenzzuweisung auf eine reine Farce.

Ganz nach dem Muster der vertraglichen Ausgestaltung des Subsidiaritätsprinzips wird in den letztgenannten Fällen eine Verhandlungspraxis im geltenden Revisionsverfahren erkennbar, die über die Verfahren der Kompetenzausübung Meinungsverschiedenheiten zwischen den Mitgliedstaaten bezüglich einer zweckmäßigen Kompetenzverteilung zu korrigieren versucht. Letztendlich sind die vertraglich benannten Aufgaben der Unionsebene und ihre konkrete inhaltliche Ausgestaltung Ergebnis diverser intergouvernementaler »package deals« bei Vertragsrevisionen, ohne daß sie noch ein »unmittelbar einleuchtendes Prinzip oder Gestaltungsmuster«[241] erkennen ließen. Von einer Anwendung des Subsidiaritätsprinzips im Vorfeld der verfassungsgesetzlichen Kompetenzverteilung, die in föderalen Systemen die Regel ist und anhand des in dieser Studie erarbeiteten Kriterienrasters eine sachgebietsbezogene Abgrenzung funktional gebotener Aufgabenzuweisungen an die Europäische Union

---

235 Zu nennen sind hier vor allem jene Mitgliedstaaten, die mit der Einführung des Subsidiaritätsprinzips das Motiv der »Föderalismusverhinderung« verfolgten, wie Dänemark und Großbritannien. Aber auch Akteure, die das Motiv der »Föderalismussicherung« bei der vertraglichen Einführung des Prinzips verfolgten, wie v. a. die deutschen Länder, sind sicher an einer gewissen Verhinderungsmacht bei der Kompetenzausübung interessiert. Völlig anders fällt die Sichtweise bei der Europäischen Kommission aus. Sie folgt einer sehr dynamischen Auslegung des Subsidiaritätsprinzips, die weitere Aufgabenübertragungen ohne weiteres zuläßt und durch das institutionelle Interesse der Kommission an der Sicherung ihrer Position geprägt ist. Vgl. zu dieser Unterscheidung Reichhardt, Wolfgang: Die Karriere des Subsidiaritätsprinzips in der Europäischen Gemeinschaft, in: Österreichische Zeitschrift für Politikwissenschaft 1 (1994), S. 53-66 (S. 57).

236 Vgl. Art. 63 i.V.m. Art. 67 EGV-A.

237 So u. a. Nentwich, Michael; Falkner, Gerda: The Treaty of Amsterdam: Towards a New Institutional Balance, European Integration online Papers (EioP) 15 (1997), S. 10-11.

238 Vgl. Art. 23 EUV-A.

239 Vgl. Art. 11 EGV-A.

240 Vgl. Art. 40 EUV-A.

241 Europäische Strukturkommission, a. a. O., S. 31.

erlauben würde, ist die gegenwärtige Vertragspraxis der Kompetenzübertragungen noch weit entfernt.

Die Ziele gesteigerter Transparenz und einer besseren Zurechenbarkeit politischer Verantwortung durch die Entflechtung europäischer und mitgliedstaatlicher (bzw. regionaler) Handlungsbefugnisse sprechen jedoch für das vorgestellte Modell einer möglichst vollständigen Vertragsauflistung europäischer und mitgliedstaatlicher Kompetenzbestände nach Sachgebieten und ihrer Eignung zur effektiven Problemlösung. Dies muß die Möglichkeit einschließen, bei veränderten Herausforderungen an die Europäische Union die Liste an Primär- und Partialzuständigkeiten auf der Ebene des Vertragsrechtes flexibel anzupassen, da zugleich – wiederum den Geboten der Effektivität, Transparenz und abschließenden vertraglichen Kompetenzordnung folgend – eine Begrenzung des sekundärrechtlichen Spielraumes für europäische »Kompetenzanmaßungen« durch sachgebietsbezogene Vertragsbestimmungen und zumindest die Streichung des Art. 308 EGV-A notwendig ist.

Die Gegner der Aufnahme eines Kompetenzkataloges in das Primärrecht bezweifeln regelmäßig dessen Vereinbarkeit mit einer dynamischen Weiterentwicklung der Europäischen Union. Sie übersehen jedoch regelmäßig, daß der vermeintlichen Rigidität dieses Ordnungskonzeptes durch eine gleichzeitige Reform des Kompetenzzuweisungsverfahrens begegnet werden kann und Kataloglösungen somit keineswegs automatisch zum »Prokrustesbett« europäischer Integrationsfähigkeit werden müssen. Erst durch angemessene Verfahrensregelungen für die Kompetenzübertragung kann die ausreichende Anpassungsfähigkeit eines vertragsrechtlich verankerten Aufgabenkataloges an Veränderungen des Handlungsbedarf auf den verschiedenen EU-Systemebenen sichergestellt werden. Soll die Entwicklung eines neuen vertragsrechtlichen Zuständigkeitsgefüges gewährleisten, daß sämtliche Kompetenzbestände der Europäischen Union künftig tatsächlich sachgegenständlich in der Vertragsverfassung aufscheinen und die Möglichkeit zu »schleichenden« Kompetenzausweitungen auf sekundärrechtlichem Wege oder über Richterrecht minimiert wird, so kommt dafür als Lösung zwar nur ein Zuständigkeitskatalog in Frage. Entsprechende Strukturreformen müssen jedoch mit einer gleichzeitigen Verfahrensreform zur Flexibilisierung der Zuweisungsregeln kombiniert werden.

Für die europäische Handlungs- und Entscheidungsfähigkeit wird eine derartige Kombination aus Struktur- und Verfahrensreform der Kompetenzordnung sogar weiteren Bedeutungszuwachs erfahren. Gerade in der Perspektive einer erweiterten Europäischen Union von voraussichtlich zunächst 21 oder 22 Mitgliedern und dem damit verbundenen Zuwachs an Interessenpluralität und Heterogenität erscheint eine Abkehr von der bislang eindimensionalen Integrationslogik stetigen Aufgabenwachstums dringend geboten, um die ohnehin erschwerte Entscheidungsfindung nicht zusätzlich durch eine »funktionale Überfrachtung« der Institutionen zu belasten. Auf der anderen Seite dürften aus dem doppelten Systemwandel aus Erweiterung und Währungsunion funktionale Sachzusammenhänge resultieren, welche noch stärker als das Binnenmarktziel die Einräumung weiterer Zuständigkeiten für die Unionsebene erforderlich machen. Unter dem Gesichtspunkt der Effizienz ist also sowohl eine kompetentielle Beschränkung der europäischen Ebene auf das Wesentliche als auch die Möglichkeit zur flexiblen Anpassung europäischer Handlungsbefugnisse an die aus dem doppelten Systemwandel resultierenden Erfordernisse notwendig. Um dieses Spannungsverhältnis aufzulösen, bietet sich eine Lösung an, die in einem flexibleren Verfahren die vertragliche Verankerung möglichst genau umrissener Primär- und Partialkompetenzen der Europäischen Ebene erlaubt.

Bereits dargestellt wurden Dysfunktionalitäten in der Aufgabenzuweisung an die Europäische Union bei bisherigen Vertragsrevisionen. Sie ergeben sich vor allem daraus, daß Zuständigkeitsfragen bislang nur einen Teil viel umfassenderer Vertrags-Verhandlungspakete bilden und ihre konkrete Formulierung regelmäßig Gegenstand von Tauschgeschäften ist, mit deren Hilfe die Zustimmung aller Mitgliedstaaten zum gesamten Reformpaket gesichert werden soll. Ganz grundsätzlich läßt sich aber hinzufügen, daß das gegenwärtige Verfahren der Vertragsänderung entschieden zu schwerfällig und aufwendig wäre, um vereinzelte Anpassungen des dualen Kompetenzkataloges vorzunehmen. Für die Anpassungen des gewählten Ordnungsmodelles müßte – gleichgültig, ob es sich um Modifikationen einzelner Primär- oder Partialkompetenzen handelt – jedes Mal eine »Konferenz von Vertretern der Regierungen der Mitgliedstaaten« einberufen werden, deren Verhandlungsergebnisse anschließend der Billigung durch die Staats- und Regierungschefs und für deren Inkrafttreten der Ratifikation durch sämtliche nationalen Parlamente bedürfte.[242] Je größer der Kreis an Mitgliedstaaten wird, desto langwieriger und komplizierter werden sich die entsprechenden Verhandlungen gestalten und desto ausgeprägter dürfte die Neigung einzelner Mitgliedstaaten sein, ursprünglich beabsichtigte Partialrevisionen des Vertrages in Zuständigkeitsfragen zum Anlaß zu nehmen, um doch weiterreichende Revisionspakete in den Verhandlungen zu knüpfen.

1.4.2 Ein Modell differenzierter Vertragsrevisionen

Den Ausgangspunkt für die Reform des bisherigen Vertragsänderungsverfahrens in unserem föderalen Organisationsmodell für Europa bildet die Zielsetzung, auch nach Einführung eines dualen Zuständigkeitskataloges in die europäische Vertragsverfassung eine dynamische Weiterentwicklung des europäischen Mehrebenensystems zu ermöglichen. Wenig hilfreich ist dabei die in der Literatur gängige Unterscheidung zwischen bundesstaatlichen Verfahren der Verfassungsänderung und den intergouvernementalen Revisionsverfahren für Verträge von Internationalen Organisationen oder Staatenbünden, die sich exemplarisch in folgenden Worten zusammenfassen läßt: »In der Verfassung der Europäischen Union muß ... das föderale Prinzip dominieren. Es bestimmt vor allem – und das ist von grundlegender Bedeutung – das Verfahren der „Verfassungsänderung". Die Verfassung ist eben in Wahrheit ein Vertragssystem ... Änderungen bedürfen der Zustimmung aller Vertragsparteien, während Bundesstaaten auch für Verfassungsänderungen, so hoch die Hürden in aller Regel sind, Mehrheitsentscheidungen gelten lassen. Es ist nicht vorstellbar, daß in europäischen Verfassungsfragen das Vertragsprinzip in absehbarer Zeit durch den Mehrheitsentscheid ersetzt wird.«[243]

---

242 Vgl. zu den jeweiligen Ratifikationserfordernissen für internationale Verträge in den derzeit fünfzehn Mitgliedstaaten die von Christian Roth zusammengestellte Übersicht in: Hrbek (Hrsg.): Die Reform der Europäischen Union: Positionen und Perspektiven anläßlich der Regierungskonferenz, a. a. O., S. 369-375.

243 Kielmansegg: Integration und Demokratie, a. a. O., S. 66.

Schon der Föderalismus-Begriff, der dieser Argumentationslinie zugrunde liegt, steht im Widerspruch zu dem Leitgedanken der Balance zwischen Einheit und Vielfalt, auf den diese Studie rekurriert. Föderalismus wird in diesem Fall aber als »Tendenzprinzip«[244] in Richtung Vielfalt interpretiert, ohne der zentralen Bedeutung einer ausreichenden Handlungsfähigkeit und der Herausbildung eines Mindestmaßes an staatenübergreifendem Zusammengehörigkeitsgefühl für den Zusammenhalt des europäischen Gesamtverbandes angemessen Rechnung zu tragen. Zum anderen entspricht die am Einstimmigkeitsprinzip festgemachte Differenzierung zwischen Verfassung und Vertrag nur begrenzt der Realität. So finden sich auch in der Sphäre des Völkerrechtes multilaterale Abkommen, die eine Revision mit (qualifizierter) Mehrheit zulassen.[245] Umgekehrt existiert mit Kanada ein Bundesstaat, in dem Verfassungsänderungen faktisch von der Zustimmung aller Provinzen abhängig sind.

Entscheidend für eine Revision des Vertragsänderungsverfahrens müssen vielmehr die strukturellen Besonderheiten europäischer Handlungsbefugnisse sowie die daraus resultierenden Anforderungen an eine hinreichende Legitimation des Unionshandelns sein. Hierfür liefern grundsätzliche Übereinstimmungen zwischen den Verfassungsänderungsverfahren in bundesstaatlichen Systemen durchaus interessante Anhaltspunkte. Im Unterschied zu klassischen internationalen Organisationen greift die supranationale Rechtsetzung auf das Individuum durch, indem sie unmittelbar Rechte und Pflichte für den einzelnen Bürger begründet. Deshalb stellt die Übertragung von Hoheitsrechten auf die supranationale Ebene einen besonders gravierenden Eingriff in die nationale Souveränität der Mitgliedstaaten dar. Demokratietheoretisch besteht in der Europäischen Union darüber hinaus das Problem, daß ein einheitlicher Volkssouverän, ein europäischer »demos«, der sich erst durch die alltägliche Identifikation des einzelnen mit der Europäischen Union als eigenständigem Lebensbezugsraum konstituieren könnte, derzeit noch nicht existiert[246] – und damit nach wie vor nur die nationalen (und regionalen) Abgeordnetenkammern den Anspruch erheben können, die Funktion von Repräsentativorganen ihrer Bevölkerungen als eigentliche demokratische Souveräne der Union zu erfüllen.[247] Vor diesem Hintergrund erscheint die Ansicht gerechtfertigt, daß selbst die hohen qualifizierten Mehrheitserfordernisse in beiden Kammern bundesstaatlicher Systeme, die dort regelmäßig für Verfassungsänderungen gefordert werden,[248] nicht ausreichen, um Revisionen des europäischen Vertragswerkes – besonders wenn es um Änderungen der Kompetenzbestände geht – ausreichend zu legitimieren. Vor allem an dem demokratischen Erfordernis der parlamentarischen Ratifikation in allen von Vertragsänderungen betroffenen Mitgliedstaaten darf nicht gerüttelt werden.

---

244 Eine kritische Diskussion des Föderalismus-Begriffes als »Tendenzprinzip« findet sich bei Magiera: Föderalismus und Subsidiarität, a. a. O., S. 78.
245 Vgl. Witte: Rules of Change, a. a. O.
246 Vgl. dazu die bereits in Anm. 54 wiedergegebenen Umfrageergebnisse.
247 Diese Ansicht ist allerdings auch demokratietheoretisch nicht unumstritten, wie vor allem die ausführliche Kritik von Weiler an der »'no demos' thesis« zeigt. Vgl. Weiler, J. H. H.: Legitimacy and Democracy of Union Governance, in: Edwards, Geoffrey; Pijpers, Alfred (eds.): The Politics of European Treaty Reform. The 1996 Intergovernmental Conference and Beyond, London/Washington 1997, S. 249-287.
248 Vgl. Saunders, a. a. O., S. 49-50.

Damit können aber verschiedene Optionen für eine Flexibilisierung des Verfahrens bei Partialrevision der vertraglich zu normierenden dualen Zuständigkeitsverteilung von vornherein ausgeschlossen werden. Wird zunächst an einer vollumfänglichen Geltung des primärrechtlichen Kompetenzbestandes für alle Mitgliedstaaten der Europäischen Union festgehalten, so kann die prozedurale Vereinfachung nicht allein in dem Übergang zu Mehrheitsbeschlüssen zwischen den nationalen Regierungsvertretern bestehen. Da die Übertragung von Hoheitsrechten an die supranationale Ebene in allen Mitgliedstaaten ratifikationspflichtig ist, böte sich für überstimmte Mitgliedstaaten spätestens in dieser Phase die Möglichkeit, entsprechende primärrechtliche Kompetenzanpassungen zu boykottieren. Aus den vorstehenden Überlegungen zu den legitimatorischen Voraussetzungen für Vertragsänderungen ergibt sich aber zugleich, daß auch Verfahrensregelungen nicht in Frage kommen, die dieses Problem zu umgehen suchen, indem sie das Inkrafttreten einmal beschlossener Kompetenzzuweisungen in sämtlichen Mitgliedstaaten bereits für den Fall vorsehen, daß eine Mehrheit der nationalen Parlamente zugestimmt hat. Neben der demokratischen Fragwürdigkeit solchermaßen in Kraft gesetzter Partialrevisionen des vertraglichen Kompetenzkataloges wäre der damit verbundene Eingriff in die Verfassungsordnungen der Mitgliedstaaten bzw. die dort durchgängig verankerte Ratifikationspflichtigkeit von Änderungen des europäischen Vertragswerkes subsidiaritätswidrig. Jenseits dieser Probleme, die sich unmittelbar aus der Ratifikationspflicht in den nationalen Verfassungsordnungen ergäben, wären mit Mehrheit zwischen den mitgliedstaatlichen Regierungsvertretern vereinbarte Aufgabenzuweisungen an die europäische Ebene jedenfalls mit dem Risiko verbunden, daß die Umsetzung und Anwendung von europäischen Rechtsakten in den betroffenen Sachgebieten von den überstimmten Mitgliedstaaten schlichtweg verweigert wird. Zusammenfassend läßt sich somit zunächst einmal feststellen, daß es durchaus zweckmäßig erscheint, für Kompetenzübertragungen auch weiterhin an der einstimmigen Billigung durch die Regierungsvertreter und der anschließenden Ratifikation durch die nationalen Parlamente aller beteiligten Mitgliedstaaten festzuhalten.

Anstatt von der Einstimmigkeitsregel abzugehen, setzt die vorgeschlagene Verfahrensreform deshalb bei Variationsmöglichkeiten des Kreises der Mitgliedstaaten an, die sich an Änderungen der Kompetenzbestände beteiligen können und wollen. Konkret wird empfohlen, ein Verfahren differenzierter Integration einzuführen,[249] welches die Einstimmigkeitsregel unter den teilnehmenden Staaten beibehält und über die zurückhaltenden Flexibilisierungsansätze im Amsterdamer Vertragsentwurf[250] hinausweist. Ebenso wie dies für das Subsidiaritätsprinzip durch seine Neudefinition als

---

249 Vgl. zu den unterschiedlichen Flexibilisierungskonzepten Giering, Claus: Vertiefung durch Differenzierung – Flexibilisierungskonzepte in der aktuellen Reformdebatte, in: integration 2 (1997), S. 72-83; Breuss, Fritz;Griller, Stefan (Hrsg.): Flexible Integration in Europa. Einheit oder »Europa à la carte«? Wien/New York 1998; Ehlermann, Claus Dieter: Engere Zusammenarbeit nach dem Amsterdamer Vertrag: Ein neues Verfassungskonzept?, in: EuR 4 (1997), S. 362-397. Im Unterschied zur differenzierten Integration im engeren Sinne, die neben materiellen Differenzierungen auch eine formelle Aufspaltung in mehrere Vertragsgrundlagen zuläßt, wird in dem folgenden Konzept – vor allem unter dem Gesichtspunkt besserer Übersichtlichkeit und Transparenz – für die formale Beibehaltung eines einheitlichen Vertragsrahmens plädiert.

250 Vgl. Janning, Josef: Dynamik in der Zwangsjacke – Flexibilität in der Europäischen Union nach Amsterdam, in: integration 4 (1997), S. 285-191.

Kompetenzverteilungsregel geschehen ist, soll dabei die Differenzierungsoption weiter in das verfassungspolitische Vorfeld der Entscheidung über Aufgabenzuweisungen vorverlagert werden. Engeren Kreisen von integrationswilligen und -fähigen Mitgliedstaaten wird dabei erlaubt, in gegenseitigem Einvernehmen der Unionsebene neue Aufgaben zu übertragen und auf dem Wege vertiefter Integration gegenüber nichtteilnehmenden Staaten voranzuschreiten. Ähnliche Konzepte wurden für das gesamte Vertragsänderungsverfahren bereits angedacht.[251] Eine direkte Analogie für diesen Vorschlag findet sich inzwischen im Amsterdamer Vertrag. Dort ist in der dritten Säule zur polizeilichen und strafrechtlichen Zusammenarbeit vorgesehen, daß internationale Übereinkommen, die der Rat einstimmig beschlossen und den Mitgliedstaaten zur Annahme entsprechend ihren verfassungsrechtlichen Bestimmungen vorgelegt hat, bereits nach der Ratifikation in mindestens der Hälfte der Mitgliedstaaten für diese Länder in Kraft treten.[252]

Am Anfang einer beabsichtigten Aufgabenzuweisung im Rahmen des neuen Vertragsänderungsverfahrens für Teilrevisionen des Kompetenzbestandes steht die Zuständigkeitsprüfung anhand des entwickelten Kriterienrasters. Diese Prüfung muß nach Auffassung von mindestens einer Mehrheit an Mitgliedstaaten zu dem Ergebnis führen, daß die Begründung europäischer Handlungsbefugnisse in einzelnen Aufgabenfeldern, die vertraglich noch nicht geregelt sind bzw. bislang mitgliedstaatliche Primär- oder Partialkompetenzen bilden, in Einklang mit dem Subsidiaritätsprinzip als Kompetenzzuweisungsregel steht. Solch relativ hohe Verfahrensanforderungen erscheinen aus mehreren Gründen gerechtfertigt. Zum einen soll auf diese Weise verhindert werden, daß eine zu starke Fragmentierung der Europäischen Union in kleine Kreise eintritt. Zum zweiten garantiert die vorgeschriebene Mehrheit der Mitgliedstaaten eine gewisse Zuverlässigkeit der Prüfungsergebnisse bei Anlegung des Kriterienrasters und damit auch, daß die Schaffung neuer Handlungsbefugnisse auf Unionsebene tatsächlich sachgerecht ist.

Fällt das Ergebnis der Kompetenzprüfung entlang des erarbeiteten Fragenkataloges durch diese Mehrheit »integrationsgeneigter« Mitgliedstaaten positiv aus, so haben sie das Recht, die Kommission mit einem Entwurf zu den erforderlichen Anpassungen der vertraglichen Zuständigkeitsregelungen zu beauftragen. Um eine rein »symbolische« Beteiligung einzelner Staaten auszuschließen, sollten im Regelfall alle Teilnehmer bei der Auftragserteilung bekunden, daß sie für die Ausübung der jeweiligen sachgebietsbezogenen Primär- oder Partialkompetenz das Mitentscheidungsverfahren und – damit einhergehend – Mehrheitsentscheidungen im Rat zu akzeptieren bereit sind. Für kompetenzrechtliche Teilrevisionen des Primärrechtes ist künftig keine Einberufung einer Regierungskonferenz mehr nötig. Vielmehr wird die Vorlage der Kommission direkt im Rat für allgemeine Angelegenheiten behandelt. Nach obligatorischer Anhörung des Ausschusses der Regionen wird die Ratsentscheidung zunächst an das Europäische Parlament weitergeleitet.

---

251 So schlägt Bieber vor, daß in Zukunft in jeder Vereinbarung über Vertragsänderungen Regelungen aufgenommen werden, die besagen, daß der gemeinsam vereinbarte Text auch dann für die zustimmenden Staaten in Kraft treten kann, wenn eine Mindestzahl von Zustimmungen vorliegt, jedoch eine Minderheit die Annahme verweigert hat. Vgl. Bieber: Steigerungsform, a. a. O., S. 299.

252 Vgl. Art. 34 Abs. 2 lit. d EUV-A.

Auch diese Beteiligung des Europäischen Parlamentes an Änderungen des Primärrechtes im Wege des Zustimmungsverfahrens bildet ein verfahrensrechtliches Novum.
Gerade in diesem Punkt hat der Unionsvertrag unverändert größere Ähnlichkeit mit
einem internationalen Abkommen als mit den Verfassungsordnungen föderaler Systeme.[253] So ist allen Bundesstaaten gemeinsam, daß eine eigenständige parlamentarische
Einbeziehung der gesamtstaatlichen Ebene im Verfahren der Verfassungsänderung
vorgesehen ist.[254] Der kritische Hinweis, daß in diesem Punkt bislang keine stärkere
Annäherung an bundesstaatliche Modelle erfolgt ist, mag zwar mit der fehlenden Repräsentationsfunktion des Europäischen Parlamentes in Ermangelung eines europäischen »demos« abgetan werden. Umgekehrt stellt sich jedoch die Frage, ob nicht gerade durch eine stärkere Beteiligung des Europäischen Parlamentes eine stärkere
öffentliche Unterstützung für Integrationsfortschritte erzielt werden könnte.[255] Selbst
wenn die Verhandlungen zum Amsterdamer Vertragsentwurf hinsichtlich seiner Einbeziehung einen »Qualitätssprung« dargestellt haben,[256] bleibt das Fehlen eines förmlichen Zustimmungsrechtes des Europäischen Parlamentes doch ein erhebliches Man-
ko des bisherigen Vertragsänderungsverfahrens. Die ausschließliche demokratische
Rückbindung der Verhandlungsergebnisse im mitgliedstaatlichen Ratifikationsprozeß,
in dessen Rahmen die nationalen Parlamente die ausgehandelten Vertragsänderungen
billigen müssen, steht nämlich auf »wackligen Beinen«. Gerade weil auch im Falle des
vorgeschlagenen Prozederes für Partialrevisionen des Vertrages das Erfordernis der
Zustimmung in allen beteiligten Mitgliedstaaten weiter besteht, bleibt dem einzelnen
nationalen Parlament kaum Spielraum für inhaltliche Nachbesserungen, und selbst die
Möglichkeit, die Verhandlungsergebnisse rundum abzulehnen, besteht im Grunde
nicht mehr. Bei einer ablehnenden Entscheidung hätte es gegebenenfalls das Scheitern
der internationalen Übereinkunft insgesamt zu verantworten.

Um eine wirksame demokratische Kontrolle über die nationalen Regierungsvertreter im Rat und die Inhalte ihrer Verhandlungsergebnisse bei Primärrechtsänderungen
sicherzustellen, erscheint es schon aufgrund dieser extrem schwachen Legitimationsbasis über die mitgliedstaatlichen Parlamente geboten, eine Zustimmungspflicht des
Europäischen Parlamentes für Vertragsänderungen einzuführen. An diese Einsicht
wird auch für das Verfahren der Partialrevision vertraglicher Kompetenzbestände an-
geknüpft, für das die Billigung durch eine Mehrheit der Abgeordneten erforderlich
sein soll. Erst wenn diese vorliegt, legen die beteiligten Mitgliedstaaten die geplanten
Änderungen des vertraglichen Kompetenzkataloges ihren nationalen Volksvertretungen vor, die sie alle gemäß der jeweiligen Verfassungsbestimmungen ratifizieren müssen.

Für jene europäischen Primär- und Partialkompetenzen, welche durch einen engeren Kreis von Mitgliedstaaten durchgesetzt wurden, gilt, daß sie im Vertrag besonders

---

253 Vgl. Witte, Bruno de: International Agreement or European Constitution?, in: Winter, Jan A.; Curtin,
     Deirdre M.; Kellermann, Alfred E.; Witte, Bruno de (eds.): Reforming the Treaty on European Union
     – The Legal Debate, The Hague/Boston/London 1996, S. 3-22.
254 Vgl. Sbragia: Thinking about the European Future: The Uses of Comparison, a. a. O., S. 272.
255 Vgl. Bieber: Steigerungsform, a. a. O., S. 298.
256 Vgl. Wessels, Wolfgang; Diedrichs, Udo: A New Kind of Legitimacy for a New Kind of Parliament
     – The Evolution of the European Parliament, European Integration online Paper (EIoP) 6 (1997),
     S. 6-7.

kenntlich gemacht werden. Durch diese Kennzeichnung wird auf dem Vertrag beizufügende Protokolle verwiesen, in denen die jeweilige Staatengruppe benannt wird, welche die Primär- und Partialbefugnisse der Unionsebene in spezifischen Aufgabenfeldern anerkannt hat. Im Wege des »opting-in« wird den zunächst ablehnenden Mitgliedstaaten die Möglichkeit eröffnet, zu einem späteren Zeitpunkt – nach Abschluß des nationalen Ratifikationsverfahrens – ebenfalls diese Handlungsermächtigungen zu akzeptieren und damit Aufnahme in das jeweilige Vertragsprotokoll zu finden. Sobald alle Mitgliedstaaten supranationalen Handlungsbefugnissen in einem bestimmten Politikfeld oder einem Partialausschnitt daraus zugestimmt haben, entfällt sowohl die vertragliche Kennzeichnung dieses Aufgabenfeldes als auch das dazugehörige Protokoll mit der entsprechenden Staatengruppe. Mit dieser Verweisungstechnik soll sichergestellt werden, daß sich die vorgeschlagene Differenzierung europäischer Kompetenzzuweisungen formell auch weiterhin innerhalb des Rahmens einer einheitlichen und konsolidierten Vertragsverfassung bewegt und sich nicht in eine unüberschaubare Zahl von Sondervereinbarungen zwischen verschieden zusammengesetzten Teilnehmerkreisen auflöst.

1.4.3 Abgrenzung von Partial- und Totalrevisionen des Vertragsrechtes

In seiner sachlichen Reichweite bezieht sich der Reformvorschlag für das Vertragsänderungsverfahren ausschließlich auf Teilrevisionen, welche Einzelanpassungen des primärrechtlich zu verankernden Kompetenzkataloges zum Gegenstand haben. Anderes gilt für vertragliche Totalrevisionen, welche beispielsweise auf Änderungen der institutionellen Strukturen, der Finanzverfassung und/oder die komplette Neuregelung der Kompetenzordnung abzielen, aber auch für Erweiterungsbeschlüsse über die Aufnahme von Neumitgliedern. Für diesen Fall wird wohl an dem bisherigen Vertragsänderungsverfahren festgehalten werden müssen, das die Einberufung einer Regierungskonferenz und eine einstimmige Annahme der Verhandlungsergebnisse durch die Mitgliedstaaten vorsieht. Umfassende Vertragsrevisionen der Grundprinzipien und -strukturen der europäischen Vertragsverfassung, die das Fundament eines föderal organisierten Europas darstellen und durch die Europäisierung der Verfassungsordnungen tief in die nationalstaatliche Souveränität der Mitgliedstaaten hineinwirken, setzen das Einvernehmen aller Mitgliedstaaten voraus, soll der Gesamtzusammenhang der Europäischen Union gewahrt bleiben.

Allerdings gilt für Totalrevisionen in besonderem Maße die Feststellung, daß die ausschließliche parlamentarische Legitimation über die nationalen Volksvertretungen unzureichend ist. Auch für weiterreichende Vertragsänderungen sollte deshalb in einem föderalen Europa, das die immer »engere Union« der mitgliedstaatlichen Bevölkerungen verwirklicht und die Herausbildung einer eigenständigen europäischen Identität fördern soll, die Zustimmung des Europäischen Parlamentes obligatorisch sein. Wiederum in Anlehnung an die verfassungsändernde Gesetzgebung in Bundesstaaten sollte diese Zustimmung gerade bei grundlegenden Vertragsänderungen auf einen möglichst breiten Konsens bei den Unionsbürgern rückschließen lassen. Deshalb erscheint es für Totalrevisionen durchaus angemessen, über die vorgeschlagene absolute Mehrheit der europäischen Abgeordneten für vereinzelte Änderungen der vertraglichen Zuständigkeitsordnung hinauszugehen und eine qualifizierte Mehrheit von zwei Dritteln der Abgeordneten zu empfehlen.

2. Autonomieschonende Kompetenzausübung und effektive Durchsetzung des Unionsrechtes

Unabhängig davon, welches Kompetenzverteilungsmodell föderale Verfassungsordnungen vorsehen, läßt sich feststellen, daß die Entwicklung der Zuständigkeiten in der Verfassungswirklichkeit häufig von den Intentionen der Verfassungsgeber abweicht. Meist sind anhaltende Zentralisierungstendenzen zu beobachten. Daß ausgerechnet Belgien, Spanien und Kanada die wesentlichen Ausnahmen von dieser Regel bilden, kann als Beleg dafür herangezogen werden, daß die Wahl eines bipolaren bzw. dualen konstitutionellen Ordnungsmodells geeignet ist, ein Übermaß an Vereinheitlichung zu verhindern. Es bleibt das grundsätzliche Problem, daß selbst eine sehr detaillierte Auflistung und explizite Benennung der Befugnisse des Gesamtverbandes und der ihn konstituierenden Teileinheiten angesichts der wachsenden Interdependenz interner und grenzüberschreitender Problemzusammenhänge nicht mehr ausreicht, um eine trennscharfe Aufgabenabgrenzung zu verwirklichen.[257] Auch das vorliegende Modell für eine duale Kompetenzordnung der Europäischen Union kann zwar die Sichtbarkeit der jeweiligen Handlungsbefugnisse auf mitgliedstaatlicher und europäischer Ebene erhöhen und ihre Grenzen verdeutlichen. An der Faktizität einer starken Überlappung der Aufgabenbereiche der verschiedenen Ebenen vermag es allerdings ebensowenig zu ändern wie an dem generellen Problem unzureichender Aussagekraft des Wortlautes von Kompetenzumschreibungen, das sich für nationale Verfassungen ebenso stellt wie für eine europäische Vertragsverfassung.[258]

2.1 Autonomieschonung als Leitfaden für die Ausübung europäischer Rechtsetzungsbefugnisse

Zu Recht hat die Europäische Strukturkommission deshalb bereits in ihrem Reformprogramm von 1994 für die Regierungskonferenz 1996/97 hervorgehoben, daß zusätzlich zur Erstellung eines dualen Kompetenzkataloges die Entwicklung »regulative[r] Prinzipien..., die zwischen den jeweiligen Regelungsansprüchen vermitteln können«,[259] erforderlich ist. Ausgangspunkt der diesbezüglichen Überlegungen dieser Expertenkommission war dabei der Grundgedanke, daß komplementär zur Kompetenzverteilung auch bei der Kompetenzausübung dem Gedanken der gegenseitigen Schonung der Autonomie auf europäischer und mitgliedstaatlicher Ebene Rechnung getragen werden müsse. Zu diesem Zweck wurde die Konkretisierung von drei handlungsleitenden Grundsätzen angeregt, die rudimentär bereits im Maastrichter Vertrag zu finden waren, aber – analog zu der Kompetenzausübungsregel des Subsidiaritätsprinzips – vor allem in Richtung einer autonomieschonenderen europäischen Rechtsetzungspraxis gegenüber den Mitgliedstaaten fortentwickelt werden sollten. Besonders große Nähe zu dem bereits von der Strukturkommission angeregten dualen Kompetenzkatalog weist dabei das »Prinzip der Einzelermächtigung« auf, das seinen Niederschlag in einer Neuordnung der supranationalen und nationalen Regelungsbe-

---

257 Vgl. Scharpf: Stabile föderale Balance?, a. a. O., S. 126 f.
258 Vgl. ausführlicher: Canu/Fischer/Mühlbacher, a. a. O.
259 Europäische Strukturkommission, a. a. O., S. 34.

fugnisse nach Sachgebieten und der Abschaffung der Generalermächtigung des Art. 308 EGV-A finden sollte. Zumindest partiell bestehen deutliche Übereinstimmungen zwischen den Vorschlägen dieses Sachverständigengremiums zur inhaltlichen Konkretisierung des *»Prinzips der Verhältnismäßigkeit«*, wie es im Maastrichter Vertrag formuliert wird,[260] und den Beschlüssen des Europäischen Rates von Edinburgh im Dezember 1992, die künftig durch das Amsterdamer Protokoll über die Anwendung der Grundsätze der Subsidiarität und der Verhältnismäßigkeit ebenfalls weitgehend Bestandteil des Primärrechtes sind.[261] Hier wie dort wird die Forderung formuliert, eine Rangordnung bei der Wahl europäischer Steuerungsinstrumente zu formulieren. Die Strukturkommission fordert dabei im wesentlichen, in der Harmonisierungspraxis des europäischen Rechtsetzers »mehr Toleranzbereitschaft gegenüber nationalen Regelungen aufzubringen« und zu diesem Zweck beispielsweise die zwischenzeitlich dominante Verfahrenspraxis der Kommission vertraglich zu regeln, Richtlinien den Vorzug vor Verordnungen zu geben, und überdies eine neue Normenhierarchie in das Primärrecht einzuführen, die anstelle der Rechtsinstrumente des Art. 249 EGV-A (Art. 189 EGV-M) zwischen Verfassungsgesetzen, Organgesetzen, ordentlichen Gesetzen und Durchführungsverordnungen differenziert.

Während diese letztgenannte Reformanregung einer Normenhierarchie sich letztendlich auch in Amsterdam (noch) nicht durchsetzen ließ,[262] enthalten bereits die Schlußfolgerungen von Edinburgh und das daraus hervorgegangene Subsidiaritätsprotokoll zum Amsterdamer Vertrag einige zusätzliche Anregungen, wie eine autonomieschonende Wahl europäischer Rechtsinstrumente weiter präzisiert werden könnte. So ist in beiden Dokumenten geregelt, daß nicht nur eine Richtlinie einer Verordnung, sondern überdies eine Rahmenrichtlinie einer detaillierten Maßnahme vorzuziehen ist, daß sich die europäische Ebene nach Möglichkeit auf die Festlegung von Mindeststandards beschränken soll, die es den Mitgliedstaaten gegebenenfalls erlauben, selbst höhere Normen festzulegen, und schließlich, daß gegebenenfalls Empfehlungen oder Verhaltenskodizes rechtsverbindlichen Maßnahmen vorzuziehen sind – sofern dadurch nicht die Verwirklichung der jeweiligen Vertragsziele gefährdet ist. Eine darüber hinausgehende Option für die Wahl von Steuerungsinstrumenten, die auch innerhalb der primärrechtlichen Zuständigkeiten der Unionsebene ein Höchstmaß an Autonomieschonung für die Mitgliedstaaten bzw. – sofern sie über eigene Gesetzgebungsbefugnisse im jeweiligen Politikfeld verfügen – ihrer subnationalen Ebene gewährleisten könnte, bestünde darin, die vertragsrechtliche Verpflichtung zu verankern, zunächst zu überprüfen, ob bei der europäischen Sekundärrechtsetzung anstelle der

---

260 Vgl. Art. 5 Abs. 3 EGV-A (Art. 3b Abs. 3 EGV-M).

261 Vgl. das Gesamtkonzept für die Anwendung des Subsidiaritätsprinzips und des Art. 3b des Vertrages über die Europäische Union [sic!!!, T.F./N.S.] durch den Rat in Teil A Anlage I der Schlußfolgerungen des Europäischen Rates in Edinburgh vom 11./12.12.1992 zum Subsidiaritätsprinzip.

262 Vgl. zu den verschiedenen Vorschlägen für eine vertragliche Normenhierarchie: Magiera, Siegfried: Zur Reform der Normenhierarchie im Recht der Europäischen Union, in: integration 4 (1995), S. 197-208; European Parliament (Directorate General for Research. Secretariat Working Party. Task Force on the Intergovernmental Conference): Certain Rectangular Problems of European Integration, Volume I (Political Series, Working Paper W-24, External Study by Professor J.H.H. Weiler et al.), Luxembourg 1997.

inhaltlichen Rechts- oder Normenangleichung nicht auf das Prinzip der gegenseitigen Anerkennung ausgewichen werden könnte.[263]

Der überwölbende Leitgedanke, der letztlich auch für diese Beschränkungen der Eingriffsintensität europäischer Regulierungsaktivitäten und die Wahrung größtmöglicher politischer Handlungsspielräume auf mitgliedstaatlicher Ebene ausschlaggebend sein muß, liegt jedoch in dem dritten von der Strukturkommission formulierten *»Prinzip der Unionstreue«* als Maxime bei der Kompetenzausübung. Wiewohl der Europäische Gerichtshof in jüngster Zeit dazu übergegangen ist, die Solidaritätsverpflichtung der Mitgliedstaaten aus Art. 10 EGV-A (früher Art. 5 EGV-M) zu »bilateralisieren«,[264] d. h. analog dem deutschen Grundsatz der Bundestreue nicht nur gemeinschaftsfreundliches Verhalten der Mitgliedstaaten einzufordern, sondern auch die Rücksichtnahme der Unionsebene auf die Zuständigkeiten der Mitgliedstaaten, ist dies dem vertraglichen Wortlaut dieser Vertragsbestimmung nach wie vor nicht zu entnehmen. Er stellt unverändert einseitig auf die Pflicht der Mitgliedstaaten ab, den Gemeinschaftsorganen die Erfüllung ihrer Aufgaben zu erleichtern bzw. alle nationalen Maßnahmen – ob legislativ, administrativ oder judikativ – zu unterlassen, die die Verwirklichung der Vertragsziele gefährden. Um auch hier das Gebot der Autonomieschonung bei der Kompetenzausübung vertraglich stärker zu betonen, regte die Europäische Strukturkommission an, neben der in Maastricht in Art. F Abs. 1 EUV-M (Art. 6 Abs. 3 EUV-A in geänderter Fassung) verankerten Feststellung, daß die Europäische Union die Identität ihrer Mitgliedstaaten zu beachten habe, auch durch eine Umformulierung des Art. 5 EGV-M (Art. 10 EGV-A) klarzustellen, daß es sich um ein Gebot wechselseitiger Rücksichtnahme handele. Auch auf den Gebieten europäischer Primärzuständigkeiten sollte auf diesem Wege eine autonomieschonende Wahl der sekundärrechtlichen Steuerungsinstrumente durch die Unionsebene gewährleistet und den Mitgliedstaaten die Möglichkeit eröffnet werden, bei unzulässigen Einschränkungen ihres Handlungsspielraumes den Europäischen Gerichtshof anzurufen.[265]

Mit ihren Ausführungen zu den regulativen Prinzipien der Unionstreue, der Einzelermächtigung und der Verhältnismäßigkeit hat die Europäische Strukturkommission tatsächlich weitestgehend den Rahmen für eine autonomieschonende Aufgabenwahrnehmung durch den europäischen Rechtsetzer abgesteckt. Einzelne Ausführungen in den Schlußfolgerungen des Gipfels in Edinburgh oder dem Amsterdamer Subsidiaritätsprotokoll liefern hier sicherlich ebenso wertvolle Ergänzungen wie die zusätzliche Reformanregung, verstärkt das *»Prinzip der gegenseitigen Anerkennung«* anstelle der inhaltlichen Harmonisierung bei der Ausgestaltung von europäischen Rechtsakten heranzuziehen. Allerdings darf angesichts der Zielsetzung wechselseitiger Autonomieschonung sowohl in der Kompetenzverteilung als auch der Zuständigkeitsausübung nicht die Tatsache aus den Augen verloren werden, daß es sich bei der Europäischen Union – einer Wortschöpfung Walter Hallsteins folgend – um eine »Rechtsgemeinschaft« handelt, die bei der Umsetzung des Unionsrechtes in nationales Recht ebenso

---

263 Vgl. sehr ausführlich zu diesem Vorschlag Langer, Stefan: Subsidiarität und Anerkennungsprinzip, in: Zeitschrift für Gesetzgebung 3 (1993), S. 193-211.

264 Dieser Begriff ist entlehnt bei Pescatore, Pierre: Mit der Subsidiarität leben. Gedanken zu einer drohenden Balkanisierung der Europäischen Gemeinschaft, in: Due/Lutter/Schwarze (Hrsg.), a. a. O., Bd. II, S. 1071-1094 (S. 1087).

265 Vgl. Europäische Strukturkommission, a. a. O., S. 34 f.

wie bei der administrativen Rechtsanwendung auf die Integrationsfähigkeit und -willigkeit der Mitgliedstaaten und ihrer Verwaltungen angewiesen ist.

2.2 Effektivierung der Rechtsumsetzung und Rechtsanwendung in den Mitgliedstaaten

Sowohl das vorgeschlagene duale Modell der Zuständigkeitsabgrenzung als auch die Anregungen für eine autonomieschonende Kompetenzausübung rekurrieren primär auf den Bereich der Legislativbefugnisse. Eine darüber hinausgehende Annäherung der Europäischen Union an ein System des dualen Föderalismus, wie es bis in die dreißiger Jahre in den USA bestand, erscheint jedoch weder realistisch noch mit dem Gedanken größtmöglicher Vielfalt im Rahmen des dieser Studie zugrunde liegenden Föderalismusverständnisses vereinbar. Charakteristisch für die Europäische Union als Rechtsgemeinschaft wird trotz der zunehmenden Bedeutung des unmittelbaren und mittelbaren Verwaltungsvollzuges auf europäischer Ebene[266] weiterhin ihre strukturelle Nähe zu der funktionalen Aufgabenverteilung im Föderalismus der Bundesrepublik Deutschland bleiben, wo dem Bund primär Gesetzgebungszuständigkeiten obliegen, während die Verantwortung für die Verwaltung in erster Linie bei den Ländern angesiedelt ist.[267]

Die Situation in der Europäischen Union stellt sich völlig anders dar als in den USA, wo der Bund über einen ausgebauten eigenen Verwaltungsapparat verfügt und der Supreme Court noch Anfang der neunziger Jahre in der Entscheidung *New York vs. United States* dem Kongreß in Anlehnung an den Zehnten Zusatz zur US-Verfassung das Recht absprach, die Einzelstaaten zur Mitwirkung ihrer Administrationen am Vollzug des Rechtes und der Politik des Bundes zu zwingen.[268] Ursprünglich ganz im Sinne des Gebotes der Autonomieschonung der Glieder sollte sich die Rechtsetzung in der Europäischen Union vorrangig als Angleichung des Rechtes der Mitgliedstaaten bzw. ihrer subnationalen Glieder abspielen, ohne daß dabei in den betroffenen Bereichen der Charakter des nationalen oder regionalen Rechtes als solches verloren geht. Abgegrenzt werden muß dieser Ansatz der »Harmonisierung« vom Ansatz der »Föderalisierung«: »'Harmonization' in the context of federal systems generally connotes the process by which state law on a given matter comes to resemble the law of other states within a federal system, while nevertheless retaining its identity as state law... To 'federalize' the law is to render it more common through-out the sy-

---

266 Vgl. sehr kritisch zu dieser Entwicklung: Borries, Reimer von: Verwaltungskompetenzen der Europäischen Gemeinschaft, in: Due/Lutter/Schwarze (Hrsg.), a. a. O., Bd. I, S. 127-147.

267 Vgl. zu dieser strukturellen Ähnlichkeit der EU mit dem bundesdeutschen System: Oebbecke, Janbernd: Die europäische Integration und die Organisation der Verwaltung, in: Ipsen/Rengeling/Mössner/Weber (Hrsg.): Verfassungsrecht im Wandel, a. a. O., S. 608 f.

268 Vgl. Bermann, Georg A.: Harmonization and Regulatory Federalism, in: Pernice, Ingolf (ed.): Harmonization of Legislation in Federal Systems. Constitutional, Federal and Subsidiarity Aspects – The European Union and the United States of America Compared, Baden-Baden 1996, S. 37-45 (S. 41).

stem, by removing the matter legislatively in whole or in part from the hands of state authorities and placing it to that extent in the hands of federal authorities.«[269]

Die faktische Entwicklung der europäischen Rechtsgemeinschaft erscheint angesichts dieser idealtypischen Unterscheidung allerdings als paradox. Gerade die funktionale Abhängigkeit der supranationalen Ebene von der mitgliedstaatlichen Rechtsumsetzung und -anwendung führte angesichts der wachsenden Heterogenität der Mitgliedstaaten und der Ausweitung europäischer Kompetenzbestände dazu, daß der Handlungs- und Ermessensspielraum auf mitgliedstaatlicher Ebene erheblich eingegrenzt werden mußte. Dies geschah mittels des richterrechtlich begründeten Vorranges des Gemeinschaftsrechtes einerseits sowie mittels einer zunehmenden »Detailversessenheit« europäischer Richtlinien und ihrer wiederum durch den EuGH begründeten unmittelbaren Anwendbarkeit andererseits. Die vertragliche Differenzierung zwischen Richtlinien und Verordnungen ist somit zunehmend verschwommen und immer häufiger finden sich in den Rechtsakten der Europäischen Union Durchführungsbestimmungen, mit deren Hilfe eine einheitliche Rechtsanwendung sichergestellt werden soll. Mit diesen Entwicklungen wurde aber der autonomieschonende Ansatz, der ursprünglich dem Konzept der Harmonisierung zugrunde lag, in sein Gegenteil verkehrt.

Der Weg für eine Rückkehr zu der ursprünglich beabsichtigten autonomieschonenden Kompetenzausübung bei der Sekundärrechtsetzung kann für die Europäische Union realistischerweise nicht darin bestehen, einen eigenen umfassenden Verwaltungsunterbau auf europäischer Ebene zu schaffen. Ein solcher Schritt würde ohnehin mit hoher Wahrscheinlichkeit eine stärkere Föderalisierung europäischer Kompetenzen im obigen Sinne nach sich ziehen – d. h. also gerade nicht zur Autonomieschonung beitragen. Wichtiger ist aber, daß auch langfristig an der funktionalen Arbeitsaufteilung in der Europäischen Union kaum zu rütteln sein dürfte. Dies haben erst jüngst die Aufnahme der »Erklärung zum Protokoll über die Anwendung der Grundsätze der Subsidiarität und der Verhältnismäßigkeit« in die Schlußakte des Amsterdamer Vertrages und die dortige Fundierung des Grundsatzes, daß die administrative Durchführung des Gemeinschaftsrechtes »grundsätzlich Sache der Mitgliedstaaten« sei, wieder unterstrichen. Vielmehr muß eine Möglichkeit gefunden werden, bei der Rechtsetzung auf europäischer Ebene eine möglichst niedrige Eingriffsintensität anzustreben, ohne daß daraus die Gefahr einer unzureichenden und extrem uneinheitlichen Rechtsumsetzung und -anwendung durch die Mitgliedstaaten und ihre Verwaltungen erwächst. Ohne entsprechende Reformen, die auf eine Effektivierung der Rechtsumsetzung und -anwendung abzielen, wird diese Gefahr in einer erweiterten Europäischen Union noch weiter zunehmen.

Grundsätzlich bieten sich dabei verschiedene Verbesserungsvorschläge an. Essentiell erscheint zunächst, daß im Rahmen einer einzuführenden Normenhierarchie künftig klarer unterschieden wird zwischen Aufgaben des europäischen Gesetzgebers, der sich im Regelfall auf die Festlegung des Rahmens für politische Grundsatzentscheidungen beschränken sollte, und gegebenenfalls erforderlichen Durchführungsbestimmungen, die nicht mehr Eingang in Legislativakte finden sollten, sondern ausschließlich an die Kommission delegiert werden sollten. Erst bei einer entsprechend

---

269   Ebd., S. 38-39.

klaren Trennung zwischen exekutiver Setzung von Durchführungsverordnungen – die der Ausnahmefall bleiben sollte – und Legislativakten kann gewährleistet werden, daß sich der europäische Rechtsetzer vorrangig auf Rahmengesetze beschränkt, wie sie ursprünglich in Gestalt der Richtlinie vorgesehen waren.[270]

In diesem Zusammenhang ist auch darauf hinzuweisen, daß die vielgeübte Kritik an der »Komitologie«, in deren Rahmen die Europäische Kommission die Durchführungsbefugnisse ausübt, die der Rat der Europäischen Union an sie delegiert hat, primär unter dem Aspekt der Komplexität der unterschiedlichen Verfahren und der unzureichenden Gewaltenteilung in der Europäischen Union gerechtfertigt erscheint. Diesen Mißständen könnte durch eine Beschränkung der in der Komitologieentscheidung des Rates von 1987[271] festgelegten sieben Verfahrensarten[272] auf die Verfahren des Beratenden Ausschusses und des Verwaltungsausschusses entgegengewirkt werden. Erst im Anschluß an eine beschlossene Maßnahme hätte die Kommission den Rat und das Europäische Parlament zu informieren, die – jeder für sich – den Vorschlag innerhalb von ein bis zwei Monaten zurückweisen könnten (Evokationsrecht).[273] Besonders wichtig – auch im Sinne einer stärkeren Betonung des Prinzips horizontaler Gewaltenteilung – wäre die daraus resultierende Stärkung der Rolle des Europäischen Parlamentes. Wie dies im nationalen Rahmen[274] üblich ist, sollte auch auf europäischer Ebene der Abgeordnetenkammer bei der Delegation von Legislativbefugnissen an die Exekutive eine zentrale Rolle zukommen.

Grundsätzlich liefern die Komitologieausschüsse aber einen deutlichen Hinweis auf den eigentlichen Handlungsbedarf, der sich ergibt, soll die Vereinbarkeit von autonomieschonender Rechtsetzung und effektiver Durchführung dieses europäischen Rechtes in einer föderal organisierten Europäischen Union gewährleistet werden. Sie haben aufgrund ihrer Zusammensetzung aus Vertretern der Kommission und der mitgliedstaatlichen Regierungen – in der Regel dieselben, die auch in den Arbeitsgruppen des Rates vertreten sind – eine unverzichtbare Funktion für die vertikale Koordination zwischen regionaler, nationaler und supranationaler Ebene wie auch für die horizontale Koordination zwischen den Verwaltungen in den Mitgliedstaaten.[275]

Gerade in einem politischen Entscheidungssystem der Europäischen Union, das realistischerweise auch künftig sehr stark am Modell des funktionalen Föderalismus orientiert sein muß, wird diesen horizontalen und vertikalen Kooperationsformen auf administrativer Ebene und der damit verbundenen Entstehung von »epistemic com-

---

270 Vgl. Club von Florenz (Hrsg.): Europa: Der unmögliche Status quo, Baden-Baden 1996, S. 110-112.

271 Vgl. Ratsbeschluß 87/373/EWG v. 13. Juli 1987, ABl. der EG, L 197 v. 18.7.1987.

272 Vgl. Dogan, Rhys: Comitology: Little Procedures with Big Implications, in: West European Politics 3 (1997), S. 31-60; Neyer, Jürgen: Administrative Supranationalität in der Verwaltung des Binnenmarktes: Zur Legitimität der Komitologie, in: integration 1 (1997), S. 24-37.

273 Dieser Vorschlag geht zurück auf die diesbezüglichen Anregungen der Kommission selbst, die sie für die Konferenz über die Politische Union im Vorlauf von Maastricht formulierte. Vgl. »Regierungskonferenzen: Beiträge der Kommission«, Beilage 2 (1991) zum Bulletin der Europäischen Gemeinschaften, S. 131-134.

274 Vgl. zur Analyse der entsprechenden Delegationsverfahren in Frankreich, den USA, Deutschland und dem Vereinigten Königreich: Haibach, Georg: Comitology after Amsterdam: A Comparative Analysis of the Delegation of Legislative Powers, in: EIPASCOPE 3 (1997), S. 2-8.

275 Vgl. in diesem Sinne Schäfer, Günther F.: Die institutionellen Herausforderungen einer EU-Osterweiterung, in: Weidenfeld (Hrsg.): Europa öffnen, a. a. O., S. 25-100 (S. 72 f.).

munities« wesentlich größere Bedeutung zukommen als Sanktionsmechanismen zur Durchsetzung vertragskonformen Verhaltens, wie sie vor allem mit Art. 228 EGV-A (früher Art. 171 EGV-M) seit Maastricht der Kommission und dem EuGH zustehen. Deshalb sollte auch künftig das Hauptaugenmerk auf die Förderung der Netzwerkbildung zwischen den mitgliedstaatlichen und den europäischen Verwaltungen gerichtet sein. Ein Entwicklungsansatz in diese Richtung, der gleichzeitig das Gefühl der »Allmacht« der Kommission zu lindern vermag, besteht in der Einrichtung weiterer europäischer Agenturen, wie der Europäischen Umweltagentur, dem Gemeinschaftlichen Sortenamt, der Europäischen Beobachtungsstelle für Drogen und Drogensucht, der Europäischen Agentur für die Beurteilung von Arzneimitteln oder der Agentur für Sicherheit und Gesundheitsschutz am Arbeitsplatz.[276] Die Aufgabe dieser Einrichtungen besteht primär in der Informationssammlung und Entwicklung gemeinsamer Analysemethoden für die Evaluation der Wirksamkeit europäischen Handelns in den jeweiligen Politikbereichen. In Einzelfällen könnten derartige Agenturen auch Aufsichts- und Kontrollbefugnisse übernehmen, indem sie – gegebenenfalls unter Aufsicht der Kommission – zu individuellen Verwaltungsentscheidungen befugt werden,[277] wie dies z. B. beim Inspektorat für Fischerei oder im Bereich der Wettbewerbspolitik bereits der Fall ist.[278]

Generell läßt sich nach Abschluß des gesetzgeberischen Binnenmarktprogrammes und angesichts der Herausforderungen, die sich aus der Übernahme des acquis communautaire durch die ost- und mitteleuropäischen Beitrittskandidaten ergeben, erwarten, daß die Managementfunktionen der Kommission im Bereich der Durchsetzung einer einheitlichen Implementation des Gemeinschaftsrechtes weiter zunehmen werden. In dieser Funktion hat die Europäische Kommission vielversprechende Maßnahmenpakete entwickelt, die auch künftig weiterentwickelt werden sollen. Vor allem das Angebot von Hilfestellungen durch finanzielle Unterstützungen und Ausbildungsmaßnahmen für das Verwaltungspersonal[279] sind hier ebenso zu erwähnen wie die Programme KAROLUS und MATHAEUS für den Austausch von Beamten zwischen den Mitgliedstaaten, die AKTION ROBERT SCHUMAN zur Verbesserung der Europarechtskenntnisse von Juristen oder das GROTIUS Programm für den Austausch von Praktikern aus dem Bereich der Rechtsprechung.[280]

276 Vgl. zu einzelnen Fallbeispielen für das Funktionieren derartiger Agenturen: Kreher, Alexander (ed.): The New European Agencies. Conference Report (EUI Working Paper RSC No. 96/49), Badia Fiesolana/San Domenico (Fi) 1996; sowie ders. (ed.): The EC Agencies between Community Institutions and Constituents: Autonomy, Control and Accountability. Conference Report, Badia Fiesolana, San Domenico (Fi): European University Institute. The Robert Schuman Centre, February 1998.

277 Vgl. Club von Florenz (Hrsg.), a. a. O., S. 114 f.

278 Vgl. Ladeur, Karl-Heinz: The New European Agencies. The European Environment Agency and Prospects for a European Network of Environmental Administrations (EUI Working Paper RSC No. 96/50), Badia Fiesolana/San Domenico (Fi) 1996, S. 4.

279 Vgl. Olsen, Johan P.: European Challenges to the Nation State (ARENA reprint 97/11), S. 179-182.

280 Positiv zu diesen Initiativen auch: European Parliament: Committee on Legal Affairs and Citizens' Rights:, Report on the Commission's Thirteenth Annual Report to Parliament on monitoring the application of Community law – 1995 – (COM (98)0600-C4-0363/96) (Rapporteur: Mrs. Anne-Marie Schaffner), 7 January 1997.

Gerade weil die personellen und sachlichen Mittel der Europäischen Union als Rechtsgemeinschaft auch weiterhin begrenzt bleiben werden, wird solchen bewußtseinsbildenden und identitätsstiftenden Ansätzen für eine Effektivierung der Rechtsumsetzung und -anwendung auch in einem föderalen Europa größere Bedeutung zukommen als rechtlichen Durchsetzungsbefugnissen der Europäischen Kommission. Ihre effektiven Kontrollbefugnisse werden sich auch langfristig kaum über die Möglichkeit hinaus ausdehnen lassen, im Bereich der Rechtsumsetzung und -anwendung eine gewisse Kontrolle über die Kontrollbehörden in den Mitgliedstaaten auszuüben bzw. – wie in der Strukturpolitik – einzelne Vertreter in Monitoring-Ausschüsse zu entsenden. Erleichtert werden könnte ihr diese Aufsichtsfunktion allerdings erheblich, würde sie – entsprechend einer Anregung des Select Committee für Europäische Angelegenheiten beim Britischen Oberhaus[281] – der Entwicklung einheitlicher Kriterien für die Bewertung und Kontrolle mitgliedstaatlicher Verwaltungen bzw. Politiken größere Bedeutung beimessen.[282]

---

281 Implementation and Enforcement of Environmental Legislation, London: HMSO, 1992.
282 Vgl. Club von Florenz (Hrsg.), a. a. O., S. 114.

3. Zusammenfassung der Reformerfordernisse

Das Interesse in der vorliegenden Studie gilt vor allem der Frage, welche Reformerfordernisse sich für das Vertrags- und Kompetenzgefüges der Europäischen Union
stellen. Im einzelnen wurden dabei im vorangehenden Teil B folgende Hauptelemente
eines strukturellen Ordnungsmodells für die föderale Weiterentwicklung des europäischen Integrationsverbundes herausgearbeitet:

Eine einheitliche europäische Vertragsverfassung

1. Der bisherige Wildwuchs des europäischen Vertragswerks widerspricht der de-
    mokratischen Grundanforderung einer möglichst klaren Zurechenbarkeit politi-
    scher Verantwortung. Die drei Säulen des Unionsvertrages ebenso wie die außer-
    halb der europäischen Gründungsverträge befindlichen Texte des Primärrechtes
    müssen zu einer einzigen konsolidierten Vertragsverfassung zusammengefaßt
    werden. Damit einhergehen muß die Ausstattung der Europäischen Union mit ei-
    ner einheitlichen Rechtspersönlichkeit.

2. Die Einfügung eines Grundrechtekataloges in diesen Verfassungsvertrag erscheint
    zum einen als besonders geeigneter Ansatzpunkt, um die Herausbildung einer
    »multiplen Bürgerschaft« zu fördern, die die Unionsbürgerschaft des einzelnen
    neben seine nationale Staatszugehörigkeit treten läßt. Zum anderen spricht gerade
    der Umstand, daß die ost- und südosteuropäischen Transformationsstaaten als
    künftige Beitrittskandidaten erst eine sehr junge demokratische und rechtsstaatli-
    che Tradition aufweisen, dafür, durch einen solchen Grundrechtekatalog eine su-
    pranationale Werteordnung als eigenständige Legitimationsbasis der Europäi-
    schen Union auszubauen. Dieser Katalog sollte zunächst vor allem Freiheits- und
    Abwehrrechte der Unionsbürger auflisten. Soziale Rechte hingegen sollten auf-
    grund der erheblichen Unterschiede der nationalen Rechtsordnungen vorerst den
    Aushandlungsprozessen zwischen den Mitgliedstaaten überlassen bleiben.

3. Ebenfalls an das Erfordernis der Legitimität und Akzeptanz des Unionshandelns
    knüpft die Forderung an, einen dualen Kompetenzkatalog in den einheitlichen
    Verfassungsvertrag aufzunehmen, der die bislang aufgabenbezogenen Handlungs-
    ermächtigungen der Verträge ablösen soll. Statt dessen sollte eine sachgegen-
    ständliche Abgrenzung primärer und partieller Zuständigkeitsbereiche der euro-
    päischen und mitgliedstaatlichen Ebene erfolgen, um die Transparenz der
    Aufgabenverteilung zu erhöhen und das Handeln der europäischen Ebene wirk-
    sam auf jene Felder zu begrenzen, auf denen es tatsächlich effektiver als das der
    Mitgliedstaaten oder ihrer subnationalen Gebietskörperschaften ist.

4. Langfristig wäre darauf abzustellen, diesen nach wie vor recht umfangreichen Ge-
    samtvertrag in eine Vertragsverfassung und einen gesonderten Ausführungsver-
    trag aufzuspalten. Ersterer müßte dann die Grundprinzipien – vor allem den
    Grundrechtekatalog – sowie die Bestimmungen zu Kompetenzverteilung, Institu-
    tionen und Entscheidungsverfahren enthalten, letzterer die technischen Bestim-

mungen, wie Einzelheiten zu den einzelnen EU-Zuständigkeitsbereichen oder dort systematisch zusammengefaßte Vertragsprotokolle aus den bisherigen Verträgen.

Ein subsidiaritätsgerechtes Kompetenzgefüge für die europäische Vertragsverfassung

5. Im Mittelpunkt der vorgestellten Konzeption für eine strukturelle Organisationsreform der Europäischen Union steht eine föderale Umgestaltung ihres bisherigen Kompetenzgefüges. Vorgeschlagen wird in diesem Zusammenhang das Ordnungsmodell eines dualen Zuständigkeitskataloges, das ursprünglich auf die Überlegungen der Europäischen Strukturkommission zurückgeht. Künftig sollten in der europäischen Vertragsverfassung nicht nur die sachgegenständlich umschriebenen Handlungsbefugnisse der europäischen, sondern auch der nationalen Ebene entlang der Unterscheidung zwischen Primär- und Partialkompetenzen beider Ebenen aufgelistet werden. Primärkompetenzen kennzeichnen dabei die Regelzuständigkeit der einen, während Partialkompetenzen die Ausnahmezuständigkeit der anderen Ebene in einem Politikbereich bezeichnen.

6. Untrennbar verbunden mit diesem Übergang von den aufgabenbezogenen Zuständigkeitsbestimmungen der bisherigen Verträge zur Auflistung einzelner Sachgegenstände in einem dualen Aufgabenkatalog ist allerdings das Erfordernis, Beschlüsse über Kompetenzzuweisungen an die Unionsebene nicht mehr an das bisherige Vertragsänderungsverfahren zu binden. Das Verfahren der Regierungskonferenzen sollte – allerdings ergänzt um eine Zustimmungspflicht des Europäischen Parlamentes – nurmehr bei Totalrevisionen der künftigen EU-Vertragsverfassung greifen. Partialrevisionen des primärrechtlich verankerten, dualen Kompetenzkataloges sollten dagegen auch für einen kleineren Kreis an Mitgliedstaaten im Wege differenzierter Integration ermöglicht werden. Nur mit einer solchen Flexibilisierung des Vertragsänderungsverfahrens kann vermieden werden, daß die vorgeschlagene Kataloglösung für die künftige europäische Kompetenzordnung die Dynamik des Integrationsprozesses in ein zu starres Korsett zwängt.

7. Die konkrete Entscheidung über die Kompetenzzuweisung von Regel- oder Ausnahmezuständigkeiten in einem bestimmten Aufgabenbereich an die europäische Ebene hängt in dem vorliegenden Ordnungsmodell von dem Ergebnis einer Zuständigkeitsprüfung in dem jeweiligen Politikfeld ab, für die zunächst ein Raster mit einheitlichen Kriterien entwickelt wurde. Im Anschluß daran erfolgte eine weitere Operationalisierung dieser Kriterien durch die Zusammenstellung eines Kataloges mit konkreten Prüffragen. Die Anwendung dieses einheitlichen Prüfschemas erlaubt es, im Vorfeld von Zuständigkeitsübertragungen abzuklären, ob supranationale Handlungsbefugnisse in einem bestimmten Politikbereich unter dem Aspekt politischer Steuerungseffektivität tatsächlich erforderlich und akzeptanzfähig sind. Als Vorlage dienten dafür die diversen Prüflisten, die seit Maastricht für die Anwendung des vertraglichen Subsidiaritätsprinzips entwickelt wurden, sowie Erkenntnisse der ökonomischen Theorie des Föderalismus.

8. Wie das Subsidiaritätsprinzip in Art. 5 EGV-A orientiert sich auch das einheitliche Prüfschema an einer Unterscheidung zwischen der »Erforderlichkeits-« und »Besser«-Bedingung. Anders als dies bislang der Fall ist, entscheiden die Ergebnisse der Anwendung der einzelnen Kriterien, die für das Vorliegen der beiden Bedingungen formuliert werden, allerdings nicht darüber, ob die Kompetenzausübung im Bereich bereits bestehender Zuständigkeiten der Unionsebene zulässig ist. Vielmehr sollen sie Aufschluß darüber geben, ob überhaupt Gesamt- oder Teilzuständigkeiten der Unionsebene in einem bestimmten Politikfeld erforderlich sind. In Annäherung an föderalstaatliche Verfassungsmodelle liegt dem einheitlichen Kriterienraster mit seiner Unterteilung in die beiden Prüfebenen der Besser- und Erforderlichkeitsbedingung also ein Verständnis des Subsidiaritätsprinzips als Kompetenzverteilungsregel und nicht als Kompetenzausübungsregel im Sinne des geltenden Vertragsrechtes zugrunde.

9. Die drei Prüfkriterien (*Erforderliche Mindestteilnehmerzahl, Räumliche Kongruenz politischen Handelns, Skalenerträge gemeinsamen Vorgehens*), aus denen sich die »Besser«-Bedingung konstituiert, werden zunächst herangezogen, um festzustellen, ob in einem bestimmten Politikfeld überhaupt Handlungs- oder Problemzusammenhänge vorliegen, die die (horizontale) Steuerungsreichweite des einzelnen Mitgliedstaates überfordern bzw. die effektiver wahrgenommen werden können, wenn mehrere oder alle Mitgliedstaaten zusammenwirken. Nur in jenen Fällen, in denen die Anwendung eines der drei genannten Kriterien für ein solches Ergebnis spricht, wird die Prüfung auf der zweiten Ebene der »Erforderlichkeits«-Bedingung fortgesetzt. Diese setzt sich wiederum aus drei Kriterien (*Problemlösungsfähigkeit völkerrechtlicher Formen der bi- oder multilateralen Kooperation, Öffentliche Akzeptanz für Handlungsbefugnisse der Europäischen Union, Verbundvorteile durch europäische Zuständigkeiten*) zusammen, die diesmal allerdings kumulativ angewandt werden müssen. Erst in diesem zweiten Prüfungsschritt wird die Frage geklärt, ob unzureichende Leistungskapazitäten des einzelnen Mitgliedstaates für eine effektive Problemlösung in einzelnen Aufgabenbereichen tatsächlich schon die (vertikale) Hochzonung von Primär- oder Partialzuständigkeiten auf die Unionsebene rechtfertigen.

Eine autonomieschonende und effektive Kompetenzausübung

10. Die Vorschläge zur Neugestaltung des europäischen Kompetenzgefüges würden die Europäische Union einen deutlichen Schritt in Richtung Trennföderalismus bewegen. Die durch Aushandlungsprozesse zwischen den Mitgliedstaaten forcierte Zentralisierungsdynamik, die den bisherigen Integrationsverlauf gekennzeichnet hat, ist zwar nicht zuletzt durch die Nähe der institutionell verflochtenen Entscheidungsstrukturen zum deutschen Verbundföderalismus bedingt, die hier wie da ihre zentrale Ursache in einer funktionalen Aufgabenverteilung haben. Auch wird dieses Grundmuster einer weitgehenden Beschränkung der Handlungsbefugnisse der gesamtstaatlichen Ebene auf die Rechtsetzung bei gleichzeitiger Regelzuständigkeit seiner Glieder für den Rechtsvollzug auch im Falle grundlegender Reformen der Europäischen Union grundsätzlich nicht zur Debatte stehen. Zumindest dürfte die enumerative Auflistung der Befugnisse der Mitgliedstaaten

in einer europäischen Vertragsverfassung – anders als Kataloglösungen, die den Gliedern nur Residualkompetenzen zugestehen oder sie weitgehend dem konkurrierenden Tätigwerden des Bundes unterwerfen –, aber bremsend wirken auf sachlich nicht gerechtfertigte Rechtsetzungsbefugnisse der Unionsebene. Gleiches gilt für den im Rahmen des föderalen Reformkonzeptes dieser Studie präsentierten Vorschlag, die Mitgliedstaaten vor dem Beschluß über eine beabsichtigte Änderung des vertraglichen Zuständigkeitskataloges auf eine gemeinsame Anwendung der vorgestellten Kompetenzverteilungskriterien zu verpflichten.

11. Dennoch dürfte das verbundföderal ausgerichtete Entscheidungssystem der Europäischen Union in Verbindung mit dem wachsenden Umfang sachlich gebotener Kompetenzübertragungen im Laufe des »doppelten Systemwandels« weiterhin zentralisierungsbegünstigend wirken. Um so entscheidender wird es unter dem Aspekt der Legitimationsstiftung bzw. der Bürger- und Ortsnähe europäischer Regelungen sein, auf ein autonomieschonendes Handlungsinstrumentarium bei der europäischen Sekundärrechtsetzung zurückzugreifen. Wiederum in Anlehnung an die Vorschläge der Europäischen Strukturkommission zur EU-Reform wurden deshalb zunächst einige regulative Grundsätze bei der Kompetenzausübung durch die Unionsebene angeregt. Im einzelnen sind dies das *Prinzip der Einzelermächtigung*, das *Prinzip der Verhältnismäßigkeit*, eine Bilateralisierung des *Prinzips der Unionstreue* zugunsten mitgliedstaatlicher Handlungsspielräume sowie ein möglichst umfassender Rückgriff auf das *Prinzip der gegenseitigen Anerkennung* anstelle von Harmonisierungsmaßnahmen. Zu ergänzen wären diese Grundsätze allerdings um stärker ausdifferenzierte Steuerungsinstrumente im Sekundärrecht in Gestalt einer Normenhierarchie.

12. Voraussetzung für die Verwirklichung des Anliegens weitestmöglicher Autonomieschonung bei der Kompetenzausübung ist gerade angesichts der funktionalen Aufgabenteilung im europäischen Mehrebenensystem allerdings, daß die Fähigkeit und Bereitschaft der Mitgliedstaaten sichergestellt bleibt, eine effektive Rechtsumsetzung und -anwendung zu gewährleisten. Schließlich lag gerade in den Defiziten auf diesem Gebiet ein zentraler Grund dafür, daß selbst Richtlinien immer häufiger Umsetzungsdetails geregelt haben. Die erweiterten Ermessensspielräume, die sich den Mitgliedstaaten und gegebenenfalls auch ihren Regionen im Falle einer autonomieschonenderen Rechtsetzungspraxis der Union eröffnen, dürfen demnach nicht in eine wachsende Neigung zur Verletzung von Umsetzungs- bzw. Anwendungspflichten münden. Der Schlüssel für eine erfolgreiche Reform des europäischen Kompetenz- und Vertragsgefüges liegt hier weniger in einem Ausbau der Sanktionsmittel von Kommission und Europäischem Gerichtshof gegen Vertragsverstöße, sondern in einer verstärkten Nutzung der kooperativen Elemente des europäischen Mehrebenensystems bzw. einer stärkeren Vernetzung zwischen mitgliedstaatlichen und europäischen Administrationen. Besonders geeignete Ansatzpunkte böten dafür ein *reformiertes System der Komitologie* bei Durchführungsbeschlüssen der Kommission, die Einrichtung weiterer europäischer Agenturen oder Hilfestellungen durch die finanzielle Unterstützung bzw. europäische Ausbildungsprogramme für Verwaltungspersonal.

Diesem Zwölf-Punkte-Programm sind die Kernelemente einer föderalen Strukturreform des europäischen Kompetenz- und Vertragsgefüges benannt. Damit geht das vorgestellte Ordnungsmodell weit über ein theoretisches Konzept hinaus und soll konkrete Anregungen für die integrationspolitische Praxis der anstehenden Vertragsreformen liefern. Um diesem Anspruch genügen zu können, muß der Nachweis für die tatsächliche Anwendbarkeit des in Teil B entwickelten Kriterienrasters zur Ermittlung einer subsidiaritätsgerechten Kompetenzverteilung allerdings erst noch erbracht werden. Dies soll in Teil C geschehen, indem dort für vier ausgewählte Politikfelder, die für die aktuelle Europapolitik besonders relevant sind, exemplarisch eine Kompetenzprüfung mit Hilfe der einheitlichen Prüfkriterien durchgeführt wird. Im einzelnen handelt es sich dabei um die Bereiche (1) Außen-, Sicherheits- und Verteidigungspolitik, (2) Innen- und Justizpolitik, (3) Regional- und Strukturpolitik sowie (4) Sozial- und Beschäftigungspolitik.

C. Überprüfung ausgewählter Politikfelder anhand des Kriterienrasters

Nachdem in Teil B der Studie zunächst das Gesamtmodell für eine föderale Neuordnung des europäischen Vertrags- und Kompetenzgefüges entwickelt wurde, soll in den folgenden Ausführungen unter Teil C eine detaillierte Anwendung des entwickelten Kompetenzprüfrasters mit seinen insgesamt sechs Einzelkriterien auf den beiden Ebenen der »Besser-« und »Erforderlichkeitsbedingung« auf vier ausgewählte Politikfeldern erfolgen. Im einzelnen werden die Außen-, Sicherheits- und Verteidigungspolitik, die Innen- und Justizpolitik, die Regional- und Strukturpolitik sowie die Sozial- und Beschäftigungspolitik untersucht, weil diese Aufgabenfelder zum einen stark von den Amsterdamer Vertragsneuerungen oder den Veränderungen im Rahmen der »Agenda 2000« berührt sind. Zum anderen aber dürften gerade sie besonders tiefgreifend von notwendigen Anpassungen der Kompetenzbestände im Zuge des »doppelten Systemwandels« betroffen sein.

In Übereinstimmung mit den dargelegten Prämissen für die Kompetenzprüfung, gilt zu Prüfungsbeginn auch für diese vier Politikfelder zunächst die generelle Ausgangsannahme, daß die Primärkompetenz im Sinne einer Regelzuständigkeit bei den Mitgliedstaaten liegt.[283] Im Zuge der Überprüfung wird jedes dieser zunächst pauschal umschriebenen Aufgabenfelder dann aber weiter in Teilbereiche ausdifferenziert, um eine genaue Bestimmung von Kompetenzen der europäischen Ebene zu ermöglichen. Das Ziel dieser differenzierten Prüfung liegt vor allem darin, EU-Partialkompetenzen als Ausnahmen von der Regel mitgliedstaatlicher Handlungsbefugnisse zu ermitteln. Nur wenn die hergeleiteten europäischen Partialkompetenzen in ihrer Summe einen Großteil der Inhalte des jeweils untersuchten Politikfeldes abdecken, wird dieser Aufgabenbereich pauschal als Primärkompetenz der europäischen Ebene zugewiesen. In diesen Fällen müssen dann die verbliebenen mitgliedstaatlichen Partialkompetenzen als Ausnahmen von der Regel europäischer Zuständigkeiten einzeln aufgelistet werden.

Die verschiedenen Prüfungsschritte für das einzelne Politikfeld bzw. seine Teilbereiche entsprechen dabei dem bereits ausführlich erläuterten Schema der Anwendung des Subsidiaritätsprinzips als Kompetenzverteilungsregel.[284] Zunächst wird auf der er-

---

283 Vgl. Abschnitt »B.II.1.1 Ein dualer Kompetenzkatalog als Ordnungsmodell«, S. 75.
284 Vgl. »B.II.1.2 Ein Kriterienraster zur Überrprüfung und Neuordnung der EU-Kompetenzen«, S. 85, vor allem die graphische Darstellung des Kompetenzprüfrasters, S. 100, und den Katalog der Prüffragen, S. 109.

sten Ebene der »Erforderlichkeitsbedingung« angesetzt. Es reicht hier aus, wenn eines der drei Kriterien (»*Erforderliche Mindestteilnehmerzahl*«, »*Räumliche Kongruenz politischen Handelns*« oder »*Skalenerträge gemeinsamen Vorgehens*«) für gemeinsames Handeln mehrerer oder aller Mitgliedstaaten spricht, um anschließend auf der Ebene der »Besser-Bedingung« weiterzuprüfen. Erst auf dieser zweiten Prüfungsebene wird die Frage behandelt, ob der gemeinsame Handlungsbedarf mehrerer oder aller Mitgliedstaaten tatsächlich nur durch eine Partial- oder auch eine Primärkompetenz der Europäischen Union abgedeckt werden kann. Die ersten beiden Prüfungskriterien auf dieser Ebene (»*Problemlösungsfähigkeit völkerrechtlicher Formen bi- oder multilateraler Kooperation*«, »*Öffentliche Akzeptanz für Handlungsbefugnisse der Europäischen Union*«) werden in jedem Fall kumulativ herangezogen. Nur wenn ihre Anwendung zu widersprüchlichen Ergebnissen führt, wird zusätzlich das dritte Kriterium der »Besser-Bedingung« – das Vorliegen von »*Verbundvorteilen durch europäische Zuständigkeiten*« – überprüft.

Am Ende der Abschnitte zu den einzelnen Teilbereichen eines Politikfeldes wird die für diese Teilgebiete jeweils hergeleitete duale Kompetenzverteilung in Matrixform dargestellt. Auf eine zusammenfassende Kompetenzmatrix zu jedem der vier untersuchten Politikfelder am Ende des jeweiligen Kapitels, in der die Prüfungsergebnisse zu dem einzelnen Aufgabenfeldern insgesamt nochmals im Überblick erscheinen, wurde jedoch bewußt verzichtet. Damit sollten Wiederholungen vermieden werden, die sich daraus ergeben hätten, daß diese Zusammenstellung der Primär- und Partialkompetenzen für die überprüften Politikfelder in ihrer Gesamtheit bereits im Rahmen der voranstehenden Kurzdarstellung der vertraglichen Zuständigkeitsordnung für eine föderal organisierte Europäische Union erfolgt ist.[285]

---

285 Vgl. zur Außen-, Sicherheits- und Verteidigungspolitik S. 147 ff., zur Innen- und Justizpolitik S. 181 ff., zur Regional- und Strukturpolitik S. 217 ff., zur Sozial- und Beschäftigungspolitik S. 261 ff. in Teil C dieser Studie.

I. Außen-, Sicherheits- und Verteidigungspolitik

In der multipolaren Welt(un)ordnung nach Ende des Ost-West-Konfliktes stellt sich die Frage nach der Steuerungs- und Leistungsfähigkeit des Nationalstaates im Bereich der Außen- und Sicherheitspolitik dringlicher als dies noch zu Zeiten der bipolaren Blockkonfrontation der Fall war. In Europa rücken für die Partner der atlantischen Allianz und besonders die nicht-sowjetischen Staaten des ehemaligen Warschauer Paktes die strategischen Zwänge in den Hintergrund, die ihre eigenständige Außen- und Sicherheitspolitik im Rahmen des jeweiligen militärischen Bündnisses dominierten. Gleichzeitig hat die Implosion der Sowjetunion zu einem sprunghaften Anstieg der Zahl nationalstaatlicher Akteure auf der internationalen Bühne geführt. Beide Entwicklungen begünstigen eine Renationalisierung der europäischen Außen- und Sicherheitspolitik, die v. a. in der Wiederaufnahme traditioneller geopolitischer Beziehungen[286] und der Umorientierung der Staaten Mittel- und Osteuropas auf die Einbindung in westeuropäische Strukturen kooperativer Sicherheit und kollektiver Verteidigung ihren Ausdruck findet.

Speziell für die Europäische Union (EU) in ihrer Erweiterungsperspektive nach Osten birgt der zusätzliche außen- und sicherheitspolitische Handlungsspielraum, der sich ihren Mitgliedstaaten eröffnet hat, erhebliches Spannungspotential. Die Definition gemeinsamer äußerer Interessen der EU ist augenscheinlich mit erheblichen Schwierigkeiten verbunden, obwohl sie nicht nur Vorbedingung für ein homogeneres äußeres Auftreten und eine effiziente Nutzung des erweiterten sicherheitspolitischen Instrumentariums des Maastrichter und Amsterdamer Vertrages im Rahmen der Gemeinsamen Außen- und Sicherheitspolitik (GASP) wäre. Zusätzlich sind nationale Alleingänge im Falle der EU mit der Gefahr verbunden, auch ihren inneren Zusammenhalt erheblich zu belasten.[287]

Gleichzeitig mit den erweiterten nationalen Aktionsspielräumen prägen neue sicherheitspolitische Herausforderungen das internationale System seit Ende der Blockkonfrontation. Auch für die Mitgliedstaaten der Europäischen Union bemißt sich äußere Sicherheit nicht mehr primär nach der Fähigkeit, gegebenenfalls unter massivem Einsatz militärischer Mittel den potentiellen Angriff eines äußeren Aggressors im Rahmen eines Systems kollektiver Verteidigung und nuklearer Abschreckung abwehren zu können.[288] Durch den Wegfall der disziplinierenden Wirkung der bipolaren

---

286 Zusammenfassend zu den entsprechenden Orientierungen der großen EU-Mitgliedstaaten: Gasteyger, Curt: An Ambiguous Power. The European Union in a Changing World, Gütersloh 1996, S. 26.

287 Als Beispiele seien hier nur die Anerkennung Kroatiens und Sloweniens durch die Bundesrepublik Deutschland im Dezember 1991 – d. h. drei Wochen vor ihren europäischen Partnern – genannt, die einseitige Durchsetzung der Atomwaffentests Frankreichs Ende 1995, das französische Vorpreschen in Ruanda und im Mittleren Osten, die Türkei-, Mazedonien- und Zypernpolitik Griechenlands oder auch die Menschenrechtspolitik der Europäischen Union – mit ihren zweierlei Maßen aufgrund wirtschaftlich besonders ausgeprägter Interessen einzelner Mitgliedstaaten an guten Beziehungen zu China.

288 Dies gilt vor allem für die ursprüngliche Ausrichtung des kollektiven Verteidigungsbündnisses der

Weltordnung erhöhen vielmehr neue Gefahren in den Ost-West- und Nord-Süd-Beziehungen den internationalen Bedarf an kooperativen und kollektiven Sicherheits-strukturen.

Im Verhältnis zu den ehemaligen Teilrepubliken der Sowjetunion und den anderen Staaten Mittel-, Ost- und Südosteuropas steht die Frage nach der Herbeiführung eines erfolgreichen Abschlusses des wirtschaftlichen und politischen Reformprozesses ganz oben auf der außen- und sicherheitspolitischen Tagesordnung. Von seinem Gelingen wird es abhängen, welche Virulenz und welches Eskalationspotential von ethnischen, religiösen und nationalistischen Spannungen (ERNA-Konflikte) auf intra- oder inter-staatlichem Gebiet von dort ausgehen, welche Ausmaße die Weiterverbreitung von Massenvernichtungsmitteln und dem dazugehörigen Know-how aus diesen Ländern annehmen und wie stark Ost-West-Migrationswellen ausfallen werden. Im Nord-Süd-Verhältnis werden die Probleme der Überbevölkerung und des sozio-ökonomischen Gefälles zu den Industriestaaten bestimmend bleiben, welche ebenfalls armutsbedingte Einwanderungs- und Flüchtlingsbewegungen auslösen, politisch-religiöse Fanatisie-rung und Fundamentalisierung begünstigen, zu inner- wie zwischenstaatlichen Kon-flikten und neuen Formen von Terrorismus und Staatsterrorismus führen können. An-gesichts des hohen Rüstungsimportniveaus, einschließlich der Entwicklung von ABC-Waffen-Kapazitäten, weisen gerade die beiden letztgenannten Risikofelder ein erheb-liches unmittelbares Bedrohungspotential auch für Europa auf. Als Stichworte zu einer dritten Gefahrenkategorie der »global village risks«, welche über Konfliktpotentiale in den Ost-West- und Nord-Süd-Beziehungen hinausweisen und angesichts wachsender internationaler Interdependenz und fortschreitender Globalisierungsprozesse ständig an Bedeutung gewonnen haben, sind vor allem die Probleme der Ressourcenverknap-pung und der nachhaltigen und schwerwiegenden Umweltschädigung anzusprechen.[289]

Durch ihre geopolitische Lage ist die Europäische Union von den außen- und si-cherheitspolitischen Risiken einer »riskanten Nachbarschaft« in besonders hohem Maße betroffen.[290] Sie wird nach ihrer Erweiterung um die zehn derzeitigen mittel- und osteuropäischen Assoziierungsstaaten direkt an Rußland, Weißrußland, Kalinin-grad, die Ukraine, Moldawien, Kroatien, Serbien, Mazedonien, Albanien und die Tür-kei und damit an Regionen grenzen, welche durch hohe Instabilität gekennzeichnet sind.[291] Gleiches gilt für die südliche Peripherie der Europäischen Union im Mittel-

atlantischen Allianz. Wie eine interne Studie der NATO aus dem Jahre 1996 nachgewiesen hat, wird die Russische Föderation im nächsten Jahrzehnt nicht mehr zu einem größeren militärischen Schlag in der Lage sein. Vgl. Czempiel, Ernst-Otto: Europas Machtfigur. Das föderal-demokratische Herrschaftssystem enthält die beste Friedensgarantie, die es geben kann, in: FAZ v. 15. März 1997, S. 11.

289   Vgl. dazu: Souchon, Lennart: Europäische Sicherheitspolitik und Strategie im Umbruch, in: Forndran, Erhard; Lemke, Hans-Dieter (Hrsg.): Sicherheitspolitik für Europa zwischen Konsens und Konflikt. Analyse und Optionen, Baden-Baden 1995, S. 113-129 (v. a. S. 117-126). Zu den neuen Aufgabenstellungen an die Sicherheitspolitik aus Sicht der Europäischen Union: Algieri, Franco: In Need of a Comprehensive Approach: the European Union and Possible External Security Challenges, in: Algieri, Franco; Janning, Josef; Rumberg, Dirk (eds.): Managing Security in Europe. The European Union and the challenge of enlargement, Gütersloh 1996, S.189-207 (S.193-197).

290   Vgl. Weidenfeld, Werner: Die Bedrohung Europas. Wie die Identitätsschwäche Europas zur Gefahr wird, in: FAZ v. 12. Mai 1999, S. 11.

291   Vgl. zu den Risikopotentialen in Mittel-, Ost- und Südosteuropa für die Europäische Union:

meerraum, v. a. in den Maghreb- und Maschrik-Ländern sowie der Golfregion im Nahen Osten.[292]

Unmittelbare Konsequenz dieser veränderten Rahmenbedingungen für die Schaffung einer internationalen Ordnung in der postkonfrontativen Ära ist ein neues Verständnis von Sicherheitspolitik, welches nicht länger primär militärisch konnotiert ist. Sicherheitspolitik im heutigen Europa fußt weniger im Konzept kollektiver Verteidigung und Abschreckung als vielmehr in der Errichtung und Teilnahme an kooperativen und kollektiven Sicherheitsstrukturen im gesamteuropäischen und internationalen Rahmen, welche verstärkt auf Konfliktprävention durch die Bekämpfung von Krisenursachen und Konfliktmanagement abstellen. Wie bereits an der Darstellung der veränderten sicherheitspolitischen Problemkonstellationen erkennbar werden sollte, stellt ihre Lösung neue Anforderungen an das zur Verfügung stehende politische Steuerungsinstrumentarium.

Entscheidungen, die traditionell dem Bereich der Innenpolitik zugeordnet waren, zeitigen angesichts wachsender globaler politischer und ökonomischer Interdependenzen und des Eskalationspotentials von innerstaatlichen ERNA-Konflikten erhebliche externe Auswirkungen. Umgekehrt bedingen gerade die Ziele umfassender kooperativer Sicherheit, der Konfliktprävention und der Beseitigung von regionalen und innerstaatlichen Krisenursachen durch Stabilitätsexport, daß das gesamte Spektrum von Politikbereichen, deren Gestaltungs- und Problemlösungsanspruch weitestgehend nach innen gerichtet war, längst auch bei der Gestaltung der Außenbeziehungen eine maßgebliche Rolle spielt. Außenpolitik beschränkt sich nicht mehr auf die Pflege diplomatischer Beziehungen im klassischen Sinne, die die inneren Angelegenheiten anderer Staaten als absolutes Tabu betrachtet. Vielmehr wird durch politische, finanzielle, ökonomische und technische Zusammenarbeit versucht, aktiven Einfluß auf innerstaatliche Entwicklungen zu nehmen. Im Sinne eines umfassenden, nicht primär militärischen Aufgabenverständnisses für die Sicherheitspolitik, kann Außenpolitik mit ihrem solchermaßen erweiterten Steuerungsinstrumentarium dabei auf sehr verschiedene politische Aspekte abzielen; etwa auf die Verbesserung der Fähigkeit eines Staates zur Bewältigung ökologischer Probleme oder auf eine umfassende Systemtransformation in Richtung Demokratie, Rechtsstaatlichkeit und Marktwirtschaft. Resultat der veränderten sicherheitspolitischen Herausforderungen und der Suche nach einer Architektur kooperativer Sicherheit nach Ende des Kalten Krieges ist auf jeden Fall, daß sowohl die Abgrenzung zwischen Innen- und Außenpolitik als auch die Grenzziehung zwischen Außen- und Sicherheitspolitik erheblich an Trennschärfe eingebüßt haben.

Im Ergebnis führt diese Verwischung von Innenpolitik einerseits, und Außen- und Sicherheitspolitik andererseits dazu, daß sich der Zusammenbruch der bipolaren Weltordnung auch für die Mitgliedstaaten der Europäischen Union nicht einfach als »window of opportunity« für die Wiedergewinnung nationaler Handlungsspielräume in den internationalen Beziehungen darstellt. Das Erfordernis einer Neudefinition außen- und sicherheitspolitischer Zielsetzungen angesichts der veränderten externen Ge-

---

Weidenfeld, Werner (Hrsg.): Neue Ostpolitik – Strategie für eine gesamteuropäische Entwicklung, Gütersloh 1997, S. 39-77.

292 Vgl. zu dem sicherheitspolitischen Problempotential dieser Region: Weidenfeld, Werner; Janning, Josef; Behrendt, Sven, Transformation im Nahen Osten und Nordafrika. Herausforderung und Potentiale für Europa und seine Partner, Gütersloh 1997.

fahrenpotentiale weist in Richtung kooperativer und kollektiver Sicherheitsstrukturen, welche den einzelnen Nationalstaat wiederum überfordern. Anders als im Falle kollektiver Verteidigung, resultiert diese Überforderung jedoch nicht mehr in erster Linie aus der begrenzten Verfügung materieller und operativer Ressourcen des Einzelstaates im militärischen Bereich. Vielmehr ergibt sie sich aus dem neuen sicherheitspolitischen Schwerpunkt, Konfliktvorbeugung und globales Interdependenzmanagement durch Bekämpfung intrastaatlicher Krisenursachen sowie inter- und suprastaatliche Integration zu gewährleisten. Der sich darin manifestierende Begriff kooperativer und kollektiver Sicherheit steht in einem ständigen Spannungsverhältnis zum völkerrechtlichen Interventionsverbot bzw. dem Gebot der Nichteinmischung in innere Angelegenheiten.

Die Verwirklichung der Ziele wachsender wechselseitiger Verflechtung und der gesamteuropäischen wie auch der internationalen Durchsetzung gemeinsamer Werte und Verhaltensmaßstäbe – wie Demokratie, Rechtsstaatlichkeit, Menschenrechte, Minderheitenschutz auf politischem Gebiet, wirtschaftlicher Entwicklung, des Freihandels und der Marktwirtschaft auf ökonomischer Seite – hängt wesentlich ab von der Bereitschaft des einzelnen Staates, seinen »Souveränitätspanzer« zu öffnen und externe Ingerenzen in seinen Hoheitsbereich zuzulassen. Sollte tatsächlich Krisenmanagement – gegebenenfalls verbunden mit der Ausübung von Zwang auf dem Territorium eines Staates oder innerhalb einer Region durch Dritte – erforderlich werden, um z. B. eine räumliche Ausweitung oder Eskalation intra- und innerstaatlicher Konflikte oder aber schwere Verletzungen von Menschenrechten zu unterbinden, so erfordern derartige Eingriffe – in Form friedensschaffender Maßnahmen oder humanitärer Interventionen – eine möglichst umfassende Legitimation durch die Staatengemeinschaft, sollen sie nicht in den Bereich völkerrechtswidriger Interventionen fallen.

Auch für die Mitgliedstaaten der Europäischen Union gilt deshalb zunächst, daß das Erfordernis eines wirksamen Systems kooperativer und kollektiver Sicherheit Renationalisierungstendenzen dort Grenzen zieht, wo Stabilitätsexport, Konfliktprävention und Krisenmanagement durch eine aktive externe Einflußnahme auf innenpolitische Entwicklungen verfolgt werden und auf eine breitere Legitimationsgrundlage gestellt werden müssen, als der einzelne Nationalstaat sie zu bieten vermag. Vor dem Hintergrund dieser Ausgangsüberlegungen sollen im folgenden die Grenzen außen- und sicherheitspolitischer Steuerungsfähigkeit bzw. -effizienz der EU-Mitgliedstaaten konkreter bestimmt und daraus eine bipolare Kompetenzverteilung für die europäische und nationale Ebene in der Union abgeleitet werden.

1. Vertragliche Beziehungen zu Drittstaaten mit außen- und sicherheitspolitscher Zielsetzung

Mit dem Ende des Kalten Krieges sind Fragen militärischer Sicherheit in den internationalen Beziehungen gegenüber der Herstellung internationaler Wettbewerbsfähigkeit nach außen und sozialen Wohlstandes nach innen auf der Agenda der Nationalstaaten in den Hintergrund getreten. Als größte Handelsmacht und größter Binnenmarkt der Welt hat der internationale Akteur »Europäische Union« vor diesem Hintergrund deutlich an Einfluß gewonnen. Der Zugang zum europäischen Markt, die Aufnahme von Handelsbeziehungen und die Aussicht auf finanzielle Hilfe und Unterstützung durch die Europäische Union übt erhebliche Attraktivität für Drittstaaten aus. Ihren Niederschlag findet diese hohe Anziehungskraft der EU unter anderem in dem ständigen Anwachsen ihrer Mitgliederzahl, das auch mit der bevorstehenden Erweiterung um die fünf mittel- und osteuropäischen Beitrittsstaaten sowie um Zypern und Malta noch keinen Abschluß finden dürfte.

Gerade die Heranführungsstrategie der Europäischen Union für diese Beitrittskandidaten mittels des Abschlusses von Europaabkommen weist allerdings auf eine neue Qualität in der Gestaltung ihrer Außenbeziehungen hin. Seit 1992 ist sie zu einer sogenannten »Politik der Konditionalität« übergegangen, welche den Abschluß von Assoziierungs-, Kooperations- und Partnerschaftsabkommen sowie Handelsabkommen in einem Großteil der Fälle von der Verpflichtung auf politische Grundsätze westlicher Demokratien abhängig macht. So gewährt sie in den Europaabkommen – mit einigen wichtigen Einschränkungen – freien Handelsaustausch, ökonomische und technische Zusammenarbeit sowie finanzielle Unterstützung, verpflichtet die mittel- und osteuropäischen Partner aber gleichzeitig auf die Prinzipien der Marktwirtschaft, die Errichtung stabiler demokratischer und rechtsstaatlicher Strukturen, die Einhaltung der Menschenrechte und einen wirksamen Minderheitenschutz.[293] Ihre Rolle als größter internationaler Geber von Entwicklungshilfe setzt sie ein, um seit Inkrafttreten des vierten Lomé-Abkommens 1990 den Empfang von finanziellen Hilfsleistungen durch die 69 Unterzeichnerstaaten an deren Bereitschaft zu koppeln, sich innerstaatlich für die Prinzipien von Demokratie, Rechtsstaatlichkeit und die Menschenrechte einzusetzen. Die Kooperations- und Partnerschaftsabkommen mit den Mitgliedern der Gemeinschaft Unabhängiger Staaten, unter anderem also mit der Russischen Föderation und der Ukraine, dienen nicht zuletzt dem Zweck, eine Entwicklung in Richtung Marktwirtschaft und Demokratie zu forcieren.

Grundgedanke der Politik der Konditionalität im Rahmen ihrer Vertragsabschlüsse ist dabei der Export von Stabilität, um auch im innerstaatlichen Bereich potentielle Konfliktherde und deren sicherheitspolitisches Bedrohungspotential zu entschärfen. Sie stellt ein europäisches Hauptinstrument »*struktureller Konfliktprävention*« dar – verstanden als »eine umfassende, alle gesellschaftlichen und politischen Teilbereiche einbeziehende Konflikttransformation, die die jeweiligen Konfliktursachen in einer neuen Konstellation politischer Bedingungen, Ziele und Mittel 'aufhebt'«.[294] Ein

---

293   Die Änderung des Art. F EUV-M in Amsterdam, durch die Absatz 1 des neuen Art. 6 EUV-A nun ausdrücklich die Grundsätze der Freiheit, der Demokratie, der Achtung der Menschenrechte und Grundfreiheiten sowie der Rechtsstaatlichkeit als allen Mitgliedstaaten gemeinsam bezeichnet, und der neu aufgenommene Sanktionsmechanismus in Art. 7 EUV-A und Art. 309 EGV-A, der bei schwerwiegender und anhaltender Verletzung dieser Grundsätze durch einen Mitgliedstaat die Möglichkeit eröffnet, bestimmte Rechte dieses Staates auszusetzen, ist die logische Fortsetzung dieser Politik der Konditionalität und kann vor dem Hintergrund des bevorstehenden Beitrittes der Transformationsstaaten Ost- und Mitteleuropas oder auch der Türkeipolitik der EU gesehen werden.

294   Unterschieden werden kann dieser strukturelle Ansatz von dem bescheideneren Anspruch »spannungsbezogener Konfliktprävention«, die situationsbezogen den Umschlag von Spannungen in gewaltsam ausgetragene Konflikte und Konflikteskalationen verhindern soll. Vgl. Institut für Friedensforschung und Sicherheitspolitik an der Universität Hamburg (IFSH): »Deutsche Außenpolitik ist Friedenspolitik«. Lageanalyse und Empfehlungen zur Friedens- und Sicherheitspolitik der Bundesregierung auf der Grundlage der Koalitionsvereinbarung zwischen der Sozialdemokratischen Partei Deutschlands und Bündnis 90 / Die Grünen vom 20. Oktober 1998, Hamburg 1999, S. 5.

Mißerfolg der Stabilitätsbemühungen gerade in der unmittelbaren Peripherie einer erweiterten Europäischen Union, ob in Osteuropa oder im Mittelmeerraum, wäre unmittelbar mit erheblichen Beeinträchtigungen der Sicherheit ihrer Mitgliedstaaten verbunden.

Grundsätzlich ist die Frage, ob die Zuständigkeit für Vertragsabschlüsse mit derartigen weitreichenden sicherheits- und außenpolitischen Zielsetzungen auf europäischer Ebene angesiedelt sein sollte, schon bei Heranziehung des *Kompetenzprüfungskriteriums der räumlichen Kongruenz politischen Handelns* zu bejahen. Bereits mit der Grundsatzentscheidung, eine Zollunion und keine Freihandelszone einzurichten, haben die Mitgliedstaaten sich des zentralen Steuerungsinstruments für die Gestaltung ihrer Außenwirtschaftsbeziehungen begeben. Die Schaffung gemeinsamer Außenzölle ist ohne eine gleichzeitige Vergemeinschaftung der Außenhandelspolitik und dem einhergehenden Verlust mitgliedstaatlicher Handlungsbefugnisse in diesem Bereich unmöglich. Der untrennbare Zusammenhang zwischen internen Gemeinschaftskompetenzen im Bereich der ersten Säule des Unionsvertrages und externen Handlungsbefugnissen der Gemeinschaft wurde später – ausgehend von seiner AETR-Entscheidung aus dem Jahre 1971 – durch die Rechtsprechung des Europäischen Gerichtshofes verallgemeinert. Die »AETR-Doktrin« besagte dabei zunächst einmal, daß die Mitgliedstaaten in jenen Bereichen ihre Befugnisse zum Abschluß von Verträgen mit Drittstaaten verloren haben, in denen die Europäischen Gemeinschaften Vorschriften im Innenbereich erlassen haben, die durch das Eingehen von internationalen Verpflichtungen der einzelnen Mitgliedstaates beeinträchtigt werden könnten. In einer zweiten Phase, die mit dem Gutachten 1/76 des Gerichtshofes einsetzte, wurde diese Rechtsprechung zunächst auf die Doktrin des »Parallelismus zwischen Innen- und Außenkompetenz« ausgeweitet. Ihrzufolge hat die Gemeinschaft eine ausschließliche Außenkompetenz, wenn sie entsprechend ihrer nach innen gerichteten Vertragszuständigkeiten Sekundärrecht erlassen hat, bzw. potentielle Außenzuständigkeiten, solange sie die entsprechenden Innenbefugnisse noch nicht genutzt hat. Eingeschränkt wurde die »1/76-Judikative« bezüglich dieser »potentiellen Außenkompetenzen« im Falle noch nicht eingesetzter, interner Vertragsbefugnisse allerdings wieder durch das Gutachten 1/94. In ihm hat der Gerichtshof deutlich gemacht, daß der Gebrauch von vertraglichen Innenzuständigkeiten nur zum Verlust der nationalen Außenkompetenzen führt, falls die wirksame Ausübung dieser internen Gemeinschaftskompetenz davon abhängt.[295]

Letztlich hat der Gerichtshof somit also keinen ausschließlichen Zuständigkeitsanspruch der europäischen Ebene im Außenwirtschaftsbereich begründet. Vielmehr behalten entweder die Mitgliedstaaten – im Unterschied zur gemeinschaftlichen Handelspolitik, bei der es sich um eine exklusive europäische Zuständigkeit handelt, – in all jenen außenwirtschaftlichen Bereichen ihre Vertragsabschlußkompetenz, in denen die Verträge nicht-ausschließliche Kompetenzen der Gemeinschaften nach innen vorsehen. Dies ist vor allem bei Partnerschafts- und Kooperationsabkommen der Fall, welche über eine rein handelspolitische Zusammenarbeit hinaus einen weiterreichenden (wirtschafts)politischen Bezug aufweisen. Oder aber die Mitgliedstaaten müssen zumindest einstimmig dem Vertragsabschluß auf europäischer Ebene zustimmen.

---

295   Vgl. Schweitzer/Hummer, a. a. O., S. 198 f. (Rn. 650-657).

Vertraglich vorgesehen ist diese Einstimmigkeit primär für Assoziierungs- und Beitrittsverträge, da diese Kategorie von Abkommen gewissermaßen »verfassungsändernden« Charakter hat. In einem wachsenden Maße wird aber – ohne daß dies vertraglich vorgesehen ist – aufgrund von Überlappungen mit den außenpolitischen Kompetenzen der Mitgliedstaaten auf die Praxis gemischter Abkommen zurückgegriffen, die nicht nur eine Beteiligung der Mitgliedstaaten bei den Vertragsverhandlungen verlangen sondern auch ihre gesonderte Ratifizierung in allen Mitgliedstaaten erforderlich macht.[296] Selbst für die wachsende Zahl von Entscheidungen, die zwar der Handelspolitik zuzuordnen wären, aber Regelungen zu Fragen wie Dienstleistungen oder geistiges Eigentum vorsehen und damit nicht unter die enge Definition der gemeinschaftlichen Handelspolitik fallen, ist die Mehrheitsregel, wie sie bislang in Art. 113 EGV-M für handelspolitische Abkommen vorgesehen war, nicht anwendbar, sondern Einstimmigkeit erforderlich. Auch in Amsterdam ist es nicht gelungen, diese Einschränkung der Handlungsermächtigung zu beseitigen, im Gegenteil: Der jetzige Art. 133 EGV-A ist gegenüber Art. 113 EGV-M um einen neuen Absatz 5 ergänzt, der nun explizit vorsieht, daß für Verhandlungen im Bereich von Dienstleistungen und Rechten geistigen Eigentums ein einstimmiger Beschluß des Rates erforderlich ist.[297]

Bereits diese Entwicklungen im außenwirtschaftlichen Bereich bergen die Gefahr erheblicher Inkongruenzen im externen Auftreten der Europäischen Union. Die Mitgliedstaaten mußten zwar systemimmanent auf weitreichende außenwirtschaftliche Steuerungskapazitäten verzichten, um negative Rückwirkungen auf das Funktionieren von Binnenmarkt und Zollunion auszuschließen. Gleichzeitig eröffnet sich ihnen aber in wachsendem Maße die Möglichkeit, durch das breiter werdende Themenspektrum vertraglicher Außenbeziehungen der Europäischen Union und strukturelle Veränderungen der Welthandelsordnung die Einstimmigkeit von Vertragsabschlüssen durchzusetzen und damit gegebenenfalls auch Vetopositionen geltend zu machen. Selbst für den Kernbereich äußerer Zuständigkeiten der Gemeinschaftsebene muß deshalb bei einer Erweiterung der Europäischen Union wachsende Handlungsunfähigkeit befürchtet werden.[298]

---

296 Vgl. Beutler, Bengt; Bieber, Roland; Pipkorn, Jörn; Streil, Jochen: Die Europäische Union. Rechtsordnung und Politik, 4. Aufl., Baden-Baden 1993, S. 544-552; Schweitzer/Hummer, a. a. O., S. 201-204 (Rn. 664-673).

297 Vgl. Monar, Jörg: Außenwirtschaftsbeziehungen, in: Weidenfeld, Werner; Wessels, Wolfgang (Hrsg.): Jahrbuch der Europäischen Integration 1996/97, Bonn 1997, S. 205-214 (S. 212 f.). Monar beurteilt diese Änderung allerdings eher positiv, weil damit eine »Vergemeinschaftung« dieser Handelsbereiche künftig ohne Rückgriff auf das schwerfällige Vertragsrevisionsverfahren möglich sei.

298 Zumindest scheint in der jüngsten Rechtsprechung des Europäischen Gerichtshofs diese Gefahr erkannt worden zu sein. In seiner Vorabentscheidung »Hermès International« vom 16. Juni 1998, die die Zulässigkeit bestimmter Maßnahmen unter den Regeln der Welthandelsorganisation (WTO) zum Schutz des geistigen Eigentums betraf, wies er den Anspruch dreier Mitgliedstaaten zurück, diese Angelegenheit falle in ihre Zuständigkeit und entziehe sich damit den Rechtsprechungsbefugnissen des EuGH. Der Gerichtshof argumentierte in dieser Sache, daß das WTO-Abkommen zum einen von der Europäischen Gemeinschaft und den Mitgliedstaaten gemeinsam – ohne klare Kompetenzabgrenzung – geschlossen worden sei. Zum anderen stellte er aber klar, daß internationale Vertragsbestimmungen, die sowohl auf unter nationales als auch unter Gemeinschaftsrecht fallende Sachverhalte anwendbar seien, im Interesse des Gemeinschaftsrechts interpretiert werden müssen.

Eine zusätzliche Facette erhält dieses Problem im Zusammenhang mit der Politik der Konditionalität bei externen Vertragsabschlüssen der Europäischen Union. Sofern allgemeinpolitische Bedingungen an die Aufnahme und Aufrechterhaltung außenwirtschaftlicher Beziehungen geknüpft sind, gilt generell für alle Formen von Abkommen bereits deshalb Einstimmigkeit, weil diese Konditionalität eher in die intergouvernementale Säule der Gemeinsamen Außen- und Sicherheitspolitik (GASP) einzuordnen ist als in den Bereich der Gemeinschaftspolitiken der ersten Säule. Gleichzeitig ist damit bereits eine weitere Instringenz angesprochen, die sich aus dem Vertragsaufbau ergibt. Trotz der offensichtlich außen- und sicherheitspolitischen Zielrichtung der politischen Konditionierung von Abkommen mit Drittstaaten sind die Vertragsabschluß-kompetenzen – mit der Ausnahme von Beitrittsabkommen – im primär ökonomischen Bereich der Gemeinschaftsverträge angesiedelt, und nicht im Rahmen des Unionsvertrages, wie dies für seine zweite GASP-Säule der Fall ist. Der Grund hierfür liegt in erster Linie darin, daß auch über Amsterdam hinaus ausschließlich die Europäischen Gemeinschaften, nicht aber die Europäische Union selbst über Völkerrechtspersönlichkeit verfügen.[299] Mit etwas bösem Willen kann man in dieser vertraglichen Doppelgleisigkeit beim Abschluß von externen Verträgen mit politischer Konditionalität eine der Ursachen sehen für den »Beginn einer Infizierung des Bereichs der Gemeinschaft mit den strengen intergouvernementalen Verfahren der GASP«.[300] Zumindest wird hierin aber ein wesentlicher außenpolitischer Aspekt der Dysfunktionalität der Drei-Säulen-Struktur des Maastrichter und Amsterdamer Vertrages deutlich erkennbar.

Speziell für den Bereich von Partnerschafts- und Kooperationsabkommen mit allgemeineren politischen Zielsetzungen stellt sich zudem das Problem, daß ein gleichzeitiger Abschluß bilateraler Verträge durch die Mitgliedstaaten zulässig bleibt. Ohne Zweifel können derartige bilaterale Abkommen zusätzlich stabilisierend wirken. Sie bergen aber auch nicht unerhebliche Gefahren. Keiner der Mitgliedstaaten verfügt alleine über ein ausreichendes finanzielles Gewicht oder eine mit dem Binnenmarkt vergleichbare Anziehungskraft, um die Aufnahme von Wirtschaftsbeziehungen zu einem Drittstaat von der Erfüllung weitreichender politischer Vorbedingungen abhängig machen zu können. Gerade aus dem ökonomischen Potential der Europäischen Union leitet sich die Notwendigkeit ab, ihre »Vertragsschlußfähigkeit« zur Durchsetzung außen- und sicherheitspolitischer Interessen zu erhalten. Dabei wird der Gestaltung vertraglicher Außenbeziehungen im Rahmen außen- und sicherheitspolitischer Einfluß-

Damit deutet sich eine erneute richterrechtliche Ausweitung des europäischen Zuständigkeitsanspruchs im Außenwirtschaftsbereich an. Vgl. Monar, Jörg: Außenwirtschaftsbeziehungen, in: Weidenfeld/Wessels (Hrsg.): Jahrbuch 1997/98, a. a. O., S. 223-230 (S. 229).

299 Der Amsterdamer Vertrag bleibt in dieser Frage – positiv ausgedrückt – ambivalent. Auch bei der jüngsten Revision des Primärrechtes ist es nicht gelungen, analog zu Art. 281 EGV-A (Art. 210 EGV-M) die Europäische Union ausdrücklich mit einer internationalen Rechtspersönlichkeit auszustatten. Allerdings könnte der neue Art. 24 EUV-A, in dem die Vertretung der Europäischen Union beim Abschluß von internationalen Übereinkünften geregelt ist, als stillschweigende Anerkennung zumindest einer partiellen Völkerrechtssubjektivität aufgefaßt werden. Vgl. Hilf: Amsterdam – Ein Vertrag für die Bürger, a. a. O., S. 359.

300 Club von Florenz (Hrsg), a. a. O., S. 123.

möglichkeiten hohe Bedeutung beigemessen. So hat die Kommission das Mittel der Konditionalität erst 1995 mit Zustimmung des Rates verfeinert, indem künftig eine Suspendierungsklausel in neue Verträge mit Drittstaaten aufgenommen werden soll, welche zur Aussetzung im Falle von Verstößen gegen demokratische Grundsätze und Menschenrechte führen kann.[301] Gerade für den Fall der Suspendierung von Abkommen muß aber gewährleistet bleiben, daß Mitgliedstaaten ihre bilateralen Abkommen nicht einsetzen, um die Sanktionen der Gemeinschaft zu umgehen.[302] Im Amsterdamer Vertrag tritt hinzu, daß Art. 7 EUV-A und Art. 309 EGV-A i.V.m. Art. 6 EUV-A nun nach innen die Möglichkeit vorsehen, bei Menschen- und Grundrechtsverstößen durch Mitgliedstaaten, deren Mitgliedschaftsrechte auszusetzen.[303] Angesichts dieser Vertragsneuerung erscheint es zur Wahrung der internationalen Glaubwürdigkeit der Europäischen Union um so dringlicher geboten, auch nach außen gegenüber Drittstaaten den verbliebenen Handlungsspielraum der Mitgliedstaaten weiter zu beschneiden, die politische Konditionalität von europäischen Vertragsbeziehungen zu konterkarieren.

Die Besonderheit der Zuständigkeitsprüfung im Bereich des Abschlusses von Handels-, Kooperations-, Partnerschafts- und Assoziierungsabkommen mit Drittstaaten liegt darin, daß bereits die Heranziehung des *Kriteriums der räumlichen Kongruenz politischen Handelns* nicht nur Rückschlüsse auf die erforderliche Regelungsreichweite für einen effizienten Einsatz politischer Steuerungsmittel zuläßt. Vielmehr gibt dieses Kriterium schon Auskunft darüber, ob eine Wahrnehmung dieser Zuständigkeit auf europäischer Ebene erforderlich ist. Der Grund hierfür liegt in der Tatsache begründet, daß die Mitgliedschaft zur Europäischen Union und die einvernehmliche Einigung auf Kernziele und -zuständigkeiten des Vertragswerkes, wie den Binnenmarkt und die Zollunion, einen weitgehenden Verzicht der Mitgliedstaaten auf ihre außenwirtschaftlichen Zuständigkeiten impliziert, um im externen und internen Bereich räumlich kongruentes und gemeinschaftsverträgliches Handeln zu ermöglichen.

---

301 Vgl. Regelsberger, Elfriede: Gemeinsame Außen- und Sicherheitspolitik, in: Weidenfeld, Werner; Wessels, Wolfgang (Hrsg.): Jahrbuch der Europäischen Integration 1995/96, Köln 1996, S. 211-219 (hier S. 212).

302 Wie dies z. B. Deutschland im Herbst 1993 versucht hat, als es darum ging, von der Gemeinschaft verhängte Sanktionen gegen die USA wegen einer Auseinandersetzung über das öffentliche Auftragswesen zu umgehen. Vgl. Smith, Michael: The Commission and external relations, in: Edwards, Geoffrey/Spence, David (eds.), The European Commission, Harlow: Longman, 1994, S. 249-286, hier S. 253. Ein weiteres Gebiet der Außenbeziehungen, das zwar über die europäische Politik der politischen Konditionalität von Vertragsbeziehungen hinausweist, in dem die völkerrechtlichen Vertragsschlußkompetenzen der Mitgliedstaaten mit den außenpolitischen Maßnahmen der europäischen Ebene aber kollidieren können, bildet die Verhängung von EU-Sanktionen gegen Drittstaaten. Dies zeigt z. B. das anfängliche Verhalten Großbritanniens, nachdem der Rat für Allgemeine Angelegenheiten am 29. Juni 1998 ein Flugverbot zwischen der Bundesrepublik Jugoslawien und der Europäischen Gemeinschaft für jugoslawische Fluggesellschaften verhängt hat. Das Vereinigte Königreich stellte sich hier zunächst auf den Standpunkt, es sei an das bilaterale »UK/Yugoslavia Air Service Agreement« gebunden und könnte seinem jugoslawischen Vertragspartner deshalb noch eine zwölfmonatige Übergangsfrist bis Inkrafttreten des Flugverbots einräumen. Erst drei Monate später, am 16. September, erklärte der britische Außenminister die Bereitschaft zum sofortigen Vollzug des Flugverbots durch Großbritannien (Vgl. Foreign and Commonwealth Office News, 16.09.1998).

303 Vgl. genauer: S 151 f. (Anm. 293).

Die Frage nach der *Problemlösungsfähigkeit alternativer Formen bi- oder multilateraler Kooperation* – als erstes Prüfungskriterium, mit dessen Hilfe im Regelfall die Notwendigkeit bzw. der Nutzenzuwachs einer vertikalen Zuständigkeitsübertragung auf die europäische Ebene geprüft wird – stellt sich vor diesem Hintergrund erst gar nicht. Die Verwirklichung des Binnenmarktes verbietet eine Wiederherstellung umfassender außenwirtschaftlicher Befugnisse der Mitgliedstaaten, die jedoch Voraussetzung für die Entwicklung einer der europäischen Politik der Konditionalität vergleichbaren Einwirkungsmöglichkeit im Rahmen multilateraler Kooperation statt supranationaler Integration wäre. Ebensowenig relevant ist das *Kriterium der öffentlichen Akzeptanz von Unionshandeln* für den Bereich politisch konditionierter Vertragsbeziehungen zu Drittstaaten mit ihrem in der Regel stark außenwirtschaftlichem Charakter. Selbst wenn für diesen Bereich eine extrem niedrige Durchschnittszustimmung zum Unionshandeln vorliegen würde oder diesbezüglich extrem starke Divergenzen zwischen den Präferenzen der verschiedenen mitgliedstaatlichen Bevölkerungen gegeben wären,[304] dürfte dieses Ergebnis nicht entscheidungsleitend für eine Rückverlagerung der Vertragsschlußkompetenzen sein, da dadurch selbst die integrationspolitische Ausgangsbasis des gemeinsamen Marktes mit seinen wohlstandsmehrenden Effekten stark in Mitleidenschaft gezogen würde.

Folgerichtig ist schließlich für *das letzte Prüfkriterium* festzustellen, daß *Verbundvorteile* im Bereich der Vertragsschlußkompetenzen mit Drittstaaten für die Europäische Union gewissermaßen von existentieller Bedeutung sind. Nur bei weitreichenden Zuständigkeiten in diesem Bereich ist ihr Zusammenhalt nach innen gesichert. Nach außen ergeben sich die Verbundvorteile der Ansiedlung der entsprechenden Kompetenzen bei der Europäischen Union aus ihrer, durch den einzelnen Mitgliedstaat nicht annähernd erreichbaren Attraktivität als Handelsmacht und einheitlicher Wirtschaftsraum. Gerade in diesen Merkmalen liegt der erhebliche außen- und sicherheitspolitische Einflußspielraum der EU bei dem Abschluß von Verträgen mit Drittstaaten begründet. Die Unterwanderung der Funktionsfähigkeit des Binnenmarktes durch die Rückverlagerung ihrer Vertragsschlußkompetenzen ginge mit der Gefahr erheblicher Wohlfahrtsverluste und der Einbuße ihrer Stellung als zentraler internationaler Akteur einher.

Unter diesen Gesichtspunkten bleibt für den Bereich der Herstellung von Vertragsbeziehungen zu Drittstaaten primär die Frage, wie Reibungsverluste durch mitgliedstaatliche Teilkompetenzen im Außenwirtschaftsbereich und die bestehende mehrsäulige Vertragskonstruktion minimiert werden können, um das außen- und

---

304 Obwohl keine speziellen Angaben bezüglich der öffentlichen Zustimmungsraten für eine europäische
      Politik der Konditionalität vorliegen, läßt sich zumindest für eine gemeinsame Außenpolitik aber
      eine sehr große Befürwortung nachweisen. So lag die unionsweite Befürwortung einer europäischen
      Zuständigkeit für die Außenpolitik im Befragungszeitraum April bis Mai 1998 bei 70% der
      Unionsbürger. Nur 21% lehnten sie explizit ab (vgl. Europäische Kommission: Eurobarometer. Die
      öffentliche Meinung in der Europäischen Union. Bericht Nr. 49/98 (Umfragen: April – Mai 1998),
      Brüssel/Luxemburg, September 1998, S. 40). Die Zustimmungsraten in den Bevölkerungen der
      einzelnen Mitgliedstaaten schwanken dabei zwar beträchtlich (zwischen 81% in den Niederlanden
      als Höchstwert und 50% in Schweden als niedrigster Wert). Mit Ausnahme Schwedens sind aber in
      jedem Mitgliedstaat mehr als die Hälfte seiner Bürger für eine europäische Außenpolitik (vgl. ebd.,
      S. B.25).

sicherheitspolitische Instrument der politischen Konditionalität durch kongruentes Außenauftreten der Europäischen Union möglichst effizient handhaben zu können.

In diesem Zusammenhang ist zunächst zu fordern, die Trennung von Vertragsabschlußkompetenzen einerseits, die sich nach den inneren Zuständigkeitsgebieten der Europäischen Gemeinschaften in der ersten Säule bemessen, und der intergouvernementalen Säule der GASP andererseits aufzuheben. Dieser Schritt erscheint besonders nötig, um Vertragsabschlüsse mit Drittstaaten auch zur Durchsetzung allgemeinerer außen- und sicherheitspolitischen Zielsetzungen zu ermöglichen, ohne daß dabei zahlreiche Optionen zu mitgliedstaatlichen Blockaden fortbestehen. Dabei kann im Falle der Assoziierungsabkommen aufgrund ihrer »verfassungsändernden« Qualität an ihrem Status gemischter Abkommen und den damit verbundenen Erfordernissen der Zustimmung und Ratifikation durch alle Mitgliedstaaten sicher »nicht gerüttelt« werden. Zumindest für Kooperations- und Handelsabkommen sollte jedoch gelten, daß sie im Rahmen einer Politik der Konditionalität mit Mehrheit abgeschlossen werden können. An dieser Stelle ist das Erfordernis vertraglicher Klarstellungen zu erwähnen, die in der Einführung expliziter Regelungen bestehen sollten, daß derartige Kooperationsabkommen nicht nur mit Entwicklungsländern, sondern auch mit Industriedrittstaaten abgeschlossen werden können.[305]

Die fehlende eigene Rechtspersönlichkeit der Europäischen Union und die Beschränkung der Völkerrechtssubjektivität und der damit verbundenen Vertragsabschlußkompetenzen auf die drei Gründungsgemeinschaften EG, EGKS und EAG erscheint mit dem Gebot kongruenten außen- und sicherheitspolitischen Handelns ebenfalls unvereinbar. Gerade wenn die politische Konditionalität von Vertragsbeziehungen flexibel als außen- und sicherheitspolitisches Steuerungsinstrument gehandhabt werden soll und eine stärkere Verschmelzung des intergouvernementalen Vertragspfeilers der GASP v. a. mit den Vertragsabschlußkompetenzen innerhalb des Europäischen Gemeinschaftsvertrages erfordert, muß eine umfassendes Vertretungsrecht der Europäischen Union nach außen gewährleistet werden. Selbst wenn die problematische Pfeilerstruktur des Unionsvertrages nolens volens auf absehbare Zeit weiterbesteht, sollte die Vertragsabschlußkompetenz für Assoziierungs-, Europa-, Partnerschafts-, Kooperations- und Handelsabkommen zumindest nicht länger im EGV sondern vielmehr direkt im Vertrag über die Europäische Union angesiedelt und diese mit einer eigenen Rechtspersönlichkeit ausgestattet werden. Mit dieser Vereinheitlichung der Rechtspersönlichkeit muß überdies eine stärkere Einheitlichkeit der Repräsentation nach außen einhergehen. Der Maastrichter Vertrag sah im Bereich der GASP die Außenvertretung durch Präsidentschaft bzw. Troika vor, ohne daß damit auch das Recht verbunden gewesen wäre, Abkommen im Namen der Union zu schließen. Um die Kohärenz der Gemeinschaftspolitiken zu wahren, hätte es in diesem Zusammenhang nahegelegen, die externe Vertretung Gemeinsamer Standpunkte und Aktionen im Rahmen der GASP und in Vertragsverhandlungen mit Dritten zu vereinheitlichen. So wäre für den gesamten Bereich der Außenbeziehungen zu Drittstaaten an eine »zweiköpfige« (bicephale) politische Repräsentation durch Ratspräsidentschaft und Kommission zu denken.

---

305 Vgl. zu dieser Forderung der irischen Präsidentschaft im Rahmen der Gruppe der Regierungsbeauftragten zur Vorbereitung der Revision des Maastrichter Vertrages: Agence Europe v. 29./30.7.1996, S. 5.

Der Amsterdamer Vertrag greift – gemessen an diesen Reformanregungen – noch entschieden zu kurz. Tatsächlich wurden hier die drei Vertragspfeiler lediglich modifiziert, grundsätzlich aber beibehalten. Nicht einmal die Forderung nach einer umfassenden Völkerrechtssubjektivität der Europäischen Union wird durch die jüngsten Vertragsänderungen erfüllt. Mit dem neuen Art. 24 EUV-A wird lediglich eine Art partieller EU-Rechtspersönlichkeit etabliert, indem dort der Rat das Recht erhält, der jeweiligen Präsidentschaft ein Verhandlungsmandat für Übereinkommen mit Drittstaaten oder internationalen Organisationen zu erteilen, und über derartige Abkommen der EU dann einstimmig zu beschließen. Auch das modifizierte Troika-Modell, wie es in Amsterdam beschlossen wurde und das künftig aus der amtierenden Ratspräsidentschaft, dem Generalsekretär des Rates als Hohem Vertreter der GASP und der Kommission – ggf. unter Hinzuziehung des nachfolgenden Präsidentschaftsstaates – bestehen soll,[306] kann allenfalls als gradueller Fortschritt gewertet werden. Es wird sich erst zeigen müssen, ob die daraus möglicherweise resultierenden Schwierigkeiten bei der Arbeitsteilung zwischen Hohem Vertreter und Kommission und die Gefahr einer Zementierung der vertraglichen Pfeilerstruktur durch deutliche Wirkungszuwächse in der Außendarstellung der Union tatsächlich aufgewogen werden.[307]

Mit Blick auf die Kompetenzverteilung ergibt sich zunächst jenes Ergebnis:

Primärkompetenzen der Mitgliedstaaten	Partialkompetenzen der Europäischen Union
Außen- und Sicherheitspolitik	*Gemeinsame Außen- und Sicherheitspolitik* – Abschluß von Handels-, Partnerschafts-, Kooperations- und Assoziierungsabkommen

2. Aufgaben im Bereich kooperativer Außen- und Sicherheitspolitik

Seit Ende des Ost-West-Konfliktes findet in Europa eine Neuorientierung am Begriff »kooperativer Sicherheit« statt. Seinen deutlichsten Ausdruck findet dieses Umdenken in dem Bemühen um Ausdifferenzierung eines »framework of interlocking and mutually reinforcing institutions«[308] als Fundament einer gesamteuropäischen Sicherheitsarchitektur. Die Aufgaben bestehender Organisationen wurden ausgebaut, wie die stärkere Institutionalisierung der OSZE, die neuen Zuständigkeiten dieser Organisation und der NATO für Maßnahmen des Peacekeeping oder die Einrichtung der GASP als Teil des EU-Vertrages belegen. Neue Dialog- und Konsultationsforen mit gesamteuropäischem Anspruch wurden geschaffen. Hier sind vor allem der Nordatlantische Kooperationsrat (NAKR) bzw. als dessen Nachfolger seit 1997 der Euro-Atlantische Partnerschaftsrat (EAPR), die Partnership for Peace (PfP) oder die Grundakte mit

---

306   Vgl. Art. 18 EUV-A (geänderter Art. J.8 EUV-M).

307   Auf diese Gefahren weist Jopp bereits während der Vertragsverhandlungen hin; vgl. Jopp, Mathias: Reformziel Stärkung der außen- und sicherheitspolitischen Handlungsfähigkeit der EU, in: Jopp/Schmuck (Hrsg.): Die Reform der Europäischen Union, a. a. O., S. 41-58, (S. 51 ff).

308   Formulierung übernommen aus dem Kommuniqué des Nordatlantikrates vom 4. Juni 1992.

Rußland vom Mai 1997 sowie die Partnerschaftscharta mit der Ukraine vom 9. Juli 1997 im Rahmen der NATO zu nennen.[309]

Innerhalb dieser institutionellen Gesamtstruktur, deren Weiterentwicklung am Grundsatz der Arbeitsteilung orientiert sein sollte, um Redundanzen und die Entstehung von »interblocking institutions« zu verhindern, kristallisieren sich vor allem vier Aufgabenbereiche im Bereich kooperativer Sicherheitspolitik für die Europäische Union bzw. ihre Mitgliedstaaten heraus. Diese liegen in

- der Beteiligung an kooperativen und kollektiven Sicherheitsorganisationen und -konferenzen im gesamteuropäischen und internationalen Rahmen;
- Maßnahmen präventiver Diplomatie zur Stabilisierung bestehender und Schaffung neuer kooperativer Sicherheitsstrukturen;
- Aufgaben im Bereich des Konfliktmanagements ohne Zwangsausübung;
- Beiträgen zur Abrüstungs- und Rüstungs(export)kontrolle.

Im Schwerpunkt berühren all diese Aufgabenfelder das Potential und die Legitimation für politische Tätigkeiten der Europäischen Union in der Konfliktprävention und im kooperativen Krisenmanagement. Werden die Kriterien des Prüfrasters für die Kompetenzverteilung zwischen Union und Mitgliedstaaten angelegt, so ist zunächst festzustellen, daß ein gemeinsames Vorgehen der Mitgliedstaaten in all diesen Bereichen zu einer deutlichen Stärkung ihres Gewichts als internationale Akteure führt. Dieser Zuwachs an »bargaining power« in den internationalen Beziehungen kann interpretiert werden als das *Vorliegen von Skalenerträgen*, deren Umfang mit wachsender Teilnehmerzahl der Europäischen Union ebenfalls steigt. Allerdings ist dem potentiellen Optimum an Macht- und Einflußzugewinn durch ein gemeinsames Vorgehen aller Mitgliedstaaten der EU die Frage entgegenzustellen, welche Einigungskosten für einzelne Mitgliedstaaten innerhalb dieser Koalition mit der Kompromißfindung für eine gemeinsame Position verbunden sind.

Damit ist bereits das nächste *Prüfkriterium der Problemlösungsfähigkeit bi- oder multilateraler Kooperation* angesprochen. Skalenerträge durch wachsendes Verhandlungsgewicht sprechen noch nicht per se für eine europäische Zuständigkeit im Bereich der oben genannten kooperativen Sicherheitsaufgaben, sondern lediglich für ein gemeinsames Vorgehen möglichst aller Mitgliedstaaten. Wenn nun erhebliche Divergenzen zwischen den mitgliedstaatlichen Positionen auf den Zuständigkeitsgebieten kollektiver oder kooperativer Sicherheitsorganisationen oder bezüglich konkreter außen- und sicherheitspolitischer Maßnahmen zu erwarten sind, so können Kompromißfindungen für einzelne Mitgliedstaaten mit so hohen Zugeständnissen verbunden sein, daß sie den Zugewinn an internationaler Handlungsfähigkeit gegenüber Dritten überkompensieren. In diesem Fall stößt die Form multilateraler bzw. rein intergouvernementaler Kooperation an ihre Grenzen, weil sie jederzeit das Ausscheren des einzelnen Staates aus der Koalition erlaubt. Sind allerdings massive außen- und sicherheitspolitische Interessen der Europäischen Union als Gesamtheit berührt und zeichnen sich gleichzeitig sehr heterogene Präferenzen der Mitgliedstaaten ab, so ist die Gefahr des Scheiterns kooperativen (rein intergouvernementalen) Vorgehens der

---

309 Vgl. Sprungala, Tanja: Die Zusammenarbeit der NATO und der ehemaligen Warschauer-Pakt-Staaten seit 1990, in: APuZ B11/1999 v. 12. März 1999, S. 39-45.

Mitgliedstaaten und von Macht-, Einfluß- und Glaubwürdigkeitseinbußen nach außen nicht hinnehmbar und damit eine Integration der Zuständigkeit auf europäischer Ebene begründet.[310]

Diese Vorüberlegungen werfen nun im wesentlichen zwei Fragen auf: Wo liegen zentrale Interessen der Europäischen Union auf dem Gebiet kooperativer Außen- und Sicherheitspolitik und wie ausgeprägt ist in diesen Bereichen die Bereitschaft der Mitgliedstaaten zur allseitigen Kooperation auf rein intergouvernementaler Basis? Was die Frage der zentralen Interessen der Europäischen Union anbelangt, so ist zunächst für den Bereich der Mitwirkung in kollektiven und kooperativen Sicherheitsorganisationen und -konferenzen vor allem auf den engen inhaltlichen und teleologischen Kontext zu verweisen, der zwischen der internationalen politischen und ökonomischen Stabilisierungsfunktion der EU und den Aktivitäten vor allem der UN, der OSZE und des Europarates besteht.

Dies wird deutlich an der vertraglichen Selbstverpflichtung der EU-Mitglieder auf die UN-Charta, die Schlußakte von Helsinki sowie die KSZE-Charta von Paris (Art. 11 EUV-A), die übrigens auch für die Politik der Konditionalität gilt. Der enge Kontext zeigt sich aber auch in der (1996 vom EuGH abgelehnten) Diskussion um einen Beitritt der Gemeinschaft zur Europäischen Menschenrechtskonvention (EMRK), auf die in Art. 6 Abs. 2 EUV-A ebenfalls primärrechtlich verwiesen wird. Beide Organisationen – OSZE und Europarat – spielen mit ihrem erweiterten Teilnehmerkreis eine zentrale Rolle bei Ansätzen zu einer sicherheitspolitischen Integration für Gesamteuropa – ein Rolle, die auch eine Europäische Union nach Aufnahme der mittel- und osteuropäischen Staaten nicht wird übernehmen können. Für die OSZE und die UN gilt, daß sie weit eher als die Europäische Union als Mandatsgeber die notwendige Legitimation für inter- und intrastaatliche Kriseninterventionen stiften können. Im Bereich der kooperativen Sicherheit trifft dies vor allem für Peacekeeping-Operationen zu, auf dem Gebiet konfrontativer Sicherheit für humanitäre Interventionen und Peacemaking-Einsätze mit militärischen Mitteln. Die Fähigkeit der EU zu hinreichend legitimiertem Krisenmanagement und zur Konfliktprävention – hier sind u. a. auch die diversen Krisenmechanismen der OSZE oder das Rahmenübereinkommen zum Minderheitenschutz des Europarates angesprochen – hängen weitgehend von ihrer Mitwirkung im Rahmen von UN, OSZE und Europarat ab.

Geographisch liegt der besondere Schwerpunkte sicherheitspolitischer Interessen für die Europäische Union v. a. in ihrer osteuropäischen und mediterranen Peripherie. Politische und wirtschaftliche Instabilität in diesen Regionen sowie erfolglose Bemühungen um Krisenmanagement und Konfliktprävention, die einen Ausbruch von Gewalt nicht verhindern können, stellen unmittelbare Bedrohungen für die Sicherheit aller Staaten der Europäischen Union dar. Aspekte dieser allgemeinen Bedrohung sind z. B. Migrationswellen aus dem Osten und Süden der Union, die Bedrohung durch die Proliferation von Massenvernichtungsmitteln in diese Regionen, aber auch die »grenzenlose« Wirkung dortigen ökologischen Fehlverhaltens.

---

310 Diese Argumentation beruht auf der Prämisse, daß auch im Bereich europäischer Zuständigkeiten für die Außen- und Sicherheitspolitik, sofern nicht der Einsatz von militärischen Mitteln zur Zwangsausübung betroffen ist, Entscheidungen mit (qualifizierter) Mehrheit getroffen werden sollten.

Sowohl die Schwerpunktsetzung bei der Verabschiedung Gemeinsamer Aktionen im Rahmen der GASP als auch die umfassenderen Konzepte für die Mittelmeer- und Osteuropapolitik der Europäischen Union lassen in der außen- und sicherheitspolitischen Praxis das vitale Interesse an politischer und ökonomischer Stabilität an den südlichen und östlichen Außengrenzen der (erweiterten) Europäischen Union erkennen. So wurden bereits im Juni 1992 in einem Bericht der Außenminister an den Europäischen Rat in Lissabon über die weitere Entwicklung der GASP als Kriterien für die Bestimmung wichtiger gemeinsamer Interessen die geographische Nähe einer bestimmten Region oder eines bestimmten Landes, ein wichtiges Interesse an der politischen und wirtschaftlichen Stabilität innerhalb einer Region bzw. eines Staates und Gefahren für die Sicherheitsinteressen der Union genannt. Konkret als Gebiete aufgelistet wurden im Anschluß daran Mittel- und Osteuropa, insbesondere die Gemeinschaft Unabhängiger Staaten und die Balkanstaaten, der Mittelmeerraum, insbesondere der Maghreb sowie der Nahe Osten.[311]

Ob nun die effiziente Vertretung dieser zentralen außen- und sicherheitspolitischen Interessengebiete für die Europäische Union in ihrer Gesamtheit tatsächlich nach einer stärkeren Vergemeinschaftung verlangt, hängt von der Frage ab, welche *Problemlösungsfähigkeit auf dem Wege multilateraler Kooperation* zwischen den Mitgliedstaaten erzielt werden kann, bzw. ob nicht hinreichend Bereitschaft zur Zusammenarbeit zwischen den Mitgliedstaaten besteht, um in den internationalen Beziehungen die Skalenvorteile gemeinsamen Vorgehens voll auszuschöpfen. Eine Antwort liefern die bisherigen Erfahrungen mit der Europäischen Politischen Zusammenarbeit und anschließend der GASP, bei der es sich – selbst nach Inkrafttreten des Vertrages von Amsterdam – um eine Form intergouvernementaler Kooperation und nicht supranationaler Integration handelt. Die bisherigen Erfahrungen fallen für die jeweiligen Bereiche der hier behandelten »soft security«- oder »low profile«-Funktionen kooperativer Sicherheitspolitik sehr unterschiedlich aus.

So gilt für die Beteiligung an kooperativen und kollektiven Sicherheitsorganisationen, daß die Europäische Union bicephal am OSZE-Prozeß teilnimmt und seit den 70er Jahren auch die Rolle eines Hauptakteurs eingenommen hat. Während hier bislang eher gute Erfahrungen mit der Koordination der Mitgliedstaaten untereinander festzustellen sind, stellen sich im Rahmen der UN deutlich größere Probleme. In ihren Hauptorganen besitzt die Gemeinschaft Beobachterstatus. Hier hat sich allerdings ein deutlicher Mangel an Koordination in der Generalversammlung und v. a. im Sicherheitsrat manifestiert. Nationale Interessen, die Bindung an andere Interessengruppen, die in den Vereinten Nationen vertreten sind, oder traditionelle Sonderbeziehungen zu Drittstaaten spielen dabei ebenso eine Rolle wie – speziell für den Sicherheitsrat – die Sonderstellung Großbritanniens und Frankreichs als Nuklearmächte und Ständige Mitglieder im Sicherheitsrat.

Für die Beziehungen der EU zum Europarat ist zu konstatieren, daß die Beziehungen der beiden Organisationen zueinander noch immer nicht durch ein Abkommen, sondern lediglich durch (einen zuletzt 1996 erneuerten) Briefwechsel geregelt sind. Auch in diesem Zusammenhang scheint wieder das Problem der Pfeilerstruktur des

---

311 Vgl. Bulletin der deutschen Bundesregierung vom 1.7.1992, Bericht an den Europäischen Rat (Lisssabon), S. 679-682 (S. 680).

Maastrichter und Amsterdamer Vertrages auf. Bislang waren die Beziehungen zum Europarat ausdrücklich in Art. 230 EGV-M geregelt, während für den GASP-Pfeiler – in Ermangelung einer Gesamtrechtspersönlichkeit für die Union – überhaupt keine Vertragsschlußkompetenzen vorgesehen waren. Wie sich aber die Neueinführung von Vertragsschließungszuständigkeiten in das gemeinsame Dach des Amsterdamer Unionsvertrages über Art. 24 EUV-A auswirken wird, ist noch nicht abzusehen. Bislang haben sich aus der engen Anbindung von Vertragsabschlußkompetenzen an die internen Kompetenzen in der Gemeinschaftssäule des Maastrichter Vertrages immer wieder Schwierigkeiten im Verhältnis EU – Europarat ergeben. Da auch im Amsterdamer Vertrag die »Herbeiführung einer zweckdienlichen Zusammenarbeit mit dem Europarat« ausdrücklich Sache der Europäischen Gemeinschaft (Art. 303 EGV-A) geblieben ist, behält z. B. die Feststellung des Europäischen Gerichtshofes in einem Gutachten vom März 1996 ihre Relevanz, in der er der Europäischen Gemeinschaft die Zuständigkeit für den Abschluß eines Abkommens über einen Beitritt zur EMRK abgesprochen hat. Seine Begründung lautete, daß der Gemeinschaft eine allgemeine vertragliche Zuständigkeit für Menschenrechtsfragen fehle. Für die Europäische Union aber dürfte trotz des neuen Art. 24 EUV-A, der sie allenfalls mit einer partiellen Rechtspersönlichkeit im Völkerrechtsverkehr ausstattet, weiterhin gelten, was bereits auf den Maastrichter Vertrag zutraf: In Ermangelung einer umfassenden EU-Völkerrechtssubjektivität bleibt ihr – auch jenseits der Zuständigkeitsfrage – weiterhin ein Gesamtbeitritt verwehrt.

Im Bereich der Maßnahmen präventiver Diplomatie hat die Europäische Union gerade in der Ausgestaltung des Verhältnisses zu Osteuropa und der Mittelmeerregion eine eher positive Bilanz vorzuweisen. Dies gilt sowohl für die Ostseekooperations-Initiative als auch für das PHARE-Demokratieprogramm. Insgesamt als Erfolge auf dem Gebiet präventiver Diplomatie stellen sich beispielsweise auch der Stabilitätspakt für Europa, für dessen Umsetzung 1995 die Verantwortung auf die Europäische Union übertragen wurde, oder die in Luxemburg im Dezember 1997 beschlossenen Beitrittspartnerschaften im Rahmen der Osterweiterungsstrategie dar. Und schließlich darf an dieser Stelle auch der 1995 eingeleitete »Barcelona-Prozeß« zwischen den Mitgliedstaaten der EU und zwölf südlichen Mittelmeeranrainern[312] nicht unerwähnt bleiben. Schon diese Beispiele deuten allerdings darauf hin, daß der Union diplomatische Erfolge wiederum vor allem auf dem Gebiet der *strukturellen Konfliktprävention* beschieden zu sein scheinen.

Unterstrichen wird dieser Eindruck durch den neuen Stabilitätspakt für Südosteuropa, dessen Abschluß vor allem von der Europäischen Union vorangetrieben wurde und der unter der Schirmherrschaft der OSZE stehen soll.[313] Die Erfolge der bisheri-

---

312 Im einzelnen handelt es sich dabei um Algerien, Zypern, Ägypten, Israel, Jordanien, den Libanon, Malta, Marokko, Syrien, Tunesien, die Türkei und die Palästinensische Selbstverwaltungsbehörde. Auf dem Außenministertreffen der 27 Vertragsparteien am 16. April 1999 in Stuttgart wurden Leitlinien für eine »Euro-Mediterrane Charta für Frieden und Stabilität« vereinbart, die im zweiten Halbjahr 2000 unter der französischen EU-Ratspräsidentschaft fertiggestellt werden soll. Vgl. European Commission. Directorate General 1 B External Relations: Euro-Mediterranean Partnership, Brussels: May 1998; »Euro-Mediterrane Charta für Frieden und Stabilität«, in: FAZ v. 17. April 1999.

313 Vgl. Gipfeltreffen von Sarajewo. Erklärung der Staats- und Regierungschefs der teilnehmenden und

gen EU-Bemühungen zur Konfliktbewältigung auf dem Balkan im Rahmen des sogenannten »Royamont-Prozesses« konnten bestenfalls als bescheiden betrachtet werden
und den Krieg im Kosovo nicht verhindern.[314] Erst in der Zusage des Europäischen
Rates von Köln, den in Sarajewo feierlich verkündeten Stabilitätspakt für Südosteuropa mit der Perspektive einer EU-Mitgliedschaft für die Länder in der Balkan-Region
zu verknüpfen, wird von zahlreichen Beobachtern der Schlüssel zu einer erfolgreichen
Stabilisierungsstrategie gesehen.[315] Gerade damit wird aber auch das Element »struktureller Konfliktprävention« durch den neuen Pakt wesentlich stärker betont. Zugleich
veranschaulicht aber gerade die langjährige Planlosigkeit der EU-
Friedensbemühungen im ehemaligen Jugoslawien, wie unzureichend ihre sicherheitspolitische Leistungsbilanz auf dem Gebiet der *»spannungsbezogenen Konfliktprävention«* geblieben ist.

Eine positive Ausnahme in dem letztgenannten Bereich präventiver Diplomatie bildet in erster Linie die Abrüstungs- und Rüstungs(export)kontrolle. Auf diesem Gebiet
haben die Mitgliedstaaten der Europäischen Union einige Gemeinsame Aktionen und
Standpunkte verabschiedet, die durchaus für den Erfolg eines multilateralen Vorgehens sprechen. Zu nennen sind hier v. a. gemeinsame Beschlüsse zur Verlängerung
des Non-Proliferation-Treaty, zur Exportkontrolle bei dual-use-Gütern und Antiperso-
nenminen, der Gemeinsame Standpunkt zu Blendlaser-Waffen sowie der Verhaltenskodex für Waffenexporte, die in Spannungsgebiete und in Staaten, die Menschenrechte verletzen, zumindest eingeschränkt werden sollen.[316]

Sofern die Europäische Union international Aufgaben des Konfliktmanagements
wahrnimmt, agiert sie zwar ebenfalls durchaus mit Erfolg. Diese Feststellung gilt jedoch nur unter der Einschränkung, daß sie nicht auf »high profile«-Aktionen zutrifft,
die gegebenenfalls auch den Einsatz von Zwangsmitteln erfordern würden. Positiv
fällt die Beurteilung für ihre humanitären Hilfeleistungen aus, die vom Europäischen
Amt für humanitäre Hilfe (ECHO) koordiniert werden. Aber auch bei der Benennung
von Sonderbeauftragten[317] mit Mediatoren- oder Koordinatorenfunktion, bei Peace-

---

unterstützenden Länder des Stabilitätspaktes und der Verantwortlichen der teilnehmenden und
unterstützenden internationalen Organisationen und Einrichtungen sowie Regionalinitiativen v.
30. Juli 1999.

314 Vgl. IFSH, a. a. O., S. 5.

315 Vgl. Europäischer Rat von Köln, a. a. O., Rn. 72; Krastev, Ivan; Kühnhardt Ludger: Europa hört
nicht in den Alpen auf. Was ein Stabilitätspakt für den Balkan leisten muß, in: FAZ v. 27. Mai 1999,
S. 15; Roggemann, Herwig: Vom Kosovo-Krieg zur Balkan-Stabilisierung. Der lange Weg zum
Frieden verlangt Augenmaß, Detailarbeit und langen Atem, in: FAZ v. 30. September 1999, S. 7.

316 Vgl. Regelsberger, Elfriede: Gemeinsame Außen- und Sicherheitspolitik, in: Weidenfeld/Wessels
(Hrsg.), Jahrbuch 1997/98, a. a. O., S. 237-244.

317 Obwohl die Ernennung von EU-Sonderbeauftragten schon vor dem Amsterdamer Vertrag praktiziert
wurde, könnte deren Bedeutung für die kooperative EU-Sicherheitspolitik im Anschluß an dessen
Inkrafttreten weiter zunehmen. Schließlich verfügt der Rat gemäß Art. 18 Abs. 5 EUV-A nun
explizit über die Befugnis zu entsprechenden Berufungen für »besondere politische Fragen«.
Inzwischen existieren Sonderbeauftragte für den Friedensprozeß im Nahen Osten, für das Gebiet der
großen Seen in Afrika, für den Prozeß für Stabilität und gute Nachbarschaft im Südosten Europas
(sogenannter »Royaumont-Prozeß«), für Bosnien und für den Kosovo. Die letztgenannte Position
wurde allerdings in Abstimmung mit der OSZE mittels einer Gemeinsamen Aktion des Rates vom
29. Juli 1999 durch den »EU-Sonderbeauftragten für die Funktion des Koordinators für den

keeping-Operationen sowie Wahlbeobachtermissionen funktioniert die mitgliedstaatliche Abstimmung im Rahmen der GASP verhältnismäßig gut.

Wird die Rüstungskontrolle einmal ausgenommen, so fällt vor allem die Bilanz in
den Aufgabengebieten »spannungsbezogener Konfliktprävention« als Teil kooperativer EU-Außen- und Sicherheitspolitik insgesamt eher negativ aus. Obwohl hier häufig
zentrale Sicherheitsinteressen der Europäischen Union – und damit all ihrer Mitgliedstaaten – berührt sind, werden Entscheidungen vom Kreis der Fünfzehn im Rahmen
der GASP bevorzugt in Form gemeinsamer Stellungnahmen gefaßt. Die Nutzung der
verbindlicheren Instrumente Gemeinsamer Standpunkte und Gemeinsamer Aktionen
wird nach Möglichkeit gemieden.[318] Diese ohnehin bereits recht unbefriedigende Situation dürfte sich aber ohne Reformen mit hoher Wahrscheinlichkeit nochmals deutlich verschlechtern, wenn sich die Mitgliederzahl mit dem Beitritt der mittel- und osteuropäischen Assoziierungsstaaten annähernd verdoppelt.

Alles in allem lassen die bisherigen Erfahrungen mit der kooperativen Außen- und
Sicherheitspolitik darauf schließen, daß für zahlreiche Aufgabengebiete das auch innerhalb der GASP noch dominante Prinzip der intergouvernementalen Kooperation
kaum ausreichen wird, um die zentralen Sicherheitsinteressen der Europäischen Union
wirkungsvoll zu vertreten und die Skalenvorteile gemeinsamen Auftretens im internationalen Umfeld voll auszuschöpfen. Vielmehr erscheinen, um auf diesem Gebiet das
volle Gewicht der Europäischen Union als internationaler Akteur zu entfalten, Reformschritte in zwei Richtungen angebracht. Zum einen benötigt die europäische Ebene im Bereich der Entscheidungsvorbereitung ausreichende eigene Planungs- und
Analysekapazitäten, um die rechtzeitige Anpassung und Definition grundlegender gemeinsamer Interessen entsprechend den Anforderungen des sich wandelnden internationalen Umfeldes der Union zu erlauben. Angesprochen ist damit primär die Verbesserung   der   EU-Handlungsfähigkeit   für   gemeinsame   Maßnahmen   zur
»spannungsbezogenen Konfliktprävention«. Die in Vorbereitung befindliche Einrichtung einer Strategieplanungs- und Frühwarneinheit unter der Verantwortung des Gene-
ralsekretärs beim Rat, die in der 6. Erklärung der Regierungskonferenz zum Amsterdamer Unionsvertrag geregelt ist, bedeutet unter diesem Aspekt einen wesentlichen
Fortschritt.[319] Gleiches gilt für die Einführung der »Gemeinsamen Strategie« als drit-
tem Beschlußinstrument neben dem Gemeinsamen Standpunkt und der Gemeinsamen
Aktion, welches künftig nicht zuletzt zur einvernehmlichen Bestimmung essentieller
außen- und sicherheitspolitischer Unionsinteressen herangezogen werden sollte.[320]

Stabilitätspakt für Südosteuropa« ersetzt. Zum Inhaber dieses neuen Amtes wurde der vormalige
deutsche Kanzleramtsminister Bodo Hombach ernannt.

318 Die Kritik an der unzureichenden Nutzung der vertraglich vorgesehenen GASP-Instrumente
     durchzieht wie ein »roter Faden« die jährlichen Entschließungen des Europäischen Parlamentes über
     die Durchführung der GASP. 1997 wurden im Rat wieder mehr als einhundert Stellungnahmen,
     jedoch nur 15 gemeinsame Aktionen und 23 gemeinsame Standpunkte beschlossen. Vgl.
     Regelsberger: Gemeinsame Außen- und Sicherheitspolitik, in Weidenfeld/Wessels (Hrsg): Jahrbuch
     1997/98, a. a. O., S. 237.

319 Vgl. Dolan, Andrew: The European Union's Common Foreign and Security Policy: The Planning
     Dimension, in: International Security Information Service, Briefing Paper Nr. 14, Brussels,
     14. November 1997.

320 Dieser Vorschlag fand sich bereits bei Ischinger, Wolfgang; Koelsch, Eberhard: Was
     Mehrheitsentscheidungen erreichen können. Zur Gemeinsamen Außen- und Sicherheitspolitik der

Zum anderen wäre für konkrete Beschlüsse im Bereich kooperativer Außen- und Sicherheitspolitik eine partielle Neuordnung der Kompetenzen in Richtung stärkerer supranationaler Integration dringend geboten. Für die Zuständigkeitsgebiete, welche dabei der europäischen Ebene zugeordnet werden, sollten gemeinsame Maßnahmen auf der Basis von Mehrheitsentscheidungen beschlossen werden. Eine entsprechende Neuordnung der Zuständigkeiten müßte folgende Elemente enthalten:

–   Für die Beteiligung und Vertretung der Unionsinteressen in kooperativen und kollektiven Sicherheitsorganisationen und -konferenzen, v. a. der UN, der OSZE und dem Europarat, sollte vorgesehen werden, daß im Wege Gemeinsamer Standpunkte auch mit Mehrheit eine einheitliche Position festgelegt werden kann, wenn grundlegende Interessen der Europäischen Union, d. h. vor allem ihre Ost- und Südosteuropapolitik und ihre Mittelmeerpolitik, berührt sind. Die Amsterdamer Neuregelungen zur Beschlußfassung in der GASP wirken schon angesichts dieser Forderung nur unbefriedigend. Die Kauteln bezüglich der positiven Enthaltungen, die mehr als ein Drittel der abgegebenen (gewogenen) Stimmen nicht überschreiten dürfen, soll überhaupt ein Beschluß zustande kommen, ähneln einer »Echternacher Springprozession«. Entschieden abzulehnen ist aber vor allem die erstmalige vertragliche Verankerung des »Luxemburger Kompromisses«, die es dem einzelnen Mitgliedstaat erlaubt, bei Anmeldung »wichtiger Gründe der nationalen Politik« Mehrheitsentscheidungen über Gemeinsame Standpunkte oder Aktionen auf der Grundlage von Gemeinsamen Strategien bzw. zur Durchführung gemeinsamer Aktionen und Strategien zu unterbinden.[321]

–   Zusätzlich sollte im Rahmen der Außen- und Sicherheitspolitik die Möglichkeit gegeben werden, mit internationalen Organisationen Abkommen zu schließen. In diesem Zusammenhang wäre eine Erteilung des Mandats an die bicephale Verhandlungsdelegation mit Einstimmigkeit, der Abschluß aber mit Mehrheitsentscheidung zu empfehlen. Auch vor diesem Hintergrund wäre die Ausstattung der Europäischen Union mit einer umfassenden Gesamtrechtspersönlichkeit unverzichtbar, die über den neuen Art. 24 EUV-A hinausgeht.

–   Gemeinsame Standpunkte und Gemeinsame Aktionen im Bereich präventiver Diplomatie und des Konfliktmanagements ohne den Einsatz von Zwangsmitteln sollten über die Amsterdamer Neuregelungen hinaus (Art. 23 EUV-A) generell mit Mehrheit beschlossen werden können, sofern grundlegende Interessen der Europäischen Union berührt sind. Davon erfaßt sind auch Gemeinsame Standpunkte und Gemeinsame Aktionen, die Fragen der Abrüstung und Rüstungs(export)-kontrolle zum Gegenstand haben.

Bevor diese Vorschläge für eine »Supranationalisierung« von Aufgaben im Bereich kooperativer Sicherheit tatsächlich als europäische Partialkompetenz in den Vertrag aufgenommen werden, steht noch eine *Prüfung des Kriteriums der öffentlichen Akzeptanz* für eine entsprechende Zuständigkeit der Europäischen Union aus. Sollte diese hoch sein, so erübrigt sich die Frage nach Verbundvorteilen. Sie ist generell nur zu prüfen, wenn auf der zweiten Ebene des erarbeiteten Kompetenzprüfrasters die Kriterien »alternative völkerrechtliche Kooperationsformen« und der »öffentlichen Akzep-

---

EU, in: FAZ v. 2. Mai 1997, S. 13. Inzwischen wurde er mit dem Amsterdamer Vertrag umgesetzt. Vgl. Art. 13 EUV-A i.V.m. Art. 12 EUV-A.

321   Vgl. Art. 23 EUV-A.

tanz« zu gegenläufigen Ergebnissen bezüglich der Angemessenheit einer Unionszuständigkeit führt. Angesichts der bereits dargestellten niedrigen Problemlösungsfähigkeit völkerrechtlicher Kooperationsformen als Alternative zu supranationalen Handlungsbefugnissen würden beim nächsten Prüfkriterium der »öffentlichen Akzeptanz« hohe unionsweite Zustimmungswerte und relativ geringe Unterschiede zwischen den nationalen Präferenzniveaus der Bürger für eine EU-Kompetenz ausreichen, um eine (Partial-)Zuständigkeit der europäischen Ebene im kooperativen Bereich des Politikfeldes Außen- und Sicherheitspolitik hinreichend zu begründen.

Auch für dieses außen- und sicherheitspolitische Aufgabengebiet gilt jedoch, daß die zur Verfügung stehende Datenlage zur öffentlichen Akzeptanz politischer Handlungsbefugnisse der Europäischen Union für das Teilgebiet kooperativer Sicherheitspolitik nur Tendenzaussagen zuläßt. Dieser Sachverhalt ergibt sich daraus, daß Versuche einer empirischen Untermauerung von Bevölkerungspräferenzen für oder gegen eine Unionszuständigkeit im wesentlichen auf die diesbezüglichen Umfrageergebnisse des Eurobarometers angewiesen sind. Die terminologische Unterteilung der verschiedenen Politikfelder, zu denen die öffentliche Meinung erfragt wird, folgt jedoch nicht der Typologie, die den vorliegenden Ausführungen zugrunde liegt. Bei den Erhebungen des Eurobarometers werden die den Befragten genannten Politikfelder nicht weiter in Teilbereiche ausdifferenziert. Das methodische Problem besteht also darin, daß keine spezifischen Umfrageergebnisse zu Einzelgebieten der Außen-, Sicherheits- und Verteidigungspolitik vorliegen, sondern lediglich zur »Außenpolitik« und zum Bereich »Verteidigung« insgesamt. Ebenso wie bei den anderen exemplarisch zu überprüfenden Politikfeldern in diesem Teil der Studie werden aufgrund des Fehlens detaillierterer Umfrageergebnisse dennoch auch für die verschiedenen Teilbereiche des Politikfelds Außen-, Sicherheits- und Verteidigungspolitik die Angaben im Eurobarometer herangezogen, um zumindest Tendenzaussagen für das Vorliegen ausreichender öffentlicher Zustimmung zu EU-Handlungsbefugnissen zu ermöglichen. Speziell für den Teilbereich kooperativer Sicherheitspolitik sind dabei die Umfrageergebnisse zur »Außenpolitik« von Interesse, da hier im Gegensatz zur Verteidigungspolitik nur ausnahmsweise militärische Zwangsmittel in begrenzten Umfang eingesetzt werden und damit die Eurobarometer-Werte zu dem Stichwort »Verteidigung« wenig aussagekräftig sind.

Im Unionsdurchschnitt ist die Zustimmung der Bürger für gemeinsame Entscheidungen in der Außenpolitik innerhalb der Europäischen Union tatsächlich beträchtlich. In den jüngsten vorliegenden Umfrageergebnisse vom Frühjahr 1998 befindet sich eine europäische Außenpolitik mit unionsweit 70% Befürwortung bei insgesamt achtzehn gefragten Politikfeldern immerhin auf dem dritten Platz unter den möglichen EU-Aufgabengebieten mit den höchsten Zustimmungsraten.[322] Im Umfragezeitraum von April bis Mai 1996, der als Vergleichsbasis herangezogen wurde, weil hier letztmals zusätzlich eine Umfrage mit den drei Antwortoptionen »hauptsächlich Entscheidungen auf europäischer Ebene«, »hauptsächlich Entscheidungen auf nationaler Ebene« und »Entscheidungen sowohl auf europäischer als auch auf nationaler Ebene« durchgeführt wurde, lag sie bei insgesamt 24 gefragten Politikfeldern an sechster

---

322 Vgl. Europäische Kommission: Eurobarometer. Die öffentliche Meinung in der Europäischen Union. Bericht 49/98 (Umfrage: April – Mai 1998), Brüssel/Luxemburg, September 1998, S. 40 und S. B.24 f.

Stelle.[323] Bei der Umfrage mit den drei Antwortoptionen war die unionsweite Zustimmung für gemischte Kompetenzen in der Außenpolitik, die dem Kompetenzordnungsmodell von Primär- und Partialkompetenzen am nächsten sind, mit 43% am höchsten, gefolgt von 29% für hauptsächlich europäische Entscheidungen und nur 22% für hauptsächlich nationale Beschlußfassung in der Außenpolitik.[324] Daß europäische Kompetenzen im Bereich der Außenpolitik von den Unionsbürgern eher befürwortet werden, geht aus diesen Zahlen deutlich hervor.

Jenseits dieser unionsweiten Durchschnittswerte hängt jedoch – per definitionem – das Ausmaß öffentlicher Befürwortung einer EU-Zuständigkeit zusätzlich von dem Ausmaß an Heterogenität der Bevölkerungspräferenzen entlang nationaler oder regionaler Grenzen ab. Je stärker sich die Zustimmungsraten von Mitgliedstaat zu Mitgliedstaat unterscheiden, desto geringer wird die öffentliche Akzeptanz für eine europäische Kompetenz eingeschätzt. Dabei waren 1996 die Schwankungsbreiten im Bereich der Außenpolitik für eine hauptsächliche Kompetenz der europäischen Ebene am höchsten. Während in Griechenland und Finnland nur jeweils 9%, in Schweden nur 12% und in Dänemark wie auch dem Vereinigten Königreich nur 17% eine vorwiegend europäische Zuständigkeit in der Außenpolitik befürworteten, betrugen die entsprechenden Werte für die Niederlande an der Spitze 47%, in Italien 38% und in Deutschland immerhin noch 37%. Für die Ausprägung des Kriteriums der öffentlichen Akzeptanz für politische Handlungsbefugnisse der Europäischen Union ergäbe sich aus diesen relativ starken Unterschieden zwischen den nationalen Präferenzniveaus, daß sie für eine Primärkompetenz der Europäischen Union in der Außenpolitik gering ausfällt. Andererseits fielen die nationalen Unterschiede im Bereich der gemischten Kompetenzen (»Entscheidungen sowohl auf nationaler als auch auf europäischer Ebene«) aber am niedrigsten von allen drei Antwortkategorien aus. Der niedrigste Zustimmungswert lag mit 27% bei Finnland, der höchste mit 48% bei Griechenland und Belgien.[325]

Angesichts dieser besonders geringen Differenzen zwischen den Präferenzniveaus der mitgliedstaatlichen Bevölkerungen kann durchaus gefolgert werden, daß bei einer Aufteilung der Zuständigkeiten in außenpolitische Primär- und Partialkompetenzen zumindest ein relativ hohes Maß an Akzeptanz für europäische Teilzuständigkeiten gegeben sein dürfte. Da für das vorangehende Prüfungskriterium zugleich bereits festgestellt wurde, daß das Problemlösungspotential multilateraler Kooperation bei der Wahrnehmung von Aufgaben im Bereich kooperativer Sicherheit im Vergleich zu supranationalen Handlungsbefugnissen eher gering ausfällt, scheint es schon an dieser Stelle gerechtfertigt, als Ergebnis der Prüfung festzuhalten, daß die Ansiedlung einer Partialzuständigkeit in der kooperativen Sicherheitspolitik auf europäischer Ebene in Einklang mit dem Subsidiaritätsprinzip – verstanden als Kompetenzverteilungsregel – steht.

Obwohl die *Frage nach Verbundvorteilen* dieser Kompetenzzuordnung vor diesem Hintergrund nicht mehr geprüft werden muß, sei abschließend doch darauf hingewiesen, daß auch sie in erheblichem Maße vorliegen. Partialzuständigkeiten der europäi-

323 Vgl. Europäische Kommission: Eurobarometer 45/96 (Umfrage: April – Mai 1996), Brüssel/
Luxemburg, Dezember 1996, S. 60.
324 Vgl. ebd., S. B.50 f.
325 Vgl. ebd.

schen Ebene für Aufgaben in der kooperativen Sicherheitspolitik bedeuten eine Ergänzung des Instrumentes der politischen Konditionalität von Vertragsbeziehungen,
das systemimmanent nur von der Europäischen Union genutzt werden kann, um flexiblere Handlungsformen.

Für den Bereich der kooperativen Sicherheit ergibt sich somit folgendes Zwischenergebnis:

Primärkompetenzen der Mitgliedstaaten	Partialkompetenzen der Europäischen Union
Außen- und Sicherheitspolitik	*Gemeinsame Außen- und Sicherheitspolitik* – Analyse und einvernehmliche Definition grundlegender Unionsinteressen im Rahmen Gemeinsamer Strategien – Gemeinsame Standpunkte zur einheitlichen Vertretung grundlegender Unionsinteressen im Rahmen von Systemen kollektiver und kooperativer Sicherheit v. a. in der UNO, der OSZE und dem Europarat – Gemeinsame Standpunkte und Gemeinsame Aktionen im Bereich präventiver Diplomatie und des sanktionsfreien Konfliktmanagements zur Wahrung grundlegender sicherheitspoliti-scher Unionsinteressen – Abkommen mit internationalen Organisationen – Außen- und sicherheitspolitische Koordination und ständiger Informationsaustausch

3. Aufgaben im Bereich konfrontativer Außen- und Sicherheitspolitik

Als »konfrontativ« können alle Aufgabenbereiche der Außen- und Sicherheitspolitik
bezeichnet werden, die mit der unmittelbaren Ausübung von ökonomischem Zwang
oder dem Einsatz militärischer Mittel verbunden sind. Entsprechend fällt in diese Kategorie sowohl die »in area«-Aufgabe der Territorialverteidigung und (nuklearen) Abschreckung als auch der »out-of-area« stattfindende Einsatz militärischer Mittel bzw.
der auf »out-of-area«-Wirkung ausgerichtete Einsatz ökonomischer Sanktionsmaß-
nahmen. Angesichts der neuen Herausforderungen und Risikopotentiale im multipolaren internationalen System nach Ende des Ost-West-Konfliktes hat sich die Rangfolge
auf der konfrontativ-sicherheitspolitischen Agenda deutlich geändert. Ganz oben stehen nun »out-of-area« orientierte Maßnahmen anstelle der Territorialverteidigung.

Die Möglichkeiten der Europäischen Union, derartige Maßnahmen zu ergreifen,
beschränkten sich bislang auf den Einsatz ökonomischer Mittel. Neben den einzelnen
Mitgliedstaaten kann auch auf europäischer Ebene auf die Verhängung von Wirt-

schaftsembargos zurückgegriffen werden. Seit Inkrafttreten des Maastrichter Vertrages erfordert ein derartiger Schritt zunächst die Entscheidung für eine entsprechende Gemeinsame Aktion oder einen Gemeinsamen Standpunkt im Rahmen der GASP-Säule, um dann auf der Grundlage von Art. 301 EGV-A (Art. 228a EGV-M) in der Gemeinschaftssäule die Wirtschaftsbeziehungen zu Drittländern einzuschränken oder abzubrechen. Die Aussetzung oder der Aufschub einer Aufnahme von Vertragsbeziehungen, ergänzt durch Suspendierungsklauseln bei Verstößen gegen demokratische Grundsätze oder die Menschenrechte in künftigen Abkommen, stellen ein zweites ökonomisches Instrument der Europäischen Union in der konfrontativen Außen- und Sicherheitspolitik dar, welches bereits im Zusammenhang mit der Politik der Konditionalität behandelt wurde.

Ebenfalls seit Inkrafttreten des Maastrichter Vertrages und der Einführung der GASP erstreckt sich allerdings die Themenpalette, die im Rahmen der außenpolitischen intergouvernementalen Zusammenarbeit abgedeckt wird, auf alle Fragen der äußeren Sicherheit – und dies schließt militärische Fragen ein. In Art. 17 EUV-A ist inzwischen sogar die »schrittweise Festlegung einer gemeinsamen Verteidigungspolitik« vorgesehen, die durch Beschluß des Europäischen Rates »zu einer gemeinsamen Verteidigung führen könnte«.[326] Den militärischen Arm der Europäischen Union soll dabei die Westeuropäische Union (WEU) bilden. Bestand zunächst lediglich die Möglichkeit, daß die Europäische Union die WEU als »integralen Bestandteil der Entwicklung der Europäischen Union« ersucht, »Entscheidungen und Aktionen der Union, die verteidigungspolitische Bezüge haben, auszuarbeiten und durchzuführen«,[327] so verstärkt der Amsterdamer Vertrag diesen Anspruch nochmals. Dort wird nurmehr knapp festgestellt, daß die Europäische Union die operativen Mittel der WEU für die Durchführung derartiger Beschlüsse »in Anspruch nehmen wird«.[328] Erstmals im Rahmen einer gemeinsamen Aktion der Europäischen Union eingesetzt wurde die WEU jedoch bereits, als sie eine multinationale Polizeitruppe zur Unterstützung der EU-Verwaltung in der bosnischen Stadt Mostar bereitstellte, die bis 1996 vor Ort blieb. Und gegenwärtig führt die WEU eine vergleichbare Operation zur Polizeiausbildung in Albanien durch.[329] Wie diese Beispiele bereits belegen, wird der Begriff der »verteidigungspolitischen Bezüge« im Maastrichter und Amsterdamer Unionsvertrag recht weit ausgelegt und umfaßt somit auch »out-of-area«-Einsätze.

Die Möglichkeit zu derartigen Einsätzen besteht für die WEU erst seit 1992, als ihr Ministerrat in seiner Petersberger Erklärung die Zuständigkeiten der Organisation über die Funktion eines Bündnisses zur kollektiven Selbstverteidigung hinaus auf folgende Bereiche (sogenannte »Petersberger Aufgaben«) ausdehnte:

–   humanitäre Aufgaben und Rettungseinsätze,
–   friedenserhaltende Aufgaben (Peacekeeping),

---

326   Im Maastrichter Vertrag war noch die Rede davon, daß nur »auf längere Sicht auch die Festlegung einer gemeinsamen Verteidigungspolitik« zur GASP zählt, die »zu gegebener Zeit zu einer gemeinsamen Verteidigungspolitik führen könnte«; vgl. Art. J. 4 Abs. 1 EUV-M.

327   Vgl. Art. J. 4 Abs. 2 EUV.

328   Vgl. Art. 17 Abs. 3 EUV-A.

329   Vgl. »Die Gemeinsame Außen- und Sicherheitspolitik (GASP) der Europäischen Union. Ziele, Instrumente und Verfahren, Perspektiven«, in: Presse- und Informationsamt der Bundesregierung, Stichworte zur Sicherheitspolitik 1 (1999), S. 10-27 (S. 19).

– Kampfeinsätze bei der Krisenbewältigung einschließlich Maßnahmen zur Herbeiführung des Friedens (Peacemaking, Peace Enforcement).

Damit sind im wesentlichen jene militärischen Aufgaben benannt, die neben der Territorialverteidigung in den Bereich konfrontativer Sicherheit fallen und durch die Vertragsrevision von Amsterdam nun ebenfalls im Unionsvertrag zu finden sind.[330]

Wie bereits aus einer Erklärung der WEU-Mitgliedstaaten in der Schlußakte des Maastrichter Vertrages hervorgeht, in der das Ziel formuliert wird, »eine echte europäische Sicherheits- und Verteidigungsidentität zu entwickeln«, nimmt die WEU eine Doppelfunktion ein: Sie soll sowohl als »Verteidigungskomponente der Europäischen Union« als auch als »Mittel zur Stärkung des europäischen Pfeilers der Atlantischen Allianz« dienen. Diese vertraglichen Zielformulierungen fanden bereits während der Regierungskonferenz ihren Niederschlag in Überlegungen, die Strukturen der WEU – einschließlich der Beistandsgarantie in Art. V des geänderten Brüsseler Vertrages – vollständig in die Europäische Union zu integrieren[331] und damit die Grundlagen zu schaffen, um die Zuständigkeit für Verteidigungspolitik ebenfalls auf Unionsebene anzusiedeln. Wiewohl dieser Schritt in Amsterdam noch nicht durchsetzbar war,[332] sind doch die institutionellen Bindungen zwischen beiden Organisationen deutlich verstärkt worden. Am deutlichsten wird dies in der neuen Bestimmung, daß der Europäische Rat künftig offiziell die Befugnis zur Formulierung von politischen Leitlinien für die WEU erhält, sofern diese in Angelegenheiten der EU tätig wird.[333] Erst nach der Verabschiedung des »Neuen Strategischen Konzeptes« im April 1999 – und des darin enthaltenen Bekenntnisses der inzwischen neunzehn Staats- und Regierungschefs der NATO[334] zum Ausbau der »Europäischen Sicherheits- und Verteidigungsidentität« – gelang auf dem Europäischen Rat von Köln im Juni eine Einigung darüber, daß die Modalitäten einer Integration der WEU in die Europäische Union bis Ende des Jahres 2000 geklärt sein sollen.[335]

Das Resultat einer vollen Integration der WEU in die Europäische Union wäre, daß die Gesamtverantwortlichkeit für den Bereich konfrontativer Sicherheit – und das heißt sowohl Zuständigkeiten für die Territorialverteidigung als auch für humanitäre Interventionen, friedenserhaltende und -schaffende Aufgaben mit militärischen und ökonomischen Mitteln – der Europäischen Union übertragen würde. Für den Bereich ökonomischer Sanktionen mag eine derartige Kompetenzzuweisung noch relativ un-

---

330 Vgl. Art. 17 Abs. 2 EUV-A.

331 Vgl. z. B. das von Deutschland, Frankreich, Italien, Spanien, Belgien und Luxemburg der Regierungskonferenz zur Revision des Maastrichter Vertrages übermittelte Dokument zu Art. J.4 EUV (Wortlaut abgedruckt in: Agence Europe v. 24./25.3.1997, S. 4 f.).

332 Vgl. zum aktuellen Verhältnis zwischen EU, WEU und NATO vor allem auch das Amsterdamer Protokoll zu Artikel 17 des Vertrages über die Europäische Union sowie die Erfurter Erklärung zum Abschluß des WEU-Ministerrates vom 18. Dezember 1997 (abgedruckt in: Agence Europe (Europe Dokumente Nr. 2058) v. 21.11.1997).

333 Vgl. Art. 17 Abs. 3 i.V.m. EUV-A.

334 Am 12. März 1999 sind Polen, die Tschechische Republik und Ungarn der nordatlantischen Allianz beigetreten.

335 Vgl. Das Strategische Konzept des Bündnisses, in: www.auswärtiges-amt.de/3_auspol/5/3-5-2g.htm; sowie: Erklärung des Europäischen Rates zur Stärkung der Gemeinsamen Europäischen Sicherheits- und Verteidigungspolitik, Rn. 5, in: Europäischer Rat in Köln, a. a. O., Anlage III.

problematisch sein. Wie bereits im Zusammenhang mit den europäischen Befugnissen zu Vertragsabschlüssen diskutiert wurde, gebietet hier das *Kriterium räumlich kongruenten politischen Handelns* geradezu, daß das Instrument politischer Konditionalität und von Wirtschaftsembargos auf der europäischen Ebene eingesetzt wird. Gerade für Sanktionen in Form von Embargos macht Art. 297 EGV-A (Art. 224 EGV-M) deutlich, daß hier einseitige Schritte einzelner Mitgliedstaaten zwar nicht ausgeschlossen sind, ihnen aber durch den Konnex von internen und externen ökonomischen Zuständigkeiten der Gemeinschaft enge Grenzen gesetzt sind. Eben weil die Zuständigkeit der Unionsebene in diesem Fall in engstem Zusammenhang mit möglichst geringen Beeinträchtigungen des Binnenmarktes steht, ist eine weitreichende Einschränkung mitgliedstaatlicher Handlungsbefugnisse notwendig.

Anders verhält es sich mit Befugnissen im militärischen Bereich konfrontativer Sicherheitspolitik. Hier besteht keine systemimmanente Notwendigkeit, diese Zuständigkeiten auf europäischer Ebene anzusiedeln. Zwar sprechen zunächst die Kriterien der Mindestgröße und der Skalenerträge gegen eine mitgliedstaatliche Zuständigkeit. Gleichzeitig verweist aber das Kriterium der *Problemlösungsfähigkeit multilateraler Kooperation* – zumindest für den Bereich der Territorialverteidigung und der (nuklearen) Abschreckung – auch nach einer Integration der WEU nicht in Richtung europäischer Zuständigkeit, sondern vielmehr auf die NATO als geeignetere Organisation.

Sowohl die »out-of-area«-Aufgaben militärischer Friedenssicherung als auch die Territorialverteidigung weisen über die militärischen und ökonomischen Kapazitäten des einzelnen Mitgliedstaates hinaus. Was die Fähigkeit zu wirksamer Selbstverteidigung und Abschreckung anbelangt, so zeigt das *Kriterium der erforderlichen Mindestteilnehmerzahl* nicht nur über den einzelnen Mitgliedstaat der Europäischen Union, sondern sogar über die Gesamtheit ihrer Mitgliedstaaten hinaus. Im Bereich der Nuklearwaffen stellt sich die Verteilung zwischen den USA und den Nuklearstaaten auf dem Gebiet der ehemaligen Sowjetunion (Rußland, der Ukraine, Weißrußland, Kasachstan) einerseits, den beiden europäischen Atommächten Frankreich und Großbritannien andererseits im Verhältnis 98% zu knapp 2% dar. Die USA verfügen im Bereich der Lufttransportkapazitäten, der Aufklärung und der Telekommunikation einen Großteil der Infrastruktur und der Logistik im Rahmen der NATO, während die WEU hier über so gut wie keine Mittel verfügt. Zunächst mögen diese Argumente obsolet erscheinen angesichts der äußerst geringen Wahrscheinlichkeit eines direkten Angriffs auf die Mitgliedstaaten der Europäischen Union. Dieser Eindruck ist allerdings verfrüht, sprechen doch durchaus gute Gründe dafür, ein hohes Maß an Verteidigungs- und Abschreckungsfähigkeit selbst nach dem Zusammenbruch der bipolaren Weltordnung aufrechtzuerhalten. Die extreme Instabilität in den Staaten der vormaligen Sowjetunion, die zuletzt im Mai 1997 bestätigte neue Militärstrategie der Russischen Föderation, welche sich die Option eines nuklearen Erstschlages ausdrücklich vorbehält, die ambivalente Position Rußlands in der Kosovo-Krise seit Beginn der NATO-Lufteinsätze Ende März 1999 wie auch die sicherheitspolitischen Bedürfnisse der mittel- und osteuropäischen Beitrittskandidaten zur NATO und zur Europäischen Union unterstreichen die fortdauernde Notwendigkeit eines funktionsfähigen und potenten »westlichen« Verteidigungsbündnisses.

Im Gegensatz zur NATO besitzt die WEU jedoch – jenseits von multinationalen Krisenreaktionskräften wie Eurofor und Euromarfor – derzeit keine Truppenkontingente, über die sie eigenständig verfügen könnte. Ihre erheblichen Defizite an operationellen und strategischen Kapazitäten begründen auch im Falle anderer militärischer Aufgaben als der Verteidigungsfunktion deutliche Abhängigkeiten von der NATO. Ohne Rückgriff auf die logistischen, infrastrukturellen und personellen Kapazitäten der NATO im Rahmen der Combined Joint Task Forces (CJTF) wären die Kontingente der WEU selbst für »out-of-area«-Einsätze kaum zu gebrauchen. Und auch das Konzept der CJTF krankt daran, daß im Falle der Anspruchnahme von US-Ressourcen die Vereinigten Staaten über die erforderliche Einstimmigkeit im NATO-Rat die Möglichkeit besitzen, gegen eigenständige WEU-Operationen ihr Veto einzulegen.[336] An dieser strukturellen Abhängigkeit ändert auch die grundsätzliche Bereitschaftserklärung im Rahmen der neuen NATO-Strategie von 1999 wenig, »von Fall zu Fall und im Konsens seine Mittel und Fähigkeiten für Operationen, in denen das Bündnis nicht militärisch engagiert ist, unter der politischen Kontrolle der WEU oder wie anderweitig vereinbart zur Verfügung zu stellen«.[337] Der letztgenannte Aspekt des CJTF-Konzeptes verweist bereits auf das *Kriterium alternativer Formen bi- oder multilateraler Kooperation*. Hier führt die Unterscheidung zwischen der Aufgabe der Territorialverteidigung und militärischer Kriseninterventionen allerdings zu gegenläufigen Ergebnissen.

Die NATO ist – durch die Einbindung des gewaltigen Potentials der transatlantischen Partner – wohl auch langfristig der Europäischen Union als kollektives Verteidigungsbündnis überlegen. Sollte dennoch die immense finanzielle Anstrengung unternommen werden, eine eigenständige Europäische Verteidigungsidentität mit allen dazugehörigen eigenen operationellen Kapazitäten aufzubauen, so wäre dies in verschiedener Hinsicht mit erheblichen Problemen und Gefahren verbunden. Wenn die Europäische Union mit der Integration der WEU gleichzeitig auch die im Brüsseler Vertrag enthaltene Beistandsverpflichtung übernehmen sollte, so wird sie sich äußerst schwertun, einzelne Staaten von dieser Garantie auszugrenzen. Dies gilt insbesondere für die Beitrittskandidaten aus Mittel- und Osteuropa. Auf der anderen Seite wird jedoch voraussichtlich, nachdem die erste Erweiterungsrunde der NATO um Polen, die Tschechische Republik sowie Ungarn abgeschlossen ist, lange Zeit von der Neuaufnahme weiterer mittel- und osteuropäischer Beitrittskandidaten abgesehen werden – auch um den Sicherheitsinteressen Rußlands Rechnung zu tragen. Auch die Tatsache, daß anläßlich des 50jährigen Bestehens des atlantischen Bündnisses in Washington keine Einladung an weitere Beitrittskandidaten stattgefunden hat, sondern lediglich vage eine »Politik der offenen Tür« bekräftigt wurde, spricht für diese Annahme.[338] Für alle weiteren mittel- und osteuropäischen Staaten, die der Europäischen Union beitreten, wird sich im Falle eigener militärischer EU-Beistandsgarantien unweigerlich die Frage stellen, ob damit nicht zugleich »backdoor«-Beistandsverpflichtungen für die Vereinigten Staaten entstehen, welche von den USA strikt abgelehnt werden.

Weitere Probleme mit der territorialen Reichweite von Beistandspflichten, die die EU bei ihrer Fortentwicklung zum kollektiven Verteidigungsbündnis zu bewältigen

---

336   Link, Werner: Die NATO im Geflecht internationaler Organisationen, in: APuZ B 11/99 v. 12. März 1999, S. 9-18 (S. 16).

337   Vgl. Strategisches Konzept, a. a. O., Rn. 30.

338   Vgl. »Vorbeugung, Krisenmanagement, Kriseneindämmung. Die NATO beschreibt neue Aufgaben. Konflikte jenseits des Bündnisgebietes. Die Jubiläumskonferenz zum 50. Geburtstag«, in: FAZ v. 26. April 1999, S. 1 f.

hätte, stellen sich angesichts der Unwilligkeit der neutralen skandinavischen Länder und Österreichs, derartige Bündnisverpflichtungen zu übernehmen. Durchaus nicht unterschätzt werden darf auch die Gefahr, daß die Zuständigkeit der Europäischen Union für die Verteidigung ihrer Mitgliedstaaten und die Schaffung der entsprechenden Strukturen, um diese Aufgabe auch unabhängig von den USA erfüllen zu können, zu wachsenden Spannungen zwischen Mitgliedstaaten mit starker kontinentaleuropäischer Orientierung, wie v. a. Frankreich und Deutschland, und traditionell stark transatlantisch orientierten Staaten, wie Großbritannien, die Niederlande, Portugal und Dänemark, führen könnte.[339] Hier gilt es zunächst abzuwarten, ob die am 4. Dezember 1998 von dem französischen Staatspräsidenten Chirac und dem britischen Premier Blair abgegebene Erklärung von St. Malo, in der sie die Ausstattung der Europäischen Union mit ausreichenden Kapazitäten für autonomes militärisches Handeln gefordert haben, tatsächlich bereits als sicheres Indiz für eine dauerhafte Annäherung dieser unterschiedlichen Grundausrichtungen gelten darf.

All diese Nachteile und Gefahren lassen im Grunde nicht erkennen, weshalb die Europäische Union die Funktion der militärischen Territorialverteidigung übernehmen sollte, zumal gegenläufige Interessen zwischen europäischen und amerikanischen Partnern in der atlantischen Allianz angesichts der bestehenden Beistandspflichten relativiert werden. Sollte die WEU in die Europäische Union integriert werden, so würde dies tatsächlich nur dann Sinn machen, wenn in Übereinstimmung mit dem geänderten Brüsseler WEU-Vertrag eine Duplizierung bestehender NATO-Strukturen vermieden und eigene Beistandsgarantien der EU (nun anstelle der WEU) nur in Verbindung mit entsprechenden Verpflichtungen der NATO gegenüber einem EU-Mitgliedstaat möglich wären. Tatsächlich scheint die Kölner Absichtserklärung des Europäischen Rates, bis Ende 2000 die WEU-Aufgaben und -Strukturen in die Europäische Union einzugliedern, in Einklang mit diesen Überlegungen zu stehen. Sie enthält den Zusatz, daß davon »[d]er unterschiedliche Status der Mitgliedstaaten in bezug auf Garantien der kollektiven Verteidigung...nicht berührt [wird]. Die Allianz bleibt das Fundament der kollektiven Verteidigung ihrer Mitgliedstaaten.«[340] Somit spricht das *Kriterium der erforderlichen Mindestteilnehmerzahl* (für die Bewahrung eines leistungsfähigen Systems kollektiver Verteidigung) in Verbindung mit dem *Kriterium der Problemlösungsfähigkeit multilateraler Kooperation* (welche im Falle des atlantischen Bündnisses höher ist als die der EU) deutlich für den Verbleib der Territorialverteidigungs- und Abschreckungsfunktion bei der NATO. Dem einzelnen Mitgliedstaat bliebe es dabei überlassen, ob er dem Bündnis beitritt oder nicht. In bezug auf eine duale Kompetenzverteilung im Unionsvertrag würde dies bedeuten, daß die Verteidigungspolitik und die Teilnahme an Systemen kollektiver Verteidigung Primärzuständigkeit der Mitgliedstaaten bleibt. Bei der mit der WEU verschmolzenen Europäischen Union würde es sich um kein solches System kollektiver Verteidigung – im Sinne von Territorialverteidigung – handeln. Dieses Ergebnis muß jedoch durch ein geringes Maß an öffentlicher Akzeptanz für eine EU-Kompetenz in der Verteidi-

---

339 Vgl. Fröhlich, Stefan: Der Ausbau der europäischen Verteidigungsidentität zwischen WEU und NATO (ZEI-Discussion Paper C 19/1998), S. 12 f.

340 Vgl. Erklärung des Europäischen Rates zur Stärkung der Gemeinsamen Europäischen Sicherheits- und Verteidigungspolitik, a. a. O., Rn 5.

gungspolitik bestätigt werden, um tatsächlich Aufnahme in dem dualen vertraglichen Kompetenzkatalog zu finden.

Vorher soll allerdings das *Kriterium der Problemlösungsfähigkeit multilateraler Kooperation* auf das militärische Aufgabengebiet humanitärer Interventionen sowie friedensschaffender und -erhaltender Maßnahmen angewandt werden. Hierzu ist festzustellen, daß zunächst sowohl die überlegenen operativen und strategischen Kapazitäten der NATO als auch die Möglichkeit, multinationale Truppen von einzelnen Mitgliedstaaten ad hoc zusammenstellen und entsenden zu lassen, für eine entsprechend hohe Problemlösungsfähigkeit sprechen. Auch in diesem Fall scheint das Kriterium zunächst also gegen Handlungsbefugnisse der Europäischen Union zu sprechen, selbst wenn die WEU in sie integriert wäre. Allerdings wirft wiederum die Heterogenität nationaler Interessen und die Möglichkeit, daß ihnen in Krisensituationen Vorrang vor grundlegenden Interessen der Europäischen Union eingeräumt wird, sowohl im Falle einer NATO-Zuständigkeit als auch im Falle anderer Formen bi- oder multilateraler Kooperation zwischen einzelnen Mitgliedstaaten erhebliche Probleme auf.

Im Falle einer exklusiven NATO-Zuständigkeit für »out-of-area«-Einsätze droht die Gefahr, daß derartige Operationen blockiert werden, wenn grundlegende Interessen der Europäischen Union nicht mit den Interessen der USA übereinstimmen. Aus genau demselben Grund erscheint auch das Modell der CJTF nur begrenzt operabel. Die Vetomöglichkeit, die den Vereinigten Staaten im Falle offensichtlicher Divergenzen verbleibt, spricht in zentralen Bereichen doch für eine begrenzte Duplizierung von NATO-Kapazitäten, bei denen die USA oftmals noch fast ein Monopol innehaben. Dies trifft vor allem auf Gebieten wie Weltraumtechnologien, strategische Transportsysteme, Logistik, Aufklärung und Telekommunikation zu.[341]

Vor allem in diesen Bereichen, sollten von den EU-Mitgliedstaaten gemeinsame Entwicklungs-, Beschaffungs- und Produktionsprogramme aufgelegt werden, um der Europäischen Union auf jeden Fall die Fähigkeit zur frühzeitigen militärischen Intervention und Krisenbewältigung in Staaten oder Regionen zu sichern, deren Stabilität in ihrem grundlegenden Interesse liegt. Auf diese Weise könnten *Skalenerträge* durch eine Minimierung von Redundanzen in der Entwicklungsfinanzierung und den Produktionsstrukturen sowie durch Größenvorteile bei der Herstellung und Beschaffung erzielt werden. Da der Erhalt einer eigenen international wettbewerbsfähigen Rüstungsindustrie grundlegende Voraussetzung für eine gewisse technologische Unabhängigkeit der Europäischen Union von den USA ist, muß in diesem Zusammenhang stärker auf einen gemeinsamen europäischen Rüstungsmarkt hingewirkt werden. Es erscheint deshalb grundsätzlich durchaus begrüßenswert, daß der Amsterdamer Vertrag nun in seinem Art. 17 Abs. 1 EUV-A eine rüstungspolitische Zusammenarbeit vorsieht, wenngleich dies auch unter Hinweis auf eine künftige europäische Verteidigungspolitik geschieht.[342] Die Errichtung einer gemeinsamen Rüstungsbeschaffungsa-

---

341   Vgl. Club von Florenz (Hrsg.), a. a. O., S. 133; Frankenberger, Klaus-Dieter: Noch ist Europa überfordert. Eine eigene Verteidigungsidentität setzt große militärische Anstrengungen voraus, in: FAZ v. 16. April 1999, S. 12.

342   Auch dieser Punkt wird in der verteidigungspolitischen Erklärung im Anhang der Schlußfolgerungen des Kölner Gipfels aufgegriffen. Dort ist von der Notwendigkeit »nachdrücklicher Bemühungen zur Stärkung der industriellen und technologischen Verteidigungsbasis« und dem Bemühen um »weitere Fortschritte bei der Harmonisierung militärischer Erfordernisse und der Rüstungsplanung und - beschaffung die Rede. Vgl. Erklärung des Europäischen Rates zur Stärkung der Gemeinsamen

gentur (OCCAR) durch Großbritannien, Frankreich, Deutschland und Italien[343] sowie die Weiterentwicklung der Westeuropäischen Rüstungsgruppe (Western European Armaments Group – WEAG) zur Western European Armaments Organisation (WEAO) im Rahmen der WEU weisen hier bereits in die richtige Richtung.[344] Langfristig wäre aber überdies auf ein »phasing out« der Ausnahmebestimmung für nationale Rüstungsindustrien in Art. 296 EGV-A (Art. 223 EGV-M) hinzuwirken. Diese Schritte würden gewissermaßen das notwendige ökonomische und technologische Komplementär bilden zu Bemühungen der Europäischen Union, sich im Bereich zentraler strategischer Kapazitäten aus der CJTF-Abhängigkeit von den Vereinigten Staaten zu lösen.

Was jedoch den Einsatz von ad hoc zusammengestellten multinationalen Kontigenten der EU-Mitgliedstaaten als andere denkbare Form bi- oder multilateraler Kooperation anstelle einer Zuständigkeit der europäischen Ebene anbelangt, so bestünde ihr wesentlicher Nachteil in längeren Vorlaufzeiten. Die Reaktionsgeschwindigkeit dürfte deutlich höher liegen, wenn die Unionsebene auf direkt assignierte Truppenverbände zurückgreifen kann, für die mit dem Eurokorps und ähnlichen schnellen Eingreiftruppen bereits Ansätze existieren würden.

Zusammenfassend verfügen demnach alternative bi- oder multilaterale Kooperationsformen im Bereich von humanitären Interventionen sowie friedensschaffenden und -erhaltenden Maßnahmen eher nicht über die gleiche Problemlösungsfähigkeit, die durch eine entsprechende Handlungsbefugnis der Europäischen Union gewährleistet wäre. Letztlich spricht das Kriterium der *Problemlösungfähigkeit bi- oder multilateraler Kooperation* deshalb doch auch für eine Verschmelzung von WEU und Europäischer Union, um auf diesem Wege die EU mit den operationellen Mitteln zur Aufgabenwahrnehmung im militärischen Bereich humanitärer Interventionen und friedensschaffender bzw. -erhaltender Maßnahmen auszustatten.

Auch hierbei handelt es sich aber nur um ein Zwischenergebnis. Im nächsten Schritt der Kompetenzprüfung muß nun das Kriterium der *öffentlichen Akzeptanz* für europäische Kompetenzen in diesem Teilbereich angelegt werden. Bezüglich der zur Verfügung stehenden Eurobarometer-Umfragewerte ergibt sich hier wiederum das Problem, daß auch für die einzelnen Felder konfrontativer Außen- und Sicherheitspolitik keine spezifischen Daten vorliegen, sondern lediglich pauschal die Zustimmung für europäische bzw. nationale Zuständigkeiten auf dem Gebiet der »Verteidigung« erfragt wird. Erneut soll dabei für dieses Politikfeld zunächst die Antwortverteilung aus dem Umfragezeitraum April bis Mai 1998 den Umfrageergebnissen vom Frühjahr 1996 zu der Frage gegenübergestellt werden, ob über die Verteidigung »von den nationalen Regierungen« oder »gemeinsam innerhalb der Europäischen Union« entschieden werden sollte. Dieser Bezugszeitraum wird wiederum gewählt, weil hier letztmals neben diesen beiden Alternativen zusätzlich die Zustimmungsraten im Falle

---

haffung die Rede. Vgl. Erklärung des Europäischen Rates zur Stärkung der Gemeinsamen Europäischen Sicherheits- und Verteidigungspolitik, a. a. O., Rn 2.

343 Die Abkürzung »OCCAR« steht für »Organisme Conjoint de Coopération en matière d'Armement«. Sitz dieser Rüstungsbeschaffungsagentur ist Bonn.

344 Im April 1998 haben die Verteidigungsminister der EU-Mitgliedstaaten Deutschland, Frankreich, Großbritannien, Spanien und Italien überdies eine gemeinsame Erklärung für eine umfassende Umstrukturierung der europäischen Rüstungsindustrie gefordert.

von drei Antwortmöglichkeiten (»hauptsächlich national«, »hauptsächlich europäisch« und »sowohl nationale als auch europäische Entscheidungen«) erfragt wurden. Wie bereits erwähnt, steht die letztgenannte Option (gemischte Zuständigkeiten) aber in größter inhaltlicher Nähe zu dem vorgeschlagenen Ordnungsmodell eines dualen Kompetenzkataloges mit europäischen und mitgliedstaatlichen Primär- bzw. Partial- kompetenzen.

Bei einem Vergleich der unionsweiten Durchschnittswerte von 1996 und 1998 für die Umfragen zu zwei möglichen Antworten ist zunächst festzustellen, daß die Vertei- digungspolitik in der Auflistung der jeweils genannten 24 bzw. 18 Politikfelder – ge- messen an der Befürwortung einer europäischen Zuständigkeit – nach wie vor relativ niedrig angesiedelt ist. 1996 stand sie auf Platz 19, 1998 noch immer nur auf Platz 13. Allerdings sprach sich 1996 noch eine durchschnittliche Mehrheit der Unionsbürger von 49% für verteidigungspolitische Entscheidungen auf nationaler Ebene aus, wäh- rend nur 46% für eine EU-Zuständigkeit waren. In den Umfrageergebnissen vom Frühjahr 1998 hat sich dieses Verhältnis hingegen umgekehrt, sprechen sich inzwi- schen doch immerhin 50% für eine europäische Verteidigungspolitik aus, während nurmehr 44% ihre Präferenz für die Zuständigkeit der Mitgliedstaaten äußern.[345]

Gleichzeitig sind die Unterschiede zwischen den nationalen Zustimmungsraten für (hauptsächlich) gemeinsame Entscheidungen innerhalb der EU sowohl verglichen mit den Schwankungsbreiten bei anderen Politikfeldern als auch mit den anderen Ant- wortmöglichkeiten für die Verteidigungspolitik (1996 insgesamt drei Antwortmög- lichkeiten, 1998 insgesamt zwei mögliche Antworten) sehr groß. Die Befürwortung (»hauptsächliche europäische Entscheidungen«) in den Bevölkerungen der Mitglied- staaten bewegte sich 1996 zwischen 8% in Griechenland, 12% in Finnland bzw. 13% in Schweden und Dänemark und dem Höchstwert von 49% in den Niederlanden.[346] Bei nur zwei Antwortoptionen im Frühjahr 1998 liegen die nationalen Werte für »ge- meinsame Entscheidungen innerhalb der EU« zwischen dem niedrigsten Anteil der Befragten von 8% in Finnland und dem Höchstwert von 71% wiederum in den Nie- derlanden.[347]

Sowohl diese starken Präferenzunterschiede zwischen den mitgliedstaatlichen Be- völkerungen als auch das relativ niedrige »Rating« einer europäischen Verteidigungs- politik im Unionsdurchschnitt – beides im Sinne dieser Studie Anhaltspunkte für eine geringe öffentliche Akzeptanz – sprechen deutlich gegen eine supranationale Primär- kompetenz für dieses Politikfeld. Allerdings ist dabei zu berücksichtigen, daß der Be- griff der »Verteidigung« bei den Befragten kaum in einem solch weiten Sinne ge- braucht werden dürfte, wie dies z. B. schon für den vertragsrechtlichen Hinweis in Art. 17 Abs. 3 EUV-A auf »verteidigungspolitische Bezüge« konstatiert wurde. Wie bereits dargestellt, fallen hierunter im EU-Sprachgebrauch auch »out-of-area«- Einsätze, während gängigerweise »Verteidigung« im Sinne von Territorialverteidi- gung zur Abwehr von Angriffen auf das eigene Staatsgebiet verstanden wird und auch bei den Befragten nach wie vor starke Assoziationen mit der Abschreckungsdoktrin

---

345 Vgl. Europäische Kommission: Eurobarometer 45/96, a. a. O., S. 60, sowie: Europäische
      Kommission: Eurobarometer 49/98, a. a. O., S. 40; S. B.24 f.
346 Vgl. Europäische Kommission: Eurobarometer 45/96, a. a. O., S. B.50 f.
347 Vgl. Europäische Kommission: Eurobarometer 49/98, a. a. O., S. B.24.

des Kalten Krieges oder auch mit Beistandsverpflichtungen im Rahmen militärischer Bündnisse bestehen dürften.

In diesem Zusammenhang sind die Umfrageergebnisse für nicht paktgebundene Staaten wie Finnland und Schweden von besonderem Interesse. Hier fallen die Zustimmungsraten für eine (hauptsächlich) europäische Verteidigungspolitik besonders niedrig aus. Dies dürfte nicht zuletzt darauf zurückzuführen sein, daß verteidigungspolitische Beistands- und Bündnisverpflichtungen in diesen Staaten nach wie vor auf starke Ablehnung stoßen.[348] Andererseits stützt sich das traditionell starke militärische Engagement dieser Staaten im Rahmen multinationaler »out-of-area«-Einsätze zur Krisenintervention, Friedenserhaltung und -schaffung oder zu humanitären Zwecken aber auf einen breiten Rückhalt in ihrer Bevölkerung. Gerade diese Beobachtung legt aber die Annahme nahe, daß die genannten Umfrageergebnisse des Eurobarometers eher auf dem klassischen Verständnis von Territorialverteidigung fußen und deshalb nicht unbedingt gegen europäische Partialzuständigkeiten im »out-of-area«-Bereich sprechen.

Tatsächlich sprechen die Ergebnisse der Eurobarometer-Umfrage vom Frühjahr 1996, in der zusätzlich die Antwort »sowohl nationale als auch europäische Entscheidungen« in der Verteidigungspolitik angeboten wurde, dafür, daß selbst die Bevölkerungen in neutralen Staaten wie Schweden und Finnland europäischen Teilzuständigkeiten auf dem Gebiet der Verteidigung – jetzt im weiteren Sinne des EU-Sprachgebrauchs – eher offen gegenüberstehen dürften. Gegenüber nur 12% bzw. 13% Befürwortern von »hauptsächlich europäischen Entscheidungen« in Finnland bzw. Schweden lagen im Umfragezeitraum April bis Mai 1996 die jeweiligen Werte für Entscheidungsbefugnisse beider Ebenen auf verteidigungspolitischem Gebiet bei 29 bzw. 31%. Insgesamt lag die unionsweite Zustimmung für diese gemischten Kompetenzen auch im Vergleich mit den anderen gefragten Politikfeldern mit 39% recht hoch. Und schließlich waren die Unterschiede zwischen den nationalen Präferenzniveaus aller Mitgliedstaaten bei dieser dritten Antwortoption relativ gering, worin sie sich wesentlich von den stark divergierenden Ergebnissen in den Mitgliedstaaten zu den beiden anderen Fragealternativen hauptsächlich nationaler oder primär europäischer Verteidigungszuständigkeiten unterschied.[349] Berücksichtigt man zusätzlich die vorstehenden Grundüberlegungen zum Begriff der europäischen »Verteidigungspolitik«, scheint es angesichts dieser hohen Werte für geteilte Zuständigkeiten durchaus schlüssig, auch eine hohe öffentliche Akzeptanz für EU-Partialzuständigkeit auf dem Feld der »Petersberger Aufgaben« – d. h. also für humanitäre und Kriseninterventionen sowie friedenserhaltende bzw. -schaffende Maßnahmen mit militärischen Mitteln, wie sie inzwischen in Art. 17 Abs. 2 EUV-A vorgesehen sind – als gegeben anzusehen. Diese Feststellung gilt um so mehr, als die sehr negative Reaktion der Unionsbürger auf das als Versagen eingestufte Auftreten der Europäischen Union in der Bosnien- und Kosovo-Krise hinreichend verdeutlicht hat, daß supranationale Handlungsbefugnisse für militärische Krisenintervention zur Wahrung von europäischen Sicherheitsinteressen große öffentliche Akzeptanz finden würden.

348 Vgl. Altenbockum, Jasper von: Im schwarzen Loch. Schwedens Verteidigung wird nicht mehr sein, was sie einmal war, in: Süddeutsche Zeitung v. 11. Februar 1999.
349 Vgl. Europäische Kommission: Eurobarometer 45/96, a. a. O., S. B.50 f.

Diesem Ergebnis stehen die geringe öffentliche Akzeptanz für eine primäre Unionszuständigkeit auf dem Gebiet der Territorialverteidigung und die zugleich hohe Handlungsfähigkeit der NATO als alternative Form multilateraler Kooperation zur Europäischen Union gegenüber. Hier spricht die Kompetenzprüfung also eher dafür, Aufgaben der Verteidigungspolitik im klassischen Sinne und der Teilnahme an Systemen kollektiver Verteidigung im primären Zuständigkeitsbereich der Mitgliedstaaten zu belassen.

Insgesamt lassen sich somit die Ergebnisse der Zuständigkeitsprüfung für die europäische Ebene im Bereich konfrontativer Sicherheitspolitik folgendermaßen zusammenfassen: Weil die Problemlösungskapazität multilateraler Kooperationsformen bei Kriseninterventionen zur Wahrung grundlegender Unionsinteressen eher gering, gleichzeitig aber die Zustimmungsraten der Öffentlichkeit für eine entsprechende Partialkompetenz auf europäischer Ebene verhältnismäßig hoch ausfallen, kann eine »out-of-area«-Teilzuständigkeit der Europäischen Union für die »Petersberger Aufgaben« als subsidiaritätsgerecht angesehen werden. Die Aufnahme dieser Aufgaben in den Amsterdamer Vertrag ist demnach positiv zu beurteilen. Überdies sollten aber – da dies zentrale Voraussetzungen für die ausreichende Verfügbarkeit operativer Mittel sind – ein europäischer Rüstungsmarkt etabliert werden und eine Fusion von Europäischer Union und WEU stattfinden, ohne daß dies aber mit der vollen Übernahme der militärischen Beistandspflichten durch die EU verbunden sein dürfte. Die Zeit für derartige Reformschritte dürfte günstig sein, nachdem die Beteiligung an den Luftangriffen gegen serbische Truppen im Kosovo erstmals eine umfassende Bereitschaft unter den EU-Mitgliedstaaten erkennen ließ, europäische Werte und Menschenrechte auch durch den gemeinsamen Einsatz militärischer Mittel durchzusetzen.[350]

Obwohl die Überprüfung des *Kriteriums der Verbundvorteile* aufgrund der Ergebnisse bei der Überprüfung der beiden vorhergehenden Kriterien nicht mehr erforderlich wäre, erscheint das erzielte Resultat doch auch unter diesem Aspekt plausibel. Während Verbundvorteile mit anderen europäischen Zuständigkeiten durch eine allgemeine Kompetenz der Europäischen Union für die Territorialverteidigung nicht zu erkennen sind, bedeuten die Handlungsbefugnisse der Europäischen Union zur Krisenintervention eine wertvolle Ergänzung zu den europäischen Kompetenzen in der kooperativen Sicherheitspolitik.

---

350 Vgl. Beck, Ulrich: Der militärische Euro. Humanismus und europäische Identität, in: SZ v. 1./2. April 1999, S. 17; Franchon, Alain: Une intervention décidée au nom des droits de l'homme. Le conflit au Kosovo marque un tournant radical dans les relations internationales, in: Le Monde, v. 12. Mai 1999.

Für die Aufgabenverteilung im Bereich der konfrontativen Sicherheitspolitk ergibt sich somit das folgende Ergebnis:

Primärkompetenzen der Mitgliedstaaten	Partialkompetenzen der Europäischen Union
Verteidigungspolitik und Teilnahme an Systemen kollektiver Verteidigung	*Sanktionsbewehrte europäische Friedenssicherung* – Gemeinsame Aktionen in Form von humanitären Interventionen, friedenserhaltenden und friedensschaffenden Maßnahmen mit militärischen Mitteln – Verhängung ökonomischer Sanktionen bei Verstößen gegen demokratische Grundsätze, Menschenrechte und Friedensbruch – Schrittweise Verwirklichung eines gemeinsamen Rüstungsmarktes

II. Innen- und Justizpolitik

Die gemeinsame Aufgabenwahrnehmung auf dem Gebiet Justiz und Inneres erhielt erst mit dem Inkrafttreten des Maastrichter Vertrages im November 1993 ihre Grundlagen im europäischen Vertragsrecht. Dort wurde sie allerdings weitestgehend in Gestalt des sogenannten Dritten Pfeilers bzw. der Dritten Säule des Unionsvertrages eingeführt und der intergouvernementalen Zusammenarbeit der Mitgliedstaaten vorbehalten.[351] Erst der Amsterdamer Vertrag hat diese dritte Säule erheblich »verschlankt«, indem weite Bereiche von dort in die erste Säule des Europäischen Gemeinschaftsvertrages überführt worden sind. Tatsächlich sind in keinem anderen Politikfeld die Änderungen im Amsterdamer Vertrag so weitreichend wie in der Innen- und Justizpolitik.[352]

Abhängig davon, ob für diese jüngsten Reformen die Ziele einer Effizienz- und Effektivitätssteigerung, die Fragen ausreichender demokratischer Legitimation oder der Transparenz europäischen Handelns im Bereich der Innen- und Justizpolitik als Beurteilungsmaßstab herangezogen werden, fallen die Reaktionen auf die diesbezüglichen Ergebnisse der Amsterdamer Verhandlungen sehr unterschiedlich aus. Sie lösen begeisterte Zustimmung auf der einen, oder aber auch extreme Ablehnung auf der anderen Seite des Spektrums möglicher Bewertungen aus.[353] Es erscheint deshalb geboten, zunächst die derzeitige Kompetenzverteilung in den Blick zu nehmen, die sich aus dem Maastrichter Vertrag und seinen Änderungen in Amsterdam ergeben hat. Erst im Anschluß an die Darstellung der Entwicklung, des materiellen Gehaltes und zentraler Schwachpunkte dieses Ist-Zustandes soll wiederum unter Heranziehung des Kompetenzprüfrasters der Sollzustand einer dualen Zuständigkeitsordnung zwischen Mitgliedstaaten und Unionsebene in der Innen- und Justizpolitik abgeleitet werden.

1. Die bisherige Entwicklung der mitgliedstaatlichen Zusammenarbeit in den Bereichen Justiz und Inneres

Weder der Vertrag von Maastricht noch der Amsterdamer Vertrag mit ihrem dreisäuligen Aufbau enthalten eine Generalermächtigung im Sinne von allumfassenden

---

351 Ausnahmen, die innerhalb der ersten Säule angesiedelt wurden, bildeten im Maastrichter Vertrag vor allem Art. 100c EGV-M zur einheitlichen Visagestaltung, Art. 129 EGV-M zur Bekämpfung der Drogenabhängigkeit sowie Art. 209a EGV-M, der der Gemeinschaft im Bereich der Bekämpfung von Betrügereien im internationalen Maßstab das Recht zuwies, Maßnahmen zum Schutz ihrer finanziellen Interessen zu ergreifen. Vgl. Monar, Jörg: Reformziel Innere Sicherheit: Die Notwendigkeit einer Gemeinsamen Innen- und Justizpolitik, in: Jopp/Schmuck (Hrsg.): Die Reform der Europäischen Union, a. a. O., S. 59-73 (S. 64).

352 Vgl. Monar, Jörg: Ein Raum der Freiheit, der Sicherheit und des Rechts: Die Innen- und Justizpolitik nach Amsterdam, in: Jopp/Maurer/Schmuck (Hrsg.): Die Europäische Union nach Amsterdam. a. a. O., S. 127-154 (S. 128).

353 Vgl. mit weiterführenden Literaturhinweisen zu der Bewertung der Amsterdamer Neuerungen: Gimbal, Anke: Die Innen- und Justizpolitik der EU nach Amsterdam, in: Weidenfeld (Hrsg.): Amsterdam in der Analyse, a. a. O., S. 121-162 (v. a. S. 150 f.).

Handlungsbefugnissen für die Europäische Union im Bereich Justiz und Inneres. Vielmehr benannte erstmals Art. K.1 EUV-M im dritten Maastrichter Vertragspfeiler konkret neun Sachbereiche, welche als »Angelegenheiten von gemeinsamem Interesse« Gegenstände der mitgliedstaatlichen Zusammenarbeit im Bereich Justiz und Inneres bilden sollten. Im einzelnen führte diese Bestimmung die Asylpolitik, die Grenzübertrittspolitik an den Außengrenzen, die Visapolitik und einzelne einwanderungspolitische Maßnahmen, die Politik zur Bekämpfung der Drogenabhängigkeit, die Politik zur Bekämpfung von Betrügereien internationalen Maßstabes und die Zusammenarbeit in Zivil- und Strafsachen, im Zollwesen und der Polizei – einschließlich Europol – auf.

Zu Recht wurde dieser ursprüngliche Katalog an Aufgabenfeldern in der dritten Säule des Maastrichter EU-Vertrages auch »als Problemliste der Schaffung eines hoheitsgrenzüberschreitenden Freiverkehrsraums und ... als *Langzeitfolge des funktionalen Integrationsansatzes der EWG*« charakterisiert.[354] Die dort vertraglich aufgelisteten Sachgegenstände decken sich im wesentlichen mit jenen Aufgabenfeldern in der Innen- und Justizpolitik, für die sich – noch außerhalb des europäischen Primärrechtes – seit 1967 eine stetig wachsende Zahl multilateraler Kooperationsformen herausgebildet hatte.[355] Bereits deren Entstehung stand in direktem Zusammenhang mit der Verwirklichung der vier Grundfreiheiten im Gemeinsamen Markt und der geplanten Abschaffung der Binnengrenzkontrollen. Zu solchen früheren Formen der Zusammenarbeit zählten die TREVI-Kooperation im kriminalpolitischen Bereich, die »Ad-hoc-Gruppe Immigration« im Bereich der (Dritt-)Ausländerpolitik, aber auch die vom Europäischen Rat in Rhodos geschaffene Gruppe der »Koordinatoren freier Personenverkehr«.[356] Schließlich fällt auch die Kooperation der inzwischen dreizehn EU-Mitgliedstaaten in der sogenannten »Schengen-Gruppe« darunter, die zunächst in diesem Rahmen Ausgleichsmaßnahmen für den Wegfall der Binnengrenzkontrollen durch die Verlagerung der Kontrollen an die Außengrenzen, eine verstärkte Kooperation im Bereich der Zoll- und Polizeikooperation sowie auf dem Gebiet Einwanderungs- und Asylpolitik gegenüber Drittausländern vereinbart haben.[357] Speziell für den

354 Müller-Graff, Peter-Christian: Europäische Zusammenarbeit in den Bereichen Justiz und Inneres – Funktion, Ausgestaltung und Entwicklungsoptionen des dritten Pfeilers der Europäischen Union«, in: ders. (Hrsg.): Europäische Zusammenarbeit in den Bereichen Justiz und Inneres. Der dritte Pfeiler der Europäischen Union, Baden-Baden 1996, S. 11-39 (hier: S. 24; Hervorhebungen im Original).

355 In diesem Jahr schlossen die damaligen sechs Gründerstaaten der Europäischen Wirtschaftsgemeinschaft das sogenannte Neapel-Übereinkommen über die gegenseitige Amtshilfe zwischen den Zollbehörden. Vgl. den kurzen historischen Aufriß zur Entwicklung der Kooperation in der Justiz- und Innenpolitik vor Maastricht in: Westlake, Martin: The Council of the European Union, London 1995, S. 233-236.

356 Vgl. ausführlich zu Inhalt und Strukturen der TREVI-Zusammenarbeit, der Ad-hoc-Gruppe Einwanderung und der Koordinatorengruppe: Rupprecht, Reinhard; Hellenthal, Markus: Programm für eine Europäische Gemeinschaft der Inneren Sicherheit, in: dies. u. a.: Innere Sicherheit im Europäischen Binnenmarkt, Gütersloh 1992, S. 23-319 (hier: S. 150-157. Sehr kritisch dazu: Busch, Heiner: Grenzenlose Polizei? Neue Grenzen und polizeiliche Zusammenarbeit in Europa, Münster 1995, S. 306-342.

357 Nach wie vor nicht an der »Schengen-Kooperation« beteiligt sind Großbritannien und Irland. Zur ausführlichen Diskussion der Inhalte des im Luxemburger Moselort Schengen unterzeichneten »Übereinkommens betreffend den schrittweisen Abbau der Kontrollen an den gemeinsamen

Bereich der justitiellen Zusammenarbeit im Zivilrecht, der in Maastricht ebenfalls Eingang in die dritte Säule fand, galt, daß dort jenseits diverser Richtlinien zum Verbraucherschutz auf der Grundlage des Art. 100a EWGV[358] bis zum Inkrafttreten des Unionsvertrages ebenfalls ausschließlich völkerrechtliche Übereinkommen jenseits des Gemeinschaftsrechtes abgeschlossen wurden. Die binnenmarktrelevanten Rechtsangleichungen kamen primär über die Aushandlung von Abkommen zwischen den Mitgliedstaaten gemäß Art. 220 EWGV oder aber mittels der Ratifikation von Übereinkommen durch alle Mitgliedstaaten zustande, die weltweit im Rahmen der Haager Konferenz für Internationales Privatrecht ausgehandelt worden waren.[359]

Zweifellos bedeutete die Einführung der dritten Säule in Maastricht, die die Kooperationsfelder in der Justiz- und Innenpolitik bündelte und durch die Einrichtung des Koordinierungsausschusses (sogenannter »K.4-Ausschuß«) mit seinen drei Lenkungsgruppen »Asyl und Einwanderung«, »Polizei und Zollwesen« und »justitielle Zusammenarbeit« übersichtlicher organisierte, eine deutliche strukturelle Verbesserung gegenüber den bislang stark fragmentierten Gremien und Mechanismen der Zusammenarbeit in diesen Politikfeldern.[360] Trotz dieser unstrittigen Fortschritte ließ aber auch diese neu geschaffene, fünfstufige Entscheidungsstruktur einiges zu wünschen übrig. Neben den Arbeitsgruppen des Rates, dem Ausschuß der Ständigen Vertreter und dem Rat selbst wurden mit den Lenkungsgruppen und dem K.4-Ausschuß zwei weitere, aus nationalen Beamten zusammengesetzte Gremien ins Leben gerufen. Als unmittelbare Folge dieser komplexen Strukturen in der dritten Säule des Maastrichter Unionsvertrages haben sich bislang erhebliche Verzögerungen des Entscheidungsprozesses in der innen- und justizpolitischen Kooperation ergeben.[361]

Die Mitgliedstaaten haben diese Ineffizienzen in Kauf genommen, weil sie noch nicht bereit waren, die genannten Sachgebiete in den Bereich supranationaler Gemeinschaftspolitiken zu überführen. Sie wollten es bei der intergouvernementalen Zusammenarbeit belassen und einigten sich eben deshalb in Maastricht auf einen zusätzlichen dritten Vertragspfeiler. Folgerichtig wurde dort auch dem Rat – als Vertretungsorgan der mitgliedstaatlichen Regierungen – eine dominante interinstitutionelle Stellung eingeräumt, während der Einfluß der anderen Gemeinschaftsorgane stark eingeschränkt blieb. Die Stellung der Kommission wurde beschnitten, indem sie ihr Initiativrecht im Bereich Justiz und Inneres mit den Mitgliedstaaten teilen mußte – im Bereich der Strafrechts-, Polizei- und Zollkooperation dieses sogar ausschließlich

Grenzen« vom 14. Juni 1985 (Schengen I) (GMBl. 1986, S. 79) und v. a. zu dem »Übereinkommen zur Durchführung des Übereinkommens von Schengen betreffend den schrittweisen Abbau der Kontrollen an den gemeinsamen Grenzen vom 14. Juni 1985« vom 19. Juni 1990 (Schengen II, BAnz Nr. 217a v. 23.11.1990) vgl. die Beiträge im Sammelband von Achermann, Alberto; Bieber, Roland; Epiney, Astrid; Wehner, Ruth: Schengen und die Folgen. Der Abbau der Grenzkontrollen in Europa, Bern u. a. 1995.

358 Vgl. dazu den Überblick in: Herrnfeld, Hans-Holger: Recht europäisch. Rechtsreform und Rechtsangleichung in den Visegrád-Staaten, Gütersloh 1995, S. 115-120.

359 Vgl. Dittrich, Alfred: Der Schutz der Unionsbürger durch die justitielle Zusammenarbeit, in: Müller-Graff (Hrsg.), a. a. O., S. 101-115 (S. 105-108).

360 Vgl. Monar: Reformziel innere Sicherheit, a. a. O., S. 61 f.

361 Vgl. zu den Problemen mit der K.4-Struktur: Simon Coss: Shadowy figures behind third pillar, in: European Voice v. 5.-11. Juni 1997, S. 18; sowie »K4's secretive working style prompts increasing concern«, ebd., S. 19.

von den Mitgliedstaaten wahrgenommen wurde (Art. K.3 Abs. 2 EUV-M). Das Europäische Parlament mußte lediglich »regelmäßig unterrichtet« und vom Vorsitz des Rates zu den »wichtigsten Aspekten« gehört werden (Art. K.6 EUV-M). Überdies wurde dem Europäischen Gerichtshof durch Art. L EUV-M weitestgehend die Zuständigkeit für die Rechtsprechung zu Entscheidungen im Bereich der justiz- und innenpolitischen Kooperation abgesprochen.[362] Gerade diese letztgenannte Besonderheit der dritten Säule erscheint jedoch besonders brisant, da öffentliches Handeln in der Justiz- und Innenpolitik regelmäßig hoheitlichen Charakter hat und im demokratischen Rechtsstaat aufgrund seiner hohen Grundrechtsrelevanz umfassende Mechanismen des Rechtsschutzes gebietet.

Neben diesen prozeduralen Eigenheiten zeichnete sich die dritte Säule des Maastrichter Vertrages aber auch durch instrumentelle Sonderregelungen gegenüber der ersten Säule des Gemeinschaftsrechtes aus. Als Instrumente für die Beschlußfassung sollte im Rahmen der intergouvernementalen Kooperation gemäß Art. K.1 EUV-M nicht auf die Rechtsakte des Art. 189 EGV-M zurückgegriffen werden. Statt dessen wurden in deutlicher Anlehnung an den ebenfalls intergouvernementalen zweiten Pfeiler der Gemeinsamen Außen- und Sicherheitspolitik als rechtsverbindliche Instrumente Gemeinsame Maßnahmen und Gemeinsame Standpunkte vorgesehen (Art. K.3 Abs. 2 EUV-M). Völlig unberücksichtigt blieb zunächst, daß eine einfache Übertragung dieser beiden Handlungsinstrumente aus der exekutiven Domäne der Außenpolitik in die primär durch Rechtsetzung geregelte Sphäre der Innenpolitik beinahe zwangsläufig zu Dysfunktionalitäten führen mußte.[363] Als problematisch sollte sich schließlich auch das dritte Instrument der Übereinkommen zwischen den Mitgliedstaaten erweisen. Derartige völkerrechtliche Abkommen zu in Art. K.1 EUV-M aufgeführten Sachgegenständen bedurften gemäß Art. K.3 Abs. 2 EUV-M der Ratifikation in allen Mitgliedstaaten. Gerade für dieses dritte Rechtsinstrument galten deshalb extrem lange Zeiträume bis zu ihrem Inkrafttreten. Faktisch hat das mit wenigen Ausnahmen[364] bestehende Einstimmigkeitserfordernis für Beschlüsse in der dritten Säule – in Verbindung mit Unsicherheiten bezüglich des rechtlichen Bedeutungsgehalts gemeinsamer Standpunkte und Maßnahmen – aber ohnehin dazu geführt, daß bislang nur sehr wenige verbindliche Entscheidungen auf der Grundlage der genannten Handlungsinstrumente gefaßt oder aber entsprechende Beschlüsse inhaltlich stark aufgeweicht wurden.[365] In aller Regel hat der Rat von vornherein unverbindliche Beschlußinstrumente wie Entschließungen, Empfehlungen, Schlußfolgerungen und Erklärungen bevorzugt.[366]

---

362 Eine Ausnahme war nur in Art. K.3 Abs. 2 lit c. EUV-M vorgesehen, demgemäß die Mitgliedstaaten in Übereinkommen eine Auslegungs- und Streitschlichtungszuständigkeit des EuGH begründen konnten.

363 Vgl. Monar, Jörg: Der dritte Pfeiler der Europäischen Union zu Beginn der Regierungskonferenz: Bilanz und Reformbedarf, in: integration 2 (1996), S. 93-101 (S. 96).

364 Nennenswerte Ausnahmen im Maastrichter Vertrag waren hier die Möglichkeiten zur qualifizierten Mehrheitsentscheidung im Rat bei Durchführungsmaßnahmen zu Gemeinsamen Maßnahmen (Art. K.3 Abs. 2 lit. b EUV-M) und bei der Durchführung von Übereinkommen (Art. K.3 Abs. 2 lit. c EUV-M).

365 Vgl. mit Beispielen: Monar: Reformziel innere Sicherheit, a. a. O., S. 62 und S. 64.

366 Vgl. »Das Parlament wiederholt seine Kritik an der Art und Weise, in der der Rat den dritten Pfeiler

All die geschilderten Defizite, die aus den institutionellen, prozeduralen und instrumentellen Sonderregelungen für »Angelegenheit von gemeinsamem Interesse« im Bereich Justiz und Inneres resultieren, belegen hinreichend, wie unbefriedigend die Kompromißlösung der Schaffung eines separaten dritten Pfeilers in Maastricht letztlich geblieben ist. Auf der einen Seite besteht ein besonders enger funktionaler Zusammenhang zwischen dem Ziel der Personenfreizügigkeit im Rahmen des Binnenmarktkonzeptes, das auch Art. K.1 EUV-M ausdrücklich hervorhob, und entsprechenden flankierenden Zuständigkeiten vor allem auf dem Gebiet der Zugangspolitik für Drittausländer zum EU-Raum. Gleiches gilt für die Aufgabenfelder der internationalen Kriminalitätsbekämpfung sowie der allgemeinen Zusammenarbeit in zivilrechtlichen Angelegenheiten. Genau in diese drei zentralen Bereichen flankierender Politiken fielen die im Maastrichter Vertrag unter Art. K.1 EUV-M benannten Sachgegenstände. Auf der anderen Seite betreffen aber europäische Kompetenzen auf dem Feld der Innen- und Justizpolitik immer auch direkt die Gebiets- und Personalhoheit der Mitgliedstaaten als Kernbestände ihrer nationalstaatlichen Souveränität.

Stellt sich unter diesem Blickwinkel der Rückgriff auf die Kompromißlösung intergouvernementaler Kooperation im Rahmen eines separaten dritten Vertragspfeilers noch als naheliegend dar, so erscheint sie aufgrund des engen funktionalen Bezuges zum Binnenmarkt hingegen ausgesprochen artifiziell. Der Maastrichter Vertrag trug deutliche Züge einer künstlichen »Politikspaltung« zwischen gemeinschaftlichen Initiativen und intergouvernementalen Formen der Zusammenarbeit in sich, die in unvermeidlichen Überlappungen zwischen dem EGV-M in der ersten Säule und der dritten Säule des EUV-M ihren Niederschlag fand. So lagen Überschneidungen in der Visapolitik zwischen Art. 100c EGV-M und Art. K.1 Ziff. 2 EUV-M vor. Für die Bekämpfung der Drogenabhängigkeit waren Regelungen in Art. 129 Abs. 1 EGV-M und Art. K.1 Ziff. 4 EUV-M zu finden. In der Bekämpfung internationaler Betrügereien fiel die Trennung zwischen Art. 209a EGV-M, den Aufgaben der UCLAF (»Unité de la Coordination de la Lutte Anti-Fraude«) bei der Kommission, und Art. K.1 Ziff. 5 EUV-M alles andere als klar aus. Für die Zusammenarbeit im Zollwesen nach Art. K.2 Ziff. 8 EUV-M stellte sich die Frage, inwiefern hier überhaupt eine gesonderte Behandlung von den Bestimmungen zur Zollunion (v. a. Art. 27 und 28 EGV-M) vorstellbar wäre. Im Bereich der zivilrechtlichen Kooperation ergaben sich Abgrenzungsschwierigkeiten zwischen Art. 220 EGV-M und Art. K.1 Ziff. 6 EUV-M. Ähnliche Probleme stellten sich implizit auch mit den aufgabenbezogenen Rechtsetzungsermächtigungen der Art. 100, 100a sowie 235 EGV-M.[367] Eine endgültige Überwindung dieser vertragsstrukturellen Mißstände ist ohne die Abkehr von der Maastrichter Tempelkonstruktion und den Übergang zu der geforderten einheitlichen und konsolidierten Vertragsverfassung kaum denkbar.[368]

---

umsetzt – der Rat weist die Vorwürfe zurück«, in: Agence Europe v. 16./17.12.1996, S. 12.

367 Vgl. dazu: Boer, Monica den: Justice and Home Affairs: Cooperation Without Integration, in: Wallace, Helen; Wallace, William (eds.): Policy-Making in the European Union, 3rd edition, Oxford 1996, S. 389-409 (S. 402); sowie: Müller-Graff, Peter-Christian: Justiz und Inneres nach Amsterdam – Die Neuerungen in erster und dritter Säule, in: integration 4 (1997), S. 271-284 (S. 272 f.).

368 Vgl. dazu Abschnitt »B.I. Eine einheitliche und konsolidierte Vertragsverfassung«. S. 53-63. Gegebenenfalls könnte in Bereichen wie der Innen- und Justizpolitik, die besonders ausgeprägten mitgliedstaatlichen Souveränitätsvorbehalten unterliegen, für den Rat weiterhin die

Gerade in diesem Lichte lassen aber auch die Neuerungen im Amsterdamer Vertrag nur begrenzte Fortschritte auf dem Gebiet der gemeinsamen Innen- und Justizpolitik erkennen. Gekoppelt an eine Neufassung des Art. 2 EUV-A (Art. B EUV-M), der nun unter speziellem Verweis auf den freien Personenverkehr die Zielbestimmung enthält, die Union als »Raum der Freiheit, der Sicherheit und des Rechts« weiterzuentwickeln, wurde in Amsterdam ein neuer Vertragstitel IV EGV-A unter der Bezeichnung »Visa, Asyl, Einwanderung und andere Politiken betreffend den freien Personenverkehr« (Art. 61–69 EGV-A) aufgenommen. Wesentliche Teile der bislang in Art. K.1 EUV-M (Art. 29 EUV-A) aufgelisteten Aufgabenbereiche werden aus der dritten Maastrichter Säule herausgenommen und vergemeinschaftet, indem sie in diesen neuen Titel überführt werden.

Im einzelnen handelt es sich dabei um die Bestimmungen zur Grenzübertrittspolitik (Art. 62 Abs. 1 und 2a EGV-A), die gemeinsame Visapolitik (Art. 62 Abs. 2b und 3 EGV-A, der bisherige Artikel 100c EGV-M ist gestrichen), die Zuständigkeit für Maßnahmen in der Einwanderungspolitik (Art. 63 Abs. 3, 4 und 5 EGV-A), konkret benannte Bereiche der Asyl- und Flüchtlingspolitik (Art. 63 Abs. 1 und 2, Art. 64 Abs. 2 EGV-A) sowie die justitielle Zusammenarbeit in Zivilsachen (Art. 65 EGV). Außerhalb dieses neuen Titels wurde überdies Art. 209a EGV-M (jetzt Art. 280 EGV-A) ergänzt, so daß seit Inkrafttreten des Amsterdamer Vertrages auch die Bekämpfung von Betrügereien, die sich gegen die finanziellen Gemeinschaftsinteressen richten, vergemeinschaftet ist. Durch den neuen Art. 135 EGV-A ebenfalls in die erste Vertragssäule überführt wird die Zuständigkeit für den Ausbau der Zusammenarbeit im Zollwesen, wobei auch sie nicht Teil des neuen Titels IV im EGV-A ist.

Zusammenfassend läßt sich konstatieren, daß in Amsterdam auf dem Wege der Vertragsrevision gewissermaßen jenes »Reformversprechen« eingelöst wurde, für das in Maastricht noch eigens das Verfahren der sogenannten »passerelle« in Art. K.9 EUV-M eingeführt worden war. Schon mit dieser Maastrichter Vertragsbestimmung war den Mitgliedstaaten ausdrücklich die Möglichkeit eröffnet worden, einstimmig eine »Vergemeinschaftung« von Sachgegenständen des Art. K.1 EUV-M zu beschließen. Vom Anwendungsbereich dieser »passerelle«-Klausel ausgenommen waren allerdings von Anfang an die justitielle Zusammenarbeit in Strafsachen sowie die Kooperation im Zollwesen und in polizeilichen Angelegenheiten – und damit jene Bereiche, die auch nach Amsterdam weitestgehend in der dritten Säule verblieben sind. Im Ergebnis dürfte die jüngste Vertragsrevision mit ihrer Reduktion des dritten Pfeilers und der Überführung zahlreicher Handlungsbefugnisse in die erste Vertragssäule ein deutliches »Mehr« an Rechtssicherheit und -einheit mit sich bringen, da dadurch auch auf dem Gebiet der Innen- und Justizpolitik viel häufiger auf die bewährten

---

Einstimmigkeitsregel gelten. Oder aber – und dies wäre die dem vorliegenden Organisationskonzept entsprechende Lösung – über die Einführung des vorgeschlagenen, differenzierten Kompetenzübertragungsverfahren würde einzelnen Mitgliedstaaten die Möglichkeit gegeben, voranzuschreiten und dann auch in diesen Aufgabenfeldern mit Mehrheit zu entscheiden. Beide Alternativen wären auf jeden Fall einer fortbestehenden Aufsplitterung des Vertragsrahmens in mehrere Säulen und der damit einhergehenden Ausklammerung von Entscheidungsabläufen im (zweiten und) dritten Pfeiler aus dem einheitlichen institutionellen Rahmen für die Gemeinschaftspolitiken in der ersten Säule vorzuziehen.

Rechtsinstrumente des EG-Vertrages zurückgegriffen werden muß.[369] Grundsätzlich bleibt jedoch kritisch anzumerken, daß mit dem neu überschriebenen Titel VI des EUV-A (»Bestimmungen über die polizeiliche und justitielle Zusammenarbeit in Strafsachen«, Art. 29-42 EUV-A) der dritte Vertragspfeiler mit einzelnen Feldern rein intergouvernementaler Zusammenarbeit in der Innen- und Justizpolitik jenseits der »Gemeinschaftspolitiken« in der ersten Säule weiterbesteht.[370] Wie bereits erwähnt, sind davon Sachgegenstände auf dem Gebiet der Zusammenarbeit mitgliedstaatlicher Polizei-, Zoll-[371] und Strafverfolgungsbehörden (Art. 30, Art. 32 EUV-A) sowie die justitielle Kooperation in Strafsachen (Art. 31, Art. 32 EUV-A) betroffen.

Sicherlich wird Amsterdam auch zu qualitativen Änderungen bei diesen im Bereich intergouvernementaler Kooperation verbliebenen Sachgegenständen beitragen. So wird die auf diese verdünnte dritte Vertragssäule reduzierte Rolle des Koordinierungsausschusses, der künftig wohl nicht mehr die Bezeichnung »K.4-Ausschuß«, sondern »Art. 36 (EUV-A)-Ausschuß« tragen muß, seine Bedeutung insgesamt relativieren. Die Lenkungsgruppen dürften wahrscheinlich völlig abgeschafft werden,[372] was zusätzlich zu einer Reduktion der prozeduralen Komplexität in der polizeilichen und justitiellen Kooperation in Strafsachen beitragen würde. Zudem wurde die Einbindung in den einheitlichen institutionellen Rahmen verstärkt. Die Mitwirkungsrechte des Europäischen Parlamentes wurden mittelbar ausgebaut, indem künftig im Regelfall sowohl Verwaltungs- als auch operative Ausgaben im Rahmen der dritten Säule in den Gemeinschaftshaushalt eingestellt werden und damit über das Haushaltsverfahren stärkere Ansatzpunkte für parlamentarische Einflußnahme gegeben sind (Art. 41 EUV-A). Für die Kommission gilt, daß sie im Unterschied zu Art. K.3 Abs. 2 EUV-M nun auch für die polizeiliche, strafjustitielle und Zoll-Kooperation das Initiativrecht neben den Mitgliedstaaten erhalten hat (Art. 34 Abs. 2 EUV-A). Auch die Position des Europäischen Gerichtshofes ist in der dritten Säule aufgewertet worden, wobei allerdings weiterhin eine Reihe von Einschränkungen gelten.[373]

Schließlich darf jenseits dieser institutionellen Neuerungen nicht übersehen werden, daß mit Inkrafttreten der jüngsten Vertragsrevisionen auch in der dritten Säule neue, wirksamere Handlungsinstrumenten zur Verfügung stehen (Art. 34 EUV-A) als noch in Art. K.3 EUV-M vorgesehen waren. Während die Gemeinsamen Standpunkte erhalten bleiben, ihre Verwendung aber auf Einzelfragen beschränkt wird, sind an die Stelle der bisherigen Gemeinsamen Maßnahmen nun sogenannte Beschlüsse getreten,

---

369 Vgl. Monar: Ein Raum der Freiheit, der Sicherheit und des Rechts, a. a. O., S. 136.

370 Allerdings kann mit Ausnahme der Visumspolitik auch bei den im neuen Titel IV EGV-A geregelten Materien vorläufig nicht von echten Gemeinschaftspolitiken der ersten Säule gesprochen werden. Dafür sind die systemwidrigen Elemente, die für die Aufgabenwahrnehmung auf den Gebieten »Freier Personenverkehr, Asylrecht und Einwanderung« in Amsterdam vereinbart wurden, noch zu stark. Dies gilt insbesondere für das für eine fünfjährige Übergangzeit bis 2004 geltende und neben der Kommission bestehende Initiativrecht jedes Mitgliedstaates nach Art. 67 EGV-A sowie die Einschränkungen der EuGH-Rechtsprechungsbefugnisse nach Art. 68 EGV-A. Vgl. Müller-Graff: Justiz und Inneres nach Amsterdam, a. a. O., S. 277-281.

371 Gemeint ist in diesem Zusammenhang die Zollkooperation mit »repressiven Aspekten« nach Artikel 30 EUV-A – im Unterschied zu Art. 135 EGV-A. Von »aspects répressifs« spricht das Europäische Parlament in: Parlement européen, Première Analyse du Traité d´Amsterdam, 30.6.1997.

372 Vgl. Monar: Ein Raum der Freiheit, der Sicherheit und des Rechts, a. a. O., S. 140.

373 Vgl. Müller-Graff: Justiz und Inneres nach Amsterdam, a. a. O., S. 280 f.

die rechtlich verbindlich sind. Völlig neu ist zudem das Instrument der Rahmenbe-
schlüsse. Sie werden auch als »Quasirichtlinien« bezeichnet und sind für die Mitgliedstaaten hinsichtlich des zu erreichenden Zieles verbindlich. Ebensowenig wie das neue
Instrument der Beschlüsse sind sie aber unmittelbar anwendbar – ein wesentlicher
Unterschied zu Richtlinien des Gemeinschaftsrechtes. Das Instrument der Übereinkommen wurde im dritten Pfeiler beibehalten. Derartige Abkommen bedürfen aber,
sofern das jeweilige Übereinkommen nicht ausdrücklich etwas anderes vorsieht, nicht
mehr der Ratifikation durch alle Mitgliedstaaten, sondern können bereits nach Ratifikation in mindestens der Hälfte der Mitgliedstaaten zumindest dort in Kraft treten.

All diese Amsterdamer Neuerungen scheinen auf eine gewisse Angleichung der
Handlungsinstrumente und -bedingungen in der ersten und dritten Säule hinzudeuten.
Hinzu kommt, daß die Grenzziehungen zwischen den justiz- und innenpolitischen
Sachgegenständen in der Gemeinschaftssphäre und in der dritten Säule zumindest auf
den ersten Blick durchlässiger wirken als dies noch im Maastrichter Vertrag der Fall
war. Diesen Eindruck vermittelt erstens die neue »passerelle«-Klausel des Art. 42
EUV-A, die im Gegensatz zu Art. K.9 EUV-M jetzt die Möglichkeit einräumt, auch
die verbliebene dritte Säule komplett in den neuen justiz- und innenpolitischen Titel
des EGV-A zu überführen. Dies bedeutet, daß selbst die bislang von dieser Möglichkeit ausgeklammerten Bereiche der polizeilichen und justitiellen Zusammenarbeit in
Strafsachen ohne erneute Vertragsrevision Eingang in die erste Vertragssäule der
»Gemeinschaftspolitiken« finden könnten. Allerdings – und dies bedeutet sicherlich
eine wesentliche verfahrensmäßige Beschränkung der praktischen Relevanz dieser
neuen »passerelle«-Bestimmung – ist für einen entsprechenden Beschluß wiederum
die Einstimmigkeit im Rat erforderlich.

Zweitens scheint eine größere Durchlässigkeit zwischen erster und dritter Vertragssäule in den Flexibilisierungsklauseln des Europäischen Unions- und Gemeinschafts-
vertrags angelegt zu sein. Die durch sie eröffnete Möglichkeit, sowohl in dem neuen
EGV-Titel zu Fragen des freien Personenverkehrs, des Asylrechtes und der Einwanderungspolitik als auch im dritten Pfeiler der polizeilichen und strafjustitiellen Kooperation eine verstärkte Zusammenarbeit zwischen einzelnen Mitgliedstaaten zu begründen, erscheint zunächst – gerade mit Blick auf die wachsende Heterogenität einer
erweiterten Europäischen Union – als vielversprechender Ausweg aus den blockade-
anfälligen Entscheidungsregeln für die innen- und rechtspolitische Aufgabenwahrnehmung. Jeweils unter Bezugnahme auf die Generalklauseln für eine engere Zusammenarbeit in den neuen Art. 43 und 44 EUV-A wird über Art. 11 EGV-A auf Initiative
der Kommission ein flexibles Vorgehen einzelner Mitgliedstaaten im Bereich des
Gemeinschaftsvertrages ermöglicht, während in der dritten Säule dieser Schritt über
den neuen Art. 40 EUV-A auf Antrag der betreffenden Mitgliedstaaten eingeleitet
wird. Allerdings wird in beiden Fällen diese Möglichkeit eines Voranschreitens einzelner Mitgliedstaaten dadurch erheblich relativiert, daß zwar zunächst der Rat mit
qualifizierter Mehrheit eine entsprechende Ermächtigung beschließen soll. Dies ist
aber nur solange möglich, wie kein Mitgliedstaat dies »aus wichtigen Gründen der nationalen Politik« ablehnt. Gerade darin weist diese Lösung jedoch große Ähnlichkeiten mit dem »Luxemburger Kompromiß« auf. Liegt das entsprechende Veto eines
Mitgliedstaates vor, darf keine Abstimmung erfolgen. Wiederum mit qualifizierter
Mehrheit kann der Rat in diesen Fällen nurmehr verlangen, daß der Europäische Rat
einstimmig über die erforderliche Ermächtigung beschließen möge.

Angesichts der verfahrensmäßigen Restriktionen, die sowohl für die Anwendung der erweiterten »passerelle«-Klausel wie auch der Flexibilierungsbestimmungen des Amsterdamer Vertrages gelten, erweist sich der durch diese »Dynamisierungsklauseln« entstehende Eindruck einer größeren Durchlässigkeit zwischen dem Bereich der Gemeinschaftspolitiken und der nach wie vor bestehenden dritten Säule eher als trügerisch. Damit erfährt letztlich aber auch das Kernproblem des Nebeneinanders der ersten und dritten Säule für die Innen- und Justizpolitik im Amsterdamer Vertrag lediglich eine Neuauflage. Sicherlich konnten durch die »Verschlankung« der dritten Säule und die Überführung weiter Teile des Maastrichter K.1-Artikels in den EG-Vertrag zahlreiche Probleme der Kompetenzabgrenzung zwischen den beiden Vertragspfeilern überwunden werden. An ihre Stelle sind nun aber »neue Trennungslinien der Zuständigkeiten ... quer durch eine ganze Reihe von politisch und rechtlich miteinander verbundenen Aktionsfeldern der Innen- und Justizpolitik« getreten.[374] Dies macht erneut deutlich, daß eine funktionsgerechte und durchschaubare Kompetenzabgrenzung in der Innen- und Justizpolitik nicht möglich sein wird, solange die mehrsäulige Tempelkonstruktion des Unionsvertrags beibehalten wird.

Folglich bleibt eine einheitliche Vertragsverfassung auch über den Amsterdamer Vertrag hinaus ein Desiderat. Sie wäre überdies eine essentielle Voraussetzung für die Verwirklichung des Ordnungsmodells eines dualen Kompetenzkataloges. Damit ist aber zugleich die nächste Frage nach dem materiellen Umfang der im Maastrichter und Amsterdamer Vertrag festgelegten Kompetenzen der europäischen Ebene auf dem Gebiet der Innen- und Justizpolitik angeschnitten. Alle diesbezüglichen Neuerungen im Amsterdamer Vertrag vermögen kaum darüber hinwegzutäuschen, daß sich die Zuständigkeitsverteilung zwischen Mitgliedstaaten und Europäischer Union inhaltlich kaum geändert hat. Was die Einstellung der Schengen-Kooperation unter das Dach des Unionsvertrages anbelangt, die seit Amsterdam in dem gesonderten »Protokoll zur Einbeziehung des Schengen-Besitzstandes in den Rahmen der Europäischen Union« geregelt ist und weiterhin nur für die dreizehn Teilnehmerstaaten gilt, so wird damit zwar ein zweiter wichtiger Schritt zur Zusammenführung der fragmentierten Kooperationsgremien unternommen, nachdem in Maastricht zunächst v. a. die TREVI-Kooperation in das Vertragswerk einbezogen worden war. Dies geschieht vor allem durch die Ablösung des Schengener Exekutivausschusses durch den Rat und die Eingliederung des Schengen-Sekretariates in das Generalsekretariat des Rates. Wie allerdings bereits die einschlägige Protokoll-Bestimmung (Art. 2 Abs. 1 Unterabs. 2) erkennen läßt, nach der jede einzelne Bestimmung und jeder einzelne Beschluß des Schengen-Besitzstandes einer Rechtsgrundlage im neuen Titel des EGV-A oder in der dritten Säule des EUV-A zugeordnet werden muß, reichen die bestehenden Zustän-

---

374 Vgl. Monar: Ein Raum der Freiheit, der Sicherheit und des Rechts, a. a. O., S. 136. So fallen Maßnahmen gegen den Menschenhandel und den illegalen Drogen- und Waffenhandel auch im Amsterdamer Vertrag noch immer in den Bereich intergouvernementaler Kooperation (Art. 29 und 30 EUV-A). Die für diese Bereiche wichtigen Maßnahmen auf dem Gebiet der Außengrenzkontrollen und der Zollzusammenarbeit liegen künftig hingegen nur noch im Gemeinschaftsbereich. Der Schutz der finanziellen Gemeinschaftsinteressen ist nun eindeutig Gemeinschaftszuständigkeit, während gemeinsame Maßnahmen auf dem Gebiet der Auslieferung, die auch in diesem Kontext relevant sein können, ausschließlich in der dritten Säule der intergouvernementalen Zusammenarbeit möglich sind.

digkeitsregelungen im Gemeinschafts- und Unionsvertrag aus, um die Kooperationsfelder der Schengen-Gruppe abzudecken. Da aber die Amsterdamer Verlagerung von Handlungsermächtigungen in der Innen- und Justizpolitik vom dritten in den ersten Vertragspfeiler kaum mit materiellen Erweiterungen der Kompetenzregeln verbunden ist, wäre eine solche Inkorporation wohl bereits für die dritte Säule des Maastrichter Vertrages denkbar gewesen. Im wesentlichen beschränkt sich der Vertrag auf Klarstellungen und Präzisierungen der bislang bereits in den Maastrichter Bestimmungen zur Zusammenarbeit in den Bereich Justiz und Inneres enthaltenen Zuständigkeitsregelungen. So werden z. B. im neuen Art. 29 EUV-A zusätzlich Formen zu bekämpfender Kriminalität benannt, wie der Menschenhandel, Straftaten gegenüber Kindern, Waffenhandel und aktive sowie passive Bestechung. In Art. 65 des neuen Titels in der ersten Säule des EGV-A ist nicht mehr nur von der Zuständigkeit für Maßnahmen auf dem Gebiet der justitiellen Zusammenarbeit in Zivilsachen die Rede, sondern die einzelnen Teilbereiche gemeinsamen Vorgehens werden genau aufgelistet.

Wirklich neue Unionsaufgaben finden sich hingegen nur sehr vereinzelt. Bemerkenswert ist dabei wohl vor allem die Bestimmung im neuen Art. 31 lit. e EUV-A, derzufolge nun auch einheitliche Regelungen zur Festlegung der Strafbarkeit von Handlungen und von Mindeststrafmaßnahmen auf dem Wege intergouvernementaler Vereinbarungen möglich sind. Dies könnte einen ersten vertraglichen Schritt in Richtung einer stärkeren Harmonisierung des mitgliedstaatlichen Strafrechtes darstellen. Erwähnenswert ist auch der neue Art. 32 EUV-A, welcher der Europäischen Union in Gestalt des Rates die Zuständigkeit erteilt, die Reichweite von Handlungsbefugnissen in der strafjustitiellen und polizeilichen Kooperation festzulegen, über die mitgliedstaatliche Behörden in anderen Mitgliedstaaten nach Absprache mit den dortigen Behörden verfügen. Weiterhin eröffnet der Vertrag die Möglichkeit, Maßnahmen zu beschließen, die die operativen Befugnisse von Europol – jenseits des reinen Informationsaustausches – stärken (Art. 30 Abs. 2a und 2b EUV-A). Und schließlich ist durch den neuen Art. 38 i.V.m. dem neuen Art. 24 EUV-A die Möglichkeit für den Ratsvorsitz geschaffen worden, im Namen der Europäischen Union internationale Abkommen mit Drittstaaten oder internationalen Organisationen auf dem Gebiet der Zusammenarbeit in Polizei- und Strafsachen zu schließen – obwohl die Europäische Union in Amsterdam keine Völkerrechtspersönlichkeit erhalten hat.

Alles in allem bestätigt der Vertragsentwurf von Amsterdam aber zum einen, daß die über zwanzigjährige europäische Kooperation auf dem Gebiet der Justiz- und Innenpolitik wohl tatsächlich zur Berücksichtigung aller wesentlichen Politik- bzw. Problemfelder geführt hat, die sich durch die Schaffung eines Raumes ohne Binnengrenzen bei Wegfall der Grenzkontrollen zwischen den Mitgliedstaaten ergeben. Besonders erwähnenswert ist in diesem Zusammenhang übrigens, daß der Amsterdamer Vertrag erstmals ausdrücklich die Klarstellung enthält, die Abschaffung der Personenkontrollen an den Binnengrenzen gelte sowohl für die Unionsbürger als auch für die Angehörigen von Drittstaaten (Art. 62 Abs. 1 EGV-A). Im wesentlichen erfordert der freie Personen- und Warenverkehr offensichtlich koordiniertes Vorgehen auf innen- und justizpolitischem Gebiet vor allem in den drei Teilbereichen der (Dritt-)Ausländerpolitik (einschließlich Grenzübertrittspolitik an den Außengrenzen, Asyl-, Flüchtlings- und Einwanderungspolitik), der polizeilichen und strafjustitiellen Kooperation zur (grenzüberschreitenden) Kriminalitätsbekämpfung und der Zusammenarbeit in zivilrechtlichen Fragen. Zum anderen zeigt sich aber an der weitestgehend beibehaltenen Einstimmigkeitsregel für die Kompetenzausübung in den innen- und justizpolitischen Sachbereichen – selbst für die Gebiete, welche in den neuen Titel des EGV-A überführt wurden, – daß das Denken in nationalen Souveränitätskategorien die Zusammenarbeit in diesem politischen Aufgabenfeld nach wie vor entscheidend prägt.

In dem sehr starken Spannungsverhältnis zwischen den beiden Polen nationalen Souveränitätsanspruchs und transnationalen Handlungsbedarfs liegt der wesentliche Grund dafür, daß die Vertragsbestimmungen zu den Bereichen Justiz und Inneres auch in Amsterdam wieder an Komplexität und Intransparenz zugenommen haben. Eine problemlösungsadäquate und subsidiaritätsgerechte Kompetenzverteilung zwischen Europäischer Union und Mitgliedstaaten im Bereich Inneres und Justiz sollte jedoch so ausgestaltet sein, daß die Unionsorgane die ihnen zugewiesenen Zuständigkeiten ausüben können, ohne permanent der Gefahr von Entscheidungsblockaden zu unterliegen. Spricht deshalb die Anwendung des einheitlichen Kriterienrasters zur Überprüfung der Kompetenzverteilung für die Ansiedlung einer Primär- oder Partialkompetenz auf europäischer Ebene, so sollten Ratsentscheidungen in diesen europäischen Aufgabenfeldern mehrheitlich im Verfahren der Mitentscheidung gefaßt werden. Nur so ist eine effektive Umsetzung der neugeordneten Kompetenzbestände sichergestellt, die zugleich durch die Mitwirkung des Europäischen Parlamentes über ein deutlich höheres Maß an demokratischer Legitimation verfügt.

Die Kompetenzprüfung mittels des Kriterienrasters erfolgt dabei gesondert für die drei Teilgebiete der Drittausländerpolitik, der Kriminalitätspolitik und der Zivilrechtspolitik, für welche die Schaffung eines Raumes ohne Binnengrenzen zwischen den Mitgliedstaaten besonders hohen grenzüberschreitenden Kooperationsbedarf geschaffen hat – wie die bisherige Vertragsentwicklung hinreichend belegt. Angestrebt wird durch diese Dreiteilung erstens ein zusätzlicher Transparenzgewinn für die vertragliche Zuständigkeitsverteilung im Bereich Justiz- und Inneres. Zweitens soll speziell mit der Unterscheidung von Drittausländer- und Kriminalitätspolitik gezielt der Neigung entgegengewirkt werden, auch ausländerpolitische Fragen primär als Problem der inneren Sicherheit zu betrachten, d. h. sie gewissermaßen zu »verpolizeilichen«.

Zum dritten deckt diese Dreiteilung die zentralen Gebiete der Innen- und Justizpolitik ab, auf denen sich besonderer Handlungsbedarf herauskristallisiert hat, ohne dabei aber bereits eine ausschließliche Fixierung auf das Ziel des freien Personenverkehrs zu implizieren, wie sie bislang die einschlägigen Vertragsbestimmungen prägt. In einzelnen Aufgabenfeldern, wie der Einwanderungspolitik oder der Kriminalitätspolitik mag es indessen durchaus zweckmäßig sein, über die funktionalen Erfordernisse, die aus der Freizügigkeit im Binnenmarkt resultieren, hinauszugehen und umfassendere Handlungsgrundlagen auf europäischer Ebene zu schaffen. Möglicherweise spricht bei der Weiterentwicklung der Europäischen Union zu einem »Raum der Freiheit, der Sicherheit und des Rechts«, wie sie nun in Art. 2 EUV-A programmatisch verkündet wird, gerade das Subsidiaritätsprinzip als Kompetenzverteilungsregel dafür, den dort anklingenden Aspekten der Sicherheit und des Rechtes mehr Eigengewicht gegenüber dem Ziel der Freiheit des Personenverkehrs zu verschaffen.[375]

---

375 Vgl. Monar: Ein Raum der Freiheit, der Sicherheit und des Rechts, a. a. O., S. 129 f.

2. Drittausländerpolitik

Die Rechte auf Freizügigkeit, die Dienstleistungs-, Niederlassungsfreiheit sowie gemeinsame Regelungen zum allgemeinen Aufenthaltsrecht im Binnenmarkt umfassen als persönlichen Anwendungskreis nur die Bürger von EU-Mitgliedstaaten und ihre Familienangehörigen.[376] Durch die Grundfreiheiten des Binnenmarktes und die vertragliche Normierung eines generellen Freizügigkeits- und Aufenthaltsrechtes in Art. 18 Abs. 1 EUV-A (Art. 8a Abs. 1 EGV-M) im Rahmen der Unionsbürgerschaft sind EU-Angehörige dem allgemeinen Ausländerrecht der anderen Mitgliedstaaten weitgehend entzogen.[377] Gleichzeitig wird aber der Wegfall der Grenzkontrollen als Voraussetzung des freien Personenverkehrs in einem Raum ohne Binnengrenzen in der Praxis deutlich erschwert, wenn ausschließlich EU-Bürger davon begünstigt werden, während die Mitgliedstaaten unterschiedliche Zugangsregelungen zum Binnenraum für Angehörige dritter Staaten aufrechterhalten und damit für diesen Personenkreis auch die Notwendigkeit von Grenzkontrollen zwischen den Mitgliedstaaten bestehen bleibt. Der Umstand, daß Dänemark, Großbritannien und Irland traditionell eine sehr restriktive Interpretation des freien Personenverkehrs vertreten, trug jedoch wesentlich dazu bei, daß bis zum Inkrafttreten des Amsterdamer Vertrages und seinen »opt-out«-Protokollen[378] für diese drei Staaten eine Lösung dieses Problems im Gemeinschafts- bzw. Unionsrahmen blockiert blieb. Deshalb wurde auf die völkerrechtliche Zusammenarbeit innerhalb der Schengen-Gruppe ausgewichen, um gemeinsame Visaregelungen für Drittstaatenangehörige, Regelungen für die jeweilige Zuständigkeit der Teilnehmerstaaten für die Durchführung von Asylverfahren und weitere Ausgleichsmaßnahmen auf dem Gebiet der Inneren Sicherheit zu schaffen. Erst im neuen Titel IV des EGV-A findet sich die vertragliche Klarstellung, daß der freie Personenverkehr durch Maßnahmen zu verwirklichen ist, welche »sicherstellen, daß Personen, seien es Bürger der Union oder Staatsangehörige dritter Länder, beim Überschreiten der Binnengrenzen nicht kontrolliert werden« (Art. 62 Abs. 1 EGV-A i.V.m. Art. 14 EGV-A). Überdies wurde mit dem neuen »Protokoll über die Einbeziehung des Schengen-Besitzstandes in den Rahmen der Europäischen Union« die Rechtsgrundla-

---

376 Einen guten Überblick einschließlich einer Übersicht über die einschlägige EuGH-Rechtsprechung enthält: Wouters, Jan: European Citizenship and the Case-Law of the Court of Justice of the European Communities on the Free Movement of Persons, in: Marias, Epaminondas A. (ed.): European Citizenship, Maastricht: European Institute of Public Administration, 1994, S. 25-61.

377 Vgl. Beutler/Bieber/Pipkorn/Streil: Die Europäische Union, a. a. O., S. 311-337; Sauerwald, Christine: Die Unionsbürgerschaft und das Staatsangehörigkeitsrecht in den Mitgliedstaaten der Europäischen Union, Frankfurt a. M. 1996, S. 101-104.

378 Die drei Amsterdamer Protokolle über die Anwendung bestimmter Aspekte des Artikels 14 EGV auf das Vereinigte Königreich und auf Irland, über die Position des Vereinigten Königreichs und Irlands sowie das Protokoll über die Position Dänemarks sehen Ausnahmeregelungen bei der Abschaffung der Personenkontrollen bzw. der weiteren Verwirklichung des freien Personenverkehrs für diese Staaten vor. Damit wird die abweichende Vertragsauslegung von Dänemark, Großbritannien und Irland keineswegs überwunden, sondern der Ansatz flexibler Integration bei der Schaffung des freien Personenverkehrs gewählt. Die Sonderregelungen erlauben vor allem dem Vereinigten Königreich und Irland als inzwischen einzigen Nichtteilnehmern an Schengen weiterhin Grenzkontrollen durchzuführen.

ge geschaffen, um die beiden Schengen-Abkommen und die dazugehörigen Ausführungsbestimmungen komplett in den Unionsrahmen zu integrieren.

Mit Ausnahme Großbritanniens und Irlands und der Einschränkungen im Amsterdamer »Protokoll über die Position Dänemarks«, sollen auf dieser Basis im EU-Binnenraum bis zum Jahr 2004[379] die Personenkontrollen an den Binnengrenzen zwischen den Mitgliedstaaten gänzlich entfallen und die erforderlichen Ausgleichsmaßnahmen unter der Ägide der Europäischen Union ergriffen werden. Dies bedeutet freilich nicht, daß damit auch die Grenzen im staatsrechtlichen Sinne abgeschafft werden, welche die Hoheitsgebiete und Rechtsordnungen der Mitgliedstaaten voneinander trennen. Gerade in einem »souveränitätsnahen« Teilgebiet ihrer Rechtsordnung wie dem Ausländerrecht bestehen nach wie vor starke Vorbehalte der Mitgliedstaaten, ihre unterschiedlichen Regelungen zum Einreise- und Aufenthaltsrecht anzugleichen. Andererseits bewirkt der Wegfall der Binnengrenzkontrollen jedoch, daß – hat ein Drittstaatsangehöriger einmal die Außengrenzen der Union überschritten – dieser Drittausländer ungehinderten Zugang zu den Hoheitsgebieten aller Mitgliedstaaten hat und damit nicht nur eine Anpassung der Kontrollstandards an den Außengrenzen erforderlich wird, sondern auch ein Mindestbestand an gemeinsamen Regeln zu den Einreise- und Aufenthaltsmodalitäten sowie zur Bewegungsfreiheit von Drittausländern im Binnenmarkt notwendig wird.[380] Übertragen auf die Kriterien des Prüfrasters für die Kompetenzverteilung bedeutet dies, daß *räumlich kongruentes Handeln* im Bereich der Ausländerpolitik in einem Raum ohne Personenkontrollen an den Binnengrenzen eine Angleichung der Einreise-, Asyl-, Flüchtlings- und Einwanderungspolitik zumindest all jener Mitgliedstaaten erfordert, die sich auf die Verwirklichung des freien Personenverkehrs geeinigt haben.

Neben der räumlichen Kongruenz politischen Handelns spricht aber auch das *Kriterium der erforderlichen Mindestteilnehmerzahl* zum Erhalt der ausländerpolitischen Steuerungsfähigkeit für ein Zusammenwirken der Mitgliedstaaten. Deutlich wird dies durch die Beobachtung, daß trotz der global unablässig steigenden Zahl an Flüchtlingen[381] und des damit wachsenden Zuwanderungsdrucks auf die Europäische Union die Zahl der anerkannten Asylbewerbungen in den meisten Mitgliedstaaten stetig abgenommen hat. Erzielt wurde dieser Effekt durch nationale Verschärfungen des Asylrechtes, niedrigere Anerkennungsraten, Kürzungen der Sozialansprüche von Asylbewerbern, Einreiseverweigerungen bzw. die häufigere Rückführung von Personen aus

---

379 Gemäß Art. 62 EGV-A erläßt der Rat innerhalb eines Zeitraums von fünf Jahren nach Inkrafttreten des Vertrages die Maßnahmen, welche den freien Personenverkehr sicherstellen. Nachdem der Amsterdamer Vertrag erst zum 1. Mai 1999 in Kraft getreten ist, kann mit der Verwirklichung dieser Grundfreiheit – entgegen der in der Einheitlichen Europäischen Akte vorgesehenen Vollendung des Binnenmarktprogramms zum 1. Januar 1993 – also frühestens im Jahr 2004 gerechnet werden.

380 Anschaulich dazu: Epiney, Astrid: Rechte und Pflichten der Drittausländer, in: Achermann/Bieber/Epiney/Wehner, a. a. O., S. 51-77 (S. 51 f.).

381 Dem Bericht des Hohen Flüchtlingskommissars der Vereinten Nationen für 1995/96 ist zu entnehmen, daß die weltweite Flüchtlingszahl sich 1970 noch auf 2,4 Millionen Menschen belief, 1990 bereits 14,9 Mio. betrug und sich 1995 27,4 Mio. Menschen (inkl. 5,4 Mio. »Binnenflüchtlinge«) auf der Flucht befanden. Vgl. »"...und der Fremdling, der in deinen Toren ist". Auszüge aus dem Gemeinsamen Wort der Kirchen zu den Herausforderungen durch Migration und Flucht«, in: FAZ v. 5. Juli 1997, S. 8.

sicheren Herkunfts- und Drittländern.[382] Ohne weitreichende Angleichung des Status und Begriffs von Flüchtlingen und politisch Verfolgten, des Asylverfahrens, der Aufenthaltsbedingungen für Zuwanderer und der Lastenverteilung zwischen den Mitgliedstaaten ist eine solche Entwicklung beinahe zwangsläufig. Je nach geographischer Lage stellt sich für den einzelnen Mitgliedstaat mehr oder weniger dringlich das Problem, sein Ausländerrecht entsprechend den restriktiveren Standards anderer Mitgliedstaaten anzupassen und damit zu einem Mechanismus beizutragen, den das Europäische Parlament als »Asyl-Dumping« umschreibt.[383] Die Alternative für den einzelnen Mitgliedstaat besteht darin, großzügigere Aufnahmekriterien beizubehalten und dabei Gefahr zu laufen, durch die entstehenden Kosten der Aufenthaltsgewährung einseitig belastet zu werden und rassistischen und fremdenfeindlichen Tendenzen in der eigenen Bevölkerung Auftrieb zu verleihen. In der Europäischen Union manifestiert sich dieses Problem einer übermäßigen Belastung der Leistungskapazitäten eines einzelnen Mitgliedstaates v. a. in der Bundesrepublik Deutschland. Sie nimmt nach wie vor rund 50% der Asylbewerber in der Europäischen Union auf und hat in jüngerer Zeit zudem de-facto-Flüchtlingen aus Bosnien und dem Kosovo in großer Zahl vorübergehend Aufenthalt gewährt. In der Belastungsverteilung hat sich bislang keine Trendwende eingestellt, obwohl auch Deutschland sein Asylrecht 1993 erheblich verschärft hat und die Bundesregierung massiv auf eine gerechtere Lastenverteilung hinwirkt.[384]

Sowohl das Kriterium der *Mindestteilnehmerzahl* als auch das *kongruenten politischen Handelns* sprechen in der Drittausländerpolitik demnach für ein gemeinsames Vorgehen der Mitgliedstaaten. Allerdings erschienen bislang weder das einwanderungs-, asyl- und flüchtlingspolitische Regelungsspektrum der multilateralen Kooperation im Rahmen der ad-hoc-Gruppe Einwanderung oder der Schengen-Gruppe noch die Handlungsermächtigungen in der dritten Säule des Maastrichter Vertrages, die aufgrund der geltenden Einstimmigkeitsregel und der Durchbrechung des einheitlichen institutionellen Rahmens in deutlicher Nähe zu völkerrechtlichen Formen multilateraler Kooperation standen, sonderlich geeignet, um dem Erfordernis einer stimmigen Drittausländerpolitik nach Ende des Ost-West-Konfliktes gerecht zu werden.

An dieser grundsätzlichen Beobachtung vermögen auch die Neuregelungen des Amsterdamer Vertrages wenig zu ändern. Er gewährleistet zwar eine – begrenzte – »Supranationalisierung« der Entscheidungsverfahren und stellt über den neuen Titel IV des EGV-A gemeinschaftliche Handlungsinstrumente auch in der Einwanderungs-

---

382 Selbst in Staaten, wie Schweden, welche lange Zeit für ihre liberale Flüchtlings- und Einwanderungspolitik bekannt waren, sind gravierende Verschärfungen des Ausländerrechts festzustellen, vgl. »Wende in der Ausländerpolitik. Einwanderung soll erheblich eingeschränkt werden«, in: Süddeutsche Zeitung v. 4. März 1997, S. 10. Für das Gesamtgebiet der Europäischen Union ist weiterhin zu konstatieren, daß die Asylanträge permanent zurückgehen. So lagen für den Zeitraum Januar bis Juni 1996 107.144 Anträge vor – im Vergleich zu 121.651 im Vergleichszeitraum des Vorjahres (vgl. Agence Europe v. 20./21.1.1997, S. 7).

383 Vgl. European Parliament: Report on the Council Resolution on minimum guarantees for asylum procedures (Committee on Civil Liberties and Internal Affairs; Rapporteur: Mrs Hedy d´Ancona), A4-0315/96, 10.10.1996.

384 Vgl. 57. Bericht der Bundesregierung über die Integration der Bundesrepublik Deutschland in die Europäische Union (Berichtszeitraum: 1. Januar bis 31. Dezember 1996), BRats-Drs. 183/97 v. 12.03.1997, S. 99 f.

und Asylpolitik zur Verfügung. Auch enthält Art. 63 EGV-A nun eine detaillierte Liste von Maßnahmen, die sich wie ein Gesetzgebungsprogramm für die gemeinsame Einwanderungs-, Flüchtlings- und Asylpolitik lesen.[385] Dennoch bleibt auch der Amsterdamer Vertrag der politischen »raison d´être« des nun zu integrierenden Schengen-Systems mit seiner Fixierung auf die Aufhebung der Personenkontrollen an den Binnengrenzen und die dazu nötigen Ausgleichsmaßnahmen verpflichtet und benennt in der Auflistung des Art. 63 EGV-A nur sehr lückenhaft die einwanderungs-, asyl- und flüchtlingspolitischen Elemente einer kohärenten Drittausländerpolitik in der Europäischen Union. Praktisch unberührt bleiben aber auch die inhaltlichen Schwachstellen, die in den bisherigen Formen multilateraler Kooperation erkennbar geworden sind.

Der Gedanke der »Lastenverschiebung« auf sichere Drittstaaten und Herkunftsländer anstelle der »Lastenverteilung« zwischen den Mitgliedstaaten, die Wahrung der Personalhoheit der Mitgliedstaaten durch den weitestgehenden Erhalt ihrer Zuständigkeiten im Einreise- und (längerfristigen) Aufenthaltsrecht, genießen nach wie vor Vorrang vor einem humanitären einwanderungs- und asylpolitischem Gesamtkonzept für die Europäische Union.[386] So dürften auch künftig durch die Aufnahme von Verfolgerstaaten in die Liste visapflichtiger Drittstaaten Einreisebewilligungen und Asylverfahren aneinander gekoppelt werden oder die Rückführung von Asylbewerbern und Flüchtlingen in Drittstaaten der Prüfung des Antrages in dem nach formellen Kriterien allein für die Prüfung zuständigen Mitgliedstaat vorgehen. Eine unzeitgemäß eng an dem Flüchtlingsbegriff der Genfer Konvention ausgerichtete und durch eine minimale Angleichung der Anerkennungsverfahren gekennzeichnete Kooperation in der Asylpolitik dient primär der Abschottung von Zuwanderern aus Drittstaaten. De-facto-Flüchtlinge und Gewaltflüchtlinge vor Bürgerkriegen und Kriegen, deren Zahl künftig noch zunehmen dürfte, fallen nicht unter den Konventionsbegriff.[387] Sie unterliegen trotz ihrer wachsenden Bedeutung nicht den gemeinsamen asylpolitischen Regelungen, sondern ihr zeitweiliger Schutz ist bislang primär Gegenstand einer zurückhaltenden Kommissionsinitiative, welche explizit das Problem einer gerechten Lastenverteilung zwischen den Mitgliedstaaten ausklammert.[388]

---

385 Zu nennen sind hier vor allem Mindestnormen für die Aufnahme von Asylbewerbern, für die Verfahren in den Mitgliedstaaten zur Zu- oder Aberkennung der Flüchtlingseigenschaft sowie einwanderungspolitische Maßnahmen im Bereich der Einreise- und Aufenthaltsvoraussetzungen für Drittausländer.

386 Vgl. zu den Vorschlägen, welche von diversen migrationspolitischen Organisationen und in der Wissenschaft vorgelegt wurden, u. a.: Outrive, Lode van: Les contre-propositions à l´octroi de l´asile, in: Bieber/de Gucht/Lenaerts/Weiler: Au nom des peuples européens – in the name of the peoples of Europe, Baden-Baden 1996, S. 82-124; Weidenfeld, Werner (Hrsg.): Das europäische Einwanderungskonzept, Gütersloh 1994; Weidenfeld, Werner: Einwanderungspolitik braucht Sachkunde und Spürgefühl, in: FAZ v. 7. August 1998.

387 Vgl. dazu auch den Gemeinsamen Standpunkt des Rates gemäß Art. K.3 EUV betreffend die harmonisierte Auslegung des Begriffs „Flüchtling" in Art. 1 des Genfer Abkommens vom 28.7.1951 (ABl. der EG, Nr. L 63 v. 13.3.1996, S. 2).

388 Vgl. den Kommissionsvorschlag zu einer Gemeinsamen Maßnahme des Rates gemäß Art. K.3 Abs. 2 lit b. EUV betreffend den vorübergehenden Schutz für Vertriebene (ABl. der EG, Nr. C 106 v. 4.4.1997 S. 13), sowie: »Kommission schlägt eine gemeinsame Aktion zur Vereinheitlichung des Verhaltens der Fünfzehn gegenüber Vertriebenen vor«, in: Agence Europe v. 6.3.1997, S. 10, S. 15a. Zur konzeptionellen Kritik der EU-Asyl- und Flüchtlingspolitik insgesamt vgl.: Achermann, Alberto;

Durchbrechungen der unterschiedlichen Einreisebestimmungen der Mitgliedstaaten haben sich bislang vor allem im Rahmen der Visapolitik für kurzfristige Aufenthalte ergeben, ohne diese allerdings aufzuheben.[389] Eine Angleichung der nationalen Bestimmungen für längerfristige Aufenthalte oder die Aufhebung von Beschränkungen der Binnenmarkt-Freizügigkeit von Drittausländern mit rechtmäßigen Aufenthaltstitel in einem der Mitgliedstaaten ist in weiter Ferne – wäre damit doch die Notwendigkeit verbunden, die sozialen Leistungen wie auch das Wohn- und Arbeitsrecht für Zuwanderer aus Drittländern stärker untereinander abzustimmen, um eine einseitige Belastung einzelner Mitgliedstaaten zu vermeiden.[390] Darüber kann auch der Umstand kaum hinwegtäuschen, daß die Kommission inzwischen einen Vorschlag zur Ausarbeitung eines »Übereinkommens über die Zulassung von Staatsangehörigen dritter Länder in das Hoheitsgebiet der Mitgliedstaaten«[391] präsentiert hat. Zurecht wird darauf hingewiesen, daß mit diesem Abkommen zwar im Ansatz ein »europäisches Ausländerrecht« geschaffen würde, mit seinem baldigen Zustandekommen aber aufgrund der erforderlichen Einstimmigkeit im Rat und der anschließenden Ratifikationsbedürftigkeit aber nicht gerechnet werden kann.[392] Auch daß dieser Vorschlag zunächst von einem Zuwanderungsverbot ausgeht, für das es dann Ausnahmen definiert, ist symptomatisch für die bisherige Einwanderungs- und (längerfristige) Aufenthaltspolitik im europäischen Verbund. Nach wie vor ist sie generell von dem gemeinsamen Interesse der Mitgliedstaaten an einem Zuzugs- und Zuwanderungsstop geprägt, weshalb hier die bisherigen Ergebnisse besonders unbefriedigend ausfallen.[393]

Zurückzuführen ist die geringe Bereitschaft der Mitgliedstaaten, ihre Rechtsordnungen im Bereich der Einwanderungspolitik stärker anzugleichen, auf ihre Abneigung, sich als »Einwanderungsländer« zu definieren. Damit begeben sich die Mitgliedstaaten aber der Möglichkeit, durch eine abgestimmte, bedarfsorientierte Einwanderungspolitik den wachsenden Strom an sogenannten »Wirtschaftsflüchtlingen« zu bewältigen und damit zugleich die Zahl von armutsbedingten Fällen des »Asylmißbrauchs« und der illegalen Einwanderung zu reduzieren.[394] Das Fehlen eines europäisch abgestimmten Einwanderungskonzeptes und die zusehends restriktive Ausgestaltung der Asyl- und Flüchtlingspolitik der Mitgliedstaaten – die als Reaktion

---

Schengen und Asyl: Das Schengener Übereinkommen als Ausgangspunkt der Harmonisierung europäischer Asylpolitik, in: Achermann/Bieber/Epiney/Wehner, a. a. O., S. 79-128, sowie Busch, Heiner, a. a. O.

389 Vgl. Epiney, a. a. O.

390 Vgl. »Gegen Freizügigkeit von EU-Ausländern«, in: Süddeutsche Zeitung v. 14./15. Juni 1997; »Vorschläge zu Rechten von Ausländern«, in: FAZ v. 31. Juli 1997; »'Schlimme Entgleisung': Stoiber und Beck warnen vor Zustimmung zu EU-Reform«, in: Süddeutsche Zeitung v. 2. Juni 1997.

391 ABl. der EG, Nr. C 337 v. 7.11.1997, S. 9.

392 Vgl. Müller-Graff, Peter-Christian/Kainer, Friedemann: Asyl-, Einwanderungs- und Visapolitik, in: Weidenfeld/Wessels (Hrsg.): Jahrbuch 1997/98, a. a. O., S. 123-128 (S. 125).

393 Vgl. zu den bisherigen Ergebnissen im einzelnen: Nanz, Klaus-Peter: Visapolitik und Einwanderungspolitik der Europäischen Union, in: Müller-Graff (Hrsg.), a. a. O., S. 63-74 (S. 70-74); zu deren Kritik: Monar: Reformziel innere Sicherheit, a. a. O., S. 66 f.

394 Vgl. in diesem Sinne: Weidenfeld, Werner/Hillenbrand, Olaf: Einwanderungspolitik und die Integration von Ausländern – Gestaltungsaufgaben für die Europäische Union, in: Weidenfeld (Hrsg.): Einwanderungskonzept, a. a. O., S. 11-45.

auf anhaltend hohe Zahlen an Asylbewerbern zu sehen ist – bedingen sich deshalb in gewissem Maße gegenseitig.

In ihrer Gesamtheit sind die bisherigen Ergebnisse der multilateralen Kooperation im Rahmen von Schengen und der ad hoc-Gruppe Einwanderung sowie der intergouvernementalen Zusammenarbeit im Bereich Justiz und Inneres in der Drittausländerpolitik durch zahlreiche Zuständigkeitsvorbehalte zugunsten der Mitgliedstaaten, langwierige Entscheidungsverfahren und Einigungen auf dem kleinsten gemeinsamen Nenner geprägt. Speziell für den dritten Pfeiler des EUV-M galt, daß die rechtliche Wirkung der dort genannten Gemeinsamen Maßnahmen und Standpunkte unklar, das Beschlußinstrument der Übereinkommen wegen ihrer Ratifizierungsbedürftigkeit durch alle Mitgliedstaaten extrem langwierig war und von den Mitgliedstaaten nach wie vor rechtlich unverbindliche Entschließungen und Stellungnahmen vorgezogen wurden. Das Einstimmigkeitserfordernis und das eingeschränkte Initiativrecht der Kommission dürften wesentlich zu der unbefriedigenden Bilanz der Aktivitäten in der Drittausländerpolitik beigetragen haben. Zudem war unter Legitimationsgesichtspunkten die mangelnde richterliche und demokratische Kontrolle durch den Europäischen Gerichtshof und das Europäische Parlament gerade im grundrechtsrelevanten Bereich ausländerpolitischer Fragen höchst fragwürdig.

All diese institutionellen, prozeduralen und instrumentellen Defizite verdeutlichen, daß die bisherigen Formen multilateraler bzw. intergouvernementaler Kooperation auf diesem Gebiet abzulehnen sind.[395] Auf die Kriterien des Prüfrasters bezogen läßt sich dies auch so ausdrücken, daß die *Problemlösungsfähigkeit alternativer Formen bi- oder multilateraler Kooperation* relativ gering ausfällt, was für eine supranationale Unionszuständigkeit für die Drittausländerpolitik spricht. Und tatsächlich weist die Überführung und Ausdifferenzierung der einwanderungs-, flüchtlings- und asylpolitischen Vertragsbestimmungen in Art. 63 EGV-A durch die Amsterdamer Vertragsrevision tatsächlich in die Richtung einer stärkeren »Vergemeinschaftung« mit den damit verbundenen Legitimitäts- und Effizienzsteigerungen. Schon diese Erwartung dürfte sich aber nur erfüllen, wenn der Rat nach einer fünfjährigen Übergangszeit, in der weiterhin das Einstimmigkeitsprinzip gilt, umfassend von seiner Möglichkeit gemäß Art. 67 EGV-A Gebrauch macht, durch einstimmigen Beschluß für die in Art. 63 aufgeführten Zuständigkeitsbereiche das Mitentscheidungsverfahren nach Art. 251 EGV-A (Art. 189b EGV-M) vorzusehen.

Noch nicht zu überzeugen vermögen indes die neuen einreise-, asyl-, flüchtlings- und einwanderungspolitischen Zuständigkeitsumschreibungen des Amsterdamer Vertrages, die unter dem Gesichtspunkt der Effektivität politischen Handelns beurteilt werden müssen. Zweifelsohne erfassen die inhaltlichen Konkretisierungen im Bereich Justiz und Inneres durch den neuen EGV-Titel »Visa, Asyl, Einwanderung und andere Politiken betreffend den freien Personenverkehr« in Verbindung mit der geplanten Einbeziehung des Schengener Besitzstandes nicht nur alle bisherigen Kooperationsfelder in der Drittausländerpolitik, sondern eröffnen in begrenztem Umfang sogar zusätzliche Handlungsspielräume. Art. 62 EGV-A ermöglicht die Festlegung einheitli-

---

395 Vgl. zu der Unzulänglichkeit des intergouvernementalen Lösungsansatzes für die Einwanderungs- und Asylpolitik auch Fernhout, R.: Justice and Home Affairs: Immigration and Asylum Policy. From JHA co-operation to communitarisation, in: Winter/Curtin/Kellermann/de Witte (eds.): Reforming the Treaty on European Union – The Legal Debate, The Hague/Boston/London 1996, S. 377-399.

cher Einreisebedingungen bei Wegfall der Binnengrenzen, die Angleichung der Sicherheitsstandards bei den Personenkontrollen an den Außengrenzen, eine gemeinsame Visapolitik sowie die Regelung des freien Reiseverkehrs von Drittausländern für kurzfristige Aufenthalte bis zu drei Monaten. Die Bestimmungen zur Asyl- und Flüchtlingspolitik in Art. 63 EGV-A begründen zum einen die Zuständigkeit für die Setzung von Mindestnormen im Asylrecht für Flüchtlinge im Sinne der Genfer Konvention von 1951, behandeln zum anderen aber auch das Problem des einstweiligen Schutzes von de-facto- und Gewaltflüchtlingen unter dem Stichwort »vertriebene Personen«. Auch gemeinsame Maßnahmen für eine ausgewogene Verteilung von Belastungen, welche aus der Aufnahme von Flüchtlingen und vertriebenen Personen entstehen, sind – wenn auch recht vage – vorgesehen. Darüber hinaus wird in Artikel 63 Abs. 3 lit. b EGV-A unter der Rubrik »einwanderungspolitische Maßnahmen« die Zuständigkeit für die Bekämpfung illegaler Einwanderung und illegalen Aufenthalts, einschließlich der Rückführung illegal eingewanderter Personen, benannt. Und schließlich geht aus Art. 63 Abs. 3 und 4 EGV-A explizit hervor, daß die Europäische Union auch die Zuständigkeit für die Normierung der (langfristigen) Aufenthaltsvoraussetzungen von Drittstaatsangehörigen besitzt. In Art. 63 Abs. 4 EGV-A, der die Rechte und Bedingungen regelt, unter denen sich legal in einem Mitgliedstaat ansässige Drittstaatsangehörige auch in anderen Mitgliedstaaten aufhalten dürfen, fand zwar der Zusatz »einschließlich Zugang zu einer Beschäftigung« keine Aufnahme. Auch die von Deutschland in den Vertragsverhandlungen gewünschten diesbezüglichen Ausnahmeregelungen (keine Sozialbedürftigkeit, keine Arbeitssuche, ausreichende Krankenversicherung von Drittausländern) fanden keinen Eingang in die Formulierung dieser Vertragsbestimmung. Dennoch wird hier eine europäische Kompetenz zur Regelung der Arbeitsaufnahme durch Staatsangehörige von Drittstaaten deutlich.[396]

Trotz dieser graduellen Fortschritte wäre zur Gewährleistung einer humanitär ausgerichteten Asyl- und Flüchtlingspolitik aber die Benennung einiger zusätzlicher EU-Zuständigkeiten zumindest sinnvoll. So sollte – im Einklang mit der Forderung nach einer eigenen Rechtspersönlichkeit der Europäischen Union – explizit ihre Befugnis zum Abschluß von Rückführungsabkommen bzw. gemischten Abkommen mit Rückführungsklauseln mit sicheren Drittstaaten und Herkunftsländern genannt werden. Die Benennung dieser sicheren Drittstaaten und Herkunftsländer müßte überdies unter strikter Beachtung des Abschiebungsverbotes in Verfolgerstaaten (»non-refoulement« -Prinzip) im Sinne der Genfer Flüchtlingskonvention und der Vermeidung von Kettenabschiebungen erfolgen. Die Ermächtigung zur Benennung von Kriterien und Verfahren zur Festlegung des Mitgliedstaates, der für die Prüfung eines Asylantrags zuständig ist, sollte – abweichend von der bisherigen Praxis des Schengener Durchführungsabkommens und des Dubliner Übereinkommens – strikter an die Beachtung des Grundsatzes gerechter Lastenverteilung und der kulturellen Nähe des Asylbewerbers zum Aufnahmeland geknüpft sein.

Besonders unbefriedigend erscheinen unverändert die Kompetenzregelungen auf dem Gebiet der Einwanderungspolitik, bei der strategische Entscheidungen auf Uni-

---

396 Vgl. Bericht der Länder Bayern und Rheinland-Pfalz über wesentliche Ergebnisse der Regierungskonferenz aus Sicht der Länder vom Juni 1997, Punkt II.10 »Einwanderung, Freizügigkeit für Drittstaatsangehörige«.

onsebene nach wie vor kaum möglich sind.[397] Hier sollte zusätzlich die Ermächtigung zum Erlaß von Maßnahmen zur Bekämpfung der illegalen Beschäftigung und von Schleuserorganisationen aufgenommen werden. Vor allem aber wäre es – auch unter dem Aspekt der Entlastung der Asylverfahren und der Entkriminalisierung von Armutsflüchtlingen – zweckmäßig, ausdrücklich die Befugnis der Europäischen Union zum Erlaß einer Zuwanderungsverordnung als eigenständigem einwanderungspolitischen Steuerungsinstrument vertraglich zu normieren. Dieser Rechtsakt sollte ein jährliches Unionskontingent an Einwanderern benennen, die weder als Flüchtlinge asylberechtigt noch anderen Kategorien politisch Verfolgter zuzurechnen sind. Entsprechend der Aufnahmefähigkeit und den Aufnahmewünschen der Mitgliedstaaten – deren Vertreter zu diesem Zweck gemeinsam mit der Kommission einen eigens zu gründenden Einwanderungsausschuß bilden könnten – wäre dieses Kontingent nach einheitlichen Kriterien, wie Altersstruktur oder berufliche Qualifikation, zu quotieren.[398]

Als Konsequenz der bisherigen Überlegungen zu den erforderlichen Anpassungen europäischer Handlungsbefugnisse müßte die Regelzuständigkeit – und d. h. die Primärkompetenz – für die Drittausländerpolitik künftig bei der Europäischen Union liegen. Um aber zu klären, ob die entsprechende Neuordnung der Zuständigkeiten dem Subsidiaritätsprinzips als Kompetenzverteilungsregel tatsächlich genügen würde, bedarf es im nächsten Prüfungsschritt der Anwendung des *Kriteriums der öffentlichen Akzeptanz* für europäische Handlungsbefugnisse in diesem Aufgabenfeld.

Wie bereits bei der Außen-, Sicherheits- und Verteidigungspolitik wird zu diesem Zweck auf die Ergebnisse der Eurobarometer-Umfragen vom Frühjahr 1996 und die Vergleichszahlen für das Frühjahr 1998 zurückgegriffen. Auch hier finden sich keine paßgenauen Angaben zur »Drittausländerpolitik«. Statt dessen wurden die Zustimmungsraten für politische Entscheidungen der europäischen oder der nationalen Ebene auf dem Gebiet der »Einwanderungspolitik« und über »Regelungen zum politischen Asyl« gesondert erfragt.[399] Unter den jeweils aufgeführten Politikfeldern nehmen die Einwanderungs- und Asylpolitik in den beiden Vergleichsjahren eine mittlere Position bei den unionsweiten Zustimmungsraten zu europäischer Beschlußfassung ein, wenn Entscheidungen auf der nationalen Ebene oder der europäischen Ebene als Alternative angeboten werden. 1996 befindet sich die Einwanderungspolitik bei 24 gefragten Aufgabenfeldern mit 59% Befürwortung europäischer Handlungsbefugnisse auf Platz 9, die »Regelungen zum politischen Asyl« hingegen mit 56% auf Platz 13. Im Frühjahr 1998 wurden den Befragten nur mehr 18 Politikfelder vorgelegt, unter denen die Einwanderungspolitik mit 57% Platz 8 einnahm, während die Asylpolitik inzwischen mit 55% immerhin auf Platz 9 vorgerückt war. Diese unionsweiten Durchschnittswerte

---

397 Vgl. Monar: Ein Raum der Freiheit, der Sicherheit und des Rechts, a. a. O., S. 132.

398 Entsprechende Einwanderungspolitische Konzepte liegen z. B. vor von Gusy, Christoph: Möglichkeiten und Grenzen eines effektiven und flexiblen europäischen Einwanderungsrechts, in: Weidenfeld (Hrsg.): Das europäische Einwanderungskonzept, a. a. O., S. 127-159; Wollenschläger, Michael: Grundlagen und Anforderungen einer europäischen Einwanderungsregelung, in: ebd., S. 161-192.

399 Vgl. zu den folgenden Ausführungen für das Frühjahr 1996: Europäische Kommission, Eurobarometer 45/96, a. a. O., S. 60; B.50 f.; sowie für das Frühjahr 1998: Europäische Kommission, Eurobarometer 49/98, a. a. O., S. 40; B.24 f.

alleine würden es aber noch kaum rechtfertigen, von einer ausgeprägten öffentlichen Akzeptanz für eine EU-Primärzuständigkeit in der »Drittausländerpolitik« zu sprechen.

Allerdings standen im Frühjahr 1996 unter der Aufgabenumschreibung »Immigranten, Flüchtlinge, Asylbewerber«, die dem skizzierten Teilgebiet der »Drittausländerpolitik« noch am nächsten kommt, zusätzlich die drei Antworten »hauptsächlich europäische, hauptsächlich nationale Zuständigkeiten oder sowohl nationale als auch europäische Zuständigkeiten« zur Wahl. Hier ergibt sich unionsweit ein etwas anderes Bild. Unter den fünfzehn Politikfeldern, für die diese drei Antworten möglich waren, bevorzugen im Unionsdurchschnitt 25% der Befragten eine hauptsächlich nationale Zuständigkeit in Einwanderungs-, Asyl- und Flüchtlingsfragen. Nur für vier Politikbereiche fallen die Werte zu dieser Antwortoption noch niedriger aus. Im Gegensatz dazu sprachen sich jeweils 27% bzw. 41% für eine primär europäische bzw. gemischte Handlungsbefugnisse beider Ebenen aus. Damit nimmt der Bereich »Immigranten, Flüchtlinge, Asylbewerber« für diese beiden Wahlmöglichkeiten unter den aufgeführten Politikfeldern jeweils den vierthöchsten Rang ein. Erst diese zusätzlichen Umfrageergebnisse legen den Schluß nahe, daß im unionsweiten Durchschnitt eine duale Kompetenzverteilung in der Drittausländerpolitik, die der Unionsebene die Primärzuständigkeit einräumt, erheblichen Rückhalt in der Bevölkerung fände.

Bestätigt wird dieser Eindruck durch die Unterschiede zwischen den nationalen Präferenzniveaus der mitgliedstaatlichen Bevölkerungen. Sowohl im Vergleich zu den Niveaudisparitäten zwischen den mitgliedstaatlichen Befürwortungsraten für nationale Zuständigkeiten in der Drittausländerpolitik als auch im Vergleich zu den Präferenzunterschieden hinsichtlich einer europäischen Zuständigkeit in den meisten der anderen genannten Politikfelder fallen sie in der Umfrage vom Frühjahr 1998 relativ moderat aus. Zugleich zeigen die Ergebnisse der erweiterten Umfrage von 1996 für die mitgliedstaatlichen Bevölkerungen, daß die Schwankungsbreiten für hauptsächlich nationale Zuständigkeiten am größten sind, während sie bei hauptsächlich europäischen Zuständigkeiten bereits niedriger ausfallen und schließlich bei gemischten Zuständigkeiten ausgesprochen niedrig sind. Sowohl im Unionsdurchschnitt als auch gemessen an den Unterschieden zwischen den Präferenzniveaus der mitgliedstaatlichen Bevölkerungen läßt sich für die öffentliche Akzeptanz demnach festhalten, daß sie tendenziell als verhältnismäßig hoch angesehen werden kann und damit als Kriterium der Kompetenzprüfung tatsächlich für primäre Handlungsbefugnisse der Europäischen Union in der Drittausländerpolitik spricht.

Nachdem das vorangehende Kriterium der *Problemlösungsfähigkeit multilateraler Kooperationsformen* ebenfalls für entsprechende Unionsermächtigungen gesprochen hat, kann die Prüfung abgeschlossen werden, ohne auf das letzte Kriterium der *Verbundvorteile europäischen Handelns* zurückgreifen zu müssen. An dieser Stelle sei deshalb lediglich angemerkt, daß alleine die vollständige Verwirklichung eines EU-Binnenraumes mit gemeinsamen Außengrenzen und dem effektiven Wegfall von Personenkontrollen – sei dies nun in Gestalt von Binnengrenzkontrollen oder von Hilfsmitteln wie der Schleierfahndung – ohne umfassende supranationale Regelungsbefugnisse zu Einreise-, Asyl-, Flüchtlings- und Einwanderungsfragen kaum vorstellbar ist. Soll die Vielzahl von Ausgleichsmaßnahmen für die Abschaffung der Binnengrenzkontrollen überdies zur wohlverstandenen Errichtung eines »Raumes der Freiheit, der Sicherheit des Rechts« als Teil der Politischen Union beitragen, so besteht auch über

Amsterdam hinaus erheblicher Nachbesserungsbedarf für eine europäische Einwanderungs-, Flüchtlings- und Asylpolitik.

In tabellarischer Form zusammengefaßt, ergibt sich somit nach Abschluß der Kompetenzprüfung folgende Zuständigkeitsverteilung in der (Dritt-)Ausländerpolitik zwischen der europäischen und der mitgliedstaatlichen Ebene:

Primärkompetenzen der Europäischen Union	Partialkompetenzen der Mitgliedstaaten
Europäische Politik gegenüber Drittausländern	*Ausländerpolitik*
– Standards für Außengrenzkontrollen	– Durchführung der Außengrenzkontrollen
– Festlegung einheitlicher Einreisebedingungen, gemeinsame Visapolitik	– Maßnahmen zur Aufrechterhaltung der inneren Sicherheit und öffentlichen Ordnung in Abstimmung mit der Kommission
– Harmonisierung der Asyl- und Flüchtlingspolitik	– Staatsangehörigkeitsrecht
– Definition des europäischen Flüchtlingsstatus	– Ausländerrecht in den nicht durch die EU geregelten Bereichen, v. a.
– Regelung des befristeten Schutzes politisch Verfolgter ohne Flüchtlingsstatus	– Integrationspolitik
– Benennung sicherer Herkunfts- und Drittstaaten unter Beachtung des »non-refoulement«-Prinzips	– Einbürgerung
– Rückführungsübereinkommen bzw. -klauseln in gemischten Abkommen	– Ausgestaltung des Aufenthaltsrechtes für Drittausländer
– Kriterien des für die Prüfung eines Asylantrags zuständigen Mitgliedstaates unter Beachtung des Grundsatzes gerechter Lastenverteilung und der kulturellen Prägung des Antragstellers	
– Angleichung der Standards im Anerkennungsverfahren	
– Einwanderungspolitik	
– Europäische Zuwanderungsverordnung	– Mitwirkung bei der Festlegung des Einwanderungskontingents und von Quotierungskriterien und -anteilen der Zuwanderungsverordnung
– Freizügigkeit von in einem Mitgliedstaat legal ansässigen Drittausländern	– Einwanderungspolitik in den nicht durch die Europäische Union geregelten Bereichen
– Bekämpfung von Schleuser-Organisationen	
– Maßnahmen gegen illegale Beschäftigung	

3. Kriminalitätspolitik

Mit dem Begriff der Kriminalitätspolitik wird in dieser Studie die Zusammenarbeit im Polizei- und Zollwesen sowie die justitielle Zusammenarbeit in Strafsachen umschrieben – und damit jene Aufgabengebiete, die im verschlankten dritten Pfeiler des Amsterdamer Vertrages verblieben sind. Es handelt sich hier um jenen Bereich, in dem die multilaterale Kooperation im Rahmen von TREVI, PWGOT, CELAD oder der Pompidou-Gruppe[400] eine besonders lange Vorgeschichte vor allem in der Bekämpfung des Terrorismus und der Drogenkriminalität hat.[401] Das Schengener Durchführungsabkommen enthält verschiedene Ausgleichsmaßnahmen zwischen den Teilnehmerstaaten, die den befürchteten Verlust an innerer Sicherheit bei Wegfall der Personenkontrollen an den Binnengrenzen kompensieren sollen. Zu nennen sind hier vor allem die Verbesserung der Amtshilfe- und Auslieferungsverfahren, die Regelung der grenzüberschreitenden Observation und Nacheile durch Polizisten aus benachbarten Mitgliedstaaten, die Verbesserung der polizeilichen Zusammenarbeit und die Einrichtung des Schengener Informationssystems (SIS).[402] Auf der Grundlage der dritten Säule des Maastrichter Vertrages wurde eine gemeinsame organisatorische Struktur für diese Kooperationsfelder im Rahmen der Europäischen Union geschaffen und v. a. im Bereich der gegenseitigen Rechtshilfe und Auslieferung die Zusammenarbeit in Strafsachen intensiviert. Als zentrale Neuerung in der polizeilichen Zusammenarbeit im dritten Pfeiler der justiz- und innenpolitischen Zusammenarbeit kann dabei Europol angesehen werden. Parallel zu den kriminalpolitischen Ausgleichsmaßnahmen für den Wegfall der Personenkontrollen wurde als Äquivalent im Warenverkehr die seit 1967 bestehende Amtshilfe zwischen den Zollbehörden intensiviert und die Planung für die Einrichtung eines Zoll-Informationssystems als Gegenstück zum Schengener Informationssystem in Angriff genommen. Darüber hinaus bestehen mit der Betrugsbekämpfungseinheit UCLAF der Kommission bzw. mit dem im April 1999 als deren Nachfolgeeinrichtung geschaffenen, unabhängigen Europäischen Amt für Betrugsbekämpfung (OLAF)[403] erste Ansätze für ein »europäisches Zollfahndungsamt«.[404]

---

400   Das Kürzel TREVI steht für »Terrorisme, radicalisme, extremisme, violence internationale«, PWGOT für »Police Working Group on Terrorism« und CELAD für »Comité Européen de la Lutte Anti-Drogue«. Bei der Pompidou-Gruppe handelt es sich um ein Forum der Zusammenarbeit bei der Drogenbekämpfung im Rahmen des Europarates, in dem 29 Staaten kooperieren.

401   Vgl. zu der Entwicklungsgeschichte dieser Kooperationsforen: Busch, a. a. O., S. 306-332; Rupprecht/Hellenthal: Programm, a. a. O., S. 151-162. Speziell zum Aufbau und den jüngeren Aktivitäten der Pompidou-Gruppe vgl. auch: Hausmann, Hartmut: Arbeitsprogramm zur Bekämpfung des Drogenmißbrauchs und des Drogenhandels, in: Das Parlament vom 6. Juni 1997, S. 14.

402   Vgl. ausführlich: Wehner, Ruth: Die polizeiliche Zusammenarbeit zwischen den Schengen-Staaten unter besonderer Berücksichtigung des SIS, in: Achermann/Bieber/Epiney/Wehner, a. a. O., S. 129-178.

403   UCLAF stand für »Unité de coordination de la lutte antifraude«. Die Abkürzung OLAF bedeutet »Office européen de lutte antifraude«.

404   In diesem Sinne: Wewel, Uwe: Schutz der Union durch Zusammenarbeit im Zollwesen, in: Müller-Graff (Hrsg.): Europäische Zusammenarbeit, a. a. O., S. 117-132 (S. 123).

Obwohl die grenzüberschreitende polizeiliche und justitielle Zusammenarbeit in Strafsachen im Binnenbereich der Europäischen Union sowie die Verbesserung der Außengrenzkontrollen immer wieder – wie im Schengener Durchführungsabkommen – als notwendige Ausgleichsmaßnahmen für den Sicherheitsverlust bei Wegfall der Binnengrenzkontrollen dargestellt werden, greift dieses Problemverständnis zu kurz. Unabhängig davon, ob die Filter- und Abschreckungsfunktion der Grenzkontrollen zwischen den Mitgliedstaaten als Instrument der Fahndung und Verbrechensprävention hoch oder gering eingeschätzt wird,[405] ist festzustellen, daß die grenzüberschreitende Mobilität Krimineller aufgrund moderner Transportmittel, Kommunikations- und Informationstechnologien zugenommen hat. Schon auf dem Gebiet der »Alltagskriminalität« ergibt sich daraus das Problem, daß sich die Möglichkeiten von Kriminellen verbessern, sich dem Zugriff der Strafverfolgungsbehörden zu entziehen, der lange an den Grenzen des nationalen Hoheitsgebiets bzw. der einzelstaatlichen Rechtsordnungen geendet hat. Gleichzeitig begünstigt sowohl die Globalisierung des Handels-, Zahlungs- und Kapitalverkehrs als auch die zunehmende Zahl international organisierter krimineller Netzwerke das Wachstum bestehender bzw. die Entstehung neuer Formen internationaler Kriminalität.

Als Schwerpunkte der organisierten Kriminalität und damit auch als besondere Bedrohungspotentiale für die innere Sicherheit und Ordnung der EU-Mitgliedstaaten sind dabei vor allem folgende Straftatbestände zu nennen: der Terrorismus, der Schmuggel von Waffen und Nuklearmaterialien, die grenzüberschreitende Verbreitung von rassistischem und fremdenfeindlichen Material, der Drogenhandel, Prostitution, Menschenhandel und die illegale Schleusung von Einwanderern, der Organhandel, Entführungen, Schutzgelderpressungen, Subventions- und Anlagebetrug, das illegale Glücksspiel, die Eigentumskriminalität und gewerbsmäßige Hehlerei, Kunstraub, Kfz-Verschiebungen, Falschgeldkriminalität, die Umweltkriminalität in ihren verschiedensten Erscheinungsformen, Geldwäsche und Bestechung in Politik und öffentlicher Verwaltung sowie – als relativ junge Deliktskategorie – die Computerkriminalität.[406] Auf diesen Gebieten treten neben den international aktiven mafiosen Organisationen aus den USA und Italien, den südamerikanischen Kartellen, den japanischen Yakuza und chinesischen Triaden in wachsendem Maße mittel-, ost- und südosteuropäische Gruppierungen aus dem ehemaligen Jugoslawien, Polen, Tschechien, der Slowakischen Republik, dem Baltikum, Rumänien, Albanien sowie aus Rußland, Tschetschenien, der Ukraine und Georgien in Erscheinung, die schwerpunktmäßig neben ihren Heimatländern auf dem Gebiet dem Europäischen Unionsgebiet agieren. Eine dritte Tätergruppe bilden kriminelle Organisationen, die sich (einschließlich dort

---

405 Als wichtige Vertreter jenes Lagers, das eine wichtige Funktion der Binnengrenzkontrollen als Kriminalitätsfilter bejaht, sind Rupprecht und Hellenthal zu nennen (vgl. Rupprecht/Hellenthal: Programm, a. a. O., S. 41-44; aktualisiert und gekürzt nochmals in: diess., Internal Security and the Single Market, in: Rupprecht, Reinhard; Hellenthal, Markus; Weidenfeld, Werner: Internal Security and the Single Market, Gütersloh 1994, S. 17-54 (S. 24-26)). Entgegengesetzter Auffassung ist Busch, der in Grenzkontrollen ein primär ausländer-, nicht kriminalitätspolitisches Instrument sieht (vgl. Busch, a. a. O., S. 37-75).

406 Vgl. Wittkämper, Gerhard W.; Krevert, Peter; Kohl, Andreas: Europa und die innere Sicherheit. Auswirkungen des EG-Binnenmarktes auf die Kriminalitätsentwicklung und Schlußfolgerungen für die polizeiliche Kriminalitätsbekämpfung, Wiesbaden: Bundeskriminalamt, 1996, S. 113.

agierender türkischer und jugoslawischer Zusammenschlüsse) innerhalb der Europäischen Union bzw. in allen Mitgliedstaaten gebildet haben. Vor allem die erstgenannten beiden Tätergruppen haben sich mit dem Subventionsbetrug einen neuen binnenmarktspezifischen Kriminalitätssektor erschlossen, der durch die breit gefächerte Mittelvergabe aus dem Gemeinschaftshaushalt und die massiven Kontrollprobleme bei ihrer Verwendung erst möglich wurde.[407]

Zweifelsohne trägt die Verwirklichung des freien Personenverkehrs und die Abschaffung der Binnengrenzen zur Attraktivität des Binnenmarktes als Tatausführungsgebiet für die internationale Kriminalität bei – v. a. solange die Aufklärungskapazitäten der einzelnen Mitgliedstaaten sich stark unterscheiden und gemeinsam mit den Unterschieden im nationalen Straf- und Strafverfahrensrecht einen Anreiz für die Täter zum Grenzübertritt in einen anderen Mitgliedstaat bilden können. Überdies sollte jedoch vor dem Hintergrund des freien Waren-, Kapital- und Zahlungsverkehrs nicht unterschätzt werden, welch hohe Anziehungskraft der Binnenraum und vor allem der entstehende einheitliche Währungsraum per se als Absatzgebiet und territorialer Rahmen speziell für Geldwäscheaktionen ausübt. Die Perspektive der Osterweiterung stellt unter diesem Gesichtspunkt nicht zuletzt eine besondere kriminalitätspolitische Herausforderung dar. Mit den Neubeitritten von MOE-Staaten wird auch der freie Binnenmarktzugang für viele der kriminellen Organisationen aus dem osteuropäischen Raum verbunden sein.[408]

Kriminalitätspolitisch ergibt sich somit ein Gesamtbild, in dem auf der einen Seite der Binnen- und Währungsraum mit seinen vier Grundfreiheiten sogar noch ein weiteres Wachstum von Formen internationaler Kriminalität erwarten läßt und erheblichen Bedarf an grenzüberschreitender Zusammenarbeit bei der Fahndung, Ermittlung und Strafverfolgung schafft. Andererseits steht aber die Fragmentierung der mitgliedstaatlichen (Straf-)Rechtsordnungen und die Beschränkung der Eingriffsbefugnisse der zuständigen Behörden auf das jeweilige nationale Hoheitsgebiet genau dieser Entwicklung entgegen. Die dargestellten grenzüberschreitenden kriminellen Handlungs- und Organisationszusammenhänge bedeuten im EU-Binnenraum, daß in verschiedenen Bereichen das Zusammenwirken aller Mitgliedstaaten erforderlich ist, um eine wirksame Verbrechensprävention und -bekämpfung sicherzustellen. Neben der Gewährleistung effektiver Außengrenzkontrollen sind im Binnenbereich vor allem Regelungen zu grenzüberschreitenden Informationssystemen und Handlungsbefugnissen im Polizei- und Zollwesen, zur Rechts- und Amtshilfe, v. a. zu Auslieferungsfragen, zwischen den mitgliedstaatlichen Behörden sowie notwendige Angleichungen ihres Strafrechtes zu diskutieren. Hinzu tritt die Frage nach der Zweckmäßigkeit der Schaffung supranationaler Institutionen und ihrer Kompetenzausstattung auf den genannten Gebieten.

Werden nun wiederum die Kriterien der ersten Ebene des Prüfrasters zur Kompetenzverteilung zwischen Europäischer Union und Mitgliedstaaten herangezogen, so gilt für die Kriminalpolitik, daß für den Erhalt der politischen Steuerungsfähigkeit auf den genannten Handlungsfeldern eine *Mindestteilnehmerzahl* von mehrerer bzw. allen Mitgliedstaaten erforderlich ist. Gleichzeitig bleibt die *räumliche Kongruenz politi-*

---

407   Vgl. Wittkämper u. a., a. a. O., S. 98-114.
408   Vgl. Wittkämper u. a., a. a. O., S. 365 f.

schen Handelns im Rahmen der Europäischen Union nur gewahrt, wenn mehrere bzw. alle Mitgliedstaaten kooperieren.

Ob allerdings die Begründung von Zuständigkeiten der Europäischen Union der richtige Weg ist, um ein gemeinsames Vorgehen der Mitgliedstaaten bei der Bekämpfung grenzüberschreitender Kriminalität zu verwirklichen, läßt sich erst durch die Anwendung der Kriterien auf der zweiten Ebene des Prüfrasters feststellen. Entsprechend dem einheitlichen Schema wird deshalb im nächsten Prüfungsschritt der Frage nachgegangen, ob nicht auch *alternative Formen bi- oder multilateraler Kooperation* zwischen den Mitgliedstaaten die dargestellten kriminalitätspolitischen Handlungserfordernisse effektiv erfüllen könnten. Diese Frage hat gerade für Fragen der inneren Sicherheit aufgrund der besonders starken Souveränitätsvorbehalte der Mitgliedstaaten gegenüber der Abtretung von Hoheitsrechten auf diesem Gebiet zentrale Bedeutung.

Tatsächlich stellen sich die diesbezüglichen Prüfungsergebnisse aber höchst unterschiedlich dar. So ist für den zwischenstaatlichen Informationsaustausch und die Koordination von Strafverfolgungsaktivitäten festzustellen, daß die Fahndungs- und Ermittlungskapazitäten der zuständigen Behörden der Mitgliedstaaten durch das elektronische Schengener Informationssystem (SIS) wesentlich verbessert wurden. Hinzutreten zu diesem System die Datenbank EURODAC, die den Vergleich der Fingerabdrücke von Asylbewerbern durch die Polizeibehörden der Mitgliedstaaten erlaubt, sowie das Zollinformationssystem (ZIS), das im Warenbereich das Äquivalent zum SIS im Personenverkehr darstellt. Von besonderer Bedeutung ist die über diese Fahndungssysteme hinausgehende Datenanalyse, -recherche und -aufarbeitung, die im Zentrum der Unterstützungsfunktion von Europol für die Arbeit der nationalen Polizeibehörden steht. Bis zum Inkrafttreten der Europol-Konvention zum 1. Oktober 1998 erstreckten sich die Zuständigkeiten der Europol-Drogenstelle als Vorläuferorganisation auf die Bereiche Drogenhandel, Geldwäsche, Kfz-Verschiebung, Handel mit nuklearen und radioaktiven Substanzen, Schleuserkriminalität, Menschenhandel und Kinderpornographie. Zum ersten Januar 1999 sind Kompetenzen für die Bekämpfung des Terrorismus, der Kreditkarten- und Falschgeldkriminalität hinzugetreten. Bis zum Jahr 2000 soll das gleichfalls durch die Europol-Konvention übertragene Recht, personenbezogene Daten zu speichern, genutzt werden, um ein umfassendes Informations- und Analysesystem zur Unterstützung der Ermittlungsarbeiten aller Mitgliedstaaten auf den genannten Gebieten international organisierter Kriminalität zu errichten.[409]

Sowohl EURODAC, das ZIS als auch das Informations- und Analysesystem von Europol beruhen auf Übereinkommen, die noch auf der Grundlage der intergouvernementalen Zusammenarbeit zwischen den EU-Mitgliedstaaten im Rahmen der dritten Säule des Maastrichter Vertrages vereinbart wurden. Nach dem Inkrafttreten des Amsterdamer Vertrages dürfte überdies auch das noch außerhalb des Unionsvertrages geschaffene SIS im Zuge der Einbeziehung des Schengen-Besitzstandes unter dem Dach der Europäischen Union eingestellt werden. Insgesamt ist jedoch bereits bislang festzustellen, daß der Informationsaustauschs zwischen den Polizei-, Zoll- und Strafver-

---

409 Vgl. Storbeck, Jürgen: Europol wird volljährig, in: Politische Studien 359/98, S. 16-25; »Europol nimmt die Arbeit auf. Die Konvention tritt heute in Kraft«, in: FAZ v. 1. Oktober 1998.

folgungsbehörden der Mitgliedstaaten und die gegenseitige Unterstützung bei der Strafverfolgung durchaus erfolgreich verläuft, ohne daß sich eine stärkere »Vergemeinschaftung« der Regelungsbefugnisse für den zwischenstaatlichen Informationsaustausch als erforderlich erwiesen hätte. Diese Beobachtung darf allerdings keineswegs zu dem voreiligen Schluß verleiten, daß vergleichbare Fortschritte in diesem sensiblen Bereich des Austauschs von Personendaten ohne weiteres auch beliebig im Rahmen anderer völkerrechtlicher Kooperationsvereinbarungen möglich gewesen wären. Für die erfolgreiche Zusammenarbeit auf diesem Gebiet dürfte letztlich zum einen die vertrauensbildende Wirkung der engen und langjährigen Einbindung der Mitgliedstaaten in das institutionelle Gefüge der Europäische Union eine wesentliche Voraussetzung gewesen sein. Zum anderen erscheint es höchst unwahrscheinlich, daß die Mitgliedstaaten ohne die mit dem Binnenmarkt verbundenen kriminalitätspolitischen Herausforderungen und ohne die gemeinsame Zielsetzung einer Politischen Union eine so weitreichende Kooperationsbereitschaft an den Tag gelegt hätten. Gerade vor diesem Hintergrund ist es nur konsequent, wenn über das Amsterdamer Protokoll zur Integration des Schengen Besitzstandes auch das SIS einbezogen und damit endgültig ein einheitlicher Zuständigkeitsrahmen unter dem Dach der Europäischen Union geschaffen wird. Anders als die intergouvernementale Zusammenarbeit in der dritten Säule des Unionsvertrages fand die Kooperation in der Schengen-Gruppe bis Amsterdam zwar außerhalb des europäischen Primärrechtes statt. Sie stellte sich aber von Anfang nicht als von der europäischen Integrationsprozeß losgelöste multilaterale Kooperationsform des Völkerrechtes dar, sondern vielmehr als ein »Notbehelf«, mit dessen Hilfe die Beschränkungen des freien Personenverkehrs im Binnenraum der EU überwunden werden sollte. In diesem Lichte erscheint es durchaus berechtigt, für gemeinsame Beschlüsse zum Informations- und Datenaustausch in der Kriminalitätspolitik die *Problemlösungsfähigkeit rein völkerrechtlicher Kooperationsformen* eher gering zu veranschlagen, da ihnen dieser starke Bezug zum Integrationsgeschehen von vornherein fehlen würde. Damit spricht dieses Prüfungskriterium – zumindest vorläufig – eher für eine Unionszuständigkeit.

Auch der Umstand, daß zahlreiche bilaterale Kooperationsformen – ob nun vertraglicher oder informeller Natur – zwischen den Sicherheitsbehörden einzelner Mitgliedstaaten bzw. zwischen Mitgliedstaaten und Drittstaaten gerade an den östlichen Außengrenzen der Union beim gegenseitigen Austausch von Informationen sehr erfolgreich verlaufen,[410] widerlegt diese Schlußfolgerung keinesfalls. Obwohl Einigungen auf ein gemeinsames Vorgehen um so schwieriger werden, je größer die Zahl beteiligter Staaten ist, haben Regelungen, die alle Mitgliedstaaten untereinander vereinbaren, gegenüber rein bilateralen Abmachungen doch den Vorteil, daß sie eine größere Öffentlichkeits- und Abschreckungswirkung erzielen. Vor allem aber dürfte die begrenzte räumliche Reichweite binationaler Kooperation in der Regel kaum hinreichen, um wirksam gegen Formen internationaler Kriminalität anzugehen. Diese Feststellung gilt für das gesamte Gebiet polizeilicher und justitieller Kooperation in Strafsachen. Binationales Vorgehen stellt sicherlich ein sinnvolles Komplementär zu

---

410 Vgl. die Überlegungen zu Vor- und Nachteilen bi- gegenüber multinationaler Kooperation bei der internationalen Kriminalitätsbekämpfung und exemplarisch zu bilateralen Verträgen der Bundesrepublik: Wittkämper u. a., a. a. O., S. 117-130.

multilateralem oder supranationalem Zusammenwirken im Unionsrahmen dar, kann dieses jedoch nicht ersetzen. Neben den Schengener Übereinkommen und der Kooperation im Rahmen der Europäischen Union böte sich für die Schaffung rechtlicher Grundlagen zur internationalen Strafverfolgung auch noch der Europarat als alternative Form multilateraler Kooperation an. Hier ist allerdings festzustellen, daß die dort verabschiedeten Konventionen auf diesem Gebiet entweder recht allgemein gehalten sind, ohne konkrete Delikte zu benennen, oder aber nur Einzelfragen behandeln. Die beiden Abkommen des Europarates, die von besonderer kriminalpolitischer Bedeutung sind – das Übereinkommen über Rechtshilfe in Strafsachen von 1959 und das Europäische Auslieferungsübereinkommen von 1957 – sind längst nicht mehr zeitgemäß. Den Staaten im Europarat ist es aber dennoch bislang nicht gelungen, ein umfassendes, modernisiertes Übereinkommen zur gemeinsamen Verbrechensbekämpfung zu erarbeiten, obwohl seit Mitte der achtziger Jahre entsprechende Bemühungen bestehen.[411] Verglichen damit stellt sich selbst die bislang rein intergouvernementale Zusammenarbeit zwischen den Mitgliedstaaten über den dritten Vertragspfeiler der Europäischen Union wesentlich erfolgreicher dar. So wurde zunächst 1995 ein Übereinkommen über das vereinfachte Verfahren der Auslieferung von Personen, die der Auslieferung zustimmen, Ende 1996, im Rahmen der justitiellen Zusammenarbeit in der EU ein weitergehendes Übereinkommen über die Auslieferung unterzeichnet und ebenfalls in diesem Jahr ein Entwurf über die Rechtshilfe in Strafsachen vorgelegt.

An die verfahrensbedingten Grenzen ihrer Problemlösungsfähigkeit stößt die intergouvernementale Zusammenarbeit im dritten Pfeiler des Unionsvertrages allerdings auf zwei anderen Gebieten der polizeilichen und strafjustitiellen Kooperation. Zum einen ist damit der Bereich der transnationalen operativen Befugnisse der Polizei- und Zollbehörden der Mitgliedstaaten und von Europol angesprochen. Hier regelt bislang vor allem das Schengener Durchführungsübereinkommen das Recht zur Nacheile und zur grenzüberschreitenden Observation. Für das Recht zur Nacheile gilt, daß es auf dem Prinzip der gegenseitigen Anerkennung beruht und jeder Vertragspartei das Recht zugestanden wird, in einer gesonderten Erklärung dessen zeitliche und räumliche Reichweite festzulegen sowie das Festhalterecht zu regeln. Für die grenzüberschreitende Observation ergeben sich erhebliche Probleme aus dem Erfordernis, im Regelfall ein Rechtshilfegesuch an den betroffenen Staat zu stellen. Die bestehenden Regelungen des Schengener Abkommens werden in Polizeikreisen als nicht praktikabel betrachtet.[412] Hier bleibt abzuwarten, ob mit dem im Dezember 1997 unterzeichneten EU-Übereinkommen über gegenseitige Amtshilfe und Zusammenarbeit der Zollverwaltungen im Binnenmarkt, das Regelungen zur grenzüberschreitenden Nacheile, Observation, kontrollierten Lieferungen und verdeckten Ermittlungen enthält, zumindest für die Zollfahndungsbehörden Verbesserungen eintreten werden.[413] Für die Exekutivbefugnisse von Europol gilt hingegen, daß sie bislang praktisch nicht existieren. Sowohl die Europol-Konvention als auch der Vertrag von Amsterdam sehen

---

411   Vgl. Bruggemann, Willy: Innere Sicherheit durch polizeiliche Zusammenarbeit in Europa in der Perspektive von Europol, in: Müller-Graff (Hrsg.), a. a. O., S. 133-142 (S. 134).

412   Vgl. Wehner, a. a. O., S. 158-173; Gusy, Christoph; Gimbal, Anke: Polizeiliche und justitielle Zusammenarbeit, in: Weidenfeld/Wessels (Hrsg.), Jahrbuch 1997/98, a. a. O., S. 163-170 (S. 165 f.).

413   Vgl. Wewel, a. a. O., S. 123.

lediglich stark begrenzte operative Befugnisse vor, die in der Unterstützung von Ermittlungsmaßnahmen der Mitgliedstaaten und in der Möglichkeit bestehen, Ermittlungsersuchen an die mitgliedstaatlichen Behörden zu richten. Langfristig erscheint die Lösung, Europol auf Befugnisse rein kognitiver Art zu beschränken und nicht zu einem echten Europäischen Polizeiamt auszubauen, kaum geeignet, um organisiertes Verbrechen in der Europäischen Union wirkungsvoll zu bekämpfen.[414]

Das zweite Gebiet, auf dem erst geringe Fortschritte erzielt wurden, bildet die Angleichung des Strafrechtes der Mitgliedstaaten – v. a. im Hinblick auf die Strafbarkeit und das Strafmaß für einzelne Delikte. Diese Frage wird zwar im Amsterdamer Vertrag erstmals primärrechtlich thematisiert, sollen laut dem neuen Art. 31 lit. e EUV-A doch schrittweise Mindestvorschriften über die Strafbarkeit und die Strafen in den Bereichen organisierter Kriminalität, Terrorismus und Drogenhandel beschlossen werden. Auch wurden in Teilbereichen, wie in der Konvention zum Schutz der finanziellen Interessen der Gemeinschaften sowie ihren beiden Zusatzprotokollen, die die Strafbarkeit der Bestechung von mitgliedstaatlichen und europäischen Beamten sowie juristischer Personen bei gegen die EU gerichteten Betrügereien regeln, oder in dem Entwurf für ein Übereinkommen über die Bekämpfung der Bestechung sekundärrechtlich wichtige Schritte in Richtung einer Harmonisierung des mitgliedstaatlichen Strafrechtes unternommen. Allerdings dürfte sich auch diesbezüglich zur wirksamen Bekämpfung der internationalen Kriminalität in der Europäischen Union noch wesentlich weiterreichender Handlungsbedarf auf Gebieten wie dem Umwelt- und Wirtschaftsstrafrecht, Computerdelikten, dem Drogenhandel und dem internationalen Terrorismus ergeben.[415]

Gerade in den beiden Aufgabenfeldern operativer Handlungsbefugnisse bei der internationalen Strafverfolgung und der Angleichung des Strafrechtes für Deliktformen internationaler Kriminalität ergibt sich besonderer Handlungsbedarf aus der binnenmarktspezifischen kriminellen Nutzung der vier Grundfreiheiten. Hier scheint die Wahl anderweitiger multilateraler Handlungsrahmen als der Europäischen Union wenig zweckmäßig. Zudem besteht auf Unionsebene ein institutionelles Gerüst im Bereich der Strafverfolgung, dessen Weiterentwicklung zentrales Element gestärkter operativer Mittel zur internationalen Kriminalitätsbekämpfung sein muß. Hier sollte langfristig vor allem – wie bereits erwähnt – Europol zu einem europäischen Kriminalamt mit eigenen Ermittlungs- und Exekutivbefugnissen im Bereich international organisierter Kriminalität ausgestattet werden und zusätzlich das jüngst geschaffene Europäische Betrugsbekämpfungsamt OLAF zu einem europäischen Zollfahndungsamt weiterentwickelt werden. Die Ermittlungsbefugnisse sollten sich dabei auf jene Deliktsbereiche der internationalen Kriminalität beschränken, die oben bereits aufgelistet wurden. Unter den Aspekten der Effizienz und wirksamen Kontrolle hoheitlichen Handelns im Bereich der internationalen Kriminalitätsbekämpfung sollten die Ermitt-

---

414   Vgl. Di Fabio, Udo: Die „Dritte Säule" der Union – Rechtsgrundlagen und Perspektiven der europäischen Polizei- und Justizzusammenarbeit, in: Die Öffentliche Verwaltung 3 (1997), S. 89-101 (S. 96).

415   Vgl übereinstimmend: Sieber, Ulrich: Memorandum für ein Europäisches Modellstrafgesetzbuch, in: JZ 8 (1997), S. 369-381; Tiedemann, Klaus: Die Europäisierung des Strafrechts, in: Kreuzer, Karl F.; Scheuing, Dieter H.; Sieber, Ulrich (Hrsg.): Die Europäisierung der mitgliedstaatlichen Rechtsordnungen in der Europäischen Union, Baden-Baden 1997, S. 133-160.

lungen durch die Einrichtung einer Europäischen Staatsanwaltschaft als Anklagebehörde koordiniert werden. Hier ist eine Anpassung der Strafprozeßordnungen der Mitgliedstaaten zumindest insoweit erforderlich als in den nationalen Ermittlungs-, Anklage- und Gerichtsverfahren die Zuständigkeiten der europäischen Beamten geregelt werden müßten. Von einer weiterreichenden Harmonisierung des Strafprozeßrechtes ist jedoch eher abzusehen, da hier unmittelbar die konstitutionelle Organisationshoheit der Mitgliedstaaten im Bereich Justizwesen und Gerichtsbarkeit betroffen ist.[416]

Indessen ist für all die genannten Ausschnitte europäischer Kriminalpolitik zu beachten, daß zum einen Kernbereiche hoheitlichen Staatshandelns auf europäischer Ebene angesiedelt würden, die in einem besonders starken Spannungsverhältnis zu den Grund- und Freiheitsrechten der Bürger stehen und deshalb wirksamer Mechanismen des Rechtsschutzes und der demokratischen Machtkontrolle als Gegengewicht bedürfen. Zum anderen aber berührt die Übertragung von mitgliedstaatlichen Hoheitsrechten auf die Europäische Union auf dem Gebiet der inneren Sicherheit einen zentralen »Daseinszweck« des modernen Verfassungsstaates – seine Schutzfunktion für die eigenen Bürger –, der zudem durch stark unterschiedliche Traditionen geprägt ist. Deshalb sind die Souveränitätsvorbehalte der Mitgliedstaaten in diesem Bereich besonders ausgeprägt.

Was Rechtsstaatsgebot und demokratische Machtkontrolle anbelangt, so ist festzustellen, daß hier auch die Regelungen des Amsterdamer Vertrages noch nicht überzeugen können. Gerade mit dem Verbleib der polizeilichen und justitiellen Zusammenmenarbeit in Strafsachen in der intergouvernementalen Säule und der damit verbundenen Relativierung des einheitlichen institutionellen Rahmens der Europäischen Union ergeben sich zahlreiche Probleme. Dies beginnt bereits bei den neuen Regelungen, die die eminent wichtigen Fragen gemeinschaftlicher Datenschutzvorkehrungen beinhalten. Zwar ist jetzt die Einrichtung einer unabhängigen Kontrollinstanz in Art. 286 EGV-A vorgesehen. Diese ist aber nur für die Überwachung der Anwendung von Rechtsakten der Gemeinschaft zuständig, die den Datenschutz regeln. Fraglich bleibt, ob damit auch der ganze Bereich des polizeilichen Informationsaustauschs erfaßt ist, der seine Ermächtigungsgrundlagen doch außerhalb des Gemeinschaftsrahmens in der dritten intergouvernementalen Säule bzw. dem zu integrierenden Schengen-Besitzstand hat. Unter dem Gesichtspunkt des wirksamen Rechtsschutzes erscheinen die weiterhin eingeschränkten Zuständigkeiten des Europäischen Gerichtshofes fragwürdig. So wurde einerseits erstmals in Amsterdam die Rechtsprechungszuständigkeit des Gerichtshofes über die Grundrechtskonformität von Handeln der Gemeinschaftsorgane anerkannt (Art. 46 i.V.m. Art. 6 Abs. 2 EUV-A). Gleichzeitig erfahren in dem extrem grundrechtsrelevanten Bereich der dritten Säule die EuGH-Rechtsprechungsbefugnisse aber die Einschränkung, daß sie sich nicht auf das Gebiet der Aufrechterhaltung von Recht und Ordnung und die Gewährleistung der inneren Sicherheit in den Mitgliedstaaten erstreckt (Art. 35 Abs. 5 EUV-A). Maßnahmen der polizeilichen Zusammenarbeit – also vor allem auch die Bestimmungen zu Europol – unterliegen gemäß einer Erklärung im Amsterdamer Vertrag zu Art. 30 EUV-A sogar explizit der gerichtlichen Überprüfung durch die zuständigen nationalen Behörden – nicht dem EuGH.

---

416   Vgl. in diesem Sinne auch: Rupprecht/Hellenthal: Programm, a. a. O., S. 268 ff.

Zur demokratischen Kontrolle ist schließlich anzumerken, daß trotz des erweiterten Zuständigkeitsbereichs in der polizeilichen und strafjustitiellen Kooperation – v. a. auch erster operativer Mitwirkungsbefugnisse von Europol-Beamten – nach wie vor lediglich die regelmäßige Unterrichtung bzw. Anhörung des Europäischen Parlamentes vorgesehen ist. Eine Beteiligung der nationalen Parlamente, wie sie in dem Protokoll über die Rolle der einzelstaatlichen Parlamente in der Europäischen Union über die COSAC für den neuen Titel zur Innenpolitik in der ersten Säule vorgesehen ist, besteht in der dritten Säule ebenfalls nicht. Hier besteht dringender Reformbedarf in Richtung stärkerer Kontroll- und Mitentscheidungsrechte des Europäischen Parlamentes, sollen die kriminalpolitischen Handlungsbefugnisse der Europäischen Union im vorgeschlagenen Sinne ausgebaut und effektiviert werden.

Wie deutlich geworden sein dürfte, spricht die dringende Notwendigkeit, rechtsstaatliche und demokratische Kontrollmechanismen im Aufgabenfeld europäischer Kriminalpolitik auszubauen, dafür, auch die im Amsterdamer Vertrag verbliebene dritte Säule abzuschaffen und auch den Bereich der polizeilichen und justitiellen Kooperation in Strafsachen in eine einheitliche EU-Vertragsverfassung einzustellen. Dabei ist allerdings auch weiterhin eine strikte Abgrenzung kriminalpolitischer Partialzuständigkeiten der Europäischen Union auf grenzüberschreitende Problemlagen wegen der elementaren legitimatorischen Bedeutung der Staatsaufgabe Verbrechensbekämpfung für die mitgliedstaatlichen Regierungen und der daraus resultierenden starken Souveränitätsvorbehalte unabdingbar. Daher kann die hohe Hürde der Einstimmigkeit in diesen sensiblen Bereichen staatlicher Hoheitsausübung wohl nur allmählich auf »sanftem Wege« durch das Voranschreiten einzelner Mitgliedstaaten überwunden werden, indem auf dem Gebiet europäischer Partialkompetenzen in der Kriminalpolitik das vorgeschlagene Modell flexibler Integration bei der Übertragung neuer Zuständigkeiten Anwendung findet.

Nach den Ausführungen zur Überlegenheit supranationaler europäischer Partialkompetenzen auf dem Gebiet der Kriminalpolitik gegenüber der Problemlösungsfähigkeit *alternativer Formen bi- und multilateraler Kooperation* muß bei der Fortsetzung der Kompetenzprüfung die Anwendung der folgenden Kriterien relativ knapp ausfallen. Bedauerlicherweise gilt für das *Kriterium der öffentlichen Akzeptanz*, daß in den Eurobarometer-Umfragen zur bevorzugten Entscheidungsebene Aufgabenfelder wie die Bekämpfung der internationalen organisierten Kriminalität oder gar eine europäische Kriminalitätspolitik überhaupt nicht genannt werden. Lediglich für den Bereich »Kampf gegen Drogen« wird die bevorzugte Handlungsebene erfragt, wobei völlig unklar bleibt, ob damit eher gesundheitspolitische oder kriminalitätspolitische Bezüge angesprochen werden.

Ersatzweise können nur die Angaben zu der Frage herangezogen werden, worin aus Sicht der Befragten die wichtigsten Aufgaben der Europäischen Union liegen. Hier zeigt sich tatsächlich daß die Bekämpfung des organisierten Verbrechens und des Drogenhandels fast an oberster Stelle stehen. Im Frühjahr 1996 stand der »Kampf gegen das organisierte Verbrechen« bei insgesamt 33 Aufgabengebieten mit 87% aller Befragten auf der Prioritätenliste noch ganz oben, unmittelbar gefolgt von dem »Kampf gegen den Drogenhandel«, der von 86% genannt wurde.[417] Die jüngste Um-

---

417 Vgl. Europäische Kommission: Eurobarometer 45/96, a. a. O., S. 54 ff.

frage, in der diese Frage gestellt wurde und zu der die Ergebnisse vorliegen, wurde von Oktober bis November 1997 durchgeführt. Zu diesem späteren Zeitpunkt nannten sogar **88%** die »Bekämpfung des organisierten Verbrechens und des Drogenhandels« als wichtigste Aufgabe der Europäischen Union. Unter den zwölf meistgenannten Politikfeldern findet sich dieses Gebiet noch immer auf dem dritten Rang.[418]

Insgesamt ist diese Datenlage jedoch eingeschränkt, da weder genauere Aussagen über die gewünschte Aufgabenverteilung zwischen mitgliedstaatlicher und europäischer Ebene noch über die unterschiedlichen Präferenzniveaus der mitgliedstaatlichen Bevölkerungen möglich sind. Deshalb müssen die vorstehenden Plausibilitätsüberlegungen und der Grundgedanke, daß hoheitliches Handeln auf dem Gebiet der Kriminalitätspolitik regelmäßig mit besonders weitreichenden Eingriffsbefugnissen in die individuellen Grund- und Bürgerrechte verbunden ist, hinreichen, um in dem vorliegenden Kompetenzordnungsmodell eine Beschränkung auf europäische Partialkompetenzen mit grenzüberschreitenden Bezügen zu rechtfertigen. Damit würde aber zugleich die nationale Primärkompetenz für die Aufrechterhaltung der öffentlichen Ordnung und zum Schutz der inneren Sicherheit erhalten bleiben.

Dafür spricht übrigens auch das *Kriterium der Verbundvorteile*, auf das angesichts der Schwierigkeiten bei der Überprüfung des Akzeptanzkriteriums abschließend noch kurz eingegangen werden sollte. Wie bereits dargelegt, erleichtern Binnenmarkt und gemeinsame Währung gewissermaßen per se internationale Formen organisierter Kriminalität bzw. erzeugen der Wegfall der Binnengrenzkontrollen und die Erleichterung grenzüberschreitender Kapitaltransfers zusätzlichen Bedarf an grenzüberschreitenden Instrumenten der Kriminalitätspolitik. Umgekehrt spricht dieses Kriterium aber auch dafür, daß die Zuständigkeit für die Kriminalitätsbekämpfung und -prävention, soweit keine derartigen Ausgleichsmaßnahmen für die Verwirklichung der vier Grundfreiheiten und des Euro-Raumes betroffen sind, auf der Ebene der Mitgliedstaaten verbleiben können.

Insgesamt ergibt die Anwendung der Kriterien des Kompetenzprüfrasters demnach, daß die Einräumung europäischer Partialkompetenzen für die grenzüberschreitende Bekämpfung von Kriminalität bzw. den Kampf gegen international organisierte Kriminalität in den geschilderten Bereichen sach- und subsidiaritätsgerecht erscheint. In Matrixform läßt sich die anzustrebende Zuständigkeitsordnung zwischen Mitgliedstaaten und europäischer Ebene auf dem Gebiet der Kriminalpolitik, d. h. der polizeilichen und justitiellen Zusammenarbeit in Strafsachen, wie folgt darstellen:

---

418 Vgl. Europäische Kommission: Eurobarometer 48/97 (Umfragezeitraum: Oktober-November 1997), Brüssel/Luxemburg: März 1998, S. 42.

Primärkompetenzen der Mitgliedstaaten	Partialkompetenzen der Europäischen Union
Innere Sicherheit und Ordnung, Justiz *darunter:*	*Inneres und Justiz;* *darunter:*
– Verbrechensbekämpfung	– Bekämpfung organisierter und internationaler Kriminalität auf den Gebieten Terrorismus, Waffen- und Nuklearschmuggel, Verbreitung von rassistischem und fremdenfeindlichen Material, Drogenhandel, Prostitution, Menschenhandel, Schleusung von Einwanderern, Organhandel, Entführungen, Schutzgelderpressungen, Subventions- und Anlagebetrug, illegales Glücksspiel, Eigentumskriminalität und gewerbsmäßige Hehlerei, Kunstraub, Kfz-Verschiebungen, Falschgeldkriminalität, Umweltkriminalität, Geldwäsche und Bestechung in Politik und öffentlicher Verwaltung, Computerkriminalität
	– Grenzüberschreitende Strafverfolgung bei Kapitalverbrechen (Mord, Totschlag, Vergewaltigung, Vorsätzliche Brandstiftung) In diesen Bereichen:
– Polizei- und Zollwesen	– Erstellung kriminalistischer Lagebilder
	– Rechts- und Amtshilfe, inkl. Datenaustausch
	– Eigenständige und unterstützende Ermittlungs- und Fahndungstätigkeit durch Europol und das Europäische Zollfahndungsamt
	– Internationale Abkommen zur Polizei- und Zollkooperation
– Justizwesen, Gerichtsbarkeit	– Anklageerhebungen und Ermittlungen durch die Europäische Staatsanwaltschaft
	– Zeugenschutz in Verfahren gegen die internationale und organisierte Kriminalität
– Strafrecht	– Harmonisierung der Strafbarkeit und der Strafmaße im Bereich internationaler und organisierter Kriminalität
– Datenschutz	– Mindeststandards beim Datenschutz auf hohem Schutzniveau
	– Überwachung der Einhaltung gemeinsamer Datenschutzstandards durch EU-Kontrollinstanz

4. Zivilrecht

Das dritte Aufgabenfeld aus dem Bereich Justiz und Inneres, das auf der ersten Prüfungsebene des Kriterienrasters zur Kompetenzverteilung wiederum die Frage aufwirft, ob mitgliedstaatliche Regelungsbefugnisse ausreichen, fällt etwas aus dem bisher behandelten Rahmen. Die Regelung zivilrechtlicher Fragen weist – im Gegensatz zur Drittausländer- und Kriminalpolitik – keinen unmittelbaren Bezug zu Fragen der inneren Sicherheit und Ordnung auf.

Tatsächlich läßt sich konstatieren, daß gerade im Internationalen Privatrecht und Zivilprozeßrecht ein starker Bedarf an Koordination und Kooperation besteht, wie vor allem die – sehr erfolgreichen – globalen Abkommen im Rahmen der Haager Konferenz für Internationales Privatrecht belegen, denen im Regelfall auch alle Mitgliedstaaten der Europäischen Union beigetreten sind.[419] Die Gründungsverträge der Europäischen Gemeinschaften sahen zwar keinerlei supranationale Angleichungskompetenz für das Zivilrecht vor. Zumindest für Materien, die im Zusammenhang mit dem klassischen Wirtschaftsrecht stehen, wurde aber mit Art. 220 EWGV (Art. 293 EGV-A) eine Rechtsgrundlage geschaffen, die den Mitgliedstaaten völkerrechtliches Handeln zur Vereinfachung der Förmlichkeiten für die gegenseitige Anerkennung und Vollstreckung gerichtlicher Entscheidungen erlaubt. Im zivilrechtlichen Bereich haben die Mitgliedstaaten diese Vertragsbestimmung für den Abschluß des ersten Brüsseler Gerichtsstands- und Vollstreckungsübereinkommens von 1968, des entsprechenden, auf die EFTA-Staaten ausgeweiteten Übereinkommens von Lugano aus dem Jahre 1988 und des Römischen Übereinkommens von 1980 über das auf vertragliche Schuldverhältnisse anwendbare Recht herangezogen.[420] Im Zuge der Verwirklichung der Freiheit des Dienstleistungs- und Warenverkehrs im Binnenmarkt hat es sich darüber hinaus als notwendig erwiesen, gerade im Bereich des Verbraucherschutzes grenzüberschreitende Fragen mit starkem zivilrechtlichem Bezug zu klären. Dies geschah zunächst in Form von Richtlinien auf den Grundlagen der Art. 100 und 100a EWGV, nach Inkrafttreten des Maastrichter Vertrages dann auch mit Hilfe der neuen Spezialzuständigkeit für Verbraucherschutz in Art. 129a EGV-M (Art. 153 EGV-A).

Ebenfalls erst mit dem Maastrichter Vertrag wurde mit Art. K.1 Ziff. 6 EUV-M in der intergouvernementalen dritten Säule (jetzt: Art. 65 EGV-A in der ersten Vertragssäule) eine allgemeine Vertragsgrundlage für die justitielle Zusammenarbeit in Zivilsachen geschaffen. Auf ihr basieren bislang zwei wichtige Übereinkommen zwischen den Mitgliedstaaten. Zum einen das bereits unterschriebene Übereinkommen über die Zustellung gerichtlicher und außergerichtlicher Schriftstücke in den Staaten der Europäischen Union in Zivil- und Handelssachen, zum anderen das zweite Brüsseler Gerichtsstands- und Vollstreckungsübereinkommen für Ehesachen. Gerade bei dem letztgenannten Abkommen zeigt sich, daß die Grundfreiheiten im Binnenmarkt auf einen sich ausweitenden Kreis von Sachmaterien ausstrahlen. Hier hat die wachsende

---

419 Einen Überblick der bestehenden Haager Übereinkommen und der Teilnahme durch EU-Mitgliedstaaten gibt: Holnsteiner, Erich: Die Zusammenarbeit im Bereich der EU-Justiz- und Innenpolitik in der Osterweiterungsperspektive, in: Morass/Leitgeb/Holnsteiner: Europa 1996. Auswirkungen einer EU-Osterweiterung auf die zweite und dritte Säule, Wien 1995, S. 61-95 (S. 77-79).

420 Vgl. Herrnfeld: Recht europäisch, a. a. O., S. 119 f.

Nutzung der Freizügigkeitsrechte durch Unionsbürger zu Handlungsbedarf geführt, da eine steigende Zahl von Ehen zwischen Angehörigen verschiedener Mitgliedstaaten zu konstatieren ist, die Fragen bezüglich der gerichtlichen Zuständigkeiten im Scheidungsfall und – damit zusammenhängend – des Sorgerechtes für die betroffenen Kinder aufgeworfen haben.[421]

Das allmähliche Wachstum von zivilrechtsrelevanten Rechtsakten im Rahmen der Europäischen Union hat dazu beigetragen, daß das Europäische Parlament seit mehreren Jahren ein europäisches bürgerliches Gesetzbuch fordert.[422] Legt man allerdings die Kriterien des Kompetenzprüfrasters an, so ist diesem Anliegen nicht zu folgen. Auf der ersten Prüfungsebene kann festgestellt werden, daß starker Koordinierungsbedarf im Bereich des Internationalen Privat- und Zivilprozeßrechtes zwar besteht. Das *Prüfkriterium der erforderlichen Mindestteilnehmerzahl* weist über die horizontale Regelungsreichweite des einzelnen Mitgliedstaates hinaus, die auf diesen Feldern effektive politische Gestaltung längst nicht mehr zuläßt. Andererseits besteht hier zunächst einmal globaler, nicht auf das Gebiet der Europäischen Union begrenzter Abstimmungsbedarf. Als multilaterale Kooperationsalternative zur Europäischen Union, die sehr erfolgreich den Bedarf an weltweiter Angleichung erfüllt, kann die Haager Konferenz für Internationales Privatrecht angesehen werden. Damit spricht das erste Kriterium auf der zweiten Prüfungsebene des Rasters, die (hohe) *Problemlösungsfähigkeit multilateraler Kooperation*, gegen eine allumfassende Unionszuständigkeit auf diesem Gebiet – wie sie eben im Falle eines europäischen bürgerlichen Gesetzbuches begründet würde.

Andererseits haben die vier Grundfreiheiten im Binnenmarkt zur Folge, daß sich für das Gebiet der Europäischen Union sehr spezifischer Handlungsbedarf ergeben kann. Gerade wenn gemeinsame Regelungen im Zivilrecht dazu beitragen, diese Grundfreiheiten zu stärken bzw. zu sichern, sollte die Europäische Union in der Lage sein, komplementär zu den multilateralen Kooperationsvereinbarungen Beschlüsse zu fassen.[423] Europäische Partialzuständigkeiten im Bereich des Zivilrechtes sollten mit anderen Worten nur dann gegeben sein, wenn die Frage nach *Verbundvorteilen* auf der zweiten Prüfungsebene positiv beantwortet werden kann. Obwohl bedauerlicherweise zur Frage der *öffentlichen Akzeptanz* für eine derartige Kompetenzabgrenzung keinerlei Umfrageergebnisse vorliegen, ist doch anzunehmen, daß gerade derart spezifische Maßnahmen, die gezielt im Zeichen einer materiellen Ausfüllung der Grundfreiheiten – und damit eines »Europas der Bürger« stehen – breite Zustimmung bei den Unionsbürgern finden dürften.

In diesem Zusammenhang ist anzumerken, daß die neue Lösung im Amsterdamer Vertrag, konkret die Partialzuständigkeiten der Union bei der Zusammenarbeit in Zivilsachen zu benennen, zwar im Ansatz richtig ist. So wie der einschlägige, nun in der ersten Vertragssäule befindliche Art. 65 EGV-A zur justitiellen Kooperation in Zivilsachen aber formuliert ist, greift er zu eng. Im einzelnen nennt er die Verbesserung und Vereinfachung des Systems für die grenzüberschreitende Zusammenarbeit gerichtlicher und außergerichtlicher Schriftstücke sowie der Zusammenarbeit bei der Er-

---

421   Zu den beiden letztgenannten Übereinkommen vgl.: Dittrich, a. a. O., S. 105-108.
422   Vgl. Agence Europe v. 3./4.3.1997, S. 8.
423   In diesem Sinne: Meijknecht, P.A.M.: Comments: A Practical Approach on Judicial Cooperation in Civil Matters, in: Winter/Curtin/Kellermann/de Witte (eds.), a. a. O., S. 457-461.

hebung von Beweismitteln und der Anerkennung und Vollstreckung gerichtlicher und außergerichtlicher Entscheidungen in Zivil- und Handelssachen, die Förderung der Vereinbarkeit der in den Mitgliedstaaten geltenden Kollisionsnormen und die Beseitigung der Hindernisse für eine reibungslose Abwicklung von Zivilsachen als Materien gemeinschaftlicher Rechtsetzung. Offensichtlich ist hierbei ein redaktioneller Fehler unterlaufen, weil bei der Neuformulierung die Zuständigkeit für Ehe- und Familienfragen übersehen worden zu sein scheint.[424] Zum zweiten sollte aber bei der Formulierung deutlicher werden, daß Unionszuständigkeiten auf diesem Gebiet nur komplementären Charakter besitzen.

In dem eng abgegrenzten Spektrum europäischer Partialzuständigkeiten auf dem Gebiet des Zivilrechtes sollte die Kompetenzausübung spätestens 2004 – nach Ablauf der in Art. 67 EGV-A vorgesehenen Fünfjahresfrist – im Mitentscheidungsverfahren nach Art. 251 EGV-A (Art. 189b EGV-M) erfolgen. Diese Forderung erscheint insoweit gerechtfertigt, als von der justitiellen Zusammenarbeit in Zivilsachen Regelungsgegenstände berührt sind, die nicht unerheblich zur Identitätsstiftung auf europäischer Ebene beitragen können. Dies dürfte allerdings nur dann der Fall sein, wenn vorher die vertraglichen Bedingungen für eine effiziente Entscheidungsfindung erfüllt sind.

Im einzelnen wird die folgende, duale Neuverteilung der Kompetenzen auf dem Gebiet zivilrechtlicher Regelungen vorgeschlagen:

Primärkompetenzen der Mitgliedstaaten	Partialkompetenzen der Europäischen Union
Zivilrecht	Komplementäre Rechtsetzung zu internationalen Abkommen im Internationalen Privatrecht und Internationalen Zivilprozeßrecht, sofern sie in unmittelbarem Bezug zur Verwirklichung der Grundfreiheiten im Binnenmarkt steht oder zur Erhöhung des Verbraucherschutzniveaus beiträgt und folgende Bereiche berührt: – Handels-, Gesellschafts-, Sachenrecht, Recht der vertraglichen und außervertraglichen Schuldverhältnisse – Familien- und Erbrecht bei Partnerschaften zwischen Angehörigen verschiedener Mitgliedstaaten – Einheitliche Anerkennung und Vollstreckung von Entscheidungen mitgliedstaatlicher Gerichte

---

424 Vgl. Coss, Simon: Divorce slips through holes in treaty text, in: European Voice v. 10.-16.7.1997, S. 3.

III. Regional- und Strukturpolitik

Mit dem Abschluß der Verhandlungen über die Agenda 2000 durch den Europäischen Rat vom 24./25. März 1999 in Berlin und die Annahme der leicht modifizierten Finanzplanung für die Jahre 2000 bis 2006 durch das Europäische Parlament am 6. Mai wurde auch der Rahmen für die Regional- und Strukturpolitik der Europäischen Union in den kommenden sieben Jahren neu festgelegt.[425] Als Beratungsgrundlage diente dabei die Mitteilung »Agenda 2000. Eine stärkere und erweiterte Union« vom 16. Juli 1997,[426] mit deren Vorlage die Kommission dem Auftrag des Europäischen Rates von Madrid im Dezember 1995 nachgekommen war, ein Gesamtdokument über die Erweiterung vorzulegen. Konkretisiert wurden die darin enthaltenen Vorschläge zur Zukunft der Regional- und Strukturpolitik in einer erweiterungsfähigen Europäischen Union am 18. März 1998, als die Kommission ihre diesbezüglichen Verordnungsentwürfe präsentierte. Im einzelnen handelte es sich dabei um die Vorschläge für eine neue allgemeine Verordnung, die die bisherige Rahmen- und Koordinierungsverordnung für die Strukturfonds zusammenfassen wird, für die Durchführungsbestimmungen zu den vier Strukturfonds – Europäischer Fonds für Regionale Entwicklung (EFRE), Europäischer Sozialfonds (ESF), Europäischer Ausrichtungs- und Garantiefonds für die Landwirtschaft (EAGFL), Finanzinstrument für die Anpassung der Fischerei (FIAF) –, den Entwurf für eine neue Kohäsionsfonds-Verordnung sowie für die Verordnung zur Schaffung eines Strukturpolitischen Instrumentes zur Vorbereitung auf den Beitritt (SIVB).[427]

Zu Abweichungen von diesem Vorschlagspaket kam es in Berlin vor allem beim Mittelansatz für strukturpolitische Maßnahmen auf dem Gebiet der fünfzehn Mitgliedstaaten im Planungszeitraum der Jahre 2000 bis 2006. Er wurde immerhin von einem von der Kommission veranschlagten Betrag von 240 Mrd. Euro auf 213 Mrd. Euro reduziert. Trotz dieses Verhandlungsergebnisses wird auch in den kommenden sieben Jahren für die Strukturförderung rund ein Drittel der Haushaltsmittel aufgewandt, womit sie weiterhin den mit Abstand zweitgrößten Ausgabenposten nach der Gemeinsamen Agrarpolitik bildet. Vom Finanzvolumen einmal abgesehen wurden von den Staats- und Regierungschefs im März 1999 die Kommissionsvorlagen jedoch weitestgehend übernommen. Dies gilt nicht nur für die veranschlagten Fördermittel, die bis 2006 in die ersten sechs Beitrittsländer fließen sollen,[428] sondern vor allem auch für

---

425 Vgl. Schlußfolgerungen des Vorsitzes. Europäischer Rat Berlin – 24. und 25. März 1999; sowie: European Parliament: Agenda 2000. EP set to vote on Agenda 2000 (Background information: 29-04-99); »Das Europäische Parlament stimmt der Agenda 2000 zu. Neue Interinstitutionelle Vereinbarung mit dem Ministerrat«, in: FAZ v. 7. Mai 1999.

426 Vgl. Europäische Kommission: Agenda 2000. Eine stärkere und erweiterte Union, a. a. O.

427 Vgl. Europäische Kommission: Agenda 2000. Überblick über die Legislativvorschläge der Europäischen Kommission, in: EU-Nachrichten Dokumentation Nr. 2 v. 19.3.1998; sowie: Europäische Kommission, GD XVI: Vorschläge zur Verordnung der Strukturfonds 2000-2006.

428 Neben der SIVB-Heranführungshilfe für Umwelt- und Verkehrsinfrastrukturmaßnahmen in Höhe von insgesamt rund 7,3 Mrd. Euro bis 2006 sind weitere 40 Mrd. Euro für strukturpolitische Maßnahmen in den neu beigetretenen Mitgliedstaaten einer EU-21 ab dem Jahr 2002 vorgesehen.

die inhaltliche Grundkonzeption der Reform. Dieses Ergebnis kann insofern nicht überraschen, als die Kommission sich bei der Entwicklung ihrer Vorschläge für die Neuausrichtung der europäischen Struktur- und Regionalpolitik als zentralem Teil des Gesamtpaketes der »Agenda 2000« von Anfang an in hohem Maße am Kriterium der politischen Umsetzbarkeit orientierte. Hätte das Reformmodell der Kommission nicht von vornherein eine politische Kompromißlösung zwischen den divergierenden (um-)verteilungspolitischen Interessen der heutigen Mitgliedstaaten und dem strukturellen Entwicklungsbedarf der künftigen Mitgliedstaaten angeboten, so wäre seine politische Durchsetzbarkeit mehr als fraglich gewesen. Der Grund dafür liegt in den prozeduralen und vertragsrechtlichen Rahmenbedingungen für die Festlegung des Finanzierungsrahmens und der konkreten Inhalte der europäischen Regionalförderung.

1. Vertragliche und prozedurale Rahmenbedingungen europäischer Strukturpolitik

Seit durch die Einheitliche Europäische Akte Mitte der achtziger Jahre im Gefolge der Süderweiterung um die ökonomisch schwachen Staaten Griechenland, Portugal und Spanien ein eigener Titel über den »Wirtschaftlichen und sozialen Zusammenhalt« in den Gemeinschaftsvertrag (Art. 130a-130e EWGV bzw. EGV-M; jetzt: Art. 158-162 EGV-A) eingefügt wurde, haben einschließlich der Neuregelungen im Rahmen der »Agenda 2000« bereits drei größere Reformen auf dem Gebiet der Strukturpolitik stattgefunden. Das Prozedere, nach dem diese jüngste Reform durchgeführt wurde, entspricht im wesentlichen dem Verfahrensmuster der beiden vorangegangenen Reformen von 1988 und 1993. Kennzeichnend dafür ist zunächst, daß die mittelfristige Entwicklung der Ausgaben für Strukturförderungsmaßnahmen in den Planungsperioden 1988–1993, 1994–1999 und jetzt 2000–2006 jeweils im Rahmen einer Finanziellen Vorausschau festgeschrieben wurde, über die einvernehmlich vom Europäischen Rat entschieden werden mußte. Der Handlungsrahmen für Änderungen der inhaltlichen Schwerpunktsetzungen bei der Mittelverteilung und -verwendung wurde dagegen für alle drei Reformen durch die seit 1987 geltenden Verfahrensregeln des Vertragstitels über die wirtschaftliche und soziale Kohäsion abgesteckt, die in ihren Grundzügen auch über Maastricht und Amsterdam hinaus gleichgeblieben sind.

Tatsächlich sind diese primärrechtlichen Rahmenbedingungen so beschaffen, daß sie nur sehr unbestimmte Vorgaben für die Ausrichtung der Kernziele und -inhalte des Einsatzes europäischer Fördermittel enthalten und dadurch reichlich Raum für das Bargaining zwischen den Mitgliedstaaten belassen. Wie in vielen anderen Politikfeldern auch, fehlt im Vertrag eine eindeutige Funktionsbestimmung und sachgegenständliche Abgrenzung europäischer Zuständigkeiten in der Regionalentwicklung. Statt dessen beläßt es der Vertrag dabei, in Art. 158 EGV-A (Art. 130a EGV-M) eine relativ offen formulierte Aufgabenbestimmung für die europäische Strukturförderung vorzunehmen. Gemäß dem dort verankerten »Kohäsionsziel« verfolgt die Gemeinschaft eine »Politik zur Stärkung ihres wirtschaftlichen und sozialen Zusammenhalts, um eine harmonische Entwicklung der Gemeinschaft als Ganzes zu fördern«. Sie »setzt sich insbesondere zum Ziel, die Unterschiede im Entwicklungsstand der verschiedenen Regionen und den Rückstand der am stärksten benachteiligten Gebiete oder Inseln einschließlich der ländlichen Gebiete zu verringern.« Seit dem Inkrafttreten des Maastrichter Vertrages von 1993 liegt in diesem Kohäsionsziel formalrechtlich sogar eine der Hauptaufgaben der Union, nachdem der wirtschaftliche und soziale Zusammenhalt dort in Art. 2 EUV-A (Art. B EUV-M) aufgenommen worden ist und somit nun gleichauf neben dem Binnenmarktziel und der Wirtschafts- und Währungsunion steht.

Durch die sehr weit gefaßte Aufgabenumschreibung und die vage Definition des Gegenstandes europäischer Kohäsionspolitik erhalten aber die zur Verfügung stehenden Förderinstrumente und die Verfahrensregeln, die bei Grundsatzentscheidungen über die Einsatzzwecke dieser Instrumente Anwendung finden, Schlüsselbedeutung für die Bestimmung der Steuerungsreichweite und die Problemlösungsfähigkeit europäischer Strukturförderung. Für die verfügbaren Handlungsinstrumente in der Kohäsionspolitik gilt, daß sie in Art. 159 EGV-A immerhin relativ abschließend benannt werden. Neben den Strukturfonds (EAGFL-Abteilung Ausrichtung, ESF, EFRE) wird hier die Europäische Investitionsbank aufgeführt und auf sonstige vorhandene Finanzierungsinstrumente verwiesen, zu denen übrigens auch das FIAF zählt. Art. 160 EGV-A spezifiziert die Aufgaben des EFRE und in Art. 162 EGV-A sind schließlich die Verfahren für den Erlaß der Durchführungsverordnungen zu den Strukturfonds EFRE, EAGFL-Abteilung Ausrichtung sowie ESF geregelt, über die bei unterschiedlicher Beteiligung des Europäischen Parlamentes mit qualifizierter Mehrheit im Rat beschlossen werden kann.[429]

Schlüsselbedeutung für die Festlegung der konkreten Inhalte, der Förderprioritäten bei der Mittelverwendung und der Funktionslogik der Strukturfonds hat aber Art. 161 EGV-A, in dem das Verfahren für Reformen der Kohäsionspolitik auf dem Wege der Setzung von Sekundärrecht geregelt ist. Diese Vertragsbestimmung sieht vor, daß der Rat einstimmig über die Aufgaben, die vorrangigen Ziele, die Organisation der Strukturfonds und deren Koordinierung untereinander sowie mit anderen Finanzierungsinstrumenten entscheiden muß. Ausdrücklich hervorgehoben wird außerdem, daß diese Abstimmungsregel auch im Falle einer Neuordnung der Fonds zu gelten habe. Seit der Einheitlichen Europäischen Akte erfolgen Kurskorrekturen in der europäischen Regional- und Strukturpolitik vorrangig auf dieser Vertragsgrundlage, indem die konkreten Regeln, Inhalte und Gegenstände des Mitteleinsatzes sowie Einzelheiten des Förderverfahrens jeweils für die Laufzeit der aufeinanderfolgenden Finanzplanungen sekundärrechtlich in einer Rahmenverordnung bzw. – ab dem Jahr 2000 – in der Allgemeinen Verordnung festgelegt werden. Durch den Maastrichter Vertrag wurde Art. 161 EGV-A (Art. 130d EGV-M) zuletzt noch dahingehend ergänzt, daß das in ihm geregelte Entscheidungsverfahren – und somit auch die Einstimmigkeitsregel im Rat – zusätzlich beim Erlaß der Kohäsionsfondsverordnung greift.

Diese Vertragskonstruktion überantwortet auch die Definition der Kriterien für den Förderbedarf und die Festlegung der Zielgebiete mit ihren spezifischen Problemlagen dem Sekundärrechtsetzer und unterwirft sie dabei der Einstimmigkeitsregel im Rat. Aus dem Konsenszwang bei der Verabschiedung der Rahmenverordnung resultieren

---

429 Dies gilt auch für die Durchführungsverordnung zum FIAF, deren Erlaß nach Art. 37 EGV-A erfolgt, ohne daß dies allerdings in Art. 162 EGV-A ausdrücklich geregelt ist. Die neue Verordnung zum SIVB, das in Berlin als strukturpolitische Heranführungshilfe für die Beitrittsstaaten beschlossen wurde, stützt sich hingegen auf Art. 308 EGV-A (Art. 235 EGV-M) und bedarf deshalb der Einstimmigkeit im Rat.

angesichts von stark divergierenden Entwicklungsniveaus, Strukturproblemen und verteilungspolitischen Interessen der Mitgliedstaaten fast zwangsläufig Kompromißlösungen für die Mittelverwendung und -verteilung. Gerade in Anbetracht des gleichzeitig nur höchst unscharf umrissenen Kohäsionszieles im Vertrag ermöglicht das geltende Verfahren für Strukturfondsreformen allen Mitgliedstaaten, unabhängig vom jeweils effektiv vorhandenen strukturpolitischen Handlungsbedarf erfolgreich Ansprüche auf Fondsmittels anzumelden. Es kann deshalb kaum verwundern, wenn die Streubreite der europäischen Strukturförderung bis zu den Berliner »Agenda 2000«-Beschlüssen soweit angestiegen ist, daß 1999 schon 51% der EU-Bevölkerung – verteilt auf alle Mitgliedstaaten – in Gebieten lebten, denen Fondsmittel zustehen. Unter dem Gesichtspunkt einer effizienten Mittelverwendung zum Abbau von Wohlstandsgefällen und regionalen Disparitäten ist diese Streubreite bei der Mittelverteilung kaum zu rechtfertigen. Daß im Vertrag eine genauere Benennung der Hauptgegenstände und Problembezüge der europäischen Kohäsionspolitik bislang fehlt, gleichzeitig aber Einstimmigkeit im Rat die Voraussetzung für ihre Neuausrichtung bildet, prägt die Ergebnisse der Reformen von 1988, 1993 und 1999. Inhaltlich stellen sie sich als Kompromißlösungen zum Ausgleich der unterschiedlichen verteilungspolitischen Interessen aller Mitgliedstaaten dar, die sich eben nicht an konkreten vertraglichen Vorgaben für die zentralen Förderinhalte messen lassen mußten und deshalb nicht konsequent am Gebot eines effektiven Mitteleinsatzes zum Abbau regionaler Disparitäten ausgerichtet waren.

Fast unausweichlich hat die allenfalls halbherzige Orientierung bisheriger Reformen am Effektivitätsgebot zu heftiger Kritik an den Inhalten und der Funktionsweise der europäischen Regional- und Strukturpolitik geführt. Vorgeworfen wird ihr vor allem, daß Fördermittel nach dem »Gießkannenprinzip« verteilt würden, und sie – wegen des großen Einflusses der Kommission auf die Planung, Durchführung und Kontrolle von Fördermaßnahmen – zumindest durch ein Übermaß an Bürokratisierung geprägt oder sogar generell als ein Verstoß gegen das Subsidiaritätsprinzip zu betrachten sei.[430] So berechtigt diese Kritik im Hinblick auf die aktuellen Herausforderungen an die Europäische Union im Prozeß des »doppelten Systemwandels« auch sein mag, so trägt sie in aller Regel den integrationspolitischen Rahmenbedingungen der Entstehung und Weiterentwicklung der europäischen Kohäsionspolitik doch nicht genügend Rechnung. Die Einführung eines neuen Vertragstitels über den wirtschaftlichen und sozialen Zusammenhalt ebenso wie die daran anschließenden Strukturfondsreformen standen in engstem Zusammenhang mit jeweils vorangegangenen Grundsatzentscheidungen zur Vertiefung und Erweiterung des europäischen Aufbau-

---

430 Vgl. zu den verschiedenen Kritikpunkten u. a.: Sturm, Roland: Die Reform der Agrar- und Strukturpolitik, in: Weidenfeld (Hrsg.): Europa öffnen, a. a. O., S. 157-201; Frick, S.; Van der Beeck, G.; Hünger, F.: Die Regionalpolitik der EU: Reformperspektiven aus finanzwissenschaftlicher Sicht, in: List Forum für Wirtschafts- und Finanzpolitik 4 (1996), S. 354-376; Lang, J.; Naschold, F.; Reissert, B.: Management der EU-Strukturpolitik. Modernisierung des öffentlichen Sektors, Berlin 1998; Döring, Thomas: Zum 'angemessenen' Zentralisierungsgrad einer europäischen Regionalpolitik aus ökonomischer Sicht, in: Postlep, Rolf-Dieter (Hrsg.): Aktuelle Fragen des Föderalismus. Ausgewählte Probleme aus Theorie und politischer Praxis des Föderalismus, Marburg 1996, S. 99-139.

werkes.[431] Die grundlegende Neuausrichtung der Regionalförderung 1988 war unmittelbare Konsequenz der Süderweiterung der Gemeinschaft um die strukturschwachen Neumitglieder Griechenland, Portugal und Spanien sowie des mit der Einheitlichen Europäischen Akte wiederbelebten Binnenmarktprojektes. Die 1993 vorgenommenen Modifikationen der vorangegangenen Reform erfolgten vor dem Hintergrund der Erweiterung um Schweden, Finnland und Österreich und den Maastrichter Beschlüssen zum stufenweisen Übergang in die Europäische Wirtschafts- und Währungsunion. Und schließlich ergab sich auch die Notwendigkeit der 1999 beschlossenen Reform erst aus den Anforderungen des »doppelten Systemwandels«, in den die Europäische Union mit dem Prozeß der Osterweiterung und der Schaffung eines einheitlichen Währungsraumes eingetreten ist.

Völlig zu Recht wird hervorgehoben, daß der erfolgreiche Abschluß der Verhandlungen über diese sukzessiven Erweiterungs- und Vertiefungsschritte nur möglich war, weil die Beratungen über die (um-)verteilungspolitischen Implikationen dieser Fortschreibungen des Integrationsprozesses zunächst ausgeklammert und später gesondert behandelt wurden.[432] Die vertragliche Verankerung einer Politik zur Stärkung des wirtschaftlichen und sozialen Zusammenhaltes wird nur in diesem Kontext einer Entkoppelung integrationspolitischer Grundsatzentscheidungen von daraus resultierenden Finanzierungsfragen verständlich. Durch sie wurde ein anpassungsfähiger Rahmen geschaffen, der es ermöglicht hat, über die Bereitstellung und rasche Aufstockung von Mitteln aus den Strukturfonds und – seit dem Jahr 1993 – auch aus dem Kohäsionsfonds jene Kompensationszahlungen sicherzustellen, die die Mitgliedstaaten als Entschädigung für vermeintliche negative (Um-)Verteilungsfolgen der jeweils beschlossenen Integrationsfortschritte untereinander ausgehandelt hatten.[433] Die Einführung des Kohäsionszieles eines Abbaus regionaler Disparitäten diente deshalb primär dem Zweck, die Ergebnisse dieser nachträglichen Verhandlungen über die Finanzierung von Erweiterungs- und Vertiefungsschritten rational begründen zu können. Zugleich mußte es relativ offen formuliert werden, um gegebenenfalls eine hinreichende Handhabe für (re-)distributive Maßnahmen zugunsten aller Mitgliedstaaten zu bieten. Genau aus diesem Grund können die seit 1988 bestehende Funktionsweise der europäischen Strukturförderung, deren Grundzüge auch in den jüngsten Beschlüssen zur »Agenda 2000« erkennbar bleiben, sowie das rasante Wachstum des dafür eingesetzten Finanzvolumens nicht angemessen erklärt und beurteilt werden, wenn ihre Aufgabe ausschließlich in einem wirksamen Abbau regionaler Disparitäten gesehen wird. Vielmehr wird ihre Entstehung und bisherige Entwicklung erst nachvollziehbar, wenn

---

431 Dies war übrigens bereits bei der Einrichtung des EFRE im Jahr 1975 der Fall, also noch keine vertragsrechtliche Grundlage für eine europäische Regional- und Strukturpolitik existierte. Die Schaffung dieses Strukturfonds kann nur vor dem Hintergrund der Erweiterung der Gemeinschaft um Großbritannien und Irland und dem Werner-Plan für eine europäische Währungsunion aus dem Jahre 1970 erklärt werden. Vgl. zur Entwicklungeschichte und -logik der europäischen Regional- und Strukturpolitik sowie den folgenden Ausführungen: Bache, Ian: The Politics of European Union Regional Policy. Multi-Level Governance or Flexible Gatekeeping?, Sheffield 1998.

432 Vgl. Allen, David: Cohesion and Structural Adjustment, in: Wallace, Helen; Wallace, William (eds.): Policy Making in the European Union, 3rd ed., Oxford 1996, S. 209-233 (S. 210-222).

433 Vgl.: Folkers, Cay: Welches Finanzausgleichssystem braucht Europa?, in: Karl, Helmut; Henrichsmeyer, Wilhelm: Regionalpolitik im Prozeß der Europäischen Integration, Bonn 1995, S. 87-108.

in den Blick genommen wird, daß ohne die weit gestreuten Ausgleichszahlungen im Rahmen der Kohäsionspolitik die wesentlichen integrationspolitischen Grundentscheidungen seit Ende der 80er Jahre kaum zustimmungsfähig gewesen wären.

Zugespitzt ausgedrückt ist das vertragliche Kohäsionsziel weniger zur Erklärung des rasch expandierenden Systems europäischer Strukturförderung geeignet als vielmehr selbst Ausdruck des Bemühens von Mitgliedstaaten und Kommission, eine rationale Rechtfertigung für dieses System zu finden.[434] Bestimmend für seine Funktionsweise war bislang eine doppelte Kompensationslogik, die einerseits massive Transfers von Fördermitteln in die sogenannten vier »Kohäsionsländer« Griechenland, Irland, Portugal und Spanien zur Folge hatte. Andererseits ermöglichte sie den wohlhabenderen Mitgliedstaaten, über erhebliche Mittelrückflüsse aus den europäischen Struktur- und Kohäsionsfonds eine übermäßige Verschlechterung ihrer Nettobeitragsposition zum europäischen Haushalt aufzufangen. Erst in diesem Kontext hat sich die allmähliche Ausdifferenzierung der europäischen Strukturpolitik in umverteilungs-, verteilungs- und allokationspolitische Funktionen ergeben, die mit einem entsprechenden Wachstum europäischer Handlungsbefugnisse verbunden war.

Die folgende Überprüfung der Aufgabenverteilung zwischen Europäischer Union und Mitgliedstaaten mittels des einheitlichen Kriterienrasters soll entlang dieser unterschiedlichen Funktionen bzw. ihrer konkreten Ausgestaltung erfolgen, wobei auch die Agenda 2000-Beschlüsse zur Strukturpolitik vom März 1999 in die Betrachtung einbezogen werden. Dies geschieht allerdings jeweils vor dem Hintergrund einer knappen Darstellung der wesentlichen Merkmale der Strukturfondsreformen von 1988 und 1993, um zu verdeutlichen, daß sich mit dem Eintritt der Union in den »doppelten Systemwandel« durch Osterweiterung und Währungsunion auch die Rahmenbedingungen für ihre Kohäsionspolitik wesentlich geändert haben und deutlichere Grenzziehungen bzw. die Erfüllung zusätzlicher stabilitätspolitischer Funktionen für die europäische Regionalförderung implizieren.

2. Strukturpolitik als Umverteilungs- und Verteilungspolitik

Den eigentlichen Ausgangspunkt für die 1988 und 1993 durchgeführten und am vertraglichen Kohäsionsziel ausgerichteten Reformen der Strukturpolitik bildete die Süderweiterung der Gemeinschaft um Griechenland im Jahre 1981 sowie Portugal und Spanien im Jahre 1986. Gemessen am Hauptindikator der Europäischen Kommission für regionale Entwicklungsrückstände, dem Bruttoinlandsprodukt (BIP) pro Kopf, bedeutete die Neumitgliedschaft eine beträchtliche Zunahme der regionalen Wohlstandsgefälle innerhalb der Gemeinschaft der Zwölf. Allein durch die Aufnahme der beiden letztgenannten Staaten im Jahr 1986 verdoppelte sich der Anteil der Bevölkerung, die in Regionen mit weniger als 50% des durchschnittlichen Einkommens pro Kopf in der Gemeinschaft lebte.[435] Wird Irland in die Berechnungen einbezogen, so betrug das mittlere Pro-Kopf-BIP in allen vier Kohäsionsländern zu diesem Zeitpunkt

---

434 Vgl. Allen, a. a. O.

435 Vgl. European Commission: Guide to the Reform of the Community's Structural Funds, Brussels/Luxembourg 1989, S. 9.

nur 66% des Durchschnittes in der Zwölfergemeinschaft.[436] Wählt man als Ausgangspunkt für einen Vergleich die Zeit vor der ersten Erweiterung, durch die im Jahre 1973 neben Großbritannien auch Irland als erstes Kohäsionsland in den Kreis der Mitgliedstaaten aufgenommen wurde, so bestand in der Gemeinschaft der Sechs zwischen dem reichsten Mitgliedstaat Deutschland und dem ärmsten Mitgliedstaat Italien eine Differenz im Durchschnittseinkommen pro Kopf von lediglich 25%. In der Europäischen Union der Fünfzehn betrug dieses Wohlstandsgefälle zwischen den vier reichsten Mitgliedstaaten (Belgien, Dänemark, Luxemburg und Österreich) und den beiden ärmsten Mitgliedstaaten (Portugal und Griechenland) im Jahr 1995 hingegen noch immer 40%.[437]

Als die Vertiefungsschritte der Einheitlichen Europäischen Akte zum Binnenmarkt und des Maastrichter Vertrages zur Wirtschafts- und Währungsunion anstanden, sollten diese vier Kohäsionsländer ihre erforderliche Zustimmung von einer erheblichen Aufstockung und Umverteilung der Strukturfondsmittel zu ihren Gunsten abhängig machen. Letztlich befürchteten sie, daß die Integrationsgewinne aus beiden Projekten vor allem den Volkswirtschaften der wohlhabenderen Mitgliedstaaten zugute kommen würden. Sowohl im Hinblick auf weitere Marktliberalisierungen und den verschärften Wettbewerb im vollendeten Binnenmarkt[438] als auch auf die Schaffung eines einheitlichen Währungsraumes mit fixen Wechselkursen[439] sahen sie die Gefahr, daß sich daraus negative Effekte für ihre wirtschaftliche Entwicklung ergeben, die sie aufgrund ihrer flächendeckenden regionalen und sektoralen Entwicklungsrückstände nicht aus eigener Kraft auffangen könnten. Die Ergebnisse der Strukturfondsreformen von 1988 und 1993 belegen, mit welch durchschlagendem Erfolg sie diese Position vertreten haben. Die 1988 erstmals beschlossene und 1993 sowie 1995 nochmals geringfügig modifizierte Definition einheitlicher Förderziele, die eine stärkere Mittelkonzentration und eine bessere Koordinierung der Strukturfonds in den Zielregionen ermöglichen sollte, gab der Strukturförderung in den rückständigen Gebieten der vier Kohäsionsländer eindeutigen Vorrang. Mit Einführung der Ziel-1-Förderung für »Regionen mit Entwicklungsrückstand«, deren BIP pro Kopf unterhalb von 75% des Gemeinschaftsdurchschnittes liegt, wurden ihre Staatsgebiete in toto oder – im Falls Spaniens – zumindest größtenteils als förderberechtigt anerkannt. Während in Portugal, Griechenland und Irland in der Förderperiode 1994–1999 also die gesamte Bevölkerung in

---

436 Vgl. Europäische Kommission: Erster Bericht über den wirtschaftlichen und sozialen Zusammenhalt 1996, Luxemburg 1996, S. 17.

437 Vgl. Europäische Kommission: Erster Bericht, a. a. O., S. 18.

438 Vgl. McAleavey, P.: The Politics of the European Regional Development Policy: Additionality in the Scottish Coalfields, in: Regional Politics and Policy 3.2 (1993), S. 88-107 (S. 92).

439 Vgl. speziell zu den erwarteten Folgen der WWU für die Kohäsionsländer: Anderson, Jeffrey J.: Structural Funds and the Social Dimension of EU Policy: Springboard or Stumbling Block, in: Leibfried, Stephan; Pierson, Paul: European Social Policy. Between Fragmentation and Integration, Washington D.C. 1995, S. 123-158 (S. 141-142). Er weist allerdings einschränkend darauf hin, daß ökonomische Studien der Kommission eher von einem Szenario ausgehen, in dem gerade die Kohäsionsländer langfristig von der Währungsunion am meisten profitieren werden, die mit ihren festen Wechselkursen durch niedrige Inflation und Zinsen mit beträchtlichen Handelszuwächsen und Investitionen verbunden sein wird. Vgl. dazu auch: Europäische Kommission: Stabiles Geld und solide Finanzen. Die öffentlichen Finanzen der Gemeinschaft in Hinblick auf die WWU, in: Europäische Wirtschaft 53 (1993), Luxemburg 1993, S. 53.

Regionen mit Ziel-1-Status lebte, sind es in Spanien immerhin 58,2% der Bevölkerung.[440] Da zugleich rund 70% der Strukturfondsmittel in diesem Zeitraum für Ziel-1-Gebiete vorgesehen waren und neben den vier Kohäsionsländern mit Süditalien und den ostdeutschen Ländern nurmehr zwei weitere große Regionen unter diese Kategorie fielen, bewirkte dieses Förderziel tatsächlich eine massive Umverteilung zu ihren Gunsten.[441]

Zusätzlich wurde 1993 neben den vier Strukturfonds auf Drängen Spaniens der Kohäsionsfonds eingerichtet. Dies geschah in der Absicht, Ländern, deren Pro-Kopf-BSP unter 90% des Unionsdurchschnittes liegt, Mittel für die Finanzierung von Umweltvorhaben und Verkehrsinfrastruktur auf dem Gebiet transeuropäischer Netze zur Verfügung zu stellen. Auf diese Weise sollten sie zum Aufholen von Entwicklungsrückständen befähigt werden, ohne durch eine übermäßige Beanspruchung ihres eigenen Haushaltes Gefahr zu laufen, gegen die Konvergenzkriterien zur Währungsunion zu verstoßen. Faktisch anspruchsberechtigt waren aufgrund des gewählten Schwellenwertes von 90% wiederum nur die vier Kohäsionsländer.

Der Umverteilungseffekt zugunsten der vier Kohäsionsländer macht sich inzwischen im gemeinschaftlichen Budget deutlich bemerkbar, wird berücksichtigt, daß sich der Ausgabenanteil der Struktur- und Kohäsionsfonds im Jahr 1999 auf rund 35% des Unionshaushaltes belaufen hat. Gegenüber dem Beginn der ersten Planungsperiode im Jahr 1988 bedeutete dies eine Verdoppelung des Budgetanteils.[442] Dieses Wachstum schlug wiederum nur beim realen Mittelzuwachs für die Ziel-1-Förderung in Griechenland, Irland, Portugal und Spanien voll durch. Da nur sie Anspruch auf die Gelder aus dem Kohäsionsfonds hatten, verdoppelten sich von 1993 bis 1999 auch nur die ihnen jährlich zur Verfügung gestellten Fondsmittel, während sich bei den übrigen Ziel-1-Gebieten der Anstieg in diesen beiden Vergleichsjahren auf zwei Drittel belief.[443] In diesem Lichte stellt sich die europäische Strukturpolitik also schon bisher als *Umverteilungs- bzw. Redistributionspolitik* dar, die Gegenstand intersektoraler Aushandlungsprozesse ist und in deren Rahmen Ressourcen von den reicheren in die ärmeren Mitgliedstaaten transferiert werden. Ihre Rolle besteht nicht zuletzt darin über »side payments« an die letztgenannten deren Zustimmung zu weiteren Integrationsfortschritten zu »erkaufen«.

Für die Bereitschaft der wohlhabenderen Mitgliedstaaten, einer Förderkonzeption für die europäische Strukturpolitik zuzustimmen, die so massive redistributive Effekte erzeugte, lassen sich hingegen vor allem zwei Erklärungen anführen. Zum einen hatten sie ein massives Interesse daran, ein weiteres Wachstum von Entwicklungsgefällen in der Europäischen Union zu verhindern, um nicht das Binnenmarktprojekt und eine stabile gemeinsame Währung zu gefährden. Sie stimmten darin überein, »...daß ein zu starkes Auseinanderdriften der Lebensverhältnisse zwischen den Mitgliedsländern die grundlegenden Ziele der europäischen Integration wie die Handels- und Wettbe-

---

440 Zahlenangaben entnommen aus: Axt, Heinz-Jürgen: Agenda 2000 und EU-Strukturpolitik. Solidarität und Wettbewerb – Kurzversion, München: Centrum für angewandte Politikforschung, Januar 1999, S. 43.

441 Vgl. Europäische Kommission: Erster Bericht, a. a. O., S. 100.

442 Vgl. ebd. , S. 143 (Tabelle 23).

443 Vgl. Diekmann, Bernd; Breuer, Siegfried: Der Kohäsionsfonds – ein notwendiges Gemeinschaftsinstrument? in: Wirtschaftsdienst 1993/V, S. 258-265 (S. 260).

werbsfreiheit gefährden könnte.«[444] Zum anderen erlaubte ihnen aber die erforderliche Einstimmigkeit für die Entscheidung über die inhaltliche Konzeption der Strukturförderung, die mit einer Umverteilung verbundene Verschlechterung ihrer Nettobeitragsposition zum Gemeinschaftshaushalt durch Mittelrückflüsse aus den Strukturfonds in eigene Regionen abzufedern. Vor allem deshalb wurden in den Reformen von 1988 und 1993 verschiedene andere Zielkategorien gebildet, die in erster Linie eine verteilungspolitische Funktion erfüllen und den reicheren Mitgliedstaaten zugute kommen. Im einzelnen handelte es sich dabei bis 1999 um die ebenfalls gebietsbezogenen Ziele 2 (»Förderung von Regionen mit rückläufiger industrieller Entwicklung«), 5a (»Anpassung der Agrar- und Fischereistrukturen«), 5b (»Entwicklung und strukturelle Anpassung der ländlichen Gebiete«) und 6 (»Entwicklung der sehr dünn besiedelten Gebiete«) sowie die Ziele 3 (»Bekämpfung von Langzeitarbeitslosigkeit, Erleichterung der beruflichen Eingliederung«) und 4 (»Anpassung an industrielle Wandlungsprozesse und an Veränderungen der Produktionssysteme«), die beide keinen spezifischen Territorialbezug aufwiesen. Im Falle einer Streichung dieser Förderziele wären vor allem Belgien, Finnland, Schweden, Luxemburg, Frankreich, die Niederlande, Österreich, Großbritannien und Dänemark betroffen gewesen.[445] Die europäische Strukturpolitik hat in ihrer bisherigen Ausgestaltung demnach zusätzlich zu ihrer redistributiven Funktion als *Verteilungs- bzw. Distributionspolitik* gewirkt. Diese Qualität kommt ihr zu, soweit – statt ausgleichsorientierter Transferleistungen zwischen Mitgliedstaaten mit unterschiedlichen ökonomischen Entwicklungsniveaus – bei der Regelung des Mitteleinsatzes das Prinzip des haushaltspolitischen »juste retour« im Vordergrund gestanden hat.[446]

Die gleichzeitige Erfüllung umverteilungs- und verteilungspolitischer Funktionen der europäischen Strukturpolitik war prägend für ihre bisherige Entwicklung und wurde vor allem durch die Bildung der unterschiedlichen Kategorien von Förderzielen gewährleistet. Erleichtert wurde dieser Weg des Interessenausgleichs zwischen den reicheren und ärmeren Mitgliedstaaten bis zum Übergang in den einheitlichen Währungsraum jedoch auch dadurch, daß die Möglichkeit bestand, das Gesamtvolumen der Fonds im Rahmen der aufeinanderfolgenden Finanziellen Vorausschauen von 1988–1993 und 1994–1999 deutlich zu steigern. Ihnen allen kam die Erhöhung des Mittelansatzes auf rund ein Drittel der Ausgaben bis zum Jahr 1999, die 1993 beschlossen wurde, in der einen oder anderen Form zugute. Allerdings wurde an den Ergebnissen der Neuverhandlungen um die Förderschwerpunkte der Kohäsionspolitik im Rahmen der zweiten Strukturfondsreform von 1993 bereits deutlich, daß mit dem Be-

---

444 »Agenda 2000: Nachbesserung erforderlich«, in: Kieler Kurzberichte aus dem Institut für Weltwirtschaft, März, 3 (1999).

445 Vgl. Toepel, Kathleen: Reform der Europäischen Strukturfonds 2000, in: DIW-Wochenbericht 26 (1998); sowie zu den Berechnungen im einzelnen: Axt: Agenda 2000 und EU-Strukturpolitik, a. a. O., S. 35.

446 Die Unterscheidung zwischen Umverteilungs- und Verteilungspolitik lehnt sich an die von Theodore Lowi in den sechziger Jahren entwickelte Typologie an, in der er für den staatlichen Bereich zwischen redistributiven, distributiven, regulativen und – später auch – verfassungspolitischen Aufgabenfeldern unterschied. Pollack hat diesen Ansatz auf den Bereich der europäischen Gemeinschaftspolitiken übertragen. Vgl. Pollack, Mark A.: Creeping Competence: The Expanding Agenda of the European Community, in: Journal of Public Policy 1 (1994), S. 95-145.

schluß zum Übergang in einen einheitlichen Währungsraum die Härte der Vertei-
lungskämpfe als Ausdruck des wachsenden Vorrangs einer Politik der Besitzstandswahrung zunahm. Daß im Wege des Bargaining erstmals die Aufnahme von Regionen
in die Liste förderfähiger Gebiete durchgesetzt wurde, die nicht den vereinbarten Kriterien entsprachen, muß vor dem Hintergrund abnehmender haushaltspolitischer Spielräume der Mitgliedstaaten angesichts ihrer Verpflichtung auf die Einhaltung der wirtschaftspolitischen Konvergenzkriterien gesehen werden. Besonders deutlich wurde
dies bei der Erstellung der neuen Liste von Regionen, die Anspruch auf Ziel-1-
Förderung haben sollten. Hier wurden beispielsweise mit den Abruzzen in Italien
(77%), den Highlands & Islands Area in Großbritannien (79%), Hainaut in Belgien
(84%) und Flevoland in den Niederlanden (75%) unverhohlen Regionen neu aufgenommen, die über dem Schwellenwert von 75% des durchschnittlichen Pro-Kopf-BIP
in der EU lagen und damit eigentlich nicht förderfähig gewesen wären. Insgesamt belief sich der Anteil der 1993 ohne Anspruchsgrundlage zusätzlich benannten Ziel-1-
Gebiete auf ca. 8% der förderfähigen Bevölkerung.[447]

All diese Faktoren haben dazu beigetragen, daß in der Planungsperiode von 1994
bis 1999 bereits 51% der Gesamtbevölkerung in den heutigen fünfzehn Mitgliedstaaten der Europäischen Union von der Förderkulisse der Struktur- und Kohäsionsfonds
erfaßt worden sind. Eine Fortschreibung dieser expansiven Dynamik erschien schon
angesichts der abnehmenden Möglichkeiten zu weiteren Erhöhungen des Haushaltsan-
satzes nach dem Eintritt von elf Mitgliedstaaten in die dritte Stufe der Währungsunion
am 1. Januar 1999 äußerst schwierig. Die unveränderte Weiterführung des geltenden
Systems der Strukturförderung hätte aber die Grenzen der Finanzierbarkeit endgültig
sprengen müssen, sobald die ersten mittel- und osteuropäischen Länder Mitglieder der
Europäischen Union geworden wären. In den Verhandlungen zur »Agenda 2000« und
den harten Verteilungskämpfen zwischen den Mitgliedstaaten sollte sich deshalb endgültig zeigen, wie sehr sich damit die Rahmenbedingungen für Tauschgeschäfte zwischen den Mitgliedstaaten verändert haben. Durch die stabilitätspolitischen Zwänge
zur Konsolidierung der mitgliedstaatlichen Haushalte im »Euroland« war es nicht länger möglich, die Logik der beiden vorangehenden Reformen der Kohäsionspolitik
fortzusetzen und die Zustimmung aller Mitgliedstaaten zu der bevorstehenden Osterweiterung durch die Bereitstellung erheblicher zusätzlicher Fördermittel gewissermaßen zu »erkaufen«.

Andererseits macht eine Betrachtung des durchschnittlichen Pro-Kopf-
Einkommensniveaus in den Beitrittsländern deutlich, daß die bevorstehende Osterweiterung tatsächlich eine redistributive Herausforderung bislang nicht gekannten
Ausmaßes für die Strukturpolitik der Europäischen Union darstellt. So lag noch im
Jahr 1997 der Mittelwert des Pro-Kopf-BIP der zehn mittel- und osteuropäischen
Beitrittskandidaten bei nur 40% des durchschnittlichen EU-Einkommens pro Kopf in
der Europäischen Union der Fünfzehn. Selbst der Vergleichswert Griechenlands als
ärmstem derzeitigen Mitgliedstaat lag mit 68% deutlich darüber. Einzig Slowenien erreicht ein vergleichbares BIP pro Kopf, gefolgt von der Tschechischen Republik mit
62% des EU-Durchschnittes. Nur für diese beiden Beitrittsländern wird erwartet, daß
das Pro-Kopf-Einkommen einzelner Regionen in den nächsten Jahren den Wert von

---

447 Vgl. Europäische Kommission: Erster Bericht, a. a. O., S. 116.

75% des durchschnittlichen Pro-Kopf-BIP in der heutigen EU der Fünfzehn übersteigen wird und diese Gebiete deshalb aus der bisherigen Ziel-1-Förderung herausfallen könnten. Natürlich darf bei Prognosen für die künftige Verteilung der Ziel-1-Förderung in einer erweiterten Union nicht unberücksichtigt bleiben, daß durch die niedrigen Einkommen in künftigen MOE-Mitgliedstaaten auch der Schwellenwert gemessen am Pro-Kopf-BIP der Europäischen Union der Fünfzehn sinken wird. Entsprechende Berechnungen auf der Grundlage der Zahlen von 1995 haben ergeben, daß sich nach dem Beitritt der zur Zeit fünf mittel- und osteuropäischen Kandidaten in der ersten Erweiterungsrunde der absolute Wert für das durchschnittliche Pro-Kopf-Einkommen in der EU der 20 erheblich verringern wird und damit bereits 65% des heutigen Durchschnittseinkommens in einer Region ausreichen werden, um künftig die 75%-Marke zu erreichen und damit aus der Ziel-1-Förderung herauszufallen.[448] Selbst dann liegen aber Ungarn mit rund 45% des heutigen EU-Einkommensdurchschnittes, Polen mit 40% und Estland mit 37% soweit unter diesem Schwellenwert, daß für sie praktisch eine flächendeckende Förderung nach Ziel-1 notwendig sein dürfte. Nach einer Erweiterung um alle zehn Mitgliedstaaten wird dies auch auf die Slowakei (47%), Rumänien (32%), Bulgarien (28%) sowie die beiden baltischen Staaten Lettland und Litauen mit weniger als 30% des gegenwärtigen Durchschnittseinkommens pro Kopf (1997) zutreffen.[449] Selbst wenn ein jährliches Wachstum des Pro-Kopf-Einkommens in den MOE-Staaten von jährlich 5% gegenüber 2% in der Union der Fünfzehn vorausgesetzt wird, würden die Transformationsländer rund 35 Jahre benötigen, um ihren Einkommensrückstand auf zwei Drittel des derzeitigen EU-Durchschnittes zu verringern und damit knapp oberhalb des Grenzwertes für die Ziel-1-Förderung zu liegen.[450]

Schätzungen des Deutschen Instituts für Wirtschaftsforschung zufolge hätten sich die Mehrkosten nach dem Beitritt von fünf mittel- und osteuropäischen Staaten bei einer unveränderten Fortführung der geltenden Förderpraxis bis 1999 im ersten Jahr ihrer Mitgliedschaft auf 33 Mrd. ECU belaufen und damit deutlich über dem für die Regional- und Strukturpolitik in der EU der Fünfzehn vorgesehenen Gesamtbetrag für das Jahr 1999 (27,4 Mrd. ECU) gelegen.[451] Andere Berechnungen gingen davon aus, daß die Anwendung der für den Zeitraum 1994–1999 geltenden Förderregeln bei einer Erweiterung um Polen, Ungarn, die Tschechische Republik und die Slowakei einen Anstieg der jährlichen Förderbeträge auf 48 Mrd. ECU nach sich gezogen hätte und daß im Falle einer Aufnahme aller zehn MOE-Staaten sowie Maltas und Zyperns nach 2001 sogar eine Verdoppelung der Fonds nötig geworden wäre.[452]

Angesichts dieses zusätzlichen Mittelbedarfes für die Strukturpolitik nach der Osterweiterung und der gleichzeitigen Einsparungszwänge, die sich aus den Erfordernissen einer stabilen gemeinsamen Währung ergaben, stellen die Strukturfondsreformen im Rahmen der »Agenda 2000« im Grundsatz ganz folgerichtig auf eine stärkere

448   Vgl. Axt: Agenda 2000 und EU-Strukturpolitik, a. a. O., S. 39 f.
449   Vgl. Europäische Kommission: Sechster Periodischer Bericht über die sozioökonomische Lage und Entwicklung der Regionen, Brüssel 1999, S. 90 f.
450   Vgl. Weise: Osterweiterung der EU, a. a. O.
451   Vgl. ebd.
452   Vgl. Centre for Urban and Regional Development Studies (CURDS): Written Evidence to the House of Lords, 1997, S. 52-62.

Mittelkonzentration ohne weitere Aufstockung des Finanzvolumens für die heutigen fünfzehn Mitgliedstaaten ab. Tatsächlich wurde in Berlin nur eine geringfügige Ausgabensteigerung für die Jahre 2000–2006 gegenüber dem siebenjährigen Vergleichszeitraum von 1993–1999 vereinbart, indem die Mittel für die Strukturfonds und den Kohäsionsfonds von rund 204 Mrd. Euro nur auf ca. 213 Mrd. Euro aufgestockt wurden.

Was jedoch das Ziel einer weiteren Mittelkonzentration auf tatsächlich förderbedürftige Gebiete anbelangt, so sind die Ergebnisse keineswegs überzeugend. Zwar ist die Beschränkung des Anteils der förderfähigen Bevölkerung auf Unionsgebiet von zuletzt 51% auf künftig 41% ein Schritt in die richtige Richtung. Gerade für die neuen Zielgebietsabgrenzungen ist jedoch festzustellen, daß sie sich auch weiterhin als Formelkompromiß zwischen verteilungs- und umverteilungspolitischen Funktionen der Strukturpolitik darstellen. Die Zahl der Förderziele wurde zwar von zuvor sieben auf drei reduziert. Faktisch ist diese Verringerung aber eher kosmetischer Natur, da sie hauptsächlich über die Zusammenfassung der früherer Zielkategorien bewerkstelligt wird. So fällt unter das neue Ziel 1 auch weiterhin die Förderung rückständiger Regionen mit einem Pro-Kopf-Einkommen unterhalb von 75% des Unionsdurchschnittes, für die wiederum 70% der Strukturfondsmittel bereitgestellt wurden. Außerdem einbezogen wurden jedoch die Ziel-6-Regionen mit geringer Bevölkerungsdichte. Das neue Ziel 2 zur Förderung von Regionen im Strukturwandel setzt sich jetzt aus den früheren Zielen 2 und 5b zusammen, während das horizontale Ziel 3 zur Anpassung von Ausbildungs- und Beschäftigungssystemen nun im wesentlichen die vorherigen Ziele 3 und 4 abdeckt.

Besonders gut sichtbar werden die Härte des Verteilungskampfes bei den Neuregelungen zur Strukturpolitik und die damit verbundenen Aufweichungen des Gebotes eines konzentrierten Mitteleinsatzes auch an den Beschlüssen des Berliner Gipfels zum Kohäsionsfonds. Er wird weiterhin ausschließlich den vier Kohäsionsländern zugute kommen, obwohl sein Zweck ursprünglich darin bestand, ihnen den Eintritt in die dritte Stufe der Wirtschafts- und Währungsunion zu erleichtern. Da Irland, Portugal und Spanien inzwischen zu den elf Euro-Teilnehmerstaaten zählen, hätte diese Förderung für sie eigentlich entfallen und nur für Griechenland fortgesetzt werden müssen. Statt dessen wurde der Ansatz für Fördermittel an die vier Kohäsionsländer aus diesem »Topf« in der neuen siebenjährigen Planungsperiode sogar von 15 Mrd. auf 18 Mrd. Euro heraufgesetzt. Gleichfalls als Ausdruck einer reinen Politik der Besitzstandswahrung muß die Tatsache gesehen werden, daß in der neuen Finanziellen Vorausschau insgesamt rund 5% der Mittel als Übergangsunterstützung für Regionen mit »besonderen Situationen« in elf Mitgliedstaaten eingeplant sind, in denen die bisherige Strukturförderung durch die Neuregelungen sonst einfach entfallen würde.

Natürlich resultieren all die hochgradig an der politischen Durchsetzbarkeit orientierten Formelkompromisse im Rahmen der »Agenda 2000« nicht zuletzt daraus, daß nach wie vor die Vertragsgrundlagen von 1986 und damit auch die unscharfe Umschreibung des Kohäsionszieles gelten. Dadurch eröffnet sich den Mitgliedstaaten bei der Suche nach konsensfähigen Verhandlungslösungen ein immenser inhaltlicher Spielraum bei Entscheidungen über den Einsatz von Fördermitteln zu verteilungs- bzw. umverteilungspolitischen Zwecken, ohne daß sich daraus zuverlässige Rückschlüsse auf den effektiven strukturpolitischen Handlungsbedarf auf europäischer Ebene ziehen ließen. Außer Zweifel steht zunächst nur, daß sich das finanzielle Volumen redistributiver Maßnahmen zwischen den Mitgliedstaaten in möglichst engen Grenzen halten sollte, um eine unverhältnismäßige Belastung der nationalen Haushalte und damit jede Gefährdung stabilitätsgerechten Verhaltens im gemeinsamen Währungsraum zu vermeiden.

Schon unter diesem Gesichtspunkt erscheint es aber geboten, die unbestimmte Zielumschreibung der europäischen Kohäsionspolitik durch eine präzisere Umschreibung notwendiger redistributiver Funktionen der Unionsebene in der Strukturpolitik zu ersetzen, deren Inhalte nicht mehr völlig abhängen von der Aushandlungslogik zwischen den Mitgliedstaaten. Wird das einheitliche Prüfraster für die Kompetenzverteilung zwischen der europäischen und mitgliedstaatlichen Ebene, das in dieser Studie entwickelt wurde, zunächst in diesem Kontext herangezogen, so zeigt sich sofort, daß die Förderkategorien europäischer Strukturpolitik jenseits von Ziel 1 kaum zu rechtfertigen sind. Da sie rein verteilungspolitisch motiviert sind und vorrangig auf Mittelrückflüsse in die reicheren Mitgliedstaaten abzielen, nachdem diese ohnehin einen Großteil der Fördermittel finanzieren, erweisen sie sich als unvereinbar mit dem Subsidiaritätsprinzip als Kompetenzverteilungsregel. Auch nach der Reform im Rahmen der Agenda 2000 wird die Ziel-2- und Ziel-3-Förderung über den EU-Haushalt großteils in die reicheren Mitgliedstaaten zurückfließen. Dieser budgetäre Umweg erscheint – gemessen an den Kriterien der Erforderlichkeitsbedingung als erster Ebene des Prüfrasters – nicht gerechtfertigt. Es sind keine Problembezüge erkennbar, die über die Handlungsmöglichkeiten des einzelnen Landes hinausweisen würden. Deshalb bietet es sich an, diese rein verteilungspolitisch motivierten Zielkategorien abzuschaffen und die dafür verfügbaren Mittel wieder in die nationalen Haushalte einzustellen bzw. teilweise zur Bewältigung besonderer Aufgaben bei der EU-Erweiterung einzusetzen.[453]

Einer sorgfältigeren Überprüfung bedarf allerdings die Frage, inwieweit die umverteilungspolitischen Handlungsbefugnisse der Europäischen Union in der Ziel-1-Förderung angesichts von Binnenmarkt, Währungsunion sowie Erweiterungsperspektive gerechtfertigt sind. Auf die Folgewirkungen der Währungsunion für Gebiete mit Entwicklungsrückstand wird an späterer Stelle gesondert einzugehen sein, da dabei vor allem die Frage von Interesse ist, inwieweit Mitteltransfers in diese Regionen eine stabilitätspolitische, nicht aber eine verteilungspolitische Funktion zu erfüllen haben, um asymmetrische Schockwirkungen konjunktureller Krisen nach der Einführung des Euro abzufangen.

Was aber die Konsequenzen des Binnenmarktes für Regionen mit erheblichen Entwicklungsrückständen angeht, so ist zunächst einmal festzustellen, daß sich die Erwartungen an die Wirkungen des Gemeinsamen Marktes nicht erfüllt haben, die die Gründerstaaten der Europäischen Wirtschaftsgemeinschaft bereits 1957 dazu bewogen hatten, einen Hinweis auf das Ziel des Abbaus regionaler Disparitäten in die Präambel des Gemeinschaftsvertrages aufzunehmen. Die damaligen Mitgliedstaaten sahen eine zentrale Aufgabe des europäischen Einigungsprozesses darin, die »...Volkswirtschaften zu einigen und deren harmonische Entwicklung zu fördern, indem sie den Abstand zwischen den einzelnen Gebieten und den Rückstand weniger begünstigter Gebiete verringern«. Allerdings lag dieser Annahme noch die Überzeu-

---

453 Vgl. zu diesem Vorschlag: Axt: Agenda 2000 und EU-Strukturpolitik, a. a. O., v. a. S. 55-59.

gung zugrunde, der Gemeinsame Markt selbst würde entsprechende Angleichungstendenzen bewirken. Dahinter stand die Erwartung, durch die gegenläufigen Wanderungsbewegungen von Kapital in rückständige Regionen mit ihrem niedrigeren Lohn-
niveau und von Arbeitskräften in wohlhabendere Gebiete würde langfristig
automatisch eine Angleichung des Wohlstandsniveaus innerhalb der Gemeinschaft
herbeigeführt werden. Diese Auffassung mutete schon zum Zeitpunkt der Süderweiterung kaum mehr realistisch an.

Jüngere Erkenntnisse der Regionalökonomie deuten viel eher darauf hin, daß Regionen mit Entwicklungsrückstand, aus denen sich bislang fast das gesamte Gebiet der
vier Kohäsionsländer zusammengesetzt hat und die künftig vor allem auf dem Territorium der MOE-Neumitglieder liegen werden, durch die Verschärfung der Konkurrenz
im Binnenmarkt tatsächlich negativ betroffen sind. Das Entwicklungspotential und die
Wettbewerbsfähigkeit von Regionen sind hochgradig von der bereits vorhandenen In-
frastrukturausstattung abhängig und beruhen längst nicht mehr primär auf niedrigen
Lohnkosten und der Produktion von Massengütern. Entscheidend sind inzwischen
vielmehr eine hohe Qualität und Zuverlässigkeit sowie ein modernes Design ihrer
Produkte, verbunden mit der Fähigkeit, diese Produkte der sich permanent ändernden
Nachfrage anzupassen. Dies impliziert eine wachsende Fragmentierung und Spezialisierung in der Produktion, die mit größeren Abhängigkeiten von anderen Unternehmen und Zulieferbetrieben einhergeht. Für den Erhalt der Konkurrenzfähigkeit sind
moderne Kommunikationsmittel, kurze Verbindungen sowie der rasche und zuverlässige Zugang zu anderen hochspezialisierten Firmen unerläßlich. Aus dieser Entwicklung folgt, daß Investitionsentscheidungen verstärkt zugunsten von Regionen mit einer
soliden Ausgangsausstattung an Infrastruktur, hochqualifizierten Arbeitskräften und
Forschungseinrichtungen getroffen werden, während Kapitalbewegungen in Richtung
rückständiger Regionen mit ihren niedrigeren Lohnkosten eher an Bedeutung verlie-
ren.[454] Als potentielle Hauptgewinner in einem Binnenmarkt mit freiem Kapitalver-
kehr stehen angesichts dieser veränderten Entscheidungsdeterminanten zunächst einmal urbanisierte Gebiete in den reicheren Mitgliedstaaten da, welche zudem
nötigenfalls auch über die Mittel verfügen, selbst die entsprechenden infrastrukturellen Voraussetzungen zu schaffen, um Investoren anzuziehen. Niedrigere Lohnkosten
kommen als Standortvorteil hingegen erst unter der Voraussetzung voll zum Tragen,
daß Regionen auf vergleichbarem Entwicklungsniveau miteinander konkurrieren. Dies
bedeutet nach einer Erweiterung der Europäischen Union um die mittel- und osteuropäischen Beitrittskandidaten aber zugleich, daß vor allem die rückständigen Gebiete in
den derzeitigen Mitgliedstaaten schockartig mit einer verschärften Konkurrenzsituati-
on konfrontiert sein werden. Während ihre Wirtschaftsstrukturen große Ähnlichkeit
mit den künftigen Neumitgliedern aufweisen, können sie sich im Lohnkostenniveau
nicht mit den mittel- und osteuropäischen Ländern messen. [455]

---

454 Vgl. Prud'homme, Rémy: The potential role of the EC budget in the reduction of spatial disparities
    in a European economic and monetary union, in: European Commission: The Economics of
    Community Public Finance (European Economy. Reports and Studies No 5/1993), Luxembourg
    1993, S. 317-351 (S. 328 f.)
455 Vgl. Franzmeyer, Fritz; Bruecker, Herbert: Europäische Union: Osterweiterung und
    Arbeitskräftemigration, in: DIW-Wochenbericht 5 (1997).

Auch die erhoffte Ausgleichswirkung von Arbeitskräftewanderungen in entgegengesetzter Richtung zu den Kapitalströmen, die ursprünglich als Folge des Gemeinsamen Marktes erwartet wurden, ist nicht eingetreten. Zugrunde lag dieser Erwartung die Ausgangsannahme, daß die Abwanderung von Arbeitskräften von ärmeren in reichere Regionen der Gemeinschaft automatisch zu einem Abbau von Entwicklungsrückständen – gemessen am Pro-Kopf-Einkommen – beitragen würde, weil mit dem Rückgang des Arbeitsangebotes in den ärmeren Regionen eine Lohnsteigerung einherginge. In der Realität ist aber festzustellen, daß das Muster der Arbeitnehmerwanderung nicht diesen theoretischen Überlegungen entspricht. Was die Mobilität der Arbeitskräfte zwischen den Mitgliedstaaten anbelangt, so bewegt sie sich vor allem aufgrund der Sprachbarrieren und der nach wie vor bestehenden Mobilitätshemmnisse im Binnenmarkt noch in sehr engen Grenzen.[456] Hinzutritt – und dies gilt auch innerhalb der Mitgliedstaaten –, daß eine Abwanderung von rückständigen in reichere Gebiete vor allem für hochqualifizierte Arbeitskräfte zu beobachten ist. Dies bedeutet aber, daß sich auch durch den massiven Verlust an Humankapital das Entwicklungs- und Wachstumspotential rückständiger Gebiete im Binnenmarkt eher weiter zu verschlechtern droht.[457]

In ihrer Summe sprechen diese Zusammenhänge dafür, daß sich die Wettbewerbsbedingungen für Gebiete mit Entwicklungsrückstand im Binnenmarkt eher zu verschlechtern drohen und dieser Effekt durch die Osterweiterung nochmals verschärft werden dürfte, wenn sie nicht über die nötigen Ressourcen verfügen, um vor allem Infrastrukturdefizite und ihre unzureichende Ausstattung mit Humanressourcen zu überwinden. Diese Gefahr besteht vor allem für wirtschaftsschwache Regionen in Mitgliedstaaten, die flächendeckend mit Strukturproblemen zu kämpfen haben und deshalb insgesamt ein zu niedriges Wohlstandsniveau erreichen, um selbständig ausreichende Mittel für eine wirksame Regionalförderung aufbringen zu können. Übertragen auf die Kriterien des einheitlichen Kompetenzprüfrasters bedeutet dies zunächst einmal, daß die Problemlösungskapazitäten solcher Mitgliedstaaten zum Abbau regionaler Entwicklungsrückstände auf ihrem Gebiet tatsächlich nicht ausreichen, sondern ein Zusammenwirken mehrerer bzw. aller Mitgliedstaaten notwendig ist, um über finanzielle Umverteilungsmaßnahmen speziell zugunsten von ärmeren Partnerländern mit flächendeckenden Entwicklungsrückständen ausreichend Mittel für die Strukturförderung bereitzustellen.

Diese Notwendigkeit gemeinsamen Handelns ergibt sich bereits aus der Tatsache, daß im europäischen Integrationsverbund strukturelle Entwicklungsdefizite einzelner Mitgliedstaaten längst nicht mehr einfach als »deren Problem« abgetan werden können. Vielmehr verpflichtet das Solidaritätsgebot in Art. 1 EUV-A in Verbindung mit dem Ziel einer Förderung des wirtschaftlichen und sozialen Zusammenhalts in Art. 2 EUV-A alle Mitgliedstaaten, allzu große Wohlstandsgefälle zwischen ihnen als gemeinsames Problem zu betrachten. Unter diesem Gesichtspunkt und dem Gesichtspunkt einer gerechten Lastenverteilung spricht in erster Linie das *Prüfkriterium der erforderlichen Mindestteilnehmerzahl* für eine Beteiligung aller Mitgliedstaaten an einer strukturpolitisch motivierten Umverteilungspolitik. Unterstrichen wird dieses Er-

---

456   Vgl. Begg, Ian: Factor mobility and regional disparities in the European Union, in: Oxford Review of Economic Policy 11 (1995), S. 96-112.

457   Vgl. Prud'homme, a. a. O., S. 327 f.

fordernis einer Beteiligung möglichst aller Mitgliedstaaten durch das immense Volumen von Transferleistungen, die im Zusammenhang mit der Osterweiterung anfallen dürften. Beispielsweise belaufen sich alleine die Schätzungen für die Kosten der Instandsetzung und des Ausbaus der Verkehrsnetze in den mittel- und osteuropäischen Staaten auf ca. 90 Mrd. Euro, während dafür mit dem neu geschaffenen SIVB, das als Heranführungshilfe der Europäischen Union Infrastrukturmaßnahmen auf den Gebieten Umwelt und Verkehr ermöglichen soll, in den kommenden sieben Jahren nicht einmal 7 Mrd. Euro bereitgestellt werden.[458]

An sich würde dieses Ergebnis auf der ersten Prüfungsebene der Erforderlichkeit gemeinsamen Handelns bereits völlig ausreichen, um auf der zweiten Ebene der »Besser-Bedingung« fortzufahren und dort der Frage nachzugehen, ob für eine wirksame Problemlösung tatsächlich Unionszuständigkeiten nötig sind oder aber andere, autonomieschonendere Formen zwischenstaatlicher Kooperation gewählt werden sollten. Dennoch verdient zumindest Erwähnung, daß eine Mittelredistribution zwischen den Mitgliedstaaten für die Strukturförderung in besonders wirtschaftsschwachen Ländern auch gemessen am *Kriterium der räumlichen Kongruenz politischen Handelns* gerechtfertigt erscheint. Im Falle zu großer Ungleichgewichte bei der Verteilung von Integrationsgewinnen aus Binnenmarkt und Währungsunion und einer daraus resultierenden Zunahme des Wohlstandsgefälles zwischen den Mitgliedstaaten, wächst auch die Gefahr, daß die Bereitschaft der Verlierer des Marktgeschehens zunimmt, mit Grundregeln der wirtschaftlichen Integration zu brechen und durch die Errichtung neuer Handelshemmnisse oder auch eine stabilitätswidrige Haushaltspolitik als unerträglich empfundene Härten des Wettbewerbs abzudämpfen. Mittelbar können auf einzelne Mitgliedstaaten konzentrierte, regionale Entwicklungsrückstände also durchaus negative externe Effekte für alle Mitgliedstaaten der Europäischen Union nach sich ziehen. Auch dies spricht für gemeinsame Anstrengungen aller Mitgliedstaaten, über die Bereitstellung ausreichender Fördermittel in der Strukturpolitik die Wettbewerbsfähigkeit und das Wachstum der rückständigen Gebiete in ärmeren Mitgliedstaaten zu beschleunigen und dadurch den Abbau des Wohlstandsgefälles in der Union zu fördern.

Demnach ist also eine grundsätzliche Notwendigkeit der Umverteilung finanzieller Ressourcen zugunsten von Mitgliedstaaten mit gravierenden Entwicklungsrückständen durchaus gegeben. Allerdings scheiden sich die Geister an der Frage, wie diese Redistributionsaufgabe unter dem Gesichtspunkt einer subsidiaritätsgerechten Kompetenzverteilung am ehesten erfüllt werden kann. Immer wieder wird die Auffassung vertreten, daß zu diesem Zweck ein horizontaler Finanzausgleich zwischen den Mitgliedstaaten völlig ausreichen würde. Die Wahrnehmung dieser Funktion im Rahmen der europäischen Strukturpolitik und die Vertikalisierung des Mittelflusses über die Zwischenschaltung des europäischen Haushalts erscheint aus der Sicht von Anhängern dieser Auffassung hingegen als Verstoß gegen das Subsidiaritätsprinzip.[459]

---

458 Vgl. Taylor, Simon: No dissent over cash for applicants, in: European Voice v. 11.-17. März 1999, S. 14.

459 Vgl. Heinemann: Finanzverfassug und Kompetenzausstattung a. a. O., S. 184 f.; ders.: EU-Finanzreform 1999, a. a. O., S. 44 f.; Stehn, Jürgen: Agenda 2000: Ouvertüre oder Finale der Reformen im Zuge der EU-Osterweiterung? (Kieler Diskussionsbeiträge des Instituts für Weltwirtschaft 336/1999).

Erwiesen sich derartige Lösungen als politisch praktikabel, so würde dies im Hinblick auf die Fortsetzung der Kompetenzprüfung bedeuten, daß die erforderlichen Umverteilungsmaßnahmen für rückständige Gebiete in den ärmeren Mitgliedstaaten keineswegs durch die Unionsebene sichergestellt werden müßten, sondern eine mindestens ebenso hohe *Problemlösungsfähigkeit alternativer Formen multilateraler Kooperation* zwischen den Mitgliedstaaten auf der Basis völkerrechtlicher Vereinbarungen besteht. Alleine der Diskussionsverlauf um die jüngsten Reformen der Strukturpolitik im Rahmen der »Agenda 2000« läßt allerdings massive Zweifel an der politischen Realisierbarkeit derartiger horizontaler Finanzausgleichsmodelle aufkommen. Hier überlagerte die politische Auseinandersetzung um die Wahrung bzw. Verbesserung der jeweiligen Nettobeitragsposition völlig die Frage nach dem effektiven Mittelbedarf für den Abbau von Entwicklungsrückständen in einer erweiterten Europäischen Union. Je stärker die fiskalischen Restriktionen zu Tage treten, die aus der Einführung des Euro für die Mitgliedstaaten resultieren, desto tragfähiger wird auch der wiederholt geäußerte Vorbehalt gegen eine völlige Rückverlagerung der Redistributionsaufgaben europäischer Strukturpolitik auf die nationale Ebene, daß horizontale Transfers in ausreichender Höhe letztlich an der mangelnden Solidaritätsbereitschaft der Mitgliedstaaten scheitern müßten.[460]

Wie gezeigt wurde, hat die Dominanz rein verteilungspolitischer Interessen vor dem Hintergrund der geltenden Verfahren für die Festlegung der konkreten Inhalte europäischer Kohäsionspolitik ja von Anfang an dazu geführt, daß die umverteilungspolitischen Erfordernisse einer Stärkung des wirtschaftlichen und sozialen Zusammenhaltes ins Hintertreffen geraten sind. Diese Beobachtungen sprechen aber kaum für die Möglichkeit sonderlich problemgerechter Ergebnisse multilateraler Formen der Zusammenarbeit auf umverteilungspolitischem Gebiet, sondern vielmehr dafür, anstelle der bisher vagen Umschreibung des Kohäsionszieles die Redistributionsfunktion als einen Hauptgegenstand europäischer Strukturpolitik im Vertrag deutlicher zu benennen. Die Anwendung des Kriteriums der Problemlösungsfähigkeit multilateraler Kooperationsformen läßt eine Zuständigkeit der Unionsebene auf dem Gebiet strukturpolitisch motivierter Umverteilungsmaßnahmen zwischen den Mitgliedstaaten doch eher angebracht erscheinen. Wie ebenfalls bereits deutlich gemacht wurde, sollte diese Finanzierungskompetenz der europäischen Ebene jedoch lediglich ergänzenden Charakter haben, indem sie sich darauf beschränkt, Transferzahlungen von reicheren in die ärmeren Mitgliedstaaten sicherzustellen, deren Entwicklungsrückstände besonders gravierend sind und die deshalb bei ihren Bemühungen um einen Abbau regionaler Disparitäten auf diese finanzielle Unterstützung angewiesen sind.

Ob diese partielle Umverteilungsaufgabe allerdings tatsächlich auf Unionsebene angesiedelt werden bzw. explizit Eingang in den dualen Kompetenzkatalog einer europäischen Vertragsverfassung finden sollte, hängt davon ab, wie die Resultate der noch ausstehenden Prüfschritte aussehen. Nach dem einheitlichen Kriterienraster ist deshalb zunächst zu klären, ob auch eine hinreichende *öffentliche Akzeptanz* für ent-

---

460 Vgl. in diesem Sinne u. a.: Waniek, Roland W.: EG-Regionalpolitik für die Jahre 1994-1999, in: Wirtschaftsdienst 1994/I, S. 43-49 (S. 47); Postlep, Rolf-Dieter: Möglichkeiten eines horizontalen Finanzausgleichs zwischen den Mitgliedstaaten der Europäischen Gemeinschaft, in: Mertins, Günter (Hrsg.): Vorstellungen der Bundesrepublik Deutschland zu einem europäischen Raumordnungskonzept, Marburg/Lahn 1993.

sprechende umverteilungspolitische Handlungsbefugnisse der Unionsebene vorausgesetzt werden kann. Werden zur Klärung dieser Frage wiederum die Umfrageergebnisse des Eurobarometers herangezogen, so ergibt sich daraus ein relativ widersprüchliches Bild. Zunächst scheinen die entsprechenden Zustimmungswerte für umverteilungspolitische Kompetenzen der Unionsebene mit dem Ziel eines Abbaus regionaler Entwicklungsrückstände zu sprechen und damit in Widerspruch zu der obigen These unzureichender Solidarität zwischen den Mitgliedstaaten zu stehen.[461] Sowohl in den herangezogenen Ergebnisse der Umfragen vom Frühjahr 1996 als auch vom Frühjahr 1998 zeigt sich, daß die Frage, ob politische Entscheidungen auf dem Gebiet »Unterstützung der Regionen« (1996) bzw. »Unterstützung wirtschaftlich schwacher Regionen« (1998) auf nationaler oder gemeinsam innerhalb der Europäischen Union getroffen werden sollten, von den Unionsbürgern mit deutlicher Mehrheit zugunsten der europäischen Ebene beantwortet wurde. 1996 sprachen sich 62% für die Unionsebene aus, im Jahr 1998 immerhin 63%. Allerdings entsteht ein anderes Bild, wenn die Ergebnisse der gesonderten Umfrage von 1996 betrachtet werden, bei der letztmals drei Antwortoptionen zur Auswahl gestellt wurden. Dort wurde erfragt, ob Entscheidungen zur »Regionalentwicklung« hauptsächlich auf nationaler, hauptsächlich auf EU-Ebene oder sowohl auf europäischer als auch auf nationaler Ebene getroffen werden sollten. Im Unionsdurchschnitt entschieden sich 61% der Befragten für die erste Möglichkeit, nur 23% sprachen sich für gemischte Zuständigkeiten aus und ganze 10% äußerten eine Präferenz für vorrangig europäische Entscheidungsbefugnisse. Dieses Ergebnis scheint also eher für ein unzureichendes Solidaritätsempfinden der mitgliedstaatlichen Bevölkerungen zu sprechen. Letztlich erlaubt die Überprüfung des Kriteriums der öffentlichen Akzeptanz anhand der Umfrageergebnisse des Eurobarometers also keine zuverlässigen Rückschlüsse. Allerdings zeigt sich gerade in den Nettozahlerstaaten, daß zu starke Belastungen des nationalen Budgets durch Beitragszahlungen an den Unionshaushalt eher ablehnende Reaktionen bei den Bürgern hervorrufen. Vor diesem Hintergrund ist anzunehmen, daß die öffentliche Akzeptanz für umverteilungspolitische Handlungsbefugnisse der Europäischen Union im Rahmen der Strukturförderung eher gering ausfallen dürfte und dieses Kriterium somit gegen entsprechende EU-Zuständigkeiten spricht.

Nachdem die Anwendung des ersten Prüfkriteriums der Problemlösungsfähigkeit alternativer Kooperationsformen auf der Ebene der »Besser-Bedingung« genau in die entgegengesetzte Richtung gedeutet und eher eine Zuständigkeitsvermutung zugunsten der Unionsebene ausgelöst hat, erweist es sich als nötig, die Prüffolge fortzusetzen und abschließend die Frage nach *Verbundvorteilen* zu klären, die aus einer ergänzenden Finanzierungszuständigkeit der Europäischen Union für Transferzahlungen an Mitgliedstaaten mit gravierenden Entwicklungsrückständen zum Zweck des Abbaus regionaler Disparitäten resultieren könnten. Daß aber entsprechende Verbundvorteile in erheblichem Umfang vorliegen, geht bereits aus den vorhergehenden Überlegungen zu der Bedeutung hervor, die eine zielgerichtete Redistribution der Strukturfonds- und Kohäsionsfondsmittel zugunsten der ärmeren Mitgliedstaaten für einen funktionierenden Binnenmarkt, für eine stabile gemeinsame Währung und für die wirtschaftliche

---

461 Wie bereits bislang, wurden die folgenden Umfrageergebnisse wiederum entnommen aus: Europäische Kommission: Eurobarometer 45/96, a. a. O., S. 60, S. B.50 f.; sowie: Europäische Kommission: Eurobarometer 49/98, a. a. O., S. 40; S. B.24 f.

Kohäsion als drei Hauptzielen des europäischen Einigungswerkes nach Art. 2 EUV-A hat.

Abschließend ergibt die Betrachtung und Überprüfung der Strukturpolitik als Verteilungs- und Umverteilungspolitik demzufolge, daß gerade im doppelten Systemwandel eine Konzentration europäischer Partialzuständigkeiten auf die redistributive Funktion europäischer Kohäsionspolitik geboten erscheint. Die Anwendung der Kriterien des einheitlichen Rasters für die Überprüfung der Zuständigkeitsverteilung führt auf diesem Gebiet zu dem Ergebnis, daß der Unionsebene explizit eine ergänzende Finanzierungskompetenz für Transferzahlungen an die ärmeren Mitgliedstaaten zugewiesen werden sollte, die zum Abbau ihrer regionalen Entwicklungsrückstände nicht aus eigener Kraft in der Lage und deshalb weitgehend auf die Bereitstellung europäischer Fördermittel angewiesen sind. Diese sachgegenständliche Funktionsbestimmung europäischer Strukturpolitik sollte gemeinsam mit den allokationspolitischen und stabilitätspolitischen Handlungsbefugnissen der europäischen Ebene, die im folgenden behandelt werden, an die Stelle des bislang nur vage umschriebenen Kohäsionszieles treten. Für die konkrete Umsetzung der künftigen Förderpraxis bedeutet diese vertragliche Ausrichtung der europäischen Strukturpolitik auf die Mittelredistribution zugunsten rückständiger Regionen in wirtschaftsschwachen Mitgliedstaaten letztlich, daß sie dem »Nettofondsprinzip« zu folgen hätte. Das hieße, daß nur noch Regionen mit einem Pro-Kopf-BIP unterhalb von 75% des EU-Durchschnittes – also Ziel-1-Regionen gemäß der Definition vor der »Agenda 2000«-Reform – Mittel aus der europäischen Strukturförderung beantragen könnten, die zugleich in Mitgliedstaaten liegen, deren Pro-Kopf-Einkommen insgesamt einen gewissen Schwellenwert unterhalb des Unionsdurchschnittes nicht erreicht. Anbieten würde sich für diesen nationalen Grenzwert die 90%-Schwelle, die gegenwärtig für die Förderung aus dem Kohäsionsfonds gilt.[462] Dadurch wäre erstens eine starke Mittelkonzentration auf die rückständigen Gebiete in den künftigen mittel- und osteuropäischen Mitgliedstaaten gewährleistet. Zum anderen könnten aber auch die beiden neuen Förderziele 2 und 3, mit denen in der Agenda 2000 die bisherigen Ziele 2 bis 6 lediglich zusammengefaßt wurden, völlig entfallen und die dafür verfügbaren Mittel wieder in die nationalen Haushalte eingestellt werden.

---

462 Ein entsprechender, am »Nettofondsprinzip« orientierter Vorschlag findet sich bei Axt: Agenda 2000 und EU-Strukturpolitik, a. a. O.

Dargestellt in Matrixform ergibt sich für die primärrechtliche Aufteilung distributiver und redistributiver Zuständigkeiten auf dem Gebiet der Regional- und Strukturpolitik in einem dualen Kompetenzkatalog aber folgendes Bild:

Primärkompetenzen der Mitgliedstaaten	Partialkompetenzen der Europäischen Union
– Bestimmung der (um-)verteilungspolitischen Ausgleichsziele nationaler Regional- und Strukturpolitik	– Ergänzende Finanzierungskompetenz für Transferzahlungen an Mitgliedstaaten mit gravierenden Entwicklungsrückständen zur Unterstützung der nationalen Bemühungen um den Abbau regionaler Disparitäten

3. Strukturpolitik als Allokationspolitik

Neben dem Grundsatz der Mittelkonzentration durch die Definition einheitlicher Förderzielkategorien wurden mit der Reform von 1988 auch die Prinzipien der Programmplanung und der Partnerschaft für den Mitteleinsatz aus den Strukturfonds eingeführt, durch die die Kommission weitreichende Befugnisse bei der Planung, Durchführung und Kontrolle von Fördermaßnahmen erhalten hat.[463] Mit der Programmplanung hat sich ihre Rolle von der eines reinen Finanzverwalters hin zu derjenigen eines aktiven Teilnehmers in der Gestaltung und Überwachung regionaler Entwicklungsprogramme gewandelt. Anstelle der Unterstützung einzelner, von den Mitgliedstaaten vorgeschlagener Projekte, werden die Mittel der verschiedenen Finanzierungsinstrumente europäischer Strukturpolitik integriert in Mehrjahresprogrammen eingesetzt.[464] Der Prozeß der Programmplanung, in dessen Rahmen die konkreten Fördermaßnahmen und -strategien für die Implementation der Strukturpolitik in den Zielregionen entschieden wird, ist dabei bislang im Regelfall in vier Phasen verlaufen. Zunächst werden der Kommission von den Mitgliedstaaten regionale Entwicklungspläne vorgelegt, auf deren Basis die Kommission nach Verhandlungen mit den jeweiligen nationalen Regierungen in mehrjährigen Verträgen, den sogenannten Gemeinschaftlichen Förderkonzepten (GFK), die Förderschwerpunkte, Interventionsmethoden, Förderhöchstsätze und Finanzpläne für die Strukturfonds festlegt. In der dritten Phase werden zur Umsetzung der in den GFK vorgegebenen Ziele für die einzelnen Förderregionen Operationelle Programme (OP) erstellt, in denen die spezifischen Projekte im Detail geregelt sind. Die Abschlußphase bildet schließlich die Durchführung der Programme, die durch Begleitausschüsse überwacht wird, denen Vertreter der Regionen, des Mitgliedstaates und der Kommission angehören. Zusätzlich eingeführt wurde bereits 1993 die Möglichkeit, zur Vereinfachung des Verfahrens die In-

---

463   Vgl. zu den folgenden Ausführungen bezüglich dieser beiden Fördergrundsätze den sehr guten Überblick von: Marks, Gary: Structural Policy and Multilevel Governance in the EC, in: Cafruny, Alan W./Rosenthal, Glenda G. (eds.): The State of the European Community II, Boulder 1993, S. 391-410 (S. 395-397).

464   Vgl. Krätzschmar, Sabine: Theorie und Empirie der Regionalpolitik. Zur Erfolgswirksamkeit der Regionalpolitik in der Europäischen Union, Fuchsstadt 1995, S. 98-119.

halte der GFK und der OP gemeinsam in einem einzigen »Einheitlichen Programmplanungsdokument« zu regeln.

Dabei gilt bisher für alle Mitgliedstaaten – wenn auch in unterschiedlichem Maße – die Beobachtung, daß das 1988 eingeführte Prinzip der Partnerschaft erst in der Phase der Verhandlungen über die OP sowie bei der anschließenden Programmabwicklung voll zum Tragen gekommen ist, obwohl dieser Grundsatz eigentlich auf allen Stufen der Programmplanung Anwendung finden soll.[465] Die Grundidee dieser Verpflichtung auf eine partnerschaftliche Zusammenarbeit besteht ursprünglich darin, daß eine enge Abstimmung zwischen der Kommission und den von den Mitgliedstaaten benannten nationalen, regionalen und lokalen Gebietskörperschaften gewährleistet sein muß, um im Zuge der Planung und Umsetzung der konkreten Inhalte von strukturpolitischen Maßnahmen durch die genaue Kenntnis regionenspezifischer Problemlagen eine effiziente Allokation der Fondsressourcen sicherzustellen. Die weitreichenden Planungs- und Entscheidungskompetenzen der Europäischen Kommission haben jedoch zu dem Vorwurf einer übermäßigen Zentralisierung von Kommissionszuständigkeiten bei der Implementation der Strukturpolitik geführt, die wenig ortsnah bzw. problemlösungsorientiert sei und Ineffizienzen beim Mitteleinsatz schon deshalb fördere. Zugleich begünstige aber die Tatsache, daß in der entscheidenden Programmierungsphase über die GFK die nationale Ebene als alleiniger Verhandlungspartner der Kommission auftritt und die Stimme der Regionen dabei praktisch ungehört bleibt, auch bei der Programmplanung eine Konzentration auf das verteilungspolitische Interesse der Mitgliedstaaten an einer Politik der Besitzstandswahrung. Insgesamt sei die europäische Regionalpolitik deshalb zu sehr durch einen »top-down approach« geprägt, für den eine effektive Mittelverwendung nur von zweitrangiger Bedeutung ist.[466]

Auch dieses Urteil ist allerdings zunächst mit einem Blick auf die prägende Kompensationslogik bei der Entstehung und Weiterentwicklung der geltenden Grundzüge der europäischen Strukturpolitik zu relativieren. Sowohl die Einführung des Verfahrens der Programmplanung als auch des in diesem Zusammenhang geltenden Partnerschaftsprinzips hat ihre Wurzeln in dem Umverteilungsbedarf, der sich durch die Mitgliedschaft der vier Kohäsionsländer in der Europäischen Union eingestellt hatte. Die Strukturfondsreform von 1988 mit der darin enthaltenen erheblichen Aufstockung der Finanzmittel und ihrer stark redistributiven Wirkung zugunsten der wirtschaftsschwachen Staaten konnte nur unter der Bedingung die Zustimmung der wohlhabenderen Mitgliedstaaten finden, daß ihre effiziente Verwendung sichergestellt wäre.[467] Speziell Großbritannien, Frankreich und Deutschland sahen nur eine Möglichkeit, im Zuge der Reform von 1988 ihr »value for money«-Interesse angesichts des erheblichen Mittelzuwachses für die Regionalförderung durchzusetzen: eine Ausweitung der Planungs- und Kontrollbefugnisse der Kommission über die Mittelverwendung. Ohne diesen Rückhalt wäre der damalige Erfolg der Kommission bei der Durchsetzung ihres Re-

---

465 Vgl. Marks, Gary: Exploring and Explaining Variation in EU Cohesion Policy, in: Hooghe, Liesbet (ed.): Cohesion Policy and European Integration. Building Multi-Level Governance, Oxford 1996, S. 388-422.

466 Vgl. Sturm, Reform der Agrar- und Strukturpolitik, a. a. O., S. 168-172.

467 Vgl. Tömmel, Ingeborg: System-Entwicklung und Politikgestaltung in der Europäischen Gemeinschaft am Beispiel der Regionalpolitik, in: Kreile (Hrsg.): Die Integration Europas, a. a. O., S. 185-208 (S. 190).

formkonzeptes, mit dessen Hilfe sie einen Ausbau der Kohäsionspolitik als Gegengewicht zum liberal geprägten Binnenmarkt vorantreiben wollte, kaum denkbar gewesen.[468]

Die bis heute gültige Grundidee der Entwicklungsstrategie, die die Kommission
1988 anbot, ist sowohl im Sinne der Nettozahler- als auch Nettoempfänger von
Strukturfondsmitteln. Im Mittelpunkt steht dabei die Erschließung und Förderung des
endogenen Entwicklungspotentials in den rückständigen Gebieten. Über diese Strategie der »flexiblen Spezialisierung« soll das Wachstum in wirtschaftlich rückständigen
Gebieten beschleunigt und zugleich ihre internationale Wettbewerbsfähigkeit vor dem
Hintergrund der Globalisierung gesteigert werden. Gleichzeitig soll die Anpassungsfähigkeit regionaler Wirtschaftsstrukturen in rückständigen Gebieten erhöht werden,
um Einkommens- und Beschäftigungswirkungen konjunktureller und sektorieller Krisen aus eigener Kraft auffangen zu können. Durch eine Effektivierung der Ressourcenallokation entsprechend der jeweiligen regionalen Gegebenheiten und Problemlagen soll gerade in den rückständigen Gebieten ein aufholendes Wachstum des Pro-
Kopf-Einkommens, eine besonders rasche Erhöhung der Wettbewerbsfähigkeit und
der Beschäftigung erzielt werden, um auf diese Weise regionale Disparitäten in Einkommen und Beschäftigung gewissermaßen »von innen heraus« auszugleichen.[469]

Die Mittelbündelung in den vier besonders wirtschaftsschwachen Mitgliedstaaten
und die damit verbundene Redistributionswirkung zu ihren Gunsten wird dabei als
notwendig betrachtet, um die materiellen Voraussetzungen für diesen Aufholprozeß zu
schaffen. Sie ist aber keineswegs Selbstzweck, sondern – auch im Interesse der reicheren Mitgliedstaaten – lediglich Mittel zum Zweck, um »über Investitionen die wirtschaftliche Grundlage in den Empfängerregionen zu stärken«.[470] Um tatsächlich einen
Aufholprozeß der rückständigen Gebiete und einen Abbau von Disparitäten vor allem
durch die beschleunigte endogene Entwicklung benachteiligter Regionen in Mitgliedstaaten mit einem besonders niedrigen Wohlstandsniveau in Gang zu bringen,[471] genügt es nicht, die Entscheidungsbefugnisse über die Mittel(re-)distribution auf europäischer Ebene anzusiedeln. Vielmehr muß sie zudem Einfluß ausüben können auf die
Fördermittelverwendung bzw. eine effiziente Ressourcenallokation.

Auch aus Sicht der reicheren Mitgliedstaaten hätte die Alternative zur Übertragung
allokationspolitischer Befugnisse an die Europäische Kommission, die ihr mit der

---

468 Dabei wird beiden Einflüssen in der Literatur durchaus unterschiedliches Gewicht beigemessen.
Hooghe geht davon aus, daß vor allem ein Interessenumschwung der Kommission – und nicht das
Anliegen der wohlhabenderen Mitgliedstaaten nach effizienter Mittelverwendung – ausschlaggebend
für die Strukturfondsreform war; vgl. Hooghe, Liesbet: Building a Europe with the Regions: The
Changing Role of the European Commission, in: dies. (ed.): Cohesion Policy and European
Integration, a. a. O., S. 89-126 (S. 99). Pollack hingegen, der den »value for money«-Begriff geprägt
hat, geht von einem intergouvernementalen Ansatz aus und betont daher den Einfluß des Interesses
der reicheren Mitgliedstaaten im Rat (vgl. Pollack, Mark: Regional Actors in an Intergovernmental
Play: The Making and Implementation of EU Structural Policy, in: Mazey, Sonia; Rhodes, Carol
(eds.): The State of the European Union III, Boulder 1995, S. 361-390.

469 Vgl. Europäische Kommission: Erster Bericht, a. a. O., S. 13-15.

470 Ebd., S. 10.

471 Die jüngsten vorliegenden Daten zu der wirtschaftlichen Entwicklung in den Ziel-1-Regionen der
Europäischen Union lassen tatsächlich einen solchen Aufholprozeß erkennen. Vgl.: Europäische
Kommission: Sechster Periodischer Bericht a. a. O.

Strukturfondsreform 1988 erteilt wurden, darin bestanden, die vier Kohäsionsländer frei über die Verwendung der umverteilten Mittel entscheiden lassen zu müssen. Damit wäre aber das Risiko einer hochgradig ineffizienten Verwendung der Fördermittel verbunden gewesen, die es den Empfängerstaaten unter Berufung auf negative Effekte der Marktintegration z. B. ermöglicht hätte, sie vor allem für den künstlichen Erhalt nicht mehr konkurrenzfähiger Wirtschaftszweige und Industrien durch Subventionen zu nutzen.[472] Die von der Kommission angebotene, kohäsionspolitische Förderkonzeption genoß angesichts dieser Gefahr den Vorzug, durch ihre Ausrichtung an einer effizienten Ressourcenallokation über die Erschließung des endogenen Entwicklungspotentials rückständiger Regionen derartigen Praktiken zumindest Grenzen zu setzen.

Das Ziel eines effektiven Mitteleinsatzes sollte im Rahmen europäischer Programmierungszuständigkeiten vor allem durch die Einbeziehung der Regionen auf subnationaler Ebene über das Prinzip der Partnerschaft erreicht werden. Dieser Verfahrensgrundsatz zielt darauf ab, einen möglichst unmittelbaren Problembezug zu den Entwicklungsrückständen vor Ort bei der Bestimmung des vorhandenen Förderbedarfs und der Programmabwicklung sicherzustellen. Die volle Bedeutung des Partnerschaftsgedankens für eine wirksame Ressourcenallokation aus den Strukturfonds erschließt sich jedoch erst, wenn der grundlegende Rollenwandel in den Blick genommen wird, den die Regionen im Binnenmarktgeschehen durchliefen. Die seit den siebziger Jahren anhaltenden Regionalisierungsprozesse in einer wachsenden Zahl von Mitgliedstaaten, in deren Verlauf der subnationalen Ebene im Regelfall wesentliche Aufgaben in der Entwicklungsplanung zufielen, sind nicht einfach das Ergebnis politischen Reformwillens, sondern Folge eines grundlegenden Wandels der Wirtschaftsstrukturen im Zuge der wirtschaftlichen Integration und der industriellen Krisen in einzelnen Mitgliedstaaten in den siebziger und achtziger Jahren. Während die großen »nationalen Champions« im Binnenmarkt zunehmend an Konkurrenzfähigkeit einbüßten, wurden kleinen und mittleren Unternehmen neue Möglichkeiten eröffnet, in den internationalen Wettbewerb einzutreten.[473] Mit der Öffnung der nationalen Märkte hat die Bedeutung großer Unternehmen für den Arbeitsmarkt abgenommen, während die Beschäftigungszahlen in mittelständischen Firmen rasch angewachsen sind. Gerade die neu industrialisierten Gebiete, wie das »Dritte Italien«, die Mittelmeerküste Spaniens, Südfrankreich oder die südliche Rheinregion, mit ihren Wachstumserfolgen in den siebziger und achtziger Jahren sind durch kleinräumige Wirtschaftsstrukturen geprägt gewesen, die hochgradig von der Bereitstellung sozialer und ökonomischer Dienstleistungen ortsnaher öffentlicher Einrichtungen abhingen. Damit einher ging aber die Notwendigkeit einer stärkeren politischen Institutionalisierung subnationaler Strukturen, die mit entsprechenden Aufgaben in der Regionalentwicklung ausgestattet sein mußten.[474] Insofern ist die Einführung des Partnerschaftsprinzip

---

472 Vgl. zu dem Ausgleichs-, Stabilitäts- und Wachstumsziel der europäischen Struktur- und Regionalpolitik und dem impliziten Spannungsverhältnis zwischen diesen Zielgrößen Almeida Rozek, Maria do Rosário de Matos da Silva: Die Entwicklung der Strukturpolitik in den Europäischen Gemeinschaften: Ziele und Auswirkungen des EFRE auf die regionale Infra- und Industriestruktur am Beispiel der Region Norden in Portugal, Frankfurt a. M. u. a. 1995, S. 35-74.

473 Vgl. Leonardi, Robert: Convergence, Cohesion and Integration in the European Union, London 1995.

474 Vgl. Nanetti, a. a. O., S. 68-70.

ein Ausdruck der Anerkennung überlegener regionaler Planungskompetenz angesichts der gewandelten Standortbedingungen im Binnenmarkt. Die Verknüpfung des Programmplanungsansatzes mit dem die Regionen einbeziehenden Partnerschaftsgedanken erschien vor diesem Hintergrund als beinahe unabdingbar, um der Verpflichtung der Hauptempfängerländer von Strukturfondsmitteln auf eine möglichst effektive Mittelverwendung tatsächlich Glaubwürdigkeit zu verleihen und gleichzeitig dem Anliegen der reicheren Mitgliedstaaten zu entsprechen, ein Höchstmaß an Kontrollmöglichkeiten über den Einsatz der umverteilten Fördermittel sicherzustellen.[475]

Daß dieser partnerschaftliche Ansatz zugleich selbst eine Schlüsselrolle bei der Mobilisierung der Regionen als eigenständige politische Akteure im Integrationsgeschehen jenseits der nationalen Ebene spielen würde, scheint dagegen – zumindest aus der Warte einiger nationaler Regierungen – eher ein unerwünschter bzw. unerwarteter Nebeneffekt gewesen zu sein. Dies gilt in besonderem Maße für Mitgliedstaaten wie Spanien oder Belgien, deren Organisationsstrukturen sich im Umbruch befinden und wo die Regionen ihre Beteiligungsmöglichkeiten im Programmplanungsverfahren instrumentalisieren, um im Konflikt mit der nationalen Ebene um die innerstaatliche Kompetenzverteilung ihre Handlungsautonomie auszubauen.[476] Es erscheint deshalb nur folgerichtig, daß sich beispielsweise die Regierung Spaniens angesichts ihrer permanenten Auseinandersetzungen vor allem mit Katalonien und dem Baskenland bei den Reformen von 1993 dafür einsetzte, die Strukturpolitik stärker zu renationalisieren und den erst 1988 erheblich erweiterten Einfluß der Kommission auf die Politikimplementation wieder einzuschränken. Der »Hebel«, mit dessen Hilfe auch die regionalen Handlungsfreiräume vermindert werden sollten, mußte dabei förmlich an den Durchführungsbefugnissen der Kommission ansetzen. Erst die Kombination aus regionaler Mitwirkung bei der Programmplanung und dem institutionellen Interesse der Kommission an subnationalen »Verbündeten«, mit deren Hilfe sie ein Gegengewicht zur Dominanz der nationalen Regierungen zu schaffen hofft, vermag letztlich das wachsende Gewicht der Regionen im europäischen Mehrebenensystem zu erklären.[477] Teilerfolge bei der Durchsetzung einer stärkeren Renationalisierung sind darin zu erkennen, daß – vor allem unterstützt von Großbritannien – für die Gemeinschaftsinitiativen, deren Inhalte von der Kommission bislang unabhängig festgelegt worden waren, nun ein Verwaltungsausschuß mit Vertretern der Mitgliedstaaten errichtet wurde, um eine stärkere Kontrolle durch die nationalen Regierungen zu erlauben.[478] Auch die Einrichtung des Kohäsionsfonds erscheint unter diesem Gesichtspunkt als Indiz für eine entsprechende Kurskorrektur, weil in der zugehörigen Verordnung überhaupt kein Hinweis mehr auf das Konzept der Partnerschaft enthalten sein sollte.[479]

---

475   Vgl. auch Anm. 468.
476   Vgl. Marks, Gary: Politikmuster und Einflußlogik in der Strukturpolitik, in: Jachtenfuchs/Kohler-Koch (Hrsg.), a. a. O., S. 313-343 (S. 336 f).
477   Vgl. Marks, Gary: An Actor-Centred Approach to Multi-Level Governance, in: Jeffery, Charlie (ed.): The Regional Dimension of the European Union. Towards a Third Level in Europe? (Regional & Federal Studies 2/1996, Special Issue), London: Frank Cass, 1996, S. 21-38 (S. 31-32).
478   Vgl. Bache, a. a. O., S. 85 und S. 88.
479   Vgl. Scott, J.: Development Dilemmas in the European Community: Rethinking Regional Development Policy, Buckingham/Philadelphia 1995, S. 39.

Diese Entwicklung des Partnerschaftsprinzips zum Instrument und Gegenstand von Konflikten um das politische Gewicht der unterschiedlichen politischen Ebenen im System der Europäischen Union zeigt, daß es bislang die ihm ursprünglich zugewiesene Funktion nur höchst unzulänglich erfüllt hat, über ein kooperatives Zusammenwirken der verschiedenen Akteursebenen eine möglichst effektive und problemorientierte Förderpraxis in den verschiedenen Phasen der Programmplanung sicherzustellen. Zudem hat sich aber bei der Durchführung von Förderprogrammen deutlich herauskristallisiert, daß gerade die südlichen Mitgliedstaaten mit ihren rückständigen Regionen aufgrund der unzulänglichen Kompetenz und Mittelausstattung ihrer Verwaltungen durch den Verfahrensaufwand und die Anforderungen der Mittelverwaltung, die das Partnerschaftsprinzip mit sich bringt, häufig völlig überfordert sind. Positive Erfahrungen mit dem Partnerschaftsprinzip haben sich hingegen weitgehend auf ökonomisch potente Regionen in Mitgliedstaaten beschränkt, die – wie im Falle Österreichs und Deutschlands – stark regionalisierte oder föderale Strukturen aufweisen, bzw. wo – wie in Schweden und Finnland – der lokalen Akteursebene eine bedeutende Rolle zukommt.[480]

Gleichzeitig hat die partnerschaftliche Zusammenarbeit mit den Mitgliedstaaten und ihren subnationalen Gliedern bei der Erarbeitung regionenspezifischer Förderprogramme einen immens hohen Informations-, Abstimmungs- und Prüfungsaufwand für die Kommission nach sich gezogen. Alleine im Jahre 1997 wurden von ihr 1026 verschiedene Programme aus den einzelnen Mitgliedstaaten und Regionen betreut.[481] Welcher Aufwand allein mit der Prüfung und Genehmigung dieser Programme verbunden ist, wird erst deutlich, wenn die extrem hohe Regelungsdichte berücksichtigt wird, die bislang in den Strukturfonds-Regelungen für die Operationellen Programme vorgesehen war. Sie müssen höchst detaillierte Angaben zu den Förderinhalten und Dotierungen enthalten. Bereits an den geltenden Bestimmungen für die Jahre 1988– 1993 hatte dies zu dem Vorwurf geführt, daß eine derartige »Detailversessenheit« in krassem Widerspruch zu dem eigentlichen Grundgedanken der Programmplanung stünde. Sie sollte ja gerade eine Zusammenführung der bis dahin weitgestreuten und praktisch unkoordinierten Einzelprojektförderungen ermöglichen, während die inhaltlichen Anforderungen an die Operationellen Programme faktisch einer Rückkehr zu diesem »Projekt-für-Projekt-Ansatz« gleichkämen.[482] Erschwerend ist schließlich hinzugetreten, daß die Kommission aufgrund ihrer weitreichenden allokationspolitischen Planungs- und Durchführungszuständigkeiten in der Programmierung Änderungen von Fördermaßnahmen und -schwerpunkten in jedem Fall bewilligen mußte – selbst wenn damit keine Veränderung in der Gesamthöhe des jeweiligen Programmansatzes verbunden war. Angesichts langer Programmlaufzeiten ist die Wahrscheinlichkeit sich wandelnder regionalökonomischer Bedingungen, die entsprechende Korrekturen in

---

480 Vgl. Hooghe, Liesbet: EU Cohesion Policy and Competing Models of European Capitalism, in: Journal of Common Market Studies 4 (1998), S. 457-477 (S. 469-471).

481 Dabei handelte es sich um 580 Operationelle Programme und Einheitliche Programmplanungsdokumente zu den verschiedenen Förderzielen und 446 Programme im Rahmen von Gemeinschaftsinitiativen. Vgl. European Commission: The Structural Funds in 1997. Ninth Annual Report, Luxembourg 1999, S. 7.

482 Vgl. Wishlade, Fiona: EU Cohesion Policy: Facts, Figures and Issues, in: Hooghe (ed.): Cohesion Policy and European Integration, a. a. O., S. 27-58 (S. 40-41).

den Förderprioritäten erzwingen, aber verhältnismäßig hoch anzusetzen. Genau deshalb verwundert es auch kaum, daß sich der umfassende Genehmigungsvorbehalt der Kommission auf die bisherige Förderpraxis ausgesprochen abträglich ausgewirkt hat, implizierte er doch eine erhebliche Schwerfälligkeit des Systems bei notwendigen Anpassungen von Programminhalten.[483]

Selbst die Kommission mußte angesichts all dieser schwerwiegenden Defizite in der bisherigen administrativen Umsetzung der Strukturfondsförderung einräumen, daß das Fördersystem zwischenzeitlich durch hohe Ineffizienz, Komplexität, Unbeweglichkeit und eine intransparente Aufgabenverteilung geprägt sei. [484] Neben der verstärkten Mittelkonzentration schlug sie in ihrer Mitteilung »Agenda 2000« deshalb einerseits eine Verwaltungsvereinfachung sowie eine flexiblere und dezentralere Durchführung der Strukturpolitik vor. Andererseits betonte sie jedoch die Notwendigkeit wirksamerer und strengerer Kontrollen bei der Politikimplementation, die durch die Entwicklung entsprechender Begleit- und Bewertungssysteme erreicht werden sollte.[485] Die einzelnen Lösungsvorschläge, die die Kommission in ihren Verordnungsvorschlägen zur Verwirklichung dieser Ziele angeboten hat, sollten dann im März 1999 von dem Europäischen Rat in Berlin tatsächlich in weiten Zügen gebilligt werden.[486]

Zur Vereinfachung und Dezentralisierung des Planungsverfahrens in der Förderperiode 2000–2006 ist zunächst einmal vorgesehen, daß für Programme in der Ziel-1-Förderung, die sich auf mindestens eine Milliarde Euro belaufen, weiterhin die Ausdifferenzierung zwischen Gemeinschaftlichen Förderkonzepten und Operationellen Programmen gilt. Unterhalb dieses Finanzvolumens und für die Förderung der neuen Ziele 2 und 3 ist künftig hingegen die Erstellung eines Einheitlichen Programmplanungsdokumentes (EPPD) vorgesehen. Dies dürfte sicherlich auch verglichen mit den Ergebnissen von 1993, als erstmals die Möglichkeit von EPPDs vorgesehen worden war, nochmals einen großen Schritt in Richtung einer tatsächlich integrierten Förderpraxis darstellen, der eben nicht mehr der Rückfall in die Einzelprojektplanung droht, wie dies bislang in der dritten Phase der OP-Erstellung immer wieder zu beobachten war. Eine weit wichtigere Neuerung besteht jedoch darin, daß künftig eine Zweiteilung der Programmierung angestrebt wird. Die Kommission will sich darauf beschränken, die strategischen Förderprioritäten bei der Programmplanung für alle drei Förderziele festzulegen, indem sie unmittelbar im Anschluß an die Verabschiedung der Strukturverordnungen entsprechende Leitlinien aufstellt.[487]

483   Vgl. Funkschmidt, G.: Die EU-Strukturpolitik: Zielorientierungen, Wirkungen, Effizienz, in: Caesar, R. (Hrsg.): Zur Reform der Finanzverfassung und Strukturpolitik der EU. Schriftenreihe des Arbeitskreises Europäische Integration e. V., Bd. 42, Baden-Baden 1997, S. 218 f.

484   Vgl. Europäische Kommission: Erster Bericht, a. a. O., S. 120 ff; sowie die Mitteilung ders.: Reform der Strukturfonds (KOM (1998) 131 endg.), S. 23.

485   Vgl. Europäische Kommission: Agenda 2000. Eine stärkere und erweiterte Union, a. a. O., S. 22.

486   Vgl. zu den folgenden Ausführungen über die konkreten Inhalte der beschlossenen Reformen der Strukturförderung im Rahmen der Agenda 2000: Europäische Kommission: Reform der Strukturfonds 2000–2006. Eine vergleichende Analyse, 2. überarb. Fassung vom Juni 1999.

487   Ein Entwurf für diese Leitlinien wurde bereits im Februar 1999 vorgelegt. Vgl.: Europäische Kommission: Die Strukturfonds und ihre Koordinierung mit dem Kohäsionsfonds. Entwurf von Leitlinien für die Programme des Zeitraums 2000–2006. Vorlage von Frau Wulf-Mathies im Einvernehmen mit Frau Bonino und den Herren Flynn und Fischler. Arbeitsunterlage der

Im Zusammenhang mit dieser angestrebten Konzentration der Kommissionsarbeiten auf die Festlegung strategischer Programminhalte steht auch der Beschluß, die Zahl der Gemeinschaftsinitiativen von bislang dreizehn auf vier zu begrenzen. Im einzelnen handelt es sich dabei um die Gemeinschaftsinitiativen INTERREG für die grenzüberschreitende, transnationale und interregionale Zusammenarbeit zur Förderung einer harmonischen und ausgeglichenen Entwicklung und Raumplanung im Gemeinschaftsgebiet, URBAN für den wirtschaftlichen und sozialen Wiederaufbau von mit akuten Problemen konfrontierten Städten und Stadtgebieten zur Förderung nachhaltiger städtischer Entwicklung, LEADER+ für die ländliche Entwicklung über lokale Aktionsgruppen sowie EQUAL zur transnationalen Zusammenarbeit für neue Praktiken der Bekämpfung jeglicher Art der Diskriminierung und ungleichen Chancenverteilung im Hinblick auf den Arbeitsmarkt. Die programmatische Ausfüllung dieser Initiativen liegt zwar weiterhin fast völlig im Ermessen der Kommission und sie können deshalb nach wie vor als reinste Erscheinungsform des »top-down approach« in der Programmplanung gelten.[488] Dennoch wirkt alleine die Verringerung ihrer Zahl in Richtung einer Einschränkung dieses Ermessensspielraumes und trägt zudem zu einer gewissen Arbeitsentlastung der Kommission bei, die es ihr erlauben soll, sich stärker mit konzeptionellen Problemen bei der Entwicklung von Förderstrategien zu befassen.

Generell wird angestrebt, daß die Mitgliedstaaten und die Regionen in Zukunft die Hauptverantwortung für die Bestimmung der jeweiligen Entwicklungsprioritäten und der Einzelheiten der Programmverwaltung tragen. Deshalb dürfen auch die OPs und EPPDs die vorgesehenen Maßnahmen nicht mehr bis ins kleinste Detail regeln. Statt dessen bleibt es im Anschluß an deren Ausarbeitung den jeweils begünstigten Mitgliedstaaten bzw. Regionen überlassen, Einzelheiten der Mittelverwendung und die Bestimmung der Leistungsempfänger in einem neuen, von ihnen gesondert zu verabschiedenden Dokument zu regeln. Im Kern bedeutet diese Neuerung, daß die Rolle der Kommission in der Programmplanung sich künftig nur mehr auf die sogenannten Förderschwerpunkte und deren Mittelausstattung erstrecken soll, jedoch nicht mehr auf die Festlegung einzelner Maßnahmen.[489] Mit dieser Zurücknahme der Eingriffstiefe der Kommission wird immerhin ein gewisser zusätzlicher Spielraum für die Mitgliedstaaten und Regionen entstehen, auf veränderte regionalwirtschaftliche Problemlagen durch Anpassungen der einzelnen Programmaßnahmen flexibler und schneller zu reagieren. Daß sich derartiger Anpassungsbedarf ergeben wird, dürfte angesichts der erneuten Festlegung einer relativ langen Programmlaufzeit von sieben Jahren außer Zweifel stehen.

Kommission vom 2. Februar 1999.

488 Vgl. Sturm: Reform der Agrar- und Strukturpolitik,, a. a. O., S. 168.

489 Bei den Programminhalten wird zwischen einer gröberen Aggregationsebene, den Schwerpunkten, und sogenannten Maßnahmen unterschieden, durch die diese Schwerpunkte ausdifferenziert werden. So bildete im GFK für die ostdeutschen Länder der Bereich »Forschung, Entwicklung und Innovation« einen solchen Schwerpunkt, während z. B. die Unterstützung von Technologiezentren, der Einsatz von Innovationsassistenten usw. die einzelnen Maßnahmen innerhalb dieses Schwerpunktes bezeichneten. Beispiel entnommen aus: Heimpold, Gerhard: Reform der EU-Strukturfonds: Fortschritte bei der administrativen Effizienz sind bescheiden, in: Wirtschaft im Wandel 7 (1999), S. 14-19 (dortige Anm. 36 auf S. 18).

Um eine effektivere Kontrolle der Verwaltung und Durchführung der Programme zu gewährleisten und gleichzeitig eine klarere Abgrenzung der Verantwortlichkeiten zu ermöglichen, werden die Mitgliedstaaten künftig verpflichtet sein, für jedes Programm eine einzige Verwaltungsbehörde zu benennen. Diese Verwaltungsbehörde wird im Regelfall auch den Vorsitz in dem jeweiligen Begleitausschuß übernehmen. Generell werden in diesen Begleitausschüssen zur Programmdurchführung die Regionen und Mitgliedstaaten mehr Eigenverantwortung erhalten, da die Vertreter der Kommission in ihnen – anders als bisher – nurmehr beratend tätig sein sollen.

In ihrer Gesamtheit stellen die Reformschritte, die jüngst im Kontext der »Agenda 2000« beschlossen wurden, sicherlich eine graduelle Verbesserung des bisherigen Programmplanungsverfahrens dar. Sie rühren jedoch weder grundsätzlich an der Funktionslogik des Fördersystems seit 1988 noch beinhalten sie einen wesentlichen Abbau der seitdem bestehenden allokationspolitischen Kommissionsbefugnisse oder eine Infragestellung des komplementären Partnerschaftsprinzips, über das der notwendige Problembezug der Förderinhalte gewahrt bleiben soll. Auch weiterhin dürften sich die aus diesem zentralistisch ausgerichteten »top-down«-Ansatz resultierenden Nachteile vor allem in den Koordinierungsproblemen zeigen, die schon bislang bei dem Bemühen um die Erzielung von Synergieeffekten durch den integrierten Einsatz der verschiedenen EU-Fonds aufgetreten sind. Das eigentliche Problem besteht hier keineswegs darin, daß sich die Kommission bei ihrer Förderstrategie zum Abbau regionaler Disparitäten einem kombinierten Mitteleinsatz für den Infrastrukturausbau, die gewerbliche Investitionsförderung und die Qualifizierung von Arbeitskräften verschrieben hat.[490] Vielmehr steht diese strukturpolitische Strategie an sich in vollem Einklang mit Empfehlungen der Wirtschaftswissenschaft zur optimalen Erschließung des endogenen Entwicklungspotentials von Regionen, die überdies durchaus für die Zweckmäßigkeit eines Zusammenspiels zwischen diesen drei Hauptanwendungsgebieten der Strukturförderung sprechen.[491] Die Frage ist vielmehr, auf welcher Aggregationsebene die Planung und die Durchführung dieses integrierten Mitteleinsatzes aus den unterschiedlichen Fonds der Europäischen Union angesiedelt werden soll. Unverändert gilt jedoch, daß die Verzahnung der unterschiedlichen Strukturfonds, die für eine Finanzierung strukturpolitischer Maßnahmen in allen drei genannten Anwendungsbereichen und die Herstellung entsprechender Synergieeffekte unabdingbare Voraussetzung ist, auf der Programmebene der GFKs und der OPs bzw. der EPPDs angesiedelt bleibt. Statt unmittelbar vor Ort und für das einzelne Projekte über das jeweils effektivste Zusammenspiel der Mittel aus den unterschiedlichen Fonds zu entscheiden, erzwingt der integrierte Programmansatz in seiner geltenden Form orts- und sachferne Beschlüsse über Möglichkeiten zur Erzielung von Synergieeffekten, denen ein mühsames Abstimmungsverfahren der für die Programmaufstellung, Programmdurchführung und Fondsverwaltung zuständigen Generaldirektionen bzw. Ressorts auf europäischer, nationaler und regionaler Ebene voranzugehen hat.[492]

Wird nach dem Abschluß der »Agenda 2000«-Verhandlungen Bilanz gezogen, so zeigt sich, daß an der eigentlichen Ursache für die hohe Verfahrenskomplexität, Infle-

---

490 Vgl. Europäische Kommission: Erster Bericht, a. a. O., S. 92 f.

491 Vgl. Weise, Christian: Regionalpolitik und Infrastruktur, in: Weidenfeld/Wessels (Hrsg.): Jahrbuch 1995/96, a. a. O., S. 147-152 (S. 147 f.).

492 Vgl. Heimpold, a. a. O., S. 17 f.

xibilität und Ineffizienz bei der administrativen Umsetzung europäischer Strukturförderung nur sehr zaghaft gerüttelt wurde. Gemeint sind die weitreichenden Planungs- und Durchführungsbefugnisse der Kommission in den verschiedenen Phasen der Programmierung, mit denen sie starken Einfluß auf die Festlegung konkreter Förderinhalte und die Ressourcenallokation aus den Strukturfonds ausüben kann. An der massiven Beteiligung der Kommission an regionenspezifischen Programminhalten dürfte auch der Umstand nicht viel ändern, daß künftig Details der Programmverwaltung der mitgliedstaatlichen bzw. regionalen Ebene überlassen werden sollen.[493] Aus früheren Jahren existieren höchst anschauliche Beispiele dafür, wie wenig die Planungsprioritäten in den letztlich durch die Kommission bewilligten Programmen mit den regionalen Präferenzen und Problemen vor Ort übereingestimmt haben: »So werden in Irland als häufigstes Problem die Energiekosten genannt. Im Rahmen des Europäischen Fonds für regionale Entwicklung wird jedoch der Entwicklung von Wasserkraftwerken und der verstärkten Nutzung von Torf, d. h. der kostenintensivsten Form der Energieerzeugung, Vorrang eingeräumt. In Frankreich wurden für die Auvergne Maßnahmen ... im Bereich der Wärmekraft vorgesehen. Da sie jedoch nicht an den Bedarf angepaßt waren, fanden sie kaum Anwendung.«[494]

Sicherlich handelt es sich bei diesen Beispielen um besonders krasse Formen von Zielverfehlungen der europäischen Strukturförderung. Dennoch sollte für eine subsidiaritätsgerechte Abgrenzung allokationspolitischer Befugnisse der europäischen Ebene in der Programmplanung, -durchführung und -kontrolle zunächst einmal die Beobachtung als Ausgangspunkt dienen, daß bei diesen Aufgaben in der Regionalentwicklung per se zunächst wenig dafür spricht, daß Handlungsbedarf über die Regelungsreichweite des einzelnen Mitgliedstaates hinaus besteht. Im Gegenteil ist festzustellen, daß die Ansiedlung entsprechender Kompetenzen auf subnationaler Ebene dem Gebot eines effektiven Mitteleinsatzes im Regelfall sogar noch eher entspräche als nationale Zuständigkeiten, weil die Regionen noch besser in der Lage wären, eine den jeweiligen Problemlagen und Präferenzen vor Ort angemessene Entwicklungsstrategie zu konzipieren. Natürlich darf dieser Aspekt nicht völlig aus den Augen verloren werden, wenn der Frage nachgegangen wird, welche Rückschlüsse die bisherigen Erfahrungen mit der europäischen Strukturpolitik seit 1988 auf eine mögliche Optimierung der Kompetenzverteilung zwischen den verschiedenen EU-Systemebenen zulassen.

Allerdings fällt das Erkenntnisinteresse in dieser Studie etwas spezieller aus und gilt dem Problem, wie eine explizite Enumeration mitgliedstaatlicher und europäischer Primär- bzw. Partialzuständigkeiten aussehen müßte, um im Rahmen eines dualen Kompetenzkataloges Bestandteil eines Verfassungsvertrages für die Europäische Union werden zu können. Schon aufgrund der angestrebten Verankerung im Primärrecht ist eine zusätzliche Behandlung der Aufgabenbestände, die der regionalen Ebene zufallen sollten, im Rahmen dieses neuen Kompetenzordnungsmodells ausgeschlossen. Zuständigkeitsregelungen im europäischen Vertragsrecht können per se nicht über eine Bestimmung des Verhältnisses zwischen den beiden Ebenen der Europäischen Union und ihrer Mitgliedstaaten hinausgehen, sollen sie nicht in elementaren Wider-

---

493 Vgl. ebd., S. 19.
494 Seidel, B.: Die Einbindung der Bundesrepublik Deutschland in die Europäischen Gemeinschaften als Problem des Finanzausgleichs, Frankfurt a. M. 1992, S. 167 f.

spruch zu dem Subsidiaritätsgedanken geraten. Jeder Durchgriff europäischer Kompetenzregelungen auf die subnationale Ebene würde einem grundlegenden Eingriff in die Organisationshoheit der Mitgliedstaaten gleichkommen und auf den Versuch einer Harmonisierung ihres Staatsaufbaus hinauslaufen. Deshalb muß sich das vorliegende Modell selbst bei Zuständigkeiten, die unter dem Gesichtspunkt größtmöglicher Orts- bzw. Sachnähe idealiter auf regionaler Ebene anzusiedeln wären, darauf beschränken, sie der nationalen Ebene zuzuweisen. Ob von dort aus tatsächlich eine weitere Herabzonung dieser Aufgabenbestände auf subnationale Gebietskörperschaften erfolgt, muß hingegen dem mitgliedstaatlichen Verfassungsrecht bzw. der sich danach bemessenden Fähigkeit der Regionen überlassen bleiben, ihre Ansprüche auf erweiterte Handlungsautonomie gegenüber dem jeweiligen Gesamtstaat erfolgreich durchzusetzen.

Werden auf der Grundlage dieser Ausgangsüberlegungen die Kriterien des einheitlichen Prüfrasters für die Kompetenzverteilung zwischen der europäischen und mitgliedstaatlichen Ebene einzeln angewendet, so kann schon zu Beginn ein gewisses Spannungsverhältnis konstatiert werden zwischen den Kriterien der ersten Prüfungsebene, auf der das Interesse vorläufig nur der Frage gilt, ob überhaupt ein Zusammenwirken mehrerer oder aller Mitgliedstaaten für wirksame Problemlösungen zweckmäßig erscheint. Gerade wenn – in Übereinstimmung mit den Vorschlägen des vorangehenden Abschnitts zu der umverteilungspolitischen Funktion der Strukturpolitik – eine stärkere Ausrichtung der europäischen Strukturpolitik auf die rückständigen Gebiete in wirtschaftsschwachen Mitgliedsländern vorgenommen würde, erhielte das ursprüngliche Anliegen der wohlhabenderen Mitgliedstaaten zusätzliche Schubkraft, das sie ursprünglich bewogen hatte, der Zuweisung weitreichender allokationspolitischer Befugnisse an die Kommission zuzustimmen. Tatsächlich erscheint ihr Interesse an einer effizienten Mittelverwendung durch die Vorgabe entsprechender Förderziele in den Empfängerregionen und -staaten gerade dann als gerechtfertigt. Zweifelsohne würde diese Aufgabe ihre eigene politische Steuerungsfähigkeit überfordern und das *Kriterium der erforderlichen Mindestteilnehmerzahl* spräche für die Notwendigkeit übergreifender Regelungen zur Festlegung und Überwachung konkreter Inhalte der Strukturförderung zwischen mehreren oder allen Mitgliedstaaten. In die gleiche Richtung weist auch das *Kriterium der räumlichen Kongruenz politischen Handelns*, bei dessen Anwendung allerdings zusätzlich die haushaltspolitischen Folgewirkungen der gemeinsamen Währung berücksichtigt werden müssen. Eine Verschwendung von Mitteln, die die wohlhabenderen Mitgliedstaaten für die Strukturpolitik auf dem Gebiet von Partnerländern mit deutlich unterdurchschnittlichem Pro-Kopf-Einkommen zur Verfügung stellen, wäre für sie letztlich mit einer Zusatzbelastung bei ihren Bemühungen um Haushaltskonsolidierung als essentieller Beitrag zur Währungsstabilität des Euro gleichzusetzen, die völlig ungerechtfertigt erscheint. Gemessen am Kohäsionsziel der Europäischen Union liegt ein Fall verschwenderischen Mitteleinsatzes aber immer dann vor, wenn die Ressourcenallokation aus den Strukturfonds nicht in einer Weise erfolgt, die dem Abbau von Entwicklungsrückständen durch eine Erhöhung der Wettbewerbsfähigkeit der betroffenen Regionen und die Ermöglichung eines aufholenden Wachstums in diesen Gebieten dient. Auch vor diesem Hintergrund scheinen staatenübergreifende Kontrollmöglichkeiten über die konkreten Inhalte von Maßnahmen der Strukturförderung durchaus geboten.

Allerdings bedarf es bereits bei der Anwendung des Kriteriums der *räumlichen Kongruenz politischen Handelns* auf das Aufgabenfeld der Regionalpolitik einiger ergänzender Anmerkungen. Dieses Kriterium spricht nur unter verschiedenen Prämissen für ein gemeinsames Handeln mehrerer bzw. aller Mitgliedstaaten. Zum einen wird vorausgesetzt, daß im europäischen Integrationsverbund ein gemeinsames Interesse aller Mitgliedstaaten am Abbau übermäßiger territorialer Wohlstandsgefälle besteht. Um diese Aufgabe zu bewältigen, sind tatsächlich zwischenstaatliche Mitteltransfers für die Regionalentwicklung erforderlich. Zum zweiten bemißt sich hier eine ausreichende Kongruenz politischen Handelns danach, inwieweit grenzüberschreitend ein effektiver Einsatz der transferierten Fördermittel sichergestellt werden kann.

Die Anwendung dieses Kriteriums beinhaltet in dem entwickelten Prüfschema jedoch zusätzlich die Frage, inwieweit Handeln in einem bestimmten Politikfeld positive oder negative Ausstrahlungseffekte auf das Gebiet mehrerer oder aller Mitgliedstaaten hat. Zumindest soweit sich strukturpolitische Maßnahmen auf bestehende Verwaltungseinheiten oder Regionen in den Mitgliedstaaten beziehen und nicht explizit die Förderung oder Entwicklung grenzüberschreitender Räume bzw. Handlungszusammenhänge zum Gegenstand haben, liegen derartige Ausstrahlungswirkungen von Entscheidungen über die Mittelverwendung in der Regionalentwicklung auf das Gebiet mehrerer Mitgliedstaaten allenfalls in sehr beschränktem Maße vor.[495] Dieses Ergebnis läßt sich ohne weiteres auf einen Großteil der europäischen Förderpraxis übertragen. Dort erfolgt die Abgrenzung der Zielgebiete, in die der überwiegende Anteil des für die europäische Strukturförderung verfügbaren Finanzvolumens fließt, auf der Grundlage der sogenannten NUTS-Systematik. Sie deckt sich in ihrem Aufbau aber völlig mit der in den Mitgliedstaaten bestehenden Territorialgliederung und faßt lediglich die jeweils vorhandenen Gebietseinheiten zu statistischen Zwecken in verschiedenen Gruppen zusammen.[496]

Somit spräche bei einer ausschließlichen Betrachtung der externen Effekte von strukturpolitischen Maßnahmen, die räumlich auf Regionen im Gebiet einzelner Mitgliedstaaten begrenzt sind, schon das Kriterium der räumlichen Kongruenz gegen die Notwendigkeit einer Abstimmung zwischen mehreren oder gar allen Mitgliedstaaten bei der Bestimmung konkreter Förderinhalte bzw. gegen das Erfordernis gemeinsamer Planungs-, Entscheidungs- und Kontrollregelungen für die Ressourcenallokation in der Strukturpolitik. Nachdrücklich bestätigt würde dieses Prüfergebnis aber bei einer anschließenden Anwendung des *Kriteriums der Skalenerträge gemeinsamen Vorgehens* mehrerer oder aller Mitgliedstaaten auf dem Gebiet der Allokationspolitik. Für struktur- und regionalpolitische Entscheidungen über die Verwendung von Fördermitteln dürften – schon aufgrund ihrer sehr begrenzten räumlichen Reichweite – Ko-

495 Vgl. Heinemann: Ökonomische Föderalismustheorie, a. a. O., S. 126-128.

496 Die Abkürzung NUTS steht für »Nomenclature des unités territoriales statistiques« (Nomenklatur der statistischen territorialen Einheiten). Diese Systematik ist untergliedert in die drei hierarchischen Ebenen NUTS-I, -II und -III, denen die in den Mitgliedstaaten bestehenden Gebietskörperschaften entlang ihrer jeweiligen Größe zugeordnet werden. Bei den NUTS-I handelt es sich im Falle Deutschlands um die Länder, als NUTS-II-Regionen werden die Regierungsbezirke eingestuft und auf der NUTS-III-Ebene finden sich schließlich die Kreise. Vgl. auch zur Kritik an der weitgehenden Orientierung der Zielgebietsabgrenzungen europäischer Strukturförderung an bestehenden Gebietseinheiten in den Mitgliedstaaten: Friedmann, Bernhard: Die Strukturfonds der Europäischen Union, in: ders. (Hrsg.): Evaluierungsansätze zu ausgewählten Politikbereichen der Europäischen Union, Bonn 1996, S. 53-67 (S. 61).

stensenkungen kaum eine Rolle spielen, welche in Form von Skalenerträgen aus Aufgabenverlagerungen auf eine höhere Zuständigkeitsebene resultieren können. Im Gegenteil können die bisherigen Erfahrungen einer mangelnden Zielgerichtetheit und Effektivität des Fördermitteleinsatzes in der europäischen Strukturpolitik – wenn auch in einer sehr spezifischen Ausprägung – durchaus als Folge des Grundproblems betrachtet werden, daß mit zunehmendem Aggregationsniveau regionalpolitischer Planungen und wachsender Regelungstiefe der Planungsbefugnisse ortsferner Entscheidungsträger, die Gefahr wachsender Informationsdefizite über spezifische regionale Problemlagen zunimmt. In letzter Konsequenz bedeutet dies, daß jede Form zwischenstaatlichen Zusammenwirkens – gleichgültig, ob dies nun über Formen intergouvernementaler Kooperation oder über die Schaffung supranationaler Zuständigkeiten allokationspolitischer Natur geschieht, – mit einer Erhöhung der Aggregationsebene bei der Planung und Entscheidung konkreter Förderinhalte gleichzusetzen ist. Je geringer aber der regionenspezifische Problembezug des Mitteleinsatzes in der Strukturpolitik ist, desto ausgeprägter wird die Neigung zu unitarischen Problemlösungsansätzen und damit verbundenen Wohlfahrtseinbußen. Anders ausgedrückt bedeutet dies, daß bei der gegebenen Vielzahl möglicher regionaler Problemlagen eine umfassende Zentralisierung ebenso wie das Zusammenwirken mehrerer Mitgliedstaaten bei der Planung und Entscheidungen über die Ressourcenallokation aufgrund wachsender Informationsdefizite sogar mit deutlichen »diseconomies of scale« verbunden sind.[497] Gemessen am Kriterium der Skalenerträge erschiene eine weitestgehende Alleinzuständigkeit der jeweils geförderten Gebietseinheiten in dem einzelnen Mitgliedstaat für allokationspolitische Fragen deshalb als erstbeste Lösung. Eine Beschränkung entsprechender Kompetenzen auf die nationale Ebene kann immerhin noch als zweitbeste Lösung betrachtet werden. Gemeinsame Programmplanungszuständigkeiten mehrerer oder aller Mitgliedstaaten erscheinen bei Anlegung dieses Prüfungsmaßstabes aber selbst dann nur als drittbeste Lösung, wenn in den Planungs- und Entscheidungsverfahren über Mechanismen wie das Partnerschaftsprinzip der Versuch unternommen wird, durch die Einbeziehung von Akteuren der subnationalen Ebene Informationsdefizite über spezifische Problemlagen vor Ort zu verringern. Gegenüber einer möglichst weitreichenden Dezentralisierung allokationspolitischer Zuständigkeiten birgt dieser verfahrensmäßige Ansatz zur Kompensation von Problemen, die sich erst durch das staatenübergreifende Vorgehen ergeben, noch immer den Nachteil, daß durch die Einbindung einer Vielzahl unterschiedlicher Akteure Ineffizienzen in Gestalt einer hohen Verfahrenskomplexität, -schwerfälligkeit und -intransparenz praktisch unvermeidlich sind.[498]

Insgesamt ergibt sich nach der Anwendung der einzelnen Kriterien des Prüfrasters auf der ersten Ebene der »Erforderlichkeitsbedingung« scheinbar ein widersprüchliches Bild bezüglich des Bedarfs an einer gemeinsamen Wahrnehmung allokationspolitischer Aufgaben durch die Mitgliedstaaten in der Strukturpolitik. Aufgrund der redistributiven Funktion dieses Aufgabenfeldes vor dem Hintergrund des integrationspolitischen Kohäsionszieles sprechen die Kriterien der erforderlichen Mindestteilnehmerzahl und – wenngleich mit erheblichen Einschränkungen – auch das

---

497 Vgl. Laaser, Claus-Friedrich; Soltwedel, Rüdiger et al.: Europäische Integration und nationale Wirtschaftspolitik, Tübingen 1993, S. 69-71.
498 Vgl. Döring, a. a. O., S. 36.

Kriterium der räumlichen Kongruenz politischen Handelns eher für ein abgestimmtes Vorgehen aller Mitgliedstaaten bei der Programmierung strukturpolitischer Fördermaßnahmen. In die entgegengesetzte Richtung einer weitestmöglichen Beschränkung allokationspolitischer Entscheidungsbefugnisse auf die einzelnen Mitgliedstaaten bzw. die geförderten subnationalen Gliederungen auf ihrem Territorium scheinen hingegen die im allgemeinen geringen Ausstrahlungseffekte in der Regionalpolitik sowie das Prüfkriterium der Skalenerträge hinzudeuten.

Dieser vermeintliche Widerspruch löst sich jedoch weitestgehend auf, sobald die einzelnen Programmierungsphasen bzw. die Frage nach der erforderlichen Regelungstiefe allokationspolitischer Befugnisse in der Strukturpolitik genauer in den Blick genommen werden. In Einklang können die unterschiedlichen Ergebnisse bezüglich der Notwendigkeit gemeinschaftlichen Handelns in der Allokationspolitik gebracht werden, indem zum einen tatsächlich nur möglichst autonomieschonende Rahmenbedingungen für die Programmgestaltung staatenübergreifend festgelegt werden – also eine zu weitgehende Regelungstiefe bei der Bestimmung von Förderinhalten vermieden wird. Zum anderen sollte sich die zwischenstaatliche Wahrnehmung allokationspolitischer Aufgaben in der Strukturpolitik – soweit sie Territorialeinheiten auf dem Gebiet einzelner Mitgliedstaaten betrifft – möglichst weitgehend aus dem Bereich der Planung heraushalten und sich hauptsächlich auf die Programmierungsphasen der Durchführungskontrolle und Bewertung von Maßnahmen zur Strukturförderung konzentrieren.

Auch für den damit stark eingegrenzten allokationspolitischen Bedarf an staatenübergreifendem Handeln in der Strukturpolitik gilt allerdings, daß er wohl nur dadurch wirksam erfüllt werden kann, daß der Europäischen Kommission beschränkte Befugnisse zur Setzung von Rahmenbedingungen für die Programmgestaltung sowie zur Effektivitätskontrolle des Mitteleinsatzes erhalten bleiben. Wird die Kompetenzverteilungsprüfung auf der zweiten Ebene der »Besser-Bedingung« fortgesetzt, so bedeutet dies mit anderen Worten, daß die *Problemlösungsfähigkeit von Formen multilateraler Kooperation* im Vergleich zu partiellen allokationspolitischen Handlungsbefugnissen der europäischen Ebene eher gering veranschlagt werden muß. Schon die Ausgangsbeobachtung, daß die wohlhabenderen Mitgliedstaaten 1988 der Schaffung weitreichender Kommissionszuständigkeiten für die Programmplanung primär deshalb zustimmten, weil sie darin den einzig gangbaren Weg sahen, eine einigermaßen hinreichende Kontrolle über den effektiven Einsatz der Strukturfondsmittel in den rückständigen Regionen der ökonomisch schwächeren Mitgliedstaaten zu wahren, spricht für dieses Prüfungsergebnis. Hinzukommt aber, daß es ausgesprochen dysfunktional wäre, die Verantwortung für redistributive Aufgaben in der Strukturpolitik, die nach den Ausführungen des vorangegangenen Abschnitts auf europäischer Ebene angesiedelt sein sollte, von den dazugehörigen allokationspolitischen Partialbefugnissen zu trennen und Kooperationsvereinbarungen zwischen den Mitgliedstaaten zu überlassen, statt sie ebenfalls der Europäischen Union zuzuordnen.

In ihrer konkreten Ausgestaltung müßten die Rahmensetzungs- und Kontrollzuständigkeiten der Europäischen Kommission so bemessen werden, daß die Erstellung von Regionalentwicklungsplänen künftig weitestgehend Sache der Mitgliedstaaten bzw. ihrer Regionen wäre. Eine zentrale Voraussetzung, um dieses Ziel zu erfüllen, läge darin, die bisherigen Regelungen für nationale Regionalbeihilfen großzügiger zu gestalten und von seiten der Kommission tatsächlich nurmehr wettbewerbspolitische

Schranken zu ziehen, statt die Beihilfenkontrolle als kohäsionspolitisches Instrument zu nutzen. Dieser Schritt würde vor allem die reicheren Mitgliedstaaten in eine deutlich bessere Lage versetzen, da sich dadurch ihr Handlungsspielraum erheblich vergrößern würde, ihren Problemregionen die notwendige Unterstützung aus eigenen Mitteln zukommen zu lassen.[499] Was aber Regionalfördermaßnahmen anbelangt, die aus den europäischen Strukturfonds finanziert werden und sich künftig auf rückständige Gebiete in Staaten mit unterdurchschnittlichem Pro-Kopf-Einkommen konzentrieren sollten, so müßte die Festlegung autonomieschonender europäischer Rahmenbedingungen für den Mitteleinsatz in Einklang mit dem bisherigen Grundanliegen des Kohäsionszieles erfolgen. Ihr eigentliches Ziel besteht nicht darin, eine kurzfristige Maximierung des Sozialprodukts in den weniger entwickelten Mitgliedstaaten zu bewirken, sondern im Rahmen einer langfristigen Wachstumsstrategie das Entwicklungspotential der dort befindlichen besonders rückständigen Gebiete zu erschließen.[500] Das Kohäsionsziel, das auf eine besondere Stärkung der Wettbewerbsfähigkeit der rückständigen Regionen abstellt, um durch besonders hohe Wachstumsraten in diesen Gebieten eine allmähliche Konvergenz der Einkommens- und Beschäftigungssituation auf dem Gesamtgebiet der Europäischen Union herbeizuführen,[501] bedingt damit geradezu den Grundcharakter europäischer Strukturpolitik als »verteilungspolitische Allokationspolitik«.[502]

Eine ausschließliche Ausrichtung am Gebot effizienter Ressourcenallokation ist deshalb auch bei der Mittelverteilung innerhalb der empfangsberechtigten Mitgliedstaaten mit flächendeckenden Entwicklungsrückständen nicht mit dem kohäsionspolitischen Anliegen vereinbar. Die alleinige Geltung allokationspolitischer Effizienz als Kriterium für den Mitteleinsatz wäre gleichzusetzen mit dem Gebot, auch dort nur jenen Regionen Förderung zu gewähren, die bereits über eine überdurchschnittliche Produktivität verfügen und besonders wachstumsstark sind.[503] Tatsächlich deuten die Entwicklungstendenzen in der Einkommensverteilung zwischen den Regionen der Europäischen Union, die 1996 im ersten Kohäsionsbericht der Kommission nachgezeichnet wurden, darauf hin, daß sich Maßnahmen der Regionalförderung auch in den Kohäsionsländern auf die am stärksten urbanisierten Agglomerationsgebiete konzentriert haben, die über die besten infrastrukturellen und qualifikatorischen Voraussetzungen verfügt haben, um maximale Wachstumsraten zu erzielen. Hier stand offensichtlich doch das Ziel einer kurzfristigen BSP-Erhöhung im Mittelpunkt. Nur so läßt sich erklären, daß zwischen 1983 und 1993 zwar ihr Einkommensrückstand zum Unionsdurchschnitt mit einem Zuwachs von rund 8% – und damit auch die Disparitäten

---

499 Vgl. Toepel: Reform der Europäischen Strukturfonds 2000, a. a. O., S. 3; sowie Axt, Agenda 2000 und EU-Strukturpolitik, a. a. O., S. 28.

500 Vgl. Almeida Rozek: Die Entwicklung der Strukturpolitik in der Europäischen Gemeinschaft, a. a. O., S. 69-73.

501 Vgl. Europäische Kommission: Erster Bericht, a. a. O., S. 13-15.

502 Vgl. Biehl, Dieter: Europäische Regionalpolitik, eine ziel- und handlungsorientierte Analyse, in: Pohmer, Dieter (Hrsg.): Probleme des Finanzausgleichs III, Schriften des Vereins für Socialpolitik, Band 96/III, Berlin 1981, S. 126-180 (S. 126).

503 Einige Kritiker der europäischen Strukturpolitik werfen ihr gerade diese, in ihren Augen »halbherzige« Ausrichtung am Gebot effizienter Ressourcenallokation vor. Vgl. z. B.: Krätzschmar, a. a. O., S. 53-55; S. 60-62; S. 144-149.

zwischen den Mitgliedstaaten – deutlich abgenommen, die Kluft zwischen den ärmsten und reichsten Regionen in der Europäischen Union sich dabei aber kaum verändert hatte. Innerhalb der Kohäsionsländer ließ sich sogar feststellen, daß die regionalen Disparitäten zwischen Zentrum und Peripherie nochmals gewachsen waren.[504] Aus Sicht einer an langfristigen Wachstumszielen orientierten Kohäsionspolitik sind derartige Entwicklungstendenzen jedoch abzulehnen. Sie muß dafür Sorge tragen, daß neben dem Gebot einer effizienten Ressourcenallokation auch ein innerstaatlicher Umverteilungseffekt zugunsten besonders rückständiger und peripherer Gebiete gewährleistet bleibt, der es ihnen erlaubt, längerfristig ihre Entwicklungsdefizite abzubauen.

Die durch die europäische Ebene künftig zu setzenden Rahmenbedingungen für die Ressourcenallokation in der Kohäsionspolitik müßten deshalb beispielsweise Förderpraktiken in den empfangsberechtigten Mitgliedstaaten unterbinden, die auf eine völlig einseitige Mittelverwendung zugunsten urbaner Agglomerationszentren hinausliefen. Ein weiteres Beispiel für eine mit dem Kohäsionsziel unvereinbare Mittelverwendung, die durch die Setzung entsprechender Rahmenvorgaben der europäischen Ebene ausgeschlossen werden müßte, wäre ein Einsatz bewilligter Strukturfondsgelder für Beihilfen nicht mehr konkurrenzfähiger Unternehmen, um den eigentlich gebotenen Strukturwandel zu blockieren und auf diese Weise damit möglicherweise verbundene, soziale Härten erst gar nicht entstehen zu lassen. Um solche und andere allokative Schwerpunktsetzungen in einzelnen Mitgliedstaaten, die dem Kohäsionsziel grundsätzlich zuwiderlaufen, wirksam zu unterbinden, scheinen auch weiterhin europäischen Rahmenregelungen erforderlich. Allerdings sollte für ihre Festlegung ein möglichst autonomieschonender Weg gefunden werden, der den Freiraum der nationalen und subnationalen Ebene bei der Planung und Durchführung regionalpolitischer Fördermaßnahmen möglichst wenig einschränkt. Als besonders geeignet erscheint dafür die Formulierung eines Negativkataloges, der auf europäischer Ebene erstellt würde und jene Verwendungszwecke, Förderobjekte und -maßnahmen auf nationaler und subnationaler Ebene auflisten sollte, die dem Ziel eines Abbaus regionaler Disparitäten widersprechen. Die allokationspolitischen Kontrollbefugnisse, über die die Kommission weiterhin verfügen müßte, würden sich in diesem Modell im wesentlichen darauf beschränken, die dort aufgelisteten Förderpraktiken zu verhindern.[505]

Aufbauend auf dieser näheren Bestimmung jener allokationspolitischer EU-Partialzuständigkeiten, die angesichts des Kohäsionszieles funktional noch gerechtfertigt erscheinen, müßte die Kompetenzprüfung eigentlich mit der Frage fortgesetzt werden, ob entsprechende Eingriffsbefugnisse der europäischen Ebene sich auch auf ein hinreichendes Maß an *öffentlicher Akzeptanz* quer durch die Bevölkerungen der Mitgliedstaaten stützen könnten. Allerdings wurde bereits im vorherigen Abschnitt darauf hingewiesen, daß den in dieser Studie zur Beurteilung dieser Frage herangezogenen Eurobarometer-Umfragen über die präferierte Entscheidungsebene in ausgewählten Politikfeldern keine klaren Aussagen zur Strukturpolitik zu entnehmen sind.

Deshalb muß an dieser Stelle direkt mit der Anwendung des Kriteriums möglicher *Verbundvorteile* allokationspolitischer Rahmensetzungs- und Kontrollkompetenzen

---

504   Vgl. Europäische Kommission: Erster Bericht, a. a. O., v. a. S. 5-25.
505   Dieser Vorschlag geht zurück auf Döring, a. a. O., S. 117.

auf Unionsebene fortgefahren werden. Dazu wurde ebenfalls bereits an früherer Stelle ausgeführt, daß das kohäsionspolitische Ziel europäischer Strukturförderung per se als essentielle Voraussetzung für den Erhalt der Vertiefungs- und Erweiterungsfähigkeit der Europäischen Union erscheint. Ohne einen wirksamen Einsatz des Ausgleichsinstrumentariums der Strukturförderung droht eine wachsende Ungleichheit bei der Verteilung von Integrationsgewinnen und -verlusten, die sich langfristig vor allem zu Lasten der Bevölkerungen in den Mitgliedstaaten mit flächendeckenden Entwicklungsrückständen auswirken dürfte. Dauerhafte Benachteiligungen der Unionsbürger in einzelnen Mitgliedstaaten bzw. einzelnen Regionen könnten jedoch deren Zustimmungsbereitschaft ebenso wie die politische Stabilität der Europäischen Union insgesamt nachhaltig in Frage stellen. Vor diesem Hintergrund sind aber auch allokationspolitische Partialkompetenzen der Europäischen Union in dem Maße, in dem sie notwendige Voraussetzung für eine wirksame Implementation europäischer Kohäsionspolitik sind, eindeutig durch Verbundvorteile für einen funktionierenden Binnenmarkt, eine stabilitätsorientierte Währungsunion, aber auch für künftig anstehende Vertiefungsschritte zum Ausbau der Politischen Union gekennzeichnet.

Allerdings ist damit die Prüfung einer angemessenen Verteilung allokativer Zuständigkeiten zwischen mitgliedstaatlicher und europäischer Ebene in der Strukturpolitik noch keinesfalls abgeschlossen. Alle bisherigen Überlegungen haben Maßnahmen zur Regionalentwicklung gegolten, deren Bezugsrahmen territoriale Teileinheiten mit Entwicklungsdefiziten auf dem Gebiet einzelner Mitgliedstaaten bilden. Darüber hinaus existieren aber grenzübergreifende Problembezüge und Handlungszusammenhänge, denen zentrale Bedeutung für das kohäsionspolitische Anliegen der Erschließung des endogenen Entwicklungspotentials geographischer Teilräume im Binnenmarkt zukommt. Berührt ist hier vor allem der prioritäre Handlungsbedarf, der sich auf dem Gebiet EU-weiter Raumplanung und -entwicklung stellt.[506]

Von herausragender Bedeutung sind in diesem Zusammenhang zunächst einmal die für den Auf- und Ausbau Transeuropäischer Netze (TEN) notwendigen Planungs- und Durchführungszuständigkeiten der europäischen Ebene. Durch diese TEN sollen die infrastrukturellen Voraussetzungen geschaffen werden, um durch eine »Verkürzung der Wege« periphere und rückständige Regionen stärker an den Binnenmarkt anzubinden und lagebedingte Nachteile dieser Gebiete abzubauen. Schon aus der »Natur der Sache« heraus spricht das *Kriterium der Mindestteilnehmerzahl* hier für ein Zusammenwirken aller Mitgliedstaaten. Hinzutritt, daß auch die *räumliche Kongruenz*

---

506 Seit 1994 ist die Europäische Union auf dem Gebiet europäischer Raumentwicklung aktiv. In diesem Jahr verabschiedeten die Raumordnungsminister der Mitgliedstaaten auf einem Treffen in Leipzig ein erstes gemeinsames Dokument mit dem Titel »Grundlagen einer Europäischen Raumentwicklungspolitik«. Im Juni 1997 wurde der erste offizielle Entwurf des »Europäischen Raumentwicklungskonzeptes (EUREK)« wiederum auf einem inoffiziellen Treffen der Minister vorgelegt, das diesmal in Noordwijk stattfand. Bei dem EUREK handelt es sich allerdings um ein rechtlich unverbindliches Dokument, das jeder Mitgliedstaat in dem von ihm gewünschten Maße im Zusammenhang mit raumwirksamen Aspekten nationaler Politiken berücksichtigen kann. Vgl.: Committee on Spatial Development: European Spatial Development Perspective. Towards a Balanced and Sustainable Development of the Territory of the EU (Final Discussion at the Meeting of Ministers responsible for Regional/Spatial Planning of the European Union, Potsdam, 10/11 May 1999).

politischen Handelns ein Zusammenwirken möglichst vieler Mitgliedstaaten nahelegt.[507]

Zunächst trifft für den Bereich transeuropäischer Netzinfrastrukturen folglich zu, daß eine effiziente Planung und Entscheidung in diesem Bereich deutlich über den einzelnen Mitgliedstaat hinausweist. Inwiefern dieses Prüfungsergebnis tatsächlich europäische Handlungsbefugnisse rechtfertigt, wird jedoch erst auf der zweiten Prüfungsebene ermittelt. Zu dieser Frage ist zu allererst festzuhalten, daß der Europäische Gemeinschaftsvertrag seit Maastricht bereits einen eigenen Titel enthält (Art. 154–156 EGV-A), in dem die Errichtung dieser europaweiten Netzwerke in der Verkehrs-, Telekommunikations- und Energieinfrastruktur eigens geregelt ist. Allerdings beschränken sich die entsprechenden Befugnisse auf die Festlegung von Leitlinien, in denen die Ziele, Prioritäten und Grundzüge »der im Bereich der transeuropäischen Netze in Betracht gezogenen Aktionen erfaßt werden; in diesen Leitlinien werden Vorhaben von gemeinsamem Interesse ausgewiesen«. (Art. 155 EGV-A). Betrachtet man nun die Ergebnisse der auf der Grundlage des Art. 156 EGV-A (Art. 129d EGV-M) 1996 verabschiedeten Leitlinien genauer,[508] so fällt an in ihnen besonders auf, daß nur fünf von vierzehn prioritären Projekten zur Errichtung von TEN teilweise in den vier Kohäsionsländern angesiedelt sind, ihre Mehrheit aber die Gebiete zentral gelegener Regionen berührt. Zurecht wird kritisiert, daß die Festlegung dieser Vorhaben unter dem Strich wieder eher den wohlhabenderen Gebieten der Europäischen Union zugute kommt.[509] Eine stärker am Kohäsionsziel orientierte Mittelverwendung bei der Errichtung der TEN ließe es vor diesem Hintergrund tatsächlich geboten erscheinen, jenseits des Erlasses von Leitlinien der Unionsebene auch eine Rahmenrechtssetzungskompetenz zuzugestehen, auf deren Grundlage die Kriterien für die Festlegung prioritärer TEN-Projekte vorab definiert werden könnten.

Ein zweites, nicht weniger gravierendes Problem taucht bei der Durchführung von Infrastrukturvorhaben auf. Es bestehen nach wie vor große Schwierigkeiten, an den nationalen Grenzen die Interoperabilität der einzelnen TEN-Abschnitte sicherzustellen.[510] Dies mag auch daran liegen, daß für die Europäische Kommission bislang keine weitergehenden Durchführungsbefugnisse vorgesehen sind, die es ihr erlauben würden, eine funktionsgerechte Schnittstellenkoordination wirksam durchzusetzen. Im Vertrag ist lediglich die Rede davon, daß die Gemeinschaft jede Aktion durchführt, »die sich gegebenenfalls als notwendig erweist, um die Interoperabilität der Netze zu gewährleisten, insbesondere im Bereich der Harmonisierung der technischen Normen«

---

507 Diekmann/Breuer weisen darauf hin, daß gerade bei den Umwelt- und Verkehrsinfrastrukturvorhaben, zu deren Finanzierung der 1993 eingerichtete Kohäsionsfonds herangezogen werden kann, wenigstens annähernd sichergestellt ist, daß sich der Kreis der Nutznießer dieser Maßnahmen mit dem der Zahler deckt. Somit sei zumindest näherungsweise das Prinzip der fiskalischen Äquivalenz – bzw. in der von uns gewählten Terminologie – der räumlichen Kongruenz politischen Handelns gewahrt. Vgl. Diekmann/Breuer: Der Kohäsionsfonds, a. a. O., S. 262.

508 Vgl. zu den einzelnen Inhalten der Leitlinien: Erdmenger, Jürgen: Verkehrspolitik, in: Weidenfeld/Wessels (Hrsg): Jahrbuch 1996/97, a. a. O., S. 167–172 (S. 167 f.).

509 Vgl. Commission européenne: Schéma de développement de l'espace communautaire. Premier projet officiel. Présenté à la réunion informelle des Ministres responsables de l'aménagement du territoire des États membres de l'Union européenne, Noordwijk, 9 et 10 juin 1997, S. 42.

510 Vgl. ebd., S. 24.

(Art. 155 EGV-A). Bislang erscheinen die Ergebnisse der deshalb nach wie vor zwischenstaatlich geprägten Zusammenarbeit zwischen den Mitgliedstaaten zu diesem Zweck – gemessen am Kriterium der *Problemlösungsfähigkeit alternativer Formen bi- oder multilateraler Kooperation* – jedenfalls wenig überzeugend.

Damit sind die wesentlichen partiellen Planungs- und Durchführungsbefugnisse der europäischen Ebene auf dem Gebiet der Transeuropäischen Netze bereits genannt, die eine effektive Umsetzung des Kohäsionszieles gebietet: die Rahmenrechtsetzung und die zwischenstaatliche Schnittstellenkoordination beim Aufbau dieser grenzübergreifenden Infrastrukturen. Ihre ausführliche Überprüfung anhand der *Kriterien der öffentlichen Akzeptanz und der Verbundvorteile* ist hier nicht mehr nötig, da ihr Resultat mit den diesbezüglichen Prüfungsergebnissen für die oben bereits abgehandelten, allokativen Zuständigkeitsbereiche in der Kohäsionspolitik übereinstimmt.

Ein letztes, zentrales Aufgabenfeld in der Strukturpolitik, das einer etwas genaueren Betrachtung im Hinblick auf die Verteilung allokationspolitischer Kompetenzen im europäischen Mehrebenensystem bedarf, ist die Förderung der grenzüberschreitenden Kooperation an den Binnen- und Außengrenzen der Europäischen Union. Sie hat in den letzten Jahren einen wachsenden Stellenwert in den Gemeinschaftsinitiativen der Kommission eingenommen. Jüngster Ausdruck dieses Bedeutungszuwachses ist, daß der Anteil der speziell diesem Zweck gewidmeten INTERREG-Initiative nach den Beschlüssen von Berlin in den kommenden sieben Jahren immerhin mindestens 50% der für die künftigen vier Gemeinschaftsinitiativen vorgesehenen Gesamtmittel ausmachen wird.[511]

Der Sinn und Zweck der grenzüberschreitenden Zusammenarbeit zwischen Regionen läßt sich folgendermaßen umschreiben: Die Grenzüberschreitende Zusammenarbeit richtet sich ... in letzter Instanz auf die Integration eines gemeinsamen, durch Staatsgrenzen getrennten Lebensraums, der mit gemeinsamen Problemen (z. B. Abfallbeseitigung, Gewässerschutz, Infrastruktur) konfrontiert ist.«[512] Im Mittelpunkt der Förderung derartiger staatenübergreifender Grenzräume – die auf den unterschiedlichsten rechtlichen und informellen Übereinkünften beruhen können – bestand seit den sechziger Jahren das Interesse darin, ökonomische Probleme, die sich aus der künstlichen Trennung der Grenzregionen von angrenzenden Gebieten im benachbarten Staat ergeben hatten, zu überwinden. Die wesentlichen Gegenstände gemeinsamen Handelns subnationaler Gebietseinheiten beiderseits staatlicher Grenzen bilden dabei die grenzüberschreitende Wirtschaftsförderung, die Schaffung einer Infrastruktur, Maßnahmen auf dem Gebiet des Arbeitsmarktes, der Sozialpolitik und der beruflichen Weiterbildung, der Umwelt, des Gesundheits- und Katastrophenschutzes, der kultu-

---

511 In diesem Zusammenhang ist allerdings auch darauf hinzuweisen, daß der Gesamtanteil der Gemeinschaftsinitiativen an den Strukturfondsmitteln für die Jahre 2000–2006 sich nurmehr auf rund 5% belaufen wird und damit gegenüber dem vorangegangenen Planungszeitraum beinahe halbiert wurde.

512 Schmitt-Egner, Peter: »Grenzüberschreitende Zusammenarbeit« in Europa als Gegenstand wissenschaftlicher Forschung und Strategie transnationaler Praxis. Anmerkungen zur Theorie, Empirie und Praxis des Transnationalen Regionalismus, in: Brunn, Gerhard; Schmitt-Egner, Peter (Hrsg.): Grenzüberschreitende Zusammenarbeit in Europa. Theorie-Empirie-Praxis, Baden-Baden 1998, S. 27-77 (S. 65).

relle Austausch sowie die Förderung des Fremdenverkehrs.[513] Insoweit kann die grenzüberschreitende Zusammenarbeit sicherlich auch als Weg zur Förderung des endogenen Entwicklungspotentials von Gebieten interpretiert werden, die zwar eine Art »natürlichen geographischen Wirtschaftsraum« bilden, aber von künstlichen nationalen Grenzen durchschnitten werden. Auch bei solchen Formen subnationaler Kooperation innerhalb des Gemeinsamen Marktes ohne Binnengrenzen, bleibt das Problem bestehen, daß die beteiligten Gebietseinheiten den politischen Ordnungen, Rechts-, Wirtschafts-, Sozial-, Kultur- und Sprachräumen verschiedener Mitgliedstaaten angehören.

Seit den siebziger und achtziger Jahren, die noch durch die »Euro-Sklerose« geprägt waren, kommt hinzu, daß die grenzüberschreitende Regionalkooperation von Anhängern des Europagedankens entdeckt worden ist und seitdem immer wieder als vielversprechendes »bottom-up«-Modell bezeichnet wird, das eine wichtige legitimatorische Fundierung für den zunehmend mit Akzeptanzkrisen konfrontierten »top-down«-Integrationsprozeß bieten könnte.[514] Erhöhte Aufmerksamkeit erfährt in jüngster Zeit schließlich die transnationale Kooperation an den (östlichen) Außengrenzen der Europäischen Union, da sie als bürgernahes und besonders problemorientiertes Komplementär zur Beitrittsvorbereitung und Heranführung der mittel- und osteuropäischen Staaten an die Europäische Union betrachtet wird. Die inhaltlichen Schwerpunkte der Kooperation mit subnationalen Gliederungen in den Beitrittsstaaten unterscheiden sich nicht zuletzt dadurch von der subnationalen Zusammenarbeit im EU-Binnenraum, daß hier in vielen Fällen auch Fragen der demokratischen Stabilisierung, des grenzüberschreitenden Minderheitenschutzes, der polizeilichen Zusammenarbeit und der Inneren Sicherheit auf der Tagesordnung stehen, die sich für die Grenzregionen im Osten der bisherigen Mitgliedsstaaten und in den künftigen Mitgliedsländern nach dem Beitritt besonders folgenschwer auswirken werden.[515]

Schon diese knappe Darstellung des Potentials transnationaler Grenzkooperation für die Regionalentwicklung und die Entwicklungsfähigkeit der Europäischen Union legen nahe, die aktive Unterstützung ihrer Entstehung und Verbreitung als wichtige Aufgabe der Regional- und Strukturpolitik im europäischen Mehrebenensystem zu betrachten. Zu den zentralen Schwierigkeiten[516], die es dabei zu bewältigen gilt, zählt

513 Vgl. Brunn, Gerhard; Schmitt-Egner, Peter: Die Grenzüberschreitende Zusammenarbeit von Regionen in Europa als Feld der Integrationspolitik und Gegenstand der Forschung, in: diess. (Hrsg.), a. a. O., S. 7-25 (S. 17).

514 Vgl. Anderson, Malcolm: Transfrontier Co-operation – History and Theory, in: Brunn/Schmitt-Egner (Hrsg.), a. a. O., S. 78-97 (S. 83).

515 Vgl. auch zur kritischen Bewertung der grenzüberschreitenden Zusammenarbeit an den östlichen EU-Grenzen: Bort, Eberhart: Crossing the EU Frontier: Eastern Enlargement of the EU, Cross-Border Regionalism and State Sovereignty, in: interregiones 6 (1997), S. 20-31; Krämer, Raimund: Grenzen der Europäischen Union, Potsdam 1997; sowie die verschiedenen Beiträge in: Eckart, Karl; Kowalke, Helmut (Hrsg.): Die Euroregionen im Osten Deutschlands, Berlin 1997.

516 Vgl. zu den folgenden Ausführungen über zentrale Probleme der grenzüberschreitenden Kooperation: Assemblée des Régions d'Europe (ARE): Livre Blanc. Les Régions Frontalières et l'Intégration Européenne, Saragossa 1992; Arbeitsgemeinschaft Europäischer Grenzregionen (AGEG) (Hrsg.): Lace (Linkage Assistance and Cooperation for the European Border Regions). Grenzüberschreitende Zusammenarbeit in der Praxis. Institutionelle Aspekte grenzüberschreitender Kooperation, Gronau o.J. (diese Studie wurde 1993 abgeschlossen); Roch, I.; Scott, J.; Ziegler, A.:

im rechtlich-institutionellen Bereich das Fehlen eines geeigneten rechtlichen Rahmens für die Organisation grenzüberschreitender Kooperationsverbände.[517] Angesichts der unterschiedlichen Rechtsordnungen – verbunden mit sehr unterschiedlichen Kompetenzbeständen auf subnationaler Ebene – innerhalb der europäischen Nationalstaaten ist es meist unmöglich, auf der Grundlage eines nationalen Rechtssystems grenzüberschreitende Rechtspersönlichkeiten zu etablieren. Hier besteht nach wie vor ein Vakuum, das zur Folge hat, daß grenzüberschreitende Kooperationsansätze meist »auf dem Erfindungsreichtum der Grenzregionen« beruhen und sich »juristisch auf nationale Krücken« stützen müssen.[518] Auf politisch-psychologischem Gebiet hingegen ist an erster Stelle das Problem zu nennen, daß nationalstaatliche Instanzen oftmals eine sehr intensive Kontrolle im Sinne einer »Bremser-Rolle« ausüben, da sie in der transnationalen Kooperation ihrer Gebietskörperschaften die Gefahr eines Verlustes an eigener politischer Steuerungsfähigkeit sehen. Als drittes, ökonomisches Hauptproblem ist schließlich der in aller Regel sehr begrenzte finanzielle Spielraum zu nennen, der den meisten interregionalen bzw. interlokalen Zusammenschlüssen zur Verfügung steht. Betroffen ist davon vor allem die Finanzierung institutioneller Grundstrukturen, während große Teile der Projektförderung inzwischen bei fast allen grenzüberschreitenden Kooperationen aus unterschiedlichen EU-»Töpfen« – d. h. vor allem INTERREG und im Falle mittel-, ost- und südosteuropäischer Staaten PHARE CBC bzw. TACIS CBC – abgedeckt wird.[519]

Für die Prüfung einer angemessenen Kompetenzverteilung zwischen europäischer und mitgliedstaatlicher Ebene anhand des einheitlichen Kriterien sind jedoch die skizzierten, rechtlich-institutionellen Schwierigkeiten von vorrangiger Bedeutung. Über die Zweckmäßigkeit und Notwendigkeit von Befugnissen der europäischen Ebene zur finanziellen Förderung grenzüberschreitender Regionalkooperation dürften kaum Zweifel bestehen. Diese Feststellung gilt allerdings nur unter der Bedingung, daß auch mit dieser Förderzuständigkeit keine weitreichenden allokationspolitischen Planungszuständigkeiten verbunden sind. Auch hier sollten europäische Vorgaben über den vorgeschlagenen Negativkatalog unzulässiger Mittelverwendungszwecke möglich sein. Wesentlich problematischer stellt sich aber die Frage dar, wie über eine angemessene Ausgestaltung der dualen Kompetenzverteilung die rechtlichen Rahmenbedingungen für die Organisation grenzüberschreitender Kooperationsbedingungen verbessert werden könnten.

Umweltgerechte Entwicklung von Grenzregionen durch kooperatives Handeln (IÖR-Schriften 24), Dresden 1998.

517   Selbstverständlich sind die rechtlich-institutionellen Probleme, die sich aus der sehr unterschiedlichen Kompetenzausstattung – v. a. im Bereich der auswärtigen Beziehungen – der substaatlichen Ebene nach den jeweiligen nationalen Verfassungsordnungen ergeben, besonders gravierend. Zu dieser Frage kann und darf aber der vorgeschlagene duale Kompetenzkatalog mit seiner Beschränkung auf die supranationale und nationale Ebene keine Aussagen enthalten. Deshalb wird sie in den Ausführungen auch nur am Rande berücksichtigt.

518   Vgl.: Akademie für Raumforschung und Landesplanung (Hrsg.): Grenzüberschreitende Raumplanung, Hannover 1992, S. 174-186.

519   Vgl. Student, Thomas: Die europäische Herausforderung – Grenzüberschreitende Kooperation im Wettbewerb der Regionen. Zusammenarbeit der deutsch-niederländischen Grenze im Rahmen der Ems Dollart Kooperation und der Neuen Hanse Interregio (Schriftenreihe des Europäischen Zentrums für Föderalismus-Forschung Bd. 18), Baden-Baden 1999, S. 87.

Legt man zur Klärung dieser Frage zunächst den Wirkungsgrad als Maßstab an, den grenzüberschreitende Regionalkooperationen bei der Verwirklichung der oben genannten struktur- und integrationspolitischen Ziele erreichen können, so läßt sich feststellen, daß dieser in Fällen der Zusammenarbeit, die auf öffentlich-rechtlicher Basis erfolgen, besonders hoch ausfällt.[520] Anders als bei rein informellen Formen der Kooperation, setzt diese Form der Zusammenarbeit jedoch im Regelfall den Abschluß von völkerrechtlichen Staatsverträgen oder Übereinkommen voraus. Zumindest für die Schaffung effizienter Formen der regionalen Zusammenarbeit gilt folglich, daß die Anwendung des *Kriteriums der erforderlichen Mindestteilnehmerzahl* deutlich zugunsten eines Zusammenwirkens von mindestens zwei Staaten ausfällt.

Entsprechende zwischenstaatliche Vereinbarungen stützen sich regelmäßig auf das vom Europarat beschlossene »Europäische Rahmenübereinkommen über die grenzüberschreitende Zusammenarbeit zwischen Gebietskörperschaften« von 1981 (Madrider Übereinkommen) und seine Zusatzprotokolle. Auch deren Vorgaben überlassen es allerdings den Unterzeichnerstaaten, ob diese auch mit einer eigenen Rechtspersönlichkeit ausgestattet werden. Ein wesentlicher Grund, weshalb von dieser Möglichkeit bislang praktisch kein Gebrauch gemacht worden ist, liegt nun gerade darin, daß die nationalen Regierungen in vielen Fällen eher skeptisch gegenüber transnationalen Aktivitäten ihrer Gebietskörperschaften eingestellt sind. Gleichzeitig stellt aber die fehlende, grenzüberschreitende Rechtssubjektivität nach wie vor eines der wesentlichen Hindernisse in der grenzübergreifenden Zusammenarbeit dar. Wiederum rückgewendet auf die Kriterien des Prüfrasters zeigen sich darin deutliche Grenzen der *Problemlösungsfähigkeit völkerrechtlicher Formen bi- oder multilateraler Kooperation.* Daraus darf jedoch nicht der Schluß gezogen werden, daß die Überwindung rechtlicher Hindernisse für die grenzüberschreitende Kooperation nur dadurch möglich ist, daß eine europäische Zuständigkeit zur detaillierten Festlegung von Organisationsmodellen für lokale und regionale Zweckverbände mit grenzübergreifender Rechtspersönlichkeit geschaffen wird. Im Gegenteil würden bindende EU-Einzelregelungen für die rechtliche Ausgestaltung wiederum einen schwerwiegenden Eingriff in die Gebiets- und Organisationshoheit der mitgliedstaatlichen Verfassungsordnungen bedeuten und wären somit kaum mit dem Subsidiaritätsgedanken vereinbar. Vorzuziehen wäre dem eine autonomieschonendere Lösung, bei der sich die europäische Ebene darauf beschränkt, einheitliche Mindestbedingungen für die organisationsrechtliche Ausgestaltung regionaler und lokaler Zusammenschlüsse grenzübergreifender Natur festzulegen, zu denen eben auch ihr öffentlich-rechtlicher Charakter sowie die Ausstattung mit einer eigenen Rechtspersönlichkeit zählen würden.[521] Die konkreten Organisationsmodelle für grenzüberschreitende Kooperationsformen bliebe damit weiterhin den bi- oder multilateralen Verhandlungen zwischen den Mitgliedstaaten bzw. zwischen Mitgliedstaaten und Drittstaaten überlassen.

---

520 Vgl. Beyerlin, Ulrich: Neue rechtliche Entwicklungen der regionalen und lokalen grenzüberschreitenden Kooperation, in: Brunn/Schmitt-Egner (Hrsg.), a. a. O., S. 118-134 (S. 120).

521 In diese Richtung dürfte auch »der Vorschlag des Europäischen Parlamentes zielen, einen die Mitgliedstaaten verpflichtenden »Gemeinschaftsrahmen« zur Überwindung rechtlicher Hindernisse bei der Förderung der grenzüberschreitenden und interregionalen Zusammenarbeit zu schaffen. Vgl. Europäisches Parlament. Ausschuß für Regionalpolitik: Bericht über grenzüberschreitende und interregionale Zusammenarbeit, Berichterstatterin: Riitta Myller (PE 221.020/end vom 23.04.1997).

Für die Anwendung des *Kriteriums der öffentlichen Akzeptanz* soll nochmals darauf hingewiesen werden, daß die herangezogenen Angaben des Eurobarometers zur Aufgabenverteilung in der Regionalentwicklung allgemein nicht sonderlich aussagekräftig sind. Allerdings erwächst die Bedeutung interregionaler Kooperationsformen ja gerade daraus, daß sie direkte nachbarschaftliche Kontakte der Unionsbürger über nationale Grenzen hinweg erleichtern sollen und als »Integration von unten« ein Gegengewicht zu der – ob ihrer Bürgerferne – kritisierten bisherigen Integrationslogik schaffen können. Insoweit könnten gerade Maßnahmen zur Unterstützung grenzübergreifender Regionalkooperationen eine Schlüsselrolle bei der Überwindung des wachsenden Demokratiedefizites und der anhaltenden Akzeptanzkrise der Europäischen Union spielen. Da bereits eingangs die Funktion des »integrationspolitischen Kitts« als zentraler Zweck dieser Erscheinungsform eines »europäischen Zusammenwachsens von unten« definiert wurde, erübrigt es sich zu erwähnen, daß die Förderung grenzüberschreitender Regionalkooperationen mit erheblichen *Verbundvorteilen* für die Verwirklichung einer immer engeren Union der Völker Europas« (Art. 1 EUV-A) verbunden ist.

Mit der Entwicklung einer subsidiaritätsgerechten Kompetenzordnung auf dem Gebiet grenzüberschreitender Kooperation ist die Überprüfung allokationspolitischer Befugnisse in der Regional- und Strukturpolitik abgeschlossen. In der schematischen Darstellung ergibt sich für den dualen Zuständigkeitskatalog folgendes Gesamtbild:

Primärkompetenzen der Mitgliedstaaten	Partialkompetenzen der Europäischen Union
– Planung und Durchführung von Entwicklungsprogrammen in der nationalen und regionalen Wirtschaftsförderung	– Verhinderung nationaler und regionaler Förderprioritäten, welche in Widerspruch zum kohäsionspolitischen Ziel des Abbaus räumlicher Disparitäten im Binnenmarkt stehen.
– Abschluß bi- und multilateraler Völkerrechtsabkommen über Formen grenzüberschreitender Kooperation auf subnationaler Ebene	– Finanzielle Förderung grenzüberschreitender und interregionaler Zusammenarbeit – Definition organisationsrechtlicher Mindeststandards für Formen grenzüberschreitender Kooperation auf subnationaler Ebene
– Infrastrukturpolitik	– Rahmenrechtsetzung und zwischenstaatliche Schnittstellenkoordination beim Aufbau Transeuropäischer Netze

4. Strukturpolitik als Stabilitätspolitik

Bei der Frage nach den Konsequenzen einer einheitlichen europäischen Währung steht nicht die allokationspolitische Funktion der europäischen Strukturpolitik im Mittelpunkt des Interesses, sondern das Problem, ob sie künftig nicht eine stärker stabilitätspolitisch motivierte Ausgleichsfunktion erfüllen muß. Dazu ist zunächst festzuhalten, daß der Übergang in die dritte Stufe der Wirtschafts- und Währungsunion (WWU) keinen Einfluß auf die Entwicklung innerstaatlicher, räumlicher Disparitäten haben wird, da alle Staaten bereits einheitliche Währungsgebiete bildeten. Anders stellt sich das Bild jedoch für die Entwicklung der Einkommens- und Beschäftigungsunterschiede zwischen den Mitgliedstaaten dar, weil ihnen durch den Wegfall der Möglichkeit flexibler Wechselkursanpassungen ein wesentliches Instrument zur Kompensation nachfrage- oder angebotsinduzierter asymmetrischer Einkommens- und Beschäftigungsschwankungen verloren geht.[522] Angesichts relativ rigider Reallöhne und einer – im Vergleich zu klassischen Bundesstaaten – relativ niedrigen Arbeitsmobilität zwischen den Mitgliedstaaten der Europäischen Union, entfallen zwei weitere zentrale Anpassungsmechanismen, die zum Ausgleich zyklischer Schwankungen beitragen könnten. In der politikwissenschaftlichen und ökonomischen Diskussion der Folgen der WWU hat dies zwar zu unterschiedlichen Meinungen bezüglich der Art und Höhe stabilitätspolitischer Transferzahlungen durch die Europäische Union geführt, mehrheitlich wird aber die Auffassung geteilt, daß ein höheres Maß an fiskalischer Zentralisierung auf europäischer Ebene erforderlich sein wird.[523]

Mit Blick auf die Regional- und Strukturpolitik der Europäischen Union ist in diesem Kontext besonders relevant, daß die Einführung einer einheitlichen europäischen Währung zu dem strukturellen zwischenstaatlichen Gefälle das Element wachsender zyklisch bedingter Disparitäten hinzufügen könnte. Dieser mögliche Effekt ergibt sich aus der Annahme, daß nach Wegfall des Wechselkursinstrumentes zyklische Schocks besonders starke Beschäftigungsfolgen und Anpassungszwänge für die wirtschafts- und strukturschwachen EU-Mitgliedstaaten mit sich bringen können.

Im Falle konjunktureller Krisen droht gerade das Beschäftigungsniveau in rückständigen Mitgliedstaaten unterhalb eines Schwellenwertes abzusinken, von dem aus eine wirtschaftliche Erholung aus eigener Kraft nicht möglich ist. Da eine Volkswirtschaft nicht aus einer Ansammlung unabhängiger Unternehmen, sondern eher einem Netzwerk miteinander verwobener Firmen besteht, bedeutet der Zusammenbruch eines Unternehmens negative externe Effekte für jene Betriebe, mit denen es in enger Verbindung stand. Im allgemeinen gilt jedoch gerade für strukturschwächere Regionen und Mitgliedstaaten, daß dort besonders starke Abhängigkeiten zwischen wenigen Unternehmen bestehen. Dies hat zur Folge, daß die negativen Externalitäten, die mit der Aufgabe eines Betriebes verbunden sind, für andere Unternehmen existenzgefährdende Ausmaße annehmen können, so daß schließlich die gesamte Wirtschaftsstruktur des betroffenen Gebietes gefährdet ist.[524] Aufgrund des wachsenden Standortwettbewerbes bleiben den besonders betroffenen strukturschwachen Staaten jedoch Steuererhöhungen zur Finanzierung beschäftigungswirksamer Gegenmaßnahmen verwehrt. Ebensowenig steht ihnen der Weg offen, derartige Maßnahmen über eine Erhöhung der Staatsverschuldung zu finanzieren, wollen sie nicht gegen ihre Pflicht zur dauer-

---

522 Vgl. zu dem Problem asymmetrischer Schocks in Europa: Heinemann, Finanzverfassung und Kompetenzausstattung, a. a. O., S. 64-71.

523 Vgl. den Diskussionsüberblick in McKay, David: Rush to Union. Understanding the European Federal Bargain, Oxford 1996, S. 137-149; als »Horrorvision« wird diese Entwicklungsperspektive dargestellt in der Verfassungsklageschrift von: Hankel/Nölling, Wilhelm/Schachtschneider/Starbatty, a. a. O., v. a. S. 252-256.

524 Bekannt ist dieses Schwellen-Phänomen aus der Regionalökonomie; vgl. Prud'homme, a. a. O., S. 332-333.

haften Einhaltung der Maastrichter Konvergenzkriterien verstoßen und die Geldwertstabilität im gemeinsamen Währungsraum aufs Spiel setzen.[525] Allerdings ist in
der Praxis zu bezweifeln, ob nachhaltige Entwicklungsrückschläge als Folgewirkung
konjunktureller Schocks im Währungsraum, die vor allem ohnehin strukturschwachen
Teilnehmerstaaten im Euroland drohen, nicht doch die Neigung der betroffenen Regierungen erhöhen würde, ein stabilitätswidriges Haushaltsgebahren an den Tag zu legen. Um dieser Gefahr entgegenzuwirken, könnte sich eine weitere Aufstockung und
gezieltere Umverteilung von Strukturfördermitteln zugunsten gerade dieser Länder
auch als stabilitätspolitisches Erfordernis erweisen.[526]

Hinsichtlich der Zuständigkeitsverteilung in der Strukturpolitik würde eine stärkere
Ausrichtung europäischer Finanzierungszuständigkeiten auf ihre umverteilungspolitische Funktion, deren Notwendigkeit sich bei der Anwendung der einheitlichen Prüfkriterien bereits erwiesen hat, auch diesen neuen stabilitätspolitischen Anforderungen
im einheitlichen Währungsraum genügen. Deshalb ist eine erneute Heranziehung des
Kompetenzprüfrasters hier nicht nötig. Lediglich hinsichtlich der Zielrichtung der Regionalförderung – und möglicherweise auch hinsichtlich des Finanzvolumens – werden sich im einheitlichen Währungsraum deutliche Änderungen ergeben. Neben das
Kohäsionsziel wird das Ziel der Geldwertstabilität treten, das eine weitgehende Konzentration des Fördermitteleinsatzes in wirtschaftlich schwachen Mitgliedstaaten zusätzlich rechtfertigt.

Im tabellarischen Überblick sprechen die stabilitätspolitischen Anforderungen der
Währungsunion in der Struktur- und Regionalpolitik also für folgende duale Kompetenzverteilung zwischen mitgliedstaatlicher und europäischer Ebene:

Primärkompetenzen der Mitgliedstaaten	Partialkompetenzen der Europäischen Union
– Nationaler Finanzausgleich	– Ergänzende Finanzierungskompetenz zur Sicherstellung der finanziellen Kapazitäten von Mitgliedstaaten mit gravierenden regionalen Enwicklungsrückständen für stabilitätsgerechtes Verhalten

525 Vgl. »Der Euro kostet die Deutschen soviel wie die Wiedervereinigung«, SZ-Gespräch mit dem
     Münsteraner Geldtheoretiker Manfred Borchert: »Den Start nicht verschieben«, in: Süddeutsche
     Zeitung v. 1./2. März 1997, S. 25.
526 Vgl. zu den Unsicherheiten der regionalen Ebene bezüglich der fiskalischen Folgen der WWU:
     Stellungnahme des Ausschusses der Regionen zur Wirtschafts- und Währungsunion vom 18./19.
     September 1996 (CdR 65/96 rev. 3). Obige Tendenzaussage gilt allerdings nur mit der
     Einschränkung, daß sich keine Alternativen in Form direkter horizontaler Ausgleichszahlungen von
     den wohlhabenderen an die ärmeren Mitgliedstaaten entwickeln.

IV. Sozial- und Beschäftigungspolitik

Im Vergleich zu den Aufgabenstellungen und Handlungsinstrumentarien der Sozialpolitik in den meisten Wohlfahrtsstaaten Westeuropas seit Ende des zweiten Weltkrieges weist das sozialpolitische Handeln der europäischen Unionsebene verschiedene Besonderheiten auf. Im Mittelpunkt europäischer Sozialpolitik steht bislang weder eine alle Unionsbürger erfassende Absicherung gegen Lebensrisiken, wie Arbeitslosigkeit, Krankheit, Unfall oder Alter, noch eine an den Zielgrößen Solidarität und Gleichheit orientierte Redistributionsfunktion, wie sie einen Großteil der mitgliedstaatlichen Sozialordnungen prägen. Nicht zuletzt die – gemessen an den nationalen Budgets – äußerst bescheidene Mittelausstattung des Gemeinschaftshaushalts setzt der Wahrnehmung der traditionellen marktkorrigierenden Funktionen europäischer Sozialstaatlichkeit über finanzielle Umverteilungsmaßnahmen auf Unionsebene enge Grenzen. Im Rahmen der supranationalen Rechtsgemeinschaft gilt auch für die Sozialpolitik, daß dem Steuerungsinstrument des Rechtes Vorrang gegenüber finanziellen Steuerungsinstrumenten zukommt. Die gemeinschaftliche Sozialpolitik ist in erster Linie sozialregulative Politik.[527]

Eine wesentliche Ausnahme von diesem Grundcharakter sozialpolitischer Interventionen der Unionsebene bilden die Preisstützungsmaßnahmen und Einkommenstransfers an die Landwirte innerhalb der Gemeinsamen Agrarpolitik, auf die in dieser Studie allerdings nicht näher eingegangen werden soll. Die andere bedeutsame Ausnahme findet sich in der im vorangehenden Kapitel behandelten europäischen Strukturpolitik bzw. dort vor allem im Instrument des Europäischen Sozialfonds (ESF).[528] Hier liegt der Schwerpunkt der Unionsaktivitäten auf dem Gebiet des Abbaus ökonomischer Disparitäten. Im Vordergrund steht mit anderen Worten bislang das Ziel wirtschaftlicher Kohäsion, indem durch konzentrierte Infrastruktur- und Investitionsförderung vor allem in den Bereichen Forschung und Technologie das Wachstumspotential und die Wettbewerbsfähigkeit schwach entwickelter Gebiete im Binnenraum verbessert werden sollen. Natürlich stehen diese Maßnahmen zugleich im Dienste der Stärkung des sozialen Zusammenhaltes, indem über eine allmähliche Konvergenz der Pro-Kopf-Einkommen und der Beschäftigungsniveaus in den Mitgliedstaaten und Regionen der Europäischen Union eine Annäherung der Lebensverhältnisse aller Unionsbürger stattfinden soll. Dabei ist allerdings seit der Schaffung des Europäischen Fonds für Regionale Entwicklung in den siebziger Jahren eine fortschreitende Territorialisierung beim Einsatz der Fördermittel zu beobachten gewesen. Besonders durch die Einführung gemeinsamer Förderziele und des Prinzips des integrierten Mitteleinsatzes der verschiedenen Strukturfonds wurde auch der Europäische Sozialfonds immer stärker

---

527   Vgl. Majone, Giandomenico: Redistributive und sozialregulative Politik, in: Jachtenfuchs/Kohler-Koch (Hrsg.), a. a. O., S. 225-247.

528   Vgl. auch die weiterführenden Literaturhinweise zur Rolle der Gemeinsamen Agrarpolitik und des Europäischen Sozialfonds als wesentliche Bereiche redistributiver Sozialpolitik der Unionsebene in: Kowalsky, Wolfgang: Europäische Sozialpolitik. Ausgangsbedingungen, Antriebskräfte und Entwicklungspotentiale, Opladen 1999, S. 245-255.

zu einem Instrument regionaler Entwicklungsstrategien der Unionsebene, in deren Rahmen interregionale Umverteilungseffekte durch die Konzentration der Förderanstrengungen auf bestimmte Gebiete eintraten. Die aufgrund der geringen Mittelausstattung ohnehin geringe Bedeutung interpersoneller Redistribution zugunsten benachteiligter sozialer Gruppen über den ESF hat angesichts dieser Territorialisierungstendenzen sukzessive an Bedeutung verloren.[529] Erst seit Beginn der neunziger Jahre, als die Arbeitsmarkt- und Beschäftigungsproblematik die sozialpolitische Agenda der Europäischen Union zu dominieren begann,[530] ändert sich dieses Bild allmählich. Die Zahl der mitgliedstaatlichen Befürworter einer europäischen Strukturpolitik, deren zentrale Priorität in der Verbesserung der Beschäftigungssituation liegt, hat zugenommen und der Kommission die Möglichkeit eröffnet, bis zu einem gewissen Grad eine stärkere »Personalisierung« der Förderpraxis einzuleiten. Durch ihre partielle Neubestimmung der kohäsionspolitischen Zielkoordinaten tritt die soziale Komponente dieses Politikfeldes stärker in den Vordergrund.[531] Seit der in Amsterdam beschlossenen Einführung eines eigenen Beschäftigungskapitels in den EG-Vertrag ist die Kommission verstärkt dazu übergegangen, einzelne Initiativen und innovative Maßnahmen stärker auf soziale Problemlagen auf lokaler Ebene auszurichten und dabei vor allem auf die Reintegration benachteiligter sozialer Gruppen »vor Ort« in den Arbeitsmarkt hinzuwirken. Herausragendes Beispiel ist dabei bislang die Unterstützung »lokaler Beschäftigungspakte« aus den Strukturfonds.[532] Auch die jüngste Neudefinition der Ziel-3-Förderung aus dem Europäischen Sozialfonds im Rahmen der »Agenda 2000« spricht für eine zunehmende Tendenz in der europäischen Kohäsionspolitik, eher sozial- und beschäftigungspolitisch motivierte, interpersonelle Umverteilungsmaßnahmen neben das vorrangig wirtschaftspolitische Ziel regionaler Strukturentwicklung treten zu lassen. Künftig wird unter dieser Förderrubrik, die die bisherigen Ziele 3 und 4 zusammenfaßt, ein Großteil der ausgabenwirksamen Maßnahmen europäischer Beschäftigungspolitik gebündelt und der ESF verstärkt als Finanzinstrument zur Unterstützung mitgliedstaatlicher Beschäftigungsprogramme – v. a. im Bereich der Ausbildungsförderung – nutzbar gemacht.[533]

Trotz der aktuellen Entwicklungslinien in der europäischen Strukturpolitik, die stärker in den Dienst sozial- und beschäftigungspolitischer Anliegen gestellt wird, ist die Europäische Union noch weit von dem Modell eines europäischen Sozialstaates entfernt, in dem Sozialversicherungsleistungen gemeinschaftsweit harmonisiert sind, einheitliche Mindestlöhne oder gemeinsame Sozialhilferegelungen gelten würden. Dennoch ist die stärkere Betonung des sozialen gegenüber dem wirtschaftlichen Kohäsionsziel vor allem bei der Mittelumverteilung über den Europäischen Sozialfonds

529 Vgl. Anderson, a. a. O.
530 Den Auftakt zu dieser Entwicklung bildeten das Grünbuch der Kommission zur Sozialpolitik sowie deren Weißbuch »Wachstum, Wettbewerbsfähigkeit, Beschäftigung«, die beide 1993 erschienen. Vgl. Roth, Christian: Perspektiven einer europäischen Arbeitsmarkt und Beschäftigungspolitik zwischen Koordination und Redistribution, in: Heise, Arne (Hrsg.), Perspektiven der Makropolitik zwischen Nationalstaat und Europäischer Union, Marburg 1999 (i.E.).
531 Vgl. dazu die Mitteilung der Europäischen Kommission: Die Strukturinterventionen der Gemeinschaft und die Beschäftigung, Brüssel/Luxemburg 1996.
532 Vgl. Hooghe: EU Cohesion Policy and Competing Models, a. a. O., S. 472-474.
533 Vgl. Roth: Perspektiven, a. a. O.

nicht zuletzt deshalb von hoher Relevanz als sie Ausdruck eines primär durch die Kommission vertretenen, sehr weiten Verständnisses von sozialem Zusammenhalt in der Europäischen Union ist. Sie rekurriert mit dem Verweis auf das Ziel »sozialer Kohäsion« auf die Idee eines umfassenderen »europäischen Gesellschafts- oder Sozialmodell«, welches – in Einklang mit den wohlfahrtsstaatlichen Systemen der Mitgliedstaaten – die Werte der sozialen Marktwirtschaft widerspiegelt. Neben einem Wirtschaftssystem, das auf Marktkräften und freiem Unternehmertum aufbaut, manifestieren sich die Werte der Solidarität und gegenseitigen Unterstützung dieser Sichtweise zufolge in dem Zugang aller Bürger zur allgemeinen Grundversorgung und zu den Sozialleistungen. Die Verwirklichung der sozialen Dimension des Zusammenhalts, die stärker auf den Abbau interpersoneller Ungleichheiten im Zugang zur Beschäftigung, im Einkommensniveau, aber auch in der Lebensqualität des Einzelnen (durch Sicherung einer nachhaltigen Entwicklung bzw. eines umweltgerechten Wachstums) und in den demokratischen Mitwirkungs- und Grundrechtsgarantien abstellt, wird von der Kommission v. a. durch die Fortentwicklung des sozialen Dialoges, durch die Förderung einer aktiveren Arbeitsmarkt- und Beschäftigungspolitik in den Mitgliedstaaten sowie einer konvergenten Entwicklung der mitgliedstaatlichen Sozialschutzsysteme zur Verhinderung von sozialer Ausgrenzung und Armut gesehen.[534] Dadurch sollen gemeinsame Werte, wie Demokratie, individuelle Rechte und Freiheiten, Chancengleichheit, kulturelle Vielfalt, Achtung der Menschenwürde, soziale Sicherheit und Rechtsstaatlichkeit, die als konstitutive Merkmale eines spezifischen europäischen Gesellschaftsmodells aller Mitgliedstaaten betrachtet werden, gewahrt bleiben. Vor dem Hintergrund des verschärften Wettbewerbs im Binnenmarkt und im gemeinsamen Währungsraum sowie der Herausforderung eines anhaltend hohen Arbeitslosenniveaus sehen die Anhänger eines europäischen Gesellschaftsmodells die Gefahr, daß selbst die gleichzeitige Verwirklichung von Vollbeschäftigung und sozialer Sicherheit auf hohem Niveau, die sie gewissermaßen als kleinsten gemeinsamen Nenner aller mitgliedstaatlichen Sozialsysteme betrachten, durch die Versuchung der nationalen Regierungen in Frage gestellt wird, Wettbewerbsvorteile durch den Leistungsabbau auf dem Gebiet des Sozialschutzes zu erlangen.[535]

Fast zwangsläufig stellt sich aus diesem Blickwinkel die Frage, ob der globalisierungs- und integrationsbedingte Steuerungsverlust des nationalen Wohlfahrtsstaates in Europa nicht zumindest durch eine Festlegung von Mindeststandards, weiterreichende Harmonisierungsschritte oder einen direkten Ausbau der redistributiven Aufgaben traditioneller Sozialstaatlichkeit auf europäischer Ebene aufgefangen werden müßte, um einem drohenden »race to the bottom« zwischen den Mitgliedstaaten wirksam entgegenzutreten. Ein solcher Ausbau der Regelungs- bzw. Umverteilungsbefugnisse der europäischen Ebene im Bereich der Systeme der Sozial(ver-)sicherung würde allerdings mit der bisherigen Kompetenzverteilung zwischen Europäischer Union und Mitgliedstaaten brechen, die auch vertragsrechtlich bis zum Abschluß des Sozialab-

---

534   Vgl. Europäische Kommission: Erster Bericht über den wirtschaftlichen und sozialen Zusammenhalt 1996, Luxemburg: Amt für amtliche Veröffentlichungen der Europäischen Gemeinschaften, 1996, v. a. S. 13-15; S. 37-47.

535   Vgl. das Grünbuch der Europäischen Kommission: Europäische Sozialpolitik. Weichenstellung für die Europäische Union (KOM (93) 551 v. 17.11.1993, Luxemburg: Amt für amtliche Veröffentlichungen, 1993, S. 14 ff.

kommens des Maastrichter Vertrages zwischen vierzehn Mitgliedstaaten ohne Groß-britannien, dessen anschließender Überführung in den Gemeinschaftsvertrag (Art. 136-143 EGV-A) in Amsterdam und der gleichzeitigen Aufnahme eines neuen Be-schäftigungskapitels in den Vertrag (Art. 125-130 EGV-A) nie grundsätzlich in Frage gestellt worden war. Tatsächlich haben sich bis zum Inkrafttreten des Europäischen Unionsvertrages die vorrangig sozialregulativen Aktivitäten der europäischen Ebene weitestgehend auf Angleichungen des Sozial- und Arbeitsrechtes konzentriert. Ihre Eingriffe in das Recht sozialer Sicherheit waren hingegen praktisch ausschließlich auf den Erlaß von Koordinierungsvorschriften für die mitgliedstaatlichen Sicherungssy-steme im Zusammenhang mit Art. 51 EWGV (Art. 42 EGV-A) beschränkt, die als notwendig für die Verwirklichung der Personenfreizügigkeit erachtet wurden. Erst durch den Verweis auf »ein hohes Maß an sozialem Schutz«, der in Maastricht Ein-gang in Art. 2 EGV (Art. 2 EGV-A) fand, und die Verpflichtung auf einen »angemes-senen sozialen Schutz« in Art. 2 des Sozialabkommens (jetzt: Art. 136 EGV-A) hat der Bereich der sozialen Sicherheit erstmals Eingang in das Koordinatensystem euro-päischer Vertragsziele gefunden.[536]

Allerdings hat sich die Unionsebene bislang im wesentlichen darauf beschränkt, auf eine Konvergenz der sozialen (Ver-)Sicherungssysteme in den Mitgliedstaaten hinzu-wirken, wie dies bereits in den Empfehlungen des Rates 92/441 über »gemeinsame Kriterien für ausreichende Zuwendungen und Leistungen im Rahmen der Systeme der sozialen Sicherheit« vom 24. Juni und 92/442 über die »Annäherung der Ziele und der Politiken im Bereich des sozialen Schutzes« vom 27. Juli 1992 angeregt worden war.[537] Dies muß aber nicht zwangsläufig bedeuten, daß auf dem Gebiet sozialer Lei-stungen nicht doch ein höheres Maß an Vergemeinschaftung geboten sein könnte, sei dies durch die verbindliche Schaffung von Standards für eine soziale Mindestsiche-rung aller Unionsbürger oder durch direkte interpersonelle Umverteilungsmaßnahmen über die Unionsebene, um soziale Härten in der verschärften Binnenmarktkonkurrenz gerade nach Einführung des Euro abdämpfen zu können. Vielmehr müssen Vorbehalte der mitgliedstaatlichen Regierungen, in diesem Bereich weitergehende Handlungsbe-fugnisse der europäischen Ebene zu begründen, nicht zuletzt im Zusammenhang mit der legitimitätsstiftenden Bedeutung des Aufgabenfeldes sozialer Sicherheit im mo-dernen Staat gesehen werden: »Ein Verzicht auf nationale Regelungsbefugnisse gera-de in diesem einerseits kostenintensiven und andererseits populären und damit wählerwirksamen Handlungsbereich würde sowohl als Identitäts- als auch als Macht-verlust gewertet werden... Es besteht also ein Dilemma, in dem die ganze Schwierig-keit europäischer Sozialpolitik zum Ausdruck kommt: Die politischen und vor allem wirtschaftlichen Aspekte des europäischen Integrationsprozesses werden akzeptiert und sind prinzipiell erwünscht, mögliche sozialpolitische Verpflichtungen versuchen die nationalen Gesetzgeber aber abzuwehren.«[538]

Vor diesem Hintergrund wird im Rahmen der folgenden Zuständigkeitsprüfung zu-nächst der Frage nachgegangen, ob das Subsidiaritätsprinzip als Kompetenzvertei-lungsregel dennoch einen Ausbau der marktkorrigierenden Funktionen europäischer

---

536 Vgl. Kowalsky, a. a. O., S. 208-228.
537 Vgl. ABl. der EG, L 245 v. 26.8.1992, S. 46-48 und S. 49-52.
538 Münch, Ursula: Sozialpolitik und Föderalismus. Zur Dynamik der Aufgabenverteilung im sozialen Bundesstaat, Opladen 1997, S. 261.

Sozialpolitik gebieten würde und sich deshalb zusätzliche Handlungsbefugnisse zur Setzung rechtlicher Standards für die nationalen Sozial(ver-)sicherungssysteme bzw. eine direkte Wahrnehmung interpersoneller Umverteilungsaufgaben durch die europäische Ebene als notwendig erweisen könnten. Die Überprüfung dieses Bereiches wird an erster Stelle behandelt, da es hier zugleich um die Frage geht, ob ein grundsätzlicher Wandel der bisherigen Schwerpunktsetzungen europäischer Sozialpolitik erforderlich wäre. Erst im Anschluß daran soll die Kompetenzverteilung zwischen Mitgliedstaaten und Europäischer Union im Sozial- und Arbeitsrecht als bislang wichtigstem Bereich europäischer Sozialregulierung überprüft werden. Abschließend wird in diesem Kapitel das neue vertragliche Aufgabenfeld der Beschäftigungspolitik untersucht, dessen Einführung und Reichweite bereits im Vorfeld von Amsterdam Gegenstand heftiger politischer Auseinandersetzungen war, zuletzt aber auf dem Kölner Gipfel Anfang Juni 1999 durch das Instrument des »makroökonomischen Dialoges« nochmals ergänzt wurde.[539]

1. Systeme der sozialen Sicherheit

Eine Betrachtung ihrer gegebenen Ausstattung mit sozialpolitischen Steuerungsmitteln deutet auf eine größere Nähe der Europäischen Union zum sozialregulativen Staat US-amerikanischer Prägung bis zum New Deal hin als zum umverteilungs- und stabilitätspolitisch orientierten Sozialstaat in Westeuropa.[540] Seit dem 19. Jahrhundert bis in die dreißiger Jahre des 20. Jahrhunderts beschränkte sich in den Vereinigten Staaten das sozialpolitische Engagement der Bundesebene weitgehend auf die Entwicklung von Infrastrukturen, die Ausbildungsförderung und die Schaffung eines einheitlichen Marktraumes. Sowohl mit ihrer weitgehenden Beschränkung auf das Steuerungsmittel der Rechtsetzung als auch mit ihren vertraglich verankerten Zuständigkeiten auf den Gebieten des Binnenmarktes, der Sozial-, Umwelt-, Struktur-, Forschungs- und Bildungspolitik zeigt die Europäische Union deutliche Ähnlichkeit mit diesem US-Modell.[541] Eine weitere Parallele, die durch die amerikanische Sozialhilfereform von 1993 bis 1996 und den damit verbundenen weiteren Rückzug der Bundesebene aus dem Bereich sozialer Sicherung verstärkt wird, besteht darin, daß auch in den USA die Festlegung der Bedarfskriterien und Anspruchsniveaus auf dem Gebiet sozialer Fürsorgeleistungen Sache der Gliedstaaten ist und zwischen ihnen erhebliche Unterschiede in den Leistungsansprüchen bestehen.[542]

In der Europäischen Union treten Unterschiede zwischen den mitgliedstaatlichen Systemen der sozialen Sicherheit allerdings noch wesentlich deutlicher hervor. Die

539   Vgl. Schlußfolgerungen des Vorsitzes. Europäischer Rat in Köln. 3. und 4. Juni 1999.
540   Vgl. Majone: Redistributive und sozialregulative Politik, a. a. O.
541   Vgl. Leibfried, Stephan: Wohlfahrtsstaatliche Perspektiven der Europäischen Union: Auf dem Wege zu positiver Souveränitätsverflechtung?, in: Jachtenfuchs/Kohler-Koch (Hrsg.), a. a. O., S. 455-477 (S. 466 f.).
542   Vgl. Majone, Giandomenico: Regulatory Legitimacy, in: ders.: Regulating Europe, London/New York: Routledge, 1996, pp. 284-301.(p. 298); sowie zur jüngsten Reföderalisierung des US-Sozialhilfesystems: Gebhardt, Thomas: Ending the Welfare State As We Know It: Die US-amerikanische Sozialhilfereform 1993-1996, Bremen: ZeS-Arbeitspapier 2 (1997).

Verwirklichung der vier Grundfreiheiten im europäischen Binnenmarkt – forciert durch die extensive Rechtsprechungspraxis des Europäischen Gerichtshofes[543] – setzt die Sozialordnungen der Mitgliedstaaten der marktschaffenden Logik negativer Integration aus und grenzt ihren sozialpolitischen Handlungsspielraum ein.[544] Diesen Souveränitätseinbußen, die primär auf die Liberalisierung des Marktgeschehens abzielen, steht bislang kein entsprechender Zuwachs an Gestaltungsbefugnissen auf europäischer Ebene gegenüber. Ein Ausweg aus diesem, auch als »negative Souveränitätsverflechtung«[545] gekennzeichneten Zustand scheint zunächst darin zu liegen, daß die positive Integration auf den klassischen Aufgabenfeldern marktkorrigierender Sozialpolitik vorangetrieben wird. In enger Anlehnung an das Modell des modernen Wohlfahrtsstaates würde dies vor allem die Bereitstellung umfassender Versicherungsmechanismen gegen Lebensrisiken sowie interpersoneller Umverteilungsmechanismen, auch über Fürsorgeleistungen und Mindesteinkommensgarantien, durch die supranationale Ebene implizieren. Einer solchen Entwicklung stehen in der europapolitischen Praxis allerdings diverse Hindernisse entgegen, die sie wenig realistisch erscheinen lassen.

Zunächst ist einmal festzustellen, daß – trotz des von der Europäischen Kommission propagierten, inhaltlich aber recht vage gehaltenen »Europäischen Gesellschaftsmodells« – in erster Linie von einer Krisenkonvergenz der mitgliedstaatlichen Sozialmodelle die Rede sein muß. So hat zwischen den Mitgliedstaaten zwar eine gewisse Annäherung der Sozialleistungsquoten stattgefunden, im Unionsdurchschnitt liegen aber die Abgabenquoten über Steuern und Sozialbeiträge, die zum Gutteil der Finanzierung der wachsenden Sozialausgaben dienen, deutlich über dem OECD-Durchschnitt.[546] Angesichts der fortschreitenden Liberalisierung des Welthandels und der Integration der europäischen Gütermärkte können steigende Lohnnebenkosten durch die Unternehmen jedoch nicht mehr durch entsprechende Preissteigerungen auf den Verbraucher umgelegt werden. Gleichzeitig eröffnet die Globalisierung der Finanzmärkte und die Liberalisierung des Kapitalverkehrs im europäischen Binnenmarkt Anlegern in Realkapital und Unternehmern die Option, hohe Abgabenbelastungen und die daraus resultierenden Nachteile im Kostenwettbewerb durch Verlagerung von Produktionsstandorten in Länder mit niedrigeren Sozialstandards zu umgehen. Die EU-Mitgliedstaaten treten dabei untereinander in einen besonders scharfen Standort-

---

543 Vgl. Eichenhofer, Eberhard: Das Sozialrecht in der Rechtsprechung des Europäischen Gerichtshofs – Zur Genealogie der Thematisierung des Sozialrechts durch den EuGH, Bremen: ZeS-Arbeitspapier 9/96; König, Christian: Die Europäische Sozialunion als Bewährungsprobe der supranationalen Gerichtsbarkeit, in: EuR 2 (1994); S. 175-195; Kuhn, Britta: Zentralisierung in der Europäischen Sozialpolitik: die Rolle des Europäischen Gerichtshofes, in: Wahl, Jürgen (Hrsg.): Sozialpolitik in der ökonomischen Diskussion, Marburg 1994, S. 261-279.

544 Vgl. Leibfried, Stephan; Pierson, Paul: Semisovereign Welfare States: Social Policy in a Multitiered Europe, in: Leibfried/Pierson (eds.): European Social Policy, a. a. O., S. 43-77; Leibfried, Stephan: Der Wohlfahrtsstaat zwischen »Integration« und »Desintegration«: Europäische Union, nationale Sozialpolitiken und »Globalisierung«, Bremen: ZeS-Arbeitspapier Nr. 15 (1997).

545 Vgl. Leibfried, Wohlfahrtsstaatliche Perspektiven, a. a. O., S. 465 f.

546 Vgl. Klös, Hans-Peter: Soziale Sicherung und Arbeitsmärkte in Europa im Zeichen der Globalisierung, in: Platzer, Hans-Wolfgang (Hrsg.): Sozialstaatliche Entwicklungen in Europa und die Sozialpolitik der Europäischen Union. Die soziale Dimension im EU-Reformprozeß, Baden-Baden 1997, S. 23-43 (S. 24-27).

wettbewerb, weil europäische Unternehmen ein starkes Interesse daran haben, ihre Direktinvestitionen auch weiterhin innerhalb des Binnenmarktes zu tätigen und ihre Produktionsstandorte nach Möglichkeit nicht in Drittstaaten außerhalb des Unionsgebietes zu verlagern. Dahinter steht die Befürchtung, daß die Europäische Union künftig – ähnlich wie die USA und Japan – die Warenimporte über ihre Außengrenzen durch protektionistische Maßnahmen deutlich erschweren könnte.[547]

Die deshalb primär zwischen den EU-Ländern bestehende Wettbewerbssituation schlägt sich nicht zuletzt darin nieder, daß inzwischen in allen Mitgliedstaaten die Tendenz zu erkennen ist, die Sozialausgaben durch Verschärfung der Zugangsvoraussetzungen zu Sozialleistungen und eine Verringerung des Leistungsumfanges einzudämmen,[548] zugleich aber die Abgabenlasten einseitig zu Lasten des relativ immobilen Faktors Arbeit zu erhöhen.[549] Bei rigiden Lohn- und Arbeitsmarktstrukturen bedeutet diese wachsende Belastung der Arbeitnehmer – vor allem in sozialen Leistungssystemen, die primär beitrags-, nicht steuerfinanziert sind – die Verteuerung des Faktors Arbeit und bildet damit einen Anreiz zur kapitalintensiveren Produktion. Dieser Anreiz droht wiederum die Arbeitslosigkeit zu erhöhen. Schließlich tragen in jüngster Zeit auch die Konvergenzkriterien der Währungsunion und der damit einhergehende Konsolidierungszwang für die nationalen Haushalte das ihre dazu bei, die sozialpolitischen Handlungsspielräume der nationalen Regierungen auf der Finanzierungsseite noch stärker einzuengen.[550]

Als besonders kritische Größe für Einnahmevolumen und Ausgabenbelastung der mitgliedstaatlichen Haushalte erweist sich zugleich die anhaltend hohe Arbeitslosigkeit in der Europäischen Union.[551] Dem Wegfall von Steuer- und Beitragsaufkommen

---

547 Vgl. Scharpf, Fritz W.: Konsequenzen der Globalisierung für die nationale Politik, in: IPG 2/97, S. 184-192 (S. 185). Tatsächlich sprechen die Zahlen zu den grenzüberschreitenden Direktinvestitionen in der Europäischen Union eine deutliche Sprache: Der Anteil der innergemeinschaftlichen Direktinvestitionen an den gesamten von den Mitgliedstaaten getätigten ausländischen Direktinvestitionen stieg von 20% im Jahre 1983 auf 59% im Jahre 1994. Vgl. Europäische Kommission: Jahreswirtschaftsbericht 1997. Wachstum, Beschäftigung und Konvergenz auf dem Weg zur WWU (KOM (97) 27 endg. v. 12.02.1997), Brüssel: Europäische Kommission, 1997, S. 41.

548 Vgl. Europäische Kommission: Soziale Sicherheit in Europa 1995, Luxemburg: Amt für amtliche Veröffentlichungen, 1996.

549 Zwischen 1980 und 1995 ist die Belastung des Faktors Arbeit mit Sozialabgaben und Steuern in den fünfzehn Mitgliedstaaten von durchschnittlich 34,9% auf 42% angestiegen, während die Belastung anderer Produktionsfaktoren (Kapital, Energie, Rohstoffe) von 45,5% auf weniger als 35% abgesunken ist. Vgl. European Commission: Joint Employment Report 1997 (Rev. 8), Brussels 1997, S. 10.

550 Vgl. Europäisches Parlament: Bericht des Ausschusses für Beschäftigung und soziale Angelegenheiten über die Mitteilung der Kommission »Die Zukunft des Sozialschutzes: Ein Rahmen für eine europäische Debatte« und über den Bericht der Kommission über den Sozialschutz in Europa 1995, Berichterstatterin: Frau Barbara Weiler (A4-0016/97 vom 24.1.1997).

551 Nur vereinzelt ist es Mitgliedstaaten gelungen, ihre – seit der Rezession 1992/93 anhaltend hohen – Arbeitslosenquoten deutlich zu reduzieren. Dies gilt v. a. für die Niederlande, Dänemark, Spanien und das Vereinigte Königreich. Die Unterschiede in der Beschäftigungssituation zwischen den Mitgliedstaaten divergieren allerdings weiterhin erheblich und bewegten sich 1997 zwischen 3,3% in Luxemburg und 22,1% Arbeitslosen in Spanien. Im Unionsdurchschnitt lag die Zahl der Beschäftigungslosen bei 11,2%. Vgl. OECD: Employment Outlook 1997, Paris: OECD, 10. July

durch einen geringeren Beschäftigungsgrad stehen die Mehrausgaben in der Arbeitslo-
senversicherung und den sozialen Folgekosten gegenüber, die z. B. durch den verstärkten Rückgriff auf Frühverrentung oder die Belastung sozialer Mindestsicherungs-
systeme nach Ablauf der Versicherungsansprüche entstehen. Gleichzeitig verschiebt
sich in allen Mitgliedstaaten das Verhältnis von Beitragszahlern zu Leistungsempfän-
gern durch die demographische Entwicklung der Verschiebung der Altersverteilung
der Bevölkerung nach oben. Bereits heute absorbiert die Altersversorgung im Unionsdurchschnitt den »Löwenanteil« sozialer Sicherungsausgaben.[552] Die Prognosen für
die Bevölkerungsentwicklung in der Europäischen Union gehen davon aus, daß der
Anteil der Menschen im Alter von 60 Jahren und darüber zwischen 1995 und 2025
von 21% auf ca. 30% weiter ansteigen wird. Neben den Zusatzbelastungen, die dadurch für die Systeme der Altersversorgung entstehen, sind auf der Ausgabenseite der
sozialen Sicherungssysteme der Mitgliedstaaten vor diesem Hintergrund erhebliche
Mehrausgaben im Bereich der sozialen Pflegedienste und des Gesundheitswesens zu
erwarten.[553]

All die skizzierten externen und internen Herausforderungen üben erheblichen Reformdruck auf die Wohlfahrtssysteme der Mitgliedstaaten aus. Eine positive Konvergenz von Lösungsansätzen ist allerdings bestenfalls in einer Annäherung makroöko-
nomischer Größen, wie Ausgabenumfang und -struktur, erkennbar oder auch in einer
gemeinsamen Orientierung an allgemeinen Reformkriterien, die sich – wie das Thema
der »sozialen Ausgrenzung« – oftmals auf Konzepte der Kommission« stützen. Eine
entsprechende Angleichung der unterschiedlichen Funktionsprinzipien der sozialen
Sicherungssysteme in den Mitgliedstaaten ist hingegen kaum festzustellen. Deshalb
divergieren auch die sozialpolitischen Reaktionen der Mitgliedstaaten auf die aktuellen Problemlagen nach wie vor erheblich. Sie sind stark pfadabhängig von den historischen Traditionen und den institutionellen Strukturen der mitgliedstaatlichen Sozialschutzsysteme, deren Spezifika sich – je nach Typologisierungsansatz – entlang
verschiedener Staatengruppen bündeln lassen.[554] Zwischen diesen unterschiedlichen

---

1997, Table 1.3. Auch Ende 1998 lag die Arbeitslosenquote im unionsweiten Durchschnitt mit 10%
noch immer im zweistelligen Bereich. Vgl. Europäische Kommission: Beschäftigungspolitiken in
der EU und in den Mitgliedstaaten. Gemeinsamer Bericht 1998, Brüssel: Dezember 1998, S. 20.

552 Insgesamt beliefen sich die Sozialausgaben im Jahr 1995 auf 28,5% des EU-Bruttoinlandsprodukts.
Der Anteil der Altersrenten an den Sozialausgaben belief sich dabei auf 42,5%. An zweiter Stelle
standen die Ausgaben für das Gesundheitswesen und Leistungen im Krankheitsfall mit ca. 22%. Die
Arbeitslosenunterstützung machte hingegen nur 8% der Gesamtaufwendungen für soziale Leistungen
aus. Vgl. Europäische Kommission: Soziale Sicherheit in Europa 1997 (KOM (1998) 243 endg.),
S. 11.

553 Vgl. Europäische Kommission: Modernisierung und Verbesserung des Sozialschutzes in der
Europäischen Union (KOM (97) 102 final vom 12.3.1997), Brüssel: Europäische Kommission,
1997, S. 3.

554 Am gängigsten ist dabei die Unterscheidung von Esping-Andersen, Goesta: The Three Worlds of
Welfare Capitalism, Princeton/New Jersey 1990, der zwischen den sozialdemokratischen
Wohlfahrtsstaaten in Skandinavien, dem liberalen Modell angelsächsischer Prägung und dem
konservativ-korporatistischen Modell in Kontinentaleuropa unterscheidet. Ergänzt wird diese
Dreiteilung inzwischen regelmäßig durch eine vierte Gruppe der »latin rim«-Staaten bzw. der
postautoritären Regime in Südeuropa. Aufgegriffen wurde diese Unterscheidung in jüngster Zeit
z. B. wieder durch: Rhodes, Martin: Globalization and West European Welfare States: A Critical

Kategorien von Sozialstaatlichkeit in den Mitgliedstaaten bestehen weitreichende Unterschiede im Zugang zu und der Zusammensetzung von Sozialleistungen, in der Regelung ihrer Finanzierung sowie in ihren organisatorischen Merkmalen.[555] Anders als im Falle der amerikanischen Gliedstaaten sind diese unterschiedlichen Ausprägungen europäischer Wohlfahrtsstaatlichkeit mit der primär marktkorrigierenden Funktion von Systemen des sozialen Schutzes und der sozialen Sicherheit auf das engste mit dem Souveränitätsanspruch und dem demokratischen Legitimationspotential des Nationalstaates verbunden. Im Gegensatz zu den bisherigen sozialpolitischen Rechtsetzungsaktivitäten der europäischen Ebene, die vorrangig auf Marktschaffung und Effizienzsteigerung abzielen, entbehren weitreichende Handlungsbefugnisse der Union auf den Gebieten des Sozialschutzes und der sozialen Sicherheit gegenwärtig ihrer wichtigsten Grundlage.[556] Sie bestünde in dem Vorhandensein einer Solidargemeinschaft, welche auf der Grundlage eines stillschweigenden unionsweiten Konsenses eine Interpretation interpersoneller Umverteilungsmaßnahmen zwischen den Bürgern verschiedener Mitgliedstaaten als Ausdruck des demokratischen Willens der Unionsbürgerschaft zuließe. Gerade angesichts der bevorstehenden Osterweiterung und der damit verbundenen Wohlstandsgefälle dürfte sich diese Voraussetzung eines ausgeprägten Zugehörigkeitsgefühls zu einem europäischen »demos« bzw. einer europäischen Solidargemeinschaft allerdings auf europäischer Ebene auch auf absehbare Zeit nicht einstellen.

Umgekehrt liegt gerade in der Begrenzung der Gewährung des sozialen Grundrechtes auf ein Mindesteinkommen oder von beitragsunabhängigen Fürsorge- und Versorgungsleistungen auf Personen, die sich rechtmäßig im Hoheitsgebiet eines Staates aufhalten, eine der zentralen Legitimationsquellen für den Aufrechterhalt des nationalen Souveränitätsanspruchs der Mitgliedstaaten. Natürlich kollidiert dieser Anspruch mit dem Binnenmarktziel, das nicht zuletzt die Verwirklichung des freien Personenverkehrs zum Gegenstand hat. Gerade die *Personenfreizügigkeit* hat es zwingend erforderlich gemacht, auf europäischer Ebene Koordinierungsregelungen für die mitgliedstaatlichen Sozialversicherungssysteme zu erlassen, die bislang primär auf den Personenkreis von Wanderarbeitnehmern, Selbständigen und ihre Familienangehörigen konzentriert und an den Grundsätzen der Inländergleichbehandlung, der Anrechenbarkeit von Beitragszeiten und der Exportierbarkeit erworbener Leistungsansprüche orientiert sind. Dabei ist die bisherige Entwicklung dieser europäischen Koordinierungsregelungen zur Herstellung der Freizügigkeit aber durch eine ständige Ausweitung des erfaßten Leistungsspektrums und des betroffenen Personenkreises geprägt.[557] Das jüngste Beispiel für diese Entwicklung ist der Kommissionsvorschlag für eine neue Verordnung, die die bisherige »Verordnung (EWG) Nr. 1408/71 des Rates zur Anwendung der Systeme der sozialen Sicherheit auf Arbeitnehmer und deren Familien, die innerhalb der Gemeinschaft zu- und abwandern« aus dem Jahre 1971 ablö-

---

Review of Recent Debates, in: Journal of European Social Policy 4 (1996), S. 305-327; Ferrera, Maurizio: A New Social Contract? The Four Social Europes: Between Universalism and Selectivity, Badia Fiesolana, San Domenico (FI): EUI Working Paper RSC No. 96/36.

555 Vgl. Ferrera, a. a. O., S. 4-7.

556 Vgl. Volkmann, a. a. O., S. 28 f.

557 Vgl. auch zum Einfluß der EuGH-Rechtsprechungspraxis auf diese Entwicklung: Kahil, Bettina: Europäisches Sozialrecht und Subsidiarität, Baden-Baden 1996, S. 241-272.

sen soll. Sobald diese Neuregelung verabschiedet ist, wird die Eingriffsreichweite der Unionsebene deutlich zunehmen. Künftig werden neben Arbeitnehmern, Selbständigen und deren Familienangehörige, auf die sich die geltende Koordinierungsverordnung für Sozialleistungsansprüche bei Wahrnehmung des Rechtes auf Freizügigkeit im wesentlichen bezog, auch Personen erfaßt, die nicht der erwerbstätigen Bevölkerung angehören, sofern für sie nur die Rechtsvorschriften der sozialen Sicherung eines oder mehrerer Mitgliedstaaten gelten oder galten. Erfaßt sind damit explizit auch Studenten oder Drittstaatsangehörige, auf die diese Bedingung zutrifft.[558] Den vertragsrechtlichen Hintergrund für diese Ausweitung des Adressatenkreises sozialversicherungsrechtlicher Koordinierung durch die Unionsebene bilden dabei die Ausweitung des Freizügigkeitsrechtes seit Maastricht auf alle Unionsbürger (Art. 18 EGV-A) und die einschlägigen Neuregelungen des Amsterdamer Vertrages, mit denen die Verwirklichung des freien Personenverkehrs weiter konkretisiert wird (Art. 61, 62 lit. 1 EGV-A).

Logische Konsequenz dieser Entwicklung wäre jedoch eigentlich, daß auch dem gesamten Kreis nicht-erwerbstätiger Personen keine Hemmnisse bei der Wahrnehmung ihres Rechtes auf Freizügigkeit aus der nationalen Zuständigkeit für die sozialen Sicherungssysteme erwachsen. Dies wird jedoch auch nach der Neuregelung nicht der Fall sein. So werden beispielsweise Ansprüche auf Arbeitslosenunterstützung von maximal drei auf bis zu sechs Monate nach dem Verlassen des zuständigen Staates ausgeweitet, um die Beschäftigungssuche im Ausland zu ermöglichen. Es handelt sich aber eben um keine unbefristete Exportierbarkeit dieses Leistungsanspruchs. Generell gilt auch weiterhin im europäischen Aufenthaltsrecht für Personen ohne Arbeitnehmerstatus, daß sie ausreichende Existenzmittel und eine Krankenversicherung nachweisen können müssen. Liegen diese Voraussetzungen nicht (mehr) vor und wären damit Fürsorge- bzw. Sozialhilfeleistungen des Aufnahmestaates erforderlich, so können die Betroffenen ausgewiesen werden.[559] Gerade für die wachsende Zahl von unter der Armutsgrenze lebenden Menschen ohne Arbeitseinkommen, Fürsorge- bzw. Sozialhilfempfänger und Langzeitarbeitslose gilt aber, daß ihnen das Recht auf Freizügigkeit verwehrt bleibt, da beitragsunabhängige Leistungen der Sozialhilfe nicht exportierbar sind und ihnen der Nachweis ausreichender Existenzmittel somit im Regelfall nicht möglich ist.

Demzufolge beschränkt sich der Koordinierungsanspruch der europäischen Ebene zwischen den mitgliedstaatlichen Systemen sozialer Sicherheit auch weiterhin im wesentlichen darauf, zu verhindern, daß Personen, die Gebrauch von ihrem Recht auf Freizügigkeit machen, Nachteile bei ihrer sozialen Absicherung erleiden. Die Koordinierungsbefugnisse erstrecken sich jedoch nicht auf Mindesteinkommensgarantien oder die Exportierbarkeit von Sozialhilfeleistungen. Die funktionalen Gebote des Binnenmarktzieles dominieren diesen Bereich sozialregulativer Politik nach wie vor. Diese Feststellung gilt auch, nachdem im neuen Artikel 136 EGV-A nun das Ziel einer

---

558 Vgl. Europäische Kommission: Vorschlag einer Verordnung (EG) des Rates zur Koordinierung der Systeme der sozialen Sicherheit (KOM (98) 779 endg.), abgedruckt als: Bundesrats-Drs. 32/99 v. 19.01.1999.

559 Vgl dazu ausführlich: Kapitel III des Berichts der hochrangigen Arbeitsgruppe zu Fragen der Freizügigkeit unter dem Vorsitz von Frau Simone Veil (der Kommission am 18. März 1997 vorgelegt).

Angleichung der Lebens- und Arbeitsbedingungen aller Unionsbürger, und nicht mehr nur der Arbeitnehmer ins Auge gefaßt wird, wie dies noch im Wortlaut der Maastrichter Fassung (Art. 117 EGV-M) der Fall war. Eine Verständigung zwischen den Mitgliedstaaten auf eine europäische Regelung, welche die Ausführbarkeit aller Leistungsansprüche auf dem Gebiet des sozialen Schutzes vorsehen würde, erscheint vor allem aus der Sicht der Mitgliedstaaten mit besser ausgebauten Sozialschutzsystemen nicht wünschenswert, sehen sie damit doch die Gefahr des »Sozialtourismus« verbunden. Die Alternative der unionsweiten Einführung von Mindesteinkommensgarantien erscheint hingegen wegen der Finanzierungsprobleme bzw. der damit verbundenen potentiellen Nachteile im Lohnkostenwettbewerb gerade den südlichen Mitgliedstaaten mir ihren niedrigeren Produktivitätsraten wenig erstrebenswert.[560]

Insgesamt ergibt sich damit für die Kompetenzprüfung zunächst einmal auf der ersten Ebene des Kriterienrasters der Eindruck, daß die Herstellung einer möglichst umfassenden Freizügigkeit im Binnenmarkt tatsächlich nur die Koordination der Sozialleistungsansprüche von Personen – seien dies nun Unionsbürger oder Angehörige von Drittstaaten –, für die die Rechtsvorschriften der sozialen Sicherheit eines oder mehrerer Mitgliedstaaten gelten, ein Zusammenwirken aller Mitgliedstaaten unter dem Gesichtspunkt der *räumlichen Kongruenz politischen Handelns* erforderlich macht. Für weitergehende Schritte, wie die gemeinsame Einführung einheitlicher Mindesteinkommensgarantien oder einer generellen Exportierbarkeit von beitragsungebundenen Fürsorgeleistungen, scheint hingegen kein ausreichender Wertekonsens zu bestehen bzw. läßt sich kein Handlungsbedarf erkennen, der zwingend über die horizontale Regelungsreichweite des einzelnen Mitgliedstaates hinausweisen würde. Deshalb muß die Prüfung vorläufig auch nur für die Koordination der Ansprüche auf soziale Absicherung auf der zweiten Ebene des Prüfrasters fortgesetzt werden. Die Untersuchung des Kriteriums der *Problemlösungsfähigkeit völkerrechtlicher Formen bi- oder multilateraler Kooperation* läßt für diesen sozialregulativen Aufgabenbereich ohne weiteres den Schluß zu, daß er eine »funktionale Einheit« mit dem elementaren Vertragsziel des freien Personenverkehrs bildet. Anderweitige Formen mitgliedstaatlicher Kooperation außerhalb des europäischen Vertragsrahmens dürften daher im Vergleich zu einer supranationalen Zuständigkeit für diese Koordinationsfunktion allenfalls die zweitbeste Lösung sein. Was das Kriterium der *öffentlichen Akzeptanz* – wiederum gemessen an den Eurobarometer-Umfrageergebnissen von Frühjahr 1996 und Anfang

---

560 Im Falle Griechenlands fehlt die Garantie eines Mindesteinkommens völlig, in Italien und Spanien ist sie nur partiell auf regionaler bzw. lokaler – nicht aber auf nationaler – Ebene gegeben. Vgl. Mangen, Stehen: The Social Security Agenda in the post-Maastricht Union, in: Stavridis, Stelios; Mossialos, Elias; Morgan, Roger; Machin, Howard (eds.): New Challenges to the European Union: Policies and Policy-Making, Aldershot/Brookfield/Singapore/Sidney: Dartmouth, 1997, S. 519-543 (S. 536); Europäische Kommission: Soziale Sicherheit in Europa 1995, Luxemburg: Amt für amtliche Veröffentlichungen der Europäischen Gemeinschaften, 1996, S. 90 ff. Allerdings sind hier gewisse Angleichungstendenzen zu verzeichnen, wie das Beispiel Portugals erkennen läßt. Dort wurde eine Mindesteinkommenssicherung erst zum Jahreswechsel 1996/97 neu eingeführt. Vgl. Europäische Kommission: Bericht der Kommission an den Rat, das Europäische Parlament, den Wirtschafts- und Sozialausschuß und den Ausschuß der Regionen über die Umsetzung der Empfehlung 92/441/EWG vom 24. Juni 1992 über gemeinsame Kriterien für ausreichende Zuwendungen und Leistungen im Rahmen der Systeme der sozialen Sicherung (KOM(1998)774 endg.), Brüssel/Luxemburg 1998, S. 5.

1998 – anbelangt, so sind weder Angaben zu der bevorzugten Zuständigkeitsverteilung auf dem Gebiet sozialregulativer Koordination noch zur Verwirklichung der Freizügigkeit zu finden.[561] Die deshalb gebotene, zusätzliche Heranziehung des Kriteriums der *Verbundvorteile durch eine europäische Zuständigkeit* bestätigt vor dem Hintergrund der Binnenmarktverwirklichung erneut die Zweckmäßigkeit europäischer Partialbefugnisse zur Koordination der sozialen Sicherungssysteme der Mitgliedstaaten.

Werden aber die Rückwirkungen der wachsenden internationalen Mobilität des Faktors Kapital auf die Sozialordnungen der Mitgliedstaaten in die Überlegungen einbezogen, so stellt sich die Frage, ob nicht zumindest Befugnisse der Europäischen Union erforderlich wären, um *Mindeststandards für das Leistungsniveau sozialer Sicherungssysteme der Mitgliedstaaten* zu garantieren. Als Ausgangspunkt für diese Frage dient die Beobachtung, daß die verschärfte Standortkonkurrenz um den hochmobilen Faktor Kapital und das Bemühen um den Erhalt der internationalen Wettbewerbsfähigkeit im Binnenmarkt nicht nur die Volkswirtschaften sondern auch die Sozialsysteme der Mitgliedstaaten miteinander in Konkurrenz treten lassen. Bislang sind zwar »Sozialdumping«-Praktiken als Mittel zur Erhöhung der Wettbewerbsfähigkeit allenfalls extreme Ausnahmeerscheinungen und sind auch nicht im Bereich der Systeme sozialer Sicherheit zu verorten.[562] Gerade die Mitgliedstaaten mit hohen Lohnkosten und hohen Produktivitätsraten greifen für den Standortwettbewerb untereinander aber in wachsendem Maße auf Instrumente zurück, deren Einsatz auf der Einnahmen- oder Ausgabenseite in Richtung eines Abbaus der in diesen Ländern in der Regel ebenfalls hohen Sozialleistungsniveaus wirkt.[563] Überdies engt das Erfor-

561 Vgl. Europäische Kommission, Eurobarometer 45/96, a. a. O., S. 60 f.; S. B. 50 f.; diess.: Eurobarometer 49/98, a. a. O., S. 40; S. B. 24 f. In beiden Fällen wurden allerdings die Zuständigkeitspräferenzen zu verschiedenen anderen sozial- und beschäftigungspolitischen Feldern erfragt, d. h. in beiden Umfragen zum »Gesundheits- und Sozialwesen«, zu »Rechten der Arbeitnehmer gegenüber ihren Arbeigebern« und dem »Kampf gegen Arbeitslosigkeit«. 1996 wurde außerdem noch gesondert die bevorzugte Ebene für Handlungsbefugnisse zur Herstellung der »Gleichberechtigung von Männern und Frauen« und für die Gewährleistung von »Gesundheit und Sicherheit am Arbeitsplatz« erfragt (vgl. Europäische Kommission: Eurobarometer 45/96, a. a. O., S. 60). Darauf wird an späterer Stelle zurückzukommen sein.

562 Der Begriff des »Sozialdumping«, verstanden als gezielte Senkung der Lohn- und Sozialkosten eines Mitgliedstaates zur Erlangung von Standort- und Wettbewerbsvorteilen, ist umstritten. Von »Dumping« kann am ehesten gesprochen werden, wenn Kostensenkungen weit über die Unterschiede in der Arbeitsproduktivität hinaus betrieben oder spezifische Formen der rechtlichen Ausgestaltung von Arbeitsverhältnissen gesucht werden, um der Verpflichtung einheimischer Arbeitgeber auf Sozialabgaben zu umgehen. Ansonsten fällt die Grenzziehung zwischen legitimer Nutzung von Wettbewerbsvorteilen durch geringere Sozialkosten und »Sozialdumping« ausgesprochen schwer. Vgl. Kliemann, Annette: Die europäische Sozialintegration nach Maastricht, Baden-Baden 1997, S. 23 f. (Anm. 23).

563 So betreibt Großbritannien den Standortwettbewerb primär über das Instrument der Deregulierung und Lohnkostensenkung, Luxemburg und Österreich über die Zinsbesteuerung, Holland und Belgien mittels der Unternehmensbesteuerung. Deutschland und Frankreich tun sich besonders durch ihre nationale Subventionspolitik hervor, während Schweden seine vormals besonders hohen Sozialleistungsstandards rasch abbaut. Vgl. Scharpf, Fritz W.: Wege zur Zivilisierung des Eurokapitalismus, in: Antalovsky, Eugen; Melchior, Josef; Puntscher Riekmann, Sonja (Hrsg.): Integration durch Demokratie. Neue Impulse für die Europäische Union, Marburg 1997, S. 365-375

dernis der Haushaltskonsolidierung im Rahmen der Vorbereitung auf die Währungsunion den Spielraum der Mitgliedstaaten zur Finanzierung ihrer Systeme sozialer Sicherheit weiter ein, was vor allem vor dem Hintergrund des »Stabilitäts- und Wachstumspaktes« auch nach dem vollzogenen Übergang in die dritte Stufe der
Währungsunion zutrifft.

Speziell auf die Sozialsysteme der Teilnehmerstaaten an der Währungsunion dürfte
erheblicher zusätzlicher Anpassungsdruck nach unten entstehen. Innerhalb der Währungsunion wird sich die Konkurrenz um Realkapital aufgrund des Wegfalls von
Wechselkursrisiken bei Standortwechseln weiter verschärfen.[564] Nicht zuletzt aufgrund der größeren Transparenz der unterschiedlichen Sozialkosten in den Mitgliedstaaten wächst das Potential für Unternehmen, entweder »regime shopping« zu betrei-
ben, indem sie verstärkt Unterschiede zwischen den Mitgliedstaaten bei der Lohn- und
Abgabenbelastung nutzen, oder aber wirkungsvollen Druck auf die eigene Regierung
auszuüben, die Sozialkosten im eigenen Lande zu reduzieren.[565] Ein weiterer Effekt
der Währungsunion, unter deren elf Teilnehmerstaaten Hart- und Weichwährungslän-
der sind, besteht darin, daß sich aus der gemeinsamen Währung unterschiedliche
Auswirkungen auf das Reallohnniveau in diesen beiden Ländergruppen ergeben werden. Gerade in den Weichwährungsländern dürfte eine effektive Verteuerung der Arbeit zu verzeichnen sein.[566] Um die daraus resultierenden Wettbewerbsnachteile zu
kompensieren, bietet sich als Anpassungsinstrument eine Absenkung der Lohnkosten
an, die wiederum in Sozialabbau zu münden droht. Nach Einführung des Euro wird
sich also für die Teilnehmerstaaten ihr sozialpolitischer Handlungsspielraum verringern. Auf der Einnahmenseite droht die Bedeutung der Senkung von Sozialabgaben
und Steuern zur Entlastung der Unternehmen weiter zuzunehmen, was auf der Ausgabenseite die Bereitschaft zu einem fortgesetzten Abbau von Leistungen des sozialen
Schutzes erhöht. Die Perspektive einer wachsenden Verstrickung der Teilnehmerstaaten in einen Prozeß kompetitiver Deregulierung und eines »race to the bottom« bei
den Sozialleistungen gewinnt damit an Wahrscheinlichkeit.[567]

Obwohl der Standortwettbewerb um Direktinvestitionen bislang primär zwischen
den Mitgliedstaaten innerhalb des Binnenmarktes stattfindet und die Währungsunion

---

(S. 370).

564 Vgl. Fels, Joachim: Mit dem Euro gegen die Eurosklerose. Die Währungsunion verspricht schärferen
     Wettbewerb und damit auch höheren Wohlstand, in: FAZ v. 5. September 1997.

565 Vgl. Miller, G.: Economic and monetary union: the still neglected social dimension, in: European
     Social Observatory, Economic and monetary union and social protection, Working Paper 11,
     5 (1995).

566 Gemessen an den bilateralen Wechselkursschwankungen gegenüber der DM in den letzten Jahren
     handelt es sich zumindest bei Spanien und Italien um Weichwährungsländer, während in den
     Modellrechnungen, auf die hier Bezug genommen wird, vor allem Belgien, Deutschland, Frankreich,
     die Niederlande und Österreich als Hartwährungsländer gelten. Vgl. Breuss, Fritz: The Economic
     Consequences of a Large EMU – Results of Macroeconomic Model Simulations, European
     Integration online Papers (EIoP) 10 (1997), S. 2-5.

567 Ausführlich zur Analyse der Rückwirkungen der Währungsunion auf die Systeme des sozialen
     Schutzes und der sozialen Sicherheit der Mitgliedstaaten: European Parliament. Committee on
     Economic and Monetary Affairs and Industrial Policy: Report on the convergence criteria for EMU
     and the funding of the social security systems in the Member States of the European Union.
     Rapporteur: Mr. Frederik A. Willockx (A4-0255/97, 3.9.1997).

voraussichtlich erneut zu dieser räumlichen Verdichtung des Konkurrenzkampfes beiträgt, darf schließlich doch nicht gänzlich aus den Augen verloren werden, daß die
Globalisierung der Wirtschaftsabläufe zusätzlichen Druck auf die Mitgliedstaaten der
Europäischen Union ausübt. Nicht nur in der industriellen Standardfertigung sondern
auch in Hochtechnologie-Bereichen, wie v. a. der modernen Informations- und Kom-
munikationstechnologie, treten in der sich entwickelnden Welt, im asiatisch-
pazifischen Raum sowie in Mittel- und Osteuropa eine Reihe von Staaten an, die über
vergleichbare Produktivitätsraten und in ihrer Infrastruktur- und Humankapitalaus-
stattung über Standortbedingungen verfügen, welche mit denjenigen der Mitgliedstaaten der Europäischen Union durchaus mithalten können. Gleichzeitig liegen in
diesen Drittstaaten die Arbeitskosten aber erheblich niedriger.[568] Bei ansonten ähnlichen Standortbedingungen gewinnt die Frage der Lohnkosten für die Standortent-
scheidung von Unternehmen und Direktinvestoren jedoch an Bedeutung. Angesichts
der nahezu grenzenlosen Mobilität des Kapitals und des wachsenden Gewichts global
operierender multinationaler Konzerne wirken auch diese Vorteile von Drittstaaten
beim Standortfaktor Arbeitskosten auf Lohnkostensenkungen in der Europäischen
Union hin und begünstigen wiederum den Sozialabbau in den Mitgliedstaaten.[569]

All die genannten Druckkonstellationen auf das Lohnkosten- und Leistungsniveau
der Sozialschutzsysteme der Mitgliedstaaten resultieren letztendlich aus einem sich
verschärfenden Standortwettbewerb, der seine Ursache in der überlegenen grenzüberschreitenden Mobilität des Produktionsfaktors Kapital gegenüber dem Faktor Arbeit
hat. Innerhalb der Europäischen Union wird dieser Konkurrenzkampf – gerade nach
der Einführung einer gemeinsamen Währung – mit besonderer Schärfe ausgetragen
werden. Die Gefahr eines kompetitiven Sozialleistungsabbaus oder sogar von »Sozialdumping«-Praktiken zwischen den Mitgliedstaaten nimmt zu. Der marktkorrigierende Einsatz der beinahe uneingeschränkt auf nationaler Ebene verbliebenen Steuerungsinstrumente im Sozialschutz als kostenintensivstem Bereich der Sozialpolitik
wird für die Mitgliedstaaten immer schwieriger bzw. liegt immer weniger in ihrem
Interesse, da er mit Wettbewerbsnachteilen und Kapitalflucht einhergehen dürfte.
Gleichzeitig bedeutet aber der Umstand, daß sich der Standortwettbewerb mit besonderer Intensität auf dem Gebiet der Europäischen Union abspielt und ein wesentlicher
Teil der Kapitalzu- und -abwanderungen innerhalb des Binnenmarktes stattfindet, daß
eine entsprechende horizontale Regelungsreichweite erzielt werden müßte, um eine
gewisse sozialpolitische Steuerungsfähigkeit wiederzuerlangen und dem unkontrol-
lierten Sozialabbau entgegenwirken zu können.

Anders formuliert heißt dies bei Rückgriff auf die Kriterien der ersten Ebene des
Kompetenzprüfrasters, daß für die Wiedererlangung der Steuerungsfähigkeit und der
räumlichen Kongruenz politischen Handelns im Sozialschutz nicht nur der einzelne
Mitgliedstaat überfordert ist, sondern tatsächlich die Zusammenarbeit aller Mitglied-

568 Vgl. Freeman, C./Soete, L.: Work for All or Mass Unemployment: Computerised Technical Change
     in the 21st Century, London 1994.
569 Besonders betroffen davon sind bislang Sparten, wie die Textil- oder Bekleidungsindustrie, die bei
     der Produktion primär geringqualifizierte Arbeitskräfte einsetzen. Für sie hat sich der
     Lohnkostendruck weiter verschärft, da sie nach dem erfolgreichen Abschluß der Uruguay-Runde im
     Rahmen des GATT/WTO der besonders scharfen Importkonkurrenz aus Drittstaaten der südlichen
     Hemisphäre ausgesetzt sind. Vgl. Rhodes, Martin, Globalization, a. a. O., S. 310-311.

staaten geboten erscheint.[570] Das Ziel des gemeinsamen Vorgehens bestünde darin, zwischen den Mitgliedstaaten einen Wettlauf nach unten zu verhindern und ein Mindestniveau der Leistungen sozialer Sicherung zu wahren. Da der Standortwettbewerb wesentlich durch die Verwirklichung der Freiheit des Kapitalverkehrs im Binnenmarkt und die Folgen der Währungsunion forciert wird und entsprechend spezifischer Lösungsansätze für die Mitgliedstaaten der Europäischen Union bedarf, ist auf der zweiten Ebene des Prüfrasters auch die Frage zu verneinen, ob andere *Formen multilateraler Kooperation* geeigneter für eine Problemlösung wären als die Begründung einer supranationalen Zuständigkeit.

Allerdings weist bei der Fortsetzung der Kompetenzprüfung die Anwendung des Kriteriums der *öffentlichen Akzeptanz* eher in die entgegengesetzte Richtung eines Beibehalts nationaler Kompetenzen für die Festlegung der Höhe angebotener Sozialleistungen. Im unionsweiten Durchschnitt sprachen sich in der Eurobarometer-Erhebung vom Frühling 1996 nur 39% der Befragten für gemeinsame politische Entscheidungen innerhalb der EU auf dem Gebiet des »Sozial- und Gesundheitswesens« aus, während 56% für Entscheidungen durch die nationalen Regierungen waren. Unter den Zustimmungswerten für europäische Handlungsbefugnisse nahm dieses Politikfeld damit die viertschlechteste Position bei insgesamt 24 genannten Politikfeldern ein.[571] Anfang 1998 sprachen sich sogar nur 35% für eine Beschlußfassung auf europäischer Ebene aus, womit supranationale Entscheidungsbefugnisse im »Gesundheits- und Sozialwesen« unter den achtzehn erfragten Politikfeldern sogar erst an letzter Stelle genannt wurden.[572] Selbst wenn die Umfrageergebnisse von 1996 betrachtet werden, in denen letztmals die zusätzliche Antwort »Entscheidungen sowohl auf nationaler als auch europäischer Ebene« angeboten wurde, wird das Bild kaum besser. Hier wurden die Zuständigkeiten für »Krankenversicherung« und »Sozialpolitik« gesondert abgefragt. In beiden Fällen war es aber erneut so, daß sowohl im Unionsdurchschnitt als auch mehrheitlich in den einzelnen Mitgliedstaaten an erster Stelle eine Präferenz für mitgliedstaatliche Handlungsbefugnisse, erst an zweiter Stelle gemischte Zuständigkeiten und – mit den bei weitem niedrigsten Werten – an dritter Stelle schließlich europäische Kompetenzen benannt wurden.[573] Diese Ergebnisse sprechen per se auch auf dem sozialregulativen Gebiet der Gewährleistung eines Mindestleistungsniveaus der mitgliedstaatlicher Systeme sozialer Sicherheit gegen eine EU-Zuständigkeit. Sie untermauern empirisch das bereits an früherer Stelle konstatierte, unzureichende Soli-

---

570 Weshalb die Kriterien der räumlichen Kongruenz politischen Handelns und der erforderlichen Mindestteilnehmerzahl für die Notwendigkeit einer Beteiligung aller Mitgliedstaaten an der Problemlösung sprechen, kann an dem opt-out Großbritanniens aus dem Abkommen zur Sozialpolitik zum Maastrichter Vertrag verdeutlicht werden: Obwohl das Vereinigte Königreich der einzige Mitgliedstaat war, der seine Zustimmung zur Erweiterung der vertraglichen Befugnisse in der Sozialpolitik ursprünglich verweigert hatte, wurde befürchtet, daß mögliche »Sozialdumping«-Praktiken dieses Landes Sogwirkung entfalten und die weitergehenden sozialpolitischen Handlungsbefugnisse des Sozialabkommens von dessen Unterzeichnerstaaten als Instrument eingesetzt werden könnten, bestehende Sozialstandards in der Europäischen Union weiter abzubauen, anstatt sie zu erhöhen. Vgl. Watson, Philippa: Social Policy After Maastricht, in: CMLR 30 (1993), S. 481-513 (hier S. 512).

571 Vgl. Europäische Kommission: Eurobarometer 45/96, a. a. O., S. 60.

572 Vgl. Europäische Kommission: Eurobarometer 49/98, a. a. O., S. 40.

573 Vgl. Europäische Kommission: Eurobarometer 45/96, a. a. O., S. B. 50 f.

daritätsbewußtseins zwischen den Bürgern der einzelnen Mitgliedstaaten. Allerdings scheinen die bisherigen Überlegungen durchaus die Vermutung zu rechtfertigen, daß gerade die eher ablehnende Haltung der Bevölkerungen gegenüber sozialpolitischen Handlungsbefugnissen der Union um so geringer sein wird, desto niedriger deren Reichweite und die auf ihrer Grundlage zulässige Eingriffsintensität in die Traditionsmuster und die institutionellen Strukturen der unterschiedlichen nationalen Sozialordnungen ist. Partielle Unionsbefugnisse, die die Besonderheiten der mitgliedstaatlichen Sozialsysteme nicht übermäßig in Frage stellen und gleichzeitig Tendenzen zu einem fortschreitenden Sozialabbau entgegenwirken, könnten letztendlich sogar legitimitätsstiftend für die supranationale Ebene wirken.

Trotz dieser Plausibilitätsannahme erscheint es in Anbetracht der gegenläufigen Prüfungsergebnisse der Kriterien der Problemlösungsfähigkeit alternativer Kooperationsformen und der öffentlichen Akzeptanz geboten, bei der Prüfung auf der zweiten Ebene der »Besser-Bedingung« abschließend das Kriterium der *Verbundvorteile durch europäische Zuständigkeiten* heranzuziehen. Anzumerken ist dazu, daß trotz der Zwänge des Standortwettbewerbs ein haltloses »race to the bottom« in den Sozialleistungsniveaus der Mitgliedstaaten kaum mit zentralen Vertragszielen, wie der kohärenten und solidarischen Gestaltung der Beziehungen zwischen den Mitgliedstaaten und ihren Völkern (Art. 1 EUV-A), der Förderung des ökonomischen und sozialen Fortschritts oder der Stärkung des wirtschaftlichen und sozialen Zusammenhalts (Art. 2 EUV-A) vereinbar ist. Zweifelsohne ergeben sich Verbundvorteile aus einer europäischen Partialzuständigkeit gegen fortschreitenden Sozialabbau in einer Europäischen Union, die über eine reine Wirtschaftsunion hinaus eine Politische Union sein soll und der die Förderung eines »hohen Maßes an sozialem Schutz« (Art. 2 EGV-A) für die mitgliedstaatlichen Bevölkerungen explizit zugewiesen wurde. Von der Wohlstandsförderung und -sicherung für die Unionsbürger wird nicht unwesentlich abhängen, ob der erreichte Integrationsstand gewahrt und weiterentwickelt werden kann oder aber der Zusammenhalt der Union nachhaltig gefährdet wird. Aus diesen Erwägungen heraus spricht das Kriterium der Verbundvorteile für eine entsprechende Teilzuständigkeit der Unionsebene in der Sozialpolitik – was für die Gesamtprüfung den Ausschlag gibt.

Bei der inhaltlichen Ausgestaltung einer europäischen Partialzuständigkeit für die Vermeidung exzessiven Sozialabbaus im Binnenmarkt bzw. der Währungsunion weisen die vorangehenden Ergebnisse der Zuständigkeitsprüfung deutliche Grenzen auf. Supranationale Harmonisierungsbefugnisse mit hohem Intensitätsgrad, wie die unmittelbare Durchsetzung von Mindesteinkommensgarantien oder die Koordinierung von Ansprüchen auf Fürsorgeleistungen, wurden bereits ausgeschlossen. Ein subsidiaritätsgerechter Lösungsansatz ergibt sich indes aus der Beobachtung, daß in den Mitgliedstaaten gegenwärtig eine hohe Korrelation zwischen der Höhe des Bruttoinlandsproduktes (BIP) pro Einwohner und dem BIP-Anteil besteht, den jedes Land für Sozialausgaben insgesamt aufwendet. Dies spricht für einen latenten Konsens zwischen den Mitgliedstaaten, daß reichere Länder auch mehr für die soziale Sicherung ihrer Einwohner ausgeben. Gelänge es, diesen Konsens in einer Vereinbarung zwischen den Mitgliedstaaten über den Mindestaufwand für soziale Sicherheit und Sozialschutz relativ zum nationalen Pro-Kopf-Einkommensniveau festzuschreiben, könnte zumindest verhindert werden, daß der Standortwettbewerb zu Absenkungen des Leistungsniveaus unterhalb dieses Mindestanteils führt.[574] Für eine derartige Lösung liegen beispielsweise mit der sogenannten »Sozialschlange« und dem »Korridormodell« bereits konkrete Vorschläge aus der Wissenschaft vor.[575] Verfahrensmäßige Vorbilder für eine entsprechende, sozialpolitisch motivierte Vereinbarung existieren bereits auf dem Gebiet der Finanzpolitik. Gemeint ist die Erarbeitung eines »Verhaltenskodex« für die Unternehmensbesteuerung zwischen den Mitgliedstaaten, die inhaltlich durch die Vorlage von diversen Memoranden der Europäischen Kommission unterstützt wurde und ebenfalls dazu beitragen kann, den Druck auf die Sozialleistungssysteme der Mitgliedstaaten zu reduzieren.[576]

In den Bereich der Außen(handels)politik fällt eine weitere Zuständigkeit, die von der Europäischen Union genutzt werden sollte, um den Druck in Richtung Sozialabbau für die Mitgliedstaaten zu verringern: die Politik der Konditionalität im Rahmen des Abschlusses von Handels-, Partnerschafts- oder Kooperationsabkommen. In Drittstaaten sind unter Umständen Produktionsbedingungen gebräuchlich, die mit europäischen Grund- und Menschenrechtsstandards unvereinbar sind und die damit erzielten Einsparungen bei den Arbeitskosten aus europäischer Sicht tatsächlich in die Nähe von »Sozialdumping« rücken.[577] Als Beispiele für derartige Praktiken wären hier Zwangs- und Kinderarbeit, die Mißachtung der Vereinigungsfreiheit, Diskriminierungen aufgrund politischer oder gewerkschaftlicher Meinungsäußerungen am Arbeitsplatz oder die Nichteinhaltung von Mindeststandards beim Gesundheitsschutz und der Sicherheit am Arbeitsplatz zu nennen. Basierend auf einem gemeinsamen Kanon von sozialen Grundrechten sollte im Rahmen der Europäischen Union ein Gütesiegel für Importe aus Drittstaaten entwickelt werden, deren Arbeitswelt durch entsprechende Bedingungen geprägt ist. In Abkommen der Union mit diesen Staaten wären auf dieser Grundlage Sozialklauseln aufzunehmen, die eine einheitliche Gütesiegel-Kennzeichnung von Importwaren vorsehen,[578] bei deren Herstellung nicht die schlechten landesüblichen Arbeitsbedingungen herrschen. Eine entsprechende Regelung wäre insoweit marktkonform als sie es dem Konsumenten überlassen würde, ob

---

574 Dieser Vorschlag wird von Scharpf in Form einer Konvention über den Mindestaufwand für soziale Sicherheit entwickelt, wobei er darauf hinweist, daß vergleichbare Lösungen auch für Kapital- und Unternehmenssteuern denkbar wären. Vgl. Scharpf, Fritz W.: Konsequenzen der Globalisierung, a. a. O., S. 189 f.

575 Vgl. Busch, Klaus: Das Korridormodell: ein Konzept zur Weiterentwicklung der EU-Sozialpolitik, in: International Politics and Society 2 (1998); Dispersyn, Michel; Van der Horst, Pierre: La construction social européen, in: Revue Belge de Sécurité Sociale 1 (1990).

576 Vgl. »Taxation: the final frontier«, in: European Voice v. 9.-15.10.1997, S. 11; »Leise Hoffnung auf Fortschritte in der Steuerkoordinierung der EU«, in: Süddeutsche Zeitung v. 16. April 1999, S. 22.

577 Besonders weit verbreitet ist das Problem der Kinderarbeit. Sie ist in Staaten wie China, Indien, Pakistan, den Philippinen, in afrikanischen Ländern sowie in nahezu allen Staaten Süd- und Mittelamerikas gängige Praxis. Erwähnt werden sollte in diesem Zusammenhang, daß die Internationale Arbeitsorganisation (ILO) im Juni 1998 eine neue Konvention zum Verbot des Mißbrauchs von Kindern verabschiedet hat. Vgl. »Internationale Konvention gegen die Ausbeutung von Kindern«, in: FAZ v. 31. Oktober 1997.

578 Derartige Gütesiegel exitieren bereits für bestimmte Importwaren und Herkunftsorte. Beispielsweise erhalten indische Teppiche, die ohne Kinderarbeit hergestellt wurden, eine entsprechende Kennzeichnung. Vgl. ebd.

er sich für die unter höheren Sozialstandards gefertigten und damit in aller Regel etwas teueren Drittlandsimporte entscheidet. Gerade gegenüber diesen Produkten wären aber auch die zu höheren Lohnkosten und unter besseren Arbeitsbedingungen gefertigten Konkurrenzerzeugnisse aus europäischen Mitgliedstaaten wieder eher wettbewerbsfähig. Von weitergehenden sozialpolitischen Auflagen[579] für die Vereinbarung bzw. Aufrechterhaltung von Handelsbeziehungen ist hingegen abzuraten, könnten diese doch leicht in den Dienst protektionistischer Anliegen und des Ausbaus der »Festung Europa« gestellt werden.[580]

Damit ist die Überprüfung sozialregulativer Handlungsbefugnisse und -grenzen der europäischen Ebene auf dem Gebiet der Systeme sozialer Sicherheit in den Mitgliedstaaten vorerst abgeschlossen. Bislang gänzlich ausgeklammert wurde jedoch das Problem, ob es möglicherweise sachgerecht wäre, der Europäischen Union direkte *Finanzierungszuständigkeiten für interpersonelle Transferleistungen* zuzuweisen. Sowohl für steuerfinanzierte Fürsorge- oder Grundsicherungsleistungen als auch für beitragsfinanzierte Sozialversicherungsleistungen gilt jedoch, daß die Einrichtung supranationaler Transfersysteme in diesem Bereich nur dann gerechtfertigt wäre, wenn divergierende Lebens- und Einkommensverhältnisse sowie die Gewährung stark divergierender Leistungsniveaus bei dezentraler Zuständigkeit angesichts einer hohen grenzüberschreitenden Bevölkerungsmobilität mit unerwünschten Wanderungsbewegungen verbunden wäre. Die Zentralisierung der Zuständigkeiten für sozialpolitische Umverteilung soll verhindern, daß wohlhabendere Bürger – aufgrund der geringeren Abgabenbelastung – in Mitgliedstaaten bzw. Regionen mit niedrigerem Redistributionsniveau abwandern, während die Gebiete mit großzügigeren sozialen Transfersystemen stärkere Anziehungskraft auf ärmere Bürger ausüben. Die Unterschiede zwischen den mitgliedstaatlichen Systemen könnten letztendlich bewirken, daß sich in Mitgliedstaaten und Regionen mit geringen Umverteilungsambitionen »Reiche zu Reichen«, in jenen Gebieten mit hohem Redistributionsanspruch hingegen »Arme zu Armen« gesellen würden.[581]

---

579 So wurde z. B. in dem französischen Beitrag zur Erstellung des Kommissionsweißbuchs über die Europäische Sozialpolitik angeregt, in Handelsvereinbarungen der Europäischen Union mit Drittstaaten eine Sozialklausel bzw. einen Sozialabschnitt aufzunehmen. Die Einhaltung der dort formulierten, recht umfassenden sozialen Grundrechte, wie Verbot der Zwangsarbeit, Mindestalter für die Aufnahme einer Beschäftigung, gewerkschaftliche Freiheit, Organisations- und Tarifverhandlungsrecht, Verbot von Diskriminierungen in der Arbeit und im Beruf aufgrund der Rasse, des Geschlechts, der Religion oder politischer und gewerkschaftlicher Meinungsäußerung, Mindestvorschriften für Gesundheitsschutz und Sicherheit bei der Arbeit, Höchstgrenze für die Arbeitszeit u.ä., sollte durch die Einrichtung eines Kontroll- und Sanktionsmechanismus gegebenenfalls durchgesetzt werden. Vgl. Europäische Kommission: Beiträge zur Erstellung des Weißbuches über die Europäische Sozialpolitik (Soziales Europa 2 (1994)), Luxemburg: Amt für amtliche Veröffentlichungen, 1994, S. 89.

580 Auch Janning spricht sich für einen breiteren Einsatz von Kennzeichnungskonzepten als marktwirtschaftliche Instrumente zur Verhinderung von Umwelt- und Sozialdumping aus und lehnt primär handelspolitische Ansätze ab. Vgl. Janning, Josef: Zähmung des Welthandels. Was tun gegen Öko- und Sozialdumping?, in: Internationale Politik 4 (1997), S. 35-40 (S. 38 ff.).

581 Vgl. Schnorpfeil, Willi: Die Europäisierung sozialpolitischer Teilbereiche in der Europäischen Gemeinschaft, Mannheim: MZES-Arbeitspapier II/Nr. 4 (1994), S. 5-8; Teutemann, Manfred: Interpersonal vs. interregional redistribution at the European level – as seen from the perspective of

Tatsächlich sprechen jedoch bereits der Umfang als auch das Profil der grenzüberschreitenden Wanderungsbewegungen in der Europäischen Union gegen eine solche Entwicklung. Nur ungefähr 5% der in den Mitgliedstaaten ansässigen Personen im Erwerbstätigenalter sind Nicht-Staatsangehörige. Nur ca. 5,5 Millionen (und damit ca. 1,5% der EU-Gesamtbevölkerung von ca. 370 Millionen Menschen) unter ihnen entstammen anderen Mitgliedstaaten der Europäischen Union, während etwa 12,5 Millionen Drittstaatsangehörige sind.[582] Was das Mobilitätsprofil anbelangt, so handelt es sich dabei nicht in erster Linie um bedürftige Personengruppen bzw. nicht mehr primär um ungelernte und geringqualifizierte Wanderarbeiter, die noch vor 25 Jahren das Bild beherrschten und den Nachfrageüberschuß auf dem Arbeitsmarkt der Hocheinkommensländer ausglichen. Vielmehr erweisen sich in zunehmendem Maße hochqualifizierte Arbeitskräfte als grenzüberschreitend mobil.[583] Starke Unterschiede in den nationalen interpersonellen Transfersystemen scheinen angesichts dieses Wandels des Migrationsprofils und der nach wie vor insgesamt geringen Bevölkerungsmobilität im Binnenmarkt nicht das ausschlaggebende Motiv für den Wohnsitzwechsel von Unionsbürgern zu sein. Hierzu mag gerade auch der Umstand beigetragen haben, daß es der Europäischen Union bisher verwehrt geblieben ist, koordinierend auf dem Gebiet der sozialen Fürsorgeleistungen tätig zu werden und damit möglicherweise zusätzliche Anreize für den »Sozialtourismus« sozial ausgegrenzter oder bedürftiger Personengruppen zu schaffen.

Jedenfalls bleibt zu konstatieren, daß gegenwärtig weder Umfang noch Verlaufsmuster der grenzüberschreitenden Bevölkerungsmobilität im Unionsgebiet die Notwendigkeit erkennen lassen, unmittelbare supranationale Finanzierungszuständigkeiten zu interpersonellen Umverteilungszwecken zu begründen. Soweit dies absehbar ist, werden auch die Migrationsströme aus Mittel- und Osteuropa nach der Erweiterung der Europäischen Union um die dortigen Beitrittskandidaten die politische Steuerungsfähigkeit der Mitgliedstaaten auf dem Gebiet der Sozialtransfers nicht übermäßig beeinträchtigen. Obwohl die Zuwanderung aus den Beitrittsländern den Verdrängungswettbewerb auf dem Arbeitsmarkt gerade für bestimmte »mobilitätsempfindliche« Sektoren, wie die Bauwirtschaft, in einzelnen Mitgliedstaaten erhöhen dürfte, wird sie voraussichtlich keine Dimensionen erreichen, welche die Sozialversicherungssysteme dieser Aufnahmeländer übermäßig unter Druck setzen.[584]

---

fiscal federalism and public choice theory, in: European Commission: The Economics of Community Public Finance, European Economy. Reports and Studies 5 (1993), S. 395-413 (S. 401).

582 Vgl. den Abschnitt »Migration and mobility« in: European Commission: An employment agenda for the year 2000: issues and policies (Employment in Europe Report for 1997), Brussels/Luxemburg 1997; Bericht der hochrangigen Arbeitsgruppe zu Fragen der Freizügigkeit unter dem Vorsitz von Frau Simone Veil (der Kommission am 18. März 1997 vorgelegt).

583 Insgesamt läßt sich feststellen, daß die Herausbildung primär intraindustrieller Handelsströme zwischen den Mitgliedstaaten, eine gewisse Konvergenz der Einkommensniveaus auf nationaler Ebene sowie die – gegenüber dem Faktor Arbeit – wesentlich höhere Mobilität des Faktors Kapital und kulturelle, sprachliche und soziale Barrieren einen deutlicher sichtbaren Einfluß des Binnenmarktes auf die Wanderungsbewegungen innerhalb der Europäischen Union verhindert haben. Vgl. European Commission: The 1996 Single Market Review. Background Information for the Report to the Council and European Parliament (SEC (96) 2378 v. 16.12.1996), Brussels 1996, S. 95-96.

584 Vgl. dazu die Ausführungen und Modellrechnungen für Zuwanderungen, die sich aus dem Beitritt

Allerdings darf bei der Behandlung der Frage, ob eine Notwendigkeit für interpersonelle Transferkompetenzen auf europäischer Ebene besteht, nicht vernachlässigt werden, daß in voll ausgebildeten föderalen Systemen mit einer gemeinsamen Währung zentrale Kompetenzen auf diesem Gebiet auch gerechtfertigt erscheinen, weil gerade die nationalen Sozialversicherungssysteme im Falle anhaltender konjunktureller Störungen neben ihrer umverteilungspolitischen v. a. eine wichtige Funktion als makroökonomische Stabilisatoren erfüllen. Gerade in nationalen Systemen, in denen Leistungen an Arbeitslose in die ausschließliche Zuständigkeit des Bundes fallen, ist der Ausgleichseffekt dieser Stabilisatoren bezüglich zyklisch bedingter Verluste an Primäreinkommen besonders hoch.[585] Im Falle der Europäischen Union gilt nun, daß mit dem Übergang in die dritte Stufe der Währungsunion für die Teilnehmerstaaten das Instrument der Wechselkursabwertung zum Abfangen dauerhafter negativer Schocks entfallen ist. Selbst wenn den Mitgliedstaaten eine weitere Flexibilisierung der Reallöhne gelingt, um auf massive Konjunktureinbrüche zu reagieren, fehlen der Europäischen Währungsunion doch andere wichtige antizyklische Anpassungsinstrumente, wie eben gerade eine hohe grenzüberschreitende Mobilität der Arbeitnehmerschaft.

Vor diesem Hintergrund und um zu vermeiden, daß in der Währungsunion die von anhaltenden negativen Schocks betroffenen mitgliedstaatlichen Volkswirtschaften mit ihrer unterdurchschnittlichen Konjunkturentwicklung negative Rückwirkungen auf das Binnenmarktgeschehen nach sich ziehen, ist die Bereitstellung eines stabilitätspolitischen Beistandsmechanismus zu befürworten. Da konjunkturelle Einbrüche alle Teilnehmerstaaten an der dritten Stufe der Währungsunion betreffen und die diesen Mitgliedstaaten zur Verfügung stehenden Ausgleichsinstrumente nur längerfristig Wirkung entfalten können, bedarf es eines grenzüberschreitenden Transfersystems, das kurzfristig zur Stabilisierung beizutragen vermag und gegebenenfalls jeden Teilnehmerstaat bei seinen stabilitätspolitischen Bemühungen unterstützt. In diesem Fall sprechen also auf der ersten Prüfungsebene des einheitlichen Kompetenzprüfrasters vor allem die Kriterien der *erforderlichen Mindestteilnehmerzahl* und der *Kongruenz politischen Handelns* dafür, daß der stabilitätspolitische Handlungsbedarf in der Währungsunion die Problemlösungskapazitäten des einzelnen Mitgliedstaates überfordert.

Unter Verweis auf die stabilitätspolitische Notwendigkeit zusätzlicher Ausgleichsmechanismen innerhalb der Europäischen Währungsunion und in Anlehnung an bundesstaatliche Modelle finden sich deshalb Vorschläge, die auf die Einrichtung eines europäischen Arbeitslosenfonds abzielen und über den ein Teil der Arbeitslosenleistungen in besonders schwer von Beschäftigungskrisen betroffenen Gebieten finanziert werden soll.[586] Gegen eine derartige Lösung spricht allerdings, daß der Europäi-

---

der fünf CEFTA-Staaten Polen, Ungarn, Tschechien, Slowakei und Slowenien bzw. aller zehn Beitrittskandidaten aus Mittel- und Osteuropa – unter Hinzunahme von Bulgarien, Rumänien, Estland, Lettland und Litauen – ergeben könnten: Franzmeyer/Bruecker, a. a. O.; Weise, Christian: Der EU-Beitritt ostmitteleuropäischer Staaten: Ökonomische Chancen und Reformbedarf für die EU, in: integration 3 (1997), S. 175-179 (S. 176).

585   Vgl. dazu die vergleichenden Zahlenangaben in: Europäische Kommission: Stabiles Geld – Solide Finanzen. Die öffentlichen Finanzen der Gemeinschaft im Hinblick auf die WWU (Europäische Wirtschaft 53/93), Luxemburg: Amt für amtliche Veröffentlichungen, 1993, S. 49 f.

586   Eine entsprechende Anregung findet sich bereits in: European Commission: Report of the study group on economic and monetary union in 1980 (Marjolin Report), Brussels 1975. Die Idee wird

schen Union umfangreiche Beitragsmittel zur Verfügung stehen müßten, um auf diesem Wege überhaupt bedeutende Stabilisierungseffekte zu erzielen.[587] Außerdem würde damit ein Instrument mit primär interpersonellen Umverteilungszielen zu stabilitätspolitischen Zwecken eingesetzt. Für derart weitreichende Eingriffsbefugnisse auf dem Gebiet interpersoneller Transfers fehlt es aber an dem notwendigen Maß an politischer Homogenität, an Übereinstimmung in den unterschiedlichen Umverteilungsmodellen der Mitgliedstaaten und in den Gerechtigkeitsvorstellungen ihrer Bevölkerungen als wesentliche Voraussetzungen einer europäischen Solidargemeinschaft. Schonendere und damit akzeptanzfähigere Eingriffsformen durch die Europäische Union, der es an politischer Legitimität fehlt, um »mehr als am Rande in Fragen der sozialen Gerechtigkeit tätig werden zu können«,[588] bilden interregionale Umverteilungsmaßnahmen, weil sie den Mitgliedstaaten den Freiraum für die Verwirklichung ihrer Präferenzen in der interpersonellen Redistributionspolitik belassen.[589]

Allerdings erweisen sich auch derartige interregionale Transfers als Instrument der Stabilitätspolitik erst in jenen Fällen als notwendig, in denen konjunkturelle Krisen mit nachhaltigen Rückschlägen für die ökonomische Entwicklung rückständiger Gebiete verbunden sind. Zunächst wäre es für die europäische Ebene subsidiaritätsgerechter und autonomieschonender, über ein auf den kurzfristigen Ausgleich konjunkturbedingter, asymmetrischer Schocks angelegtes Instrument zu verfügen, das die für interpersonelle und -regionale Redistributionssysteme typische Vermischung von Umverteilungs- und Stabilisierungsfunktionen nicht aufweist. Tatsächlich existiert das Modell für ein solches, gezielt auf die makroökonomische Stabilitätsaufgabe ausgerichtetes Transfersystem. Eine von der Kommission beauftragte Sachverständigengruppe gelangte 1993 zu dem Ergebnis, daß für die Einrichtung eines automatisch auszulösenden Versicherungsmechanismus gegen asymmetrische Schocks ein Finanzbedarf von 0,2% des Bruttoinlandsproduktes ausreichen würde – und dieser damit einer wesentlich geringeren Ausstattung als entsprechende interpersonelle Transfermechanismen auf europäischer Ebene bedürfte.[590] Im Falle gravierender konjunktureller Einbrüche würde dieser Mechanismus über Pauschalzuweisungen der Union an den betroffenen Mitgliedstaat reagieren.[591]

Auch unter dem Gesichtspunkt stabilisierungspolitischer Erfordernisse zwischen den Teilnehmerstaaten in der Europäischen Währungsunion führt die Prüfung einer subsidiaritätsgerechten Zuständigkeitsverteilung folglich zu dem Ergebnis, daß die Einrichtung supranationaler Systeme für interpersonelle Sozialtransfers nicht erforderlich ist. Ein automatischer Versicherungsmechanismus zur kurzfristigen Stabilisierung bei Konjunktureinbrüchen, ergänzt um stabilitätspolitisch motivierte interregionale Transfers in Gebiete, die nachhaltigen Schaden durch asymmetrische Schocks erlitten haben, würde völlig ausreichen. Beide Partialbefugnisse der europäischen

aufgegriffen und weiterentwickelt in: MacDougall, D. et al.: Report on the study group on the role of public finance in European integration, Luxemburg: Amt für amtliche Veröffentlichungen, 1977.

587   Vgl. Europäische Kommission: Stabiles Geld, a. a. O., S. 50 und S. 77.

588   Ebd., S. 54.

589   Vgl. Tresch, R. W.: Public finance: a normative theory, Texas: Business Publications, 1981.

590   Vgl. Heinemann: EU-Finanzreform 1999, a. a. O., S. 27-29.

591   Ausführlich zur Finanzierung und Funktionsweise dieses stabilisierungspolitischen Versicherungsmechanismus: Europäische Kommission: Stabiles Geld, a. a. O., S. 77-82.

Ebene sind im Modell des dualen Kompetenzkataloges allerdings nicht der Sozial-, sondern der Wirtschafts- und Strukturpolitik zuzuordnen.[592]

Zusammenfassend läßt sich für das sozialpolitische Aufgabenfeld Soziale Sicherheit festhalten, daß die Primärzuständigkeit der Mitgliedstaaten (bzw. ihrer Gliedkörperschaften) gewahrt bleiben und nur mit größter Zurückhaltung durch europäische Partialkompetenzen eingeschränkt werden sollte. Sowohl die Einrichtung von steuerfinanzierten oder beitragsfinanzierten Grundsicherungs- und Sozialversicherungssystemen auf Unionsebene als auch weiterreichende europäische Rechtsangleichungs- bzw. Harmonisierungsbefugnisse im Bereich sozialer Wohlfahrtsleistungen wären nicht subsidiaritätsgerecht. Dringend geboten erscheint aber angesichts der zunehmenden Schärfe des Standortwettbewerbs im Rahmen des Binnenmarktes und der Währungsunion die Schaffung einer autonomieschonenderen europäischen Teilzuständigkeit zur Festlegung der Minimalhöhe des Leistungsniveaus der mitgliedstaatlichen Systeme sozialer Sicherheit gemessen am BIP pro Kopf.

Was die sozialrechtlichen Koordinierungsbefugnisse anbelangt, so erscheinen tatsächlich umfassende europäische Zuständigkeiten in Fragen des internationalen Sozialrechtes, v. a. aber bezüglich der sozialversicherungsrechtlichen Ansprüche vor dem Hintergrund der Freizügigkeit im Binnenmarkt zwingend geboten. Zu begrüßen ist in diesem Zusammenhang auch, daß Art. 42 EGV-A (Art. 51 EGV-M) seit Amsterdam dafür Mehrheitsentscheidungen vorsieht. So haben erst jüngst wieder die Probleme bei der Anrechnung von Ansprüchen aus betrieblichen und privaten Zusatzversicherungen, welche gerade für die potentiell hochmobilen Angehörigen des mittleren und oberen Managements von besonderer Bedeutung sind, anschaulich belegt, daß die Einstimmigkeitsregel eine flexible Anpassung der geltenden Koordinierungsverordnungen an Änderungen im Profil der grenzüberschreitenden Bevölkerungsmobilität erheblich erschwert hat.[593]

Und schließlich sollte es den Institutionen der Europäischen Union unbenommen bleiben, die *Konvergenz der Wohlfahrtssysteme* durch Informationsaustausch, rechtlich unverbindliche Zielvorgaben und vergleichende Studien zu fördern, die »best practice«-Beispiele aus den einzelnen Mitgliedstaaten bzw. konkrete Anregungen für die Neuausrichtung der nationalen Sozialschutzsysteme enthalten. Ein zentrales Ziel dieser Form des Zusammenwirkens muß die Bekämpfung der Armut und der sozialen Ausgrenzung in der Europäischen Union bilden.

In Matrixform zusammengefaßt ergibt sich demnach für das Aufgabengebiet der sozialen Sicherheit in einem dualen Kompetenzkatalog folgendes Bild:

---

592 Deshalb wurde der konjunkturpolitische Versicherungsmechanismus zum Ausgleich asymmetrischer Schocks in der Kurzdarstellung des modifizierten EU-Kompetenzkataloges in Tel B.II.1.3 der vorliegenden Studie unter dem Aufgabenfeld »Wirtschaftspolitik« als europäische Partialkompetenz eingefügt. Die stabilitätspolitisch motivierten Transferzahlungen wurden hingegen bereits im vorangehenden Abschnitt C.III.4 zur Kompetenzverteilung in der Regional- und Strukturpolitik berücksichtigt.

593 Vgl. Laske, Caroline: The Impact of the Single European Market on Social Protection for Migrant Workers, in: CMLR 1993, S. 515-539 (S. 521-522).

Primärkompetenzen der Mitgliedstaaten	Partialkompetenzen der Europäischen Union
– Systeme Sozialer Sicherung	– Koordinierung in Fragen des internationalen Sozialrechtes, v. a. der beitragsabhängigen Sozialleistungsansprüche von Personen, für die die Rechtsvorschriften der sozialen Sicherheit eines oder mehrerer Mitgliedstaaten gelten oder galten. – Festlegung des pauschalen Mindestaufwands für Sozialschutz in Relation zum Bruttoinlandsprodukt pro Einwohner der einzelnen Mitgliedstaaten – Förderung der Konvergenz der mitgliedstaatlichen Sozialordnungen, einschließlich der Systeme der Sozialen Sicherheit und des Sozialschutzes durch Informationsaustausch, Untersuchungen, Beratungen und Empfehlungen, v. a. unter dem Aspekt der wirksamen Bekämpfung von Armut und sozialer Ausgrenzung in der Europäischen Union

2. Arbeits- und Sozialrecht

Im Gegensatz zu den bislang nur sehr begrenzten Handlungsspielräumen der Europäischen Union auf dem Gebiet der sozialen Sicherheit – sieht man einmal von ihren Koordinierungsbefugnissen zur Verwirklichung der Freizügigkeit ab – hat sie vor allem bei der Setzung sozialer Mindeststandards im Bereich der Gesundheit und Sicherheit am Arbeitsplatz sowie ihren Rechtsangleichungsbemühungen auf dem *Gebiet der Gleichbehandlung von Männern und Frauen* im Arbeitsleben ein sehr starkes eigenes Profil entwickelt. Wiewohl die Gemeinschaft für ihre Gleichstellungspolitik bis zur Aufnahme des Sozialabkommens in das Maastrichter Sozialprotokoll über keine expliziten Regelungsbefugnisse verfügte und für die sekundärrechtliche Umsetzung der in Art. 119 E(W)GV (Art. 141 EGV-A) vorgesehenen Entgeltgleichheit von Mann und Frau auf die Einstimmigkeit erfordernden Art. 100 (Art. 94 EGV-A) und 235 E(W)GV (Art. 308 EGV-A) zurückgreifen mußte, ist es ihr gerade in diesem Bereich – mit Unterstützung der Rechtsprechung des Europäischen Gerichtshofes zur unmittelbaren Wirkung des Art. 119 E(W)GV und seiner weiten Auslegung des Arbeitsentgelt-Begriffes in dieser Vertragsbestimmung[594] – gelungen, dieses ursprüngliche

---

594 Gestützt auf diese Rechtsprechung, mit der der EuGH klarstellte, daß Art. 119 E(W)GV nicht lediglich eine wirtschaftliche Dimension habe, sondern auch dem gleichwertigen sozialpolitischen Vertragsziel einer Verbesserung des Lebens- und Arbeitsbedingungen verpflichtet sei, war es möglich, die Beschränkung des Gleichbehandlungsgrundsatzes auf die Entlohnung aufzugeben und die Sekundärrechtsetzung auf den Zugang zur Arbeit, die Förderung des beruflichen Aufstieges und

Randthema mitgliedstaatlicher Sozialpolitik[595] sehr erfolgreich zu besetzen. Inzwischen zeichnet sich mit den Revisionen des Zielsystems im Amsterdamer Vertrag sogar ab, daß die Gleichbehandlung der Geschlechter zu einem der zentralen Gravitationspunkte für die Entstehung vertraglich garantierter Grundrechte werden könnte. Zusätzlich zu den Ergänzungen der Art. 2 und 3 EGV-A um die Gemeinschaftsaufgabe, die Gleichstellung von Mann und Frau zu fördern, ist die Geschlechtergleichbehandlung auch Gegenstand der Nichtdiskriminierungsregel des neu eingeführten Art. 13 EGV-A.

Für den Gesundheitsschutz und die Sicherheit am Arbeitsplatz hingegen bestand in allen Mitgliedstaaten eine ausgeprägte Regulierungstradition. Dennoch wichen die Rechtsordnungen in diesem Bereich weniger stark voneinander ab, als dies in anderen Bereichen des Arbeitsrechtes der Fall ist.[596] Die relative Ähnlichkeit der nationalen Rechtsordnungen im Arbeitsschutz trug dazu bei, daß durch die Einheitliche Europäische Akte mit Art. 118a E(W)GV für die Verbesserung der Arbeitsumwelt die einzige explizite sozialpolitische Befugnisnorm im Vertragskapitel »Sozialvorschriften« eingeführt wurde, die zudem die Möglichkeit qualifizierter Mehrheitsentscheidungen im Rat vorsah.[597] Nicht zuletzt aufgrund der weiten Auslegung der Kommission eröffnete sich der Unionsebene damit die Möglichkeit, eine rege gesetzgeberische Tätigkeit im Bereich des Arbeitsschutzes zu entwickeln, die inzwischen den größten Bereich europäischer Sozialpolitik bildet.[598] Art. 118a E(W)GV bzw. der jetzige Art. 137 EGV-A sieht dabei nur den Erlaß von sozialen Mindeststandards vor und hindert die einzelnen Mitgliedstaaten nicht daran, höhere Schutzstandards festzulegen.

Im *technischen Arbeitsschutz* erfolgte die wichtigste Anwendung des Art. 118a E(W)GV mit der Verabschiedung der Arbeitsschutzrahmenrichtlinie von 1989, auf deren Grundlage systematisch diverse Einzelrichtlinien erlassen wurden. Obwohl diese auf Art. 118a beruhende Sekundärrechtsetzung bei den Produktionsbedingungen ansetzt und damit Einfluß auf die Absatzpreise der produzierten Güter und die Wettbewerbsposition der einzelnen Mitgliedstaaten hat, waren durch sie – wie das Beispiel der Richtlinie über den Gesundheitsschutz an Bildschirmarbeiten veranschaulicht – innovative Impulse und Mindeststandards auf hohem Niveau möglich. Ein weiteres wichtiges Element des technischen Arbeitsschutzes auf Europäischer Ebene sind Richtlinien, die basierend auf Art. 100a E(W)GV (Art. 95 EGV-A) verabschiedet wurden und nicht der Prozeßregulierung, sondern der Produktregulierung zuzurechnen sind. Prominentestes Beispiel für diese Form der Regulierung, die auf die Harmonisierung der technischen Sicherheitsmerkmale von in der Produktion eingesetzten Ausrü-

---

die Arbeitsbedingungen auszudehnen. Vgl. zusammenfassend zur Rechtsprechung des EuGH und ihre weitreichenden Auswirkungen auf die Politik der Geschlechtergleichstellung im Arbeitsleben: Kliemann, a. a. O., S. 41-49.

595 Die einzige Ausnahme bildete zum Zeitpunkt der Gründungsverträge Frankreich mit seiner sehr fortschrittlichen Gleichstellungspolitik. Auf dessen Drängen erst wurde Art. 119 in den EWGV aufgenommen, fürchtete dieses Land doch ansonsten Wettbewerbsnachteile durch die geringen diesbezüglichen Standards der anderen Mitgliedstaaten.

596 Vgl. Schnorpfeil, a. a. O., S. 63.

597 Vgl. zu den »Motiven für die Verabschiedung« des Art. 118a E(W)GV: Balze, Wolfgang: Die sozialpolitischen Kompetenzen der Europäischen Union, Baden-Baden 1994, S. 71.

598 Vgl. Schnorpfeil, a. a. O., S. 40.

stungsgegenständen und Gütern abzielt, ist die Maschinenrichtlinie. Generell sind Rechtsangleichungen auf hohem Niveau im produktbezogenen Arbeitsschutz nach Art. 100a EWGV bzw. Art. 95 EGV-A eher konsensfähig für alle Mitgliedstaaten, weil sie unmittelbar marktschaffend wirken und unterschiedliche Sicherheitsanforderungen auf dem wichtigen Exportmarkt für Produktionsgüter unerwünschte Handelshemmnisse darstellen würden.[599]

Mit Blick auf das Prüfungsraster für die Kompetenzverteilung läßt sich vor diesem Hintergrund zunächst einmal feststellen, daß territorial *kongruentes politisches Handeln* bei produktbezogenen Harmonisierungen im technischen Arbeitsschutz – mit ihrer Bedeutung für die Verwirklichung des freien Warenverkehr – sich über den gesamten Binnenmarkt erstrecken muß. Das erstaunlich hohe Niveau der produktionsbezogenen Mindeststandards im technischen Arbeitsschutz und die Fortschrittlichkeit europäischer Geschlechtergleichstellungspolitik sprechen im übrigen dafür, daß das Zusammenwirken der Mitgliedstaaten in diesen beiden Bereichen *Skalenerträge* erzeugt und damit ein Kriterium der ersten Prüfungsebene für die Zweckmäßigkeit grenzüberschreitenden Handelns erfüllt ist.[600]

Auf der zweiten Ebene des Prüfrasters ist zunächst zu konstatieren, daß das erste Kriterium einer mit der Europäischen Union vergleichbaren *Problemlösungsfähigkeit alternativer Formen bi- oder multilateraler Kooperation* weder für Regelungen zu den technischen Arbeitsbedingungen noch für die Politik der Geschlechtergleichbehandlung erfüllt ist. In der Gleichstellungspolitik und der Prozeßregulierung zum technischen Arbeitsschutz war es gerade der gestalterische Einfluß der Kommission als »politischer Unternehmer«, welcher den Weg zur Innovation und zum Erlaß von Mindestvorschriften auf hohem Niveau ebnete.[601] Für den Bereich des produktbezogenen technischen Arbeitsschutzes gilt, daß er immanenter Bestandteil der Politik zur Verwirklichung des Binnenmarktes ist und schon deshalb die entsprechende Zuständigkeit auf europäischer Ebene angesiedelt sein sollte. Dieser Prüfungsschritt löst demnach zunächst eine Vermutung zugunsten europäischer Regelungsbefugnisse im technischen Arbeitsschutz und zur Gleichbehandlung von Mann und Frau aus. Speziell für den Arbeitsschutz weist das nächste Kriterium *öffentlicher Akzeptanz* indes in die entgegengesetzte Richtung. Bedauerlicherweise sind die präferierten Entscheidungsebenen für die Aufgabenfelder »Gesundheit und Sicherheit am Arbeitsplatz« sowie »Gleichberechtigung von Männern und Frauen« letztmals in der Eurobarometer-Erhebung vom Frühjahr 1996 gesondert erfragt worden. Zudem wurden von den Resultaten dieser Befragung nur die Präferenzwerte im EU-Durchschnitt veröffentlicht, ohne Auskunft über die dazugehörigen Ergebnisse in den einzelnen Mitgliedstaaten zu erteilen. Im einzelnen sehen die Durchschnittswerte von Anfang 1996 dabei folgendermaßen aus: Unter den 24 genannten Aufgabenfeldern, zu denen Stellung genommen werden sollte, sprachen sich die Befragten beim Aufgabenfeld »Gesundheit

---

599 Vgl. zu den unterschiedlichen Entscheidungskonstellationen im Rat bei Formen prozeß- und produktbezogener Regulierung: Scharpf: Negative and Positive Integration, a. a. O., S. 19-25.

600 Zur Analyse der Gründe für die erfolgreichen Aktivitäten der Europäischen Union als »Sozialregulator« auf den Gebieten Gesundheitsschutz und Sicherheit am Arbeitsplatz sowie Geschlechtergleichstellung vgl. Majone, Redistributive und sozialregulative Politik, a. a. O., S. 229-234.

601 Vgl. ebd., S. 241-244.

und Sicherheit von Arbeitnehmern« unionsweit mit 46% für europäische Entscheidungsbefugnisse aus, während 49% für Beschlüsse in diesem Bereich die nationale Ebene bevorzugt hätten. Unter den aufgelisteten 24 Politikfeldern nahm die Zustimmungsrate für Unionskompetenzen den siebtletzten Platz ein. In der Gleichstellungspolitik überwogen hingegen deutlich die Befürworter europäischer Entscheidungsbefugnisse (68% für die europäische, 25% für die nationale Ebene). Damit wurde für dieses Aufgabenfeld eine EU-Zuständigkeit am sechsthäufigsten befürwortet. [602]

In Ermangelung von Vergleichszahlen müssen diese Angaben hinreichen, um auf eine relativ hohe öffentliche Akzeptanz von sozialregulativem Unionshandeln zur Verwirklichung der Geschlechtergleichheit zu schließen, während sie auf dem Gebiet Gesundheit und Sicherheit der Arbeitnehmer vergleichsweise gering ausfällt. Für die Gleichstellungspolitik kann deshalb bereits an dieser Stelle die Kompetenzprüfung abgeschlossen und als Ergebnis festgehalten werden, daß hier EU-Partialbefugnisse durchaus gerechtfertigt erscheinen. Anders verhält es sich indes mit dem Bereich des technischen Arbeitsschutzes, in dem die Anwendung der beiden letzten Kriterien des Rasters zu gegenläufigen Aussagen geführt hat. Hier muß das Prüfschema zu Ende geführt werden, indem zusätzlich nach dem Vorhandensein möglicher *Verbundvorteile europäischer Zuständigkeiten* im technischen Arbeitsschutz gefragt wird. Dabei ergibt sich schon deshalb eine Vermutung zugunsten der Unionsebene, weil der Gemeinschaftsvertrag explizit das Ziel verbesserter Lebens- und Arbeitsbedingungen vorsieht,[603] gleichzeitig aber einheitliche Mindeststandards in den Bedingungen am Arbeitsplatz vor dem Hintergrund der Arbeitnehmerfreizügigkeit im Binnenmarkt geboten erscheinen. Zusammenfassend spricht die Kompetenzprüfung demnach nicht nur für eine europäische Gleichstellungspolitik, sondern zumindest auch für Partialzuständigkeiten der Unionsebene bei der Setzung von Mindestvorschriften im technischen Arbeitsschutz.

Allerdings hat die bislang recht weite Interpretation des Art. 118a E(W)GV durch die Kommission und die Anwendung der Mehrheitsregel für Rechtsakte, die auf diese Vertragsgrundlage zurückgehen, wesentlich dazu beigetragen, daß die Rechtsetzungstätigkeit der Europäischen Union nicht auf die Verbesserung technischer Arbeitsbedingungen beschränkt geblieben ist, sondern allmählich auch Fragen des *sozialen Arbeitsschutzes und den Schutz besonderer Personengruppen* erfaßt hat.[604]

---

602 Vgl. Europäische Kommission: Eurobarometer 45/96, a. a. O., S. 60.

603 Vgl. Art. 117 Satz 1 EGV, Art. 1 Satz 1 des Sozialabkommens, Art. 136 Satz 1 der konsolidierten Fassung des Amsterdamer Vertrages.

604 Unter sozialem Arbeitsschutz wird im allgemeinen das Arbeitszeitrecht sowie Frauen-, Mutter- und Jugendschutz gezählt. Vgl. Balze, a. a. O., S. 113 (Anm. 330). Als zentrale Rechtsakte auf diesem Gebiet sind primär die Mutterschaftsrichtlinie (Richtlinie 92/85/EWGV; zehnte Einzelrichtlinie im Sinne des Art. 16 Abs. 1 der Richtlinie 89/391/EWG), die Richtlinie 94/33/EG des Rates über den Jugendarbeitsschutz sowie die Arbeitszeitrichtlinie von 1993 (Richtlinie 93/104/EWG) zu nennen, deren Erlaß auf der Grundlage von Art. 118a E(W)GV besonders umstritten war. Was den Schutz besonderer Personengruppen anbelangt, so ist vor allem der Vorstoß der Kommission auf dem Gebiet der Behindertenpolitik erwähnenswert, den sie mit ihrem Vorschlag für eine Richtlinie des Rates über Mindestvorschriften zur Verbesserung der Mobilität und der sicheren Beförderung von in ihrer Bewegungsfähigkeit beeinträchtigten Arbeitnehmern auf dem Weg zwischen Wohnung und Arbeitsstätte unternahm. Es handelt sich dabei um den ersten Vorschlag für einen Rechtsakt zur Behindertenförderung. Ansonsten hat sich das behindertenpolitische Unionsengagement bislang auf

Diese Tendenz wird durch das letztlich in den Amsterdamer Vertrag integrierte Sozialabkommen nochmals begünstigt.[605] Eine erhebliche Erweiterung sozialpolitischer Handlungsbefugnisse der Unionsebene ergibt sich daraus nicht zuletzt deshalb, weil nun unter anderem qualifizierte Mehrheitsentscheidungen für das schwer abzugrenzende Feld der Arbeitsbedingungen, die berufliche Eingliederung der aus dem Arbeitsmarkt ausgegrenzten Personen sowie die Chancengleichheit von Mann und Frau in der Arbeitswelt vorgesehen sind (Art. 137 EGV-A). Deutliche Indizien dafür liefern die beiden ersten Richtlinien, die als Durchführungsbeschlüsse des Rates zu Rahmenvereinbarungen zwischen den Sozialpartnern ergingen. In diesen Vereinbarungen, die erstmals als Möglichkeit im Sozialabkommen und nun auch im Amsterdamer Vertrag vorgesehen sind (Art. 139 i.V.m. Art. 138 EGV-A), haben sich der Europäische Gewerkschaftsbund (EGB), die Konföderation der Europäischen Arbeitgeberverbände (UNICE) und der Europäische Zentralverband der öffentlichen Wirtschaft (CEEP) als Dialogpartner auf die Inhalte der Richtlinie zum Elternurlaub von 1996 sowie der Richtlinie zur Teilzeitarbeit von 1997 geeinigt – beides Bereiche des sozialen Arbeitsschutzes bzw. des Schutzes besonderer Personengruppen. Zwar bewegen sich auch diese beiden jüngsten Sekundärrechtsakte noch im Rahmen des Aktionsprogramms zur Anwendung der Sozialen Grundrechte der Arbeitnehmer von 1989. Erst die neuen Bestimmungen des Sozialabkommens, das bis Amsterdam nur für vierzehn Mitgliedstaaten galt, haben es jedoch ermöglicht, den anhaltenden britischen Widerstand gegen Rechtsetzungsbemühungen zu diesen Fragen zu überwinden und nicht länger über das Prinzip der Einstimmigkeit gebunden zu sein.[606]

Zweifelsohne lassen sich Aufgaben der europäischen Ebene im sozialen Arbeitsschutz – übrigens ebensowenig wie z. B. eine europäische Gleichstellungspolitik – alleine aus Handlungszwängen des Binnenmarktes oder einer Währungsunion rechtfertigen.[607] Die Beurteilung der Frage, welche Sozialpolitik auf europäischer Ebene verwirklicht werden soll, und damit auch des Problems, welche Befugnisse auf Unionsebene nötig sind, kann nicht unabhängig von der Frage diskutiert werden, welches Europa angestrebt wird.[608] Nun fehlt dem Integrationsprozeß zwar jenseits des vagen und eher dynamischen Begriffs der Politischen Union, die als immer engere Union der Völker Europas umschrieben wird, eine klare Zielbestimmung. Dennoch finden sich in den Verträgen zunehmend Hinweise, die eine deutliche Tendenz zum Ausbau des Grundrechtsschutzes als Substanz der Unionsbürgerschaft belegen. Zuletzt geschah

rechtlich unverbindliche Empfehlungen, Mitteilungen, Aktionsprogramme und Förderprogramme (wie v. a. HELIOS) beschränkt.

605 Vgl Koenig, Christian: Die Europäische Sozialunion als Bewährungsprobe der supranationalen Gerichtsbarkeit, in: EuR 2 (1994), S. 175-195 (S. 185); Schnorpfeil, a. a. O., S. 43.

606 Vgl. Falkner, Gerda: The Maastricht Protocol on Social Policy: Theory and Practice, in: Journal of European Social Policy 6 (1996), S. 1-16 (S. 4).

607 So vertritt Kleinhenz die Auffassung, daß europäische Sozialpolitik für die Funktionsfähigkeit des Wettbewerbs im gemeinsamen Binnenmarkt nicht erforderlich ist und damit generell die Schaffung einheitlicher Mindeststandards oder eines Sockels sozialer Grundrechte der Arbeitnehmer unvereinbar mit dem Subsidiaritätsprinzip ist. Vgl. Kleinhenz, Gerhard: Subsidiarität und Solidarität bei der sozialen Integration in Europa, in: ders. (Hrsg.): Soziale Integration in Europa II, Berlin 1996, S. 7-24 (S. 21).

608 Vgl. Kleinmann, Mark; Piachaud, David: European Social Policy: Conceptions and Choices, in: Journal of European Social Policy 3 (1993), S. 1-19.

dies durch Art. 13 EGV-A, der in Amsterdam als Klausel gegen Diskriminierungen aufgrund des Geschlechts, der Rasse, der ethnischen Zugehörigkeit, der Religion oder des Glaubens, einer Behinderung, des Alters oder der sexuellen Ausrichtung Aufnahme in den Vertrag gefunden hat.[609] Speziell für die Sozialpolitik ist festzuhalten, daß mit dem erstmaligen ausdrücklichen Verweis auf die sozialen Arbeitnehmergrundrechte in der Gemeinschaftscharta von 1989 im Amsterdamer Vertragstitel zu den Sozialvorschriften[610] alle Mitgliedstaaten entsprechend der Präambel der Charta anerkennen, daß wirtschaftliche und soziale Fragen gleiche Priorität genießen.

Gemessen an diesen Zielkoordinaten spricht bei der Kompetenzzuordnungsprüfung in erster Linier das *Kriterium der erforderlichen Mindestteilnehmerzahl* für Unionskompetenzen zum Erlaß von Mindestregeln im sozialen Arbeitsschutzes und des Schutzes besonderer Personengruppen. Zugleich weichen die Interessenkonstellationen und Traditionsmuster der Mitgliedstaaten in diesen Fragen weniger stark voneinander ab, als dies bei kostenträchtigeren und möglicherweise mit Wettbewerbsnachteilen assoziierten Grundrechtsgarantien, wie Mindestlohn- oder Grundsicherungsfragen, der Fall ist. Dies belegt bereits der Umstand, daß für Beschlüsse zum sozialen Arbeitsschutz inzwischen primär auf Rechtsgrundlagen zurückgegriffen wird, welche Mehrheitsentscheidungen erlauben. Schon wegen der identitätsstiftenden Wirkung von Grundrechtsgarantien für politische Gemeinwesen nach innen und außen ist langfristig im Zuge der Entwicklung einer echten Politischen Union die Aufnahme eines eigenen Grundrechtskataloges in die europäische Verfassung anzustreben. Allein der zaghafte Rückgriff auf »Angebote« *alternativer Formen der multilateralen Kooperation*, wie der Europäischen Menschenrechtskonvention oder der Sozialcharta des Europarates, auf die im Unionsvertrag ebenfalls verwiesen wird, würde kaum ausreichen, um eine spezifische Unionsidentität zu entwickeln.[611] Gleichzeitig dürfte auch das Kriterium der *öffentlichen Akzeptanz* eher für die Schaffung europäischer Grundrechtsstandards sprechen. Für diese Feststellung wurde bewußt der Konjunktiv gewählt, da »paßgenaue« Umfrageergebnisse nicht vorliegen. Eine Eurobarometer-Umfrage vom Januar bis März 1996 zu den anstehenden Prioritäten für die Europäische Union vor dem Hintergrund der Regierungskonferenz 1996/97 bot als Thema lediglich den »Schutz der Menschenrechte« an. Immerhin sahen darin aber 81% der Befragten eine vorrangige Aufgabe für die Europäische Union und nannten dieses Themengebiet in einer Liste von 33 Punkten an sechster Stelle.[612]

---

609   Vgl. Art. 13 EGV in der konsolidierten Amsterdamer Vertragsfassung.

610   Vgl. Art. 136 EGV in der konsolidierten Amsterdamer Vertragsfassung.

611   Im Maastrichter Vertrag wurde ein entsprechender Verweis auf die EMRK in Art. F EUV-M (Art. 6 EUV-A) aufgenommen. In Amsterdam wurde – gemeinsam mit der Erwähnung der Charta der Sozialen Grundrechte der Arbeitnehmer – in Art. 136 EGV-A zusätzlich der Hinweis auf die sozialen Grundrechte der Europäischen Sozialcharta von 1961 aufgenommen. Allerdings wird auch in dem jüngst erschienenen Bericht der von der Kommission eingesetzten Expertengruppe »Grundrechte« darauf verwiesen, daß dieses vertragliche Verweisungssytem »verwirrend und kontraproduktiv« sei und an ihre Stelle ein vertraglicher Grundrechtskatalog treten müsse. Vgl.: Europäische Kommission: Die Grundrechte in der Europäischen Union verbürgen. Es ist Zeit zu handeln. Bericht der Expertengruppe »Grundrechte«, Brüssel, Februar 1999, S. 9.

612   Vgl. Europäische Kommission: Eurobarometer 45/96, a. a. O., S. 54 f.

Allerdings zeigen bereits die rechtlich nicht bindenden und inhaltlich stark redu-
zierten Ergebnisse der Verhandlungen um die Entwicklung eines Sockels sozialer
Grundrechte für alle Unionsbürger, die in der Gemeinschaftscharta von 1989 und ihrer
Einschränkung auf Arbeitnehmer ihren Niederschlag gefunden haben, daß die Vorgabe eines umfassenden Kataloges »von oben« geringe Realisierungsaussichten hat.[613]
Die verschärfte Wettbewerbssituation im Binnenmarkt und der Währungsunion, aber
auch die gravierenden Unterschiede zwischen den Traditionen und institutionellen
Strukturen in ihren Produktionsmustern, Sozialordnungen oder auch den Arbeitsbeziehungen würden gegenwärtig selbst eine vollständige Übernahme der ohnehin recht
»weichen« Inhalte der Arbeitnehmercharta eher zur Belastungsprobe für das europäische Einigungswerk machen. Zweckmäßiger erscheint es, graduelle Fortschritte in der
Sekundärrechtsetzung in grundrechtsrelevanten Aufgabenbereichen als Einfallstore
und vertrauensbildende Maßnahmen für eine langfristig umfassendere Grundrechts-
politik der Europäische Union zu ermöglichen. Handlungsbefugnisse der europäischen
Ebene auf dem Gebiet des sozialen Arbeitsschutzes und des Schutzes besonderer Personengruppen sind geeignet, ein solches Einfallstor zu schaffen und auch unter dem
Aspekt der Zweckdienlichkeit einer schrittweisen Entwicklung europäischer Grundrechte zu befürworten.

Ähnliches gilt für die bislang vor allem verfahrensorientierten Rechtsetzungsaktivitäten der Europäischen Union im Bereich des *individuellen Arbeitsvertragsrechtes*.
Das Sozialabkommen und der Amsterdamer Vertrag werden durch die neue und mit
qualifizierter Mehrheit anzuwendende sozialregulative Zuständigkeit für Mindestvorschriften zu den »Arbeitsbedingungen« auf diesem Gebiet die europäische Sekundärrechtsetzung erleichtern. Jenseits von Regulierungsaktivitäten zum sozialen Arbeitsschutz, wie z. B. der Richtlinie zum Mutterschaftsurlaub, zum Elternurlaub, zur
Arbeitszeit oder zur Teilzeitarbeit, kann künftig auch der Erlaß von Rechtsakten, wie
die Richtlinie zum Nachweis des Arbeitsverhältnissen oder die drei zentralen arbeits-
rechtlichen Strukturrichtlinien über Massenentlassungen, Betriebsübergang und Insol-
venzschutz, die ursprünglich einstimmig auf der Basis von Art. 100 E(W)GV (Art. 94
EGV-A) verabschiedet werden mußten, unter die Rechtsetzungskompetenz für »Arbeitsbedingungen« subsumiert werden.[614]

Explizit ausgenommen werden von diesem weit angelegten Handlungsspielraum
unter der Rubrik »Arbeitsbedingungen« nur jene Bereiche des Arbeitsvertragsrechtes,
die aufgrund ihrer Kostenintensität von potentiell hoher Bedeutung für die Behaup-
tung der nationalen Volkswirtschaften im Standortwettbewerb sind. So erscheint der
Kündigungsschutz zwar unter den neuen sozialpolitischen Handlungsbefugnissen des

---

613 Vgl. zur inhaltlichen Kritik an den Ergebnissen der Charta gegenüber den ursprünglich angestrebten
sozialen Grundrechtsgehalten: Streeck, Wolfgang: From Market Making to State Building?
Reflections on the Political Economy of European Social Policy, in: Leibfried/Pierson (eds.):
European Social Policy, a. a. O., S. 389-431 (S. 403); zur Entstehungsgeschichte der Sozialcharta:
Falkner, Gerda: Supranationalität trotz Einstimmigkeit, Bonn 1994; Geyer, Robert: EU Social Policy
in the 1990s: Does Maastricht Matter?, in: Revue d´intégration européenne/Journal of European
Integration 1 (1996), S. 5-33 (S. 12-19).
614 Vgl. Kahil, a. a. O., S. 294 ff.

Sozialabkommens bzw. Amsterdamer Vertrages, ist aber ausdrücklich einstimmigen Entscheidungen des Rates vorbehalten.[615]

Für den Bereich des Arbeitsentgelts gilt sogar, daß er ausdrücklich Eingriffen der europäischen Ebene entzogen bleibt (Art. 137 Abs. 6 EGV-A). Mit dieser Handlungsbeschränkung ist im Grunde genommen ausgeschlossen, daß das in der Arbeitnehmercharta von 1989 vereinbarte soziale Grundrecht auf einen Mindestlohn zur Sicherung eines angemessenen Lebensstandards eine verbindliche sekundärrechtliche Konkretisierung erfährt. Grundsätzlich bestätigt der Rechtsetzungsvorbehalt das Ergebnis, das bereits für den Bereich des Sozialschutzes und der sozialen Sicherheit gefunden wurde. Da die Suche nach einer adäquaten Entscheidungsregel bei der Regelung von Mindestlohnniveaus in ein vergleichbares Dilemma zwischen Handlungs- und Akzeptanzfähigkeit der jeweiligen Entscheidung münden würde, wie im bereits behandelten Falle der sozialen Sicherungssysteme, und auch diesbezügliche Tarifvereinbarungen zwischen den Sozialpartnern auf europäischer Ebene kaum zustande kommen dürften, wären vertragliche Regelungsbefugnisse in Fragen des Arbeitsentgelts wohl eher ein »Danaergeschenk« für die europäische Ebene.

Etwas differenzierter muß die Argumentation bezüglich des Kündigungsschutzes ausfallen. Die vertragliche Festlegung der Einstimmigkeitsregel für dieses arbeitsrechtliche Sachgebiet ist zwar insofern durchaus angemessen, als sie zweifelsohne die erheblichen Unterschiede und Traditionen sowie der divergierenden wettbewerbsbedingten Interessenkonstellationen der Mitgliedstaaten in diesem Aufgabenfeld widerspiegelt. Selbst im Falle der Einführung von Mehrheitsentscheidungen, die in diesem sensiblen arbeitsvertragsrechtlichen Bereich zudem mit erheblichen Legitimitätsproblemen verbunden wäre, dürfte sich die Gewinnung ausreichender Mehrheiten angesichts der Bedeutung des Kündigungsschutzes im Kostenwettbewerb äußerst schwierig gestalten. Die damit ohnehin zu erwartende faktische Handlungs- bzw. Einigungsunfähigkeit in der Kompetenzausübung spricht deshalb zunächst einmal dafür, Regelungsaufgaben auf diesem Gebiet wieder gänzlich den Mitgliedstaaten bzw. ihren Tarifparteien zu überlassen.

Bei genauerem Hinsehen ergibt sich jedoch, daß eine solche Entscheidung für die Rückverlagerung von Regulierungskompetenzen auf die nationale Ebene nicht allumfassend sein, sondern speziell Mindestregelungen für den Kündigungsschutz in multinationalen Konzernen Angelegenheit des europäischen Rechtsetzers bleiben sollte. Beispiele wie der AKZO-Konzern, der Mitte der siebziger Jahre in der Bundesrepublik und den Niederlanden Massenentlassungen plante, aufgrund der niedrigeren Kündigungsschutzbestimmungen in Belgien letztendlich aber dorthin verlagerte, verdeutli-

---

615   Vgl. Art. 2 Abs. 3 2. Spiegelstrich (»Schutz der Arbeitnehmer bei Beendigung des Arbeitsvertrages«) des Abkommens über die Sozialpolitik bzw. Art. 137 Abs. 3 2. Spiegelstrich EGV des konsolidierten Amsterdamer Vertrages. Tatsächlich belegt beispielsweise eine jüngere Umfrage des Bonner Instituts für Mittelstandsforschung, daß der Kündigungsschutz durchaus relevant gerade für kleinere und mittlere Unternehmen sein kann. Diese Umfrage unter mittelständischen Firmen vom Oktober 1995 hat ergeben, daß der rigide »Kündigungsschutz« in der Bundesrepublik unmittelbar nach den erhöhten Sozialversicherungsbeiträgen und tariflichen Extras als Haupthinderungsgrund für Neueinstellungen gesehen wurde. Die Unmöglichkeit, sich von Arbeitnehmern wieder zu trennen, »wenn die Geschäfte schlecht laufen«, wird als wesentliche Gefährdung der konjunkturellen Anpassungs- und damit Wettbewerbsfähigkeit angesehen. Vgl. IWD Nr. 7 v. 13.2.1997.

chen, daß hier durchaus grenzüberschreitender Handlungsbedarf gegeben ist.[616] Die bisherige weitgehende Beschränkung supranationaler Rechtsakte im Arbeitsvertragsrecht auf Verfahrensnormen zu Konsultations- und Informationsrechten von Arbeitnehmern, wie sie auch die mittlerweile erweiterte europäische Massenentlassungsrichtlinie kennzeichnet, reicht kaum aus, um einseitige Belastungen des Arbeitsmarktes einzelner Regionen oder Mitgliedstaaten durch Entscheidungen transnationaler Unternehmen zum Personalabbau zu verhindern. Vielmehr spricht wiederum das Kompetenzprüfungskriterium *kongruenten Handelns* für grenzüberschreitende Mindestregelungen im materiellen Kündigungsrecht, um strategische Unternehmensentscheidungen dieser Art durch multinationale Konzerne zu verhindern. Da eine Aufgabe der Einstimmigkeitsregel in diesem wettbewerbsrelevanten Bereich jedoch kaum durchsetzbar wäre, empfiehlt es sich auf flexible Optionen zurückzugreifen. Diese können entweder darin bestehen, in einem engeren Kreis von Mitgliedstaaten, der Mindestvorschriften im Kündigungsschutz auf hohem Niveau befürwortet, eine entsprechende Unionszuständigkeit über ein modifiziertes Vertragsänderungsverfahren zu vereinbaren und dann gegebenenfalls auch mit Mehrheit auszuüben, oder aber darin, die einstimmige Wahrnehmung von unionsweit geltenden Handlungsbefugnissen zu flexibilisieren, indem auf dem Gebiet des Kündigungsschutzes in multinationalen Unternehmen die Kompetenzausübung zunächst durch einen engeren Mitgliederkreis für zulässig erklärt wird.

Ansonsten gilt für den Bereich des individuellen Arbeitsvertragsrechtes, daß die bisherige Konzentration der europäischen Ebene auf die Entwicklung von Verfahrensnormen, die die Anhörungs- und Informationsrechte von Arbeitnehmern zum Gegenstand haben,[617] auch künftig zweckmäßig ist. Gerade weil die Europäische Union nicht nur dem wirtschaftlichen, sondern auch dem sozialen Fortschritt verpflichtet ist, erscheinen europaweit geregelte Informationsrechte der Arbeitnehmer durchaus gerechtfertigt. Vor allem negative Auswirkungen des wettbewerbsinduzierten Strukturwandels auf die Stellung der Arbeitnehmer sowie die wachsende Durchsetzungsfähigkeit von Arbeitgeber- gegenüber Arbeitnehmerinteressen, die durch die zunehmende Kapitalmobilität in Binnenmarkt und Währungsunion weiter gestärkt wird, gebieten unter dem Gesichtspunkt der *räumlichen Kongruenz sozialpolitischen Handelns* die Suche nach grenzüberschreitenden Ausgleichsmechanismen, die einer weiteren Aushöhlung der Rechtsstellung der Arbeitnehmerseite in den Arbeitsbeziehungen unionsweit entgegenwirken. Die Garantie von Konsultations- und Informationsrechten im individuellen Arbeitsvertragsrecht bietet hierfür einen geeigneten Ansatzpunkt. Auch hier scheiden *Formen bi- oder multilateraler Kooperation* als Alternative zu Regulierungskompetenzen der Europäischen Union schon deshalb aus, weil ein ursächlicher Zusammenhang zwischen Schwächung der Arbeitnehmerposition in den Arbeitsbezie-

---

616 Vgl. zu dem Fall des AKZO-Konzerns und den inzwischen vorgenommenen Anpassungen der Massenentlassungsrichtlinie: Schnorpfeil, a. a. O., S. 26 f.

617 Vgl. Däubler, Wolfgang: Entwicklung und Perspektiven des Europäischen Arbeitsrechts, in: Platzer (Hrsg.): Sozialstaatliche Entwicklungen, a. a. O., S. 101-115 (S. 106 f.). Die wesentliche Ausnahme von dieser Regel bildet die Insolvenzrichtlinie mit ihren materiell-arbeitsvertragsrechtlichen Inhalten. Sie sieht Garantieeinrichtungen des Arbeitgebers oder der öffentlichen Hand für die Arbeitnehmer von Firmen vor, die den Vergleich, den Konkurs oder die Zahlungseinstellung angemeldet haben. Vgl. Schnorpfeil, a. a. O., S. 28.

hungen und Vollendung des Binnenmarktes besteht, zugleich aber *Verbundvorteile* zu erwarten sind, wenn die Handlungsbefugnisse auf diesem Gebiet sozialregulativer Politik »in der gleichen Hand liegen«, wie die Zuständigkeit für das Binnenmarktprogramm und die Währungsunion. Die Kompetenzprüfung spricht damit also für Zuständigkeiten der Europäischen Union bei der Festlegung von Mindestvorschriften zu Informations- und Konsultationsrechten des individuellen Arbeitnehmers, wiewohl auch hier im unionsweiten Bevölkerungsdurchschnitt die *öffentliche Akzeptanz* von europäischen Handlungsbefugnissen gering ausfällt. In der Frühjahrsumfrage des Eurobarometers 1996 sprachen sich unionsweit nur 43% für europäische Entscheidungsbefugnissen zu »Rechten der Arbeitnehmer gegenüber ihren Arbeitgebern« aus, während 51% für einen Verbleib entsprechender Zuständigkeiten auf nationaler Ebene plädierten.[618]

Grenzen für weitergehende europäische Sozialregulierungsbefugnisse auf dem Gebiet garantierter Mitsprache- bzw. Mitentscheidungsrechten der Arbeitnehmer sind erst im *kollektiven Arbeitsrecht* angelegt, das sich durch die mitgliedstaatlichen Unterschiede in der Koalitionsfreiheit, dem Gewicht und der Rechtsstellung von Tarifparteien sowie in den Mitbestimmungsrechten von Arbeitnehmern auf der Unternehmensebene als äußerst heterogen darstellt.[619] Speziell für die nationalen Regelungen zur Betriebsverfassung und Arbeitnehmervertretung gilt, daß divergierende Strukturen für die Arbeitgeber mit unterschiedlichen Regulierungskosten verbunden sind und damit ebenfalls einen wichtigen Standortfaktor bilden.[620] Entsprechend wird zuerst im Sozialabkommen und dann im Amsterdamer Vertrag der Versuch unternommen, zwischen mit Mehrheit zu beschließenden Mindestvorschriften zu Unterrichtungs- und Anhörungsrechten des individuellen Arbeitnehmers einerseits (Art. 137 Abs. 1, 3. Spiegelstrich EGV-A) sowie Regelungen zur Vertretung und kollektiven Wahrnehmung von Arbeitnehmer- und Arbeitgeberinteressen andererseits (Art. 137 Abs. 3, 3. Spiegelstrich EGV-A) zu unterscheiden. Die letztgenannten Mitbestimmungsrechte müssen weiterhin mit Einstimmigkeit beschlossen werden. Andere Bereiche des kollektiven Arbeitsrechtes, namentlich das Koalitions-, Streik- und Aussperrungsrecht, bleiben dem Zugriff des europäischen Rechtsetzers ausdrücklich verwehrt (Art. 137 Abs. 6 EGV).

Schon die Richtlinie über die Einsetzung eines Europäischen Betriebsrates oder die Schaffung eines Verfahrens zur Unterrichtung und Anhörung der Arbeitnehmer in gemeinschaftsweit operierenden Unternehmen und Unternehmensgruppen, die als erster Rechtsakt aufgrund der Handlungsbefugnisse zu Fragen der Unterrichtung und Anhörung der Arbeitnehmer im Sozialabkommen verabschiedet wurde, weist starke Überschneidungen mit Fragen der betrieblichen Mitbestimmung auf und zeigt, daß eine eindeutige Abgrenzung zwischen Konsultations- und Informationsrechten des individuellen Arbeitnehmers und betriebs(verfassungs)rechtlichen Mitentscheidungsrechten der Arbeitnehmerschaft kaum möglich ist.[621] Tatsächlich war die ausdrückliche Festschreibung der Einstimmigkeitsregel für Fragen der Mitbestimmung im Sozialab-

---

618   Vgl. Europäische Kommission: Eurobarometer 45/96, a. a. O., S. 60.
619   Vgl. den Überblick in: Institut der deutschen Wirtschaft (Hrsg.): Sozialraum Europa, Dossier Nr. 14, Köln 1995, S. 57 ff.
620   Vgl. Klös, a. a. O., S. 28 f.
621   Vgl. Kliemann, a. a. O., S. 100 f.

kommen bzw. dem Amsterdamer Vertrag hauptsächlich durch den Willen der Mitgliedstaaten motiviert, Bemühungen der Kommission eine endgültige Absage zu erteilen, mittels Vorschlägen zur Betriebsverfassung europäischer Unternehmen bzw. zu Rechtsformen europäischer Gesellschaften und Vereine auf dem Wege von Mehrheitsentscheidungen auch betriebliche Mitbestimmungsregeln auf europäischer Ebene einzuführen.[622] Die Ablehnung des Rates gegenüber derartigen Bemühungen und der letztendlich auch in den vorliegenden Vorschlägen zum Statut einer Europäischen Aktiengesellschaft immer wieder erfolgte Rückgriff auf Befugnisnormen, die Einstimmigkeit vorsehen, hat dazu geführt, daß seit der Vorlage eines ersten Richtlinienvorschlages im Jahr 1970 kein Einigung über ein derartiges Statut erzielt werden konnte und die zentrale Kontroverse um Mitbestimmungsrechte als Bestandteil einer entsprechenden europäischen Unternehmensverfassung weiter anhält. Vor diesem Hintergrund ist die Einführung der expliziten Einstimmigkeit für Fragen der betrieblichen Mitbestimmung als Ausdruck der Tatsache zu werten, daß die Interessen und das kollektive Arbeitsrecht der Mitgliedstaaten zu stark divergieren, um effizientes Handeln der Union zuzulassen.

Gleichzeitig sind bei Beibehalt der jetzigen vertraglichen Kompetenzbestimmungen weiterreichende Lösungen als die europäische Betriebsratsrichtlinie für Mitwirkungsrechte der Arbeitnehmerschaft in multinationalen Unternehmen unrealistisch. Diese Richtlinie sieht aber weder zwingend die Konsultation von Arbeitnehmervertretern durch das Management bei wichtigen anstehenden Unternehmensentscheidungen vor noch räumt sie gar kollektive Mitbestimmungsrechte ein.[623] Gerade für Mitbestimmungsfragen in transnationalen Konzernen erscheinen weiterreichende Handlungsbefugnisse der Europäischen Union aber unter zweierlei Gesichtspunkten besonders geboten. Zum einen verdeutlichen Beispiele, wie das Verhalten der Führung des Renault-Konzerns Anfang 1997, die trotz europäischer Betriebsratsrichtlinie für die Entscheidung, ihre Produktion im belgischen Vilvoorde einzustellen und nach Spanien zu verlegen, keine vorherige Konsultation und Information der betroffenen Arbeitnehmerschaft durchführte,[624] daß echte Mitbestimmungsbefugnisse für einen

---

622 Vgl. Kahil, a. a. O., S. 296. Vor allem in der inzwischen dreißigjährigen, bislang ergebnislosen Auseinandersetzung um die Einführung eines Unternehmensstatuts für die europäische Aktiengesellschaft (S(ocietas)E(europea)-Statut) hat die Kommission 1991 einen entsprechenden Versuch unternommen, indem sie ihren Richtlinienvorschlag aus diesem Jahr auf Art. 54 Abs. 3g EGV-M (jetzt Art. 44 Abs. 2g EGV-A) zum Niederlassungsrecht stützte, obwohl sich die eigentlichen Kontroversen um das SE-Statut von Anfang an um die Frage der Mitbestimmungsrechte von Arbeitnehmern drehten und auch der Kommissionsvorschlag wieder diesbezügliche Bestimmungen enthielt. Als zusätzliche Rechtsgrundlage wurde letztendlich der Einstimmigkeit erfordernde Art. 100 E(W)GV (jetzt Art. 94 EGV-A) herangezogen. Neben der nach wie vor nicht geregelten Frage einer europäischen Aktiengesellschaft existieren weitere Richtlinienvorschläge zu Mitbestimmungsfragen, die ebenfalls auf auf diesen beiden Vertragsbestimmungen fußen und Ergänzungen der Statute des Europäischen Vereins, der Europäischen Genossenschaft und der Europäischen Gegenseitigkeitsgesellschaft vorsehen. Vgl. die Übersicht in Schnorpfeil, a. a. O., S. 69.

623 Vgl. ausführlich zur Kritik an den Inhalten der Richtlinie über Europäische Betriebsräte: Streeck, Wolfgang: Citizenship Under Regime Competition: The Case of the »European Works Councils«, European Integration online Papers (EIoP) 5 (1997), S. 9-15.

624 Vgl. Oldag, Andreas: Risse im europäischen Sozialmodell, in: SZ v. 15./16. März 1993, S. 25.

wirksamen Schutz der Arbeitnehmerschaft unabdingbar sind. Zum anderen kann aber durch die Beschränkung europäischer Regulierungsbefugnisse auf schwache Informations- und Konsultationsrechte in multinationalen Konzernen erheblicher Anpassungsdruck nach unten für Mitgliedstaaten entstehen, in denen diese Konzerne Niederlassungen gründen und deren Rechtsordnungen bislang Mitbestimmungsregeln auf hohem Niveau garantiert haben.[625]

Wiederum spricht das Kriterium *kongruenten sozialpolitisch motivierten Handelns* auf dem Gebiet der Mitbestimmungsregeln in multinationalen Unternehmen deutlich für eine europäische Zuständigkeit. Mittelbar könnten sich aus der Setzung von hohen Mindeststandards auf dem Gebiet grenzüberschreitender Mitbestimmungsfragen zusätzlich »Skalenerträge« für die demokratische Legitimation der Europäischen Union einstellen. Das Gebot einer stärkeren Institutionalisierung von Mitbestimmungsgremien in multinationalen Unternehmen würde einen ständigen Dialog zwischen den Belegschaften verschiedener Nationalität begünstigen, der – ähnlich wie die seit dem Sozialabkommen bestehende Möglichkeit zum Abschluß von Rahmenvereinbarungen zwischen den Sozialpartnern – zum Abbau des Defizites an intermediären Strukturen öffentlicher Meinungsbildung auf europäischer Ebene beiträgt.

Wird das Ergebnis der Kompetenzprüfung im Bereich des Arbeits- und Sozialrechtes abschließend in Matrixform dargestellt, ergibt sich demnach folgendes Bild:

Primärkompetenzen der Mitgliedstaaten	Partialkompetenzen der Europäischen Union
– Sozialpolitik	– Chancengleichheit und Gleichbehandlung von Mann und Frau
	– Mindestvorschriften auf hohem Niveau zum Gesundheitsschutz und der Sicherheit am Arbeitsplatz
	– Sozialer Arbeitsschutz und Schutz besonderer Personengruppen
	– Mindestvorschriften auf hohem Niveau zum Kündigungsschutz und der Arbeitnehmermitbestimmung in grenzüberschreitenden Unternehmen
	– Mindestvorschriften auf hohem Niveau zu Informations- und Konsultationsrechten von Arbeitnehmern

3. Beschäftigungspolitik

Die Frage nach einer subsidiaritätsgerechten Kompetenzverteilung auf dem Gebiet der Beschäftigungspolitik ist mit zahlreichen Problemen verbunden. Beschäftigungspolitik – verstanden als beschäftigungswirksame Politik – ist noch weniger als die Sozialpo-

---

625 Vgl. Streeck: Citizenship under Regime Competition, a. a. O., S. 14 f.

litik ein klar abgrenzbares Politikfeld, sondern eher eine Querschnittsaufgabe. Sowohl Konjunktur-, Wirtschafts- und Wettbewerbspolitik, Finanz- und Steuerpolitik als auch Struktur-, Technologie-, Industrie-, Bildungs- und Berufsausbildungspolitik stehen letztendlich im Zeichen der Schaffung volkswirtschaftlichen Wachstums und dienen damit unmittelbar dem Ziel, Vollbeschäftigung zu schaffen. Angesichts der hohen Arbeitslosenquoten in fast allen Mitgliedstaaten, die nach wie vor im Unionsdurchschnitt oberhalb von 10% liegt und durch einen besonders hohen Anteil an Langzeitarbeitslosen (ca. 5%) sowie beschäftigungslosen Jugendlichen (ca. 20%) gekennzeichnet sind,[626] haben die Mitgliedstaaten sehr verschiedene Wege eingeschlagen, um die Beschäftigungssituation im Lande zu verbessern.[627] Tatsächlich haben sie mit ihren Bemühungen sehr unterschiedliche Erfolge zu verzeichnen.[628] Mit Hilfe von je nach Land sehr spezifischen Maßnahmenpaketen aus mehreren Politikfeldern ist es den Mitgliedstaaten trotz Globalisierung und Binnenmarktintegration offensichtlich nach wie vor möglich, jenseits wachstumsbedingter Verbesserungen aktiv Einfluß auf die Beschäftigungssituation zu nehmen. Auch von seiten der Wissenschaft werden Beschäftigungsmodelle entwickelt, die plausible Lösungsansätze für die nationale Ebene, nicht die europäische Ebene anbieten.[629]

Gleichzeitig hat sich die Europäische Union seit 1993/94 einer »europäischen Beschäftigungsstrategie« verpflichtet, die schließlich in die Aufnahme eines eigenen Beschäftigungskapitels in den Amsterdamer Vertrag (Titel VIII (Art. 125-130) EGV-A) mündete und besonders öffentlichkeitswirksam auf dem Luxemburger Beschäftigungsgipfel im November 1997 sowie mit dem vom Europäischen Rat in Köln im Juni 1999 beschlossenen Beschäftigungspakt weiterentwickelt wurde. Schon an den Schlußfolgerungen des Vorsitzes zur Sondertagung des Europäischen Rates über Beschäftigungsfragen vom 20./21. November 1997 fällt indes auf, daß zunächst auch hier diverse Gemeinschaftspolitiken im Dienste der Beschäftigung angesprochen wurden, wie Binnenmarkt, Wettbewerb, Steuerwesen, Forschung und Innovation, Transeuropäische Netze, Strukturfonds sowie – unter dem Stichwort »Wissensgesellschaft« – Bildungs- und Ausbildungspolitik. Daran anschließend wurden unter den Schwerpunkten »Verbesserung der Vermittelbarkeit«, »Entwicklung des Unternehmergeistes«, »Förderung der Anpassungsfähigkeit der Unternehmen und ihrer Arbeitnehmer« sowie »Stärkung der Maßnahmen für Chancengleichheit« die beschäftigungspolitischen Leitlinien für 1998 gemäß Art. 128 EGV-A formuliert. Gemäß dieser Vertragsbestimmung und den Luxemburger Beschlüssen müssen die Leitlinien Eingang in die beschäftigungspolitischen Aktionsprogramme der Mitgliedstaaten finden, zu deren Durchführungsstand – analog zum Grundsatz multilateraler Überwachung bei den wirtschaftlichen Konvergenzkriterien zur Währungsunion – die Mitgliedstaaten dem Rat und der Kommission jährlich Bericht erstatten. In einem nächsten Schritt erstellen

---

626 Vgl. European Commission: An employment agenda for the year 2000: issues and policies, Brussels 1997.

627 Vgl. European Commission: Commission draft for the Joint Employment Report 1997 (Rev. 8), Brussels, 30.9.1997.

628 Von der OECD werden unter den Mitgliedstaaten v. a. die Erfolge Irlands, des Vereinigten Königreichs und der Niederlande beim Abbau der Beschäftigungslosigkeit hervorgehoben. Vgl. OECD: Employment Outlook 1997, Paris: 10. July 1997.

629 Vgl. z. B. Scharpf: Konsequenzen der Globalisierung, a. a. O., S. 191 f.

Rat und Kommission nach Prüfung der mitgliedstaatlichen Berichte wiederum einen Jahresbericht an den Europäischen Rat, dessen Schlußfolgerungen wiederum die Grundlage für die Formulierung der beschäftigungspolitischen Leitlinien des Rates auf Vorschlag der Kommission sind. Angesichts dieser Verfahrensnähe zu den stabilitätspolitischen Konvergenzkriterien erscheint es aber geboten, darauf hinzuweisen, daß den beschäftigungspolitischen Zielgrößen, die in den Leitlinien formuliert werden, nicht die gleiche Bindungswirkung zukommt wie den Stabilitätskriterien. Angesichts der ordnungspolitischen Auseinandersetzung über die geeigneten Maßnahmen für eine wirksame Beschäftigungspolitik[630] und der Vielzahl von Einflußfaktoren aus anderen beschäftigungs- und wachstumsrelevanten Politikfeldern erscheint eine solche Lösung auch kaum sinnvoll.

Letztlich nimmt die Unionsebene im Rahmen des auf dem Sondergipfel erstmals initiierten und deshalb auch »Luxemburger Prozeß« genannten Abstimmungsverfahrens nach dem neuen Beschäftigungskapitel des Amsterdamer Vertrages wiederum nur Koordinationsfunktionen wahr. Allerdings ist in dem neuen Beschäftigungskapitel bereits ein erheblicher Konstruktionsfehler angelegt, indem es Beschäftigungspolitik auf reine Arbeitsmarktpolitik reduziert. Dadurch steht es aber im Widerspruch zu der sich allmählich durchsetzenden Auffassung, »daß ein Gesamtkonzept entwickelt werden müsse, welches sowohl die Grundzüge der allgemeinen Wirtschaftspolitik als auch alle anderen beschäftigungsrelevanten Politikfelder umfassen müsse; eine stärker Verzahnung bzw. bessere horizontale und vertikale Koordination von Tarif-, Geld-, Finanz- und Wirtschaftspolitik mit den beschäftigungspolitischen Leitlinien sowie Strukturreformen sei notwendig«.[631] Im Grunde genommen beruht auch die Etablierung des makroökonomischen Dialoges zwischen der Europäischen Zentralbank, der Kommission, den mitgliedstaatlichen Regierungen sowie den Tarifvertragsparteien, der in Köln im Juni 1999 gewissermaßen als »Herzstück« des »Europäischen Beschäftigungspaktes« beschlossen wurde, genau auf dieser Überlegung. Künftig werden derartige Treffen zweimal jährlich mit dem Ziel stattfinden, eine ausreichende Abstimmung der wesentlichen beschäftigungswirksamen Politiken sicherzustellen.[632] Vor diesem Hintergrund kann die Ergänzung des »Luxemburger Prozesses« durch diesen »Kölner Prozeß« durchaus als institutioneller Ausdruck der Anerkennung verstanden werden, daß Beschäftigungspolitik primär eine Querschnittsaufgabe ist, deren Erfolg vom richtigen Policy-Mix abhängt.

Jenseits dieses Charakters als Querschnittsaufgabe, die durch Maßnahmen in den verschiedensten Politikfeldern verwirklicht werden sollte, lassen sich – mit Blick auf die entwickelten Prüfkriterien für die vertragliche Kompetenzverteilung – Vorteile einer grenzüberschreitenden Zusammenarbeit bei spezifisch beschäftigungspolitischen

---

630 Vergleiche dazu idealtypisch die heftige Kritik an der »neoliberalen Austeritätspolitik«, die auch wieder in dem Vorrang des »Stabilitäts- und Wachstumspaktes« vor den beschäftigungspolitischen Festlegungen auf dem Gipfel von Amsterdam zum Ausdruck gekommen sei, Huffschmid, a. a. O., S. 1089; Münster, Winfried: Und was ist mit den Jobs?, in: Süddeutsche Zeitung v. 30. März 1998, S. 27.

631 Keller, Bernd: Kein Aufbruch zu neuen Ufern. Die europäische Beschäftigungspolitik bleibt in symbolischen Aktionen stecken, in: Handelsblatt v. 11./12. Juni 1999.

632 Vgl. dazu den »Bericht an den Europäischen Rat über den Europäischen Beschäftigungspakt« im Anhang der Schlußfolgerungen des Vorsitzes zum Europäischen Rat in Köln, 3. und 4. Juni 1999.

Aufgaben nur in wenigen Feldern erkennen. Zunächst einmal hat der Erhalt beschäftigungspolitischer Primärzuständigkeiten auf nationaler und regionaler Ebene den Vorzug, daß hier dezentrale Strukturen mehr Raum für die Berücksichtigung der Gegebenheiten vor Ort und für politische Experimente lassen. Allerdings sind in diesem Zusammenhang durch einen gesicherten Informationsaustausch über »best practice«-Vergleiche und »Benchmarking«-Verfahren tatsächlich *Skalenerträge* durch entsprechende Anpassungen der beschäftigungspolitischen Strategien in den einzelnen Mitgliedstaaten zu erwarten. Umfassende Vergleichsmöglichkeiten bieten hier vor allem die gut ausgebaute informationelle Infrastruktur und das umfassende statistische Material, das auf Unionsebene gesammelt und ausgewertet wird. Obwohl entsprechendes Zahlenmaterial auch im Rahmen *anderer multilateraler Kooperationsformen* – z. B. den Beschäftigungsberichten der OECD – zur Verfügung gestellt wird, spricht dies doch nicht grundsätzlich gegen eine Zuständigkeit der Europäischen Union für den Informationsaustausch und die Formulierung – rechtlich nicht bindender – beschäftigungspolitischer Leitlinien, die sich aus Erfahrungen mit »best practice« Beispielen ableiten lassen.

Für das Kriterium der *öffentlichen Akzeptanz* gilt, daß sich unionsweit eine Mehrheit von Befragten für politische Entscheidungen auf europäischer Ebene beim »Kampf gegen die Arbeitslosigkeit« ausspricht. Allerdings erstaunt doch, daß die Befürwortung von Unionszuständigkeiten im »Kampf gegen Arbeitslosigkeit« in den beiden Eurobarometer-Umfragen Anfang 1996 und 1998 im Unionsdurchschnitt schwächer ausfällt, als dies angesichts der prioritären Behandlung dieses Aufgabenfeldes auf der europapolitischen Agenda zu erwarten wäre. Mit 59% Unterstützung im Jahr 1996 und 54% Prozent im Jahr 1998 liegen die Zustimmungsraten für europäische Handlungsbefugnisse in der Beschäftigungspolitik im Vergleich zu den Ergebnissen bei den anderen genannten Politikfeldern lediglich im Mittelfeld.[633] Zugleich halten sich die Schwankungsbreiten zwischen den Präferenzen der einzelnen Mitgliedstaaten in engen Grenzen, was laut Prüfkriterien als Indiz für hohe Zustimmungsraten zu einer EU-Kompetenz gewertet werden muß. Und schließlich zeigen die Ergebnisse der Umfrage von 1996, in der als dritte Antwortoption eine gemischte Zuständigkeit zwischen Union und Mitgliedstaaten angeboten wurde, daß diese Möglichkeit die größte Unterstützung gegenüber den beiden anderen Optionen erfährt.[634] Daß bei diesen drei möglichen Antworten außerdem die Werte für europäische Zuständigkeiten niedriger ausfallen als für nationale Handlungsbefugnisse spricht dafür, der europäischen Ebene hier eine Partialkompetenz zuzuweisen. Die Hinzuziehung des Prüfkriteriums der *Verbundvorteile* ist somit eigentlich hinfällig. Entsprechend beschränkte Unionszuständigkeiten im Bereich des Informationsaustausches und der Zielformulierung erscheinen subsidiaritätsgerecht.

Der zweite große Bereich, in dem grenzüberschreitender Handlungsbedarf besteht und der die Leistungsfähigkeit des einzelnen Mitgliedstaates übersteigt, liegt in der Schaffung eines europäischen Arbeitsmarktes. Essentieller Bestandteil eines solchen gemeinsamen Arbeitsmarktes sind eine Primärzuständigkeit der Europäischen Union für die Freizügigkeit der Unionsbürger (Einreise- und Aufenthaltsrecht) sowie ein

---

633 Vgl. Europäische Kommission: Eurobarometer 45/96, a. a. O., S. 60; sowie diess.: Eurobarometer 49/98, a. a. O., S. 40.

634 Vgl. Europäische Kommission: Eurobarometer 45/96, a. a. O., S. B 50 f.

ausdifferenziertes System zur Anerkennung von Berufsbefähigungsnachweisen.[635] Als integraler Bestandteil der Primärzuständigkeit der Europäischen Union für die Schaffung des Binnenmarktes mit seinen vier Grundfreiheiten schließt das Gebot der *Kongruenz politischen Handelns* die gemeinsame *Aufgabenwahrnehmung im Rahmen alternativer Formen multilateraler Kooperation* von vornherein aus. Ohne Zweifel stellen sich durch eine entsprechende Zuständigkeit der Unionsebene *Verbundvorteile* für das fundamentale Vertragsziel der Verwirklichung des Binnenmarktes ein, so daß – selbst ohne ausreichende *öffentliche Akzeptanz* für europäische Kompetenzen bei der Bekämpfung der Arbeitslosigkeit – entsprechende Primärzuständigkeiten auf Unionsebene gerechtfertigt wären. In der Matrixdarstellung des dualen Kompetenzkataloges tauchen diese primären Handlungsbefugnisse der europäischen Ebene allerdings nicht unter der Rubrik Beschäftigungspolitik auf, sondern sind dem Politikfeld Binnenmarkt zugeordnet.[636] Als funktionelles Äquivalent zur Festlegung gemeinsamer Außenzölle im Warenverkehr muß die Schaffung eines gemeinsamen europäischen Arbeitsmarktes mit einer EU-einheitlichen Einwanderungspolitik einhergehen, die nicht zuletzt dazu dient, dem »Binnenarbeitsmarkt« Priorität einzuräumen.[637] Auch für die diesbezüglichen Handlungsbefugnisse gilt jedoch, daß sie nicht explizit bei der Beschäftigungs- und Arbeitsmarktpolitik aufscheinen, sondern bereits Eingang in die Aufgabenverteilung zur Innen- und Justizpolitik gefunden haben.

Für die Schaffung eines europäischen Arbeitsmarktes bleiben deshalb vor allem zwei komplementäre Zuständigkeiten der Europäischen Union zu nennen, die originär im Bereich der Beschäftigungs- und Arbeitsmarktpolitik anzusiedeln sind. Zum einen ist hier der Ausbau des europäischen Stellenvermittlungsdienstes EURES (European Employment Services) zu nennen. Zum anderen die finanzielle Förderung der Arbeitnehmermobilität sowie von Berufsbildungsmaßnahmen in Regionen, die besonders stark von negativen beschäftigungspolitischen Auswirkungen des Binnenmarktes bzw. des einheitlichen Währungsraumes betroffen sind. Die auf dem Berliner Sondergipfel vom März 1999 beschlossene Neudefinition der Ziel-3-Förderkulisse für den Europäischen Sozialfonds (ESF) im für den Zeitraum 2000 bis 2006 weist hier mit ihrer stärkeren Betonung der Ausbildungspolitik einen sinnvollen Weg. Langfristig könnte angestrebt werden, den ESF konsequent in einen europäischen Berufsausbildungs- und Mobilitätsförderungsfonds umzuwandeln.

---

635 Zu den Defiziten, die bezüglich der Verwirklichung der Freizügigkeit der Unionsbürger im Binnenmarkt nach wie vor bestehen, vgl.: Bericht der hochrangigen Arbeitsgruppe zu Fragen der Freizügigkeit unter dem Vorsitz von Frau Simone Veil (der Kommission am 18.3.1997 vorgelegt).

636 Vgl. die Kurzdarstellung des modifizierten Kompetenzkataloges in Abschnitt B.II.1.3 der vorliegenden Studie.

637 Vgl. Leibfried: Wohlfahrtsstaatliche Perspektiven, a. a. O., S. 459.

Insgesamt ergibt sich damit für die Beschäftigungs- und Arbeitsmarktpolitik folgende Matrix für die Kompetenzverteilung:

Primärkompetenzen der Mitgliedstaaten	Partialkompetenzen der Europäischen Union
– Beschäftigungs- und Arbeitsmarktpolitik	– Beschäftigungs- und Arbeitsmarktpolitik – Formulierung rechtlich unverbindlicher Leitlinien zur Beschäftigungspolitik – Informationsaustausch zwischen den Mitgliedstaaten (best practice, Benchmarking) – Europäischer Stellenvermittlungsdienst (EURES) – Europäischer Berufsausbildungs- und Mobilitätsförderungsfonds (ursprgl. ESF)

D. Schlußwort

Im Mittelpunkt der Tagesordnung für die nächste Regierungskonferenz, die nach dem Beschluß des Europäischen Rates in Köln vom Juni 1999 bereits Anfang des Jahres 2000 eröffnet und noch im gleichen Jahr unter der französischen Ratspräsidentschaft abgeschlossen werden soll, steht bislang die Absicht, die in Amsterdam unerledigt gebliebenen Institutionenreformen nachzuholen. Nachdem sich die Staats- und Regierungschefs auf dem Berliner Sondergipfel im März 1999 schließlich doch über das finanzielle Reformpaket der »Agenda 2000« geeinigt haben, wird der erfolgreiche Abschluß dieser Verhandlungen über die ausstehenden Institutionenreformen sicherlich einen weiteren wesentlichen Schritt für die Erweiterungsfähigkeit der Europäischen Union bedeuten. Allerdings steht zu befürchten, daß selbst eine umfassende Neugestaltung des Institutionengefüges und der Entscheidungsverfahren auf europäischer Ebene nicht hinreichen wird, um den Herausforderungen des »doppelten Systemwandels« wirksam zu begegnen, der für die Union und ihre Mitgliedstaaten im Gefolge des MOE-Beitrittsprozesses und des Übergangs in die dritte Stufe der Währungsunion gerade erst einsetzt.

Die Gleichzeitigkeit beider Durchbrüche in der Erweiterungs- und Vertiefungsdimension weist weit über die institutionellen Reformnotwendigkeiten zur Wahrung der Handlungsfähigkeit und Entscheidungseffizienz hinaus, die sich für die Union aus der längerfristigen Perspektive einer Verdoppelung ihrer Mitgliederzahl ergeben. Schon unter dem Gesichtspunkt effektiver politischer Steuerung stellt sich über institutionelle Vertiefungsschritte hinaus das Problem, welchen materiellen Umfang europäische Handlungsbefugnisse künftig haben müssen, um die sozialen und politischen Auswirkungen der Euro-Einführung sowie der Aufnahme der ost- und südosteuropäischen Beitrittskandidaten bewältigen zu können. Anders formuliert zieht gerade der »doppelte Systemwandel« die Frage nach sich, ob bzw. in welchem Maße sich künftig der Übergang in die Soziale und Politische Union als funktionale Notwendigkeit für die Bestandsfähigkeit des europäischen Integrationsverbundes darstellt.

Vor diesem Hintergrund dürften europäische Steuerungsbefugnisse zunehmend auf Aufgabendomänen übergreifen, die – wie z. B. im Bereich der Wohlfahrtsstaatlichkeit oder des Schutzes der Bürger nach innen und außen – auf nationaler bzw. subnationaler Ebene besonders legitimitätsstiftend wirken und besonders eng mit nationalstaatlichen Souveränitätsansprüchen verknüpft sind. Sicherlich haben bereits im bisherigen Verlauf des Integrationsprozesses, der durch ein unaufhörliches Anwachsen europäischer Kompetenzbestände geprägt ist, europäische Regelungsbefugnisse zunehmend in derart sensible Politikbereiche hineingewirkt. In aller Regel haben die Mitgliedstaaten bei der Einräumung entsprechender Zuständigkeiten bislang aber keinen vollständigen Souveränitätsverzicht geübt, sondern sich Veto-Optionen offengehalten, indem für die Kompetenzausübung die Einstimmigkeitsregel im Rat beibehalten wurde. Die volle Bedeutung dieses Rückversicherungsmechanismus für die Mitgliedstaaten erschließt sich aber erst, wenn zusätzlich berücksichtigt wird, daß im europäischen Vertragswerk anstelle sachgebietsbezogener Kompetenzabgrenzungen die Handlungs-befugnisse vorwiegend aufgabenbezogen umschrieben werden. Damit eröffnen die vertraglichen Befugnisnormen bei der Festlegung der Regelungsgegenstände von Se-kundärrechtsakten aber sehr weite Auslegungsspielräume. Diese wurden von der Eu-ropäischen Kommission bei der Wahrnehmung ihres Initiativrechtes – gestärkt durch die Rechtsprechung des Europäischen Gerichtshofes – immer wieder genutzt, um die schleichende Ausweitung supranationaler Zuständigkeiten voranzutreiben. Die Ab-stimmungsregel der Einstimmigkeit im Rat ist das wirksamste Mittel der Regierungs-vertreter, gegebenenfalls auch derartigen Tendenzen entgegentreten zu können.

Im Zuge des »doppelten Systemwandels« wird jedoch diese Entscheidungsregel nicht nur deshalb weitere Entscheidungsineffizienzen und eine wachsende Blockade-anfälligkeit des supranationalen Entscheidungsgefüges zur Folge haben, weil die In-teressenheterogenität in der erweiterten Union und damit unmittelbar die Komplexität der Konsensfindung deutlich zunimmt. Vielmehr werden die Aufnahme der ost- und südosteuropäischen Beitrittsländer sowie die Einführung der einheitlichen Währung voraussichtlich in wachsendem Maße Handlungsbedarf speziell in jenen souveräni-tätssensiblen und besonders legitimitätsstiftenden Aufgabenfeldern erzeugen, für die das Einstimmigkeitsprinzip im Rat nach wie vor gilt. Ein möglichst weitreichender Übergang zu Mehrheitsentscheidungen des Rates auch auf diesen Gebieten erscheint deshalb als besonders dringliches institutionelles Reformanliegen, um die Handlungs-effizienz und die Effektivität politischer Steuerung der europäischen Ebene im »dop-pelten Systemwandel« herzustellen.

Dies wird allerdings nicht mit einem Reformansatz gelingen, der sich ausschließ-lich auf institutionelle Fragen beschränkt und dabei Korrekturen der Vertragsstruktu-ren und vor allem der primärrechtlichen Kompetenzordnung völlig ausklammert. Der enge Zusammenhang zwischen beiden Reformgegenständen zeigt sich besonders deutlich darin, daß die Bereitschaft aller Mitgliedstaaten, einer weitestgehenden Aus-dehnung der Mehrheitsregel zur Sicherung der künftigen Handlungsfähigkeit zuzu-stimmen, wesentlich davon abhängen dürfte, die vertraglichen Zuständigkeiten der Unionsebene auf das – unter dem Gesichtspunkt effektiver politischer Steuerung im »doppelten Systemwandel« – funktional notwendige Maß zu beschränken und dabei klar nach Sachgebieten abzugrenzen. Nur so bleibt möglichst wenig Raum für sekun-därrechtliche Zuständigkeitsausweitungen.

Ebenfalls auf die Notwendigkeit einer engen Koppelung zwischen institutionellen und vertragsstrukturellen Reformen verweisen die Anforderungen einer hinreichenden demokratischen Legitimation und öffentlichen Akzeptanz des Unionshandelns. Paral-lel zu den Bemühungen, das Europäische Parlament weiter gegenüber dem Rat zu stärken und damit den Prozeß »institutioneller Föderalisierung« fortzusetzen, in dem das europäische Entscheidungsgefüge immer stärker in die Nähe eines föderalen Zwei-Kammer-Systems gerückt ist, müssen Bemühungen zur Behebung des Demo-kratiedefizits und der anhaltenden Akzeptanzkrise des europäischen Einigungswerkes wiederum beim Vertrags- und Kompetenzgefüge der EU ansetzen.

Da bislang die Mitgliedstaaten und Regionen den primären Lebensbezugsraum der Unionsbürger bilden und nur hier, nicht aber auf Ebene der Europäischer Union, die demokratischen Partizipationsstrukturen voll ausgebaut sind, darf die europäische Integration die Aufgabenbestände dieser Systemebenen nur soweit an sich ziehen, wie dies unter dem Gebot effektiver politischer Steuerung notwendig erscheint. Dies gilt zumindest solange, wie auf EU-Ebene zwar das Europäische Parlament existiert, diesem aber in Ermangelung eines europaweiten Zusammengehörigkeitsgefühls zwischen den Unionsbürgern als »Identitäts- und Solidargemeinschaft« noch immer die Qualität einer echten »Repräsentativkörperschaft« abgeht. Erst wenn sich ein Selbstverständnis der Unionsbürger als Europäer bzw. als Angehörige eines europäischen »demos« herausgebildet hat, wird das Europäische Parlament dazu in der Lage sein, in einem vergleichbaren Maße wie nationale oder regionale Parlamente demokratische Legitimation im Verfahren zu gewährleisten. Genau deshalb erscheint es aber im europäischen Mehrebenensystem noch stärker als in traditionellen Bundesstaaten geboten, Übergriffe der supranationalen Ebene auf Kompetenzbestände der mitgliedstaatlichen bzw. regionalen Ebene auf das Notwendige zu beschränken. Auch dieser Zusammenhang gebietet zunächst einmal die weitestmögliche Beschränkung und klare Abgrenzung europäischer Kompetenzbestände auf Sachgegenstände, für die die Europäische Union über überlegene Problemlösungsfähigkeiten verfügt und deren supranationale Wahrnehmung eine breite öffentliche Zustimmung in den Bevölkerungen der Mitgliedstaaten findet. Zusätzlich muß aber das europäische Vertragsgefüge eine so transparente Struktur aufweisen, daß dem Bürger eine klare Zurechenbarkeit politischer Verantwortung möglich bleibt – ein Gebot, gegen das der komplexe dreisäulige Aufbau des Maastrichter und Amsterdamer Unionsvertrages und die gleichzeitige Geltung verschiedener, nicht dort enthaltener Primärrechtsquellen sicherlich verstößt.

Damit wird deutlich, daß ausschließlich institutionelle Reformen – soweit sie dem bisherigen Pfad einer Weiterentwicklung des europäischen Entscheidungsgefüges zu einem föderalen Zweikammersystem folgen – nicht ausreichen werden, um dem Demokratiegebot auf europäischer Ebene gerecht zu werden. Ihre Schlüsselfunktion muß gegenwärtig darin bestehen, langfristig die Handlungseffizienz der Europäischen Union im doppelten Systemwandel zu gewährleisten. Um bei den anstehenden Reformen der Europäischen Union aber auch den Zielgrößen möglichst effektiver politischer Steuerung, ausreichender demokratischer Legitimation und der Legitimität angemessen Rechnung zu tragen, sind komplementär dazu grundlegende Reformen des europäischen Kompetenz- und Vertragsgefüges unabdingbar.

Von der gleichzeitigen Verwirklichung aller vier Zielgrößen wird es abhängen, ob die Europäische Union dazu in der Lage ist, den »doppelten Systemwandel« erfolgreich zu bewältigen. Die eigentliche Herausforderung bei der Entwicklung eines angemessenen Organisationsmodells besteht darin, einen Zustand föderaler Balance zu finden, in dem einerseits – über effiziente Entscheidungsverfahren sowie eine subsidiaritätsgerechte Kompetenzverteilung – das notwendige Maß an Einheit im europäischen Integrationsverbund gewahrt wird, um ein Höchstmaß an effektiver politischer Steuerungsfähigkeit in der Europäischen Union zu gewährleisten. Andererseits erfordert dieser föderale Gleichgewichtszustand aber ein größtmögliches Maß an Autonomieschonung und an Transparenz der Entscheidungs- und Vertragsstrukturen, um dem Demokratiegebot im europäischen Mehrebenensystem seine volle Geltung zu verschaffen und die öffentliche Zustimmung für weitere Fortschritte des Integrationsgeschehens zu erhalten. Gerade eine breite öffentliche Akzeptanz ist wiederum elementare Grundbedingung für die allmähliche Entwicklung eines europäischen Zusammengehörigkeitsgefühls.

Allerdings wird die bisherige integrationspolitische Praxis reiner Fortschreibungen des europäischen Vertragswerkes die Verwirklichung entsprechend umfassender Vertragsreformen erheblich erschweren. Dies liegt nicht zuletzt daran, daß das Verfahren beschränkter Fortschreibung des Primärrechtes schon seit dem Vertrag von Maastricht definitiv an seine Grenzen stößt. In der Vertiefungsdimension ist seit dem Beschluß zur Einführung einer gemeinsamen Währung eine derart hohe Integrationsdichte erreicht, daß als nächstes Einigungsprojekt im Grunde genommen nurmehr die konsequente Verwirklichung der Politischen Union bliebe – einschließlich einer konsequenten Einbeziehung bislang intergouvernemental geregelter Aufgabenfelder in den supranationalen Bereich des Gemeinschaftsrechtes.

Ein derartiger Schritt wirkt aus Sicht der nationalen Regierungen aber zweifelsohne besonders abschreckend, da damit der Unterschied zwischen europäischem Mehrebenensystem und europäischem Bundesstaat kaum mehr erkennbar wäre. Schon alleine eingedenk der nicht vorhergesehenen, schweren Akzeptanzkrise, die die in Maastricht vereinbarten Handlungsbefugnisse in der Öffentlichkeit ausgelöst haben, kann es kaum verwundern, daß in Amsterdam erst gar nicht versucht wurde, dieses große Vorhaben anzugehen. Statt dessen beschränkte man sich auf die Schaffung eines »Einheitlichen Raums der Freiheit, der Sicherheit und des Rechts« als Teil des Gemeinschaftsvertrages, der durch die geltenden Entscheidungsregeln aber faktisch »zahnlos« bleibt. Weiterreichende Vorhaben, wie die Diskussion eines Kompetenzkataloges, die als Indizien für eine Konstitutionalisierung des Vertragswerkes hätten interpretiert werden können, gelangten erst gar nicht in die Regierungskonferenz, sondern wurden bereits im Vorfeld durch die Reflexionsgruppe fallengelassen.

Amsterdam dürfte aber auch mit Blick auf die Erweiterungsdimension symptomatisch für die Sackgasse sein, in dem der europäische Einigungsprozeß angesichts des erreichten Integrationsstandes steckt. Obwohl als ein zentrales Ziel die Schaffung der institutionellen Voraussetzungen für die Erweiterungsfähigkeit der Union auf dem Programm gestanden hat, konnten die Staats- und Regierungschefs auf dem Gipfel im Juni 1997 keine Einigung darüber erzielen. Die Tatsache, daß deshalb auf dem Kölner Gipfel im Juni 1999 beschlossen wurde, dieses Versäumnis nachzuholen, indem bereits Anfang 2000 eine neue Regierungskonferenz zu diesem Thema eingesetzt wird, führte dazu, daß der Amsterdamer Vertrag frühzeitig als »Auslaufmodell« eingestuft wurde. Selbst wenn es gelingen sollte, bei den nächsten Vertragsverhandlungen Übereinkommen über die notwendige Umgestaltung des europäischen Institutionengefüges zu erzielen, bedeutet dies jedoch längst nicht, daß die Erweiterungsverhandlungen in absehbarer Zeit abgeschlossen sein müssen. Im Zusammenhang mit den laufenden Beitrittsgesprächen muß es im Gegenteil nachdenklich stimmen, daß bislang keine Bereitschaft der Mitgliedstaaten erkennbar wird, konkrete Zeitpunkte für die Aufnahme der Neumitglieder zu benennen – und dies, obwohl die Kosovo-Krise erneut gezeigt hat, welcher Handlungsdruck für eine möglichst rasche Einbeziehung der ost- und südosteuropäischen Staaten in den europäischen Integrationsverbund besteht. Sollten die Mitgliedstaaten tatsächlich davor zurückschrecken, in einem letzten großen Schritt den Übergang in die Politische Union zu riskieren, so können sie förmlich nicht anders als die Osterweiterung hinauszuzögern, würde diese ihn doch fast zwingend nach sich ziehen.

Die Mitgliedstaaten der Europäischen Union stehen deshalb gegenwärtig vor der Wahl, in immer rascher aufeinanderfolgenden Regierungskonferenzen nurmehr Einzelthemen auf die Tagesordnung zu setzen, die keinen weiteren Aufschub mehr dulden, weitergehende Reformschritte aber zu vermeiden. Oder aber sie sehen der Konsequenz ins Auge, auf die der »doppelte Systemwandel« nach Einführung der Währungsunion und nach Beginn des Erweiterungsprozesses letztlich hinausläuft – die Vollendung der Politischen Union. In diesem Fall sollten sie den qualitativen Sprung wagen, den ihre rasche Verwirklichung erfordern würde, und neben der Schaffung effizienter Institutionen und Entscheidungsverfahren auch die Weiterentwicklung des Unionsvertrages zu einem europäischen Verfassungsvertrag entschlossen angehen.

Amsterdam hat wie Maastricht viele Fragen unbeantwortet gelassen. Der Europäische Rat in Köln hat den Fahrplan für das weitere Integrationsgeschehen festgelegt, die Verfassungsdebatte rollt an. Die zentralen Punkte für diese Debatte sind genannt worden: (1) ein einheitlicher europäischer Verfassungsvertrag; (2) ein subsidiaritätsgerechtes Kompetenzgefüge für diese europäische Vertragsverfassung und (3) eine autonomieschonende und effektive Kompetenzausübung. Damit stellen die Ergebnisse des Projektes eine gute Basis für die kommmende Verfassungsdiskussion dar.

E. Literaturverzeichnis

Abromeit, Heidrun: Democracy in Europe. Legitimising Politics in a Non-State Polity, New York/Oxford 1998.

Abromeit, Heidrun: Föderalismus: Modelle für Europa, in: Österreichische Zeitschrift für Politikwissenschaft 2 (1993), S. 207-220.

Abromeit, Heidrun; Schmidt, Thomas: Grenzprobleme der Demokratie: konzeptionelle Überlegungen, in: Kohler-Koch, Beate (Hrsg.): Regieren in entgrenzten Räumen, Opladen 1998, S. 293-320.

Achermann, Alberto: Schengen und Asyl: Das Schengener Übereinkommen als Ausgangspunkt der Harmonisierung europäischer Asylpolitik, in: Achermann, Alberto; Bieber, Roland; Epiney, Astrid; Wehner, Ruth: Schengen und die Folgen. Der Abbau der Grenzkontrollen in Europa, Bern u. a. 1995, S. 79-128.

Achermann, Alberto; Bieber, Roland; Epiney, Astrid; Wehner, Ruth: Schengen und die Folgen. Der Abbau der Grenzkontrollen in Europa, Bern u. a. 1995.

»Agenda 2000: Nachbesserung erforderlich«, in: Kieler Kurzberichte aus dem Institut für Weltwirtschaft 3/99, März 1999.

Akademie für Raumforschung und Landesplanung (Hrsg.): Grenzüberschreitende Raumplanung, Hannover 1992.

Algieri, Franco: In Need of a Comprehensive Approach: the European Union and Possible External Security Challenges, in: Algieri, Franco; Janning, Josef; Rumberg, Dirk (eds.), Managing Security in Europe. The European Union and the challenge of enlargement, Gütersloh 1996, S. 189-207.

Algieri, Franco; Janning, Josef; Rumberg, Dirk (eds.): Managing Security in Europe. The European Union and the challenge of enlargement, Gütersloh 1996.

Allen, David: Cohesion and Structural Adjustment, in: Wallace, Helen; Wallace, William (eds.): Policy Making in the European Union, 3rd ed., Oxford 1996, S. 209-233.

Almeida Rozek, Maria do Rosário de Matos da Silva: Die Entwicklung der Strukturpolitik in den Europäischen Gemeinschaften: Ziele und Auswirkungen des EFRE auf die regionale Infra- und Industriestruktur am Beispiel der Region Norden in Portugal, Frankfurt a. M. u. a. 1995.

Altafaj, Amadeu: Spain softens stance on the budget reform, in: European Voice v. 18.-24. Februar 1999.

Altenbockum, Jasper von: Im schwarzen Loch. Schwedens Verteidigung wird nicht mehr sein, was sie einmal war, in: Süddeutsche Zeitung v. 11.2.1999.

Anderson, Jeffrey J.: Structural Funds and the Social Dimension of EU Policy: Springboard or Stumbling Block, in: Leibfried, Stephan; Pierson, Paul: European Social Policy. Between Fragmentation and Integration, Washington D.C. 1995, S. 123-158.

Anderson, Malcolm: Transfrontier Co-operation – History and Theory, in: Brunn, Gerhard; Schmitt-Egner, Peter (Hrsg.): Grenzüberschreitende Zusammenarbeit in Europa. Theorie-Empire-Praxis, Baden-Baden 1998, S. 78-97.

Antalovsky, Eugen; Melchior, Jürgen; Puntscher Riekmann, Sonja (Hrsg.): Integration durch Demokratie. Neue Impulse für die Europäische Union, Marburg 1997.

Arbeitsgemeinschaft Europäischer Grenzregionen (AGEG) (Hrsg.): Lace (Linkage Assistance and Cooperation for the European Border Regions). Grenzüberschreitende Zusammenarbeit in der Praxis. Institutionelle Aspekte grenzüberschreitender Koòperation, Gronau o.J. (die Studie wurde 1993 abgeschlossen).

Assemblée des Régions d'Europe (ARE): Livre Blanc. Les Régions Frontalières et l'Intégration Européenne, Saragossa 1992.

Ausschuß der Regionen: Stellungnahme des Ausschusses der Regionen zur Wirtschafts- und Währungsunion vom 18./19. September 1996 (CdR 65/96 rev. 3).

Auswärtiges Amt: Das Strategische Konzept des Bündnisses, in: www.auswärtiges-amt.de/3_auspol/5/3-5-2g.htm.

Axt, Heinz-Jürgen: Agenda 2000 und EU-Strukturpolitik. Solidarität und Wettbewerb – Kurzversion, München: Centrum für angewandte Politikforschung, Januar 1999.

Bach, Maurizio: Vom Zweckverband zum technokratischen Regime: Politische Legitimation und institutionelle Verselbständigung in der Europäischen Gemeinschaft, in: Winkler, Heinrich August; Kaelble, Hartmut (Hrsg.): Nationalismus – Nationalitäten – Supranationalität, Stuttgart 1993, S. 288-308.

Bache, Ian: The Politics of European Union Regional Policy. Multi-Level Governance or Flexible Gatekeeping?, Sheffield 1998.

Balze, Wolfgang: Die sozialpolitischen Kompetenzen der Europäischen Union, Baden-Baden 1994.

Bayerische Staatskanzlei: Subsidiaritätsliste. Beispiele für Subsidiaritätsverstöße und Kompetenzüberschreitungen der EG, Stand: 31.08.1998.

Beck, Ulrich: Der militärische Euro. Humanismus und europäische Identität, in: Süddeutsche Zeitung v. 1./2. April 1999, S. 17.

Becker, Peter: Der Nutzen der Osterweiterung für die Europäische Union, in: integration 4 (1998), S. 225-237.

Begg, Ian: Factor mobility and regional disparities in the European Union, in: Oxford Review of Economic Policy 11 (1995), S. 96-112.

Benz, Arthur: Ansatzpunkte für ein europafähiges Demokratiekonzept, in: Kohler-Koch, Beate (Hrsg.): Regieren in entgrenzten Räumen, Opladen 1998, S. 345-368.

Benz, Arthur: Entflechtung als Folge von Verflechtung. Theoretische Überlegungen zur Entwicklung des europäischen Mehrebenensystems (Beitragsmanuskript zur Tagung »Wie problemlösungsfähig ist die EU? Regieren im europäischen Mehrebenensystem« der Sektion »Staatslehre und politische Verwaltung« und des Arbeitskreises »Integrationsforschung« der DVPW vom 29.-31. Oktober 1998 in München).

Bericht der Länder Bayern und Rheinland-Pfalz über wesentliche Ergebnisse der Regierungskonferenz aus Sicht der Länder vom Juni 1997.

Bermann, Georg A.: Harmonization and Regulatory Federalism, in: Pernice, Ingolf (ed.): Harmonization of Legislation in Federal Systems. Constitutional, Federal and Subsidiarity Aspects – The European Union and the United States of America Compared, Baden-Baden 1996, S. 37-45.

Bertelsmann Stiftung; Forschungsgruppe Europa (Hrsg.): Kosten, Nutzen und Chancen der Osterweiterung für die Europäische Union, Gütersloh 1998.

Bertelsmann Stiftung; Forschungsgruppe Europa (Hrsg.): Systemwandel in Europa – Demokratie, Subsidiarität, Differenzierung, Gütersloh 1998.

Beutler, Bengt: 1996 – auf dem Weg zu einer europäischen Verfassung?, in: Kritische Justiz 1 (1996), S. 52-64.

Beutler, Bengt; Bieber, Roland; Pipkorn, Jörn; Streil, Jochen: Die Europäische Union. Rechtsordnung und Politik, 4. Aufl., Baden-Baden 1993.

Beyerlin, Ulrich: Neue rechtliche Entwicklungen der regionalen und lokalen grenzüberschreitenden Kooperation, in: Brunn, Gerhard; Schmitt-Egner, Peter (Hrsg.): Grenzüberschreitende Zusammenarbeit in Europa. Theorie-Empirie-Praxis, Baden-Baden 1998, S. 118-134.

Beyme, Klaus von; Offe, Claus: Politische Theorien in der Ära der Transformation, Opladen 1995.

Bieber Roland: Reform der Institutionen und Verfahren – Amsterdam kein Meisterstück, in: integration 4 (1997), S. 236-246.

Bieber, Roland: Steigerungsform der europäischen Union: Eine Europäische Verfassung, in: Ipsen, Jörn; Rengeling, Hans-Werner; Mössner, Jörg Manfred; Weber, Albrecht (Hrsg.): Verfassungsrecht im Wandel, Köln et al. 1995, S. 291-304.

Bieber, Roland; Bleckmann, Albert u. a. (Hrsg.): Das Europa der zweiten Generation. Gedächtnisschrift für Christoph Sasse, Baden-Baden 1981.

Bieber; de Gucht; Lenaerts; Weiler: Au nom des peuples européens – in the name of the peoples of Europe, Baden-Baden 1996.

Biehl, Dieter: Europäische Regionalpolitik, eine ziel- und handlungsorientierte Analyse, in: Pohmer, Dieter (Hrsg.): Probleme des Finanzausgleichs III, Schriften des Vereins für Socialpolitik, Band 96/III, Berlin 1981, S. 126-180.

Biehl, Dieter: Wechselspiel zwischen Prozeß und Institutionalisierung im Zuge der europäischen Integration, in: Schefold, Bertram (Hrsg.): Wandlungsprozesse in den Wirtschaftssystemen Westeuropas, Marburg 1995, S. 109-152.

Biehl, Dieter; Winter, Horst: Die EG-Finanzierung aus föderalistischer Perspektive, in: Biehl, Dieter; Winter, Horst: Europa finanzieren – ein föderalistisches Modell, Gütersloh 1990, S. 21-131.

Biehl, Dieter; Winter, Horst: Europa finanzieren – ein föderalistisches Modell, Gütersloh 1990.

Blanke, Hermann-Josef: Normativität und Justitiabilität des gemeinschaftsrechtlichen Subsidiaritätsprinzips, in: Zeitschrift für Gesetzgebung 3 (1995), S. 193-223.

Boer, Monica den: Justice and Home Affairs: Cooperation Without Integration, in: Wallace, Helen; Wallace, William (eds.): Policy-Making in the European Union, 3rd edition, Oxford 1996, S. 389-409.

Boer, Monica den: Step by Step Progress: An Update on the Free Movement of Persons and Internal Security, in: EIPASCOPE 2 (1997), S. 8-11.

Bogdandy, Armin von (Hrsg.): Die europäische Option, Baden-Baden 1993.

Bogdandy, Armin von: Die Verfassung der europäischen Integrationsgemeinschaft als supranationale Union, in: Bogdandy, Armin von (Hrsg.): Die europäische Option, Baden-Baden 1993, S. 97-127.

Bogdandy, Armin von; Nettesheim, Martin: Die Europäische Union: Ein einheitlicher Verband mit eigener Rechtsordnung, in: EuR 1 (1996), S. 3-26.

Borkenhagen, Franz H.U. (Hrsg.): Europapolitik der deutschen Länder. Bilanz und Perspektiven nach dem Gipfel von Amsterdam, Opladen 1998,

Borries, Reimer von: Verwaltungskompetenzen der Europäischen Gemeinschaft, in: Due, Ole; Lutter, Marcus; Schwarze, Jürgen (Hrsg.): Festschrift für Ulrich Everling, Bd. I, Baden-Baden 1995, S. 127-147.

Bort, Eberhart: Crossing the EU Frontier: Eastern Enlargement of the EU, Cross-Border Regionalism and State Sovereignty, in: interregiones 6 (1997), S. 20-31.

Breuss, Fritz: The Economic Consequences of a Large EMU – Results of Macroeconomic Model Simulations, European Integration online Papers (EIoP) 10 (1997).

Brunn, Gerhard; Schmitt-Egner, Peter (Hrsg.): Grenzüberschreitende Zusammenarbeit in Europa. Theorie-Empirie-Praxis, Baden-Baden 1998.

Brunn, Gerhard; Schmitt-Egner, Peter: Die Grenzüberschreitende Zusammenarbeit von Regionen in Europa als Feld der Integrationspolitik und Gegenstand der Forschung, in: Brunn, Gerhard; Schmitt-Egner, Peter (Hrsg.): Grenzüberschreitende Zusammenarbeit in Europa. Theorie-Empirie-Praxis, Baden-Baden 1998, S. 7-25.

Bundesrat: Beschluß des Bundesrates zum Bericht der Kommission der Europäischen Gemeinschaften an den Europäischen Rat: »Eine bessere Rechtsetzung« 1996 – Bericht über die Anwendung des Grundsatzes der Subsidiarität und der Verhältnismäßigkeit sowie über Vereinfachung und Kodifikation, Bundesrats-Drs. 263/97 (Beschluß) (Grunddrucksache 978/96) v. 25.4.1997.

Burgess, Michael: Federalism and European Union. Political Ideas, Influences and Strategies in the European Community, 1972-1987, London/New York 1989.

Burgess, Michael: Federalism and Federation: A Reappraisal, in: Burgess, Michael; Gagnon, Alain-G. (ed.): Comparative Federalism and Federation. Competing Traditions and Future Directions, New York u. a. 1993, S. 3-14.

Burgess, Michael; Gagnon, Alain-G. (ed.): Comparative Federalism and Federation. Competing Traditions and Future Directions, New York u. a. 1993.

Busch, Heiner: Grenzenlose Polizei? Neue Grenzen und polizeiliche Zusammenarbeit in Europa, Münster 1995.

Busch, Klaus: Das Korridormodell: ein Konzept zur Weiterentwicklung der EU-Sozialpolitik, in: International Politics and Society 2 (1998).

Busch, Klaus: Spill-over-Dynamik und Spill-back-Potential in der europäischen Währungsintegration – ein Beitrag zur Integrationstheorie, in: Jachtenfuchs, Markus; Kohler-Koch, Beate (Hrsg.): Europäische Integration, Opladen 1996, S. 281-311.

Caesar, R. (Hrsg.): Zur Reform der Finanzverfassung und Strukturpolitik der EU. Schriftenreihe des Arbeitskreises Europäische Integration e.V., Bd. 42, Baden-Baden 1997.

Cafruny, Alan W.; Rosenthal, Glenda G. (eds.): The State of the European Community II, Boulder 1993.

Calliess, Christian: Der Schlüsselbegriff der »ausschließlichen Zuständigkeit« im Subsidiaritätsprinzip des Art. 3b II EGV, in: EuZW 20/1995, S. 693-700.

Calliess, Christian: Subsidiaritäts- und Solidaritätsprinzip in der Europäischen Union. Vorgaben für die Anwendung von Art. 3b EGV am Beispiel der gemeinschaftlichen Wettbewerbs- und Umweltpolitik, Baden-Baden 1996.

Canu, Isabelle; Fischer, Thomas; Mühlbacher, Georg: Föderale Strukturen für die Europäische Union, in: Europäische Rundschau 2 (1996), S. 103-114.

Cappelletti, Mauro; Seccombe, Monica; Weiler, Joseph (eds.), Integration Through Law. Europe and the American Federal Experience, Vol. 1, Book 1, Berlin/New York 1986.

Centre for Urban and Regional Development Studies (CURDS): Written Evidence to the House of Lords, 1997.

Christiansen, Thomas: Gemeinsinn und europäische Integration. Strategien zur Optimierung von Demokratie- und Integrationsziel, in: Steffani, Winfried; Thaysen, Uwe (Hrsg.): Demokratie in Europa: Zur Rolle der Parlamente, Opladen 1995, S. 50-64.

Chryssochoou, Dimitris N.: Democracy and Symbiosis in the European Union: Towards a Confederal Consociation?, in: West European Politics 4 (1994), S. 1-14.

Chryssochoou, Dimitris N.: Federalism and Democracy Reconsidered, in: Regional & Federal Studies 2 (1998), S. 1-20.

Clostermeyer, Claus-Peter; Ebendt, Martin: Grundrechte im Europa der Bürger, in: Borkenhagen, Franz H.U. (Hrsg.): Europapolitik der deutschen Länder. Bilanz und Perspektiven nach dem Gipfel von Amsterdam, Opladen 1998, S. 179-197.

Club von Florenz (Hrsg.): Europa: Der unmögliche Status quo, Baden-Baden 1996.

Commission européenne: Schéma de développement de l'espace communautaire. Premier projet officiel. Présenté à la réunion informelle des Ministres responsables de l'aménagement du territoire des États membres de l'Union européenne, Noordwijk, 9 et 10 juin 1997.

Committee on Spatial Development: European Spatial Development Perspective. Towards a Balanced and Sustainable Development of the Territory of the EU (Final Discussion at the Meeting of Ministers responsible for Regional/Spatial Planning of the European Union, Potsdam, 10/11 May 1999).

Coss, Simon: Divorce slips through holes in treaty text, in: European Voice v. 10.-16.7.1997.

Coss, Simon: Shadowy figures behind third pillar, in: European Voice v. 5.-11. Juni 1997.

Curtin, Deirdre: The Constitutional Structure of the Union: A Europe of Bits and Pieces, in: CMLR 30/1993, S. 17-69.

Czempiel, Ernst-Otto: Europas Machtfigur. Das föderal-demokratische Herrschaftssystem enthält die beste Friedensgarantie, die es geben kann, in: Frankfurter Allgemeine Zeitung v. 15. März 1997, S. 11.

»Das Eröffnungsspiel bestimmt die Zukunft des Euro. Ökonomen und Politologen streiten über Fluch und Segen der Währungsunion. Konferenz an der Universität Berkeley«, in: Frankfurter Allgemeine Zeitung v. 23. Oktober 1998.

»Das Europäische Parlament stimmt der Agenda 2000 zu. Neue Interinstitutionelle Vereinbarung mit dem Ministerrat«, in: Frankfurter Allgemeine Zeitung v. 7. Mai 1999.

»Das Parlament wiederholt seine Kritik an der Art und Weise, in der der Rat den dritten Pfeiler umsetzt – der Rat weist die Vorwürfe zurück«, in: Agence Europe v. 16./17.12.1996, S. 12.

Däubler, Wolfgang: Entwicklung und Perspektiven des Europäischen Arbeitsrechts, in: Platzer, Hans-Wolfgang (Hrsg.): Sozialstaatliche Entwicklungen in Europa und die Sozialpolitik der Europäischen Union. Die soziale Dimension im EU-Reformprozeß, Baden-Baden 1997, S. 101-115.

Dauderstädt, Michael: Europaskepsis im Osten: Schwierigkeiten und Bedenken beim EU-Beitritt (Politikinformation Osteuropa. Ein Informationsdienst der Abteilung Internationaler Dialog, Friedrich-Ebert-Stiftung, Nr. 75/(August) 98).

Delmartino, Frank: Belgium, a newborn federal state? Paper presented at the XIVth IPSA World Congress, Washington D.C. 1988.

»„Der Euro kostet die Deutschen soviel wie die Wiedervereinigung", SZ-Gespräch mit dem Münsteraner Geldtheoretiker Manfred Borchert: »Den Start nicht verschieben«, in: Süddeutsche Zeitung v. 1./2. März 1997, S. 25.

»Deutschland pocht auf gerechteren EU-Beitrag. Schröder, Schäuble, Stoiber und Herzog fordern niedrigere Nettozahlungen«, in: Süddeutsche Zeitung v. 4. Januar 1999.

Di Fabio, Udo: Die »Dritte Säule« der Union – Rechtsgrundlagen und Perspektiven der europäischen Polizei- und Justizzusammenarbeit, in: Die Öffentliche Verwaltung 3 (1997), S. 89-101.

»„Die deutsche Außenpolitik erfordert eindeutige Signale". Polens Außenminister Bronislaw Geremek erwartet Kontinuität und kritisiert die „Festung Europa"«, Interview in der Frankfurter Rundschau vom 19. Oktober 1998.

»Die Gemeinsame Außen- und Sicherheitspolitik (GASP) der Europäischen Union. Ziele, Instrumente und Verfahren, Perspektiven«, in: Presse- und Informationsamt der Bundesregierung, Stichworte zur Sicherheitspolitik 1 (1999), S. 10-27.

Diekmann, Bernd; Breuer, Siegfried: Der Kohäsionsfonds – ein notwendiges Gemeinschaftsinstrument? in: Wirtschaftsdienst 1993/V, S. 258-265.

Dispersyn, Michel; Van der Horst, Pierre: La construction social européen, in: Revue Belge de Sécurité Sociale 1 (1990).

Dittrich, Alfred: Der Schutz der Unionsbürger durch die justitielle Zusammenarbeit, in: Müller-Graff, Peter-Christian (Hrsg.): Europäische Zusammenarbeit in den Bereichen Justiz und Inneres. Der dritte Pfeiler der Europäischen Union, Baden-Baden 1996, S. 101-115.

Dogan, Rhys: Comitology: Little Procedures with Big Implications, in: West European Politics 3 (1997), S. 31-60.

Dolan, Andrew: The European Union´s Common Foreign and Security Policy: The Planning Dimension, in: International Security Information Service, Briefing Paper Nr. 14, Brussels, 14. November 1997.

Döring, Thomas: Zum 'angemessenen' Zentralisierungsgrad einer europäischen Regionalpolitik aus ökonomischer Sicht, in: Postlep, Rolf-Dieter (Hrsg.): Aktuelle Fragen des Föderalismus. Ausgewählte Probleme aus Theorie und politischer Praxis des Föderalismus, Marburg 1996, S. 99-139.

Duchacek, Ivo D.: Comparative Federalism. The territorial dimension of politics, Lanham 1987.

Due, Ole; Lutter, Marcus; Schwarze, Jürgen (Hrsg.): Festschrift für Ulrich Everling, Band I und II, Baden-Baden 1995.

Eckart, Karl; Kowalke, Helmut (Hrsg.): Die Euroregionen im Osten Deutschlands, Berlin 1997.

Edwards, Geoffrey; Pijpers, Alfred (eds.): The Politics of European Treaty Reform. The 1996 Intergovernmental Conference and Beyond, London/Washington D.C. 1997.

Edwards, Geoffrey; Spence, David (eds.): The European Commission, Harlow 1994.

Ehlermann, Claus Dieter: Differentiation, Flexibility, Closer Cooperation: The New Provisions of the Amsterdam Treaty, San Domenico di Fiesole: European University Institute. Robert Schuman Centre, February 1998.

Ehlermann, Claus Dieter: Engere Zusammenarbeit nach dem Amsterdamer Vertrag: Ein neues Verfassungskonzept?, in: EuR 4 (1997), S. 362-397.

Eichenhofer, Eberhard: Das Sozialrecht in der Rechtsprechung des Europäischen Gerichtshofs – Zur Genealogie der Thematisierung des Sozialrechts durch den EuGH, Bremen: ZeS-Arbeitspapier 9 (1996).

Eisenmann, Peter; Rill, Bernd (Hrsg.): Das Europa der Zukunft. Subsidiarität, Föderalismus, Regionalismus, Regensburg 1992.

Epiney, Astrid: Rechte und Pflichten der Drittausländer, in: Achermann, Alberto; Bieber, Roland; Epiney, Astrid; Wehner, Ruth: Schengen und die Folgen. Der Abbau der Grenzkontrollen in Europa, Bern u. a. 1995, S. 51-77.

Erdmenger, Jürgen: Verkehrspolitik, in: Weidenfeld, Werner; Wessels, Wolfgang (Hrsg.): Jahrbuch der Europäischen Integration 1996/97, Bonn 1997, S. 167-172.

Erklärung des Europäischen Rates zur Stärkung der Gemeinsamen Europäischen Sicherheits- und Verteidigungspolitik«, Rn. 5, in: Europäischer Rat in Köln, a. a. O., Anlage III.

Esping-Andersen, Goesta: The Three Worlds of Welfare Capitalism, Princeton/New Jersey 1990.

»Euro-Mediterrane Charta für Frieden und Stabilität«, in: Frankfurter Allgemeine Zeitung v. 17. April 1999.

Europäische Kommission (GD V: Beschäftigung, Arbeitsbeziehungen und soziale Angelegenheiten): Die Grundrechte in der Europäischen Union verbürgen – Es ist Zeit zu handeln. Bericht der Expertengruppe »Grundrechte«, Brüssel: Februar 1999.

Europäische Kommission (GD XVI): Vorschläge zur Verordnung der Strukturfonds 2000-2006. Eine vergleichende Analyse, unter: http://www.inforegio.org/wbpro/agenda2000/compare/default_de.html.

Europäische Kommission (Hrsg.): Bericht der hochrangigen Arbeitsgruppe zu Fragen der Freizügigkeit unter dem Vorsitz von Frau Simone Veil (der Kommission am 18. März 1997 vorgelegt).

Europäische Kommission, Agenda 2000. Eine stärkere und erweiterte Union, Bulletin der Europäischen Union. Beilage 5/97 (KOM (97) 2000 endg. vom 15.7.1997).

Europäische Kommission: Agenda 2000: Überblicke über die Legislativvorschläge der Europäischen Kommission, EU-Nachrichten-Dokumentation Nr. 2 vom 19.3.1998.

Europäische Kommission: Beiträge zur Erstellung des Weißbuches über die Europäische Sozialpolitik (Soziales Europa 2/94), Luxemburg 1994.

Europäische Kommission: Bericht der Kommission an den Rat, das Europäische Parlament, den Wirtschafts- und Sozialausschuß und den Ausschuß der Regionen über die Umsetzung der Empfehlung 92/441/EWG vom 24. Juni 1992 über gemeinsame Kriterien für ausreichende Zuwendungen und Leistungen im Rahmen der Systeme der sozialen Sicherung (KOM(1998)774 endg.), Brüssel/Luxemburg 1998.

Europäische Kommission: Beschäftigungspolitiken in der EU und in den Mitgliedstaaten. Gemeinsamer Bericht 1998, Brüssel: Dezember 1998.

Europäische Kommission: Die Grundrechte in der Europäischen Union verbürgen. Es ist Zeit zu handeln. Bericht der Expertengruppe »Grundrechte«, Brüssel, Februar 1999.

Europäische Kommission: Die Strukturfonds und ihre Koordinierung mit dem Kohäsionsfonds. Entwurf von Leitlinien für die Programme des Zeitraums 2000–2006. Vorlage von Frau Wulf-Mathies im Einvernehmen mit Frau Bonino und den Herren Flynn und Fischler. Arbeitsunterlage der Kommission vom 2. Februar 1999.

Europäische Kommission: Erster Bericht über den wirtschaftlichen und sozialen Zusammenhalt 1996, Luxemburg 1996.

Europäische Kommission: Eurobarometer. Die öffentliche Meinung in der Europäischen Union. Bericht Nr. 49/98 (Umfragen: April – Mai 1998), Brüssel/Luxemburg, September 1998.

Europäische Kommission: Eurobarometer. Die öffentliche Meinung in der Europäischen Union. Bericht Nr. 45/96 (Umfrage: April – Mai 1996), Brüssel/Luxemburg, Dezember 1996.

Europäische Kommission: Grünbuch der Europäische Kommission. Europäische Sozialpolitik. Weichenstellung für die Europäische Union (KOM (93) 551 v. 17.11.1993, Luxemburg 1993.

Europäische Kommission: Modernisierung und Verbesserung des Sozialschutzes in der Europäischen Union (KOM (97) 102 final vom 12.3.1997), Brüssel 1997.

Europäische Kommission: Prüfliste der Europäischen Kommission für Legislativvorschläge, 1996.

Europäische Kommission: Reform der Strukturfonds (Mitteilung KOM (1998) 131 endg.), Brüssel/Luxemburg 1998.

Europäische Kommission: Reform der Strukturfonds 2000–2006. Eine vergleichende Analyse, 2. überarb. Fassung vom Juni 1999.

Europäische Kommission: Regierungskonferenzen: Beiträge der Kommission, Beilage 2/91 zum Bulletin der Europäischen Gemeinschaften.

Europäische Kommission: Sechster Periodischer Bericht über die sozioökonomische Lage und Entwicklung der Regionen, Brüssel 1999.

Europäische Kommission: Soziale Sicherheit in Europa 1995, Luxemburg 1996.

Europäische Kommission: Soziale Sicherheit in Europa 1997 (KOM (1998) 243 endg.), Brüssel/Luxemburg 1998.

Europäische Kommission: Stabiles Geld und solide Finanzen. Die öffentlichen Finanzen der Gemeinschaft in Hinblick auf die WWU, in: Europäische Wirtschaft 53 (1993), Luxemburg 1993.

Europäische Kommission: Vermerk an die Generaldirektionen und Leiter der Dienststellen betreffend: Subsidiaritätsprinzip und Grundsatz der Verhältnismäßigkeit (SEK (95) 1031 v. 15.6.1995).

Europäische Kommission: Vorschlag einer Verordnung (EG) des Rates zur Koordinierung der Systeme der sozialen Sicherheit (KOM (98) 779 endg.), abgedruckt als: Bundesrats-Drucksache 32/99 v. 19.01.1999).

Europäische Kommission: Die Strukturinterventionen der Gemeinschaft und die Beschäftigung, Brüssel/Luxemburg 1996.

Europäische Strukturkommission: Europa '96 – Reformprogramm für die Europäische Union, in: Weidenfeld, Werner (Hrsg.): Reform der Europäischen Union. Materialien zur Revision des Maastrichter Vertrages 1996, Gütersloh 1995, S. 11-55.

Europäischer Rat in Berlin vom 24./25. März 1999. Schlußfolgerungen des Vorsitzes.

Europäischer Rat in Köln vom 3./4. Juni 1999. Schlußfolgerungen des Vorsitzes.

Europäischer Rat in Wien vom 11./12. Dezember 1998. Schlußfolgerungen des Vorsitzes.

Europäisches Parlament (Ausschuß für Recht und Bürgerrechte): Bericht über die Beziehungen zwischen dem Völkerrecht, dem Gemeinschaftsrecht und dem Verfassungsrecht der Mitgliedstaaten. Berichterstatter: Herr Siegbert Alber (PE 220.225/end v. 24. September 1997).

Europäisches Parlament (Generaldirektion Wissenschaft): Entwurf eines konsolidierten Vertrags über die Europäische Union. Arbeitsdokument (Politische Reihe W-17/rev.), Luxemburg: März 1996.

Europäisches Parlament. Ausschuß für Regionalpolitik: Bericht über grenzüberschreitende und interregionale Zusammenarbeit, Berichterstatterin: Riitta Myller (PE 221.020/end vom 23.04.1997).

Europäisches Parlament: Bericht des Ausschusses für Beschäftigung und soziale Angelegenheiten über die Mitteilung der Kommission »Die Zukunft des Sozialschutzes: Ein Rahmen für eine europäische Debatte« und über den Bericht der Kommission über den Sozialschutz in Europa 1995, Berichterstatterin: Frau Barbara Weiler (A4-0016/97 vom 24.1.1997).

Europäisches Parlament: Weißbuch zur Regierungskonferenz 1996,Bd. I, Luxemburg 1996.

European Commission: An employment agenda for the year 2000: issues and policies (Employment in Europe Report for 1997), Brussels/Luxemburg 1997.

European Commission. Directorate General 1 B External Relations: Euro-Mediterranean Partnership, Brussels: May 1998.

European Commission: Guide to the Reform of the Community's Structural Funds, Brussels/Luxembourg 1989.

European Commission: Joint Employment Report 1997 (Rev. 8), Brussels 1997..

European Commission: Report of the study group on economic and monetary union in 1980 (Marjolin Report), Brussels 1975.

European Commission: The 1996 Single Market Review. Background Information for the Report to the Council and European Parliament (SEC (96) 2378 v. 16. 12.1996), Brussels 1996.

European Commission: The Economics of Community Public Finance (European Economy. Reports and Studies No 5/1993), Luxembourg 1993.

European Commission: The Structural Funds in 1997. Ninth Annual Report, Luxembourg 1999.

European Parliament (Directorate General for Research. Secretariat Working Party. Task Force on the Intergovernmental Conference): Certain Rectangular Problems of European Integration, Volume I (Political Series, Working Paper W-24, External Study by Professor J.H.H. Weiler et al.), Luxembourg 1997.

European Parliament (Directorate-General for Research, Secretariat Working Party Task Force on the Intergovernmental Conference): Simplification of the Union Treaties and the 1996 Intergovernmental Conference (Political Series W-16. External Studies), Luxembourg 1995.

European Parliament: Report on the Council Resolution on minimum guarantees for asylum procedures (Committee on Civil Liberties and Internal Affairs; Rapporteur: Mrs Hedy d'Ancona), A4-0315/96, 10.10.1996.

European Parliament. Committee on Economic and Monetary Affairs and Industrial Policy: Report on the convergence criteria for EMU and the funding of the social security systems in the Member States of the European Union. Rapporteur: Mr. Frederik A. Willockx (A4-0255/97, 3.9.1997).

European Parliament: Agenda 2000. EP set to vote on Agenda 2000 (Background information: 29-04-99).

European Parliament: Committee on Legal Affairs and Citizen's Rights, Report on the Commission's Thirteenth Annual Report to Parliament on monitoring the application of Community law – 1995 – (COM (98)0600-C4-0363/96) (Rapporteur: Mrs. Anne-Marie Schaffner), 7. January 1997.

»Europol nimmt die Arbeit auf. Die Konvention tritt heute in Kraft«, in: Frankfurter Allgemeine Zeitung v. 1. Oktober 1998.

Falkner, Gerda: Supranationalität trotz Einstimmigkeit. Entscheidungsmuster der EU am Beispiel Sozialpolitik, Bonn 1994.

Falkner, Gerda: The Maastricht Protocol on Social Policy: Theory and Practice, in: Journal of European Social Policy 6 (1996), S. 1-16.

Fels, Joachim: Mit dem Euro gegen die Eurosklerose. Die Währungsunion verspricht schärferen Wettbewerb und damit auch höheren Wohlstand, in: Frankfurter Allgemeine Zeitung v. 5. September 1997.

Fernhout, R.: Justice and Home Affairs: Immigration and Asylum Policy. From JHA co-operation to communitarisation, in: Winter, Jan A.; Curtin, Deirdre M.; Kellermann, Alfred E.; Witte, Bruno de (eds.): Reforming the Treaty on European Union – The Legal Debate, The Hague/Boston/London 1996, S. 377-399.

Ferrera, Maurizio: A New Social Contract? The Four Social Europes: Between Universalism and Selectivity, Badia Fiesolana, San Domenico (FI): EUI Working Paper RSC No. 96/36.

Fleiner, Thomas; Schmitt, Nicolas (eds.): Vers un Constitution européenne. L'Europe et les expériences fédérales / Towards a European Constitution. Europe and Federal Experiences, Fribourg: Institut du Fédéralisme, 1996.

Folkers, Cay: Welches Finanzausgleichssystem braucht Europa?, in: Karl, Helmut; Henrichsmeyer, Wilhelm: Regionalpolitik im Prozeß der Europäischen Integration, Bonn 1995, S. 87-108.

Forndran, Erhard; Lemke, Hans-Dieter (Hrsg.): Sicherheitspolitik für Europa zwischen Konsens und Konflikt. Analyse und Optionen, Baden-Baden 1995

Forschungsgruppe Europa. Centrum für angewandte Politikforschung. Universität München: Europa vor der Vollendung. Das Profil der großen Europäischen Union (Vorlage zum International Bertelsmann Forum, Schloß Bellevue, Berlin, 3.-4. Juli 1998).

Forschungsgruppe Europa: Für einen neuen europäischen Gesellschaftsvertrag – Solidarität und Kohäsion in der Europäischen Union. Positionspapier der Forschungsgruppe Europa zur »Agenda 2000«, München (Januar) 1999.

Forsyth, Murray: Towards a new concept of confederation, in: European Commission for Democracy through Law: The modern concept of confederation. Proceedings of the UniDem Seminar organised in Santorini on 22-25 September 1994 in co-operation with the Ministry of Foreign Affairs of Greece (Collection Science and technique of democracy, No. 11), Strasbourg Cedex: Council of Europe Publishing, 1995, S. 59-67.

Franchon, Alain: Une intervention décidée au nom des droits de l'homme. Le conflit au Kosovo marque un tournant radical dans les relations internationales, in: Le Monde, 12 mai 1999.

Frankenberger, Klaus-Dieter: Noch ist Europa überfordert, Eine eigene Verteidigungsidentität setzt große militärische Anstrengungen voraus, in: Frankfurter Allgemeine Zeitung v. 16. April 1999, S. 12.

Franzmeyer, Fritz; Bruecker, Herbert: Europäische Union: Osterweiterung und Arbeitskräftemigration, in: DIW-Wochenbericht 5 (1997).

Freeman, C.; Soete, L.: Work for All or Mass Unemployment: Computerised Technical Change in the 21st Century, London 1994.

Frick, S.; Van der Beeck, G.; Hünger, F.: Die Regionalpolitik der EU: Reformperspektiven aus finanzwissenschaftlicher Sicht, in: List Forum für Wirtschafts- und Finanzpolitik 4 (1996), S. 354-376.

Friedmann, Bernhard (Hrsg.): Evaluierungsansätze zu ausgewählten Politikbereichen der Europäischen Union, Bonn 1996.

Friedmann, Bernhard: Die Strukturfonds der Europäischen Union, in: ders. (Hrsg.): Evaluierungsansätze zu ausgewählten Politikbereichen der Europäischen Union, Bonn 1996, S. 53-67.

Friedrich, Carl J.: Trends of Federalism in Theory and Practice, London 1968.

Friis, Lykke: 'The End of the Beginning' of Eastern Enlargement – Luxembourg Summit and Agenda-Setting, European Integration online Papers (EioP) 7 (1998).

Fröhlich, Stefan: Der Ausbau der europäischen Verteidigungsidentität zwischen WEU und NATO, ZEI-Discussion Paper C 19 (1998).

Funkschmidt, G.: Die EU-Strukturpolitik: Zielorientierungen, Wirkungen, Effizienz, in: Caesar, R. (Hrsg.): Zur Reform der Finanzverfassung und Strukturpolitik der EU. Schriftenreihe des Arbeitskreises Europäische Integration e.V., Bd. 42, Baden-Baden 1997.

Gasteyger, Curt: An Ambiguous Power. The European Union in a Changing World, Gütersloh 1996.

Gebhardt, Thomas: »Ending the Welfare State As We Know It«: Die US-amerikanische Sozialhilfereform 1993-1996, Bremen: ZeS-Arbeitspapier 2 (1997).

»Gegen Freizügigkeit von EU-Ausländern«, in: Süddeutsche Zeitung v. 14./15. Juni 1997.

Gemeinsame Botschaft von Bundeskanzler Dr. Helmut Kohl und dem Präsidenten der Französischen Republik, Jacques Chirac, an den amtierenden Vorsitzenden des Europäischen Rates und Premierminister des Vereinigten Königreichs von Großbritannien und Nordirland, Tony Blair, Bonn und Paris, 5. Juni 1998, abgedr. in: BullBReg Nr. 41 v. 15. Juni 1998, S. 537 f.

Generalsekretariat des Rates der Europäischen Union (Hrsg.): Regierungskonferenz 1996 (RK '96). Bericht der Reflexionsgruppe und dokumentarische Hinweise, Brüssel: Dezember 1995.

Generalsekretariat des Rates der Europäischen Union: Erläuternder Bericht des Generalsekretariats des Rates zur Vereinfachung der Gemeinschaftsverträge, ABl. der EG, C 353 v. 20.11.1997.

Geyer, Robert: EU Social Policy in the 1990s: Does Maastricht Matter?, in: Revue d'intégration européenne/Journal of European Integration 1 (1996), S. 5-33.

Giering, Claus: Die Europäische Union vor der Erweiterung – Reformbedarf der Institutionen und Verfahren nach Amsterdam, in: Österreichische Zeitschrift für Politikwissenschaft 4 (1998) (Schwerpunktthema: Europa zwischen Integration und Anschluß), S. 391-405.

Giering, Claus: Institutionelle Reformchancen, in: Bertelsmann Stiftung; Forschungsgruppe Europa (Hrsg.): Kosten, Nutzen und Chancen der Osterweiterung für die Europäische Union, Gütersloh 1998, S. 55-68.

Giering, Claus: Vertiefung durch Differenzierung – Flexibilisierungskonzepte in der aktuellen Reformdebatte, in: integration 2 (1997), S. 72-83.

Giering, Claus; Janning, Josef; Merkel, Wolfgang; Stabenow, Michael: Demokratie und Interessenausgleich in der Europäischen Union, Gütersloh 1999.

Gimbal, Anke: Die Innen- und Justizpolitik der EU nach Amsterdam, in: Weidenfeld, Werner (Hrsg.): Amsterdam in der Analyse, Gütersloh 1998, S. 121-162.

Gipfeltreffen von Sarajewo. Erklärung der Staats- und Regierungschefs der teilnehmenden und unterstützenden Länder des Stabilitätspaktes und der Verantwortlichen der teilnehmenden und unterstützenden internationalen Organisationen und Einrichtungen sowie Regionalinitiativen v. 30 Juli 1999.

Glauber, Ulrich; Pries, Knut: Ein unordentlicher Gipfel ohne ordentliche Höhepunkte. Vom Treffen der Spitzenpolitiker der EU-Länder im österreichischen Pörtschach gehen diffuse Signale aus, in: Frankfurter Rundschau v 26. Oktober 1998.

Goppel, Thomas: Die Bedeutung des Subsidiaritätsprinzips, in: EuZW 1993.

Grabitz, Eberhard, Art. 235, in: Grabitz, Eberhard; Hilf, Meinhard: Kommentar zur Europäischen Union (Stand: 7. Ergänzungslieferung September 1994).

Grande, Edgar: Demokratische Legitimation und europäische Integration, in: Leviathan 3 (1996), S. 339-360.

Grande, Edgar: Regieren im verflochtenen Mehrebenensystem: Forschungsstand und Forschungsbedarf (Beitragsmanuskript zur Tagung »Wie problemlösungsfähig ist die EU? Regieren im europäischen Mehrebenensystem« der Sektion »Staatslehre und politische Verwaltung« und des Arbeitskreises »Integrationsforschung« der DVPW vom 29.-31. Oktober 1998 in München).

Greven, Michael (Hrsg.): Demokratie – eine Kultur des Westens? 20. Wissenschaftlicher Kongreß der Deutschen Vereinigung für Politische Wissenschaft, Opladen 1998.

Greven, Michael Th.: Mitgliedschaft, Grenzen und politischer Raum: Problemdimensionen der Demokratisierung der Europäischen Union, in: Kohler-Koch, Beate (Hrsg.): Regieren in entgrenzten Räumen, Opladen 1998, S. 249-270.

Grimm, Dieter: Braucht Europa eine Verfassung?, in: Kimmel, Adolf (Hrsg.): Verfassungen als Fundament und Instrument der Politik, Baden-Baden 1995, S. 103-128.

Grimm, Dieter: Vertrag oder Verfassung?, in: Staatswissenschaft und Staatspraxis 4 (1995), S. 509-531.

Gusy, Christoph: Möglichkeiten und Grenzen eines effektiven und flexiblen europäischen Einwanderungsrechts, in: Weidenfeld, Werner (Hrsg.): Das europäische Einwanderungskonzept, Gütersloh 1994, S. 127-159.

Gusy, Christoph; Gimbal, Anke: Polizeiliche und justitielle Zusammenarbeit, in: Weidenfeld, Werner; Wessels, Wolfgang (Hrsg.): Jahrbuch der Europäischen Integration 1997/98, Bonn 1998, S. 163-170.

Häde, Ulrich; Puttler, Adelheid: Zur Abgrenzung des Art. 235 EGV von der Vertragsänderung, in: EuZW 1 (1997), S. 13-17.

Haibach, Georg: Comitology after Amsterdam: A Comparative Analysis of the Delegation of Legislative Powers, in: EIPASCOPE 1997/3, S. 2-8.

Hankel, Wilhelm; Nölling, Wilhelm; Schachtschneider, Karl-Albrecht; Starbatty, Joachim: Die Euro-Klage. Warum die Währungsunion scheitern muß, Hamburg 1998.

Hausmann, Hartmut: Arbeitsprogramm zur Bekämpfung des Drogenmißbrauchs und des Drogenhandels, in: Das Parlament vom 6. Juni 1997, S. 14.

Hausmann, Hartmut: EU-Gipfel in Pörtschach. Deutliche Akzentverlagerung: Beschäftigungspolitik erhält höheren Stellenwert als Währungsstabilität, in: Das Parlament v. 6./13.11.1998.

Heimpold, Gerhard: Reform der EU-Strukturfonds: Fortschritte bei der administrativen Effizienz sind bescheiden, in: Wirtschaft im Wandel 7 (1999), S. 14-19.

Heinemann, Friedrich: Die Finanzverfassung und Kompetenzausstattung der Europäischen Union. Eine finanzwissenschaftliche Soll-Ist-Analyse; Baden-Baden 1995.

Heinemann, Friedrich: Die ökonomische Föderalismustheorie und ihre Botschaft für die Kompetenzaufteilung im Mehrebenensystem der Europäischen Union, in: König, Thomas; Rieger, Elmar; Schmitt, Hermann (Hrsg.): Das europäische Mehrebenensystem, Frankfurt/New York 1996, S. 117-132.

Heinemann, Friedrich: EU-Finanzreform 1999. Eine Synopse der politischen und wissenschaftlichen Diskussion und eine neue Reformkonzeption, Gütersloh 1998.

Heise, Arne (Hrsg.): Perspektiven der Makropolitik zwischen Nationalstaat und Europäischer Union, Marburg 1999 (i. E.).

Herrnfeld, Hans-Holger: Recht europäisch. Rechtsreform und Rechtsangleichung in den Visegrád-Staaten, Gütersloh 1995.

Hesse, Joachim Jens (Hrsg.): Regionen in Europa, Bd. II, Baden-Baden 1996.

Hesse, Joachim Jens; Johnson, Nevil (eds.): Constitutional Policy and Change in Europe, Oxford 1995

Hesse, Joachim Jens; Wright, Vincent (eds.): Federalizing Europe? The Costs, Benefits, and Preconditions of Federal Political Systems, Oxford 1996

Hilf, Meinhard, Amsterdam – Ein Vertrag für die Bürger?, in: EuR 4 (1997), S. 347-361.

Hilf, Meinhard: Die Union und die Bürger: Nicht viel Neues, aber immerhin, in: integration 4 (1997), S. 247-254.

Hilf, Meinhard: Eine Verfassung für die Europäische Union: Zum Entwurf des Institutionellen Ausschusses des Europäischen Parlaments, in: integration 2 (1994), S. 68-78.

Hilz, Wolfram: Subsidiaritätsprinzip und EU-Gemeinschaftsordnung. Anspruch und Wirklichkeit am Beispiel des Maastricht-Prozesses, Opladen 1998.

(HMSO): Implementation and Enforcement of Environmental Legislation, London 1992.

Holnsteiner, Erich: Die Zusammenarbeit im Bereich der EU-Justiz- und Innenpolitik in der Osterweiterungsperspektive, in: Morass; Leitgeb; Holnsteiner: Europa 1996. Auswirkungen einer EU-Osterweiterung auf die zweite und dritte Säule, Wien 1995, S. 61-95.

Hommelhoff, Peter; Kirchhof, Paul (Hrsg.): Der Staatenverbund in der Europäischen Union, Heidelberg 1994.

Hooghe, Liesbet (ed.): Cohesion Policy and European Integration. Building Multi-Level Governance, Oxford 1996.

Hooghe, Liesbet: Building a Europe with the Regions: The Changing Role of the European Commission, in: Hooghe, Liesbet (ed.): Cohesion Policy and European Integration. Building Multi-Level Governance, Oxford 1996, S. 89-126.

Hooghe, Liesbet: Subnational Mobilisation in The European Union, in: West European Politics 3 (1995), S. 175-198.

Hooghe, Liesbeth: EU Cohesion Policy and Competing Models of European Capitalism, in: Journal of Common Market Studies 4 (1998), S. 457-477.

Hort, Peter: Nach den Visionen das Kleingedruckte. Die Mittel-und Osteuropäer auf ihrem langen Marsch durch die Brüsseler Institutionen in die EU, in: Frankfurter Allgemeine Zeitung v. 10. November 1998.

Hrbek, Rudolf (Hrsg.): Die Reform der Europäischen Union: Positionen und Perspektiven anläßlich der Regierungskonferenz, Baden-Baden 1997.

Hrbek, Rudolf: Die EG, ein Konkordanzsystem? Anmerkungen zu einem Deutungsversuch der politikwissenschaftlichen Europaforschung, in: Bieber, Roland; Bleckmann, Albert u. a. (Hrsg.): Das Europa der zweiten Generation. Gedächtnisschrift für Christoph Sasse, Baden-Baden 1981, S. 87-103.

Hrbek, Rudolf: Wie sollen sich Arbeitsteilung, Subsidiarität und regionale Beteiligung nach Amsterdam entwickeln?, in: Bertelsmann Stiftung; Forschungsgruppe Europa (Hrsg.), Systemwandel in Europa – Demokratie, Subsidiarität, Differenzierung, Gütersloh 1998, S. 27-39.

Huffschmid, Jörg: Altes Denken in Amsterdam. Ohne Kurskorrektur kommt die europäische Einigung nicht voran, in: Blätter für deutsche und internationale Politik 9 (1997), S. 1083-1093.

Hummer, Waldemar; Bohr, Sebastian: Die Rolle der Regionen im Europa der Zukunft. Subsidiarität – Föderalismus – Regionalismus in vergleichender Betrachtung, in: Eisenmann, Peter; Rill, Bernd (Hrsg.): Das Europa der Zukunft. Subsidiarität, Föderalismus, Regionalismus, Regensburg 1992, S. 65-101.

Institut der deutschen Wirtschaft (Hrsg.): Sozialraum Europa, Dossier Nr. 14, Köln 1995.

Institut für Friedensforschung und Sicherheitspolitik an der Universität Hamburg (IFSH): »Deutsche Außenpolitik ist Friedenspolitik«. Lageanalyse und Empfehlungen zur Friedens- und Sicherheitspolitik der Bundesregierung auf der Grundlage der Koalitionsvereinbarung zwischen der Sozialdemokratischen Partei Deutschlands und Bündnis 90 / Die Grünen vom 20. Oktober 1998, Hamburg: Januar 1999.

»Internationale Konvention gegen die Ausbeutung von Kindern«, in: Frankfurter Allgemeine Zeitung v. 31. Oktober 1997.

Ipsen, Jörn; Rengeling, Hans-Werner; Mössner, Jörg Manfred; Weber, Albrecht (Hrsg.): Verfassungsrecht im Wandel, Köln/Berlin/Bonn/München 1995.

Ischinger, Wolfgang; Koelsch, Eberhard: Was Mehrheitsentscheidungen erreichen können. Zur Gemeinsamen Außen- und Sicherheitspolitik der EU, in: Frankfurter Allgemeine Zeitung v. 2. Mai 1997, S. 13.

Jachtenfuchs, Markus: Die Zukunft der Demokratie im Rahmen der Europäischen Union, Entwurf für einen Beitrag in: Kaase, Max; Schmid, Günther (Hrsg.): Demokratie in der Bewährungsprobe. 50 Jahre Bundesrepublik Deutschland (WZB-Jahrbuch 1999), Berlin 1999.

Jachtenfuchs, Markus; Kohler-Koch, Beate (Hrsg.): Europäische Integration, Opladen 1996

Janning, Josef: Dynamik in der Zwangsjacke – Flexibilität in der Europäischen Union nach Amsterdam, in: integration 4 (1997), S. 285-191.

Janning, Josef: Zähmung des Welthandels. Was tun gegen Öko- und Sozialdumping?, in: Internationale Politik 4 (1997), S. 35-40.

Janning, Josef; Giering, Claus: Differenzierung als Integrationskonzept der künftigen Europäischen Union, in: Bertelsmann Stiftung; Forschungsgruppe Europa (Hrsg.): Systemwandel in Europa – Demokratie, Subsidiarität, Differenzierung, Gütersloh 1998, S. 41-50.

Janning, Josef; Giering, Claus: Strategien gegen die institutionelle Erosion, in: Giering, Claus; Janning, Josef; Merkel, Wolfgang; Stabenow, Michael: Demokratie und Interessenausgleich in der Europäischen Union, Gütersloh 1999, S. 39-79.

Jarass, Hans D.: Die Kompetenzverteilung zwischen der Europäischen Gemeinschaft und den Mitgliedstaaten, in: Archiv des öffentlichen Rechts 2 (1996), S. 173-199.

Jarass, Hans D.: EG-Kompetenzen und das Prinzip der Subsidiarität nach Schaffung der Europäischen Union, in: EuGRZ 9-10 (1994), S. 209-219.

Jeffery, Charlie (ed.): The Regional Dimension of The European Union. Towards a Third Level in Europe? (Regional & Federal Studies 2 (1996); Special Issue).

Jesse, Eckhard; Kailitz, Steffen (Koord.): Prägekräfte des 20. Jahrhunderts. Demokratie, Extremismus, Totalitarismus, München 1997.

Jones, Barry; Keating, Michael (ed..): The European Union and the Regions, Oxford 1995.

Jones, Tim: Bonn targets budget »waverers«, in: European Voice v. 7.-13. Januar 1999.

Jopp, Mathias, Otto Schmuck (Hrsg.): Die Reform der Europäischen Union. Analysen – Positionen – Dokumente zur Regierungskonferenz 1996/97, Bonn 1996.

Jopp, Mathias: Reformziel Stärkung der außen- und sicherheitspolitischen Handlungsfähigkeit der EU, in: Jopp, Mathias, Otto Schmuck (Hrsg.): Die Reform der Europäischen Union. Analysen – Positionen – Dokumente zur Regierungskonferenz 1996/97, S. 41-58.

Jopp, Mathias; Maurer, Andreas; Schmuck, Otto (Hrsg.): Die Europäische Union nach Amsterdam. Analysen und Stellungnahmen zum neuen EU-Vertrag, Bonn 1998.

Kaase, Max; Schmid, Günther (Hrsg.), Demokratie in der Bewährungsprobe. 50 Jahre Bundesrepublik Deutschland (WZB-Jahrbuch 1999), Berlin 1999.

Kahil, Bettina, Europäisches Sozialrecht und Subsidiarität, Baden-Baden 1996.

Kaiser, Wolfram; Visuri, Pekka; Malmström, Cecilia; Hjelseth, Arve: Die EU-Volksabstimmungen in Österreich, Finnland, Schweden und Norwegen: Folgen für die Europäische Union, in: integration 2 (1995), S. 76-87.

Kamann, Hans-Georg: Regierungskonferenz 1996/97 – Überlegungen zu einer Reform des Beschlußverfahrens im Rat der Europäischen Union, in: EuR 1 (1997), S. 58-73.

Karl, Helmut; Henrichsmeyer, Wilhelm: Regionalpolitik im Prozeß der Europäischen Integration, Bonn 1995.

Keating, Michael: Europeanism and Regionalism, in: Jones, Barry; Keating, Michael (ed..): The European Union and the Regions, Oxford 1995, S. 1-22.

Keller, Bernd: Kein Aufbruch zu neuen Ufern. Die europäische Beschäftigungspolitik bleibt in symbolischen Aktionen stecken, in: Handelsblatt v. 11./12. Juni 1999.

Kielmansegg, Peter Graf: Integration und Demokratie, in: Jachtenfuchs, Markus; Kohler-Koch, Beate (Hrsg.): Europäische Integration, Opladen 1996, S. 47-71.

Kimmel, Adolf (Hrsg.): Verfassungen als Fundament und Instrument der Politik, Baden-Baden 1995.

Kleinhenz, Gerhard (Hrsg.): Soziale Integration in Europa II, Berlin 1996.

Kleinhenz, Gerhard: Subsidiarität und Solidarität bei der sozialen Integration in Europa, in: Kleinhenz, Gerhard (Hrsg.): Soziale Integration in Europa II, Berlin 1996, S. 7-24.

Kleinmann, Mark; Piachaud, David: European Social Policy: Conceptions and Choices, in: Journal of European Social Policy 3 (1993), S. 1-19.

Kliemann, Annette: Die europäische Sozialintegration nach Maastricht, Baden-Baden 1997.

Klös, Hans-Peter: Soziale Sicherung und Arbeitsmärkte in Europa im Zeichen der Globalisierung, in: Platzer, Hans-Wolfgang (Hg.): Sozialstaatliche Entwicklungen in Europa und die Sozialpolitik der Europäischen Union. Die soziale Dimension im EU-Reformprozeß, Baden-Baden 1997, S. 23-43.

Kohler, Berthold: Erstes Lob für den Letzten. Trotz jüngster Reformerfolge ist der Weg Bulgariens in die EU noch weit, in: Frankfurter Allgemeine Zeitung v. 13. November 1998.

Kohler-Koch, Beate (Hrsg.): Regieren in entgrenzten Räumen, Opladen 1998.

Kohler-Koch, Beate: Die Europäisierung nationaler Demokratien: Verschleiß eines europäischen Kulturerbes?, in: Greven, Michael (Hrsg.): Demokratie – eine Kultur des Westens? 20. Wissenschaftlicher Kongreß der Deutschen Vereinigung für Politische Wissenschaft, Opladen 1998, S. 263-288.

Kommers, Donald P.: Federalism and European Integration: A Commentary, in: Cappelletti, Mauro; Seccombe, Monica; Weiler, Joseph (eds.): Integration Through Law. Europe and the American Federal Experience, Vol. 1, Book 1, Berlin/New York 1986, S. 603-616.

König, Christian: Die Europäische Sozialunion als Bewährungsprobe der supranationalen Gerichtsbarkeit, in: EuR 2 (1994), S. 175-195.

König, Thomas; Rieger, Elmar; Schmitt, Hermann (Hrsg.): Das europäische Mehrebenensystem, Frankfurt/New York 1996.

Kowalsky, Wolfgang: Europäische Sozialpolitik. Ausgangsbedingungen, Antriebskräfte und Entwicklungspotentiale, Opladen 1999.

Krämer, Raimund: Grenzen der Europäischen Union, Potsdam 1997.

Krastev, Ivan; Kühnhardt Ludger: Europa hört nicht in den Alpen auf. Was ein Stabilitätspakt für den Balkan leisten muß, in: Frankfurter Allgemeine Zeitung v. 27. Mai 1999, S. 15.

Krätzschmar, Sabine: Theorie und Empirie der Regionalpolitik. Zur Erfolgswirksamkeit der Regionalpolitik in der Europäischen Union, Fuchsstadt 1995.

Krauß, Stefan: Fortentwicklung des Vertragswerks der EU: Grenzen des intergouvernementalen Ansatzes, in: Zeitschrift für Parlamentsfragen 1 (1998), S. 64-77.

Kreher, Alexander (ed.): The EC Agencies between Community Institutions and Constituents: Autonomy, Control and Accountability. Conference Report, Badia Fiesolana, San Domenico (Fi): European University Institute. The Robert Schuman Centre, February 1998.

Kreher, Alexander (ed.): The New European Agencies. Conference Report (EUI Working Paper RSC No. 96/49), Badia Fiesolana, San Domenico (Fi) 1998.

Kreile, Michael (Hrsg.): Die Integration Europas, PVS-Sonderheft 23, Opladen 1992.

Kreile, Michael: Eine Erweiterungsstrategie für die Europäische Union, in: Weidenfeld, Werner (Hrsg.): Europa öffnen. Anforderungen an die Erweiterung, Gütersloh 1997, S. 203-272.

Kreile, Michael: Integrationspolitische Rahmenbedingungen der Regierungskonferenz. Eine politikwissenschaftliche Skizze, in: Hrbek, Rudolf (Hrsg.): Die Reform der Europäischen Union: Positionen und Perspektiven anläßlich der Regierungskonferenz, Baden-Baden 1997, S. 17-21.

Kreuzer, Karl F.; Scheuing, Dieter H.; Sieber, Ulrich (Hrsg.): Die Europäisierung der mitgliedstaatlichen Rechtsordnungen in der Europäischen Union, Baden-Baden 1997.

Kuhn, Britta: Zentralisierung in der Europäischen Sozialpolitik: die Rolle des Europäischen Gerichtshofes, in: Wahl, Jürgen (Hrsg.): Sozialpolitik in der ökonomischen Diskussion, Marburg 1994, S. 261-279.

Laaser, Claus-Friedrich; Soltwedel, Rüdiger et al.: Europäische Integration und nationale Wirtschaftspolitik, Tübingen 1993.

Ladeur, Karl-Heinz: The New European Agencies. The European Environment Agency and Prospects for a European Network of Environmental Administrations (EUI Working Paper RSC No. 96/50), Badia Fiesolana, San Domenico (Fi) 1996.

Laffan, Brigid: The European Union: A Distinctive Model of Internationalisation?, European Integration online Papers (EioP) 18 (1997).

Lang, J.; Naschold, F.; Reissert, B.: Management der EU-Strukturpolitik. Modernisierung des öffentlichen Sektors, Berlin 1998.

Langer, Stefan: Subsidiarität und Anerkennungsprinzip, in: Zeitschrift für Gesetzgebung 3 (1993), S. 193-211.

Laske, Caroline: The Impact of the Single European Market on Social Protection for Migrant Workers, in: CMLR 1993, S. 515-539.

Laufer, Heinz; Fischer, Thomas: Föderalismus als Strukturprinzip für die Europäische Union, Gütersloh 1996.

Läufer, Thomas: Zum Stand der Verfassungsdiskussion in der Europäischen Union, in: Randelzhofer, Albrecht; Scholz, Rupert; Wilke, Dieter (Hrsg.): Gedächtnisschrift für Eberhard Grabitz, München 1995, S. 355-368.

Lecheler, Helmut: Braucht die „Europäische Union" eine Verfassung? Bemerkungen zum Verfassungsentwurf des Europäischen Parlaments vom 9. September 1993, in: Randelzhofer, Albrecht; Scholz, Rupert; Wilke, Dieter (Hrsg.): Gedächtnisschrift für Eberhard Grabitz, München 1995, S. 393-407.

Leibfried, Stephan: Der Wohlfahrtsstaat zwischen „Integration" und „Desintegration": Europäische Union, nationale Sozialpolitiken und „Globalisierung", Bremen: ZeS-Arbeitspapier Nr. 15 (1997).

Leibfried, Stephan: Wohlfahrtsstaatliche Perspektiven der Europäischen Union: Auf dem Wege zu positiver Souveränitätsverflechtung?, in: Jachtenfuchs, Markus/Kohler-Koch, Beate (Hrsg.): Europäische Integration, Opladen 1996, S. 455-477.

Leibfried, Stephan; Pierson, Paul: European Social Policy. Between Fragmentation and Integration, Washington D.C. 1995.

Leibfried, Stephan; Pierson, Paul: Semisovereign Welfare States: Social Policy in a Multitiered Europe, in: Leibfried, Stephan; Pierson, Paul (eds.): European Social Policy. Between Fragmentation and Integration, Washington, D.C. 1995, S. 43-77.

»Leise Hoffnung auf Fortschritte in der Steuerkoordinierung der EU«, in: Süddeutsche Zeitung v. 16. April 1999, S. 22.

Lenaerts, Koen: Constitutionalism and the Many Faces of Federalism, in: American Journal of Comparative Law 2 (1990), S. 205-263.

Leonardi, Robert: Convergence, Cohesion and Integration in the European Union, London 1995.

Leonardy, Uwe: The Political Dimension, German Practice, and the European Perspective, in: Hesse, Joachim Jens; Wright, Vincent (eds.): Federalizing Europe? The Costs, Benefits, and Preconditions of Federal Political Systems, Oxford 1996, S. 73-100.

Leslie, Peter M.: Economic, Union, Social Union, and Political Union: Reflections on the State of the Canadian Federal System (Skript in: Studiecentrum voor Federalisme vzw/Centre d'Etudes du Fédéralisme asbl, L'Apport des Sciences Politiques à l'Evolution de l'Union Européenne: Le Fédéralisme est-il l'Approche Adéquate? Connexions avec d'Autres Conceptions (Rapport), Séminaire 2: Pratique du Fédéralisme (10-12 novembre 1994)).

Levi, Lucio: Recent Developments in Federalist Theory, in: Levi, Lucio; Montani, Guido; Rossolillo, Francesco: Three Introductions to Federalism, Ventotene: The Altiero Spinelli Institute for Federalist Studies, 1989, S. 33-73.

Levi, Lucio; Montani, Guido; Rossolillo, Francesco: Three Introductions to Federalism, Ventotene: The Altiero Spinelli Institute for Federalist Studies, 1989.

Lindberg, Leon N.; Scheingold, Stuart A.: Europe's Would Be Polity. Patterns of Change in the European Community, Englewood Cliffs 1970.

Link, Werner: Die NATO im Geflecht internationaler Organisationen, in: APuZ B11/99 vom 12. März 1999, S. 9-18.

Lippert, Barbara: Die Erweiterungspolitik der Europäischen Union, in: Weidenfeld, Werner; Wessels, Wolfgang (Hrsg.): Jahrbuch der Europäischen Integration 1997/98, Bonn 1998, S. 37-50.

Lübbe, Hermann: Abschied vom Superstaat. Vereinigte Staaten von Europa wird es nicht geben, Berlin 1994.

Luthardt, Wolfgang: Formen der Demokratie. Die Vorteile der Konkordanzdemokratie, in: Jesse, Eckhard; Kailitz, Steffen (Koord.): Prägekräfte des 20. Jahrhunderts. Demokratie, Extremismus, Totalitarismus, München 1997, S. 41-57.

MacDougall, D. et al.: Report on the study group on the role of public finance in European integration, Luxembourg 1977.

Magiera, Siegfried: Föderalismus und Subsidiarität als Rechtsprinzipien der Europäischen Union, in: Schneider, Heinrich; Wessels, Wolfgang (Hrsg.): Föderale Union – Europas Zukunft? Analysen, Kontroversen, Perspektiven, München 1994, S. 71-98.

Magiera, Siegfried: Zur Reform der Normenhierarchie im Recht der Europäischen Union, in: integration 4 (1995), S. 197-208.

Majone, Giandomenico: Redistributive und sozialregulative Politik, in: Jachtenfuchs, Markus; Kohler-Koch, Beate (Hrsg.): Europäische Integration, Opladen 1996, S. 225-247.

Majone, Giandomenico: Regulating Europe, London/New York 1996.

Majone, Giandomenico: Regulatory Legitimacy, in: Majone, Giandomenico: Regulating Europe, London/New York 1996, S. 284-301.

Majone, Giandomenico: The European Community between Social Policy and Social Regulation, in: Journal of Common Market Studies 31 (1993), S. 153-170.

Mangen, Steen: The Social Security Agenda in the post-Maastricht Union, in: Stavridis, Stelios; Mossialos, Elias; Morgan, Roger; Machin, Howard (eds.): New Challenges to the European Union: Policies and Policy-Making, Aldershot/Brookfield/Singapore/Sidney 1997, S. 519-543.

Mappes-Niediek, Norbert: Ein Land sucht eine Perspektive. Rumänien hofft auf den Beitritt zur EU. Aber die Chancen sind gering, in: Die ZEIT v. 26. November 1998.

Marias, Epaminondas A. (ed.): European Citizenship, Maastricht: European Institute of Public Administration, 1994.

Marks, Gary: An Actor-Centred Approach to Multi-Level Governance, in: Jeffery, Charlie (ed.): The Regional Dimension of the European Union. Towards a Third Level in Europe? (Regional & Federal Studies 2/1996, Special Issue), London 1996, S. 21-38.

Marks, Gary: Exploring and Explaining Variation in EU Cohesion Policy, in: Hooghe, Liesbet (ed.): Cohesion Policy and European Integration. Building Multi-Level Governance, Oxford 1996, S. 388-422.

Marks, Gary: Politikmuster und Einflußlogik in der Strukturpolitik, in: Jachtenfuchs, Markus; Kohler-Koch, Beate (Hrsg.): Europäische Integration, Opladen 1996, S. 313-343.

Marks, Gary: Structural Policy and Multilevel Governance in the EC, in: Cafruny, Alan W.; Rosenthal, Glenda G. (eds.): The State of the European Community II, Boulder 1993, S. 391-410.

Marks, Gary; Scharpf, Fritz W.; Schmitter, Philippe C.; Streeck, Wolfgang: Governance in the European Union, London/Thousand Oaks/New Delhi: Sage Publications, 1996.

Mazey, Sonia; Rhodes, Carol (eds.): The State of the European Union III, Boulder 1995.

McAleavey, P.: The Politics of the European Regional Development Policy: Additionality in the Scottish Coalfields, in: Regional Politics and Policy 3.2 (1993), S. 88-107.

McKay, David: Rush to Union. Understanding the European Federal Bargain, Oxford 1996.

Meijknecht, P.A.M.: Comments: A Practical Approach on Judicial Cooperation in Civil Matters, in: Winter, Jan A.; Curtin, Deirdre M.; Kellermann, Alfred E.; Witte, Bruno de (eds.): Reforming the Treaty on European Union – The Legal Debate, The Hague/Boston/London 1996, S. 457-461.

Mertins, Günter (Hrsg.): Vorstellungen der Bundesrepublik Deutschland zu einem europäischen Raumordnungskonzept, Marburg/Lahn 1993.

Metz, Wolfgang: Kommentierte Chronologie zur Regierungskonferenz 1996/97, in: Weidenfeld, Werner (Hrsg.): Amsterdam in der Analyse, Gütersloh 1998, S. 219-272.

Miller, G.: Economic and monetary union: the still neglected social dimension, in: European Social Observatory, Economic and monetary union and social protection, Working Paper 11, 5 (1995).

Monar, Jörg: Außenwirtschaftsbeziehungen, in: Weidenfeld, Werner; Wessels, Wolfgang (Hrsg.): Jahrbuch der Europäischen Integration 1996/97, Bonn 1997, S. 205-214.

Monar, Jörg: Außenwirtschaftsbeziehungen, in: Weidenfeld, Werner; Wessels, Wolfgang (Hrsg.): Jahrbuch der Europäischen Integration 1997/98, Bonn 1998, S. 223-230.

Monar, Jörg: Der dritte Pfeiler der Europäischen Union zu Beginn der Regierungskonferenz: Bilanz und Reformbedarf, in: integration 2 (1996), S. 93-101.

Monar, Jörg: Ein Raum der Freiheit, der Sicherheit und des Rechts: Die Innen- und Justizpolitik nach Amsterdam, in: Jopp, Mathias; Maurer, Andreas; Schmuck, Otto (Hrsg.): Die Europäische Union nach Amsterdam. Analysen und Stellungnahmen zum neuen EU-Vertrag, Bonn 1998, S. 127-154.

Monar, Jörg: Reformziel Innere Sicherheit: Die Notwendigkeit einer Gemeinsamen Innen- und Justizpolitik, in: Jopp, Mathias/Schmuck, Otto (Hrsg.): Die Reform der Europäischen Union. Analysen – Positionen – Dokumente zur Regierungskonferenz 1997/97, Bonn 1996, S. 59-73.

Morass, Michael: Mehrheitsdemokratie versus Föderalismus. Demokratie im Mehrebenensystem der Europäischen Union, in: Antalovsky, Eugen; Melchior, Jürgen; Puntscher Riekmann, Sonja (Hrsg.): Integration durch Demokratie. Neue Impulse für die Europäische Union, Marburg 1997, S. 223-241.

Morass; Leitgeb; Holnsteiner: Europa 1996. Auswirkungen einer EU-Osterweiterung auf die zweite und dritte Säule, Wien 1995.

Müller-Graff, Peter-Christian (Hrsg.): Europäische Zusammenarbeit in den Bereichen Justiz und Inneres. Der dritte Pfeiler der Europäischen Union, Baden-Baden 1996.

Müller-Graff, Peter-Christian: Europäische Zusammenarbeit in den Bereichen Justiz und Inneres – Funktion, Ausgestaltung und Entwicklungsoptionen des dritten Pfeilers der Europäischen Union, in: ders. (Hrsg.): Europäische Zusammenarbeit in den Bereichen Justiz und Inneres. Der dritte Pfeiler der Europäischen Union, Baden-Baden 1996, S. 11-39.

Müller-Graff, Peter-Christian: Justiz und Inneres nach Amsterdam – Die Neuerungen in erster und dritter Säule, in: integration 4 (1997), S. 271-284.

Müller-Graff, Peter-Christian; Kainer, Friedemann: Asyl-, Einwanderungs- und Visapolitik, in: Weidenfeld, Werner; Wessels, Wolfgang (Hrsg.): Jahrbuch der Europäischen Integration 1997/98, Bonn 1998, S. 123-128.

Münch, Ursula: Sozialpolitik und Föderalismus. Zur Dynamik der Aufgabenverteilung im sozialen Bundesstaat, Opladen 1997.

Münster, Winfried: Und was ist mit den Jobs?, in: Süddeutsche Zeitung v. 30. März 1998, S. 27.

Nanetti, Raffaella Y.: EU Cohesion and Territorial Restructuring in the Member States, in: Hooghe, Liesbet (ed.): Cohesion Policy and European Integration. Building Multi-Level Governance, Oxford 1996, S. 59-88.

Nanz, Klaus-Peter: Visapolitik und Einwanderungspolitik der Europäischen Union, in: Müller-Graff, Peter-Christian (Hrsg.): Europäische Zusammenarbeit in den Bereichen Justiz und Inneres. Der dritte Pfeiler der Europäischen Union, Baden-Baden 1996, S. 63-74.

Nentwich, Michael; Falkner, Gerda: The Treaty of Amsterdam: Towards a New Institutional Balance, European Integration online Papers (EioP) 15 (1997).

Neyer, Jürgen: Administrative Supranationalität in der Verwaltung des Binnenmarktes: Zur Legitimität der Komitologie, in: integration 1 (1997), S. 24-37.

Nickel, Dietmar: Ein Kommentar zum Amsterdamer Vertrag aus Sicht des Europäischen Parlaments, in: integration 4 (1997), S. 219-227.

Nohlen, Dieter; Gonzáles Encinar, José Juan: Der Staat der Autonomen Gemeinschaften in Spanien, Opladen 1992.

Oebbecke, Janbernd: Die europäische Integration und die Organisation der Verwaltung, in: Ipsen, Jörn; Rengeling, Hans-Werner; Mössner, Jörg Manfred; Weber, Albrecht (Hrsg.): Verfassungsrecht im Wandel, Köln/Berlin/Bonn/München 1995, S. 607-622.

OECD: Employment Outlook 1997, Paris: OECD, 10. July 1997.

Oldag, Andreas: Risse im europäischen Sozialmodell, in: Süddeutsche Zeitung v. 15./16. März 1993, S. 25.

Olsen, Johan P.: European Challenges to the Nation State (ARENA reprint 97/11).

Onestini, Cesare: Regional Policy Options: A Synopsis, in: Hesse, Joachim Jens (Hrsg.): Regionen in Europa, Bd. II, Baden-Baden 1996, S. 191-220.

Ophüls, Carl Friedrich: Die Europäischen Gemeinschaftsverträge als Planungsverfassungen, in: Kaiser, Joseph H. (Hrsg.): Planung I, Baden-Baden 1965.

Oppermann, Thomas: Zur Eigenart der Europäischen Union, in: Hommelhoff, Peter; Kirchhof, Paul (Hrsg.): Der Staatenverbund in der Europäischen Union, Heidelberg 1994, S. 87-106.

Outrive, Lode van: Les contre-propositions à l'octroi de l'asile, in: Bieber; de Gucht; Lenaerts; Weiler: Au nom des peuples européens – in the name of the peoples of Europe, Baden-Baden 1996, S. 82-124.

Pechstein, Matthias: Rechtssubjektivität für die Europäische Union?, in: EuR 2 (1996), S. 137-144.

Pernice, Ingolf (ed.): Harmonization of Legislation in Federal Systems. Constitutional, Federal and Subsidiarity Aspects – The European Union and the United States of America Compared, Baden-Baden 1996.

Pernice, Ingolf: Beitrag zur Gemeinsamen Anhörung der Europaausschüsse von Deutschem Bundestag und Bundesrat am 8. Mai 1996 zum Subsidiaritätsprinzip in der Europäischen Union (Skript vom 22.4.1996).

Pernice, Ingolf: Maastricht, Staat und Demokratie, in: Die Verwaltung 4 (1993), S. 449-488.

Pescatore, Pierre: Mit der Subsidiarität leben. Gedanken zu einer drohenden Balkanisierung der Europäischen Gemeinschaft, in: Due, Ole; Lutter, Marcus; Schwarze, Jürgen (Hrsg.): Festschrift für Ulrich Everling, Band II, Baden-Baden 1995, S. 1071-1094.

Piehl, Ernst: Pörtschach-Gipfel über die »Zukunft Europas«, in: EUmagazin 10 (1998), S. 16-19.

Piepenschneider, Melanie: Der Vertrag von Amsterdam – Analyse und Bewertung (Arbeitspapier der Konrad-Adenauer-Stiftung, 3. überarb. Aufl.), Sankt Augustin: Januar 1998.

Pinder, John: Wheare's Federal Government and Europe Today, in: The Federalist 3 (1996), S. 152-174.

Platzer, Hans-Wolfgang (Hg.): Sozialstaatliche Entwicklungen in Europa und die Sozialpolitik der Europäischen Union. Die soziale Dimension im EU-Reformprozeß, Baden-Baden 1997.

Pohmer, Dieter (Hrsg.): Probleme des Finanzausgleichs III, Schriften des Vereins für Socialpolitik, Band 96/III, Berlin 1981.

Pollack, Mark A.: Creeping Competence: The Expanding Agenda of the European Community, in: Journal of Public Policy 1 (1994), S. 95-145.

Pollack, Mark A.: Regional Actors in an Intergovernmental Play: The Making and Implementation of EU Structural Policy, in: Mazey, Sonia; Rhodes, Carol (eds.): The State of the European Union III, Boulder 1995, S. 361-390).

Postlep, Rolf-Dieter (Hrsg.): Aktuelle Fragen des Föderalismus. Ausgewählte Probleme aus Theorie und politischer Praxis des Föderalismus, Marburg 1996.

Postlep, Rolf-Dieter: Möglichkeiten eines horizontalen Finanzausgleichs zwischen den Mitgliedstaaten der Europäischen Gemeinschaft, in: Mertins, Günter (Hrsg.): Vorstellungen der Bundesrepublik Deutschland zu einem europäischen Raumordnungskonzept, Marburg/Lahn 1993.

Preuß, Ulrich K.: Grundrechte in der Europäischen Union, in: Kritische Justiz 1 (1998), S. 1-29.

Prittwitz, Volker von: Politikanalyse, Opladen 1994.

Prud'homme, Rémy: The potential role of the EC budget in the reduction of spatial disparities in a European economic and monetary union, in: European Commission: The Economics of Community Public Finance (European Economy. Reports and Studies No 5/1993), Luxembourg 1993, S. 317-351.

Puchala, Donald J.: Of Blind Men, Elefants and International Integration; in: Journal of Common Market Studies 3 (1972), S. 267-284.

Ramsay, Robert: Die mehrdeutige Interpretation des Begriffs Föderalismus als Quelle politischer Schwierigkeiten, in: Berichte des Forschungsinstituts der Internationalen Wissenschaftlichen Vereinigung Weltwirtschaft und Weltpolitik, Mai 1994, S. 1-7.

Randelzhofer, Albrecht; Scholz, Rupert; Wilke, Dieter (Hrsg.): Gedächtnisschrift für Eberhard Grabitz, München 1995.

Regelsberger, Elfriede: Gemeinsame Außen- und Sicherheitspolitik, in: Weidenfeld, Werner; Wessels, Wolfgang (Hrsg.): Jahrbuch der Europäischen Integration 1995/96, Köln 1996, S. 211-219.

Reichhardt, Wolfgang: Die Karriere des Subsidiaritätsprinzips in der Europäischen Gemeinschaft, in: Österreichische Zeitschrift für Politikwissenschaft 1 (1994), S. 53-66.

Rhodes, Martin: Globalization and West European Welfare States: A Critical Review of Recent Debates, in: Journal of European Social Policy 4 (1996), S. 305-327.

Roch, I.; Scott, J.; Ziegler, A.: Umweltgerechte Entwicklung von Grenzregionen durch kooperatives Handeln (IÖR-Schriften 24), Dresden 1998.

Roggemann, Herwig: Vom Kosovo-Krieg zur Balkan-Stabilisierung. Der lange Weg zum Frieden verlangt Augenmaß, Detailarbeit und langen Atem, in: Frankfurter Allgemeine Zeitung v. 30. September 99, S. 7.

Roth, Christian: Perspektiven einer europäischen Arbeitsmarkt und Beschäftigungspolitik zwischen Koordination und Redistribution, in: Heise, Arne (Hrsg.): Perspektiven der Makropolitik zwischen Nationalstaat und Europäischer Union, Marburg 1999 (i.E.).

Rupprecht, Reinhard; Hellenthal, Markus u. a.: Innere Sicherheit im Europäischen Binnenmarkt, Gütersloh 1992.

Rupprecht, Reinhard; Hellenthal, Markus: Programm für eine Europäische Gemeinschaft der Inneren Sicherheit, in: dies. u. a.: Innere Sicherheit im Europäischen Binnenmarkt, Gütersloh 1992, S. 23-319.

Rupprecht, Reinhard; Hellenthal, Markus; Weidenfeld, Werner: Internal Security and the Single Market, Gütersloh 1994.

Sauerwald, Christine: Die Unionsbürgerschaft und das Staatsangehörigkeitsrecht in den Mitgliedstaaten der Europäischen Union, Frankfurt a. M. 1996.

Saunders, Cheryl: The Constitutional Arrangements of Federal Systems: A Sceptical View from the Outside, in: Hesse, Joachim Jens; Wright, Vincent (eds.): Federalizing Europe? The Costs, Benefits, and Preconditions of Federal Political Systems, Oxford 1996, S. 46-69.

Sbragia, Alberta (ed.): Euro-Politics. Institutions and Policymaking in the »New« European Community, Washington D.C. 1991.

Sbragia, Alberta M.: The European Community. A Balancing Act, in: Publius: The Journal of Federalism, Summer 1993, S. 23-38.

Sbragia, Alberta M.: Thinking about the European Future: The Uses of Comparison, in: Sbragia, Alberta (ed.): Euro-Politics. Institutions and Policymaking in the »New« European Community, Washington D.C. 1991, S. 257-292.

Schäfer, Günther F.: Die institutionellen Herausforderungen einer EU-Osterweiterung, in: Weidenfeld, Werner (Hrsg.): Europa öffnen. Anforderungen an die Erweiterung, Gütersloh 1997, S. 25-100.

Scharf, Fritz W.: Demokratische Politik in der internationalisierten Ökonomie, in: Greven, Michael (Hrsg.): Demokratie – eine Kultur des Westens? 20. Wissenschaftlicher Kongreß der Deutschen Vereinigung für Politische Wissenschaft, Opladen 1998, S. 81-103.

Scharpf, Fritz W.: Autonomieschonend und gemeinschaftsverträglich: Zur Logik einer europäischen Mehrebenenpolitik, in: ders.: Optionen des Föderalismus in Deutschland und Europa, Frankfurt/New York 1994, S. 131-155.

Scharpf, Fritz W.: Die Politikverflechtungsfalle. Europäische Integration und deutscher Föderalismus im Vergleich, in: Politische Vierteljahresschrift 4 (1985), S. 323-356.

Scharpf, Fritz W.: Föderalismus und Demokratie in der transnationalen Ökonomie, in: Beyme, Klaus von; Offe, Claus: Politische Theorien in der Ära der Transformation, Opladen 1995, S. 211-235.

Scharpf, Fritz W.: Kann es in Europa eine stabile föderale Balance geben?, in: ders.: Optionen des Föderalismus in Deutschland und Europa, Frankfurt/New York 1994, S. 117-130.

Scharpf, Fritz W.: Konsequenzen der Globalisierung für die nationale Politik, in: IPG 2 (1997), S. 184-192.

Europäische Kommission: Jahreswirtschaftsbericht 1997. Wachstum, Beschäftigung und Konvergenz auf dem Weg zur WWU (KOM (97) 27 endg. v. 12.02.1997), Brüssel: Europäische Kommission, 1997.

Scharpf, Fritz W.: Negative and Positive Integration in the Political Economy of European Welfare States, in: Marks, Gary; Scharpf, Fritz W.; Schmitter, Philippe C.; Streeck, Wolfgang: Governance in the European Union, London/Thousand Oaks/New Delhi: Sage Publications, 1996, S. 15-39.

Scharpf, Fritz W.: Optionen des Föderalismus in Deutschland und Europa, Frankfurt/New York 1994.

Scharpf, Fritz W.: Wege zur Zivilisierung des Eurokapitalismus, in: Antalovsky, Eugen; Melchior, Josef; Puntscher Riekmann, Sonja (Hrsg.): Integration durch Demokratie. Neue Impulse für die Europäische Union, Marburg 1997, S. 365-375.

Schefold, Bertram (Hrsg.): Wandlungsprozesse in den Wirtschaftssystemen Westeuropas, Marburg 1995.

Schilling, Theodor: Die Verfassung Europas, in: Staatswissenschaft und Staatspraxis 3 (1996), S. 387-417.

Schima, Bernhard: Das Subsidiaritätsprinzip im Europäischen Gemeinschaftsrecht, Wien 1994.

»„Schlimme Entgleisung": Stoiber und Beck warnen vor Zustimmung zu EU-Reform«, in: Süddeutsche Zeitung v. 2. Juni 1997.

Schmitt-Egner, Peter: »Grenzüberschreitende Zusammenarbeit« in Europa als Gegenstand wissenschaftlicher Forschung und Strategie transnationaler Praxis. Anmerkungen zur Theorie, Empirie und Praxis des Transnationalen Regionalismus, in: Brunn, Gerhard; Schmitt-Egner, Peter (Hrsg.): Grenzüberschreitende Zusammenarbeit in Europa. Theorie-Empirie-Praxis, Baden-Baden 1998, S. 27-77.

Schmuck, Otto: Die Regierungskonferenz 1996/97: Reformbedarf, Rechtsgrundlagen, Tagesordnung, Erwartungen, in: Jopp, Mathias, Otto Schmuck (Hrsg.): Die Reform der Europäischen Union. Analysen – Positionen – Dokumente zur Regierungskonferenz 1996/97, Bonn 1996, S. 9-21.

Schmuck, Otto: Länder und Regionen in Europa. Selbstverständnis – Meinungsbildung – Mitwirkung, in: Borkenhagen, Franz H.U. (Hrsg.): Europapolitik der deutschen Länder. Bilanz und Perspektiven nach dem Gipfel von Amsterdam, Opladen 1998, S. 215-228.

Schmuck, Otto: Verlauf und Ergebnisse der Regierungskonferenz im Licht integrationspolitischer Langzeittrends, in: Jopp, Mathias; Maurer, Andreas; Schmuck, Otto (Hrsg.): Die Europäische Union nach Amsterdam. Analysen und Stellungnahmen zum neuen EU-Vertrag, Bonn 1998, S. 17-39.

Schmuck, Otto; Wessels, Wolfgang (Hrsg.): Das Europäische Parlament im dynamischen Integrationsprozeß. Auf der Suche nach einem zeitgemäßen Leitbild, Bonn 1989, S. 73-94.

Schneider, Heinrich: Verfassungskonzeptionen für die Europäische Union, in: Antalovsky, Eugen; Melchior, Josef; Puntscher Riekmann, Sonja (Hrsg.): Integration durch Demokratie. Neue Impulse für die Europäische Union, Marburg 1997, S. 111-141.

Schneider, Heinrich; Wessels, Wolfgang (Hrsg.): Föderale Union – Europas Zukunft? Analysen, Kontroversen, München 1994.

Schnorpfeil, Willi: Die Europäisierung sozialpolitischer Teilbereiche in der Europäischen Gemeinschaft, Mannheim: MZES-Arbeitspapier II/Nr. 4 (1994).

Schultze, Rainer-Olaf: Föderalismus als Alternative? Überlegungen zur territorialen Reorganisation politischer Herrschaft, in: Nohlen, Dieter; Gonzáles Encinar, José Juan: Der Staat der Autonomen Gemeinschaften in Spanien, Opladen 1992, S. 199-216.

Schuppert, Gunnar Folke: On the Evolution of a European State: Reflections on the Conditions of and the Prospects for a European Constitution, in: Hesse, Joachim Jens; Johnson, Nevil (eds.): Constitutional Policy and Change in Europe, Oxford 1995, S. 329-368.

Schwarze, Jürgen: Kompetenzverteilung in der Europäischen Union und föderales Gleichgewicht, in: DVBl. 23/1995, S. 1265-1269.

Schweitzer, Michael; Hummer, Waldemar: Das Recht der Europäischen Union – Das Recht der Europäischen Gemeinschaften (EGKS, EG, EAG) – mit Schwerpunkt EG, 5. neubearb. und erw. Aufl., Neuwied/Kriftel/Berlin 1996.

Scott, J.: Development Dilemmas in the European Community: Rethinking Regional Development Policy, Buckingham/Philadelphia 1995.

Seidel, B.: Die Einbindung der Bundesrepublik Deutschland in die Europäischen Gemeinschaften als Problem des Finanzausgleichs, Frankfurt a. M. 1992.

Sieber, Ulrich: Memorandum für ein Europäisches Modellstrafgesetzbuch, in: JZ 8 (1997), S. 369-381.

Smith, Michael: The Commission and external relations, in: Edwards, Geoffrey; Spence, David (eds.): The European Commission, Harlow: Longman, 1994, S. 249-286.

Souchon, Lennart: Europäische Sicherheitspolitik und Strategie im Umbruch, in: Forndran, Erhard; Lemke, Hans-Dieter (Hrsg.): Sicherheitspolitik für Europa zwischen Konsens und Konflikt. Analyse und Optionen, Baden-Baden 1995, S. 113-129.

Sprungala, Tanja: Die Zusammenarbeit der NATO und der ehemaligen Warschauer-Pakt-Staaten seit 1990, in: APuZ B11/1999 vom 12. März 1999, S. 39-45.

Stabenow, Michael: Dramatik gehört zu Europa wie das Salz zur Suppe. Aber auf die Prise kommt es an, in: Frankfurter Allgemeine Zeitung v. 1. März 1999.

Stavridis, Stelios; Mossialos, Elias; Morgan, Roger; Machin, Howard (eds.): New Challenges to the European Union: Policies and Policy-Making, Aldershot/Brookfield/Singapore/Sidney 1997.

Steffani, Winfried; Thaysen, Uwe (Hrsg.): Demokratie in Europa: Zur Rolle der Parlamente, Opladen 1995.

Stehn, Jürgen: Agenda 2000: Ouvertüre oder Finale der Reformen im Zuge der EU-Osterweiterung? (Kieler Diskussionsbeiträge des Instituts für Weltwirtschaft 336/1999).

Stein, Torsten: Die Querschnittsklausel zwischen Maastricht und Karlsruhe, in: Due, Ole; Lutter, Marcus; Schwarze, Jürgen (Hrsg.): Festschrift für Ulrich Everling, Bd. II, Baden-Baden 1995, S. 1439-1453.

Storbeck, Jürgen: Europol wird volljährig, in: Politische Studien 359/98, S. 16-25.

Streeck, Wolfgang: Citizenship Under Regime Competition: The Case of the »European Works Councils«, European Integration online Papers (EIoP) 5 (1997).

Streeck, Wolfgang: From Market Making to State Building? Reflections on the Political Economy of European Social Policy, in: Leibfried, Stephan; Pierson, Paul (eds.): European Social Policy. Between Fragmentation and Integration, Washington, D.C. 1995, S. 389-431.

Strohmeier, Rudolf: Die Auswirkungen des Maastrichter Vertrages auf die Regionen, in: Bayerische Verwaltungsblätter 14 (1993), S. 419.

Student, Thomas: Die europäische Herausforderung - Grenzüberschreitende Kooperation im Wettbewerb der Regionen. Zusammenarbeit der deutsch-niederländischen Grenze im Rahmen der Ems Dollart Kooperation und der Neuen Hanse Interregio (Schriftenreihe des Europäischen Zentrums für Föderalismus-Forschung Bd. 18), Baden-Baden 1999.

Sturm, Roland: Die Reform der Agrar- und Strukturpolitik, in: Weidenfeld, Werner (Hrsg.): Europa öffnen. Anforderungen an die Erweiterung, Gütersloh 1997, S. 157-201.

Sturm, Roland: Strategien intergouvernementalen Handelns. Zu neueren Tendenzen des Föderalismus in Deutschland und in den USA (EZFF-Occasional Papers Nr. 11), Tübingen 1996.

Tanner, Egon: Ökonomisch optimale Aufgabenverteilung zwischen den staatlichen Ebenen, Bern/Frankfurt a. M. 1982.

Taylor, Paul: The European Union in the 1990s, Oxford 1996.

Taylor, Simon: EU applicants stuck in the slow lane, in: European Voice v. 12.-18. November 1998.

Taylor, Simon: No dissent over cash for applicants, in: European Voice v. 11.-17. März 1999, S. 14.

Teutemann, Manfred: Interpersonal vs. interregional redistribution at the European level – as seen from the perspective of fiscal federalism and public choice theory, in: European Commission: The Economics of Community Public Finance, European Economy. Reports and Studies 5 (1993), S. 395-413.

Teutemann, Manfred: Rationale Kompetenzverteilung im Rahmen der europäischen Integration. Ein Beitrag zur finanzwirtschaftlichen Ordnungspolitik, Berlin 1992.

Tiedemann, Klaus: Die Europäisierung des Strafrechts, in: Kreuzer, Karl F.; Scheuing, Dieter H.; Sieber, Ulrich (Hrsg.): Die Europäisierung der mitgliedstaatlichen Rechtsordnungen in der Europäischen Union, Baden-Baden 1997, S. 133-160.

Toepel, Kathleen: Reform der Europäischen Strukturfonds 2000, in: DIW-Wochenbericht 26 (1998).

Tömmel, Ingeborg: System-Entwicklung und Politikgestaltung in der Europäischen Gemeinschaft am Beispiel der Regionalpolitik, in: Kreile, Michael (Hrsg.): Die Integration Europas (PVS-Sonderheft 23/1992), Opladen 1992, S. 185-208.

Tresch, R. W.: Public finance: a normative theory, Texas: Business Publications, 1981.

Villiers, Bertus de (ed.): Evaluating Federal Systems, Dordrecht/Boston/London 1994

Volkmann, Uwe: Solidarität in einem vereinten Europa, in: Staatswissenschaft und Staatspraxis 1 (1998), S. 17-44.

»Vorbeugung, Krisenmanagement, Kriseneindämmung. Die NATO beschreibt neue Aufgaben. Konflikte jenseits des Bündnisgebietes. Die Jubiläumskonferenz zum 50. Geburtstag«, in: Frankfurter Allgemeine Zeitung v. 26. April 1999, S. 1 f.

»Vorschläge zu Rechten von Ausländern«, in: Frankfurter Allgemeine Zeitung v. 31. Juli 1997.

Wahl, Jürgen (Hrsg.): Sozialpolitik in der ökonomischen Diskussion, Marburg 1994.

Wallace, Helen: Fit für Europa? Reform und Erweiterung der Europäischen Union, in: integration 2 (1996), S. 77-92.

Wallace, Helen; Wallace, William (eds.): Policy-Making in the European Union, 3rd edition, Oxford 1996.

Wallace, William; Smith, Julie: Democracy or Technocracy? European Integration and the Problem of Popular Consent, in: West European Politics 3 (1995), S. 137-157.

Walsh, Cliff; Fletcher, Christine: The Principle of Subsidiarity: Perspectives drawn from Australia's Federal Experiences, in: Fleiner, Thomas; Schmitt, Nicolas (eds.): Vers un Constitution européenne. L'Europe et les expériences fédérales / Towards a European Constitution. Europe and Federal Experiences, Fribourg: Institut du Fédéralisme, 1996, S. 273-303.

Waniek, Roland W.: EG-Regionalpolitik für die Jahre 1994-1999, in: Wirtschaftsdienst 1994/I, S. 43-49.

Watson, Philippa: Social Policy After Maastricht, in: CMLR 30 (1993), S. 481-513.

Watts, Ronald L.: Contemporary Views on Federalism, in: Villiers, Bertus de (ed.): Evaluating Federal Systems, Dordrecht/Boston/London 1994, S. 1-29.

Wehner, Ruth: Die polizeiliche Zusammenarbeit zwischen den Schengen-Staaten unter besonderer Berücksichtigung des SIS, in: Achermann, Alberto; Bieber, Roland; Epiney, Astrid; Wehner, Ruth: Schengen und die Folgen. Der Abbau der Grenzkontrollen in Europa, Bern u. a. 1995, S. 129-178.

Weidenfeld, Werner (Hrsg), Europa '96. Reformprogramm für die Europäische Union Modells, Gütersloh 1994.

Weidenfeld, Werner (Hrsg.): Amsterdam in der Analyse, Gütersloh 1998

Weidenfeld, Werner (Hrsg.): Das europäische Einwanderungskonzept, Gütersloh 1994.

Weidenfeld, Werner (Hrsg.): Europa öffnen. Anforderungen an die Erweiterung, Gütersloh 1997.

Weidenfeld, Werner (Hrsg.): Maastricht in der Analyse, Gütersloh 1994.

Weidenfeld, Werner (Hrsg.): Neue Ostpolitik – Strategie für eine gesamteuropäische Entwicklung, Gütersloh 1997.

Weidenfeld, Werner (Hrsg.): Reform der Europäischen Union. Materialien zur Revision des Maastrichter Vertrages 1996, Gütersloh 1995.

Weidenfeld, Werner: Die Bedrohung Europas. Wie die Identitätsschwäche Europas zur Gefahr wird, in: Frankfurter Allgemeine Zeitung v. 12.5.1999, S. 11.

Weidenfeld, Werner: Einwanderungspolitik braucht Sachkunde und Spürgefühl, in: Frankfurter Allgemeine Zeitung v. 7. August 1998.

Weidenfeld, Werner: Europa sucht nach seiner neuen Ordnung. Chancen und Risiken der erweiterten Europäischen Union, in: Frankfurter Allgemeine Zeitung v. 11. November 1996.

Weidenfeld, Werner; Giering, Claus: Die Europäische Union nach Amsterdam – Bilanz und Perspektiven, in: Weidenfeld, Werner (Hrsg.): Amsterdam in der Analyse, Gütersloh 1998, S. 19-87.

Weidenfeld, Werner; Hillenbrand, Olaf: Einwanderungspolitik und die Integration von Ausländern – Gestaltungsaufgaben für die Europäische Union, in: Weidenfeld, Werner (Hrsg.): Das europäische Einwanderungskonzept, Gütersloh 1994, S. 11-45.

Weidenfeld, Werner; Janning, Josef; Behrendt, Sven: Transformation im Nahen Osten und Nordafrika. Herausforderung und Potentiale für Europa und seine Partner, Güterloh 1997.

Weidenfeld, Werner; Jung, Christian: Das Entscheidungsgefüge der Europäischen Union. Institutionen, Prozesse und Verfahren, in: Weidenfeld, Werner (Hrsg.): Maastricht in der Analyse, Gütersloh 1994, S. 11-54.

Weidenfeld, Werner; Wessels, Wolfgang (Hrsg.): Jahrbuch der Europäischen Integration 1997/98, Bonn 1998.

Weidenfeld, Werner; Wessels, Wolfgang (Hrsg.): Jahrbuch der Europäischen Integration 1996/97, Bonn 1997.

Weidenfeld, Werner; Wessels, Wolfgang (Hrsg.): Jahrbuch der Europäischen Integration 1995/96, Bonn 1996.

Weiler, J. H. H.: Legitimacy and Democracy of Union Governance, in: Edwards, Geoffrey; Pijpers, Alfred (eds.): The Politics of European Treaty Reform. The 1996 Intergovernmental Conference and Beyond, London/Washington 1997, S. 249-287.

Weiler, Joseph H.H.; Haltern, Ulrich; Mayer, Franz: European Democracy and Its Critique – Five Uneasy Pieces, Harvard Jean Monnet Chair Working Papers 1 (1995).

Weiler, Joseph: Europäisches Parlament, europäische Integration, Demokratie und Legitimität, in: Schmuck, Otto; Wessels, Wolfgang (Hrsg.): Das Europäische Parlament im dynamischen Integrationsprozeß. Auf der Suche nach einem zeitgemäßen Leitbild, Bonn 1989, S. 73-94.

Weise, Christian: Der EU-Beitritt ostmitteleuropäischer Staaten: Ökonomische Chancen und Reformbedarf für die EU, in: integration 3 (1997), S. 175-179.

Weise, Christian: Osterweiterung der EU: Finanzierung erfordert Reformen, in: DIW-Wochenbericht 49 (1996), S. 785-793.

Weise, Christian: Regionalpolitik und Infrastruktur, in: Weidenfeld, Werner; Wessels, Wolfgang (Hrsg.): Jahrbuch der Europäischen Integration 1995/96, Bonn 1996, S. 147-152.

»Wende in der Ausländerpolitik. Einwanderung soll erheblich eingeschränkt werden«, in: Süddeutsche Zeitung v. 4. März 1997, S. 10.

Wernicke, Christian: Europas kühle Rechner. Die Bundesregierung will weniger für Europa bezahlen. Ist ein Kompromiß möglich?, in: Die ZEIT v. 25. Februar 1999.

Wessels, Wolfgang: An ever Closer Fusion? A Dynamic Macropolitical View on Integration Processes, in: Journal of Common Market Studies 2 (1997), S. 267-299.

Wessels, Wolfgang: Der Amsterdamer Vertrag – Durch Stückwerksreformen zu einer effizienteren, erweiterten und föderalen Union?, in: integration 3 (1997), S. 117-135.

Wessels, Wolfgang: Die Europapolitik in der wissenschaftlichen Debatte, in: Weidenfeld, Werner; Wessels, Wolfgang (Hrsg.): Jahrbuch der Europäischen Integration 1997/98, Bonn 1998, S. 25-35.

Wessels, Wolfgang: Staat und (westeuropäische) Integration. Die Fusionsthese, in: Kreile, Michael (Hrsg.): Die Integration Europas (PVS-Sonderheft 23), Opladen 1992, S. 36-61.

Wessels, Wolfgang; Diedrichs, Udo: A New Kind of Legitimacy for a New Kind of Parliament – The Evolution of the European Parliament, European Integration online Paper (EIoP) 6 (1997).

Westlake, Martin: The Council of the European Union, London 1995.

Wewel, Uwe: Schutz der Union durch Zusammenarbeit im Zollwesen, in: Müller-Graff, Peter-Christian (Hrsg.): Europäische Zusammenarbeit in den Bereichen Justiz und Inneres. Der dritte Pfeiler der Europäischen Union, Baden-Baden 1996., S. 117-132.

Weyand, Sabine: Inter-Regional Associations and the European Integration Process, in: Jeffery, Charlie (ed.): The Regional Dimension of The European Union. Towards a Third Level in Europe? (Regional & Federal Studies 2 (1996); Special Issue), S. 166-182.

Wheare, K.C.: Federal Government, 4th ed., London 1963.

Winkler, Heinrich August; Kaelble, Hartmut (Hrsg.): Nationalismus – Nationalitäten – Supranationalität, Stuttgart 1993.

Winter, Gerd: Stellungnahme zur Gemeinsamen Anhörung der Europaausschüsse des Deutschen Bundestages und des Bundesrats am 8. Mai 1996 zum Subsidiaritätsprinzip in der Europäischen Union, Skript vom 24. April 1996.

Winter, Jan A.; Curtin, Deirdre M.; Kellermann, Alfred E.; Witte, Bruno de (eds.): Reforming the Treaty on European Union – The Legal Debate, The Hague/Boston/London 1996.

Wishlade, Fiona: EU Cohesion Policy: Facts, Figures and Issues, in: Hooghe, Liesbet (ed.): Cohesion Policy and European Integration. Building Multi-Level Governance, Oxford 1996, S. 27-58.

Witte, Bruno de: International Agreement or European Constitution?, in: Winter, Jan A.; Curtin, Deirdre M.; Kellermann, Alfred E.; Witte, Bruno de (eds.): Reforming the Treaty on European Union – The Legal Debate, The Hague/Boston/London 1996, S. 3-22.

Witte, Bruno de: Rules of Change in International Law: How Special is the European Community?, in: Netherlands Yearbook of International Law 25 (1994), S. 307 ff.

Wittkämper, Gerhard W.; Krevert, Peter; Kohl, Andreas: Europa und die innere Sicherheit. Auswirkungen des EG-Binnenmarktes auf die Kriminalitätsentwicklung und Schlußfolgerungen für die polizeiliche Kriminalitätsbekämpfung, Wiesbaden: Bundeskriminalamt, 1996.

Wollenschläger, Michael: Grundlagen und Anforderungen einer europäischen Einwanderungsregelung, in: Weidenfeld, Werner (Hrsg.): Das europäische Einwanderungskonzept, Gütersloh 1994, S. 161-192.

Wouters, Jan: European Citizenship and the Case-Law of the Court of Justice of the European Communities on the Free Movement of Persons, in: Marias, Epaminondas A. (ed.): European Citizenship, Maastricht: European Institute of Public Administration, 1994, S. 25-61.

Zürn, Michael, Regieren jenseits des Nationalstaates, Frankfurt a. M. 1998.

Zürn, Michael: Über den Staat und die Demokratie im europäischen Mehrebenensystem, in: PVS 1 (1996), S. 27-55.

F. Stand der Kompetenzverteilung gemäß dem Amsterdamer Vertragsentwurf[638]

Primärkompetenzen der Mitgliedstaaten	Partialkompetenzen der Europäischen Union
1. *Außenpolitik, Äußere Sicherheit und Friedenssicherung, Militärwesen*	1. *Gemeinsame Außen- und Sicherheitspolitik (GASP)* – Gemeinsame Strategien, außenpolitische Koordinierung, gegenseitige Unterrichtung – Gemeinsame Aktionen und Standpunkte – Durchführungsbeschlüsse – Abschluß internationaler Abkommen militärische Operationen im Bereich von humanitären Aufgaben und Rettungseinsätzen, friedenserhaltenden Aufgaben sowie Kampfeinsätzen bei der Krisenbewältigung und Friedensschaffung rüstungspolitische Zusammenarbeit
2. *Innere Sicherheit und Ordnung, Justiz, darunter* – Polizeiwesen – Verbrechensbekämpfung – Justizwesen, Gerichtsbarkeit – Zivilrecht – Strafrecht, Strafvollzug	2. *Justiz und Inneres* – Außengrenzkontrollen – Visapolitik – Asyl- und Flüchtlingsrecht – Einwanderungspolitik – Drogenpolitik – Zollwesen – Justitielle Zusammenarbeit in Strafsachen – Festlegung strafrechtlicher Mindestvorschriften zu Strafbarkeit und Strafmaßen in den Bereichen organisierte Kriminalität, Terrorismus und Drogenhandel – polizeiliche Zusammenarbeit zur internationalen Kriminalitätsbekämpfung unter besonderer Mitwirkung von Europol – Koordinierung der grenzüberschreitenden Amts- und Rechtshilfe zwischen Strafverfolgungs- und Ermittlungsbehörden – Justitielle Zusammenarbeit in Zivilsachen mit grenzüberschreitenden Bezügen

638 Die duale Darstellung der Kompetenzverteilung zwischen Europäischer Union und Mitgliedstaaten, wie sie im Vertragsentwurf von Amsterdam (CONF/4001/97 v. 19.06.1997) vorgesehen ist, beruht auf dem Modell der Europäischen Strukturkommission zum Maastrichter Vertrag (vgl. Weidenfeld, Werner (Hg.), Reform der Europäischen Union. Materialien zur Revision des Maastrichter Vertrages 1996, Gütersloh 1995, S. 26-30). Die Neuerungen des Vertrages von Amsterdam und einzelne Ergänzungen wurden im Rahmen des Forschungsprojekts »Europa föderal organisieren« eingearbeitet und sind kursiv gekennzeichnet.

	– Internationale Abkommen zur polizeilichen und justitiellen Zusammenarbeit in Strafsachen
3. *Staatsorganisation, innere Verwaltung, öffentliches Leben* – Grundrechtsschutz – Staatsangehörigkeit – Melde-/Ausweiswesen; Datenschutz – Vereins- und Versammlungswesen – Verfassungspolitik	3. *Unionsorganisation, öffentliches Leben* – Gewährleistung der Grundrechtsstandards gemäß der Europäischen Konvention zum Schutze der Menschenrechte und Grundfreiheiten sowie gemeinsamer Verfassungsüberlieferungen – Verbot der Diskriminierung aufgrund der Staatsangehörigkeit; Bekämpfung der Diskriminierung wegen Geschlecht, Rasse, ethnischer Zugehörigkeit, Religion, Glaube, Behinderung, Alter oder sexueller Ausrichtung – Rahmenbestimmungen zur Unionsbürgerschaft, zum Europawahlrecht, zum EG-Kommunalwahlrecht, europäischer Paß – Regelung und Überwachung der Datenschutzbestimmungen für Organe und Einrichtungen der EG – Maßnahmen zur Erstellung von Statistiken
4. *Wirtschaftsordnung/-politik*	4. *Wirtschaftspolitik* – Koordinierung der Wirtschaftspolitik – konjunkturpolitische Maßnahmen – Beistand bei Zahlungsbilanzdefiziten – Maßnahmen bei übermäßigen Defiziten – Maßnahmen bei Versorgungsschwierigkeiten – Kohle- und Stahlpolitik (EGKSV)
5. *Finanz- und Steuerordnung*	5. *Steuerharmonisierung** – Beseitigung steuerlicher Hindernisse im Warenverkehr – Beseitigung v. Doppelbesteuerung bei grenzüberschreitenden Kapitalbewegungen
6. *Arbeits- und Sozialpolitik*	6. *Beschäftigungs- und Sozialpolitik* – Leitlinien zur Beschäftigungspolitik – Unterstützende Maßnahmen und Anreize zur Beschäftigungsförderung – Mindestvorschriften auf den Gebieten – Arbeitsbedingungen und Arbeitsumwelt – Förderung des Dialoges zwischen den Sozialpartnern – Bekämpfung der sozialen Ausgrenzung

* Tätigwerden aufgrund der europäischen Primärkompetenz Binnenmarkt

	– soziale Sicherheit und sozialer Schutz der Arbeitnehmer, v. a. Wanderarbeitnehmer – Beschäftigungsbedingungen von Drittstaatsangehörigen – Europäischer Sozialfonds
7. Energiepolitik	*7. Energiepolitik* – Europäischer Energiemarkt* – gemeinsame Regeln zur Kohlepolitik (EGKSV) – gemeinsame Regeln zur Atomenergie (EAGV)
8. Raumplanung, Wohnungs- und Städtebaupolitik	*8.* –
9. Schulwesen	*9. Schulwesen* – Empfehlungen – Fördermaßnahmen (europäische Dimension im Fremdsprachenunterricht, Europa-Schulen)
10. Hochschulwesen	*10. Hochschulwesen* – Empfehlungen – Fördermaßnahmen (Austausch und Mobilität von Studenten, Europäisches Hochschulinstitut)
11. Berufliche Bildung	*11. Berufliche Bildung* – Empfehlungen – Fördermaßnahmen (Berufstraining, Sprachförderung, Zusammenarbeit mit Drittstaaten und internationalen Institutionen)
12. Kulturpolitik, darunter – Denkmalpflege – Buchwesen – Bibliothekswesen – Kultureinrichtungen und Veranstaltungen	*12. Kulturpolitik* – Empfehlungen – Fördermaßnahmen (Erhaltung des kulturellen Erbes, europäische Naturdenkmäler, Literaturübersetzungen, europäische Bibliotheken und Kultureinrichtungen, Kulturveranstaltungen)
13. Jugend- und Familienpolitik	*13. Jugendpolitik* – Empfehlungen – Fördermaßnahmen zum Jugendaustausch
14. Verbraucherschutz	*14. Verbraucherschutz* – Maßnahmen zur Unterstützung, Ergänzung und Überwachung der Politik der Mitgliedstaaten

15. Gesundheitspolitik, darunter – Organisation der Gesundheitsdienste – Bereitstellung von Gesundheitsleistungen	*15. Gesundheitswesen* – Ergänzende Maßnahmen zum Gesundheitsschutz (Qualitäts- und Sicherheitsstandards für menschliche Organe, Substanzen, Blut und Blutderivate; Tiergesundheit, Pflanzenschutz) – Fördermaßnahmen – Empfehlungen
16. Infrastrukturpolitik	*16. Transeuropäische Netze* – Leitlinien – spezifische Aktionen
17. Industriepolitik	*17. Industrie* – ergänzende Maßnahmen zur Förderung der Wettbewerbsfähigkeit
18. Struktur- und Regionalpolitik	*18. Struktur- und Regionalpolitik, soziale Kohäsion* – Strukturfonds (Ziele) – Regionalfonds (Durchführung) – spezifische Aktionen – Kohäsionsfonds – Durchführungsbestimmungen EAGFL/Sozialfonds
19. Forschung und Technologie	*19. Forschung und Technologie* – Rahmenprogramme – spezifische Durchführungs- und Zusatzprogramme – Zusammenarbeit mit Drittländern
20. Entwicklungspolitik	*20. Entwicklungspolitik* – Koordinierung – gemeinsame Mehrjahresprogramme
21. Medienpolitik/ Telekommunikationspolitik	*21. Europäische Medienpolitik** – Grenzüberschreitendes Fernsehen – Förderung europäischer Film- und Fernsehproduktion – Förderung der europäischen Informationsgesellschaft

Primärkompetenzen der Europäischen Union	Partialkompetenzen der Mitgliedstaaten
1. *Außenwirtschaftsbeziehungen, Zoll- und Handelspolitik (im Warenverkehr), darunter* – Koordinierung der Ausfuhrbeihilfen – Zollsätze und -verfahren – Handelsabkommen – Ausfuhrpolitik – Schutzmaßnahmen	1. *Außenwirtschaftsbeziehungen* – Abkommen über Dienstleistungen und Rechte des geistigen Eigentums – Handelskooperationen, soweit gemeinsame Handelspolitik nicht berührt ist – Waffenexporte
2. *Agrar- und Fischereipolitik*	2. *Agrar- und Fischereipolitik* – nationale Agrarstrukturpolitik – Tierschutz auf hohem Niveau entsprechend den religiösen Riten, kulturellen Traditionen und dem religiösen Erbe der Mitgliedstaaten
3. *Binnenmarkt* – Warenverkehr – Freizügigkeit – Niederlassungsfreiheit – Anerkennung von Diplomen/Zeugnissen – Dienstlassungsfreiheit – Kapitalverkehr – Wettbewerb – Rechtsangleichung	3. *Binnenmarkt* – nationale Wirtschaftsstrukturpolitik – Berufspolitik – nationale Fusionskontrolle
4. *Währung, darunter* – Geldpolitik (EZB) – Geld- und Münzumlauf – Drittländer-Wechselkurse – Überwachung der Erfüllung der Konvergenzkriterien – Festlegung der unwiderruflichen Wechselkurse	4. *Währungspolitik*
5. *Umweltpolitik/Förderung einer nachhaltigen Entwicklung* – grenzüberschreitende Fragen – Festlegung von Mindeststandards auf hohem Niveau – Abkommen mit Drittstaaten – Koordinierung globaler Umweltpolitik – Aktionsprogramme – Kontrollverfahren vorläufiger Maßnahmen der Mitgliedstaaten	5. *Umweltpolitik* – alle nicht durch EG/Unionsbestimmungen geregelten Bereiche – Maßnahmen über das gemeinschaftliche Schutzniveau hinaus – Verhandlungen und Abkommen mit Drittstaaten, soweit kein gemeinsames Vorgehen vorgesehen ist – vorläufige, nicht wirtschaftlich bedingte Maßnahmen
6. *Verkehrspolitik* – gemeinsame Regeln – Zulassung von Verkehrsunternehmen – Maßnahmen zur Verkehrssicherheit	6. *Verkehrspolitik* – alle nicht durch EG/Unionsbestimmungen geregelten Bereiche – nationale und regionale Infrastruktur

Münchner Beiträge zur Europäischen Einigung

Herausgegeben von Werner Weidenfeld

Band 1

Claus Giering: Europa zwischen Zweckverband und Superstaat
Die Entwicklung der politikwissenschaftlichen Integrationstheorie
im Prozeß der europäischen Integration
1997, ISBN 3-7713-0546-2

Band 2

Werner Weidenfeld (Hrsg.): Deutsche Europapolitik
Optionen wirksamer Interessenvertretung
1998, ISBN 3-7713-0560-8

Band 3

Thomas Fischer, Nicole Schley: Europa föderal organisieren
Ein neues Kompetenz- und Vertragsgefüge für die Europäische Union
1999, ISBN 3-7713-0581-0

Band 4

Shlomo Avineri, Werner Weidenfeld (eds.): Integration and Identity
Challenges to Europe and Israel
1999, ISBN 3-7713-0582-9